Francisco Cervantes de Salazar

Crónica de la Nueva España

Tomo I

Edición de Manuel Magallón

Barcelona **2023**
Linkgua-ediciones.com

Créditos

Título original: Crónica de la Nueva España I.

© 2023, Red ediciones S.L.

e-mail: info@linkgua.comm

Diseño de cubierta: Michel Mallard.

ISBN rústica: 978-84-9816-211-0.
ISBN ebook: 978-84-9953-025-3.

Cualquier forma de reproducción, distribución, comunicación pública o transformación de esta obra solo puede ser realizada con la autorización de sus titulares, salvo excepción prevista por la ley. Diríjase a CEDRO (Centro Español de Derechos Reprográficos, www.cedro.org) si necesita fotocopiar, escanear o hacer copias digitales de algún fragmento de esta obra.

Sumario

Créditos _____ **4**

Brevísima presentación _____ **17**
   El poder _____ 17
   La crónica _____ 17

Libro I. Argumento y sumario del primero libro de esta crónica _____ **19**
   Capítulo I. Que es la razón por qué las Indias del Mar Océano se llaman Nuevo Mundo _____ 19
   Capítulo II. La noticia confusa que el divino Platón tuvo de este Nuevo Mundo ____ 21
   Capítulo III. La descripción y asiento de la Nueva España _____ 25
   Capítulo IV. La calidad y temple de la Nueva España _____ 26
   Capítulo V. La propiedad y naturaleza de algunos árboles de la Nueva España ___ 29
   Capítulo VI. Las semillas y hortalizas que se dan en la Nueva España, así de Castilla como de la tierra _____ 32
   Capítulo VII. Algunas aves de maravillosa propiedad y naturaleza que hay en la Nueva España _____ 34
   Capítulo VIII. Los más señalados ríos de la Nueva España y de sus pescados ___ 36
   Capítulo IX. Donde se trata de otros ríos y pescados _____ 39
   Capítulo X. Algunas lagunas y fuentes de la Nueva España _____ 40
   Capítulo XI. Las serpientes y culebras y otras sabandijas ponzoñosas que hay en la Nueva España _____ 42
   Capítulo XII. Los animales bravos y mansos que hay en la Nueva España _____ 44
   Capítulo XIII. La caza y manera de cazar de la Nueva España _____ 45
   Capítulo XIV. Los metales y piedras de valor y de virtud que hay en la Nueva España _ 46
   Capítulo XV. La manera que los indios tienen en el poblar _____ 48
   Capítulo XVI. Las condiciones e inclinaciones de los indios en general _____ 49
   Capítulo XVII. La variedad de lenguas que hay entre los indios _____ 52
   Capítulo XVIII. Los sacrificios y agüeros de los indios _____ 53
   Capítulo XIX. Las fiestas y diversidad de sacrificios que los indios tenían _____ 56
   Capítulo XX. Los bailes o areitos de los indios _____ 59

Capítulo XXI. Los médicos y hechiceros ___60
Capítulo XXII. Las guerras y manera de pelear de los indios___62
Capítulo XXIII. La manera y modo que los indios tenían en sus casamientos ___65
Capítulo XXIV. Do se trata la ceremonia con que los indios de Michoacán se casaban 66
Capítulo XXV. Qué jueces tenían los indios y cómo los delincuentes eran castigados_68
Capítulo XXVI. El modo y manera con que los señores y otros cargos preeminentes se elegían y daban entre los indios ___70
Capítulo XXVII. La cuenta de los años que los indios tenían y de algunas señaladas fiestas___71
Capítulo XXVIII. Algunas fiestas extravagantes que los indios tenían___72
Capítulo XXIX. Los signos y planetas que los indios tenían___73
Capítulo XXX. Las obsequias y mortuorios de los indios___75
Capítulo XXXI. Donde se prosiguen los entierros y obsequias de los indios ___77
Capítulo XXXII. Los pronósticos que los indios tenían de la venida de los españoles a esta tierra ___78

Libro II. El descubrimiento de la Nueva España ___ 81

Capítulo I. La primera noticia que tuvieron los españoles de la Costa de la Nueva España___81
Capítulo II. Lo que Diego Velázquez hizo sabido el suceso de Francisco Hernández___84
Capítulo III. Lo que en La Habana se hizo y de lo que, después que de ella salieron, sucedió ___86
Capítulo IV. Cómo Grijalva salió de Cozumel y de lo demás que le sucedió ___88
Capítulo V. Cómo Grijalva saltó en tierra y de lo que con los indios le avino ___90
Capítulo VI. La batalla que Grijalva hubo con los indios y de lo que en ella pasó ___93
Capítulo VII. Cómo el capitán y su gente se embarcó y de lo que después sucedió___95
Capítulo VIII. Cómo vino el señor de aquellos indios a la nao capitana y de lo que luego pasó ___97
Capítulo IX. Cómo Grijalva se tornó a embarcar y costeó la tierra y de lo demás que le aconteció ___100
Capítulo XI. Cómo Grijalva se embarcó y partió para la isla de Cuba ___104
Capítulo XII. Cómo Diego Velázquez, persuadido por Andrés de Duero, eligió por general de su armada a Fernando Cortés y lo que de ellos se dijo ___106

Capítulo XIII. Cómo Hernando Cortés se hizo a la vela, y de la plática que hizo a sus soldados _____ 108

Capítulo XIV. El traslado de las capitulaciones que entre Diego Velázquez y Hernando Cortés pasaron _____ 110

Capítulo XV. Quién fue Hernando Cortés y de sus costumbres y linaje _____ 120

Capítulo XVI. Do se prosigue lo que el pasado promete _____ 122

Capítulo XVII. El pronóstico que Hernando Cortés tuvo de su buena andanza _____ 124

Capítulo XVIII. Las pasiones que hubo entre Diego Velázquez y Hernando Cortés _____ 125

Capítulo XIX. Cómo se casó Cortés, y de un gran peligro de que se libró _____ 127

Capítulo XX. Do se prosigue la navegación y jornada de Hernando Cortés y provisión del Armada _____ 128

Capítulo XXI. Los navíos y gente de Cortés, y la bandera y letra que tomó _____ 130

Capítulo XXII. La plática y razonamiento que Cortés hizo a sus compañeros _____ 132

Capítulo XXIII. Cómo Cortés partiendo para Cozumel, un navío se adelantó y de lo que sucedió _____ 134

Capítulo XXIV. Cómo Cortés, prosiguiendo su viaje, llegó a la isla de Cozumel _____ 135

Capítulo XXV. Cómo en Cozumel tuvo lengua de Jerónimo de Aguilar _____ 136

Capítulo XXVI. Cómo Aguilar llegó do estaba Cortés, y de cómo le saludó y fue recibido _____ 141

Capítulo XXVII. Lo que otro día Aguilar contó _____ 142

Capítulo XXVIII. La vida que Aguilar pasó con el señor a quien últimamente sirvió y de las cosas que en su servicio hizo _____ 144

Capítulo XXIX. Cómo Aguilar en servicio de su señor venció ciertas batallas _____ 145

Capítulo XXX. Qué tierra es Yucatán y por qué se llamó así, y lo que los religiosos de san Francisco después hallaron en ella _____ 147

Capítulo XXXI. Do se prosigue la materia del precedente _____ 149

Capítulo XXXII. Cómo Hernando Cortés tomó a Champotón y de lo que le sucedió _ 151

Capítulo XXXIII. Lo que a Cortés le acaeció el día siguiente con los indios del río de Grijalva _____ 154

Capítulo XXXIV. Cómo vencidos los champotones, convencidos por buenos comedimientos, se dieron por amigos. _____ 157

Capítulo XXXV. Cómo Cortés dijo algunas cosas a aquellos señores tocantes al servicio de Dios y del emperador _____ 161

Capítulo XXXVI. Cómo Marina vino a poder de los nuestros y de quién fue _____ 163

Capítulo XXXVII. Cómo Cortés partió de Champotón y vino al Puerto de San Juan de Lúa _____164

Libro III. La segunda parte de la Crónica general de las Indias _____**167**
Capítulo I. Lo que hizo Cortés desembarcando en San Juan de Lúa_____167
Capítulo II. Cómo después de llegado Cortés al puerto de San Juan de Lúa, envió dos bergantines a buscar puerto y de lo que les avino _____169
Capítulo III. El buen recibimiento que el gobernador Teudile hizo a Cortés y el presente que el Señar de México le envió _____170
Capítulo IV. La plática que Cortés hizo a Teudile y de lo que más sucedió _____173
Capítulo V. El presente que Moctezuma envió a Cortés y de la respuesta que le dio___175
Capítulo VI. Cómo el señor de Cempoala envió ciertos indios a ver los españoles, y cómo supo Cortés las diferencias que había entre los señores de la costa y los señores de México _____178
Capítulo VII. Cómo Cortés recibió la respuesta de Moctezuma y cómo buscó sitio para poblar _____181
Capítulo VIII. El razonamiento que Cortés hizo a los suyos y de la elección de Cabildo en la Veracruz_____183
Capítulo IX. Cómo Cortés renunció su oficio en manos de los alcaldes y cómo fue elegido de los del pueblo por capitán general _____185
Capítulo X. Cómo el regimiento pidió a Cortés le vendiese ciertos bastimentos y lo que él respondió _____188
Capítulo XI. La manera que Cortés tuvo para ser elegido en la Veracruz por capitán general _____189
Capítulo XII. Cómo Cortés fue a Cempuala y del recibimiento que el señor de ella le hizo_____191
Capítulo XIII. Lo que otro día pasó entre el señor de Cempoala y Cortés_____193
Capítulo XIV. La llegada de Cortés a Quiaustlán y de lo que allí avino _____196
Capítulo XV. La astucia y orden que Cortés tuvo para revolver los indios totonaques con Moctezuma _____198
Capítulo XVI. Cómo los Totonaques se levantaron contra Moctezuma y lo que sobre ello hicieron_____200
Capítulo XVII. La fundación de la Villa Rica de la Veracruz y de lo que más sucedió ___203
Capítulo XVIII. Cómo se tomó a Tipancinco por fuerza por Cortés y los suyos_____206

Capítulo XIX. Cómo Cortés y la Villa enviaron presentes al emperador _____208
Capítulo XX. Lo que el Cabildo y Cortés escribieron al rey _____212
Capítulo XXI. Cómo se amotinaron algunos contra Cortés y del castigo que en ellos hizo _____214
Capítulo XXII. El hazañoso hecho de Cortés cuando dio con los navíos al través ___216
Capítulo XXIII. Lo que a Cortés sucedió con ciertos navíos de Garay_____218
Capítulo XXIV. Cómo Cortés volvió a Cempoala, y hecho un parlamento a los señores de ella, les hizo derrocar los ídolos_____220
Capítulo XXV. Lo que a Cortés sucedió después que partió de Cempoala_____222
Capítulo XXVI. Lo que acaeció a ciertos españoles de la Nueva Villa entretanto que marchaba el ejército, y de lo que más sucedió a Cortés en el camino en Zacatani_____225
Capítulo XXVII. Cómo Cortés, prosiguiendo su jornada, fue recibido en Castilblanco y despachó mensajeros a los tacaltecas _____229
Capítulo XXVIII. Cómo las cuatro cabeceras de Tlaxcala, oída la embajada de Cortés, entraron en su acuerdo, y de las diferencias que entre ellos hubo_____230
Capítulo XXIX. La brava plática que Xicotencatl hizo contradiciendo a Magiscacín _234
Capítulo XXX. La plática que hizo Temilutecutl, justicia mayor de Tlaxcala _____236
Capítulo XXXI. Las insignias de los embajadores y de cómo eran recibidos y despachados _____237
Capítulo XXXII. Lo que a Cortés sucedió yendo a Tlaxcala _____239
Capítulo XXXIII. Lo que hicieron los indios y de lo que después enviaron a decir al capitán_____242
Capítulo XXXIV. El segundo recuentro que Cortés hubo con los de Tlaxcala y de la celada que le pusieron _____245
Capítulo XXXV. El desafío que hubo entre un indio tlaxcalteca y otro cempoalese, y de cómo Diego de Ordás rompió los enemigos_____247
Capítulo XXXVI. Lo que más particularmente los prisioneros dijeron a Cortés, y cómo otro día vino el ejército tlaxcalteco sobre él _____250
Capítulo XXXVII. Las bravezas que los tlaxcaltecas hacían, y cómo acometieron a Cortés _____252
Capítulo XXXVIII. Cómo los enemigos tornaron a acometer a los nuestros y de las cosas particulares que acontecieron _____255

Capítulo XXXIX. Las espías que vinieron al real y del castigo notable que Cortés hizo en ellas _____ 258

Capítulo XL. Lo que Cortés hizo después de enviadas las espías y de lo que Xicotencatl dijo _____ 261

Capítulo XLI. Cómo Cortés tomó a Cipancinco, y de lo que con Alonso de Grado le pasó _____ 264

Capítulo XLII. El temor que hubo en el real de los españoles con la vuelta de los caballos que cayeron en el camino _____ 269

Capítulo XLIII. El razonamiento que Cortés hizo a sus soldados, animándolos a la prosecución de la guerra _____ 271

Capítulo XLIV. La embajada que Moctezuma envió a Cortés, y de lo que estando purgado le avino _____ 273

Capítulo XLV. Cómo los señores de Tlaxcala se juntaron con los demás principales, y se determinaron de hacer paz con Cortés, y cómo lo encargaron a Xicotencatl ___ 276

Capítulo XLVI. Cómo Xicotencatl vino a Cortés, y de la oración que le hizo y presente que le trajo _____ 278

Capítulo XLVII. El contento que Cortés recibió con esta embajada y de lo que a ella respondió _____ 280

Capítulo XLVIII. El recibimiento y servicio, que los tlaxcaltecas hicieron a Cortés y a los suyos _____ 283

Capítulo XLIX. Algunas particularidades de Tlaxcala y de lo que a Cortés le pasó con Xicotencatl el viejo y con Magiscacín _____ 285

Capítulo L. El sitio y nombre que en su gentilidad tenía Tlaxcala _____ 287

Capítulo LI. Cómo al presente está fundada Tlaxcala y de los edificios y gobernación de ella _____ 290

Capítulo LII. Cómo Cortés envió a Pedro de Alvarado a México y de lo que trató con los tlaxcaltecas acerca de los ídolos _____ 292

Capítulo LIII. La enemistad que se hizo entre mexicanos y tlaxcaltecas y de dónde y por qué causa procedió _____ 295

Capítulo LIV. Cómo Cortés determinó de ir por Cholula y de lo que respondió a ciertas mensajeros _____ 298

Capítulo LV. Del solemne recibimiento que los cholutecas hicieron a los nuestros __ 301

Capítulo LVI. Cómo los cholutecas se concertaron con los mexicanos para matar a los nuestros, y del castigo que en ellos hizo Cortés _____ 304

Capítulo LVII. El asiento y población de Cholula, y de su religión _____310

Capítulo LVIII. El monte que los indios llaman Popocatepec y los nuestros Volcán___312

Capítulo LIX. Cómo Moctezuma consultó con los de su consejo si sería bien dejar entrar a Cortés en México o no _____314

Capítulo LX. Cómo salió Cortés de Cholula para México y de lo que en el candno le sucedió_____317

Capítulo LXI. Lo que otro día avino a Cortés a la bajada del puerto _____319

Capítulo XLII. Cómo otro día de mañana, al tiempo que nuestro ejército partía, llegaron doce señores y lo que más sucedió _____321

Capítulo LXIII. Cómo salió Moctezuma a recibir a Cortés _____325

Libro IV _____ **331**

Capítulo I. Cómo Moctezuma volvió a do Cortés estaba y de una avisada plática que le hizo _____331

Capítulo II. Lo que Cortés respondió a lo que Moctezuma le dijo _____334

Capítulo III. La estatura y proporción y Moctezuma y de su condición _____336

Capítulo IV. La manera de servicio que Moctezuma tenía en su comer _____338

Capítulo V. Cómo negociaban con Moctezuma después de comer, y los pasatiempos que tenía _____340

Capítulo VI. El juego de la pelota que entre los indios se usaba _____342

Capítulo VII. Las danzas y bailes que en México se hacían _____343

Capítulo VIII. Las mujeres y casa que para su recreación tenía Moctezuma_____345

Capítulo IX. La casa que para las aves y pluma tenía Moctezuma_____347

Capítulo X. Las aves que para caza tenía Moctezuma y de otras cosas maravillosas que para ella tenía _____348

Capítulo XI. La casa que para guardar las armas tenía Moctezuma _____351

Capítulo XII. Los jardines en que Moctezuma se iba a recrear _____352

Capítulo XIII. La Corte y guardia de Moctezuma _____353

Capítulo XIV. Cómo ningún indio había en el imperio mexicano que en alguna manera no fuese tributario a Moctezuma_____354

Capítulo XV. Cómo se recogían las rentas de Moctezuma_____356

Capítulo XVI. La majestad y grandeza de México en tiempo de su idolatría_____358

Capítulo XVII. Adónde tomó nombre la ciudad de México y cuándo primero fue fundada _____360

Capítulo XVIII. Los mercados de México y de la variedad de cosas que en ellos se vendía ... 362

Capítulo XIX. Las demás cosas que en los mercados se venden ... 365

Capítulo XX. La grandeza del templo de México y cómo se servía ... 367

Capítulo XXI. Lo demás que el templo tenía y cómo se hacían los sacrificios ... 370

Capítulo XXII. Los ídolos del templo mayor y de los otros menores ... 372

Capítulo XXIII. El osario que los mexicanos tenían en memoria de la muerte ... 374

Capítulo XXIV. La descripción y grandeza que hoy tiene la ciudad de México después que españoles poblaron en ella ... 375

Capítulo XXV. Do se prosigue la descripción y grandeza de México ... 379

Capítulo XXVI. El hazañoso hecho de Cortés en la prisión del gran señor Moctezuma ... 381

Capítulo XXVII. Cómo Cortés prendió al gran señor Moctezuma ... 385

Capítulo XXVIII. Algunas otras particularidades que estando preso Moctezuma acontecieron ... 389

Capítulo XXIX. Se prosiguen otras particularidades acontecidas durante la prisión de Moctezuma ... 393

Capítulo XXX. Cómo Cortés trató con Moctezuma de derrocar los ídolos y de lo que entre ellos pasó ... 397

Capítulo XXXI. Do se prosigue el quitar de los ídolos, según lo escribió fray Toribio Motolinía, y del milagro que Dios hizo enviando agua ... 401

Capítulo XXXII. La plática que Cortés hizo a Moctezuma y a sus caballeros cerca de sus ídolos ... 406

Capítulo XXXIII. Lo que después de hecha esta oración Moctezuma prometió de hacer a Cortés acerca de los sacrificios ... 409

Capítulo XXXIV. La venida de Qualpopoca y del castigo que en él se hizo ... 411

Capítulo XXXV. La causa de quemar a Qualpopoca y a los demás ... 412

Capítulo XXXVI. Cómo Cortés, entendido lo que Qualpoca confesó, reprehendió a Moctezuma y le mandó echar prisiones ... 415

Capítulo XXXVII. Cómo Cortés envió a buscar oro a muchas partes de esta Nueva España, y en esto qué fue su intento ... 417

Capítulo XXXVIII. Lo que los embajadores de Coatelicamatl dijeron a Cortés y de lo que más pasó cerca de los que fueron a ver las minas ... 419

Capítulo XXXIX. La embajada que Tuchintle envió a Cortés, y de lo que él respondió 422

Capítulo XL. Cómo Hernando Cortés pidió oro a Cacamacín, rey de Tezcuco, y de lo que más sucedió ___424

Capítulo XLI. La oración que Cacamacín hizo a los suyos, persuadiéndoles que se rebelasen contra Cortés ___425

Capítulo XLII. La prisión de Cacamacín y de la astucia con que se hizo ___427

Capítulo XLIII. Cómo Quizquiscatl fue recibido por rey de Tezcuco y de lo que más sucedió ___431

Capítulo XLIV. La manera que Cortés tuvo en castigar una espía que Alonso de Grado traía por la Costa, y de la gran cantidad de cacao que una noche hurtaron a Moctezuma ___433

Capítulo XLV. La plática que Moctezuma hizo a todos los reyes y Señores de su Imperio, rogándoles se diesen por vasallos del emperador don Carlos, rey de España ___434

Capítulo XLVI. Lo que aquellos príncipes y Señores, aplacado su llanto, respondieron a Moctezuma, y de lo que Cortés les dijo ___436

Capítulo XLVII. El oro y joyas que Moctezuma dio a Cortés___438

Capítulo XLVIII. Cómo acordó Moctezuma que Cortés se fuese de México, y de las causas que le movieron a ello ___440

Capítulo IL. Cómo Moctezuma apercibió de secreto cien mil hombres y lo que pasó entre él y Cortés ___443

Capítulo L. El miedo que los españoles tuvieron de ser sacrificados ___445

Capítulo LI. La noticia que Rangel tuvo de la llegada de Narváez y de lo que sobre ello hicieron él y Juan Velázquez de León___448

Capítulo LII. Por qué y cómo Diego Velázquez envió contra Hernando Cortés a Pánfilo de Narváez___450

Capítulo LIII. Cómo se aprestó Pánfilo de Narváez, y de cómo Diego Velázquez procuró tomar el navío que Hernando Cortés enviaba a España___453

Capítulo LIV. Lo que Diego Velázquez respondió, y cómo se partió el armada___455

Capítulo LV. Lo que Narváez hizo en Cempoala y de cómo fue informado de la pujanza en que Cortés estaba ___457

Capítulo LVI. Lo que Cortés sintió de la venida de tanta gente y de lo que sobre ello hizo ___459

Capítulo LVII. Cómo llegaron los presos a México y lo que sobre ello hizo Cortés___462

Capítulo LVIII. La carta que Cortés escribió a Narváez y lo que sobre ella pasó con fray Bartolomé de Olmedo _____464

Capítulo LIX. Lo que, recibida la carta, hizo y dijo Narváez y de otras cosas que antes habían pasado _____466

Capítulo LX. Cómo Pánfilo de Narváez prendió a licenciado Ayllón y lo envió en un navío, y de la guerra que pregonó contra Cortés_____469

Capítulo LXI. Las mañas y ardides que de la una parte a la otra había antes que Cortés tornase a escribir a Narváez _____471

Capítulo LXII. Los partidos que Cortés pedía a Narváez, procurando con él toda manera de buen concierto _____473

Capítulo LXIII. El razonamiento que Cortés hizo a los suyos, determinado de salir a buscar a Narváez_____474

Capítulo LXIV. La repuesta de los capitanes y de lo que más pasó_____477

Capítulo LXV. Cómo Cortés hizo sus memorias y dejó por caudillo en México a Pedro de Alvarado_____478

Capítulo LXVI. Cómo Cortés habló a Moctezuma cerca de su partida y de lo que entre ellos pasó _____480

Capítulo LXVII. Lo que Moctezuma respondió a Cortés, y cómo se despidió el uno del otro _____482

Capítulo LXVIII. Cómo Cortés salió de México y de cómo Moctezuma salió con él hasta dejarle fuera de la ciudad _____484

Capítulo LXIX. Cómo Cortés, prosiguiendo su camino, halló en Cholula a Juan Velázquez de León y a Rangel, con los cuales se holgó y volvieron con él _____486

Capítulo LXX. Lo que Cortés dijo de secreto a Juan Velázquez de León y de lo que él le respondió _____487

Capítulo LXXI. Cómo Cortés salió de Cholula y llegado a Tlaxcala le dieran sesenta mil hombres de guerra, los más de los cuales se volvieron del camino_____489

Capítulo LXXII. Lo que Juan Velázquez de León, de parte de Hernando Cortés, dijo a Pánfilo de Narváez, y de lo que él respondió _____491

Libros a la carta_____**495**

Brevísima presentación

El poder
Francisco Cervantes de Salazar (Toledo, ¿1514?-México, 1575). España.
Estudió en Salamanca y fue profesor en la Universidad de Osuna (1546). Pasó a México, entonces Nueva España, en 1551. Allí fue Catedrático y después rector de la recién fundada Universidad de México y murió siendo canónigo.

Francisco Cervantes de Salazar escribió el *Túmulo imperial de la gran ciudad de México*, en que se refieren las ceremonias en memoria de Carlos V y se le atribuye también la autoría del *Lazarillo de Tormes*.

La crónica
Francisco Cervantes de Salazar escribió la *Crónica de la Nueva España* por encargo del Rey de España. Esta obra destaca por sus datos sobre las culturas indígenas autóctonas, de gran valor antropológico, y por la visión que ofrece sobre la conquista y la gesta de Hernán Cortés. Además de su cercanía con la cultura mexicana, Cervantes de Salazar tuvo como referencias para este libro las *Cartas de relación*, del propio Cortés, y la *Crónica* de Francisco López de Gómara.

Libro I. Argumento y sumario del primero libro de esta crónica

Lo que, en suma, después de las cartas nuncupatorias y catálogo de los conquistadores que este primero libro contiene, es la razón por qué las Indias del mar Océano se llaman Nuevo Mundo, y la noticia confusa que Platón tuvo de este Nuevo Mundo y lo que cerca de ello otros dieron; la descripción y asiento de la Nueva España, la calidad y temple de ella, la propiedad y naturaleza de algunos árboles que en ella hay, las semillas y hortalizas que produce, la propiedad maravillosa de algunas aves y pescados que tiene, las lagunas y fuentes que la ilustran, las serpientes y culebras, con los animales bravos y mansos que en ella se crían, la caza y manera de cazar que los indios tenían y tienen, la variedad de metales y valor de piedras, el modo que los indios tenían en poblar, las inclinaciones y condiciones de ellos, las muchas y diversas lenguas en que hablan, los sacrificios y agüeros que tenían, con las fiestas de cada año y otras extravagantes que celebraban, los bailes y areitos que hacían en sus regocijos, los médicos y hechiceros y manera de curar suya, las guerras y modo de pelear que los indios tenían, con la manera y modo que celebraban sus casamientos, así los de México como los de Michoacán; por qué jueces se hacía la justicia y las penas que se daban a los delincuentes, la forma y manera con que alzaban a uno por señor o daban cargo preeminente en la república, la cuenta de los años que tenían y sus fiestas, los signos y planetas por donde se regían, las obsequias y ceremonias con que enterraban los muertos, los pronósticos y agüeros que los indios tenían de la venida de los españoles a esta tierra.

Capítulo I. Que es la razón por qué las Indias del Mar Océano se llaman Nuevo Mundo

No parecerá cosa superflua, pues tengo de escribir de tierra tan larga y tan incógnita a los sabios antiguos, traer la razón por qué los presentes, así latinos como castellanos, le llaman Nuevo Mundo, pues es cierto no haber más de un mundo y ser vanas las opiniones de algunos filósofos que creyeron haber muchos; y así, Aristóteles, en lumbre natural, probó ser uno y no muchos cuando escribió De Coelo et Mundo, llamando mundo a todo lo que el cielo cubre, lo cual es causa de que no con verdad estas tierras descubiertas, por muy largas y anchas que sean, se llamen Nuevo Mundo, pues entre otros grandes argumentos y razones que en lumbre natural convencen al hombre a que crea que hay un solo Dios y no muchos, un universal principio de todas las cosas y no dos, uno de los males y otro de los bienes, como algunos falsamente afirmaron, es la unidad que todas las cosas criadas tienen, perdiendo la cual, luego se deshacen todos los materiales en el edificio proporcionadamente unidos; una cosa obran y hacen, que es la morada, y entonces se deshacen cuando son divisos y no tienen en sí unidad; de adonde es que una sea la naturaleza angélica, una la naturaleza humana, y así uno el mundo; porque, a haber muchos, hubiera muchos soles y muchas lunas; pero no hay más de un Sol y una Luna, lumbreras, como escribió Moisés, de la noche y del día, el cual, dando a entender ser uno el mundo, dijo: «En el principio crió Dios el cielo y la tierra»; no dijo los cielos y las tierras, y cuando dijo «crió», dio también a entender, lo que no cupo en el entendimiento de algunos grandes filósofos, de nada haber criado Dios todo lo que es, porque, guiándose por la vía natural, decían que de nada no se podía hacer nada, no levantando el entendimiento a que, si había Dios, había de ser (so pena de no serlo) sumamente poderoso, y que su decir fuese hacer; porque, como dice la Divina Escritura, llama las cosas que no son como las que son. Ahora, respondiendo a la duda, digo que no solamente en nuestro común hablar, pero en la manera de decir en la Divina Escritura hay metáforas, semejanzas y comparaciones, o para hermosear y hacer más fecunda la lengua en que se habla, o para dar a entender la frescura del campo y lo que alegra, decimos que se ríe; al hombre que habla con aviso y dice cosas escogidas, decimos que echa perlas por la boca; y al murmurador e infamador, que echa víboras y que es carta de descomunión. Por esta manera, la Sacra Escritura usa de grandes y maravillosas metáforas, llamando a Jesucristo Sol de justicia, y a la Virgen, su madre, la mañana o Luna; por lo cual, pues en todas las lenguas son tan necesarias las metáforas y maneras de encarecimientos por la semejanza que tienen unas con otras, las cuales muchas veces dejan sus propios nombres, y por alguna similitud que hay en otras vestidas de sus nombres se entienden mejor, como si al liberal dijésemos ser un Alejandro, y al valiente y esforzado, un Héctor; no es de maravillar, pues todos los antiguos nunca alcanzaron a ver estas tierras que ahora habitamos ni tuvieron clara noticia de ellas, como parece por Ptolomeo, Pomponio Mela y Estrabón, que en la descripción del mundo jamás las pusieron.

Ovidio, en el principio del Metamorphosis, dividiendo el mundo en cinco zonas, afirmó en parte todo lo que ahora la experiencia niega, pues dijo que, unas por frío y otras por calor, especialmente la media, eran inhabitables. Hércules, después de su larga peregrinación, llegando a Cádiz y a Sevilla, fijando aquellas dos grandes columnas, entendiendo no haber más mundo, poniéndolas por término del, dijo: «No hay más adelante», lo cual fue causa de que, siendo el primer descubridor Colón de tanto mar y de tanta tierra, que verdaderamente es mayor que toda África, Asia y Europa, no sin alguna aparente razón y metafórica manera de hablar, dio lugar a los escritores a que estas tierras se llamasen Nuevo Mundo, no pudiendo explicar su grandeza sino con llamarlas así, pues mundo es lo que en sí encierra largura, anchura y profundidad, y que después del no hay más, por lo cual en el siguiente capítulo diremos si de estas partes hubo alguna noticia.

Capítulo II. La noticia confusa que el divino Platón tuvo de este Nuevo Mundo

Cosa es maravillosa y no digna de pasar en silencio que como Dios, por su inefable y oculto juicio, tenía determinado, no antes ni después, ni en vida de otros reyes, sino de los católicos César y Filipo, en tan dichosos y bienaventurados tiempos alumbrar a tan innumerables gentes como en este Nuevo Mundo había, fue servido como por figura dar a entender al divino Platón y a Séneca, autor de las Tragedias, que después del mar Océano de España había otras tierras y gentes con otro mar que, por su grandeza, el mismo Platón le llama el Mar Grande, verificándose por la dilatación y aumento de la fe cristiana aquella profecía: «Por toda la tierra salió el sonido de ellos», que es la predicación de los Apóstoles y de los que, sucediendo en este cargo en este Nuevo Mundo, predicaron y predican el beneficio y merced que el Hijo de Dios hizo al mundo con su venida a él. No solo quiso que Sanos profetas lo profetizasen tantos años antes, pero quiso que las sibilas, mujeres gentiles, los poetas, como Virgilio y Ovidio, sin entender lo que decían, lo profetizasen, tomando diversos instrumentos malos y buenos para la manifestación de la merced que había de hacer al mundo, porque aquello en las cosas humanas suele tener más verdad que el bueno y el malo confiesan, y no siendo el don de profecía de los dones del Espíritu Sano, que hacen al hombre grato y amigo de Dios, no es de maravillar que gentiles, infieles y males, como fue Balán, profeticen, pues profecía es gracia de gracia dada, y que no hace al hombre grato y amigo de Dios, y porque a los que cerca de esto primero descubrieron algo, es justo darles su honor debido, es de saber que Agustín de Zárate, varón por cierto docto, en la breve historia que escribió del descubrimiento y conquista del Perú, tratando en breve lo tocante a este capítulo, dice así:

> Cuenta el divino Platón algo sumariamente en el libro que intitula *Timeo* o *De Natura*, y después, muy a la larga y copiosamente, en otro libro o diálogo que se sigue inmediatamente después del *Timeo*, llamado *Atlántico*, donde trata una historia que los egipcios se contaban en loor de los atenienses, los cuales dice que fueron parte para vencer y desbaratar a ciertos reyes y gran número de gente de guerra que vino por la mar desde una grande isla llamada Atlántica, que comenzaba después de las columnas de Hércules, la cual isla dice que era mayor que toda Asia y África, y que contenía diez reinos, los cuales dividió Neptuno entre diez hijos suyos, y al mayor, que se llamaba Atlas, dio el mayor y mejor. Cuenta otras muchas y memorables cosas de las muchas riquezas y costumbres de esta isla, especialmente de un templo que estaba en la ciudad principal, que tenía las paredes y techumbres cubiertas con planchas de oro, plata y latón, y otras muchas particularidades que serían largas para referir, y se pueden ver en el original donde se tratan copiosamente, muchas de las cuales costumbres y ceremonias vemos que se guardan el día de hoy en la provincia del Pirú. Desde esta isla se navegaba a otras islas grandes que estaban de la otra parte de ella, vecinas a la tierra continente, aliente la cual se seguía el verdadero mar. Las palabras formales de Platón en el Timeo, con éstas: «Hablando Sócrates con los atenienses, les dijo: Tiénese por cierto que vuestra ciudad resistió en los tiempos pasados a innumerable número de enemigos que, saliendo del mar Atlántico, habían tomado y ocupado casi toda Europa y Asia, porque entonces aquel estrecho era navegable, teniendo a la boca del, y casi a su puerta, una ínsula que comenzaba desde cerca de las columnas de Hércules, que dicen haber sido mayor que Asia y África juntamente, desde la cual había contratación y comercio a otras islas, y de aquellas islas se comunicaban con

la tierra firme y continente que estaba frontero de ellas, vecina del verdadero mar, y aquel mar se puede con razón llamar verdadero mar, y aquella tierra se puede juntamente llamar tierra firme y continente». Hasta aquí habla Platón, aunque poco más abajo dice «que nueve mil años antes que aquello se escribiese, sucedió tan gran pujanza de aguas en aquel paraje que en un día y una noche anegó toda esta isla, hundiendo las tierras y gente, y que después aquel mar quedó con tantas ciénagas y bajíos, que nunca más por ella habían podido navegar ni pasar a las otras islas ni a la tierra firme de que arriba se hace mención». Esta historia dicen todos los que escriben sobre Platón que fue cierta y verdadera, en tal manera, que los más de ellos, especialmente Marsilio Ficino y Platina, no quieren admitir que tenga sentido alegórico, aunque algunos se lo dan, como lo refiere el mismo Marsilio en las Annotaciones sobre el Thimeo, y no es argumento para ser fabuloso lo que allí dice de los nueve mil años; porque, según Pudoxio, aquellos años se entendían, según la cuenta de los egipcios, lunares y no solares, por manera que eran nueve mil meses, que son siete cientos y cincuenta años. También es casi demostración para creer lo de esta isla, saber que todos los historiadores y los cosmógrafos antiguos y modernos llaman al mar que anegó esta isla Atlántico, reteniendo el nombre de cuando era tierra. Pues supuestos ser esta historia verdadera, ¿quién podrá negar que esta isla Atlántica comenzaba desde el estrecho de Gibraltar, o poco después de pasado Cádiz, y llegaba y se extendía por este gran golfo, donde así norte, sur, como leste, ueste, tiene espacio para poder ser mayor que Asia y África? Las islas que dice el texto se contrataban desde allí parece claro serían la Española, Cuba y San Juan y Jamaica y las demás que están en aquella comarca. La Tierra Firme, que se dice estar frontero de estas islas, consta, por razón, que era la misma tierra firme que ahora se llama así, y todas las otras provincias con quien es continente, que comenzando desde el estrecho de Magallanes contienen, corriendo hacia el Norte, la tierra del Pirú y la provincia de Popayán y Castilla del Oro y Veragua, Nicaragua, Guatemala, Nueva España, las Siete Ciudades, la Florida, los Bacallaos, y corre desde allí para el septentrión, hasta juntarse con las Nuruegas, en lo cual, sin ninguna duda, hay mucha más tierra que en todo lo poblado del mundo que conocíamos antes que aquello se descubriese, y no causaba mucha dificultad en este negocio el no haberse descubierto antes de ahora por los romanos ni por las otras naciones que en diversos tiempos ocuparon a España, porque es de creer que duraba la maleza del mar para impedir la navegación, y yo lo he oído, y lo creo, que comprendió el descubrimiento de aquellas partes debajo de esta autoridad de Platón, y así, aquella tierra se puede claramente llamar la tierra continente que llama Platón, pues cuadran en ésta todas las señales que él da de la otra, mayormente de aquella que él dice que es vecina al verdadero mar, que es el que ahora llamamos del Sur, pues, por lo que de él se ha navegado hasta nuestros tiempos, consta claro que en respecto de su anchura y grandeza todo el mar Mediterráneo y lo sabido del Océano, que llaman vulgarmente del Norte, son ríos. Pues si todo esto es verdad y concuerdan también las señas de ello con las palabras de Platón, no sé por qué se tenga dificultad en entender que por esta vía hayan podido pasar al Pirú muchas gentes, así desde esta gran isla Atlántica como desde las otras islas, para donde desde aquella isla se navega y aun desde la misma Tierra Firme podían pasar por tierra al Pirú, y si en aquello había dificultad, por la misma mar del Sur, pues es de creer que tenían noticia y uso de la navegación, aprendida del comercio que tenían con esta grande isla, donde dice el texto que tenían grande abundancia de navíos y aun puertos hechos a mano, para la conservación de ellos, donde faltaban naturales.

Lo que dijo Séneca, cerca de lo que al principio de este capítulo traté, aunque ha sido larga la digresión, aunque necesaria para el conocimiento de lo que pretendemos, dice así:

> Venient annis saecula seris.
> Quibus Oceanus vincula rerum
> Laxet, novosque Tiphis delegat orbes,
> Atque ingens pateat telus.
> Neque sit terris ultima Thile.

Que vuelto en verso castellano, quiere decir:

> En años venideros, vendrá siglo
> En quien lugar dará el mar Océano
> A que otro Nuevo Mundo se descubra,
> Distando del esfera nuestra tanto
> Que Thile, que es en ella la postrera.

Se venga a demarcar por muy cercano.

Capítulo III. La descripción y asiento de la Nueva España
Juanote Durán, en el libro que hizo, que aún no ha salido a luz, de la Geografía y descripción de todas estas provincias y reinos por veinte y una tablas, llama Grande España a todo lo que los españoles, desde la Isla Española hasta Veragua, conquistaron y pusieron debajo de la Corona Real de Castilla. Movióle llamar Grande España a toda esta gran tierra, por haberla sujetado sucesivamente los españoles, de la cual en la parte primera de esta Crónica trataré (dándome Dios vida) copiosamente, y porque al presente es mi propósito de escribir el descubrimiento y conquista de la Nueva España, que es mi principal empresa, en breve relataré qué es lo que ahora los nuestros llaman Nueva España, diciendo primero cómo la ocasión de haberle puesto este nombre fue por la gran semejanza que con la antigua España tiene, no diferenciando, de ella más de en la variedad y mudanza de los tiempos; porque en todo lo demás, temple, asiento, fertilidad, ríos, pescados, aves y otros animales, le parece mucho, aunque en grandeza le exceda notablemente.

Llámase, pues, Nueva España, comúnmente, todo lo que los capitanes ganaron y conquistaron en nombre de don Carlos, rey de España, desde la ciudad de México hasta Guatemala, y más adelante, hacia el oriente y hacia el poniente hasta Culhuacán; porque por las Audiencias que Su Majestad ha puesto en Guatemala y en Jalisco, por distar por muchas leguas de la ciudad de México, hay algunos que dicen llamarse propiamente Nueva España todo el distrito y tierra que la Audiencia Real de México tiene por su jurisdicción; pero, según la más cierta opinión, se debe llamar Nueva España todo lo que en esta tierra firme han sujetado y poblado capitanes y banderas de México, que, comenzando del cabo de Honduras y ciudad de Trujillo en la ribera del Mar del Norte, hay de costa las leguas siguientes: del cabo de Honduras al Triunfo de la Cruz, treinta leguas; del Triunfo a Puerto de Caballos, otras treinta leguas; de Puerto de Caballos a Puerto de Higueras, treinta leguas; de Higueras al Río Grande, treinta; del Río Grande al cabo de Catoche, treinta;••• del diez; de Cotoche a Cabo Redondo, noventa; de Cabo Redondo al Río de Grijalva, ochenta; del Río de Grijalva a Guazacualco, cuarenta; de Guazacualco al Río de Alvarado, treinta; del Río de Alvarado a la Veracruz, treinta; de la Veracruz a Pánuco, sesenta. Pasaron algunos compañeros de los que fueron con don Hernando Cortés a Honduras de la Mar del Norte a la del Sur, y hay de una mar a otra noventa leguas, desde Puerto de Caballos hasta Cholotamalalaca, que vulgarmente se llama Chorotega, de la Gobernación de Nicaragua; hay por la costa del Sur treinta leguas al Río Grande o de Lempa, y al río de Guatemala, cuarenta y cinco, y de Guatemala a Citula, cincuenta, y de ahí a Teguantepeque, ciento y cincuenta; de Teguantepeque a Colima, ciento, y de Colima al Cabo de Corrientes, otras ciento; de Corrientes a Chiametla, sesenta; de Chiametla hasta donde fue don Hernando Cortés, y lo último que descubrieron los navíos de don Antonio de Mendoza (en blanco) leguas. Hay de México al cabo de Honduras, hacia el oriente algo al sudeste, más de cuatrocientas y cincuenta leguas, y a Culhuacán, que está al poniente, algo al noreste (en blanco) leguas. Inclúyense en estos límites los obispados de Trujillo, Honduras, Guatemala, Chiapa, Guajaca, Tlaxcala y el arzobispado de México, y los obispados de Michoacán y Jalisco, toda la cual tierra se extiende y dilata por muchas leguas, y conquistándose lo circunvecino a ella.

También se puede llamar Nueva España por ser tierra continuada y que por toda ella se habla la lengua mexicana, y que de México han de salir los capitanes y banderas a conquistarlo, como ahora al presente salen por mandado del rey don Felipe, e industria de su virrey don Luis de Velasco, a conquistar la Florida. Esto es lo que con toda brevedad se puede decir de la descripción de la Nueva España, porque querer particularizar sus provincias y reinos con las calidades y temples suyos será cosa prolija y larga, y, por tanto, siguiendo la misma brevedad, pues tengo de tratar de la conquista de ella, diré algo por todo este primer libro de sus ritos y costumbres.

Capítulo IV. La calidad y temple de la Nueva España
Porque adelante, en el discurso de esta historia pienso tratar copiosamente las cosas memorables, así las que tocan al suelo como las que pertenecen al cielo y temple de las provincias de la Nueva España, brevemente, por los capítulos siguientes, antes que trate de la conquista, escribiré, en general, así el temple y calidad de estas tierras como los ritos, leyes y costumbres de los naturales de ella, y así es de saber que la Nueva España, como la antigua, que por esta similitud tomó su nombre y dominación, en unas partes es muy

fría, como en los Mixes, en la Misteca, en el Volcán y en toda su halda, en los ranchos de Cuernavaca, donde, siendo el trecho de media legua, y de la una parte tierra caliente y de la otra templada, es tan grande el frío que todo el tiempo del año, los moradores de este poco espacio de tierra viven debajo de ella, y debajo de ella crían las aves y algún ganado, que es cosa de maravillar. Algunas veces ha acaecido que de los pasajeros que por aquella parte van y vienen, por no haber hecho noche en las casas de los indios, han muerto de frío muchos.

Es la Nueva España, como la vieja, asimismo muy llana por algunas partes, como en el valle de Guajaca y en el valle de Toluca, el cual corre más de doscientas leguas; los llanos de Ozumba, tan fértiles de ganado ovejuno que hay en ellos sobre ochocientas mil cabezas; los llanos de Soconusco, los cuales son inhabitables. Es, por el contrario, tan montuosa, así en otras partes como en toda la costa de la Mar del Sur, la cual es toda serranía y montaña han poblado de naturales que parecen colmenas. Hay algunos pueblos tan fuertes por la aspereza del sitio, que son tan inexpugnables que, aunque parece increíble, un hombre los puede defender de muy muchos; porque hay pueblo que no se puede subir a él sino por una parte, y tan áspera, que es menester ayudarse con las manos, como es Pilcalya y Oztuma y Chapultepeque. Y como tiene extremos en calor y fríos, llanos y serranías, así los tiene en vientos y calmas, lluvias y sequías, porque, especialmente en las costas, al principio de mayo y por Navidad se levantan tan bravos y temerosos vientos, que los mareantes y los que viven en las Indias llaman huracanes, que muchas veces han derribado edificios y arrancado de raíz muy grandes y gruesos árboles, y es su furia tanta, que corriendo muchas leguas la tierra adentro, levantan las lagunas que son hondables y se navegan con canoas y barcos pequeños y bergantes, de tal manera, que parece tormenta de la mar, y así se han anegado muchos, no teniendo cuenta con el tiempo, porque algunas veces, aunque con señales precedentes, se levantan vientos con tan gran furia que no hay quien pueda tomar la orilla. Las calmas, como en Tabasco, Teguantepeque y Zacatula, son tan grandes y duran por tantos días que los moradores de estas tierras no pueden sufrir ropa, tanto que los indios ni los españoles no duermen en sus casas, sino a las puertas de ellas o en mitad de la calle, de cuya causa viven enfermos y tan lisiados en los ojos, que los españoles llaman a aquella parte la tierra de los tuertos, porque algunas veces, cuando sopla algún viento, es con tan gran calor, que parece que sale de algún horno muy encendido.

En lo que toca a las lluvias y aguas del cielo, aunque diferentemente se siguen según el temple de las provincias, por la mayor parte en toda la Nueva España, son muy grandes. Comienzan, al contrario de España, desde junio, y acábanse por septiembre. Suele llover, cuando es la furia, treinta y cuarenta días arreo, sin cesar, y dicen los indios viejos que después que vinieron los españoles no llueve tanto, porque antes solía durar la lluvia sesenta y ochenta días sin escampar, porque siempre, por la mayor parte, en el invierno de las Indias, los días que llueve es de las dos o tres horas de la tarde adelante; nieva muy pocas veces, y en muy pocas partes, salvo en ciertas sierras, que por esto las llaman nevadas. Hay también tierras, las cuales son tan secas que, aunque fértiles, llueve tan veces en ellas (como en Coyuca), que es necesario para cultivarlas que un río caudaloso que entra en la mar, cegándosele la entrada, con las muchas olas empape toda la tierra, basta que los naturales la tornan a abrir cuando ven que la tierra está bien harta. Los hielos, esencialmente cuando han cesado las aguas, son tan grandes y tan generales en toda la tierra, que lo que es de maravillar, en partes donde se da el cacao, que siempre es tierra caliente, hacen mucho daño; porque, no solamente abrasan y queman el fruto, pero también el árbol; quémanse también los panes y maizales, como en España, aunque en el valle de Atrisco (como diré cuando tratare de Tlaxcala) hay gran templanza del cielo, tanto que jamás se ha visto helar. Los serenos en muchas partes son dañosos, especialmente en México, el de prima noche y el de la mañana. La causa es el engrosarse los vapores de la laguna en este tiempo con la ausencia del Sol, y reina tanto que hacen enfermar la ciudad, y que ciegan algunos, y a no ser la tierra salitral, que conserva la vista de los ojos con los serenos y los muchos polvos que los aires levantan, cegarían muchos. Los truenos y relámpagos y temblores de tierra en el tiempo de las aguas, en algunas partes, son tan continuos y furiosos, como en Tlaxcala y México, y especialmente en los Zacatecas y en un pueblo de ellas que se dice Asuchualan y en tierras calientes, que han muerto muchos de rayos y han sido forzados los vecinos de aquella tierra, así indios como españoles, para que las casas no se les caigan encima y que los vientos grandes no las lleven y los rayos no los maten, salirse de ellas y meterse en cuevas, debajo de las peñas. Han caído en esta tierra muchas casas y templos fuertes por los grandes temblores, las cuales los indios, en su gentilidad, cuando en ellas caían unas bolsas de fuego, tenían por cierto agüero que habían de haber hambre o guerra. Estas tempestades suceden las más veces cuando el año es seco.

Las lagunas, como también diré en su lugar, son muchas y muy grandes y de mucho pescado, aunque todo pequeño. Son muy provechosas a las comarcas do están, especialmente la de México, que hace muy fuerte la ciudad y muy abastecida por las acequias que en ella entran, y por ellas muchos mantenimientos abundantemente de pescado blanco y prieto, que los indios llaman joiles; y porque, como al principio de este capítulo dije, las demás particularidades que restan, que son muchas y maravillosas, del temple y calidad de la Nueva España, trataré en el descubrimiento y conquista cuando hablare de los pueblos, las dejaré al presente, por venir a tratar también en general de algunos árboles de esta tierra.

Capítulo V. La propiedad y naturaleza de algunos árboles de la Nueva España
Es tan grande la multitud de los árboles de la Nueva España, aunque todos o los más, al contrario de la vieja España, echan las raíces sobre la haz de la tierra, y así ellos y los traídos de España duran poco, y es necesario renovarlos de cuatro a cuatro años o de cinco en cinco. Entre los árboles de esta tierra, aunque no sé si se podrá llamar así, por no echar flor hoja ni fruto, pero porque para hierba es muy grande, contándole entre los árboles, el magüey, que en mexicano se dice mefle, es el más notable y maravilloso árbol y de más provechos que los antiguos ni los presentes han hallado, y tanto que a los que no han hecho la experiencia con razón les parecerá increíble. Hay, pues, en los magüeyes, machos y hembras, y donde no hay machos no hay hembras, ni se dan, y la tierra que los produce es tenida por fértil, y los indios están proveídos abundantemente de lo que han menester para el comer, beber y vestir donde hay copia de ellos, como luego diré. Echa el magüey al principio de su nacimiento grandes hojas que son como pencas muy anchas y gruesas y verdes; vanse ahusando, y en el remate echan una púa muy aguda y recia;

los machos, que son los menos, a cierto tiempo, que es cuando van ya a la vejez, echan un mástil grueso, alto, que nace de en medio de las pencas, en cuyo remate hay unas flores amarillas. Los provechos, así de las hembras como de los machos, son tantos, que los indios vinieron a tener al magüey por dios, y así, entre sus ídolos, le adoraban por tal, como parece por sus pinturas, que eran las letras con que conservaban sus antigüedades. Sus hojas, pues, como sean tan anchas, reciben el rocío de la mañana en tanta cantidad que basta para beber el caminante aunque vaya con mucha sed; las hojas o pencas verdes sirven de tejas para el cubrir de las casas y de canales; hácese de ellas conserva y de la raíz; por consiguiente, secas, son muy buena leña para el fuego, cuya ceniza es muy buena para enrubiar los cabellos. Secas también las pencas, las espadan como el cáñamo, y de ellas se hace hilo para coser y para tejer; la púa sirve de aguja, de alfiler y de clavo, y como se hacen telas, así también se hacen cuerdas y maromas muy fuertes, de que, en lugar de cáñamo, se sirven todos los indios y españoles para lo que suelen aprovechar las sogas y maromas, las cuales, mojadas, son más recias y se quiebran menos. El mástil sirve de madera para el edificio de los indios, y el magüey sirve, como en Castilla las zarzas, para seto y defensa de las heredades. Hácese del magüey miel, azúcar, vinagre, vino, arrope y otros brebajes que sería largo contarlos. Finalmente, como dije, solo este árbol puede ser mantenimiento, bebida, vestido, calzado y casa donde el indio se abrigue; tiene virtudes muchas que los indios médicos y herbolarios cuentan, no sin admiración, especialmente para hacer venir leche a la mujer, bebido su zumo, con el cual se sanan todas las heridas.

 Hay otros árboles que, aunque no son de tanto provecho como el magüey, son dignos, aunque con brevedad, de ser aquí contados, como son el plátano, el cual es cosa maravillosa, que sola una vez en la vida da fruto. El guayabo, provechoso para las cámaras. El peruétano, cuya fruta es más dulce que dátiles; llámanse chicozapotes; de este fruto se saca cierta cera que, mascada, emblanquece los dientes y quita la sed a los trabajadores. El aguacate, cuya fruta se llama así, gruesa y negra, mayor que brevas, la cual tiene cuesco; es caliente, ayuda a la digestión y al calor natural; del cuesco se hace cierto aceite y manteca; en la hoja echa la flor, de la cual en la lejía para la barba, por ser muy olorosa, usan los barberos. La tuna, que el árbol y la fruta se llama así, la cual huele como camuesas y es muy sabrosa: quita en gran manera la sed; es dañosa para los fríos de estómago; hay de ellas blancas, coloradas, amarillas y encarnadas; los que comen las coloradas o encarnadas echan la orina que parece sangre. Hay otras tunas que se dicen agrias, en las cuales se cría la cochinilla, que es grana preciosísima, la cual, desde estas partes, se reparte por todo el mundo; las hojas de este árbol son muy gruesas y anchas; guisadas en cierta manera es manjar muy delicado y de gran gusto y mantenimiento. El annona lleva fruto de su nombre, redondo y mayor y menor que una bola; lo de dentro, que es lo que se come, en color y sabor es como manjar blanco; cómese con cuchara o con pan; tiene cuescos negros, a manera de pepitas; refresca mucho; es sana y cierto, fruta real. El mamey es el más alto árbol de esta tierra, limpio todo, como árbol de navío, hasta el cabo, do hace una copa de ramas y hoja muy hermosa; de las ramas pende la fruta, que también se llama mamey; es a manera de melón, la corteza áspera y por de dentro colorada, y asimismo de fuera; la carne parece jalea en olor, sabor y color; dentro tiene un cuesco grande; para alcanzar la fruta suben los indios trepando con sogas. La piña, muy diferente de la de Castilla, porque es toda zumosa, sin pepita ni cáscara, como la de Castilla, pero, por la semejanza de su tamaño y manera, la llamaron los nuestros así; es fresca, algo más agria que dulce; no muy sana, porque aumenta la cólera; el árbol donde nace es pequeño y delgado. El cacao es un árbol muy fresco y acopado; es tan delicado que no se da sino en tierra caliente y lugar muy vicioso de agua y sombra; está siempre cercado de muchos árboles crecidos y sombríos, por que esté guardado del Sol y del frío; lleva el fruto de su nombre, a manera de mazorcas verdes y coloradas, el cual no pende de las ramas, como los demás frutos, antes está pegado al tronco y ramas; de dentro es elogioso, y tiene los granos a manera de almendras; bébese en cierta manera en lugar de vino o agua; es substancioso; no se ha de comer otra cosa después de bebido; cómese en pepita y sabe muy bien el agua que se bebe tras del; es moneda entre los indios y españoles, porque cien almendras más o menos, según la cosecha, valen un real. Hay árboles de estos en tres maneras: unos muy altos, y otros muy pequeños, a manera de cepas, y otros medianos, y todos, en general, no fructifican sin el amparo de otros árboles mayores que les hagan sombra, porque sin ella el Sol y el hielo los quema. Es este árbol tan preciado, que su fruta es el principal trato de las Indias.

Hay otra infinidad de árboles, unos de fruta y otros sin ella, tan varios y diversos en propiedad y naturaleza, que, queriendo particularizarlos, sería ir tan fuera de mi propósito, que sería necesario hacer otro libro de por sí. Los árboles de Castilla se dan muy bien, aunque por echar las raíces, como dije, tan someras, se envejecen presto. Los que menos aprueban son olivas, cepas, castaños y camuesos, que no se dan, aunque en Michoacán se dice haber camuesas, pero no con aquella perfección que en Castilla; parras y uvas hay muy buenas y sabrosas, pero no se hace vino de ellas, o porque no se pone diligencia o porque no acuden los tiempos, como en Castilla; pero las higueras, manzanos, ciruelos, naranjos, limones, cidros, morales, en los cuales se cría gran cantidad de seda, se dan en gran abundancia y con muy buen gusto, y así se darían otros muchos árboles de Castilla si hubiese menos codicia de dineros y más afición a la labor de los campos.

Capítulo VI. Las semillas y hortalizas que se dan en la Nueva España, así de Castilla como de la tierra

Son muy diversas las semillas y hierbas de la Nueva España y de diverso gusto y sabor, aunque las de Castilla se dan no menos abundantemente que allá. La semilla del maíz, que en su lengua se dice tlauli, es la principal semilla, porque en esta tierra es como en Castilla el trigo. Cómenla los hombres, las bestias y las aves; la hoja de ella, cuando está verde, es el verde con que purgan los caballos; y seca, regándola con un poco de agua, es buen mantenimiento para ellos, aunque todo el año, en la ciudad de México, por la laguna, y en otras partes por las ciénagas, tiene verde, que los indios llaman zacate. Con el buen tiempo acude tanto el maíz, que de una anega se cogen más de ciento; siémbrase por camellones y a dedo, y a esta causa, una anega ocupa más tierra que cuatro de trigo. Quiere tierra húmida, o, si fuese seca, mucha agua del cielo o de riego; echa unas cañas tan gruesas como las de Castilla, y el fruto en unas mazorcas grandes y pequeñas; echa cada caña dos, tres y cuatro mazorcas a lo más; cuando están verdes y tiernas las llaman clotes; son sabrosas de comer; después de secas se guarda el maíz, o desgranado o en mazorcas, el cual, cuando se come tostado, se llama cacalote. Para hacer el pan, que es en tortillas, se cuece con cal y, molido y hecho masa, se pone a cocer en unos comales de barro, como se tuestan las castañas en Castilla, y de su harina se hacen muchas cosas, como atole, que es como poleadas de Castilla, y en lugar de arroz se hace del manjar blanco, buñuelos y otras cosas muchas, no menos que de trigo. Hácese del maíz vino y vinagre, y antes que hubiese trigo se hacía biscocho. Y porque mi intento es escribir, en suma, para la entrada de esta historia, las cosas naturales que produce esta tierra, dejaré de decir del maíz muchas particularidades, por tratar en breve de otras semillas, de las cuales la chía, que es del tamaño de agongolí, una prieta y otra blanca, se bebe, hecha harina, con maíz, y es de mucho mantenimiento y fresca; dase en grano a los pájaros de jaula, como en Castilla el alpiste; echada en agua, aprovecha para dar lustre a las pinturas, y puesta sobre las quemaduras, hace gran provecho. El chianzozoli, que es como lenteja, se come de la manera que la chía; es buena contra las cámaras de sangre; bebida, refresca mucho. El michivautle, que es como adormideras, es bueno para beberse el cacao, que pusimos entre los árboles.

También se cuenta entre las semillas, porque se siembra en pepita, aunque no cada año, sino para trasponerlo, el ichicatle, que es semilla de algodón; tiene la pepita sabrosa como piñones. Hácese de ella aceite y manteca; échase en las comidas de cazuelas en lugar de pepitas; dase en tierra caliente y no en fría. El ayoetli, que es pepita de calabaza, de las cuales se hacen muchos guisados y sirven de almendras para hacer confites. El calicavote es también pepita de otro género, de la corteza de las cuales se hace el calabazate, y de lo de dentro conserva de miel; las pepitas no aprovechan sino para sembrarlas. El etle, que es frijoles, es semilla de gran mantenimiento; cómese en lugar de garbanzos; con de diversos colores. En Castilla los llaman habas de las Indias. El piciete es semilla pequeña y prietezuela; la hoja es verde, seca, y revuelta con cal, puesta entre los labios y las encías, adormece de tal manera los miembros, que los trabajadores no sienten el cansancio del trabajo, ni los puestos a tormento sienten con mucho el dolor, y el que durmiere en el campo y lo tuviere en las manos o en la boca, estará seguro de animales ponzoñosos, y el que lo apretare en los puños y subiese a alguna sierra, sentirá en sí aliento y esfuerzo; los que tienen dolores de bubas lo toman para adormecer el dolor y poder dormir. Las hierbas y raíces, las principales son:

Las batatas, o camotes, que asadas, tienen el sabor de castañas, y en muchas partes se hace pan de ellos. Las xicamas son como nabos, muy zumosas y muy frías; la conserva de ellas es muy buena para los éticos y los que tienen gran calentura. Los chayotes son como cabezas de erizos; cómense cocidos. Los xonacates son cebolletas de la tierra; cómense crudas, como las de Castilla. El ají sirve de especia en estas partes; es caliente, ayuda a la digestión y a la cámara; es apetitoso, y de manera que los más guisados y salsas se hacen con él; usan de él no menos los españoles que los indios. Hay unos ajíes colorados y otros amarillos; éstos son los maduros, porque los que no lo son, están verdes, hay unos que queman más que otros. Los tomates son mayores que agraces; tienen su sabor, aunque no tan agrio; hay unos del tamaño que dije, y otros grandes, mayores que limas, amarillos y colorados; échanse en las salsas y potajes para templar el calor del ají. Los quilites, unos se comen cocidos, como riponces, y otros verdes, como berros. Debajo de este nombre de quilites se entienden y comprenden muchas maneras de hierbas, que tratar de ellas sería cosa muy larga, y más si hubiese de decir de las hierbas medicinales que los indios médicos conocen y cada día experimentan ser de gran virtud en diversas y peligrosas enfermedades que han curado y curan; por lo cual, en el siguiente capítulo trataré de la diversidad y géneros de aves que en estas partes hay y de algunas maravillosas propiedades suyas.

Capítulo VII. Algunas aves de maravillosa propiedad y naturaleza que hay en la Nueva España

Muchas aves hay en la Nueva España muy semejantes a las de Castilla; pero hay otras en todo tan diferentes, que me pareció ser justo, de la multitud de ellas, escoger algunas, para que, entendiendo el lector su maravillosa diversidad, conozca el poder del Creador maravilloso en todas sus obras. El ave que en la lengua mexicana se llama tlauquechul es, por su pluma y por hallarse con gran dificultad, tan preciada entre los indios, que por una (en tiempo de su infidelidad) daban cuarenta esclavos, y por gran maravilla se tuvo que el gran señor Moctezuma tuviese tres en la casa de las aves, y fue costumbre, por la grande estima en que se tuvo esta ave, que a ningún indio llamasen de su nombre, si no fuese tan valeroso que hubiese vencido muchas batallas. Tiene la pluma encarnada y morada; el pico, según la proporción de su cuerpo, muy grande, y en la punta una como trompa; críase en los montes. El ave que se dice aguicil es muy más pequeña que gorrión, preciosísima también por la pluma, con la cual los indios labran lo más perfecto de las imágenes que hacen; es de diversas colores, y dándole el Sol, parece tornasol; es tan delicada que no come sino rocío de flores, y cuando vuela, hace zumbido como abejón; hay alguna cantidad de ellas. El quezaltotol es ave toda verde; críase en tierras extrañas; la cola es lo principal de ella, porque tiene plumas muy ricas, de las cuales los indios señores usaban como de joyas muy ricas para hacer sus armas y devisas y salir a sus bailes y recibimientos de príncipes; tiene esta ave tal propiedad que, de cierto a cierto tiempo, cuando está cargada de plumas, se viene a do hay gente para que le quite la superflua. El pico es tan fuerte, que pasa una encina con el pico; tiene cresta como gallo, y silba como sierpe.

Hay otro pájaro que, naturalmente, cuando canta habla en indio una razón y no más, que dice tachitouan, que en nuestra lengua suena: «padre, vámonos»; tiene la pluma parda; anda siempre solo, y dice esta razón dolorosamente. Otro que se llama cenzontlatlol, que en nuestra lengua quiere decir «cuatrocientas palabras» llámanle así los indios porque remeda en el canto a todo género de aves y animales cuando los oye, y aun imita al hombre cuando lo oye reír, llorar o dar voces; nunca pronuncia más de una voz, de manera que nunca dice razón entera. El cuzcacahtl es pájaro blanco y prieto y no de otro color; tiene la cabeza colorada; nácele en la frente cierta carne que le afea mucho; aprovecha para conservar la pluma y que no se corrompa; muestra en sí cierta presunción y lozanía, como el pavón cuando hace la rueda; es de mucha estima entre los indios. Los papagayos hay cinco maneras: unos colorados y amarillos, y de estos hay pocos; otros amarillos del todo; otros verdes o colorados, sin tener pluma de otro color; otros verdes y morados; otros muy chiquitos, poco menores que codornices; éstos son tantos que es menester guardar las simenteras de ellos. Aprovecha la pluma de todos, y todos hablan cualquier lengua que les enseñan, y muchos, dos y tres lenguas; quiero decir, algunas palabras de ellas. El chachalaca, que, por ser tan vocinglero, los indios le llaman así; tiene tal propiedad que, pasando alguna persona por do está, da muy grandes gritos. Hay un pájaro del tamaño de un gorrión, pardo y azul, que dice en su canto tres veces arreo, más claro que un papagayo bien enseñado, «Jesucristo nació»; jamás se posa cuando anda en poblado sino sobre los templos, y si hay cruz, encima de ella; cosa es cierto memorable y que parece fabulosa, si muchos no lo hubiesen oído, de los cuales, sin discrepancia, tuve esta relación. Hay otra ave cuyo nombre no sé, que las más veces, aunque es rara, se cría en los huertos, o donde hay arboledas, de tan maravillosa propiedad, que los seis meses del año está muerta en el nido, y los otros seis revive y cría; es muy pequeña, y en cantar, muy suave. Han tenido de esto que digo algunos religiosos cierta experiencia, que la han visto en sus huertos.

Hay otra ave que, por ser de mucha estima, la presentaron al virrey don Luis de Velasco, no menos extraña que las dichas, mayor que un ánsar; cómese medio carnero; tiene las plumas de muchas y diversas colores, y las de la garganta, porque van las unas contra las otras, hacen excelente labor; ladra como perro, y las plumas son provechosas para el afeite de las mujeres; llámanla los indios ave blanca, y cuentan de ella otras propiedades no menos maravillosas que las que hemos dicho de otras. Hay otra ave que tiene la cabeza tan grande como una ternera, muy fiera y espantosa, y el cuerpo conforme a ella; las uñas muy grandes y fuertes; despedaza cualquier animal por fuerte que sea; nunca se ve harta, y suele, de vuelo, llevar un hombre en las uñas.

Aves de agua hay muchas, como patos y otros que llaman patos reales; garzas, muchas y muy hermosas. En la tierra hay ánsares muy grandes, y grúas. De volatería, muy buenos halcones, que por tales los llevan a España; hay azores no menos buenos.

Capítulo VIII. Los más señalados ríos de la Nueva España y de sus pescados

Porque suelen los ríos caudalosos y abundantes de pescados ennoblecer las provincias por do corren, me pareció ser razón, pues la Nueva España, entre otras cosas, muchas memorables, es una de las más insignes regiones del mundo, tratar de algunos famosos ríos que por ella corren, entre los cuales se ofrece el río de Zacatula, que da nombre a la provincia por do corre, el cual nace en términos de Tlaxcala y entra en la mar por la villa de la Concepción de Nuestra Señora, que es en la provincia de Zacatula. Es muy caudaloso de agua, porque entran en él más de treinta ríos principales, sin otros muchos, de los cuales no se hace caso; su corriente es muy veloz, más hondo y ancho que dos veces el Guadalquivir. Tres leguas antes que entre en la mar, sale de entre unas sierras y da en unos llanos donde se hunde de cuatro partes, las tres de tal manera que, a tres leguas de la mar, haciendo algún pozo, hallan el agua tan corriente como cuando va todo junto, a cuya causa no entran navíos gruesos por él, sino pequeños, según la cantidad de agua que queda sobre la tierra. Corre más de doscientas leguas; sus pescados son muchos y muy grandes, aunque también tiene chicos. Los principales son: lizas, meros, moxarras, bobos, truchas, pargos, bagres y, entre ellos, aquel espantoso y perjudicial pescado que los indios llaman caimán y nosotros lagarto, y algunos de los latinos engañados dicen ser cocodrilo. De éste, repartiendo el capítulo en dos partes, trataré de algunos más copiosamente que de los otros pescados, por ser tan señalado, diciendo primero en este río y en otros haber tantos, y tan encarnizados, que no hay quien ose entrar en el agua hasta el tobillo, porque, con increíble velocidad, son con él debajo del agua. No puede hacer presa nadando, sin que primero estribe en alguna cosa, por lo cual, el tiburón, aunque es muy menor pescado y de menores fuerzas, le rinde y vence, quitándole la vida, metiéndose debajo de él. Hay algunos que, puestos en el arenal, son tan grandes que parecen vigas muy gruesas, de luengo de más de veinticinco pies. Hanse visto juntos en la tierra más de sesenta, en la cual no pueden hacer mal, aunque, estribando a la orilla sobre los brazos, da un apretón, que sale buen rato fuera de la tierra tras la presa que pretende. Péscanse con varios y diversos artificios y anzuelos muy gruesos, aunque hay, que es de tener en mucho, indios tan diestros, que, metiéndose en el agua, los atan de pies y manos con cordeles, y así los sacan a tierra, la cual experiencia ha sido a hartos peligrosa y aun costosa. Hay otra manera de tomarlos, como es con villardas, poniendo el cebo de carne o tripas en un palo rollizo de dos palmos en largo, y por el medio de él una recia cuerda con una boya; traga el caimán el palo con el cebo y atraviésasele en la garganta, y como con esto él da vuelcos en el agua, la hoya, meneándose en diversas partes, lo da a entender, y así los sacan a jorro.

Hay diversas maneras de caimanes: unos gruesos y otros verdes; otros no tanto y más largas, de color de cieno; los verdes son más dañosos; tienen la boca tan grande como media braza, poblada de muchos y muy gruesos dientes; la lengua no se les parlesce, por ser muy pequeña, la cual les cae sobre la garganta y agallas, de manera que ningún agua les puede entrar; tiene desde el pescuezo hasta la cola, por la parte de arriba, unas conchas que con ningún asta se pueden pasar; llegan, como dije, con tanta velocidad a la orilla, que, sin ser sentidos, hacen presa en muchos animales que van a beber, y así, se tiene muy gran cuenta con los niños en que se aparten de la orilla del río; cuando hace presa, si es cosa viva, vase a lo fondo con ella, hasta que la ahoga, y luego se sobreagua para ver si está, muerta, y saliendo del agua a la más segura parte que ve, la hace pedazos para comerla, y no, como algunos dicen, tragándoselo entero. Suelen los encarnizados trastornar las balsas con que navegan los indios, para hacer presa en ellos, aunque ha habido indio tan fuerte que, tomándose a brazos con el caimán, sin darle lugar que con la boca le hiciese daño, lo ha sacado en tierra, y ha habido otros que los han muerto en el agua. Los tigres viejos tienen grande enemistad con ellos, tanto que, yendo a velar a la orilla del río, antes que el caimán haga presa, le saltan encima, y así, con las uñas, le sacan fuera del agua y hacen pedazos, hasta abrirles la barriga y sacarle el hijo o hijos en cuya busca venían, y si le hallan, es cosa notable las bravezas que hacen deteniéndose en despedazarle; y si no le hallan, vanse a buscar otro. Salen los caimanes del río de noche y atraviésanse en los caminos para que, tropezando con ellos los indios, caigan y ellos los maten. Tienen una tripa sola; mandan la quijada de arriba, y no la de abajo; en las agallas tienen unas como landrecillas que huelen como almizque, y así, los que tienen lengua de esto, fácilmente saben el río que tiene caimanes, por el olor que hay a su orilla.

Hay otros caimanes que llaman bobos porque no hacen mal; la causa es no estar encarnizados. Todos ponen los huevos en la arena en gran cantidad, unos grandes y otros pequeños; salen con el calor del Sol y abrigo de la arena. Los grandes, antes que la madre venga, comen los chicos, y cuando ella sale en tierra, súbense todos sobre ella, y así, se mete ella con ellos en el agua, donde, sacudiéndose, los deja para no verlos más. Y porque es razón hablar de otros ríos y de sus pescados, por no hacer fastidioso este capítulo, dejando de decir otras cosas de los caimanes, en el siguiente capítulo proseguiré el título de éste.

Capítulo IX. Donde se trata de otros ríos y pescados
No es menos memorable el río de Pánuco, el cual nace sesenta leguas de la mar y hace tres nacimientos, todos muy grandes, los dos de los cuales se vienen a juntar cuarenta leguas de la mar, y el tercero, diez leguas; después de andadas, va por tierra llana más de las treinta, más ancho y más hondo que Guadalquivir; entran en él navíos de doscientas toneladas; sube por él la creciente de la mar más de quince leguas; está a par de él fundada la villa de Santiesteban del Puerto, que es en la provincia de Pánuco, tierra sana y bien abastecida. Este río tiene muchos pescados, pero especialmente los que no hay en otros: hay en él un cierto pescado que se llama manatí, cuyo pescado parece carne de vaca gorda, y jicoteas, que son a manera de tortugas.

Hay otro río que se dice del Espíritu Sano: nace en el valle de Toluca; corre, hasta entrar en la mar, más de ciento y cincuenta leguas; es río más caudaloso que ninguno de los de España, así por su nacimiento como por los ríos que se le van juntando; súmese por la tierra lo más de él, y ésta es la causa por qué no entran en él navíos gruesos, sino bergantines; tiene gran cantidad de pescados de muchos géneros, y por esto se hacen en él muy grandes pesquerías de camarones cerca de la mar, que, secos, los llevan los indios por toda la tierra a vender.

Catorce leguas de éste, hacia el poniente, por la misma costa de la mar, corre otro gran río que se llama Iztatlán, con el cual se juntan tres o cuatro muy caudalosos, de manera que, al entrar en la mar, tiene más de media legua de ancho; no es hondable de manera que sufra navíos gruesos; tiene muy gran cantidad de pescados, y de ostras, tan innumerables, que, aunque vayan diez mil indios a cargar de ellas, hacen tan poca mella, como si no fuese nadie. De este río adelante, por la misma costa, al poniente, casi trescientas leguas hay otro río tan caudaloso, que lo más angosto de él tiene media legua de ancho, y cuando entra en la mar tiene cinco; es muy hondable, de manera que por todo él pueden navegar navíos muy gruesos; corre, a lo que parece; es tan grande, según se conjetura, por las nieves que se derriten de las sierras, lo cual parece claro, porque sus mayores crecientes son por San Juan, cuando hay más calor. La tierra es fría y poblada de pobre gente; el pescado que tiene es mucho, aunque la variedad de él no se ha visto.

Hacia la mar del Norte hay otros ríos muchos que, por no ser tan grandes, no hago mención de ellos, y es cierto que los ríos que van a dar a la mar del Sur, en poblaciones y en fertilidad de tierra y en riquezas de oro y plata y perlas, hace gran ventaja a los del Norte, aunque, a lo que dicen y adelante trataremos, los ríos de la Florida son muy grandes y muy ricos de perlas, y porque hemos hecho alguna mención de señalados pescados, no será fuera de propósito, aunque no sean de río, decir que en la mar de la California, a la cual fue Hernando Cortés, muchos de sus soldados, en tiempo de calmas, desde los navíos vieron por tres veces levantarse en el agua unos pescados que desde la cinta arriba, porque de ahí abajo no se veía nada, que parecían hombres desnudos en carnes, que a los que los vieron, verdaderamente, pusieron cierto pavor, los cuales se zabulleron luego, y de ahí a poco tornaron a parecer dos veces, a los cuales, por la semejanza humana que tenían, llamaron los nuestros peces-hombres.

Capítulo X. Algunas lagunas y fuentes de la Nueva España
No menos hace al propósito, habiendo de hablar de las cosas señaladas que hay en esta tierra, decir algo, aunque de paso, de algunas lagunas y fuentes que en ella hay. De las lagunas, la de México, por cercar la más insigne ciudad de este Nuevo Mundo, es muy señalada, y porque [es] la que está más cerca de la ciudad; es salada, y con ella, a la parte del norte, se junta otra dulce, y a la parte del sur otra también de agua dulce. Esta es mucho mayor que la otra, porque dentro de ella hay cuatro grandes pueblos de indios, los cuales son Xochimilco, Cuitlauac, Mesquique, Culuacán. Bojan estas tres lagunas, que hacen una, más de ochenta leguas; tienen mucho pescado que, por estar lejos la mar, no poco proveen la ciudad. Hay en ellas un pescado que se llama axolote, que es prieto: tiene pies y figura de lagarto. Ranas hay en tanta cantidad, que ayudan mucho a la falta del pescado fresco. Hay en esta laguna tres peñoles de mucha caza de liebres, conejos y venados, que fueron echados a mano. Entran en esta laguna muchos ríos pequeños, con todas las aguas que caen de las vertientes de las sierras que la rodean. Hay otra laguna en la provincia, de Michoacán, muy grande, de hechura de una herradura; es de agua dulce, y tan hondable que, a partes, tiene más de cien brazas. Hay en ella muchos peñoles poblados; es abundante de pescados, especialmente

de galápagos, que no hay en otras lagunas; boja más de treinta leguas; tiene tormenta como la mar.

Hay otra laguna que se dice Cuyseo, la cual tiene muchos bagres; tiene otros pescados a manera de sardinas y de pejerreyes; boja más de veinte leguas; tiene algunos cerros dentro. Hay otra laguna muy más grande: está toda junta, y no dividida como la de México; tiene más de ochenta leguas de box; hay muchos pueblos muy populosos alrededor de ella; tiene algunos peñoles pequeños; es muy hondable; es tan abundante de pescado como las demás. Alrededor de ella crían muchos patos; es de agua dulce; entra en ella un río caudal y torna a salir, no creciendo ni menguando la laguna, cerca de la cual, a la parte del norte, hay unos ojos de agua salada, de la cual, los indios que allí cerca viven, hacen mucha cantidad de sal muy blanca y muy buena. Alrededor de estos ojos toda el agua es salobre, y los indios, tomando del agua y de la tierra, la cuelan de tal manera que, llevando el agua toda la fuerza de la tierra, poniéndola un poco al fuego, queda hecha sal de muy buen gusto y muy blanca. Y el río de Alvarado hace una laguna entre unos manglares, que tiene catorce leguas de largo y diez de ancho; hácese en ella mucha y muy buena sal; es abundante de camarones y ostiones y anguilas que, aunque parecen culebras, son muy buenas y muy sanas.

Las fuentes de la Nueva España, aunque no tienen tan maravillosas propiedades como las de los escritores antiguos de Asia y África, son, empero, muchas de ellas de grandes y abundantes nacimientos, y algunas de agua tan delgada, que corrompen a los que la beben; hay otras muy calientes que, metiendo en ellas un perro, le sacan cocido y deshecho: otras tan frías que, cualquier cosa viva que en ellas caiga, muere al instante, de la frialdad. Cerca de Jalisco, en muy poco espacio, nacen dos fuentes, la una por extremo fría y la otra por extremo caliente. Júntanse cerca de los nacimientos y hacen un agua extremada para blanquecer la ropa.

A la ciudad de México, como otras cosas, ennoblecen muchas fuentes de mucha y muy buen agua, como son las de Tanayuca, Cuyoacán, Estapalapa, Sana Fe y, aunque la de Chapultepeque es muy hermosa y de mucha agua, y que por más cercana, porque nace media legua de ella y entra por grueso caño en ella, no es tan buena como las demás, las cuales con facilidad pueden traerse a México, como al presente se procura traer una de ellas. En la laguna, media legua de la ciudad, hay un peñol, a la halda del cual nace una fuente de mucha y muy caliente agua, de la cual se han hecho unos baños no menos nobles que los de Alhama; es necesario, para poder sufrir el calor, echar primero el agua en unas pilas que están junto al nacimiento. Hay en la provincia de Michoacán una fuente que sale junto a una peña que, de noche y de día, tiene un calor muy grande; es tan saludable que, a los que se lavan en ella, si van tullidos, se destullen, y los llagados, sanan. En ésta sanó dentro de ocho días un hombre tan leproso que no había hombre que se osase llegar a él. Hay otra cerca de ésta que nace en llano y es más ancha que una grande alberca; tiene la misma propiedad. Lo demás remito a otros que de esto han escrito más particularmente, por venir al capítulo siguiente.

Capítulo XI. Las serpientes y culebras y otras sabandijas ponzoñosas que hay en la Nueva España
Sierpes muy fieras, como en otras partes del mundo, no se hallan en esta tierra a menudo, aunque los días pasados, en una muy honda quebrada, vieron dos hombres una sierpe mayor que un gran becerro, tan fiera y espantosa que no sabían encarecerla. Decían que tenía cuatro pies y que la cola era tan larga como el cuerpo, cubierta toda de unas conchas que parecían launas de armar. Hizo gran ruido al subir, mientras ellos huían. Decían que el rostro tenía tan feroz que parecía cosa del infierno. Sierpes como ésta hanse visto muy raras veces, aunque hay muy gran cantidad de culebras tan gruesas como el cuerpo de un hombre y más largas que una braza. Llámanse mazacoatl; son bobas, porque no pican ni hacen mal a nadie; son pintadas como venados de los nuevos; mantiénense de conejos, liebres, venados, perros y aves, y esto cazan, metiéndose en lo más espeso de los arcabucos, esperando de secreto la caza, la cual matan con la cola. Críanse entre las peñas y riscos altos. Hay otras culebras tan delgadas como el dedo de la mano y más largas que braza y media, las cuales, para acometer y herir al hombre, juntan la cabeza con la cola. Donde hay pajonal, corren tanto como un hombre, por bien que corra.

Hay víboras en dos maneras: unas gordas como una pantorrilla de la pierna, y largas, aunque de este género hay también muy más delgadas. Tienen hacia la cola unas a manera de escamas que, cuando se mueven, van sonando como cigarras, porque algunos, por las oír, se guardan y huyen de ellas.

Llámanse de cascabel por este ruido que traen, y tienen tantos años cuantas escamas. Mueren los mordidos de ellas si no saben curarse, y la cura es sajar luego la herida y exprimir luego la ponzoña antes que más se extienda. Hay otro género de ellas delgadas como el dedo, y de palmo y medio de largo, tan ponzoñosas que, al que muerden, si no cortan el miembro herido, no vive. De las otras hay muchas, y de éstas muy pocas. La pestilencia de las unas y de las otras es el puerco, que se las come. Hay otra culebra o sierpecilla que parece codorniz, porque, cuando hace mal, se abalanza y hace el sonido como una codorniz. Los indios ponen nombre a algunas cosas por la semejanza que tienen con otras. Las sabandijas, unas hay ponzoñosas y otras no. De las unas y de las otras hay casi infinitas. Las ponzoñosas son alacranes, que matan a los que pican si con tiempo no los socorren, y si pican a algún niño, no escapa. Arañas, grandes, vellosas y negras, son peores y más ponzoñosas que las víboras.

En las tierras calientes hay muchos mosquitos y de muchas maneras, que, para poder vivir, han de andar de día con un amoscador en las manos, y de noche cubrirse bien en la cama, aunque en algunas partes las indias salen a hilar y a tejer a la Luna, porque entonces no los hay. Hay algunos que pican de tal manera, que levantan grandes ronchas. La langosta, así en tierras calientes como en frías, algunos años suele hacer en las mieses gran daño, y para que no aoven en la tierra después de hechas las simenteras, los indios, puestos en ala, que toman una legua y dos, pegan fuego cada uno por su parte a las hierbas y rastrojos y como están en torno y comienzan circularmente a prender el fuego es cosa maravillosa cómo las sabandijas, venados, liebres y otros animales salen huyendo del fuego y se amontonan en el medio, y cómo los indios, llevando sus arcos y flechas y otras armas, matan la caza que quieren, aunque en esta manera de caza hay muchas veces peligro, porque, como del aire se suele hacer un torbellino, así entonces se hace de fuego, que al que halla, abrasa con la furia grande que trae atrás. De esta manera, los indios limpian sus campos de las sabandijas, y cuando vienen las aguas, la hierba para los ganados nace en mayor abundancia y más limpia y de mayor mantenimiento.

Capítulo XII. Los animales bravos y mansos que hay en la Nueva España

Hay en esta tierra, como en España, algunos animales, aunque difieren en algo de los de España, como leones, lobos, osos, venados, corzos, gamos, liebres, conejos, tigres, onzas. De éstos, los tigres han sido muy dañosos, porque andaban muy encarnizados, y tanto, que esperaban los indios por los caminos para matarlos, y de noche, como muchas de las casas eran de caña, por entre ellas hubo tigres que, metiendo la mano, sacaban la mitad de la cabeza del que estaba durmiendo, porque tienen tan gran fuerza en las uñas, que todo cuanto con ellas alcanzan hacen pedazos. También ha habido muchos leones, aunque no coronados, tan encarnizados, que así en los españoles como en los indios, han hecho gran daño.

Hay otro animal del tamaño y figura de zorra que los indios y los nuestros llaman adibe, no menos dañoso al ganado ovejuno que los lobos muy encarnizados de España, y porque de estos animales hay tantos que no basta armarles lazos, el remedio es echarles pedazos de carne con cierta hierba que nace en esta tierra, que, comiendo de ella, luego mueren. Entre otros animales que difieren en el todo, hay unos como conejos, armados de ciertas conchas; andan por peñas y riscos muy fragosos, y cuando quieren bajar de alguna sierra muy alta a lo más bajo de ella, no corren ni andan, sino arrojándose desde lo alto, porque, cubriéndose con las conchas todo, sin echar pie ni mano fuera, aunque cuando hace el golpe suena mucho, no se hace mal ninguno.

Hay otros animales que son poco mayores que hurones, que traen consigo los hijos cuando pasen en la hierba; y cuando sienten gente los hijos, vienen corriendo a la madre, a los cuales ella, metiéndoselos en ciertos senos que tiene en la barriga, huye sin caérsele ninguno, y cuando está desviada, los torna a soltar. Hay otro animal que se parece en alguna manera a éste, la cola del cual es de tan gran virtud que, si se seca, y molida, la bebe cualquiera que tenga saeta, piedra o otra cosa metida en el cuerpo, la echa luego fuera, y a esta causa, los indios que iban a las guerras, los que podían, llevaban estos polvos consigo para cuando los hubieran menester. En la tierra de Cíbola había unos como carneros monteses que saltaban por las peñas más ligeros que cabras, con tener los cuernos más largos que bueyes de diez años y los cuerpos no mayores que carneros de España.

Las vacas de aquella tierra son pequeñas y corcovadas, y el pelo tan pequeño y liso como de ratón. Los toros son de la misma figura, más bravos que los de Castilla, con ciertas vedijas de lana en la cabeza muy largas que parecen clines. Hay perros chicos y grandes corcovados. Sírvense los moradores de aquella tierra de los grandes para la carga, como en el Pirú de las ovejas que allá nacen, y porque en la Nueva España no tenían animal que llevase carga, los indios, desde niños, se enseñaban a traerla, y esles tan natural, que aunque ahora se les prohíbe, quieren más muchas veces llevar ellos la carga que echarla en las bestias, las cuales hay en abundancia de asnos, mulas y caballos, y los caballos y mulas tan buenos, que en España no los hay mejores. Los pellejos de los caballos son los más lindos del mundo, y las colores, que en España no aprueban bien, en esta tierra son señal de muy recios; y así, los caballos overos y blancos son muy recios y para mucho trabajo, y así, hay caballos de camino mejores que en todo lo descubierto del mundo, y de los de rúa, tantos y tan buenos, que en ninguna parte de él hay más ni tales, lo cual no poco ennoblece esta tierra y la fortifica, porque a pie, en los llanos y en las sierras, cuando hay guerra, por su ligereza, especialmente en las sierras, son más poderosos los indios que los españoles, mayormente cuando no hay arcabucos.

Animales del agua y de la tierra son lobos marinos, caimanes, de quien ya dijimos que son como lagartos pequeños; galápagos, tortugas, todos los cuales desovan en la tierra y, después de nacidos, se meten en el agua. Otros animales hay muchos, de los cuales en su lugar hablaremos largo.

Capítulo XIII. La caza y manera de cazar de la Nueva España
Cazan los indios diversas aves y animales de diversas maneras: Los patos de las lagunas toman hincando unos palos altos en la laguna, y puestos de trecho a trecho, cuelgan unas muy grandes redes muy delgadas, y ya que el Sol se va a poner, levantan la caza con voces y con palos, con que dan en el agua, y como el vuelo no es alto y la red es menuda, no viéndola, dan en ella, donde los más se enmarañan.

Cazan los venados metiéndose en el cuero de otro venado; van a gatas, llevando sobre su cabeza la cabeza del venado de cuya piel van vestidos, y así, asegurando la caza, la flechan de muy cerca. Cuando quieren hacer alguna caza real, como se ha hecho a don Antonio de Mendoza y a don Luis de Velasco, virreyes, júntanse quince o veinte mil indios armados de sus flechas y arcos y otros con macanas y varas tostadas, y cercan algún monte donde hay venados, osos, leones, puercos monteses. Por su orden se van metiendo, dando voces, yendo la gente de a caballo delante, con sus lanzas y arcabuces, y levantan la caza de tal manera, que, como vuelve espantada de cualquier parte donde la ojean, vienen poco a poco a acorralar tanta, que se han muerto de una vez más de trescientos venados. De otras muchas maneras cazan los indios, y son tan diestros en ellas, que ninguna cosa se les escapa, especialmente las codornices, las cuales, en mucha cantidad, toman de noche vivas; tratar de lo cual sería, como ya tengo dicho hacer libro muy grande.

Las cazas que principalmente siguen los españoles son matar patos y otras aves que se crían en la laguna, con arcabuces, metiéndose en ella con canoas. También con las aves de rapiña, como halcones y sacres, vuelan garzas y otras aves; también con perros levantan las codornices y las matan con azor; son éstas más sabrosas. Cazan asimismo con muy buenos galgos, que se hacen en esta tierra, muchas liebres, las cuales son mayores y más ligeras que las de España aunque no son tanto los cazadores, así por no ser la gente tanta, como porque en estas partes los hombres no tienen tanta quietud y trabajan más que en España, o por volver a ella ricos o por vivir acá honrados, que no lo son sino los que tienen. Y esto basta tocante a la caza.

Capítulo XIV. Los metales y piedras de valor y de virtud que hay en la Nueva España

El más noble Y precioso metal, como todos saben, es el oro, el cual, aunque de todas las naciones ha sido siempre tenido en mucho por la necesidad que hay de él para las contrataciones y otros negocios importantísimos, esta gente no lo tenía en tanto, aunque todavía le tenían en más que a los otros metales, y del hacían joyas preciosas, porque las plumas ricas y las de virtud eran las más estimadas y más principales joyas que los indios tenían. Las minas del oro se hallan por la mayor parte en tierra caliente, en los ríos y arroyos. Su nacimiento es cerca de ellos, porque a la orilla toman el seguimiento hasta dar en el oro. Cógese en polvo, entre la arena, y, lavándolo en unas bateas que son ciertos vasos acomodados para ello, despidiendo la arena con el agua, queda el oro, el cual también se halla en las sierras y en tierra llana. Hanse descubierto granos muy finos y de muy gran peso. También se saca plata, y en ella, incorporado el oro. Apártase el un metal del oro con agua fuerte. Síguense muy poco las minas del oro, porque es menester hacer mucho gasto, y son pocos los que puedan sufrirlo.

Las minas de la plata son más generales y hállanse en muchas partes. Florecieron en un tiempo las de Tasco, y ahora las de los Zacatecas. También éstas son costosas, por la falta que hay de esclavos e indios, y por lo mucho que cuestan los negros y la poca maña que para ello se dan. Las minas de plata, cuando andan buenas, sustentan y engruesan la tierra, y cuando van de caída, parece que todo está muerto. Necesidad tienen los mineros de que Su Majestad les dé favor, pues aliende del aprovechamiento de estos reinos, con ninguna cosa se adelantan tanto sus rentas reales como con el buen aviamiento de las minas.

Hay minas de plomo, con el cual, no menos que con azogue, se beneficia el metal de la plata. Hay minas de cobre, las cuales no siguen porque no son de tanto provecho. Hay asimismo minas de metal que tienen plata y cobre juntamente. Finalmente, no se labran sino las de plata, porque son más y acuden mejor que las demás.

Piedras preciosas, al presente, no hay tantas como en España, ni de tantos géneros; pero las esmeraldas son las mejores y las estimadas, muy aprobadas para la embriagues, como de ellas se escribe. Hay otras piedras que, aunque no son de tan buena vista, son de gran virtud, porque hay algunas tan buenas para quitar el dolor de ijada y riñones, que, por obrar en tan breve, son maravillosas y dignas de gran estima. Son de color de esmeraldas turbias, muy mayores que ellas; atraviesan por ellas unas vetas blancas. Hay otras de color cárdena; de éstas hay muchas en anillos, que, tocando por debajo del engaste a la carne, hacen mucho provecho. Hay otras piedras que, aunque no son preciosas ni de virtud, son muy buenas para hacer aras; son tan limpias y resplandecientes que sirven de espejos; son negras; sácanse de ellas navajas, que son tan agudas como las de acero. Hay para el efecto de las aras otras piedras bermejas y vetadas de negro que no se tienen en menos que las negras. Piedras para colores hay muchas, aunque se dan pocos a buscarlas, porque el que puede ir, y aun el que no, todos andan, a buscar plata, la cual, como decía Diógenes, había de estar amarilla de miedo, como el oro, de los muchos que la andan a buscar hasta sacarla de las entrañas de la tierra. Cierto; si hubiese el asiento que se desea, habría menos codicia y más virtud.

Paréceme que para en general, basta haber dicho, con la brevedad que he podido, lo que toca al temple de esta tierra y propiedades de ella. Ahora, con no menor brevedad trataré de los indios y de sus ritos y costumbres, para que cuando comience la conquista, el lector vaya advertido de muchas cosas que se tocarán de paso.

Capítulo XV. La manera que los indios tienen en el poblar
Pueblan los indios de la Nueva España muy diferentemente de las otras naciones, porque, por las idolatrías que tenían y por hablar con el demonio más secretamente, ni buscaban riberas ni costa de mar, ni lugares llanos donde hiciesen sus poblaciones, y las que hacían era en lugares altos, ásperos y montuosos, sin orden ni continuar casa con casa, por manera, que un pueblo de mil vecinos venía a ocupar cuatro leguas de tierra. Decían que el hacer su asiento en tales partes era por fortalecerse contra los enemigos comarcanos, y el estar tan apartados los unos de los otros, por tener cada uno la simentera o milpa a par de su casa, y porque, si hubiese pestilencia, no se inficionasen estando juntos, y ciertamente era consejo del demonio, porque, ya que poblaban en lugares altos, por la fortaleza para acometer y para defenderse, más fuertes estuvieran juntos que derramados. Ahora, por industria de los religiosos, aunque con muy gran trabajo, los hacen vivir juntos y por orden y concierto, y si esto estuviese hecho así para la policía humana como para la cristiandad, haría mucho el caso, porque podrían ser visitados con más facilidad y evitarse hían las idolatrías, sodomías, borracheras, estrupos, adulterios y homicidios que cada día se cometen por estar tan partados. Sienten mucho el congregarse porque, como dice el moro, desean mucho vivir y morir en la ley, casa y tierra de sus padres y abuelos, y, naturalmente, son enemigos de los españoles, o porque les reprehenden sus vicios o porque tienen poca

semejanza con ellos; pues, como dicen los filósofos, la semejanza es causa de amor.

Las casas de sus moradas son de adobes y madera, y tan pequeñas, que un día se puede hacer una; las puertas y ventanas de ellas muy pequeñas; ningún aderezo tienen, sino sola una estera, que llaman petate, por cama. Tienen poca conversación los unos con los otros; visítanse poco, aunque estén enfermos; son amigos de hacer sus moradas en alto, do vean las quebradas de los arroyos y ríos.

Hay otros indios que llaman chichimecas, que siguen la costumbre de los alárabes, no teniendo casa ni morada cierta, ni labrando los campos de que se sustenten, manteniéndose según los tiempos, unas veces de fruta de la tierra y otras de la caza que matan, porque son muy grandes flecheros. Finalmente, de esto que he dicho, parecerá la necesidad que tenían de policía y la merced grande de Dios les hizo en enviarles los españoles, y entre ellos a los religiosos y clérigos que les predicasen y los instruyesen y alumbrasen de los errores en que estaban tan contra toda razón; y porque esto se vea más claro, en el capítulo siguiente trataré de sus condiciones e inclinaciones.

Capítulo XVI. Las condiciones e inclinaciones de los indios en general

No hay nación tan bárbara ni tan viciosa donde no haya algunos de buen entendimiento y virtuosos, y, por el contrario, tan política y bien enseñada, que en ella no haya hombres torpes y mal inclinados, y así, aunque en general, diré haber sido bárbaros los moradores de esta, gran tierra, no excluyo haber algunos de buen entendimiento, como adelante se parecerá, por las leyes que tenían. Son, pues, los indios, en general, amigos de novedades, créense de ligero, son pusilánimes; no tienen cuenta con la honra, poco deseosos de adelantar su honra y nombre y opinión; tan dados a ceremonias, que a esta causa afirman muchos descender del linaje de los judíos; son medrosos, aunque entre ellos, en comparación de los otros, había unos que llamaban tiacanes, que quiere decir «valientes»: son vindicativos por extremo, y por livianas cosas traen entre sí pleitos, gastando mucho más que vale la cosa por que pleitean; guardan poco el secreto; no hacen cosa bien sino por miedo, y así, tienen en poco a sus señores si los acarician y no se les muestran graves; son tan ingratos a los beneficios recibidos, que aunque se hayan criado con los españoles muchos años, fácilmente los dejan; son mudables, y con cualquier razón se persuaden a mudar parecer; los más de ellos son simples y discurren poco, y así, aunque algunos han aprendido gramática, en las otras ciencias, como requieren buen entendimiento, no aprovechan nada; son tan codiciosos que por el interés llevaran a sus padres presos y de los cabezones, hallándolos borrachos o en otro delito, y esto si se lo manda la justicia; son amigos de estarse ociosos si la necesidad del mantenerse no los fuerza tanto, que se estarán un día entero sentados en cuclillas, sin hablar ni tener conversación los unos con los otros; la causa es ser muy flemáticos, lo cual, aunque en esto dañe, aprovecha para acertar en los oficios mecánicos que han aprendido, porque lo que se hace de prisa, aunque haya mucho ejercicio, pocas veces se acierta. Conocíalos muy bien Moctezuma, y así, los gobernó mejor que ningún otro príncipe de los infieles, y dijo muchas veces al marqués que con el temor de la pena y ejercicio del cuerpo los, gobernaba y mantenía en justicia. Van de buena gana a los bailes y danzas, que acaece danzar todo un día sin descansar. No había ninguno, por principal que fuese, que no se emborrachase y lo tuviese por honra, haciendo después de borrachos graves delitos. Son torpes si no es en el tirar de los arcos; en todos los otros ejercicios de armas no tienen vergüenza de proveerse en las ocultas necesidades donde los vean. Conservan muy poco el amistad; siguen fácilmente lo malo y con dificultad lo bueno; tanto que, en las contrataciones, hácense ya más engaños que los nuestros; cuando comen a costa ajena, son tragones, y apenas se hartan por mucho que les den, y cuando de su hacienda, muy templados y abstinentes. Lo que ganan de su trabajo, que, para lo que merecen, es mucho, no lo gastan en hacer casa, ni comprar heredad ni en dar dote a las hijas con que se casen, sino en vino de Castilla, y, lo que es peor, en pulcre, que es un vino que ellos hacen, de mal olor y gusto, y que con más furia y presteza los emborracha y saca de sentido, que cuanto más se lo viedan, tanto más lo procuran.

    Hay muchos mercaderes muy ricos de dinero, pero no se han visto en su muerte que haya parecido ni que lo manden gastar en obras pías. Los indios ladinos, que son los que se han criado con los españoles, son más maliciosos que virtuosos. La razón es porque temen poco y son más inclinados a lo malo que a lo bueno; cuando están borrachos hablan en romance y descubren el odio que tienen a nuestra nación; cuando van a negociar, o van camino, aunque sea uno el que va a negociar, le acompañan muchos, si no son los tarascos, que las más veces van solos, porque son más hombres y de mejor entendimiento. Acriminan los indios los negocios, y con palabras y lágrimas engrandecen la injuria recibida, por liviana que sea, para haber mayor venganza del que se la hizo, y aun suelen revolcarse en la tierra, sacarse sangre y decir que han recibido gran golpe en el cuerpo, todo a fin de que el injuriador sea molestado y les dé algo en el pagar de sus tributos, o, no dándolos tales, como conviene, o quedándose que no pueden dar tanto, escondiéndose para cuando los cuentan algunos de ellos, o, los más, juran falso, sin temor ninguno contra los españoles, y no faltan muchos testigos para esto. Cierto, es lástima recibir juramento de ellos, porque, aun en la confesión, pocos dicen verdad.

Teniendo mucha tierra sobrada, adrede siembran junto a las estancias de los españoles, para que el ganado de ellas haga daño en lo sembrado y haya ocasión de quitar las estancias por estar en perjuicio, y como conocen el favor que las justicias, por mandado del rey, les hacen, molestan por cualquier cosa a los españoles, y verdaderamente, en este negocio, como en los demás, se conoce todos los extremos ser malos, porque al principio fueron con mucho rigor tratados de algunos que no se acordaban si eran cristianos, aunque en alguna manera, en los capitanes, aquel rigor era necesario, porque no se atreviesen a proseguir en las traiciones que habían intentado. Ahora tienen tanta suelta que, aun para ellos es dañosa, para el remedio de lo cual era necesario que el virrey y Audiencia tuviesen mucha mayor comisión de la que tienen. No hay cosa a mal recaudo que no la hurtan, y jamás la restituyen si no los toman con ella. Son amigos de vil gente, y así se hallan mejor con los negros, mulatos y mestizos que con los españoles; no quieren dar de comer a los caminantes, o, si lo dan, de mala arte, aunque se lo paguen; pero si les va algún interese, salen a recibir con música, y solo a los que son justicia o frailes tienen respeto, aunque ya no tanto.

Los templos que hacen no es por devoción, sino por fuerza o por presunción de tener mejor iglesia que sus vecinos. Entre todos los indios, los mexicanos son los más maliciosos y de menos virtud, y así lo fueron desde su principio, que por tiranía vinieron y tiránicamente poseyeron y ganaron lo que tenían, porque fueron advenedizos y despojaron a los otomíes, que eran señores naturales. De sus vicios e inclinaciones malas no quiero decir más, aunque la experiencia lo enseña, porque también entre ellos hubo varones de mucho consejo y de grande esfuerzo, pues de otra manera, tan gran república no se pudiera gobernar y conservar en tan pujante estado. Con rigurosas leyes se castigaban los delitos, todos vivían en quietud; tratábase toda verdad; respectaban mucho a su príncipe, y, finalmente, entre ellos como en las demás naciones, como dice Aristóteles, había hombres para gobierno, que llama, naturalmente, libres, y otros, que eran los más, para solo obedecer, que él mismo llama, naturalmente, siervos, aunque los unos y los otros se pueden llamar bárbaros, pues hacían tantas cosas contra toda ley natural, que aun hasta las bestias, con su natural instinto, guardan, pues adoraban las piedras y animales que eran menos que ellos; sacrificaban a los que menos podían, procurando en otros lo que no querían para sí; frecuentaban el pecado de sodomía que entre los otros pecados, por su fealdad, se llama contra natura, y así, como dice san Pablo, Dios los traía en sentido reprobado, cegándoles el corazón, como a Faraón, para que por sus pecados viniesen a pecar aun contra lo que la razón natural vedaba, hasta que Dios fuese servido, por su oculto e inescrutable juicio, de enviar los españoles a que, haciendo primero las diligencias debidas, como se verá en la conquista, les hiciesen justa guerra hasta traerlos a que por su voluntad oyesen y recibiesen el Evangelio.

Capítulo XVII. La variedad de lenguas que hay entre los indios
Bien parece, como la experiencia nos enseña y la Divina Escritura manifiesta, por el pecado de la soberbia, hasta estas partes haberse derramado la confusión de lenguas, porque las que hay en la Nueva España con mucho trabajo se podrían contar, tan diferentes las unas de las otras, que cada una parece ser de reino extraño y muy apartado, y esto es tan cierto que en un pueblo que se llama Tacuba, una legua de México, hay seis lenguas diferentes, las cuales son: la mexicana, aunque corrupta, por ser serranía donde se habla; la otomí, la guata, la mazaua, la chuchumé y la chichimeca, aunque es de saber que en toda la Nueva España y fuera de ella es la mexicana tan universal, que en todas partes hay indios que la hablan como la latina en los reinos de Europa y África, y es de tanta estima la mexicana como en Flandes y en Alemania la francesa, pues los príncipes y caballeros de estas dos naciones se precian

de hablar en ella más que en la suya propia. Así, en la Nueva España y fuera de ella, los señores y principales la deprenden de propósito para preguntar y responder a los indios de diversas tierras. Después de la lengua mexicana, la tarasca es la mejor, y algunos quieren decir que hace ventaja a la mexicana, aunque no se habla sino en la provincia de Michoacán. Las demás lenguas no tengo que escribir, pues como dije, son tantas, que quererlas contar sería dar gran fastidio. Baste decir, en conclusión de esto, que, como en la latina y castellana, unos hablan con más primor que otros; así es en todas las lenguas de los indios, aunque en la mexicana y tarasca, así por la pronunciación como por la variedad de vocablos, hay más lugar de hablar unos mejor que otros. La mexicana parece mejor a las mujeres que otra lengua ninguna, y así la hablan españolas con tanta gracia que hacen ventaja a los indios, y ya esto muchos años ha, ha mostrado la experiencia que el castellano habla las lenguas de todas las naciones no menos bien que ellas cuando las deprenden, y todas las otras naciones jamás con entera propiedad y limpieza hablan la castellana. Era grandeza y argumento de gran majestad que cuando se había de dar alguna embajada a Moctezuma o a otro príncipe no tan grande como él, el que la traía la decía en su lengua propia, y el intérprete que la entendía la decía a otro, y otro que entendía aquélla, en otra lengua, hasta que, de esta manera, por seis o siete intérpretes, venía Moctezuma a oír la embajada en lengua mexicana, y respondiendo en la misma lengua, la repuesta venía al que traía la embajada por los mismos intérpretes. Usábase también, por la reverencia que se tenía al príncipe, que el que le había de hablar, había de decir lo que quería a uno de los que con él estaban, y así, de mano en mano, por una misma lengua, venía al príncipe lo que quería el que primero hablaba, y por la misma manera recibía, la repuesta.

Capítulo XVIII. Los sacrificios y agüeros de los indios
Como Lucifer, príncipe de los ángeles condenados con sus secuaces, pretendió igualarse con Dios, y sea de tal naturaleza y condición que jamás conocerá su error, porque el ángel, a lo que una vez se determina, para siempre se determina, echado del cielo, viendo que, aunque engañó al primer hombre, le levantó Dios hasta ponerle en el asiento que él perdió, ha procurado y procura, desde que perdió tan alto asiento, estorbar que el hombre no suba

a él, y para esto el principal medio que procuró, fue hacer que muchos de los hombres no diesen la honra y gloria al verdadero Dios, autor de todo lo criado, haciéndoles entender ser muchos los dioses, que aun en buena razón natural repugna, porque no puede haber más de una suma causa causadora de tan maravillosos efectos como vemos, y así, atribuyéndose a sí la honra y gloria que a solo Dios se debe, se hizo adorar en diversas partes del mundo, con diversos ritos y ceremonias, debajo de diversas figuras y diversos nombres de animales: unas veces, dándoles a entender que el Sol era dios; otras, que la Luna, hasta traerlos a tan gran error, que, a los brutos animales que mataban y comían y hasta las piedras, tuviesen por dioses, porque, errando en lo que principalmente se ha de creer y amar, que es un Dios verdadero, se perdiesen, y como hombres que iban sin luz y sin camino, diesen para siempre consigo en lo profundo del infierno; y así, si en alguna parte, con cruelísima tiranía, sembró tan abominable error, fue en este Nuevo Mundo, adonde, como luego parecerá, a costa de los cuerpos y almas de sus ciegos moradores, ha hecho por muchos años miserable estrago, hasta que, con la venida de los españoles y religiosos que luego vinieron, fue Dios servido alumbrarlos y librarlos de tan insufrible tiranía.

Había ciertas maneras de templos donde el demonio era adorado, que se llamaban Teupa, unos bajos y otros muy altos, a los cuales se subía por muchas gradas: en lo alto de arriba estaba puesto el altar. En la provincia de México el principal demonio que adoraban y a quien tenían dedicado el más suntuoso templo se llamaba Ochipustl Uchilobus, de quien el templo tomaba nombre. Los templos pequeños eran como humilladeros, cubiertos por lo alto con algunas gradas, en lo alto de las cuales estaba el ídolo que adoraban, y en algunas partes, en su compañía, ponían las figuras y estatuas de algunos señores muertos.

Los templos grandes siempre estaban por lo alto descubiertos, y al derredor, un gran pretil, con sus entradas al altar. Hacíanse los sacrificios hacia do el Sol salía, porque le tenían por dios. En estos templos había dos maneras de sirvientes: unos que llamaban teupisques, que quiere decir «guardas», que tenían cuenta con la lumbre y limpieza de los templos; otros que se decían tlamazcacaueue, que tenían cargo de abrir el costado y sacar el corazón del que había de ser sacrificado y mostrarlo al Sol, untando con él la cara del demonio a quien se hacía el sacrificio.

Estos, para convocar el pueblo a la fiesta, desde lo alto, como nosotros las campanas, tocaban bocinas, las cuales eran caracoles de la mar, horadados; otros eran de palo. En el entretanto, por debajo de los templos, tocaban otros ciertos instrumentos, y al son de ellos bailaban y cantaban canciones en alabanza de su demonio, delante del cual, en papel ensangrentado, ponían su incienso, que ellos llaman copal, y la sangre que ellos ponían en el papel, la sacaban de las orejas, de la lengua, de los brazos y piernas, y esto era en lugar de oración. Otras veces, en lugar de oración, arrancando hierbas y poniéndolas encima, daban a entender que estaban afligidos y que pedían consuelo a su ídolo. Esto han hecho muchas veces, y los que bien lo miran, verán en los caminos esta manera de oración y sacrificio, sin hallar quién lo hizo. Eran con esto tan agoreros, que miraban en los cantos de las aves, en el sonido del aire y del fuego, en el soñar y en el caerse alguna pared y desgajarse algún ramo de sus árboles. Por estos agüeros decían que adivinaban los malos y buenos sucesos de los negocios que emprendían y las muertes y desgracias que habían de suceder. Tenían y adoraban por dioses, lo que aborrece todo entendimiento, algunos árboles, como cipreses, cedros, encinas, ante los cuales hacían sus sacrificios; y porque el cristiano entienda, si lo viese, cuando eran adorados por dioses los tales árboles, sabrá que los plantaban por mucha orden al derredor de las fuentes, y así, para manifestación de esto, ha querido Dios que, poniendo una cruz entre estos árboles, se sequen luego, como aconteció en santa Fe, legua y media de México.

Delante de estos árboles ponían los indios fuego y sahumerio de copal, que es, como dije, su incienso. También entre las peñas y lugares fragosos hacían sus secretas adoraciones, y así hallaban cabezas de lobos, de leones y culebras hechas de piedra, a quien adoraban. Solían las más veces sacrificar y ofrecer sus ofrendas cuando era menester agua para las mieses o cuando habían de entrar en batalla, o dar gracias por la victoria alcanzada. En estos sacrificios y celebraciones de fiestas había tan grandes borracheras que con sus madres e hijas, que también la ley natural aborrece, pues muchos de los animales bravos no lo hacen, tenían ayuntamiento carnal. Y por que este capítulo no dé fastidio por ser largo, dividiéndole con el siguiente, diré en particular las fiestas y maneras de sacrificios que los indios tenían.

Capítulo XIX. Las fiestas y diversidad de sacrificios que los indios tenían

Comenzaban los indios su año desde el primero día de marzo. Tenían veinte fiestas principales, cada una de veinte en veinte días, y la postrera caía a veinticinco. Cada año señalaban con cierta figura, hasta número de cincuenta y dos, y el indio que los había vivido, decía que ya había atado los años, y que ya era viejo. Las fiestas, sin las extravagantes y los sacrificios que en ellas se hacían, eran las siguientes:

La primera, que caía en el primero día de marzo, se llamaba Xilomastli. En este día dejaban los pescadores de pescar, como que dijesen que dejaban el agua, porque en aquel tiempo las mazorcas de maíz no estaban acabadas de cuajar, las cuales se llaman jilotes, y así pintaban su dios con un jilote en la mano. En esta fiesta sacrificaban niños, ahogándolos primero en canoas. Llamábase el demonio a quien lo sacrificaban Tlaloc.

La segunda fiesta caía a 21 de marzo, día de san Benito. A esta fiesta llamaban los indios Tlacaxipegualistle, que quiere decir «desolladme y comerme heis», porque ataban por la cinta a una gran piedra, con recias cuerdas, a un indio, y dándole un escudo y una espada que ellos usaban de palo, y por los lados enjertas ciertas navajas de piedra, le decían que se defendiese contra otro vestido todo de una piel de tigre, con armas iguales, pero sueltos. Trabábase entre los dos la batalla, y las más veces, o casi todas, mataba el suelto al atado, y desollándolo luego, desnudándose la piel de tigre, se vestía la del muerto, la carnaza afuera, y bailaba delante del demonio, que llamaban Tlacateutezcatepotl, y el que había de pelear contra el atado, ayunaba cuatro días, y ambos se ensayaban muchos días antes, cada uno por sí, ofreciendo sacrificios al demonio para que alcanzase victoria el uno del otro.

La tercera fiesta caía a 10 de abril. Llamábase Tecostli, y el demonio a quien se celebraba Chalcuitli, porque le ponían al cuello un collar de esmeraldas que ellos llaman chalcuitl. Sacrificaban en esta fiesta niños y ofrecían mucho copal, papel y cañas de maíz; sacrificaban luego una india, atados los cabellos al derredor de la cabeza, porque el demonio a quien la sacrificaban los tenía así. En esta fiesta daban de comer los parientes más ricos a los otros, y lo que una vez ofrecían, no lo ofrecían otra. En esta fiesta ponían nombres a los niños recién nacidos.

La cuarta fiesta caía a 30 de abril. Llamábase Queltocoztli, porque ponían al demonio cañas de maíz con hojas, ofreciendo tamales amasados con frijoles al demonio. Los padres, en esta fiesta, ofrecían los niños de teta al demonio, como en sacrificio, y convidaban a comer a los parientes. Llamábase este sacrificio Teycoa.

La quinta fiesta, que los indios llamaban Toxcatl, caía a 20 de mayo. Era muy gran fiesta, porque el demonio a quien entonces hacían sacrificio, se decía Tezcatepocatl, que quiere decir «espejo humeador», el cual era el mayor de sus dioses. Llamábanle por otro nombre Titlacaua, que quiere decir «de quien somos esclavos». A éste atribuían los bailes y cantares, rosas, bezotes y plumajes, que son las más ricas joyas que ellos tienen. En esta fiesta se cortaban las lenguas y daban la carne al demonio y hacían tamales de la semilla de bledos y de maíz, que llaman cuerpo de su dios, y éstos comían con gran reverencia y acatamiento.

La sexta fiesta caía a 9 de junio. Llamábase Elcalcoalistli, que quiere decir «comida de ecel», que es en cierta manera de maíz cocido. El demonio a quien se hacía la fiesta se llamaba Quezalcoatl, que quiere decir «culebra de pluma rica». Era dios del aire. Pintaban a éste sobre un mano manojo de juncos; sacrificábanle de sus naturas, y hacían esto porque tuviese por bien de darles generación, y los labradores le ofrecían los niños recién nacidos, convidando a sus parientes, como lo hacen los cristianos en los bautismos de sus hijos.

La séptima fiesta caía a 29 de junio. Llamábase Teulilistli. En esta fiesta los mancebos llevaban en andas, sobre los hombros, al demonio, vestido como papagayo; iban delante de él muchos tañendo flautas, y otros, al son de ellas, bailando; poníanle en la mano un cetro de pluma, con un corazón de pluma ensangrentado. Llamábase este demonio Tlaxpilc, que quiere decir «preciado señor». Este día la Iglesia romana celebra la fiesta de los santos apóstoles Pedro y Pablo.

La octava fiesta caía a 19 de julio. Llamábase entre los indios Guestequilutl, y el demonio a quien se hacía, Uzticiual. Sacrificábase en esta fiesta una mujer con insignias de mazorcas de maíz.

La novena fiesta caía a 8 de agosto: Micailhuitl, que quiere decir «fiesta de muertos», porque en ella se celebraba la fiesta de los niños muertos. Bailaban con tristeza, cantando canciones dolorosas, como endechas; sacrificaban niños al demonio, el cual se llamaba Titletlacau, que quiere decir «de quien somos esclavos». Es el mismo que Tezcatepocatl, que es «espejo humeador», salvo que aquí le pintaban con diversas colores, según los diversos nombres que le ponían.

La décima fiesta caía a 28 de agosto. Llamábase Gueimicalguitl, porque en ella levantaban un árbol muy grande, en lo alto del cual sentaban un indio y otros muchos, y por cordeles que estaban pendientes del árbol, trepando, subían a derribarle, tomándole primero de las manos unos tamales que ellos llamaban teusaxales, que quiere decir «pan de dios», y por tomar unos más que otros, le derribaban abajo. Había más hervor en esto que entre los cristianos en el tomar del pan bendito. Hecho esto, al indio que había caído, embarrándole muy bien la cabeza, le echaban en el fuego, porque, aunque se quemase, no hiciese daño a los cabellos y cabeza, para que después la comiesen asada y el cuero de ella se pusiese otro para bailar delante del demonio a quien la fiesta era dedicada.

De estas diez fiestas, porque seguir las demás sería muy largo, entenderá el cristiano lector cuán a costa de sus vidas servían los indios a los demonios, pues hubo sacrificio en el templo de Uchilobus donde se sacrificaban ocho mil hombres, no entendiendo que si fueran dioses, como falsamente creían, no los dejaran vivir tan viciosa y bestialmente, permitiéndoles hacer tan sanguinolentos y espantosos sacrificios, pues ninguno hacían sino era matando hombres o sacándose sangre. Sacrificios se ofrecieron en la ley de naturaleza y en la Escritura; pero era de lo que la tierra producía y en testimonio y reconocimiento de que Dios lo había criado todo, y aunque como señor de las vidas de los hombres y de todo lo demás, mandó a Abraham que sacrificase a su hijo Isaac, lo cual era figura de la muerte del Redentor y ejemplo singular de la Fe que debemos tener, y ya que alzaba el cuchillo, quiso que un ángel le tuviese el brazo y sacrificase en lugar del hijo un carnero que luego allí pareció, dándonos, por esto, a entender ser Dios de vida y de gracia y misericordia, y que, por esto, como la Escritura Divina dice, no quiere la muerte del pecador, sino que se convierta y viva.

Capítulo XX. Los bailes o areitos de los indios
Por la manera que el demonio procuraba con sacrificios de sangre ser adorado, así también procuró en los bailes y canciones que los indios hacían en sus fiestas no cantasen otra cosa sino en su alabanza, atribuyendo a sí la bestia infernal lo que a solo Dios se debe.

Entraban en estos bailes o ximitotes muchos indios de diversas edades; emborrachábanse primero para, como ellos decían, cantar con más devoción; andar en rueda, de cuatro en cuatro, o de seis en seis, y así se multiplican, según hay la cantidad de bailadores; tienen para entonarse, así en el cantar como en el bailar, dos instrumentos en medio de la rueda: uno, como atabal alto que llega casi a los pechos, y otro, como tamboril de palo, todo hueco, y en el medio sacadas dos astillas, una par de otra, del mismo gordor del palo; en aquéllas toca un indio diestro con dos palos que tienen el golpe guarnecido con nervios; suenan más de una legua; júntanse a esta danza más de diez mil indios muchas veces; la manera de su cantar es triste; acorvan la cabeza, inclinan el cuerpo, llevan el brazo derecho levantado, con alguna insignia en la mano; parecen en la manera de bailar hombres que, de borrachos, se van cayendo. Cantaban en estos bailes, después de las alabanzas del demonio, los hechos fuertes de sus antepasados, llorando sus muertes, iban vestidos, como dije en el Comentario de la jura hecha al invictísimo rey don Filipe, de diversas pieles de animales, que tenían por cosa de majestad y fortaleza, adornados de ricas piedras y vistosas plumas. En estos bailes, cuando esta tierra se comenzó a conquistar, trataban los indios la muerte y destrucción de los españoles a que el demonio los persuadía. Son los indios tan aficionados a estos bailes, que, como otras veces he dicho, aunque estén todo el día en ellos, no se cansan, y aunque después acá se les han quitado algunos bailes y juegos, como el del batey y patol de frijoles, se les ha permitido, por darles contento, este baile, con que, como cantaban alabanzas del demonio, canten alabanzas de Dios, que solo merece ser alabado; pero ellos son tan inclinados a su antigua idolatría que si no hay quien entienda muy bien la lengua, entre las sacras oraciones que cantan mezclan cantares de su gentilidad, y para cubrir mejor su dañada obra, comienzan y acaban con palabras de Dios, interponiendo las demás gentílicas, abajando la voz para no ser entendidos y levantándola en los principios y fines, cuando dicen «Dios». Cierto sería mejor desnudarlos del todo de las reliquias y rastros de su gentilidad, porque ha acontecido, según dicen religiosos de mucho crédito, estar haciendo el baile alrededor de una cruz y tener debajo de ella soterrados los ídolos y parecer que sus cantares los endereszaban a la cruz, dirigiéndolos con el corazón a los ídolos.

Hacen otro baile que llaman del palo, en el cual son muy pocos los diestros. Es uno el que lo hace, echado de espaldas en el suelo; levanta los pies, y con las plantas y dedos trae un palo rollizo del grueso de una pierna, y, sin caérsele, lo arroja en el aire y lo torna a recibir, dando tantas vueltas con él en tantas maneras, unas veces con el un pie y otras con ambos, que es cosa bien de ver, aunque no es menos, sino más, ver en una maroma puesta en muy alto hacer vueltas a los trepadores en Castilla, que las más veces les cuesta la vida, y creo que no en estado seguro.

Capítulo XXI. Los médicos y hechiceros

Los médicos y cirujanos que entre los indios había, los más eran hechiceros y supersticiosos, y todos no tenían cuenta con la complexión de los cuerpos ni calidad de los manjares, tanto que, si a los que hoy hay les preguntan la virtud de las hierbas y polvos con que curan, y en qué tiempo se han de aplicar, no lo saben, y solo responden que sus padres curaban así, y en responder esto no piensan que han hecho poco, de manera que el que se cura con ellos corre gran riesgo, y si sanan es por mucha ventura; y eran y son muchos de ellos tan embaidores en algunas de sus curas, que así para ganar como para ser tenidos, por médicos, hacen entender al que tiene dolor de muelas que le sacarán un gusano que le causa el dolor, y para esto, entre algodón, llevan metido un gusanillo, y limpiando las muelas del paciente con el algodón, descubren el gusano, y así, con los miserables necios, ganan crédito y hacienda, dejándolos con su dolor, como antes. Hay otros que afirman que sacan espinas del corazón, haciendo otros embustes como el dicho, aunque la experiencia ha enseñado haber indios que el mal del bazo curan metiendo una aguja más larga que de ensalmar, pero muy delgada, por el lado del bazo, desaguando por allí la enfermedad.

Lo principal con que curan los que saben hacer algo es con brebajes, que ellos llaman patles, los cuales son tan peligrosos las más veces que quitan presto la vida. Con estos bebedizos hacen a las mujeres echar las criaturas, y a las que están de parto dicen que las ayudan. Conocen unas mariposas tan venenosas que, dándolas a beber hechas polvos, matan luego, y si los polvos son de las mismas mariposas, más pequeñas, matan en diez días, y si son de las muy chicas y muy nuevas, consumen y acaban la vida al que las toma, poco a poco.

Tienen por costumbre estos médicos, en las caídas, desnudar al paciente y flotarle las carnes y estirarle los miembros, y vuelto de bruces, pisarle las espaldas, y esto vi yo y oí decir al enfermo que se sentía mejor. Hay entre estos médicos tan grandes hechiceros, que dicen que darán hierbas con que concilien a los que se aborrecen y olviden todo rencor. De éstos, por arte del demonio, que de otra arte no puede ser, se vuelven muchos en figuras de diversos animales, como de tigre o león, y es así que, dando una cuchillada a un león que entró entre unos indios a llevar un muchacho, otro día, el español que le hirió, halló un indio que era el hechicero, herido en la misma parte donde había herido al león. Esto afirman muchos españoles haberlo visto: cada uno crea lo que le pareciere, que el demonio muchos engaños puede hacer.

Hay entre estos hechiceros médicos algunos que hacen parecer lo perdido y decir quién lo hurtó, y dan aviso del que está muy lejos, si le va bien de salud o no. Solían también estos médicos hechiceros, ahora fuesen hombres, ahora fuesen mujeres, para ver si el enfermo había de sanar o morir, ponían delante de él un ídolo, que llamaban Quezalcoatl, que quiere decir «culebra emplumada», y ellos, sentados en un petate, sobre una manta, echaban, como quien juega a los dados, veinte granos de maíz, y si se apartaban y hacían campo, pronosticaban que el enfermo había de morir, y si caían unos sobre otros, que viviría y que aquella enfermedad le había venido por somético. Todo esto pueden hacer, porque el diablo, cuyos ellos son, se lo enseña, para engañar a otros: La lástima es que no faltan españolas ni españoles que los crean y se ayuden de ellos en sus necesidades y maldades, no entendiendo que van contra la Fe que recibieron en el bautismo, y que las enfermedades, como son naturales en los hombres, no se pueden ni deben curar sino con medicinas naturales, si no fuese que en virtud de Dios, autor de la naturaleza, como hacían los discípulos y apóstoles, curasen milagrosamente de presto las enfermedades, que es con medio sobrenatural, lo cual no quiere Dios que se haga sino cuando hobiere necesidad o causa para ello, como quería que se hiciese en la primitiva Iglesia, para que la Fe creciese y los hombres se confirmasen en ella. Finalmente, como el demonio entendía en todas las obras de estos indios, no se descuidaba en hacer daño, enseñándoles medicinas falsas y vanas y perniciosas supersticiones, las cuales dejaremos por venir el capítulo siguiente.

Capítulo XXII. Las guerras y manera de pelear de los indios
Por tener siempre ganancia el insaciable demonio, nunca se ocupaba en otra cosa, salvo en dar orden cómo ninguno de los miserables indios se escapase de sus manos, y así, a la contina, engendraba entre los unos y los otros tan grandes rancores y discordias, que casi no había pueblo que con el vecino no tuviese guerra, y eran las leyes de ellos tan crueles, principalmente entre los mexicanos y tlaxcaltecas, que ninguno perdonaba la vida a otro. No se usaba, como las leyes humanas permiten, que el vencedor, pudiendo matar al vencido, usando de misericordia, le hiciese su esclavo o lo diese por rescate, sino que, no, solamente vencedores mataban a los vencidos y los sacrificaban cuando los traían vivos, pero después de muertos los desollaban y se vestían de sus cueros y comían, cocidas, sus carnes; los señores, las manos y muslos, y los demás, lo restante del cuerpo. Acontecía, y esto pocas veces, que si a alguno de los cautivos dejaban con la vida, había de ser señor o muy principal, al cual daban licencia para que libremente fuese a su tierra y llevase las nuevas del castigo riguroso que en los prisioneros se había hecho, y que dijese a los indios que escarmentasen de trabar con ellos otra vez batalla, si no, que se diesen por sus mascegüales y esclavos si querían vivir en quietud, porque sus dioses les favorecían, y si quisiesen hacer lo contrario, que supiesen que harían con ellos lo que habían hecho con los que habían cautivado.
    Preguntará alguno, y con razón, qué es la causa, pues entre las otras naciones no se pretende más que la victoria y despojo, en ésta sea lo principal el matar al contrario, y, después de muerto, tratarle tan cruelmente. La experiencia ha enseñado tres causas: la primera, el dar contento en esto al demo-

nio, que así lo mandaba; la otra, ser más vengativos los indios y de menos piedad que las otras gentes; la tercera, ser más pusilánimos y más cobardes que todos los hombres del mundo, porque los valientes y animosos nunca piensan que a los que una vez han vencido ternán ánimo para volverlos a acometer, y el ánimo generoso conténtase con vencer, y no con matar, lo cual se ha de hacer cuando para vencer o defenderse no hobiere otro remedio.

Las armas con que los indios peleaban eran arcos, flechas y macanas, en lugar de espadas, con rodelas no muy fuertes. Llevaban a la guerra los más ricos vestidos y joyas que tenían. El capitán general, vestido ricamente, con una devisa de plumas sobre la cabeza, estaba en mitad del ejército, sentado en unas andas, sobre los hombros de caballeros principales; la guarnición que alrededor tenía era de los más fuertes y más señalados; tenían tanta cuenta con la bandera y estandarte, que, mientras la veían levantada, peleaban, y si estaba caída, como hombres vencidos, cada uno iba por su parte. Esto experimentó el muy valeroso y esforzado capitán don Fernando Cortés en aquella gran batalla de Otumba, donde, como diremos en su lugar, con ánimo invencible, rompió el ejército de los indios, y derrocando al capitán, venció la batalla, porque luego el ejército se derramó y deshizo. Y por que conste, como en otra parte diré, cuando tratare de la justificación de la guerra que a estos indios se hizo, cómo los indios mexicanos fueron tiranos y no verdaderos señores del principado y señorío de Culhua, es de saber que con su señor vinieron de más de ciento y sesenta leguas gran copia de indios de una gran ciudad que ahora se llama México la Vieja, y llegando poco a poco a esta tierra, porque venían despacio, reparando en algunas partes cinco o seis años, donde dejaban sus armas e insignias, por fuerza de armas quitaron el imperio y señorío a los naturales de esta provincia e hicieron su principal asiento en el alaguna, para que, estando fuertes, pudiesen conquistar y señorear toda, la demás tierra. Llamaron a esta ciudad, en memoria de la antigua suya, Vieja México Tenuchititlán.

El señor de ellos, a cabo de cierto tiempo que habían hecho asiento, les dijo que se volviesen a su tierra antigua, y como todos respondieron que no querían, porque estaban a su contento, él se fue con algunos de los suyos, y a la despedida les dijo que del occidente vendrían hombres barbudos muy valientes, que los sujetarían y señorearían, lo cual fue así después de muchos años; y porque se sepa la causa de la venida De éstos, decían los indios muy viejos de la antigua México, que estando en aquella gran ciudad haciendo un solemne sacrificio al demonio, apareció un venado, muy crecido, nunca en aquella tierra visto, y tomándole, hecho muy pequeños pedazos, le cocieron, y todos los que comieron de él, que serían más de seis mil personas principales, murieron, por lo cual, los demás, amedrentados, tiniendo por cierto que el demonio estaba enojado, y que los había de destruir, divididos en dos partes, cada uno con su capitán, salieron de su antigua patria. Los unos fueron hacia el norte; los otros, camino de esta ciudad, donde, como dicho es, por fuerza de armas usurparon esta provincia, en la cual introducieron todos los ritos y costumbres que tenían en su tierra; y así, porque hace al propósito de este capítulo, era costumbre que los que habían de ser caballeros, en un templo velasen primero sus armas, las cuales eran un arco y flecha, una macana y una rodela a su modo, con muchos plumajes ricos para la cabeza, y luego, el que en batalla había muerto a otro, se podía poner un almaizal colorado con unos cabos largos labrados de pluma, los cuales le ceñían el cuerpo. El que había muerto a dos indios en batalla, se ponía una manta de pinturas, con un águila en ella, plateada, y habiendo muerto cuatro, se encordonaba el cabello en lo alto de la cabeza; a éste llamaban tequiga, nombre de honor y gloria. En habiendo muerto cinco, mudaba el traje de cortar del cabello hacia las orejas, hechas dos rasuras: a éste llaman quachic, que es título más honroso. Habiendo muerto seis, se podía cortar el cabello de la media cabeza hasta la frente; lo otro, que iba hacia las espaldas, largo, que caía abajo de los hombros: a éste llamaban zozocolec, que quiere decir «muy valiente». Habiendo muerto siete, se podía poner un collar de caracoles por la garganta, en señal que había tenido las otras honras y títulos de valiente: llamaban a éste quaunochitl; tenía libertad para hablar y comunicar con los capitanes y comer con los señores. Finalmente, el que había muerto diez se diferenciaba de los demás porque traía el cabello cortado igualmente por todas partes, el cual le llegaba hasta los hombros: a éste llamaban tacatlec, que quiere decir «don fulano»; hacíanle señor de algún pueblo, donde descansaba lo restante de su vida. De manera que el que era pobre, para subir a ser señor, era necesario que creciese en virtud y esfuerzo por los grados que tengo dicho, si primero no le tomaba la muerte.

Capítulo XXIII. La manera y modo que los indios tenían en sus casamientos

Cosa cierta es y averiguada que la firmeza del matrimonio consiste en el libre consentimiento de la mujer y el varón, y éste en todas las naciones ha sido y es, porque es cierto que también entre los infieles hay verdadero matrimonio; y porque el consentimiento de las voluntades, en el cual tiene su fuerza, por diversos modos y maneras le declararon las naciones, según sus ritos y costumbres, no poco hará al propósito de nuestra historia, aunque me alargue algo, tratar los ritos y ceremonias con que los moradores de esta tierra hacían sus casamientos, para lo cual es de saber que entre los mexicanos, el que era principal y quería casar su hijo o hija, lo comunicaba primero con sus parientes y amigos, y tomado el parecer de ellos, los casamenteros preguntaban qué docte tendría la novia y qué hacienda el novio, lo cual sabido, se trataba con cuántas gallinas y cántaros de miel se habían de celebrar las bodas. Concertado, y venidos los novios, se asentaban en una estera, asidos de las manos, añudando la manta del novio con la ropa de la novia, en la cual ceremonia principalmente consistía el matrimonio. Hecho esto, el padre del novio, y si no el pariente más cercano, daba de comer con sus propias manos a la novia, sin que ella tocase con las suyas a la comida, la cual había de ser guisada en casa del mismo padre del novio; luego, por consiguiente, la madre de la novia, o la parienta más cercana, daba de comer al novio. Acabada de esta suerte la comida y de estar todos bien borrachos, que era lo que más solemnizaba la fiesta, los convidados se iban a sus casas, y los novios, en los cuatro días siguientes, no entendían en otra cosa que en bañarse una vez por la mañana y otra a media noche, y el quinto día se juntaban, y si la novia no estaba doncella, quejábase el novio a sus padres como a personas que debieran guardarla, los cuales tornaban a llamar los convidados al sexto día, y de los cestillos en que ponen el pan, horadaban uno por el suelo y poníanle entre los otros para servir el pan en la comida, la cual acabada, el que se hallaba con el cestillo en la mano y el pan en las faldas, entendía luego el negocio, y, haciendo que se espantaba lo echaba de sí juntamente con el pan. Luego, todos a una, levantándose, reprehendían a la novia por la mala cuenta que de sí había dado, y así, enojados, se despedían. Por esto muchas veces los novios repudiaban y desechaban sus mujeres. Al contrario, si en la tornaboda todos los cestillos estaban sanos, los convidados, acabada la comida, se levantaban, daban la norabuena a los novios y especialmente el más anciano hacía una larga plática a la novia, alabándola de buena y de la buena cuenta que había dado de sí, y entre otras cosas le decía que en buen signo y estrella había nacido, y que el Sol la había guardado, y que con muy gran razón la había de querer su marido; que los dioses la guardasen e hiciesen bien casada. Acabado este razonamiento, que duraba gran rato, muy contentos se volvían los convidados a su casa.

La edad de los que se habían de casar era de veinticinco años arriba, porque hallaban que si de menos años los casaban, ellos y sus hijos eran para poco trabajo, y para cargarse, como siempre tuvieron de costumbre, era necesario tener fuerza, y así dicen los viejos que a esta causa vivían entonces más y tenían menos enfermedades que ahora, y esta cirimonia de casarse no tenía la gente baja, porque los masceguales o plebeyos, llamados sus parientes y juntos, para la fiesta, se casaban, dándose aquel ñudo en la ropa que arriba dijimos, y acabada la comida y borrachera, era toda la fiesta concluida.

Otros, en esta misma provincia, cuando sin convites se querían casar, así por ser pobres como por ser gente baja, usaban que el que se quería casar llevase a cuestas una carga de leña y la pusiese a la puerta de la que pedía por mujer, y si ella tomaba la carga y la metía en casa, era hecho el matrimonio, y si no, él buscaba otra por la misma vía con quien se casase.

Capítulo XXIV. Do se trata la ceremonia con que los indios de Michoacán se casaban
El Maestro fray Alonso de Veracruz, maestro mío en la santa Teología, en el libro doctísimo que escribió del matrimonio de los fieles e infieles, resume las ceremonias con que los indios nobles de Michoacán contraían su matrimonio, y por ser cosa notable y digna que nuestra nación la sepa, determiné escribirla aquí. Tractando, pues, primero entre sí los padres del novio con quién casarían su hijo, y resumidos, enviaban un mensajero al padre de la que pretendían casar con su hijo, y juntamente enviaban dones y joyas, y el mensajero decía que fulano, caballero y príncipe, quería a su hija para mujer de su hijo. Los padres de ella respondían: «Así se hará». Con esto se volvía el mensajero,

y en el entretanto ellos, con los parientes de la moza, trataban del casamiento, y determinados de efectuarle, aderezaban la novia y las criadas que habían de ir con ella, la cual, ante todas cosas, llevaba una ropa rica para el esposo y otras joyas y dones; llevaba asimismo el ajuar y preseas de casa necesarias y una hacha de cobre para partir la leña que se había de quemar en los templos de los dioses y una estera hecha de juncos donde se sentase. En compañía de estas mujeres iba un sacerdote de los ídolos a la casa del esposo, adonde todo también estaba muy bien aderezado. El pan que se había de comer en la boda era diferente de lo que se solía comer, y llegados a casa del esposo, el sacerdote tomaba las donas de ella y las de él, y por su mano, dando al esposo las donas de la esposa y a la esposa las donas del esposo, les decía así: «Plega a los dioses os hagan buenos casados y que el uno al otro os guardéis siempre lealtad». Contraído de esta manera el matrimonio, los padres de los desposados les decían: «Mira quede aquí adelante os améis mucho, y el uno al otro de hoy reciba dones; no haya entre vosotros liviandad, ninguno haga adulterio», y especialmente decían a la esposa: «Mira que no te hallen en la calle hablando con otro varón, porque nos deshonrarás». El sacerdote, volviéndose al esposo, decía: «Si hallaras a tu mujer en adulterio, déxala, y sin hacerle mal, envíala a casa de su padre, donde llore su pecado». Acabados estos razonamientos, los parientes y amigos comían con los novios, y después de la comida, el padre del novio les señalaba una heredad en que trabajasen, y al sacerdote y a las mujeres que habían venido acompañando a la nuera les daba ciertas ropas, enviando con ellos algunos dones al padre de la novia. de esta manera, quedando en uno los novios, el matrimonio quedaba firme y consumado.

Entre la gente baja no había tanta solemnidad ni ceremonia, porque se contentaban, para hacer el casamiento, de que lo tratasen entre sí, sin enviar dones ni que viniese el sacerdote, salvo que el esposo daba alguna cosa a la esposa y de ella recibía él algo, y así, sin otras palabras, por mandarlo sus padres, se juntaban, y el padre de la esposa decía: «Hija, en ninguna manera dejes a tu marido en la cama de noche y te vayas a otra parte; guarte no hagas maleficio, que serás para mí mal aguero y no vivirás muchos días sobre la tierra; antes, si mal hicieres, matarán a mí y a ti». Cuando se casaban de secreto, ahora fuesen nobles, ahora plebeyos, decían: «Tú me labrarás la heredad para mí y yo tejeré ropa para tu vestido y te coceré el pan que comas y serviré en lo necesario». Tenían asimismo otra manera de casarse, sin palabras ni ceremonias, porque, mirándose amorosamente el uno al otro, se juntaban, y después de muchos años que estaban juntos sin hablar en casamiento, decía el varón a la mujer: «Hiparandes catumguini tenibuine», que quiere decir «yo te tomé por mujer» o «huélgome de haberte tomado por mujer». Ella respondía algunas veces enquam, que quiere decir «así sea», aunque algunas veces callaba. Esta manera de casarse tenían cuando el varón, o había tenido a otra que estaba viva, o cuando ella había tenido otro marido y estaba ya muerto, o cuando venía a noticia de los parientes haber estado tanto tiempo juntos. La mujer que por todas las maneras dichas tomaban, era la mujer legítima y la principal, y de quien los hijos que nacían eran herederos y sucesores en la casa de su padre. Tenían otras muchas mujeres, y a esta causa era muy grande la multitud de los indios que entonces había, y el no haber ahora tanto número, copia y cantidad, procede de la prohibición del uso de tantas mujeres como antiguamente tenían, que defiende nuestra religión, y no los malos tratamientos, como algunos mala y temerariamente dicen.

Casábanse estos indios principalmente por el servicio que sus mujeres les habían de hacer y ropas que les habían de tejer; faltando esto, faltaba el amor, y así, fácilmente las dejaban y tomaban otras. Por esta causa, lo que ninguna nación hace, no tenían cuenta con que fuesen feas ni hermosas, ni de bajo ni alto linaje, antes, que es cosa miserable, muchos caciques casaban sus hijas con hombres bajos para servirse de ellos y de sus haciendas, de lo cual se entenderá en todas gentes y en todos estados ser la codicia, y especialmente en esta nación, raíz y causa, como dijo san Pablo, de todos los males.

Capítulo XXV. Qué jueces tenían los indios y cómo los delincuentes eran castigados
En su idolatría no se halla por sus pinturas (que servían de memoriales) los indios haber tenido jueces que los gobernasen y mantuviesen en justicia, que es lo que de ninguna nación he leído, y lo que más arguye y prueba ser bárbaros y poco políticos, es ver que obedecían en todo al señor a quien eran sujetos, y tenía en ello tanto poder que, sin contradicción, mandaba lo que quería, de manera que por injusto que fuese se cumplía, sin apellación

ni otro remedio alguno, que no era pequeña tiranía. Tenían estos señores y caciques a esta causa tan avasallados a sus súbditos, que de ellos y de sus mujeres, hijos y haciendas disponían a su parecer. Tenían para el castigo de los delincuentes, ciertos tiacanes, que quiere decir «hombres valientes», con los cuales ejecutaban la justicia en los culpados, en los cuales principalmente se castigaban el adulterio y el ladronicio con todo rigor, porque el homicidio, si no era con traición, o cometido contra mujer, no se punía como entre nosotros.

Al adúltero, si no era persona noble, porque no se supiese el pecado que había cometido, ahorcaban de una viga en su misma casa, y lo mismo hacían con la adúltera, echando luego fama que por engaño del demonio o por alguna otra causa se habían ahorcado. Enterrábanlos en el mismo lugar donde parecía haberse ahorcado. A los adúlteros, siendo hombres plebeyos y de poca suerte, llevaban al campo, y, entre dos piedras, les machucaban la cabeza. Esta ley se cumplía, y su pena se ejecutaba con tanta severidad, que aunque no hubiese más de un testigo, ni bastaba hacienda, favor ni parentesco con el cacique para que el adúltero dejase de ser castigado, aunque dicen algunos que en ciertas fiestas se perdonaba por las borracheras que en ellas había, durante las cuales parecía no tener tanta culpa el que hubiese cometido adulterio.

Con los ladrones también se habían diferentemente los caciques como con los adúlteros, porque si el ladrón era noble, no moría muerte natural, sino cevil, condenado a perpetua servidumbre o a perpetuo destierro; si era mascegual, que quiere decir hombre bajo, llegando a cinco mazorcas de maíz el hurto, moría por ello ahorcado, y si el noble o de poca calidad hurtaban del templo alguna cosa, por liviana que fuese, le abrían luego el costado con navajas de piedra en el mismo templo donde había hecho el hurto, y sacándole el corazón, lo mostraban al Sol como a dios que había sido ofendido, en cuya venganza los sacrificadores comían el cuerpo del sacrificado. Ahora, después que Dios los visitó y alumbró de la ceguedad en que estaban, se gobiernan de otra manera, y los que poco podían, están libres de la tiranía y vejación de los más poderosos.

Hay entre ellos, a nuestro modo, gobernadores y alguaciles, aunque los alguaciles son, como antes he dicho, tan ejecutivos, de su natural condición, que por pequeño, interese no tienen cuenta con padre, hermano ni hijo; si lo hallan borracho o en otro algún delicto, lo llevan a la cárcel de los cabellos. Acusan muchas veces, que es argumento de gente bárbara, el padre al hijo y el hijo al padre, en juicio y fácilmente, sin fuerza alguna, el uno testifica contra el otro, no guardándose la cara, como la ley natural los obliga; y así no sé si tenga por acertado darles cargo de justicia y pedirles juramento como a nosotros, porque como no están tan firmes en la Fe, como es necesario, fácilmente se perjuran, como cada día se vee.

Capítulo XXVI. El modo y manera con que los señores y otros cargos preeminentes se elegían y daban entre los indios
Ninguna cosa hacían los indios que fuese de algún tomo, que en ella no hubiese alguna ceremonia diferente de las que las otras naciones usaban en semejante caso; y así, cuando éstos alzaban a alguno por señor o le elegían para algún cargo honroso, queriendo hacer primero prueba del valor de su persona, le hacían estar desnudo en carnes delante de los principales que le habían de elegir, al cual, sentado en cuclillas, cruzados los brazos, hacían un largo razonamiento, dándole a entender cómo había nacido desnudo; y que habiendo de subir a tanta dignidad, como era mandar y gobernar a otros, era necesario que primero se corriegese a sí y considerase cuán gran cargo era gobernar a muchos y mantenerlos en justicia, sin que ninguno se quejase, y que esto era más de los dioses que de los hombres; y que si lo hiciese bien, ganaría muy grande honra, tendría muchos amigos y subiría a mayores cargos; y si lo hiciese al contrario, que sería infame y deshonraría a sus parientes y amigos, porque cuanto en más alto lo ponían, confiados que haría el deber, tanto más afrentosa sería su caída si no hiciese bien su oficio; porque aquellos que al presente tenía por amigos y favorecedores, le serían enemigos y perseguirían cuanto pudiesen.

Hecho este razonamiento, con pocas palabras él les daba las gracias, y respondía que con el favor de los dioses él haría su oficio lo mejor que pudiese, para que los dioses fuesen de él bien servidos y ellos quedasen contentos. Dada esta respuesta, ofrecían luego incienso (que es entre ellos copal) al dios del fuego, delante el cual se hacía esta ceremonia, y al elegido ponían nuevo nombre, mandándole que una noche durmiese así desnudo al sereno, sin otra ropa alguna; hecho lo cual, otro día le vestían una rica ropa que denotaba el cargo que le daban. Ofrecíanle luego una manta rica, un barril, dos calabazas con unas cintas coloradas por asas; todo esto le echaban al cuello, y así, cargado, le llevaban con mucha pompa al templo, donde el dios del fuego estaba, al cual prometía de ser fiel y de servirle en su oficio y de barrerle el patio él o sus sujetos, para cuyo reconocimiento y veneración ayunaba los cuatro días siguientes a pan y agua, comiendo una sola vez a la noche. Acabada esta ceremonia, con la misma pompa se volvía a su casa, usando de ahí adelante el cargo o oficio que le habían dado.

Capítulo XXVII. La cuenta de los años que los indios tenían y de algunas señaladas fiestas

Como eran estos indios tan bárbaros y que carecían de la principal policía, que es el escribir y conocimiento de las artes liberales, que son las que encaminan y guían al hombre para entender la verdad de las cosas, andaban a tiento en todo, y aunque la necesidad les enseñó (ya que no tenían letras) a hacer memoria de las cosas por las pinturas de que usaban, eran confusas y entendíanlas muy pocos, y así, en el regirse de los años y meses, aliende que no había mucha certidumbre, solamente los que residían en los templos, que eran los sacerdotes, entendían algo, y la cuenta por donde se regían (según alunos de los que la sabían me han contado) era que su año comenzaba el primero día de marzo, que era fiesta muy solemne para ellos (como entre nosotros el primero día de enero, que llamamos Año Nuevo); de veinte a veinte días hacían mes, que es una Luna, y al principio del mes celebraban una fiesta, aunque había otras extravagantes, que eran muy más principales, aliende de esta particular cuenta, de las cuales diré algo en el iguiente capítulo, porque de las veinte que tenían, con que señalaban sus meses, ya dije algunas, las cuales más servían para la cuenta de los meses y tiempos que para tenerlas por fiestas muy principales.

Aliende de esta principal cuenta de su año, tenían otra que llamaban [de] años, y era que contaban de cincuenta en cincuenta los años; de manera que el año grande que ellos decían tenía cincuenta años, y el año común, veinte meses, y acabado el año grande, era grande el miedo que todos tenían de perecer, porque los teupixques o sacerdotes de los templos decían y afirmaban que al fin de aquel año habían de venir los dioses a matarlos y comerlos a todos, y así, en el día postrero de este año, echaban los ídolos por las sierras abajo en los ríos, y lo mismo hacían con las vigas y piedras que para edificar sus casas tenían. Apagaban todo el fuego, y a las mujeres preñadas metían en unas cajas, y los hombres, armados y adereszados con sus arcos y flechas, esperaban el suceso, y pasado aquel riguroso y temeroso día, se juntaban todos, como libres de tan gran infortunio, a dar gracias al Sol y a los dioses, porque no los habían querido destruir, y para mayor reconocimiento del beneficio recibido y manifestación de su alegría, sacrificaban luego a los dioses los esclavos que les parecía, sacando fuego nuevo, que, ludiendo un palo con otro, hacían. Este sacrificio se hacía principalmente al dios del fuego, porque los había socorrido con lumbre para calentarse y guisar sus comidas. Al indio (que es cosa bien de reir.) que había vivido dos años grandes, que eran ciento, tenían gran miedo y se apartaban del, diciendo que ya no era hombre, sino fiero animal.

Capítulo XXVIII. Algunas fiestas extravagantes que los indios tenían
Las fiestas con que los indios contaban sus meses y años no eran tan principales y solemnes que no hubiese otras extravagantes, en las cuales hacían muy mayor fiesta y solemnidad al demonio, de las cuales diré algunas, por cumplir con mi propósito, dejando las demás para su tiempo y lugar, con otras cosas peregrinas y dignas de saber, de las cuales se hará libro por sí. Las fiestas extravagantes, la primea y muy principal se llamaba Suchiylluitl, que quiere decir «fiesta de flores». En ellas los mancebos, por sus barrios, cuanto podían galanamente aderezados, hacían solemnes bailes en honra y alabanza de su dios. Caía esta fiesta dos veces en el año, de doscientos en doscientos días, de manera que en un año caía una vez y en el siguiente dos. Para esta fiesta guardaban los indios, entre año, los cascarones de los huevos de los pollos que las gallinas habían sacado, y en este día, en amaneciendo, los derramaban por los caminos y calles, en memoria de la merced que dios les había hecho en darles pollos. Llamábase este día Chicomexutli, que quiere decir «siete rosas».

Había otra fiesta, y era que cuando algún indio moría borracho, los otros hacían gran fiesta con hachas de cobre de cortar leña en las manos, danzando y bailando, pidiendo al dios de la borrachera que les diese tal muerte. Esta fiesta, principalmente, se hacía en un pueblo que se dice Puztlan.

Había otra fiesta más general que, aunque principalmente se hacía a un dios llamado Paxpataque, también se hacía a cuatrocientos dioses, sus compañeros, dioses y abogados de la borrachera. Tenían diversos nombres, aunque todos en común se llamaban Tochitl, que quiere decir «conejo», a los cuales, después de haber cogido los panes, hacían su fiesta, danzando y bailando, pidiendo su favor y tocando con la mano, con gran reverencia, al demonio principal o a alguno de los otros; bebían y daban tantas vueltas, bebiendo cuantas eran menester, hasta que cada uno cayese borracho. Duraba la fiesta hasta que todos habían caído.

Había otra fiesta en la cual los indios hacían un juego que llamaban patole, que es como juego de los dados. Jugábanle sobre una estera, pintada una como cruz, con diversas rayas por los brazos. Los maestros de este juego, cuando jugaban, invocaban el favor de un demonio que llamaban Macuisuchil, que quiere decir «cinco rosas», para que les diese dicha y ventura en el ganar.

Había otra fiesta que se hacía a un demonio llamado Oceloocoatl, que quiere decir «pluma de culebra». Era dios del aire; pintábanle la media cara de la nariz abajo, con una trompa por donde sonaba el aire, según ellos decían; sobre la cabeza le ponían una corona de cuero de tigre, y de ella salía por penacho un hueso, del cual colgaba mucha pluma de palo, y de ella un pájaro. Cuando celebraban esta fiesta los indios, ofrecían muchos melones de la tierra, haciendo solemnes bailes y areitos, los cuales, no sin emborracharse, duraban todo el día. De otras fiestas extravagantes que hacían en conmemoración de los muertos diré en el último capítulo de este primer libro, cuando hablare de las obsequias que a los muertos se hacían.

Capítulo XXIX. Los signos y planetas que los indios tenían
Como estos miserables hombres vivían en tanta ceguedad, siguiendo por maestro al demonio, padre de mentiras, en ninguna cosa acertaban, así en la ley natural como en el conocimiento de otras cosas naturales que, sin lumbre de Fe, alcanzaron los sabios antiguos, como era el número y movimiento de

los cielos, el curso y propriedades de los planetas y signos, y así, éstos, a tiento y sin verdad alguna, como el demonio los enseñaba, tenían los planetas y signos de la manera siguiente:

Al primero planeta llamaban tlatoc; reinaba siete días, los nombres de los cuales eran cipaltli, ecatl, cali, vexpali, coatl, miquiztli, mazatl. El que nacía en el signo de cipaltli había de ser honrado y llegar a mucha edad, porque tenían noticia que Cipaltli fue un principal que había vivido mucho tiempo, y por esta causa les pareció tomar este nombre para su cuenta. El segundo día se llamaba ecatl, que quiere decir «aire». El que nacía en este signo había de ser hombre parlero y vano. El que nacía en el signo de cali, que quiere decir «casa», había de ser desdichado en sus negocios y no había de tener hijos. El signo de vezpali, que quiere decir «lagarto o lagartija» denotaba que el que nacía en él había de tener grandes enfermedades y dolores. Miquiztli, que quiere decir «muerte», significaba que viviría poco y tristemente y con necesidad el que en él naciese. Mazalt significa «venado», y el que naciese en este signo había de ser medroso y hombre pusilánimo.

El segundo planeta se llamaba tezcatepuca, nombre de demonio, entre ellos muy venerado. Reinaba seis días, los cuales se llamaba tochitl, altliz, inquiltli, uxumatl, tetle, acatl. Tuchitl se interpreta «conejo». El que nacía en este signo había de ser hombre medroso y cobarde, como el que nacía en el signo del venado. Atl, que quiere decir «agua», daba a entender que el que naciese en su día había de ser gran desperdiciador y destruidor de haciendas. Izcuintli significa «perro». El que nacía en este signo había de ser hombre de malas inclinaciones y ruines costumbres. Ocultli, que quiere decir «ximio», denotaba que el que naciese en su día había de ser hombre gracioso y decidor. Tletli se interpretaba «fuego». El que naciese en este signo había de vivir mucho tiempo. Acatl significa «caña de carrizo». El que nacía en este signo había de ser hombre vano y de poco ser y manera. Miquitlantecutli se interpreta principal entre los muertos, nombre proprio de demonio. Reinaba en los mismos días o signos que tlatloc, planeta primero. Seguíase luego tlapolteutl, que era otro planeta que reinaba en los mismos días que los ya dichos; tomó nombre de un demonio que los indios adoraban por dios, Tonatiu, que quiere decir «Sol», que era el más venerado planeta de todos, porque los días que reinaba eran prósperos. Los nombres de ellos eran ocelotl, quautl, oli, tecpatli, citlali.

Luego, sucesive, venían los días de otro nombre de demonio que llamaban, tlaltecultli y otro que llamaban macuiltonal. Su operación era como la de los ya dichos planetas. Duraba la cuenta de estos planetas doscientos y tres días, y, acabados, comenzaban a contar desde cipactli. Este era el orden que tenían en su diabólica y falsa astrología, la cual quise escribir para que más claramente constase el engaño en que estos miserables han vivido hasta estos nuestros tiempos, los cuales, para ellos, han sido más que adorados, así para la lumbre de sus almas como para la libertad de sus personas, la cual, aunque no fuese tanta, por lo mal que usan de ella, no les haría daño.

Capítulo XXX. Las obsequias y mortuorios de los indios
Mucho hace al propósito de esta nuestra historia, en este último capítulo, tratar de las obsequias y mortuorios de los indios: lo uno, porque se vea cómo en la muerte y después de ella el demonio no tenía menos cuidado de engañarlos y hacerse adorar de ellos que en la vida; lo otro, porque los sacerdotes y religiosos que de nuevo vinieren a predicarles la ley evangélica, estén advertidos para quitarles muchas de estas cirimonias de que aún hasta ahora usan, especialmente en partes donde no son muy visitados.

La manera, pues, de enterrarse no era una, sino diferente, como entre nosotros, según el estado y calidad de las personas, y, entre otras cosas, tenían sus demonios, que llamaban dioses de los muertos, a los cuales, en los entierros, hacían sus sacrificios. A los señores, después de muertos, amortajaban sentados en cuclillas, de la manera que los indios se sientan, y alrededor, sus parientes le ponían mucha leña, quemándole y haciéndole polvos, como antiguamente solían los romanos. Sacrificaban luego delante de él dos esclavos suyos, para que, como ellos falsamente decían, tuviese servicio para el camino. Los polvos del señor ponían en un vaso rico o sepoltura cavada de piedra. En otras partes no quemaban a los señores, sino, como se ha visto en nuestros días en algunos entierros que se han descubierto, los componían y adornaban con penaches y plumajes y piedras preciosas, las mejores que tenían; poníanles bezotes de oro, anillos y orejeras, que son de hechura de cañón de candelero; poníanles también brazaletes de oro y plata; enterraban con ellos a sus esclavos, aunque algunos de ellos pedían primero la muerte para seguir a sus señores, preciándose de fieles, y entendiendo que por esta fidelidad habían de ser en la otra vida muy honrados. A éstos daban a beber los casquillos de las flechas, con que luego se ahogaban; a otros, dándoles a entender que iban a descansar con sus señores, de su voluntad y con mucho contento se ahorcaban. Para estas obsequias se juntaban los parientes y amigos del muerto y otros sus conocidos que venían de otros pueblos, y poniéndose en torno delante del muerto, ponían las ropas que en vida vestía y puesto cacao y brevaje y otros sahumerios, comenzaban, con tono muy triste, a cantar diabólicos cantares ordenados por el demonio, su maestro, en los cuales, entre otras cosas, que del muerto contaban, decían cómo había sido valiente en las guerras y diestro en las armas, gran compañero, amigo de convites y que a sus mujeres había tratado con mucho regalo y autoridad, y que había dado joyas y hecho mercedes a los servidores y amigos que tenía, y que de las preseas que había traído de la guerra había hecho servicio a los dioses. Acabado este canto, al cual las mujeres del muerto ayudaban con sollozos y otras señales de tristeza, echaban rosas sobre la sepoltura y unas mantas ricas, a las cuales hacían todos el mismo acatamiento que hicieran al muerto cuando vivo, las sillas y asientos del cual guardaban con tanto acatamiento, que no permitían sentarse en ellas sino al sucesor y heredero legítimo, de adonde es que todos los principales no comen con sus mujeres (que es una muy ruin costumbre), sino con los caciques y señores, lo cual hoy hacen, siguiendo su gentilidad.

 Cuando enterraban algún capitán señalado en la guerra, le ponían en la sepoltura armado de las más ricas armas que tenía, como cuando iba a la guerra, con mucha parte de los despojos. Puestos a los lados todos los caballeros y hombres de guerra, con lloroso canto celebraban sus proezas y valentías, diciendo: «Ya es muerto y va a descansar nuestro buen amigo y compañero y valeroso capitán» y si el tal, como atrás dije, había subido a ser señor por sus hazañosos hechos, por extenso contaban sus valentías y cómo de grado en grado había subido y tenido tanta fortuna, que mereciese en su muerte ser tan honrado; y uno de los más viejos, animando a los demás, estando el cuerpo delante, decía: «Mancebos y capitanes: animaos y señalaos mientras viviéredes en la guerra, para que cuando muriéredes os enterremos con tanta honra como a este capitán valeroso» cuyo entierro acababan con tanto ruido de música de caracoles y atabales y otros instrumentos de guerra.

Capítulo XXXI. Donde se prosiguen los entierros y obsequias de los indios

A los mercaderes y tratantes enterraban con las alhajas y joyas en que trataban, y porque el principal trato de ellos era en pieles de tigres y venados, echaban con ellos muchas de aquellas pieles, envueltas en ellas muchas piedras finas y vasos de oro en polvo, con gran copia de plumajes ricos, de manera que los que en vida no habían gozado de aquellas riquezas, parece que morían con contento de saber que las llevaban consigo al lugar de los muertos, que creían ser de descanso, y como ninguno volvía a dar la nueva de la tierra de tormento donde iban, jamás se desengañaron hasta que Dios los alumbró.

A los mancebos, después de muertos, aderesaban de lo mejor que ellos poseían, y porque morían en su juventud y parecía a los que quedaban que tendrían necesidad de comida, echábanles en la sepoltura muchos tamales, frijoles, xícaras de cacao y otras comidas. Poníanles en las espaldas, como carga, mucho papel y otro como rocadero, que servía de penacho hecho de papel, para que con todo este aparato fuese a recibir al señor de la muerte.

El entierro de las mujeres se hacía casi por el mismo modo. A las señoras enterraban con grande majestad, vestidas ricamente, y algunas criadas, que se mataban por acompañar a sus señoras y hacerles algún servicio en la jornada, pareciéndoles que morirse era como pasar de una tierra a otra, y que lo que era necesario en la vida había de ser necesario en la muerte, y por esto, enterraban a las criadas cargadas de comida. Acabado el entierro, el marido y parientes, y todas las señoras, hacían un solemne llanto; el marido diciendo que le había sido buena mujer y texido buenas mantas y camisas; las señoras y mujeres principales decían que había sido muy honrada, que había bien criado sus hijos y hecho mercedes a sus criadas. De allí, después de este llanto, se iban al templo del dios de la muerte, donde hacían sus sacrificios y se la encomendaban.

A las otras mujeres de menos suerte enterraban con menos pompa y ruido, salvo que en los estados había diferencia, porque a las viudas enterraban

77

diversamente que a las casadas, y esta diferencia también guardaban con las doncellas, que, con las casadas, echaban en la sepoltura los aderezos de la cocina y el ejercicio principal en que solía entender, rueca o telar. En la sepoltura de la viuda echaban alguna comida y llevaba el tocado y traje diferente de la casada. La doncella iba vestida toda de blanco, con ciertos sartales de piedras a la garganta; echaban en la sepoltura rosas y flores; los padres hacían gran llanto, y de ahí a un poco se alegraban, diciendo que el Sol la quería para sí, y encomendábanla luego a una diosa que se llamaba Atlacoaya, en cuya fiesta sacrificaban indias, las cuales daban a comer a los dioses, que, por número, eran cuarenta.

Estas y otras muchas ceremonias ordenadas por el demonio tenían los indios de esta tierra, las cuales, por ser muy varias, y mi intento tratar del descubrimiento y conquista de la Nueva España, no las escribo, por extenso, contento con haber dado en este primero libro de esta mi crónica alguna noticia de los ritos y costumbres que en esta tierra había; porque no era razón que habiendo de escribir el descubrimiento y conquista de ella, no dijese primero algo de lo que a su inteligencia pertenecía, remitiéndome en lo demás a un libro que sobre esto está hecho, el cual, a lo que pienso, saldrá presto a luz, y porque, para tratar del descubrimiento y conquista de esta tierra (que será en el segundo libro), abren el camino los muchos pronósticos que los indios tenían de la venida de los españoles decirlos he en el capítulo siguiente.

Capítulo XXXII. Los pronósticos que los indios tenían de la venida de los españoles a esta tierra
Muchos años antes que los españoles conquistasen esta tierra debajo del nom ••• y bandera del gran César don Carlos, emperador quinto de este nombre, los indios tenían de ello grandes agüeros y tan ciertos pronósticos, que, como si lo vieran lo afirmaban por muy cierto, y así los demás se recelaban, y de mano en mano venía el antiguo pronóstico a noticia de los presentes, aunque en cada edad tenían nuevas adivinanzas por sacerdotes y hombres sabios antiguos, a quien todos los demás daban mucho crédito. La primera profecía y adivinación de esto fue de aquel capitán y caudillo que de la antigua México trajeron cuando comenzaron a conquistar y poblar esta tierra, el cual, como dije en el capítulo (en blanco), viendo que los suyos no querían

volverse a su antigua tierra, les dijo: «Aunque pasen muchos años en medio, del occidente vendrán hombres barbudos y muy valientes, los cuales, por fuerza de armas, aunque no sean tantos como vosotros, os vencerán y sujetarán, poniéndoos debajo del imperio y señorío de otro mejor y más provechoso señor que yo; tomaréis nueva ley, conoceréis un solo Dios y no muchos; cesarán los sacrificios de los hombres; en vuestro vivir siguiréis su manera y modo; quebrantarán y desharán los ídolos de piedra y madera que tenéis y no se derramará más sangre humana; porque el Dios que conoceréis es muy grande y piadoso. Esta gente vendrá después, poco a poco, a nosotros, y de ahí adelante se irá dilatando por muchas gentes y lugares de toda esta tierra; estad advertidos, aunque no faltará después quien os lo diga, y sed ciertos que será así». Acabada esta breve plática, no sin lágrimas de los que bien le querían, se despidió y volvió a su tierra con algunos que le acompañaron.

Después de este pronóstico y adivinanza, luego que comenzaron los reyes y emperadores a gobernar y señorear esta tierra, por boca del demonio, que muchas veces se lo dijo por palabras no muy claras y por señales que vieron en el cielo y grandes agüeros en la tierra, barruntaron y entendieron que del occidente habían de venir hombres en traje, lengua, costumbre y ley diferentes, más poderosos que ellos, y así, algunos años después de esto, un indio muy viejo, sacerdote de un demonio que se decía Ocilophclitli, muy poco antes que muriese, con palabras muy claras, dijo: «Vendrán del occidente hombres con largas barbas, que uno valdrá más que ciento de vosotros; vendrán por la mar en unos acales muy grandes, y, después que estén en tierra, pelearán en unos grandes animales, muy mayores que venados, y serán sus armas más fuertes que las nuestras; daros han nueva ley y desharán nuestros templos y edificarán otros de otra manera; no habrá en ellos más de un Dios, el cual adoraréis todos; no derramaréis vuestra sangre ni os sacarán los corazones; no tendréis muchas mujeres; viviréis libres del poder de los caciques que tanto os oprimen, y aunque al principio se os hará de mal, después entenderéis el gran bien que se os siguirá». Acabado este razonamiento, ya que quería expirar, le oyeron hablando con el demonio, que decía: «Ya no más: vete, que también yo me voy». Rindió el ánima con estas palabras. Dijeron los indios que de ahí adelante, mientras vivieron, nunca vieron en aquel pueblo señal de fuego ni oyeron voces en el aire como casi continuamente oían y vían. Sabido esto por toda la tierra, se comenzaron llantos generales que duraron muchos días.

Después de estos pronósticos, adivinanzas y agüeros, en tiempo de Moctezuma, el último rey y príncipe de los mexicanos, hubo muchos sacerdotes y hombres viejos que, hablando diversas veces con el demonio, supieron cómo unas tierras cercadas de agua (eran éstas las islas de Santo Domingo, Puerto Rico y Cuba), lejos de estas tierras estaban conquistadas y pobladas de otra gente que había venido de una muy gran tierra, muy lejos de aquellas tierras cercadas de agua, y que esta gente vendría muy presto a esta tierra, y que aunque no fuese mucha, sería tan fuerte, que cada uno podría más que muchos de ellos; llamarlos y, han, hijos del Sol y teotles, que quiere decir «dioses», y que las señales que antes de esto verían serían grandes humos por el aire y cometas por el cielo, andando de una parte a otra, y que del levante al poniente verían ir una llama de fuego a manera de hoz, yendo discurriendo como garza en el vuelo, y que oirían grande ruido y voces, aullidos y gritos por los aires de espíritus malos que lamentarían la venida de los nuevos hombres.

Estos pronósticos, agüeros y adivinanzas y otros muchos más que, por no tenerlos por tan ciertos como éstos no hago de ellos aquí mención, publicaban los indios después que los nuestros entraron en esta tierra, variando y multiplicando más cosas de las que la verdad de la historia suele admitir, las cuales, aunque por su variedad fueran sabrosas de oír, remitiéndolas a su propio lugar, donde se tratará más o por extenso, pasaré al segundo libro, del cual comenzará el descubrimiento de esta tierra.

Libro II. El descubrimiento de la Nueva España

Capítulo I. La primera noticia que tuvieron los españoles de la Costa de la Nueva España

Gobernando Diego Velázquez la isla de Cuba, Francisco Hernández de Córdoba, Cristóbal Morante y Lope Ochoa de Caicedo, vecinos de Cuba, armaron tres navíos en el año de 1516: unos dicen que con favor de Diego Velázquez, el cual era muy inclinado a descubrir; otros dicen que a su costa. El fin que llevaron estos armadores dicen algunos que fue para descubrir y rescatar (aunque se tiene por más cierto que para traer esclavos de las islas de Guanajos, cerca de Honduras). Fue capitán de estos tres navíos Francisco Hernández de Córdoba; llevó en ellos ciento y diez hombres, y por piloto a Antón de Alaminos, natural de Palos, y por veedor a Bernardino Íñiguez de la Calzada. También dicen que llevó una barca de Diego Velázquez, cargada de matalotaje, herramientas y otras cosas para las minas, para que si algo trajesen, le cupiese parte. de esta manera salió Francisco Hernández del puerto de Santiago de Cuba, el cual, estando ya en alta mar, declarando su pensamiento, que era otro del que parecía, dijo al piloto: «No voy yo a buscar lucayos (lucayos son indios de rescate), sino en demanda de alguna buena isla, para poblarla y ser gobernador de ella; porque si la descubrimos, soy cierto que así por mis servicios como por el favor que tengo en Corte con mis deudos, que el rey me hará merced de la gobernación de ella; por eso, buscadla con cuidado, que yo os lo gratificaré muy bien y os haré en todo ventajas entre todos los demás de nuestra compañía».

Aceptando el piloto las promesas y ofrecimientos, anduvo más de cuarenta días arando la mar y no hallando cosa que le pareciese bien. Una noche, al medio de ella, estando la carabela con bonanza, la mar sosegada, la Luna clara, la gente durmiendo y el piloto envuelto en una bernia, oyó chapear unas marecitas en los costados de la carabela, en lo cual conoció estar cerca de tierra, y llamando luego al contramaestre, dijo que tomase la sonda y mirase si había fondo, el cual, como lo halló, dijo a voces: «Fondo, fondo»; tornando a preguntarle el piloto «en qué brazas», respondió «en veinte»; mandóle el piloto que tornase a sondar, entendiendo por la repuesta que estaban cerca de tierra. Muy alegre se fue el piloto al capitán Francisco Hernández, diciéndole: «Señor, albricias, porque estamos en la más rica tierra de las Indias»; preguntándole el capitán: «¿Cómo lo sabéis?», respondió: «Porque, siendo yo pajecillo de la nao en que el almirante Colón andaba en busca de esta tierra, yo hube un librito que traía, en que decía que, hallando por este rumbo fondo, en la manera que lo hemos hallado ahora, hallaríamos grandes tierras muy pobladas y muy ricas, con suntuosos edificios de piedra en ellas, y este librito tengo yo en mi caja». Oyendo esto el capitán, tiniendo por cierta la ventura que buscaba, dijo a voces: «Navega la vuelta de tierra, que, vista, saltaremos en ella, y si así fuere lo que decís, no habréis perdido nada y creeremos lo demás que estuviere escripto». Navegando otro día, a las diez de la mañana, con grande alegría vieron tierra, y de barlovento una isla pequeña que se llamó Cozumel, por la mucha cantidad de miel que en ella había. El piloto, no pudiendo tomar aquella isla, surgió muy bajo, más de treinta leguas, y saltaron en tierra el Domingo de Lázaro, a cuya causa llamaron a aquella tierra Lázaro; a los que saltaron, que serían hasta doce hombres, acudieron luego indios, los cuales, haciendo una raya muy larga en el suelo, les dijeron por señas que si de aquella raya pasaban, los matarían a todos. El capitán, no espantándose de nada de esto, les mandó que pasasen adelante, para ver si había algún edificio de los que el piloto decía. De ahí a poco acudió mucha gente de guerra, que de tal manera maltrataron a los españoles, que, matando dos de ellos, a los demás, heridos de muchos flechazos, hicieron retraer a los navíos. El piloto salió con diez y seis flechazos y el capitán con más de veinte, por lo cual les fue forzado arribar a Cuba para curarse, y así, viniendo a La Habana, escribieron a Diego Velázquez el suceso de lo pasado y cómo querían ir a Santiago de Cuba a acabar de curarse.

Sabida esta nueva por Diego Velázquez (aunque con pesar de las heridas de sus amigos), contento con el nuevo descubrimiento, comenzó luego a hacer gente para vengar el daño que sus amigos habían recibido de los indios de Lázaro. Hecha ya la gente, llegó Francisco Hernández de Córdoba con los demás compañeros, de los cuales, Diego Velázquez, informándose más por extenso, cobró nuevo ánimo para emprender esta jornada, la cual dilató hasta que el piloto Alaminos sanase de las heridas que había recibido. Esto es lo que algunos dicen, aunque hay otros que, aunque no en el todo, varían en algo, y es que, en saliendo Francisco Hernández del puerto, encaminanda su derrota a las islas de Guanajos a rescatar lucavos (que son indios de servicio para las minas y haciendas de los españoles), engolfándose con tiempo que no le dejó ir a otro cabo fue a dar en tierra no sabida ni hollada de españoles, do halló unas salinas en una punta que llamó de las Mujeres, por haber allí torres de piedra con gradas y capillas cubiertas de madera y paja, en que estaban puestos muchos ídolos que parecían mujeres. De allí se fue otra parte que llamó cabo de Cotoch, donde andaban unos pescadores que, de miedo se retiraron en tierra, y llamándolos, respondían cotohc que quiere decir «casa», pensando les preguntaban por el lugar, para ir a él; de aquí se quedó este nombre al cabo de esta tierra.

Poco más adelante, hallaron ciertos hombres que, preguntados cómo se llamaba un gran pueblo que estaba allí cerca, dijeron Tectetlán que quiere decir «no te entiendo»; pensando los españoles llamarse así, y corrompiendo el vocablo, le llamaron Yucatán hasta hoy. De allí fue Francisco Hernández a Campeche, lugar grande, el cual (como dije), llamó Lázaro, por llegar a él el Domingo de Lázaro. Salió en tierra, tomó amistad con el señor y rescató allí (aunque esto no lo tengo por muy cierto). De Campeche fue a Champotón, pueblo grueso, cuyo señor se llamaba Mochocoboc, hombre de guerra, el cual no les consintió entrar ni rescatar, ni dio provisión alguna como los de Campeche habían hecho. Francisco Hernández, o por no mostrar cobardía, o por probar para lo que eran aquellos indios, sacó su gente, no bien armada, y los marineros a que tomasen agua, y ordenó su escuadrón para pelear, si menester fuese. Mochocoboc, por desviarlos de la mar y que no tuviesen cerca la guarida, hizo señas que fuesen tras de un collado donde la fuente estaba; temieron los nuestros de ir allá, por ver ser los indios muchos, y, a su modo, muy bien armados, con semblante y determinación de combatir; por lo cual, Francisco Hernández mandó soltar el artillería de los navíos para espantarlos. Los indios se espantaron del gran ruido de los tiros y del fuego y humo que de ellos salía; atordeciéronse algún tanto del ruido, aunque no huyeron, antes arremetieron con buen denuedo y concierto, con gran grita, que es con la que ellos mucho se animan, tirando piedras, varas y saetas. Los españoles se movieron a buen paso, y siendo cerca de ellos, dispararon las ballestas, y con las espadas mataron muchos, por hallarlos sin armas defensivas. Los indios, con la presencia de su señor, aunque nunca tan fieras heridas habían recibido, duraron en la pelea hasta que vencieron, y así, en la batalla y en el alcance y al embarcar, mataron más de veinte españoles e hirieron más de cincuenta. Quedó Francisco Hernández con treinta y tres heridos; embarcándose, llegó a Santiago de Cuba, destruido, aunque con buenas nuevas de la tierra, y el año siguiente, como diremos luego, Diego Velázquez envió a Juan de Grijalva a seguir el descubrimiento, y a España a pedir la gobernación, por la parte de su barca (como Gómara escribe).

Entre estos dos pareceres hay otro, y es que, llegado Francisco Hernández con tiempo a la costa de Yucatán, a una parte que se dice Campeche, los indios, después de haber él saltado en tierra, por las nuevas que habían tenido de sus vecinos, le hicieron tornar a embarcar, sin dejarle reposar ni tomar agua ni otros bastimentos. Embarcado, y queriendo volver a lo que iba (que era a los Guanajos), dióle un tiempo que le echó nueve o diez leguas abajo hacia la Nueva España, adonde cerca de la costa había un puerto que se dice Champotón, junto al cual entra un pedazo de mar que parece río, y allí, por suplir la necesidad que llevaban, tornó a saltar en tierra, y, queriendo entrar en el pueblo, salió a él mucha gente de guerra, por el aviso que tenían de sus comarcanos; donde, trabándose una recia batalla, murieron muchos indios y algunos españoles, y los demás, no pudiendo sufrir la multitud de los indios, se retrajeron y metieron en los navíos, y, alzando velas, fueron a dar a la costa de la Florida, para tomar agua, de la cual tenían gran necesidad, donde, como iban heridos y fatigados, acometidos por los indios, les fue forzado tornarse a embarcar e irse a la isla de Cuba, donde, como dije, se supo la nueva de lo que les había sucedido; por lo cual, ahora digamos qué es lo que sobre ello, proveyó Diego Velázquez

Capítulo II. Lo que Diego Velázquez hizo sabido el suceso de Francisco Hernández
Después que Diego Velázquez se informó del capitán Francisco Hernández y del piloto Alaminos, de la tierra descubierta y de la prosperidad que prometía, con alegre ánimo, como solía las demás cosas, comenzó a hacer una armada con determinación de enviar por general de ella al Francisco Hernández, de quien, por su virtud y esfuerzo, tenía mucho concepto, el cual a la sazón murió y dejó por heredero de sus bienes y de la aución y derecho que tenía y le

podía pertenecer de lo descubierto a Diego Velázquez, el cual, viendo que el negocio era de mucha importancia y de confianza, determinó de cometerle a Juan Grijalva, su sobrino, el cual se detuvo hasta que el piloto Alaminos sanó, porque no había otro tan diestro como él.

La armada fue de cuatro navíos, muy proveída, así de buena gente como de armas y mantenimientos. Dio el mejor navío a Juan de Grijalva, porque era general, y de los otros hizo capitanes a Pedro de Alvarado y Alonso de Ávila y a Francisco de Montejo; hizo alférez general a Bernardino Vázquez de Tapia, de los cuales hablaré adelante en el discurso de esta historia. La demás gente era muy buena y muy lucida, porque eran hombres hacendados y que tenían indios en la isla, y como leal servidor del rey, envió Oficiales para la Real hacienda, entre los cuales iba por Tesorero un Fulano de Villafaña, al cual dio muchas cosas de rescate de ropa y mercaduría para dar a los indios por comida o oro y plata, y para hacer con buen título este viaje, lo hicieron saber a los frailes jerónimos, pidiéndoles licencia para ello, los cuales, en aquel tiempo, gobernaban las Indias por el Cardenal don Francisco Ximénez, gobernador de Castilla por el rey don Carlos, desde la isla Fernandina; dieron licencia, y de su mano enviaron por Veedor a una persona de mucha confianza. Puesto todo a punto en Santiago de Cuba, do residía Diego Velázquez, hizo alarde de doscientos hombres, todos vecinos de la misma isla, con los marineros, que eran los que bastaban para el viaje, y por que Dios (sin el cual no hay cosa acertada) guiase en su servicio tan buena empresa, después de haber bendecido las banderas y hecho otras ceremonias en semejantes casos acostumbradas, oyendo todos, después de haber confesado y reconciliado unos con otros, una misa al Espíritu santo, en orden, con música de tambores y pífaros, se embarcaron, acompañándolos hasta el puerto Diego Velázquez, el cual, abrazando al general y a los demás capitanes, les hizo un breve razonamiento en la manera siguiente:

> Señores y amigos míos, criados y allegados: Antes de ahora tendréis entendido que mi principal fin y motivo en gastar mi hacienda en semejantes empresas que ésta, ha sido el servir a Dios y a mi rey natural, los cuales serán muy servidos de que con nuestra industria se descubran nuevas tierras y gente, para que con nuestro buen ejemplo y doctrina, reducidas a muestra santa Fe, sean del rebaño y manada

de los escogidos. Los medios para este tan principal fin son: hacer cada uno lo que debe, sin tener cuenta con ningún interés presente, porque Dios, por quien acometemos tan arduo y tan importante negocio, os favorecerá de tal manera, que lo menos que os dará serán bienes temporales.

Acabada esta plática, el general y los demás capitanes y personas principales, con menos palabras, respondieron que harían todo su deber cuanto en sí fuese, como su merced vería por la obra, y así, no sin lágrimas de los que quedaban y de los que se despedían, con gran ruido de música y tiros que dispararon de los navíos, se hicieron a la vela, y, sin sucederles cosa que de contar sea, llegaron a La Habana, puerto de la misma isla, ciento y cincuenta leguas de donde salieron.

Capítulo III. Lo que en La Habana se hizo y de lo que, después que de ella salieron, sucedió
Llegados con buen tiempo a La Habana, se reformaron de bastimentos, y otras cosas necesarias para el viaje; estuvieron allí algunos días, deseosos todos de ver la nueva tierra, por las cosas que de ella decía el piloto Alaminos; salieron de allí al cabo de la isla que se dice Guaniguanico, o Punta de san Antón, y en el puerto, después de haberse todos confesado, se tresquilaron las cabezas, que fue la primera vez que los españoles lo hicieron en las Indias, porque antes se preciaban de traer coletas. Hicieron esto porque entendieron que el cabello largo les había de ser estorbo para la pelea. Navegaron ciertos días con próspero tiempo, sin suceder cosa memorable; llegaron a una tierra que les pareció fresca y de buen arte, y yendo cerca de la costa de ella, veían a trechos muchos como oratorios o ermitas blanqueando; prosiguiendo de esta manera su viaje por la costa adelante, y ya que se quería poner el Sol, llegaron a un ancón y puerto que hacía la mar, donde estaba un pueblo, el cual, cerca de la mar, tenía un templo con una torre grande de piedra y cal, muy suntuosos; tenía en cuadro por la una pared ochenta pies; subíase a lo alto de él por treinta gradas: había arriba una torre cuadrada, dentro de la cual salía otra torre que se andaba alrededor, donde los indios parecía haber tenido sus ídolos, los cuales, como después se supo, con la venida de los nuestros, habían alzado. La torre principal tenía arriba un poco de plaza, con un andén o

pretil a la redonda, entre el cual y la torre había espacio de más de doce pies. Víase de ella gran parte de la costa y tierra de Yucatán; parecíase un pueblo muy torreado. Cerca de este templo o mezquita, que los indios llamaban cu, había otros edificios de piedra, a manera de enterramientos; había asimismo unos mármoles enhiestos, de una hechura extraña, que parecían cruces. El templo estaba un tiro de ballesta de la mar, y el pueblo un poco más adentro, en la tierra; tenía casas de piedra con portales sobre postes; era muy fresco de aguas y arboledas. El templo era muy celebrado por toda aquella tierra, a causa de la mucha devoción con que a él concurrían de diversas partes en canoas, especialmente en tiempo de verano. Pasando un estrecho de mar, venían y hacían allí sus oraciones, ofrecían muchas cosas, a los ídolos, haciéndoles muy grandes y solemnes sacrificios, no solamente de brutos animales, pero de hombres y mujeres, niños, viejos, niñas y viejas, conforme a las fiestas que los sacerdotes del templo publicaban. Finalmente, no de otra manera era estimado este templo entre ellos que la casa de Meca entre los moros.

Allegando aquí los nuestros, salió mucha gente de guerra a ellos, con arcos y flechas y otras armas. Entonces, el capitán mandó armar a sus soldados y sacar los bateles para saltar en tierra, disparando desde ellos algunos tiros, lo cual viendo los indios, se volvieron al pueblo, para sacar las mujeres, niños y viejos y sus haciendas y ponerlas en el monte y en otros pueblos cercanos. En el entretanto, el capitán saltó en tierra con toda su gente, y luego subieron al templo, y desde lo alto de él vieron otros muchos pueblos con muchos edificios que blanqueaban desde lejos, y holgaron mucho los nuestros de ver tierra nunca vista de españoles y tan suntuoso edificio. Paseáronse por él, y dicen que aquí mandó el capitán que el sacerdote que traían dijese misa, al cual, por no haber sacado tan presto el ornamento, trató algo descomedidamente, por lo cual, en la batalla que después hubo, le castigó Dios. Hecho esto, el capitán entró con alguna gente en el pueblo y procuró tomar algunos indios para informarse, a los cuales, haciendo muy buen tratamiento, los envió a los suyos, dándoles a entender lo mejor que pudo que ellos no venían a hacerles mal ni a quitarles sus haciendas, sino a tenerlos por amigos y contratar con ellos, como vían por la obra. Estos indios aseguraron a otros muchos de los demás, los cuales volvieron a sus casas y comenzaron a tratar con menos recelo a los nuestros, y preguntando qué tierra fuese aquélla y cómo se llamaba, dijeron que era isla y que se llamaba Cozumel. Preguntados también qué tierra era otra que se parecía desde el templo, que tenía un pueblo torreado, cuatro o cinco leguas de allí, dijeron que Yucatán. Por esta orden se informó el capitán de otras muchas cosas, y cómo en aquella isla había muchos gallipavos y muchas redes con que pescaban.

Capítulo IV. Cómo Grijalva salió de Cozumel y de lo demás que le sucedió

Viendo el capitán que en la isla de Cozumel no había resistencia y que podría volver a ella cuando quisiese y le pareciese, proveyéndose de algunas cosas, se tornó a embarcar para costear la isla y descubrir más tierra, y yendo así, vieron desde lejos una persona que desde la costa les hacía señas con un paño. Acercándose, vieron ser una india, la cual venía dando voces y haciendo señas tras los navíos para que la recibiesen. El capitán mandó echar un batel y que en él fuese Bernardino Vázquez de Tapia, el cual la tomó y metió en el batel, y traída al capitán, dijo que ella y otros indios, con una brava tormenta, habían dado en aquella costa y que su tierra estaba de allí más de trescientas y cincuenta leguas.

Pasando adelante, vio que la tierra se acababa y cómo los indios le habían dicho verdad de que era isla, por lo cual determinó de atravesar a la otra tierra que se parecía y le habían dicho que era Yucatán, y llegado a ella, la fue costeando, y vio cómo cerca de la mar parecían algunos pueblos torreados y que sus edificios ran de piedra y cal, lo cual no menos les pareció que la isla de Cozumel. Yendo todavía costeando, aconteció que, habiendo un día navegado al ueste y norueste, otro día, cuando amaneció, se hallaron todos los navíos adonde habían estado el día antes por la mañana, y fue la causa que las aguas corrientes que por aquella parte había, venían de hacia el puerto de Honduras y Caballos, las cuales corrían hacia aquella parte con gran velocidad, por lo cual, tornando a navegar, llegaron a una bahía que la mar hacía, a manera de laguna en la tierra, y tiniendo el piloto sospecha que era algún estrecho que apartaba y dividía la una tierra de la otra, porfió a entrar cuanto pudo con los navíos hasta que dieron en poca hondura, de manera que no pudieron pasar adelante, por lo cual, el capitán mandó sacar algunos bateles y que en ellos fuese alguna gente a descubrir lo que de ahí adelante había.

Fueron, y después de haber andado mucho, no descubrieron cosa notable, y, de cansados, se volvieron.

Este ancón o bahía tan grande que apartaba aquellas dos tierras, dio ocasión a que después, tornando los nuestros a bojar aquella tierra, dijesen los pilotos que aquel ancón salía al Puerto Deseado, y así, dijeron que la tierra de Yucatán era isla y que aquella agua dividía las dos tierras, haciéndolas islas. A esta bahía llamaron los nuestros bahía de la Ascensión, porque en tal día llegaron a ella, y como se tuvo por entendido que aquel agua corría por mucha distancia, y que la tierra de Yuestán se acababa allí, acordaron todos de volver por donde habían venido e ir costeando toda la tierra de Yucatán; salieron con muy gran trabajo, porque casi estaban encallados los navíos. De allí, costeando la costa de Yucatán, volvieron a la isla de Cozumel, a la cual habían llamado la isla de santa Cruz, porque el día de santa Cruz de mayo habían llegado a ella. Desde allí, tornando a navegar, atravesando la costa de Yucatán para verla y cercarla toda y saber lo que en ella había, llegaron a una punta que salía a la mar, sobre la cual estaba un edificio de cal y canto, que, saltando los nuestros en tierra, supieron ser un templo de grande devoción, donde venían a hacer oración y sacrificios mujeres de religión, por lo cual, el capitán llamó aquella punta la Punta de las Mujeres. No faltó quien dijo que en aquella tierra había amazonas aunque los nuestros nunca las vieron, porque decían algunos indios que con la venida de los españoles se habían retirado la tierra adentro.

Desde allí fueron navegando por la costa muchos días hasta que se vieron en gran necesidad de agua, y queriéndola tomar, determinaron de acercarse a tierra, y porque hallaban siempre menos fondo, acordóse que fuesen delante los navíos más pequeños. Yendo así ya legua y media de la tierra, los navíos que iban delante comenzaron a rastrear por el arena y lama, tanto, que salía la señal arriba, por lo cual acordaron de dar la vuelta a la mar, pero no lo pudieron hacer con tanta presteza que primero no se vieron en muy gran peligro. Finalmente, saliendo con muy gran trabajo, tornando a seguir su camino costa a costa, llegaron donde el mar hacía una vuelta hacia la tierra, que parecía puerto, y allí, el piloto Alaminos, que fue el que había llegado allí con Francisco Hernández de Córdoba, reconoció ser la tierra de Campeche, de donde los indios habían echado a Francisco Hernández. Surgieron en aquella punta que hacía puerto, y aquel día todo y la noche siguiente el capitán hizo sacar los bateles y que los capitanes y personas principales de los otros navíos viniesen al suyo para tratar y comunicar lo que sería bien que se hiciese, y estando todos juntos, el capitán les dijo así:

> Señores y amigos míos: Ya veis la necesidad grande que de tomar agua tenemos, y que estamos en tierra donde los moradores de ella son muchos y enemigos nuestros, como parece por el mal tratamiento que hicieron al capitán Alonso Hernández de Córdoba, como por sus ojos vio el piloto Alaminos, que está presente. Riesgo veo y peligro, de una parte y de otra, pero paréceme, salvo vuesto mejor consejo, que debemos antes recibir la muerte de nuestros enemigos, procurando la conservación de nuestra vida, que de pusilánimos y flacos dejarnos morir de sed, pues no hay género de mayor cobardía que dejarse el hombre matar no haciendo la resistencia (aunque faltase esperanza de vencer) que es obligado en ley natural, y así, si, señores, os parece, pues somos muchos más que los de Francisco Hernández, y no menos que ellos obligados a hacer el deber, yo determino que mañana, antes que amanezca, salgamos los que cupiéremos en los bateles, y puestos en tierra, enviaremos por la demás gente, y así, antes que los indios nos puedan ofender al desembarcar, sin ser sentidos, estaremos en tierra, puestos a punto para resistirles si nos acometieren.

Acabando de hablar el general, como los capitanes y la demás gente principal tenían el mismo propósito que su caudillo, con alegre semblante vinieron todos en su parecer, y así, otro día, muy de mañana, se puso por obra lo que el general había ordenado.

Capítulo V. Cómo Grijalva saltó en tierra y de lo que con los indios le avino

Otro día, bien de mañana, los nuestros, conforme a lo que el día antes se les había dicho, sacaron los bateles y pusieron los tiros en ellos. Entrado el general con los demás capitanes y gente que supo a punto de guerra, saltaron en tierra, y, antes que fuese bien de día, los que quedaban en los navíos se juntaron con los que primero habían saltado, y así, todos juntos, se llegaron a un edificio, como teatro, que estaba cerca de la costa donde Grijalva quisiera que luego se dijera misa, porque el día antes había avisado a Juan Díaz, clérigo, que sacase el ornamento para cuando fuese menester, y como en aquel lugar, más que en otro, había aparejo para que todos oyesen misa, y entendió que el sacerdote se había olvidado de sacar el ornamento, riñóle con más cólera de la que fuera razón, diciéndole algunas palabras ásperas que a todos los de la compañía pesó y pareció mal, por lo cual parece que permitió Dios que otro día, peleando con los indios, le dieron un flechazo en la boca que le derribaron tres dientes, y a no llevar cerrada la boca, como él confesó, le pasara la flecha; lo cual, entendiendo él que había sido por su pecado, como públicamente había afrentado al sacerdote, así públicamente, dando ejemplo de hombre arrepentido, le pidió perdón, tratándolo de ahí adelante como lo deben ser los puestos en tal dignidad. Esto es lo más cierto que aconteció a Grijalva con el sacerdote en este lugar, y no en el que antes dije, como algunos piensan. El sacerdote, pues, antes que otra cosa respondiese ni se hiciese, envió por el ornamento, y revestiéndose, comenzó la misa, al medio de la cual asomaron en gran concierto muchos escuadrones de indios, y marchando en son de guerra, llegaron a un tiro de ballesta del edificio donde la misa se decía. Los nuestros no se alteraron.

Acabádose la misa, el capitán hizo poner en orden su gente, con los tiros de campo delante, y deseando hablar con los enemigos de paz, fuese poco a poco hacia ellos, haciendo señales de paz. Como los indios vieron que los nuestros se iban acercando, ellos se fueron, poco a poco, retrayendo, hasta que los nuestros llegaron donde estaba un poco de agua muy buena, y como el intento de Grijalva y de los suyos era hartarse de agua y proveer los navíos de ella, mandó hacer alto, y así, bebieron todos hasta que se hartaron, porque la sed, con la falta de agua, había ido en aumento. Luego, como el capitán vio que los indios no acometían, no quiso él acometerlos, para convidarlos a paz y amistad; antes, en el entretanto, mandó que se trajesen vasijas para llevar agua a los navíos, en lo cual se ocuparon aquel día y otros dos.

Los indios, visto que los nuestros habían asentado junto a los pozos, pusieron su real cerca de una arboleda grande, un tiro de ballesta de los nuestros, y, según después pareció, tenían determinado de pelear con los nuestros, lo cual suspendieron hasta que llegaron tres o cuatro escuadrones de mucha gente que esperaban, por dar más a su salvo la batalla; pero no osando aún con esto determinarse, por ver que los nuestros se estaban en el lugar que habían tomado, pensando que debían de ser más de los que parecían, enviaron algunos indios, como espías, para que reconociesen el lugar de los españoles y viesen cómo estaban fortalecidos y las armas y gente que había, a los cuales el capitán y los demás, por su mandado, recibieron y trataron muy bien, y dándoles algunas cosas de las de Castilla, les dijeron por señas que dijesen a su señor que ellos no venían a hacerles mal ni a quitarles sus haciendas, ni dar otra pesadumbre, sino tener su amistad y contratar con ellos, y a tomar de aquella agua que había en aquellos pozos.

Los indios respondieron en pocas palabras, con muestra de enojo, que no había para qué. Al segundo día, perseverando en su propósito, enviaron tres o cuatro mensajeros, por los cuales dijeron al capitán que qué hacían allí, que se fuesen; si no, que los echarían por fuerza. El capitán respondió que en acabando de tomar el agua se iría, y que no recibiesen pesadumbre si se detuviesen algún día en hacer el aguada, porque ya les habían dicho que no venían a hacerles enojo.

Desta manera, fueron y vinieron tres o cuatro veces, llevando la misma respuesta al capitán, hasta que, no pudiéndose ya sufrir los indios, no habiendo acabado de tomar el agua los nuestros, enviaron más mensajeros, diciendo que luego a la hora se fuesen, si no, que los matarían a todos. El capitán respondió que ya acababan de hacer el aguada y que luego se irían, y volviéndose al escribano con quien solían hacer semejantes autos, le pidió delante los capitanes y otras personas, estando presentes los indios, le diese por testimonio que él y los suyos no venían a hacerles mal, y que si, defendiéndose, los ofendiesen, fuese a su culpa, porque él y los suyos no habían venido sino por agua y a contratar con ellos, si lo tuviesen por bien. Esto dio a entender el capitán, lo mejor que pudo, a los mensajeros, y así, se fueron luego; incontinente vinieron otros con uno como brasero de barro, con lumbre y ceniza, do delante de los nuestros echaron cierto sahumerio que hacía mucho humo y olía bien, y, poniéndole cerca del capitán, le dijeron: «los en el entretanto que este sahumerio se acaba, porque, donde no, moriréis luego». El capitán, viendo que ya se le iban desvergonzando, con rostro airado, les requirió delante el mismo escribano que estuviesen quedos y le dejasen acabar de tomar agua, pues estaban donde no les ofendían en cosa, y que él no se iría hasta que hubiese acabado de tomar el agua, pues era cosa que ninguna nación la podía negar a otra no habiendo precedido enemistad.

Capítulo VI. La batalla que Grijalva hubo con los indios y de lo que en ella pasó
Grijalva, viendo que los indios que habían traído el brasero, sin responder cosa con enojo se habían apartado y vuelto a los suyos, mandó que todos estuviesen a punto para cuando moviesen arma los contrarios, los cuales, estando muy atentos al acabar del humo, comenzaron a moverse en gentil orden, con denuedo grande de pelear, viniéndose poco a poco hacia los nuestros, tirando muchas piedras con hondas y arrojando varas y dardos. El capitán mandó, so pena de muerte, que ninguno de los suyos se moviese hasta que él hiciese señal; y viendo que ya las saetas daban en el real y que no se debía sufrir sin que hiciese la resistencia debida, diciendo pocas palabras en alta voz, con que animaba a los suyos, dio a entender que peleaban para defenderse; y haciendo señal, mandó a Bernardino Vázquez de Tapia, su alférez general, los acometiese. Dentro de poco espacio se trabó una brava batalla, que duró en aquel lugar do se juntaron más de dos horas.

Los indios, como traían pensado, poco a poco peleando, se fueron retrayendo, a una arboleda, donde, como a celada, trajeron los nuestros, a los cuales, en breve espacio, cercó gran multitud de indios, los cuales hicieron notable daño en los nuestros. Aquí murió Juan de Guetaria, hombre de suerte, sabio y esforzado, cuya falta se sintió después mucho.

El general, viéndose cercado y que de refresco acudían enemigos y que los suyos iban desfalleciendo, así por las heridas como por el cansancio, mandó cargar los tiros y recogió toda la más gente que pudo, con el alférez general, al lugar donde él estaba, que era más conveniente para hacer daño en los enemigos, de adonde, animando a los suyos y diciéndoles que se acordasen que eran españoles, y que ya no peleaban por la honra, sino por la vida, acometió a los enemigos como si comenzara de nuevo, mandando soltar los tiros y tirar las ballestas.

En este lugar dieron a Grijalva el flechazo que dijimos en el capítulo pasado, sin otros que le hicieron mucho desangrar, porque los indios eran muchos, y en la parte donde estaban, más poderosos, a causa que detrás de los árboles se guardaban y flechaban a su salvo a los nuestros. Viendo esto el general y que si de allí no salía no podía escapar hombre de los suyos, tirando del alférez, a grandes voces mandó a los suyos salir de aquella espesura lo mejor que pudiesen a lo llano; en lo cual los nuestros, como les era forzado volver las espaldas, iban con paso largo, no tiniendo lugar de ofender; recibieron muchas pedradas y flechazos hasta que salieron a lo llano, donde juntándose, hicieron alto, donde desde el arboleda no podían alcanzar los arcos. Estuvieron allí hasta cerca de la noche, defendiéndose, según algunos dicen, lo mejor que pudieron; aunque es opinión de otros, que estando puestos en aquel lugar los nuestros no fueron más acometidos de los indios, de los cuales hubo muchos muertos; de los nuestros algunos, y los demás en muchas partes del cuerpo heridos.

Otro día, viendo el capitán cómo los indios no salían a hacerle guerra, recogió su gente a par de los pozos, adonde se curó él y los demás heridos. Los capitanes y otras personas principales, viendo que su general estaba tan mal herido, le rogaron muchas veces se metiese en un navío con algunos de los que tenían heridas peligrosas, y que en el entretanto que él y los demás heridos convalecían, ellos entrarían en el pueblo y harían todo el daño que pudiesen, para que de ahí adelante los indios no tuviesen atrevimiento de acometer a los españoles. El general, agradeciéndoles con buenas palabras su voluntad y celo, respondió que él no venía a vengar injurias ni a pelear con los indios, sino a descubrir aquella tierra, para que dando de ella noticia a Su Majestad proveyese cómo en ella se desarraigase la idolatría y otros pecados nefandos con que Dios era gravemente ofendido, y se plantase la Fe católica; y así, luego en nombre de Su Majestad y para Su Majestad, delante del escribano, que se lo dio por testimonio, y de los demás que estaban presentes, por Diego Velázquez, que le había enviado, tomó posesión de aquella tierra; hecho lo cual, mandó que primero se embarcasen todos los heridos y después los demás, para que si los indios quisiesen acometerles, hubiese quien los pudiese resistir.

El día antes que esto se hiciese, estando algunos de los nuestros en los navíos, aconteció que como entonces, siendo las aguas vivas, echaron las amarras cerca de la tierra en tres o cuatro brazas, y de ahí a poco comenzó la mar a menguar, quedaron los navíos casi en seco, acostados en la lama y arena, de manera que las gavias tocaban en el agua, lo cual fue gran confusión para los nuestros, porque a venir un poco de viento que levantara la mar, los navíos se hicieran pedazos y los nuestros quedaran aislados, puestos a gran riesgo, por estar tan heridos y tantos enemigos tan cerca, sin haber reparo alguno, adonde se acoger; pero como el otro día siguiente volvió pleamar, se tornaron a enderezar los navíos, poniéndose como estaban cuando surgieron; y así, porque otra vez no sucediese lo mesmo, mandó el capitán que con los bateles y con las anclas los sacasen a la mar, lo cual se hizo con mucho trabajo.

Capítulo VII. Cómo el capitán y su gente se embarcó y de lo que después sucedió
Nadando ya los navíos en el agua que habían menester, el capitán se embarcó con su gente, guiando su navegación por la costa, y nueve o diez leguas hacia Champotón, antes que llegasen a él, hallaron una gran bahía, donde se hacía una isleta, en la cual vieron un grande y suntuoso templo, y por él algunos indios que debían ser sacerdotes. Hiciéronles señas que viniesen, pero, o porque no las entendieron, o porque no osaron, no vinieron. Veían los nuestros desde los navíos las casas del pueblo, algunas de las cuales eran sumptuosas, y un río que corría cerca de él. Quisieran los que venían sanos saltar en tierra, pero por estar herido el capitán y otros muchos que aún no habían convalecido, temerosos no les sucediese alguna desgracia lo dejaron de hacer, y así siguieron su viaje sin entrar en Champotón, tomando la derrota que era menester para costear y descubrir la tierra. Siguiendo de esta suerte su viaje, uno de los navíos comenzó a hacer mucha agua, de tal manera que a no hallar un puerto quince o veinte leguas de Champotón, peligraran los que iban en él; habíase maltratado cuando se trastornó con los demás en Campeche. En este puerto aderezaron el navío, porque tuvieron lugar de saltar en tierra sin contradicción de enemigos, a causa de unas arboledas que cerca estaban, las cuales tomaron por reparo.

Aderezado el navío, el capitán siguió su viaje, y porque había quedado concertado que Diego Velázquez, que los enviaba, despacharía otro navío con gente y bastimentos, para que hobiese oportunidad de poblar, y porque los que viniesen estuviesen avisados de que Grijalva y los suyos habían pasado por allí, hicieron unas letras en un árbol grande, y en un calabazo que colgaron del árbol pusieron una carta que decía el capitán Grijalva había llegado allí y que iba adelante descubriendo tierra, con propósito de no volver allí hasta pasados dos meses; y fue así que el gobernador Diego Velázquez despachó el navío y por capitán de él a Cristóbal de Olid, el cual partió con mucha y buena gente, adereszado de armas, artillería y bastimentos, y no hallando rastro de Grijalva se volvió, lo cual fue causa que Grijalva no poblase en muchas partes que pudiera, porque el navío que esperaba había de traer la facultad para ello.

A este puerto, donde Grijalva dejó estas señales llamaron los pilotos el Puerto Deseado, los cuales, tomando el altura del Sol y del norte, se tornaron a rectificar que la mar de la bahía de la Apsención venía a aquel Puerto Deseado, afirmando que Yucatán era isla. Saliendo de allí, navegando y costeando la tierra, pasaron por unas bocas que la mar hacía en la tierra y dentro hacía grandes lagunas. A estas bocas llamaron los nuestros los Puertos de los Términos. Yendo así navegando, llegaron a la boca de un río grande que traía mucha corriente, tanto que por muy largo trecho metía el agua dulce en la mar. Entraron con los navíos en él con trabajo, y habiendo subido obra de media legua, descubrieron un pueblo, al parecer grande y de mucha frescura; surgieron allí, y poco después de estar surtos vinieron muchas canoas grandes llenas de indios bien adereszados con ricas mantas y armas muy lucidas, con vistosos plumajes en las cabezas, los arcos embrazados a manera de guerra.

Como los nuestros desde los navíos se vieron rodear por todas partes de tanta gente que traía denuedo de pelear, sobresaltáronse algún tanto, y así se adereszaron todos para defenderse si fuesen acometidos; y ya que los indios se iban acercando, el general mandó que les hiciesen señal de paz y como que los llamaban para hablar con ellos. Los indios, entendida la seña, sin ningún recelo se juntaron con los navíos, del uno de los cuales el capitán por señas dio a entender a una canoa donde venía con otros principales uno como señor, que fuese a la nao capitana, donde estaba el general, la cual salió luego de entre las otras, y por las señas que los otros navíos le hicieron llegó a la nao capitana, desde la cual el general y otros caballeros le mostraron mucho amor y dieron señas de tanta amistad, que aquel señor y los principales que con él iban subieron al navío, donde el general los abrazó y mostró cuanto él pudo el contento que tenía de verlos en el navío. Hízoles dar de comer y beber; regalólos mucho, y antes que se despidiesen, les dijo que él no venía a hacerles mal, sino a tener su amistad, y que en confirmación de esto le rogaba recibiesen aquellas camisas, ropas y otras joyas que les daba, para que tratando con los suyos les diese a entender que los hombres de España no eran tequanes, que quiere decir «crueles», porque tequán quiere decir «cosa brava», sino piadosos y amigos de hacer placer.

Recibidos los dones, los indios, a vista de todos los demás, muy alegres, volvieron a su canoa, a la cual siguieron todas las demás y rodeándola estuvieron todas paradas un gran rato para saber de aquel señor y sus compañeros lo que habían pasado con el general; acabada su plática, que no tardó mucho, todos juntos se fueron al pueblo. Lo que de ella resultó pareció luego por la obra, porque otro día vinieron algunos indios muy bien aderesados, los cuales, con mucho comedimiento y amor, dieron al general algunos plumajes ricos y otras cosas de estima que había en su tierra, a los cuales Grijalva recibió con muy alegre rostro, mandándoles dar de comer y beber y algunas ropas de seda, que los indios tuvieron en grande estima; y ya que se querían despedir, les dijo que ellos traían alguna necesidad de comida, que si no les daban enojo, saltarían en tierra, para que por rescate se la diesen. Los indios respondieron que su señor no recibiría pena de ello, pero que esperasen, que otro día volverían con la repuesta.

Capítulo VIII. Cómo vino el señor de aquellos indios a la nao capitana y de lo que luego pasó
Vueltos los indios con gran contento y alegría, así por los preciosos dones que llevaban como por el amor con que el general y los suyos los habían tratado, entraron acompañados de muchos indios que los estaban esperando a la lengua del agua, adonde estaba su señor, al cual, muy alegres, dando la embajada del capitán con la reverencia y ceremonias que suelen, pusieron los dones y presentes delante de su señor, el cual, como después se supo y pareció por la obra, los tuvo en mucho, por ser cosas jamás vistas en su tierra; y aunque bárbaro, no queriendo que en liberalidad y magnificencia los extranjeros le hiciesen ventaja, aderesándose lo más ricamente que él pudo, acom-

pañado de los principales de su tierra y casa, también conforme a su calidad vistosamente adereszados, con gran ruido y armonía de música de caracoles y otros instrumentos, entró en las canoas, llevando consigo presentes de oro, plata, piedras y plumas y mucha cantidad de comida. Grijalva, como vio que se acercaban y que venían magnifestando mayor amistad, mandó se tocasen en todos los navíos los tambores y pífaros, de lo cual el señor del dicho pueblo no recibió poco contento. Grijal va antes de esto tenía proveído cuando vio salir al señor para los navíos, que todos se adereszasen lo más lucidamente que pudiesen, y los capitanes de los otros navíos con algunos de su capitanía se viniesen a la capitana para que con mayor autoridad recibiesen a aquel señor que con tanta majestad venía.

Subió el señor, que los indios llaman cacique, a la capitana con gran estruendo de música de los nuestros y de los suyos, abrazáronse los dos con grande amor, y tomando el general por la mano al cacique le truxo por el navío, mostrándole cosas que él no había visto, al cual todos los demás capitanes y personas principales, como estaba ordenado, hablaron con grande amor y él a ellos. Las otras personas principales que con el cacique entraron, del general y capitanes fueron tratados como su calidad pedía. El cacique, acabando de ver lo que en el navío había, con grande comedimiento echó a la garganta del general una cadena de rosas y flores, muy olorosas, y púsole en la mano una flor compuesta de muchas flores, que ellos llaman suchil; púsole en los molledos de los brazos, a su costumbre, dos grandes ajorcas de oro; dióle piedras y plumajes ricos, mandando poner luego delante de él muchas aves, tamales, frijoles, maíz y otras provisiones de comer, con que no poco se alegró el general y su gente. Esto así hecho, tornando el general a abrazar al cacique, le hizo sentar en una silla de espaldas y poner luego dos mesas, la una para donde él y el cacique solos comiesen, y la otra para sus capitanes e indios principales que el cacique traía. Comieron todos con mucha alegría. Acabada la comida, el cacique, agradeciendo la honra que se había hecho, dijo al general que el día pasado ciertos criados suyos le habían dicho que su merced quería saltar en tierra, y que para ello le habían pedido su licencia; que él y todos los suyos estaban a su servicio, que viniese norabuena, porque él y los suyos sabían que en hospedar a personas de tan buen corazón hacían servicio a sus dioses, y que no podían creer sino que gente tan buena fuese hija del Sol.

Dichas estas y otras muchas sabrosas palabras, que por señas entendían los nuestros, el general le dio algunas cosas que aunque no eran de mucha estima, por ser extrañas, él las tuvo en mucho, y con esto le dijo que le agradecía mucho tan buena voluntad, la cual pagaría más largamente cuando por allí volviese, porque le parecía que era merecedor, por su mucha bondad, de que se le hiciese todo servicio.

Acabados estos y otros comedimientos, porque ya era hora, mandó el general echar los bateles al agua, donde entraron todos los que cupieron. El general se metió en un batel con los capitanes y el señor con sus principales en su canoa, y así juntos, acompañados de todos los demás, con mucha música, saltaron en tierra, donde luego, dándolo por testimonio un escribano, tomó posesión en nombre de Su Majestad, por Diego Velázquez, de aquella tierra.

Llamábase el pueblo Potonchan, y la provincia Tabasco, cuyo río se llamó de ahí adelante de Grijalva por haber entrado en él el general Juan de Grijalva. Hecho este auto, el general con los suyos fue a la casa del cacique, que era muy sumptuosa, en la cual fue muy festejado, donde en el entretanto dio a entender al señor cómo hacia el occidente, muy lejos de allí, había una gran tierra que llamaban España, cuyo rey era muy poderoso, así por la mucha gente que tenía, como por los grandes heberes y provincias que poseía, y que ellos eran sus vasallos enviados por él a descubrir aquellas tierras y tratar con los moradores de ellas y enseñarles cómo no se había de creer en las piedras ni animales, ni en el Sol, ni en la Luna, que ellos falsamente tenían por dioses, sino en un solo Dios hacedor y criador del cielo y de la tierra, al cual los españoles y cristianos adoraban, y que esto lo entendería adelante con la comunicación y amistad que tendría con los españoles.

El cacique, que debía de ser de buen entendimiento, respondió que el rey de los nuestros debía de ser, como el general decía, muy poderoso, pues tenía vasallos tan fuertes que osasen, siendo tan pocos, venir a tierras extrañas, llenas de tantas gentes, que para uno de ellos había más de tres mil; y que pues decía que había de volver por allí, que él holgaba mucho de ello para entender de él como de su amigo aquella nueva religión y adoración de un solo Dios que le decía, y que pareciéndole tal, dejaría la suya, porque verdaderamente entendía que aquellos sus dioses eran muy feos y crueles, pues les pedían sacrificios de hombres y mujeres.

No poco contento el general con la respuesta del cacique, con lágrimas y otras muestras de mucho amor se despidió de él y se tornó a embarcar, acompañándole el cacique y principales hasta que se metió en el batel, desde el cual se tornó a despedir tan amorosamente como de antes.

Capítulo IX. Cómo Grijalva se tornó a embarcar y costeó la tierra y de lo demás que le aconteció

Embarcados que fueron los nuestros, comenzaron a navegar costeando la tierra, cerca de la cual, andadas quince leguas, llegaron a la boca de un río que parecía grande, el cual, porque tenía muchas palmas, llamaron de ahí adelante el Río de Palmas, y pasando adelante, de trecho a trecho, vieron muy cerca del agua unos bultos grandes y blancos que parecían humilladeros o oratorios. Deseando saber el general qué cosa fuesen, mandó a Bernardino Vázquez de Tapia, su alférez general, y a otro hombre de cuenta que saltasen en un batel y entrando en tierra viesen qué eran aquellos bultos que tanto campeaban; y haciéndolo, vieron que eran unos edificios hechos de maderos y ramas muy texidas a manera de tolvas de molinos, a los cuales edificios se subía por unas escalerillas muy angostas; estaban casi llenos de arena, hecho en medio un hoyo, el cual los moradores de aquella tierra henchían de agua de la mar, la cual con el gran Sol que por allí hace, cuajándose se volvía en sal muy buena y de muy buen gusto; gastábase mucho la tierra adentro. Prosiguiendo la navegación, vieron los nuestros muchos ríos, y algunos de ellos muy caudales, que entraban en la mar, y todos los días, en poniéndose el Sol, si la costa era limpia, surgían en ella, y si no había buen surgidero, metíanse en la mar, poniéndose al reparo.

Fue cosa maravillosa, como después acá ha parecido, que siendo, como es, aquella costa tan brava y tan peligrosa, que ningún navío osa en este tiempo llegarse a la costa que no perezca, entonces, navegando y surgiendo tan cerca de ella por tantos días, ninguno pereció, habiéndose perdido después acá muchos, lo cual es gran argumento de que Dios allanaba las esperezas y quitaba los peligros para que su santo Evangelio fuese predicado en tierras tan extrañas, donde el demonio por tantos años había tiranizado aquellas miserables gentes.

Prosiguiendo su viaje, pasaron cerca de unas sierras, cuyas grandes peñas daban en la mar; parecíanse entre sierra y sierra unas tierras de gran frescura y de hermosas arboledas y bocas de ríos que, con gran copia de agua, entraban en la mar. Veíanse asimismo, desde las gavias de los navíos, la tierra adentro, otras muy grandes sierras, y lo que era llano muy fresco. De ahí a pocas leguas, yendo navegando un día, vieron por delante islas y arrecifes que se hacían en la mar a una parte y a otra por donde navegaban, por lo cual les era forzado ir sondando con cuidado de no dar en algún bajo. Yendo así, no lejos de las naos, vieron dos o tres canoas con indios que andaban pescando; el general, como los vio, mandó saltar en un batel al alférez con otros de la compañía, para que, dando caza a las canoas, tomase alguna de ellas; salió luego otro batel para atajarlas que no se fuesen, y así, se dieron tanta prisa, que aunque las canoas huían mucho, en breve tiempo, se fueron acercando a ellas. Los indios, viendo que no se podían escabullir, dejando de remar, tomando unas navajas de pedernal que traían en las canoas, comenzáronse a sacrificar, sacándose sangre de las orejas, narices y lengua y de los muslos y otras partes del cuerpo, ofreciendo la sangre que salía al Sol, creo que ofreciéndose a él como a su dios y defensor, puestos en aquel peligro. Este fue el primero sacrificio de sangre que los nuestros vieron en esta tierra. Tomaron los de los bateles una o dos canoas y piedras verdes y azules de poco valor. Estas señales y derramamiento de tanta sangre dio ocasión a que los nuestros llamasen a aquella isla Isla de Sacrificios. Está de la tierra firme un cuarto de legua. No hallando en ella persona viva de quien pudiese informarse, otro día determinó el general de saltar en tierra con los bateles; los indios, con las buenas nuevas que los indios de las canoas les habían dado, sin ningún recelo vinieron a ver al capitán, trayéndole alguna comida y frutas, lo cual fue gran refresco para los nuestros, porque tenían ya gran necesidad de mantenimientos. Estuviéronse todo aquel día cerca de una boca de un río pequeño, de agua muy buena, que entra en la mar, donde algunos se lavaron y otros nadaron, no hartándose de aquella agua por la necesidad grande que de ella otras veces habían pasado. A puesta del Sol se volvieron a dormir a los navíos.

101

Otro día, el general, saltando en tierra, mandó llevar muchas ropas, joyas, piedras, cuentas y otras cosas de mercería para rescatar y descubrir si los indios tenían oro o plata y piedras preciosas, puestas estas cosas de rescate sobre unas mesas, para que los indios las pudiesen ver y rescatar las que quisiesen. Llegaron muchos de ellos que, así por la buena conversación que hallaron, como por lo que aquellas cosas tan nuevas a sus ojos les contentaban, comenzaron a rescatar algunas de ellas, dando en pago unas hachas de Chinantla, que son de cobre que reluce como oro, de las cuales, creyendo Grijalva que era oro bajo, tomó muchas, aunque dicen algunos que ciertas de ellas tenían calzados los filos con oro; rescató asimismo otras cosas de pluma y algodón y algunas piedras que los indios llaman chalcuites. Llegó Grijalva a aquella isleta día de San Juan, y como, preguntados los indios cómo se llamaba aquella tierra, respondieron que Ulua, llamaron al puerto San Juan de Ulua.

Habiendo Grijalva rescatado las cosas que dije, creyendo ser las hachas de oro bajo, y que conforme a la muchedumbre que de ellas tenía, no podía dejar de volver muy rico, trató de volverse luego sin poblar, como aquel que no había conocido su buena ventura, y así, otro día llamando los capitanes y personas principales, les habló en esta manera:

> Señores y amigos míos: Entendido tengo que entre nosotros hay dos pareceres; el uno contrario del otro, porque algunos de vosotros sois de parecer que, por las buenas muestras que hay en esta tierra, poblemos en ella, enviando alguna persona a Diego Velázquez para que nos envíe más gente y bastimentos; otros, decís que no traigo poder para poblar, sino para descubrir, y que a eso venistes, y no a otra cosa, y que pues esto está hecho, que os queréis volver a Cuba, donde tenéis vuestros indios y haciendas, y que si, volviendo, os pareciere acertada la jornada, daréis la vuelta conmigo, como lo habéis hecho. Cierto, no puedo. dejar de estar dudoso y perplexo entre dos pareceres tan diversos, pues cada uno de ellos parece tener razón. Mi parecer es, salvo el vuestro, que, pues Diego Velázquez no ha enviado a Cristóbal de Olid, como prometió, que debe de querer que nos volvamos y que no poblemos hasta que vea la relación que llevamos. Estos indios son muchos y están en su tierra proveídos de lo necesario; nosotros estamos en el ajena, faltos de bastimentos y armas, y no tantos cuantos seríamos menester. Podría ser que, como gente tan diferente de la nuestra, el día que nos vean hacer

asiento piensen que les queremos quitar la tierra, y así, se levantarán contra nosotros, y el negocio de la población no tendrá firmeza.

Acabada esta plática, Alonso de Ávila y Pedro de Alvarado, que eran de parecer contrario del de Grijalva, rogándose el uno al otro para que respondiese, después de hecho su comedimento, Pedro de Alvarado dijo así:

Entendido tenemos todos, señor y valeroso capitán nuestro, que con todo cuidado habrá vuestra merced mirado este negocio, y que en él hay tanta dificultad como parece, por lo que vuestra merced nos ha dicho; pero como ninguna cosa haya tan dudosa ni perpleja que por entrambas partes tenga igual contradicción, y ninguna tan cierta que no pueda, en alguna manera sen contradicha, debemos siempre, los que consultamos, tener cuenta con el provecho, si va acompañado con hacer el deber, y así, aunque haya algunos inconvenientes, si lo que se hace vale más, no se ha de tener cuenta con ellos. Esto digo, porque aunque expresamente Diego Velázquez no dio licencia para poblar, tampoco lo prohibió, sino que, a la partida, delante de los más de nosotros dijo: «Ya sabéis, Grijalva, cuánto importa este descubrimiento; hacerle heís con todo cuidado, y de él me daréis relación, y, sobre todo, os encomiendo que, visto lo que sucediere, hagáis en todo como yo haría si presente fuese». De las cuales palabras se vee claro que no ató a vuestra merced las manos para no poder hacer asiento en esta tierra, que tantas muestras ha dado de riqueza, cuanto más que, aunque expresamente lo vedara, ni Dios ni Su Alteza del rey, nuestro señor, de ello serán deservidos; porque muchas veces acontece que cuando se hace la ley es necesaria, y andando el tiempo, según lo que se ofrece, no hace mal el que la quebranta, porque el principal motivo de ella es el bien común, y cuando falta y se sigue daño, cesa su vigor, y cerca de esto, si apretamos más el negocio, ¿qué pesar puede recibir Diego Velázquez poblando por él, en nombre de Su Alteza, pues el descubrimiento se encamina para esto? A lo que vuestra merced dice que somos pocos y que los indios son muchos, y que los más de nosotros desean volver a Cuba, no hay que parar en esto, pues estando conformes, pocos valemos por muchos, y no somos tan pocos que, enviando luego mensajero a Diego Velázquez, no nos podamos entretener, aunque durase la guerra un año, la cual tengo entendido que no habrá, porque si los indios, con el buen tratamiento que en tan pocos días les hemos hecho, nos tienen tanta voluntad,

¿qué harán cuando por muchos les hiciéremos buenas obras?, pues el amistad no se conserva sino con buenas obras y largo tiempo en el deseo de los de contrario parecer. Lo que se puede responder es que, asentado vuestra merced y nosotros, mudarán parecer, o por vergüenza o por no poder ser de los primeros en esta conquista, Y si algunos hobiere que todavía porfíen en irse, vayan con Dios y sirvan de mensajeros, que no serán tantos que nos puedan hacer falta.

Acabada esta plática, Alonso Dávila y los demás capitanes dijeron que eran de aquel parecer si su merced venía en él; pero como Grijalva pensaba que estaba rico con las hachas de rescate, y tenía algunos al oído, que le decían que con el haber que llevaba podría descansar en Cuba, o volver a la misma empresa con más pujanza, replicó disimuladamente que miraría el negocio y haría lo que conviniese.

Capítulo XI. Cómo Grijalva se embarcó y partió para la isla de Cuba
Grijalva, aunque los más y más principales de su ejército eran de parecer que se poblase, por haber hallado tanta comodidad, se entró aquel día en los navíos con otra ocasión de la que parecia, y a la media noche dijo al piloto mayor, Alaminos, que alzasen anclas y se hiciesen a la vela. Lo que cerca de esto algunos dicen es que, aunque topó con su buena ventura, no la conoció, dejándola ir de entre las manos para Hernando Cortés, de cuyos valerosos hechos será lo principal de esta historia. En esta jornada no sucedió cosa que de contar sea, porque no veía Grijalva la hora de llegar a Cuba, pensando que iba muy rico y que había hecho mucho en llevar tan buenas y tan ricas muestras de la tierra, para dar nuevas de las cuales se adelantó Pedro de Alvarado, y llegó por tierra primero un Juan de Cervantes, que había visto venir la flota, el cual dio nueva a Diego Velázquez de la venida de la flota de Grijalva. Pesó mucho de esto, como era razón, a Diego Velázquez, y más cuando supo que los más del ejército habían sido de parecer que se poblase y que hubiese sido tan para poco su sobrino que no lo hubiese hecho, pues había llevado tantos y tan buenos caballeros, y la tierra que había descubierto era tan aparejada para ello, y así, antes que Pedro de Alvarado llegase, publicó luego que tenía determinación, como lo hizo, de tornar con más pujanza a armar otra flota y

gastar en ella toda su hacienda y la de sus amigos, para lo cual comenzó a tratar con Andrés de Duero, que era muy su amigo y hombre de mucha cordura, a quién sería bien encargar la jornada, para que con honra saliese con la empresa, porque, como por el suceso había parecido, Francisco Hernández de Córdoba, aunque valiente y animoso, había sido desgraciado, y aunque quisiera, por la poca gente que llevaba, no podía poblar, y Grijalva, aunque pudo, no se atrevió.

En el entretanto que él con Andrés de Duero trataba este negocio llegó Pedro de Alvarado y luego Grijalva, los cuales luego enviaron las muestras de la tierra descubierta, que eran las hachas que dijimos, cotaras, plumajes, ropas de pluma y algodón y algunas joyas de oro y plata, las cuales muestras, como pusieron nuevo ánimo a Diego Velázquez para hacer nuevo gasto, así le acrecentaron el enojo contra Grijalva; y como el que entendía que en el esfuerzo y prudencia del general consistía el buen suceso de lo que emprendía, puso al principio los ojos sobre dos o tres caballeros, que el uno se llamaba Vasco Porcallo y el otro Diego Bermúdez y el otro Garci Holguín, de lo cual no poco se agravió Pedro de Alvarado, porque dijo que si no le hacían general no volvería a la jornada, aunque después, por medio de Andrés de Duero, tornó a ella, por ser, como había visto, digna de emplearse en ella cualquier hombre de valor.

La elección de uno de estos caballero se estorbó por las envidias Y emulaciones que entre ellos había y porque Diego Velázquez se recataba de lo que le sucedió con Hernando Cortés, no se le alzasen con la gobernación de la tierra, de la cual los reyes Católicos, por sus cédulas y provisiones le habían hecho adelantado, dando licencia los frailes jerónimos para que armase y descubriese y de lo así poblado tuviese cierta parte, comenzó a comprar navíos y a hacer otros muchos gastos, en los cuales, como después pareció en las cartas de pago, dicen que gastó con la ayuda de sus amigos, más de 100.000 ducados. Ya que en el puerto había doce muy buenos navíos y la munición y lo demás necesario para la navegación, tornó a pensar a quién encomendaría tan importante negocio, que con fidelidad, esfuerzo y seso le acometiese y saliese con él; y como en los negocios de duda aprovecha mucho un buen tercero, Andrés de Duero, que era grande amigo de Hernando Cortés, y le favorecía y ayudaba cuanto podía, porque había conocido de él que tenía aquellas partes que eran necesarias para emplearle en tan buen negocio, dicen que de secreto dijo a Diego Velázquez que ninguno otro convenía que fuese por general sino Hernando Cortés, porque los demás caballeros parecían bulliciosos y entre ellos había grandes competencias sobre quién iría; y que yendo alguno de ellos, se habían de quedar los demás, que no habían de dejar de hacer falta; y que yendo, había de haber disensión y desgracias, y que ninguno de ellos estaba tan obligado a servirle como Hernando Cortés, por haberle siempre honrado y puesto en cargos y haberle casado y hecho alcalde, y que en todo lo que se había ofrecido, había mostrado ser bien bastante para aquella jornada, y que por estas y otras razones que él sabía, no debía a otro que a Cortés confiar la jornada.

Capítulo XII. Cómo Diego Velázquez, persuadido por Andrés de Duero, eligió por general de su armada a Fernando Cortés y lo que de ellos se dijo
Diego Velázquez, visto que las razones de Andrés de Duero, de quien él tanto crédito tenía, eran bastantes, a su parecer, según en aquel tiempo estaban las cosas, determinó de elegir a Fernando Cortés por capitán general de la Armada; y así luego, antes que con él hiciese las capitulaciones, le mandó pregonar por general con trompetas y atabales. Oído por todos los vecinos de Santiago de Cuba el pregón, no faltó quien, pronosticando, dijo a otros en la plaza: «Diego Velázquez ha elegido por general del Armada a Hernando Cortés; él le echará el agraz en el ojo», y así luego, acabadas de firmar las capitulaciones, dio a entender no haberse engañado el que dijo aquello. Comenzó Cortés a hablar a muchos, convocó a otros, así en secreto como en público, haciendo a cada uno grandes promesas y no pudo recatarse tanto, aunque era muy avisado, que no descubriese algo de lo que tenía en su pecho, que venido a noticia de Diego Velázquez, no le hizo buen estómago, principalmente que Andrés de Cuéllar, hombre ya anciano y deudo de Diego Velázquez, le había dicho, luego como supo la elección: «Hijo, mal habéis hecho, porque con quien habéis tenido enojo, no debíades tratar negocio en que después se pueda vengar, porque los hombres, por hacer su provecho, no tienen cuenta con muchas obras buenas, si hay alguno que haya dado desgusto.

En el entretanto que estas cosas se decían, Hernando Cortés adquería amigos, gastaba lo que tenía, y aun se empeñaba, porque sabía que en la guerra cuando gasta el capitán es amado y tenido y hace las cosas a su gusto. Pasaron en esto veinticinco días, y ya que la gente estaba hecha y todo a punto, quiso Diego Velázquez revocar lo hecho y señalar a Alonso de Mendoza, compañero en el cargo de alcalde de Hernando Cortés. Entendiendo esto Cortés, hizo que no lo entendía, y dióse toda la prisa que pudo, haciendo alférez general de la gente a Villarroel, que después se llamó Antón Serrano de Cardona; hizo que se hiciese alarde de los que al presente estaban en Santiago de Cuba, sacando de repente, sin comunicarlo con Diego Velázquez, una bandera muy hermosa, la cual con atambor y pífaro llevó arbolada Villarroel.

Juntáronse cincuenta hombre de pie y de caballo; difirió Cortés el dar de los demás cargos hasta que estuviesen en La Habana; fuese con esta gente, galanamente aderezado en calzas y en jubón, con la espada en la cinta y una ascona en la mano, al son del atambor, marchando hacia la iglesia, donde diciendo la misa un flaire llamado fray Bartolomé de Olmedo, de la Orden de la Merced, bendijo la bandera, lo cual hecho, se volvieron en ordenanza a casa de Cortés, donde estaba aderezado para todos muy bien de comer; gastaron todos los soldados aquel día en jugar y en otros pasatiempos hasta la noche, que Cortés les dio una cena tan espléndida como había sido la comida; al cabo de la cual, trabándose entre ciertos soldados una pendencia, mataron a un hombre que se decía Juan de la Pila, carpintero de ribera, el cual había de ir en el Armada: estuvo tendido en el suelo sin que nadie le alzase ni hiciese alboroto, hasta que a las dos de la noche, Cortés, con toda la gente que había en su casa se fue a la iglesia, y acabando de oír misa del mismo flaire, a las tres de la mañana, tomando consigo veinte soldados se fue a la casa de Alonso de Mendoza, y llamando a la puerta dijo a los que le respondieron: «Llamad acá al señor Alonso de Mendoza, que le quiero hablar». Dende a poco salió Alonso de Mendoza armado con una hacha encendida delante; mandó abrir la puerta, saludáronse amigablemente, apartáronse a solas y hablaron más de una hora en secreto. Créese que lo que con él trató fue decir que Diego Velázquez estaba arrepentido y que no sabía por qué; que él no dejaría la jornada, porque su corazón le daba que había de ser muy próspera y que había de tener muy buen fin; y que si en algo se pusiese Diego Velázquez, que le suplicaba, pues era alcalde y compañero, le favoreciese, porque adelante se lo pagaría. Estas y otras palabras se cree que Cortés dijo a Alonso de Mendoza, por otras que él después dijo a algunos de sus amigos.

Capítulo XIII. Cómo Hernando Cortés se hizo a la vela, y de la plática que hizo a sus soldados

Vuelto Cortés a su posada, no con poco contento de lo que había tratado con Alonso de Mendoza, estando juntos todos los soldados, que serían hasta ochenta, rogándoles que con cuidado le oyesen, les habló de esta manera: «Señores y amigos míos: Sí tuviésedes como yo entendido la buena dicha y ventura que en esta jornada que emprendemos se nos promete, ninguna habría de vosotros que ya no le pesase de estar más aquí, porque aliende de lo que vosotros sabéis de la riqueza y prosperidad de aquella tierra que Francisco Hernández y Juan de Grijalva dejaron para nosotros, hay otras muchas razones que os deben mover para embarcarnos muy contentos: primeramente, ser los primeros que, poblando, plantaréis la Fe católica y pondréis en policía aquella gente bárbara, que es tanta en número que no se puede numerar; Su Majestad del rey, nuestro señor, tendrá cuenta con vuestras personas como con primeros conquistadores; daros ha renta, haceros ha señores, de vasallos y honraros ha, como confío que hará, cuando sepa vuestros señalados servicios. Esta isla está ya tan llena de gente, que para vuestras personas no hay lo que mereséis; razón será que, como valerosos, busquéis vuestra fortuna y os enseñoréis de ella, que yo hallo que muchas veces acude y responde a los buenos pensamientos cuando por los medios que convienen se ponen por obra; navíos tenemos y todo, lo necesario para la jornada; no falta sino que con alegre ánimo acometamos este negocio; conocido me tenéis en paz y en guerra, que con mi poca posibilidad no os he faltado; menos os faltaré ahora, pues tengo más poder para haceros mejores obras y yo más necesidad del ayuda de vuestras personas, que yo no puedo pelear más de por un hombre; y si con alguna razón vosotros tenéis contento de llevarme por vuestro caudillo, mucho mayor le tengo yo de llevaros por compañeros, pues sé que ni en fidelidad ni esfuerzo, que son dos cosas principales en el buen soldado y con las cuales la guerra se hace dichosamente no debéis dar ventaja a otros muchos. Diego Velázquez, por ruines terceros desconfía de mí, y no tiene razón, porque mi intento es de servir a Dios y al rey, como leal vasallo; y que en esto yo me quiera adelantar, no debe pesar a alguno. Si a la partida, que será luego, hobiere algún estorbo, estad advertidos que no habéis de consentir que de las manos se os vaya la buena ventura».

Acabada esta plática, el alférez y otros principales, en nombre de los demás, le dieron las gracias, y lo que le respondieron en pocas palabras, decía así:

> Señor y capitán nuestro: Ni queremos ser soldados de otro, ni que otro sea nuestro capitán; y pues decís, como lo entendemos, que emprendemos negocio en que tendremos buena dicha y ventura, comenzadle vos primero, como caudillo nuestro, y salgamos ya de aquí para donde nuestra buena ventura nos llama.

Dichas estas palabras, Hernando Cortés salió de casa, en la delantera, con su gente en orden, que le seguía; bajó por una cuesta abajo que daba en la lengua del agua, en la cual estaban ya esperando los bateles; mandó que se embarcasen poco a poco, y ya que los más estaban embarcados, que no quedaban con él sino cinco o seis soldados, llegó Diego Velázquez, caballero en una mula, con cuatro mozos de espuelas españoles y la color algo mudada; aunque él se reportó cuanto pudo, dijo a Cortés:

> Hijo, ¿qué es esto que hacéis?; ¿qué mudanza es ésta?; ¿para qué os embarcáis sin tener pan y otras cosas necesarias para la jornada? Deteneos, por vida vuestra, hasta mañana, que de mis estancias se traerá pan y carne y lo demás que menester fuere, porque no querría que vos y los que con vos van padeciesen necesidad».

Cortés le respondió, con determinación de no volver atrás, atendiendo al fin con que Diego Velázquez le rogaba que se detuviese:

> Señor, beso a vuestra merced las manos, que no hay al presente tanta necesidad, porque los navíos están bien proveídos, y donde yo voy no padecerán mis soldados necesidad, que bien sabe vuestra merced que para mí y para ellos lo sabré buscar.

Calló Diego Velázquez, no sabiendo qué se hacer, y porque no se le desmandase Cortés, no le replicó.

En esto llegó el batel de la capitana, y entrando en él con los soldados, quitando el sombrero a Diego Velázquez, le dijo: «Señor, Dios quede con vuestra merced, que yo voy a servir a Dios y a mi rey, y a buscar con estos mis compañeros mi ventura». Así se metió en la capitana, y Diego Velázquez, muy enojado, aunque lo disimuló cuanto pudo, se volvió a su casa. Cortés luego se metió a la mar, mandando soltar un tiro, que era señal para que todas las demás velas, que eran doce entre chicas y grandes, hiciesen lo mismo y, siguiéndole, se juntasen con él. Y porque Gómara, que siguiendo, a Motolinía, dice, por no haber sido bien informado ni vio, como yo, las capitulaciones que entre Diego Velázquez y Cortés se hicieron, que Hernando Cortés iba por compañero y no por teniente de Diego Velázquez, y que había gastado con Diego Velázquez mucha cantidad de pesos de oro, para hacer lo que debo a la verdad de la historia, y para que conste el gran valor de Hernando Cortés, pondré al pie de la letra las capitulaciones que con él hizo Diego Velázquez, y pues en el discurso de todo lo de adelante tengo de tener principal cuenta con tan excelente capitán, antes que prosiga su navegación y jornada, diré quién fue y las cosas que le acontecieron en Cuba, para que, como yo le oí muchas veces decir, los hombres entiendan que después de Dios, de su buen seso, diligencia y valor, han de hacer caudal para venir a ser estimados, como ello fue, no estribando, como algunos hacen, en la virtud ajena; pensando por ella merecer la gloria que por ella alcanzó el que primero la tuvo.

Capítulo XIV. El traslado de las capitulaciones que entre Diego Velázquez y Hernando Cortés pasaron
Y porque el que leyere esta historia, llegando a este capítulo, no juzgue atrevidamente, pareciéndole que me contradigo, es de saber que aunque en lo que antes tengo escripto dije que las capitulaciones e instrucción que Diego Velázquez hizo con Hernando Cortés fue después que tuvo nueva de un Juan de Cervantes y de Pedro de Alvarado de la venida de Grijalva, pasa así que creyendo Diego Velázquez, como parece por la cabeza de esta instruición, que la armada de Grijalva debía estar en algún riesgo, determinó de proveerla con la que luego armó con Hernando Cortés, y al mismo tiempo que se hizo

esta instruición Pedro de Alvarado estaba ya en la costa de Cuba; de manera que cuando esta instrucción se publicó, como dije, ya había nueva de la venida de Grijalva, aunque cuando se ordenó estuvo secreta; que de lo uno a lo otro hubo muy pocos días. Dice, pues, la instruición así:

> Por cuanto yo, Diego Velázquez, Alcaide y capitán general y Repartidor de los caciques e indios de esta Isla Fernandina, por Sus Altezas, etc., envié los días pasados, en nombre y servicio de Sus Altezas, a ver y bojar la isla de Yucatán, Santa María de los Remedios, que nuevamente había descubierto, y a descubrir lo demás que Dios Nuestro Señor fuese servido, y en nombre de Sus Altezas, tomar la posesión de todo, una Armada con la gente necesaria, en que fue y nombré por capitán de ella a un Juan de Grijalva, vecino de la villa de la Trinidad de esta isla, el cual me envió una carabela de las que llevaba, porque hacía mucha agua, y en ella cierta gente que los indios en la dicha Santa María de los Remedios le habían herido, y otros adolecidos, y con la razón de todo lo que le había ocurrido hasta otras islas y tierras que de nuevo descubrió; y la una es una isla que se dice Cozumel, y le puso por nombre Santa Cruz, y la otra es una tierra grande que parte de ella se llama Ulúa, que puso por nombre Santa María de las Nieves, de donde me envió la carabela y gente y me escribió cómo iba siguiendo su demanda, principalmente a saber si aquella tierra era isla o tierra firme, y ha muchos días que de razón había de haber sabido nuevas de él, hasta hoy no se sabe, que debe de tener o estar en alguna extrema necesidad de socorro; y asimismo, porque una carabela que yo envié al dicho Juan de Grijalva desde el puerto de esta ciudad de Santiago, para que con él y la Armada que llevaba se juntase en el puerto de San Cristóbal de La Habana, porque estuviese muy más proveído de todo, y como al servicio de Dios y de Sus Altezas convenía fuese, cuando llegó adonde pensó hallar al dicho Juan de Grijalva, no le halló porque se había hecho a la vela y era ido con toda el Armada, puesto que dejó aviso del viaje que la dicha carabela había de llevar; y como la dicha carabela en que iban ochenta o noventa hombres, no halló la dicha Armada, tomó el dicho aviso y fue en seguimiento del dicho Juan de Grijalva; y según parece y se ha sabido por relación de las personas heridas y dolientes que el dicho Juan de Grijalva me envió, no se había juntado con él ni de ella había sabido ninguna nueva, ni los dichos dolientes y heridos la supieron a la vuelta, puesto que vinieron mucha parte del viaje costa a costa de la isla de Santa María de los Remedios, por

donde había ido, de que se presume que con tiempo forzoso podrían decaer hacia tierra firme o llegar a alguna parte donde los dichos ochenta hombres podrían corer detrimento por el navío, o por ser pocos, o, por andar perdidos en busca del dicho Juan de Grijalva, puesto que iban muy bien pertrechados de todo lo necesario; y demás de esto, porque después que con el dicho Juan de Grijalva envié la dicha Armada, he sido informado de muy cierto por un indio de los de la dicha isla de Yucatán, Santa María de los Remedios, cómo en poder de ciertos caciques principales de ella están seis cristianos cautivos y los tienen por esclavos y se sirven de ellos en sus haciendas, que los tomaron muchos días ha de una carabela que con tiempo forzoso por allí aportó perdida, que se cree que alguno de ellos debe ser Nicuesa, capitán que el muy católico rey don Fernando, de gloriosa memoria, mandó ir a Tierra Firme; y redimirlos será grandísimo servicio de Dios Nuestro Señor y de Sus Altezas. Por todo lo cual, pareciéndome que al servicio de Dios Nuestro Señor y de Su Alteza convenía enviar así en seguimiento y socorro de la dicha Armada que el dicho Juan de Grijalva llevó, y busca de la dicha carabela, que tras él en su seguimiento fue, como a redemir, si posible fuese, los dichos cristianos, que en poder de los dichos indios están cautivos, acordé, habiéndolo muchas veces mirado y pensado, pesado y platicado con personas cuerdas, de enviar, como envío, otra Armada tal y tan bien bastecida y aparejada, así de navíos y mantenimientos como de gente y todo lo demás para semejante negocio necesario; que si por caso, a la gente de la otra primera Armada y de la carabela que fue en su seguimiento, hallase en alguna parte cercada de infieles, sea bastante para la socorrer y decercar; y si así no los hallare, por sí sola pueda seguramente andar y calar seguramente en su busca todas aquellas Indias e islas y tierras y saber el secreto de ellas y hacer todo lo demás que al servicio de Dios Nuestro Señor cumpla a al de Sus Altezas convenga; y para ello he acordado de la encomendar a vos, Hernando Cortés, y os enviar por capitán de ella, porque por experiencia que de vos tengo del tiempo que en esta isla en mi compañía habéis servido a Sus Altezas, confiando que sois persona cuerda y que con toda prudencia y celo de su real servicio daréis buena cuenta y razón de todo lo que por mí, en nombre de Sus Altezas, os fuere mandado acerca de la dicha negociación, y la guiaréis y encaminaréis como más al servicio de Dios Nuestro Señor y de Sus Altezas convenga; y porque mejor guiada la negociación de todo vaya, lo que habéis de hacer es mirar y con mucha vigilancia y cuidado inquirir y saber, es lo siguiente:

«Primeramente, el principal motivo que vos y todos los de vuestra compañía habéis de llevar es y ha de ser, para que en este viaje sea Dios Nuestro Señor servido y alabado, y nuestra santa Fe católica ampliada, que no consentiréis que ninguna persona de cualquier calidad y condición que sea diga mal a Dios Nuestro Señor ni a su santísima Madre ni a sus santos, ni diga otras blasfemias contra su santísimo nombre por ninguna ni alguna manera, lo cual, ante todas cosas les amonestaréis a todos; y a los que semejantes delitos cometieren, castigarlos heis conforme a derecho con toda la más riguridad que ser pueda.

«Item, porque más cumplidamente en este viaje podáis servir a Dios Nuestro Señor, no, consentiréis ningún pecado público, así como amancebados públicamente, ni que ninguno de los cristianos de vuestra compañía haya acceso ni coito carnal con ninguna mujer fuera de nuestra ley, porque es pecado a Dios muy odioso, y las leyes divinas y humanas lo prohiben; y procederéis con todo rigor contra el que tal pecado o delicto cometiere, y castigarlo heis conforme a derecho por las leyes que en tal caso disponen.

«Item, porque en semejantes negocios, toda concordia es muy útil y provechosa, y por el contrario, las disensiones y discordias son dañosas, y de los juegos de naipes y dados suelen resultar muchos escándalos y blasfemias de Dios y de sus santos, trabajaréis de no llevar ni lleveis en vuestra compañía personas algunas que se crea que no son muy celosas del servicio de Dios Nuestro Señor y de Sus Altezas, y tengáis noticia que es bullicioso y amigo de novedades y alborotador, y defenderéis que en ninguno de los navíos que lleváis haya dados ni naipes, y avisaréis de ello así a la gente de la mar como de la tierra, imponiéndoles sobre ello ciertas penas, las cuales ejecutaréis en las personas que lo contrario hicieren.

«Item, después de salida el Armada del puerto de esta ciudad de Santiago, tendréis mucho aviso y cuidado de que en los puertos que en esta Isla Fernandina saltáredes, no haga la gente que con vos fuere enojo alguno ni tome cosa contra su voluntad a los vecinos, moradores e indios de ella; y todas las veces que en los dichos puertos saltáredes, los avisaréis de ello con apercebimiento que serán muy bien castigados los que lo contrario hicieren; y si lo hicieren, castigarlos heis conforme a justicia.

«Item, después que con el ayuda de Dios Nuestro Señor hayáis recibido los bastimentos y otras cosas que en los dichos puertos habéis de tomar, y hecho el alarde de la gente y armas que lleváis de cada navío por sí, mirando mucho en el registrar de las armas, no haya los fraudes que en semejantes casos se suelen hacer, prestándoselas los unos a los otros para el dicho alarde; y dada toda buena orden en los dichos navíos y gente, con la mayor brevedad que ser pueda, os partiréis en el nombre de Dios a seguir vuestro viaje.

«Item, antes que os hagáis a la vela, con mucha diligencia miraréis todos los navíos de vuestra conserva, e inquiriréis y haréis buscar por todas las vías que pudierdes, si llevan en ellos algunos indios e indias de los naturales de esta isla; y si alguno hallardes, lo entregad a las justicias, para que sabidas las personas en quien en nombre de Su Alteza están depositados, se los vuelvan, y en ninguna manera consentiréis que en los dichos navíos vaya ningún indio ni india.

«Item después de haber salido a la mar los navíos y metidas las barcas, iréis con la barca del navío donde vos fuéredes a cada uno de ellos por sí, llevando con vos un escribano, y por las copias tornaréis a llamar la gente de cada navío según la tenéis, repartida, para que sepáis si falta alguno de los contenidos en las dichas copias que de cada navío hobiéredes hecho, porque más cierto sepáis la gente que lleváis; y de cada copia daréis un treslado al capitán que pusierdes en cada navío, y de las personas que halláredes que se asentaron con vos y les habéis dado dineros y se quedaren, me enviaréis una memoria para que acá se sepa.

«Item, al tiempo que esta postrera vez visitáredes los dichos navíos, mandaréis y apercibiréis a los capitanes que en cada uno de ellos pusierdes, y a los Maestres y piloto que en ellos van y fueren y cada uno por sí y a todos juntos, tengan especial cuidado de seguir y acompañar el navío en que vos fuéredes, y que por ninguna vía y forma se aparten de vos, en manera que cada día todos os hablen, o a lo menos lleguen a vista y compás de vuestro navío, para que con ayuda de Dios Nuestro Señor lleguéis todos juntos a la isla de Cozumel, donde será vuestra derecha derrota y viaje, tomándoles sobre ello ante vuestro escribano juramento y poniéndoles graves y grandes penas; y si por caso, lo que Dios no permita, acaeciese que por tiempo forzoso o tormenta de la mar que sobreviniese, fuese forzado que los navíos se apartasen y no pudiesen ir en la conserva arriba dicha y allegasen primero que vos a la dicha isla, apercebirles heis y mandaréis so la dicha pena que ningún capitán ni Maestre, so la dicha pena, ni otra persona alguna de los que en los dichos navíos fuere, sea osada de salir de ellos ni saltar en tierra por ninguna vía ni manera, sino que antes siempre se velen y estén a buen recaudo hasta que vos lleguéis; y porque podría ser que vos o los que de vos se apartasen con tiempo, llegasen a la dicha isla, mandarles heis y avisaréis a todos, que a las noches, faltando algún navío, hagan sus faroles por que se vean y sepan los unos de los otros; y asimismo, vos lo haréis si primero llegardes, y por donde por la mar fuéredes, porque todos os sigan y vean y sepan por dónde vais; y al tiempo que de esta isla os desabrazáredes, mandaréis que todos tomen aviso de la derrota que han de llevar, y para ello se les de su instruición y aviso, porque en todo haya buena orden.

«Item, avisaréise y mandaréis a los dichos capitanes y Maestres y a todas las otras personas que en los dichos navíos fueren, que si primero que vos llegaren a algunos de los puertos de la dicha isla algunos indios fueren a los dichos navíos, que sean de ellos muy bien tratados y recibidos, y que por ninguna vía ninguna persona, de ninguna manera y condición que sea, sea osado de les hacer agravio, ni les decir cosa de que puedan recibir sinsabor ni a lo que vais, salvo como están esperando, y que vos les diréis a ellos la causa de vuestra venida; ni les demanden ni enterroguen si saben de los cristianos que en la dicha isla Santa María de los Remedios están cautivos en poder de los indios, porque no los avisen y los maten, y sobre ello pondréis muy recias y graves penas.

«Item, después que en buen hora llegardes a la dicha isla Santa Cruz, siendo informado que es ella, así por información de los pilotos como por Melchior, indio natural de Santa María de los Remedios, que con vos lleváis, trabajaréis de ver y sondar todos los más puertos y entradas y aguadas que pudiéredes por donde fuéredes, así en la dicha isla como en la de Santa María de los Remedios y Punta Llana, Santa María de las Nieves, y todo lo que halléredes en los dichos puertos haréis asentar en las cartas de los pilotos, y a vuestro escribano en la relación que de las dichas islas y tierras habéis de hacer, señalando el nombre de cada uno de los dichos puertos y aguadas y de las provincias donde cada uno cayere, por manera que de todo hagáis muy cumplida y entera relación.

«Item, llegado que con ayuda de Dios Nuestro Señor seáis a la dicha isla de Santa Cruz, Cozumel, hablaréis a los caciques e indios que pudierdes de ella y de todas las otras islas y tierras por donde fuéredes, diciéndoles cómo vos is por mandado del rey, nuestro señor, a los ver y visitar, y darles heis a entender cómo es un rey muy poderoso, cuyos vasallos y súbditos nosotros y ellos somos, y a quien obedecían muchas de las generaciones de este mundo, y que ha sojuzgado y sojuzga muchas partidas de él, una de las cuales son en estas partes del mar Océano donde ellos y otros muchos están, y relatarles heis los nombres de las tierras e islas; conviene a saber, toda la costa de Tierra Firme hasta donde ellos están, y la Isla Española, y San Juan y Jamaica y esta Fernandina y las que más supierdes; y que a todos los naturales ha hecho y hace muchas mercedes, y para esto, en cada una de ellas, tiene sus capitanes y gente, y yo, por su mandado, estoy en esta Isla; y habida información de aquella adonde ellos están, y en su nombre, os envío, para que les habléis y requiráis se sometan debajo de su yugo, servidumbre y amparo real, y que sean ciertos que haciéndolo así y serviéndole bien y lealmente, serán de Su Alteza y de mí en su nombre muy favorecidos y amparados contra sus enemigos, y decirles heis cómo todos los naturales de estas islas así lo hacen, y en señal de servicio le dan y envían mucha cantidad de oro, piedras, plata y otras cosas que ellos tienen; y asimismo Su Alteza les hace muchas mercedes, y decirles heis que ellos asimismo lo hagan, y le den algunas cosas de las susodichas y de otras que ellos tengan, para que Su Alteza conozca la voluntad que ellos tienen de servirle y por ello los gratifique. También les diréis cómo sabida la batalla que el capitán Francisco Hernández, que allá fue, con ellos hubo, a mí me pesó mucho; y porque Su Alteza no quiere que por él ni sus vasallos ellos sean maltratados, yo en su nombre os envío para que les habléis y apacigüéis y les hagáis ciertos del gran poder del rey Nuestro señor, y que si de aquí adelante ellos pacíficamente quisieren darse a su servicio, que los españoles no tendrán con ellos batallas ni guerras, antes mucha conformidad y paz, y serán en ayudarles contra sus enemigos, y todas las otras cosas que a vos os pareciere que se les debe decir para los atraer a vuestro propósito.

«Item, porque en la dicha isla de Santa Cruz se ha hallado en muchas partes de ella, y encima de ciertas sepolturas y enterramientos cruces, las cuales diz que tienen entre sí en mucha veneración, trabajaréis de saber a inquerir por todas las vías que ser pudiere y con mucha diligencia y cuidado la significación y por qué la tienen; y si la tienen, por que hayan tenido o tengan noticia de Dios Nuestro Señor, y que en ella padeció hombre algunos, y sobre esto pondréis mucha vigilancia, y de todo por ante vuestro escribano tomaréis muy entera relación, así en la dicha isla como en cualesquier otras que la dicha cruz halláredes por donde fuéredes.

«Item, tendréis mucho cuidado de inquerir y saber por todas las vías y formas que pudiéredes, si los naturales de las dichas islas o de algunas de ellas tengan alguna secta o creencia o ricto o ceremonia en que ellos creen o adoren, o si tienen mesquitas o algunas casas de oración, o ídolos o otras semejantes cosas, y si tienen personas que administren sus ceremonias, así como alfaquís o otros ministros, y de todo muy por extenso traeréis ante vuestro escribano entera relación, por manera que se le pueda dar Fe.

«Item, pues sabéis que la principal cosa que Sus Altezas permiten que se descubran tierras nuevas, es para que tanto número de ánimas como de innumerable tiempo acá han estado y están en estas partes perdidas fuera de nuestra santa Fe, por falta de quien de ella les dé conocimiento verdadero, trabajaréis por todas las maneras del mundo, si por caso tanta, conversación con los naturales de las islas y tierras donde vais tuvierdes, para les poder informar de ella, cómo conozcan, a lo menos, haciéndoselo entender por la mejor vía y orden que pudierdes, cómo hay un solo Dios verdadero, criador del cielo y de la tierra y de todas las otras cosas que en el cielo y en el mundo son, y decirles heis todo lo demás que en este caso pudierdes y el tiempo para ello diere lugar, y todo lo demás que mejor os pareciere que al servicio de Dios Nuestro Señor y de Sus Altezas conviene.

«Item, llegados que a la dicha isla de Santa Cruz seáis y por todas las otras tierras por donde fuéredes, trabajaréis por todas las vías que pudiéredes de inquerir y saber alguna nueva del Armada que Juan de Grijalva llevó, porque podría ser que el dicho Juan de Grijalva se hobiese vuelto a esta isla y tuviesen ellos de ello nueva y lo supiesen de cierto, y que estuviesen en alguna parte o puerto de la dicha isla; y asimismo, por la misma orden, trabajaréis de saber nueva de la carabela que llevó a su cargo Cristóbal de Olid, que fue en seguimiento del dicho Juan de Grijalva. Sabréis si llegó a la dicha isla, y si saben qué derrota llevó, y si tienen noticia o alguna nueva de ella y adónde están y cómo.

«Item, si dieren nueva o supiéredes nuevas de la dicha Armada que está por allí, trabajaréis de juntaros con ella, y después de juntos, si hubiéredes sabido nueva alguna de la dicha carabela, daréis orden y concierto para que quedando todo a buen recaudo o avisados los unos de los otros de adónde os podréis esperar y juntar, porque no os tornéis a derramar, y concertaréis con mucha prudencia cómo se vaya a buscar la dicha carabela y se traiga adonde concertáredes.

«Item, si en la dicha isla de Santa Cruz no supiéredes nueva de que el Armada haya vuelto por ahí o esté cerca, y supiéredes nuevas de la dicha carabela, iréis en su busca, y hallado que la hayáis, trabajaréis de buscar y saber nuevas de la dicha Armada que Juan de Grijalva llevó.

«Ítem, hecho que hayáis todo lo arriba dicho, según y como la oportunidad del tiempo para ello os diere lugar, si no supiéredes nuevas de la dicha Armada ni carabela que en su seguimiento fue, iréis por la costa de la isla de Yucatán, Santa María de los Remedios, en la cual, en poder de ciertos caciques están seis cristianos, según y como Melchior, indio natural de la dicha isla, que con vos lleváis, dice que os dirá, y trabajaréis por todas las vías y maneras que ser pudiere por haber los dichos cristianos por rescate o por amor, o por otra vía donde no intervenga detrimento de ellos ni de los españoles que lleváis ni de los indios, y porque el dicho Melchior, indio natural de la dicha isla, que con vos lleváis, conocerá los caciques que los tienen cautivos, haréis que el dicho Melchior sea de todos muy bien tratado y no consentiréis que por ninguna vía se le haga mal ni enojo, ni que nadie hable con él, sino vos solo y mostrarle heis mucho amor y hacerle heis todas las buenas obras que pudiéredes, porque él os le tenga y os diga la verdad de todo lo que le preguntáredes y mandáredes, y os enseñe y muestre los dichos caciques; porque como los dichos indios en caso de guerra son mañosos, podría ser que nombrasen por caciques a otros indios de poca manera, para que por ellos hablasen y en ellos tomasen experiencia de lo que debían de hacer; y por lo que ellos dijesen y tiniendo al dicho Melchior buen amor, no consentirá que se nos haga engaño, sino que antes avisará de lo que viere, y, por el contrario, si de otra manera con él se hiciere.

«Ítem, tendréis mucho aviso y cuidado de que a todos los indios de aquellas partes que a vos vinieren, así en la mar como en la tierra, adonde estuviéredes, a veros y hablaros o a rescatar o a otra cualquier cosa, sean de vos y de todos muy bien tratados y recibidos, mostrándoles mucha amistad y amor y animándolos según os pareciere que el caso o a las personas que a vos vinieren lo demanda, y no consentiréis, so graves penas, que para ello pondréis, que les sea hecho agravio ni desaguisado alguno, sino antes trabajaréis por todas las vías y maneras que pudiéredes, cómo cuando de vos se partieren vayan muy alegres, contentos y satisfechos de vuestra conversación y de todos los de vuestra compañía, porque de hacerse otra cosa Dios Nuestro Señor y Sus Altezas podrían ser muy deservidos, porque no podría haber efecto vuestra demanda.

«Ítem, si antes que con el dicho Juan de Grijalva os juntáredes, algunos indios quisieren rescatar con vos algunas cosas de las que vos lleváis, porque mejor recaudo haya en todas las cosas de rescate y de lo que de ello se hobiese, llevaréis una arca de dos o tres cerraduras y señalaréis entre los hombres de bien de vuestra compañía los que os pareciere que más celosos del servicio de Sus Altezas sean, que sean personas de confianza, uno para Veedor y otra para Tesorero del rescate que se hobiese y rescatáredes, así de oro como de perlas, piedras preciosas, metales y otras cualesquier cosas que hobiere; y si fuere el arca de tres cerraduras, la una llave daréis que tenga el dicho Veedor y la otra el Tesorero, y la otra tendréis vos o vuestro Mayordomo, y todo se meterá dentro de la dicha arca y se rescatará por ante un escribano que de ello de Fe.

«Ítem, porque se ofrecerá necesidad de saltar en tierra algunas veces, así a tomar agua y leña como a otras cosas que podrían ser menester, cuando la tal necesidad se ofreciere, para que sin peligro de los españoles se pueda hacer, enviaréis, con la gente que a tomar la dicha agua y leña fuere, una persona que sea de quien tengáis mucha confianza y buen concepto, que sea persona cuerda, al cual mandaréis que todos obedezcan, y miraréis que la gente que así con él enviardes sea la más pacífica y quieta y de más confianza y cordura que vos pudiéredes y la mejor armada, y mandarles heis que en su salida o estada no haya escándalo ni alboroto con los naturales de la dicha isla, y miraréis que salgan y vayan muy sin peligro, y que en ninguna manera duerman en tierra ninguna noche ni se alejen tanto de la costa que en breve no puedan volver a ella, porque si algo les acaeciere con los indios, puedan de la gente de los navíos ser socorridos.

«Ítem, si por caso algún pueblo estuviere cerca de la costa de la mar, y en la gente del viéredes tal voluntad que os parezca que seguramente, por su voluntad y sin escándalo de ellos y peligro de los nuestros, podáis ir a verle y os determináredes a ello, llevaréis con vos la gente más pacífica y cuerda y bien armada que pudiéredes, y mandarles heis ante vuestro escribano que ninguno sea osado de tomar cosa ninguna a los dichos indios, de mucho ni poco valor, ni por ninguna vía ni manera, so graves penas que cerca de ello les pondréis, ni sean osados de entrar en ninguna casa de ellos ni de burlar con sus mujeres, ni de tocar ni llegar a ellas, ni les hablar, ni decir, ni hacer otra cosa de que se presuma que se pueden resabiar, ni se desmanden ni aparten de vos por ninguna vía ni manera, ni por cosa que se les ofrezca, aunque los indios salgan a vos, hasta que vos les mandéis lo que deben hacer, según el tiempo y necesidad en que os hallardes y viéredes.

«Ítem, porque podrá ser que los indios, por os engañar y matar, os mostraran buena voluntad e incitaran a que vais a sus pueblos, tendréis mucho estudio y vigilancia de la manera que en ellos veáis; y si fuéredes, iréis siempre muy sobre aviso, llevando con vos la gente arriba dicha y las armas muy a recaudo, y no consentiréis que los indios se entremetan entre los españoles, a lo menos muchos, sino que antes vayan y estén por su parte, haciéndoles entender que lo hacéis porque no queréis que ningún español les haga ni diga cosa de que reciban enojo; porque viéndose entre vosotros muchos indios, pueden tener cabida para que abrazándose los unos con vosotros, salgan los otros, que como son muchos podríades correr peligro y perecer, y dejaréis muy apercibidos los navíos, así para que estén a buen recaudo, como para que si necesidad se os ofreciere, podáis ser socorrido de la gente que en ellos dejáis, y dejarles heis cierta seña, así para que ellos hagan, si en necesidad se vieren, como para que vos la hagáis si la tuviéredes.

«Item, habido que, placiendo a Nuestro Señor, hayáis los cristianos que en la dicha isla de Santa María de los Remedios están cautivos, y buscado que por ella hayáis la dicha armada y la dicha carabela, seguiréis vuestro viaje a la Punta Llana, que es el principio de la tierra grande que ahora nuevamente el dicho Juan de Grijalva descubrió, y correréis en su busca por la costa de ella adelante, buscando todos los ríos y puertos de ella hasta llegar a la bahía de San Juan y Santa María de las Nieves, que es desde donde el dicho...

Capítulo XV. Quién fue Hernando Cortés y de sus costumbres y linaje

Fue Hernando Cortés, a quien Dios con los de su compañía tomó por instrumento para tan gran negocio, natural de la villa de Medellín, que es en Extremadura, una de las mejores provincias de España. Fue hijo de Martín Cortés de Monroy, no rico, aunque de noble casta, y de don ͣ Catalina Pizarro, del alcunia de los Pizarros y Altamiranos, también noble. Nació en el año de 1485. Diéronle sus padres a criar a un ama, con menos aparato del que después el valor de su persona le dio. Crióse siempre enfermo, y tanto que muchas veces llegó a punto de morir.

Dicen que su ama, siendo muy devota del apóstol san Pedro, se lo ofreció con gran devoción con ciertos sacrificios dignos de mujer cristiana que hizo, y así piadosamente se cree que por tomarle la pladosa mujer por intercesor y abogado, de ahí adelante convaleció; por lo cual, después que vino a los años de discreción, tuvo siempre especial devoción al apóstol san Pedro, tomándole por su intercesor y abogado, de tal manera que desde que tuvo alguna posibilidad, cada año lo mejor que él podía celebraba su fiesta. Siendo de edad de catorce años le enviaron sus padres a Salamanca, donde en breve tiempo estudió Gramática, porque era muy hábil; quisieran sus padres que siguiera el estudio de las leyes, mas como su ventura le llamaba para empresa tan importante, dejando el estudio por ciertas cuartanas que le dieron, de las cuales sanó dentro de ciertos meses, que volvió a su tierra, en este comedio el Comendador de Lares se aprestaba para pasar a las Indias. Cortés era ya de diez a nueve años; pidió licencia a sus padres, la cual le dieron de buena gana, porque entendían del que era inclinado a la guerra y había mostrado en algunas cosas que se le ofrecieron que, prosiguiéndola, sería valeroso en ella.

Fletóse en un navío de Alonso Quintero, que iba en conserva de otros cuatro navíos; llegaron todos juntos a las Canarias, y en la Gomera, hecha oración a Santa María del Paso, tomaron refresco. Alonso Quintero, codicioso de vender bien sus mercadurías en la isla de Santo Domingo, sin dar de ello noticia a sus compañeros, se hizo a la vela una noche. Poco después le hizo tan recio tiempo que le volvió al puerto de do había salido, quebrado el mástil. Rogó a los compañexos que mientras le aderezaba, le esperasen; hiciéronlo, aunque no se lo debían; partieron todos juntos, y después de haber navegado así muchos días, viendo Quintero el viento próspero, engañado con la codicia, que engaña a muchos, tornó a adelantarse, y como aquella navegación era nueva y los pilotos eran poco diestros en ella, vino Quintero a dar adonde no sabía si estaba bien o mal. No pudo disimular la turbación y tristeza. Visto esto, los pasajeros se entristecieron mucho, y los marineros, no menos turbados, se descargaban de la culpa echándola los unos a los otros. Los bastimentos les comenzaron a faltar, y el agua que traían vino a ser tan poca que no bebían sino de la llovediza cogida en las velas, que por esto era de peor gusto. Creciendo los trabajos, crecía en todos la confusión y turbación; animábalos el mozo Cortés, como el que se había de ver en otros mayores aprietos.

Estando así confusos y ya más congoxosos de la salud del ánima que del cuerpo, temerosos de dar en tierra de caribes do fuesen comidos, el Viernes santo, cuyo día y lugar los hacía más devotos, vino una paloma al navío, asentóse sabre la gavia, que parecía a la que vino a Noé con el ramo de la oliva; lloraban todos de placer y daban gracias a Dios, creyendo que estaban cerca de tierra; voló luego la paloma y ellos endereszaron el navío hacia do la paloma iba volando, siguiendo este norte y estrella. El primero día de Pascua de Resurrección, el que velaba descubrió tierra, diciendo a grandes voces «¡tierra!, ¡tierra!», nueva, por, cierto, a los que andan perdidos por la mar, de grandísima alegría y contento, con la cual Cortés, aunque mostró placer, no fue tan grande que diese muestra de haber temido como los demás.

    El piloto reconoció la Punta de Semana, y desde a tres o cuatro días entraron en el puerto de Santo Domingo, para ellos muy deseado, do hallaron las otras cuatro naos que había muchos días que estaban en el puerto. Otros dicen, y tiénese por cierto, que antes que Cortés se determinase de hacer esta jornada, pidió licencia a sus padres para seguir la guerra en el reino de Nápoles; y que, o por ir tan pobre de posibilidad cuanto rico de pensamientos, o porque la edad entonces hacía su oficio, llegando a Valencia mudó propósito, de adonde se volvió a sus padres e hizo la jornada que hemos dicho.

Capítulo XVI. Do se prosigue lo que el pasado promete
Pasados estos y otros trabajos, sin los cuales pocas veces los hombres vienen a tener estima, saltó Cortés en Santo Domingo, y derecho se fue a casa de don Nicolás de Ovando, Comendador de Lares, gobernador que entonces era de la isla; y después de haberle besado las manos y dicho que era de Extremadura, le dio ciertas cartas de recomendación. El Comendador le recibió graciosamente, y después de haberle preguntado algunas particularidades de la tierra, le dijo que se fuese con Dios a su posada y que si algo se le ofreciese en que pudiese ser aprovechado, se lo dijesen, porque lo haría de buena voluntad. Con esto se despidió Cortés, besándole las manos por el ofrecimiento, y de ahí adelante, aunque estaba muy pobre, y tanto que, de una capa se servían tres amigos para salir a negociar a la plaza, se dio luego al trabajo de las minas y otras granjerías de la tierra, tomando algún principio para el fin tan dichoso que sus grandes pensamientos prometían.

    Dicen otros que saltando en tierra, no halló en la ciudad de Santo Domingo al Comendador a quien llevaba las cartas, y que su Secretario, luego que le conoció, le aconsejó pidiese al Cabildo de la ciudad vecindad, para que como a vecino le diesen solar para edificar casa y tierras donde labrase, en el entretanto que otra cosa se ofrecía en que más fuese aprovechado. Aceptó el consejo y dióle gracias por él, y venido el gobernador a la ciudad, le besó las manos y pasó sobre ello lo que hemos referido. Luego de ahí a pocos días, a causa de una gran señora viuda que se llamaba Anacaona, se rebelaron las provincias de Aniguavagua y Guacayarima, a cuya reducción y pacificación iba Diego Velázquez, persona, como al principio de este libro dije, de calidad y de todo buen crédito. Fue con él Cortés todo lo mejor aderezado que él pudo, lo cual fue causa que el gobernador le diese ciertos indios en tierra del Dayguao y la escribanía del Ayuntamiento de la villa de Achúa, que el Comendador había fundado, donde Cortés vivió seis años dándose a granjerías y sirviendo su oficio a contento de todo el pueblo.

En este tiempo quiso pasar a Veragua, tierra afamada de muy rica; dejó de hacerlo por un dolor grande que le dio en una pierna. Decían sus amigos que eran las bubas, porque siempre fue amigo de mujeres, y las indias mucho más que las españolas inficionan a los que las tratan. Con esta enfermedad, sea como fuere, que ella le dio la vida después de Dios, excusó la ida con Nicuesa y se libró de los trabajos y peligros en que se vio Diego de Nicuesa y sus compañeros; porque andando descubriendo y no poblando, buscando mejor tierra, traía la gente descontenta, de manera que hizo algunas crueldades con ella, y así ninguna cosa le sucedió bien.

Fue Cortés hombre afable y gracioso; preciábase de ganar amigos y conservarlos, aunque fuese a costa de su hacienda; hacía con mucho calor lo que podía con ellos; procuró siempre el amistad de los mejores y que más podían; tenía muy claro juicio y aprovechábase muy bien de lo que había estudiado; nunca se determinaba a negocio, sin pensarlo muy bien y consultarlo con los amigos de quien se confiaba; era amigo de leer cuando tenía espacio, aunque era más inclinado a las armas; veneraba y acataba mucho a los sacerdotes; procuró siempre cuanto en sí fue la pompa y autoridad del culto divino; honraba a los viejos y tenía en mucho a los valientes y animosos, y, por el contrario, era poco amigo de los pusilánimos y cobardes.

Cuando vino a mandar y tener cargo de general, supo darse maña cómo de los más fuese amado y temido; gastaba su hacienda con liberalidad, especialmente cuando pretendía más señorío, como hizo cuando lo de Narváez, porque entendía que ganadas las voluntades, era fácil el ganar las haciendas; perdonaba las ofensas de buena voluntad cuando los que las cometían se arrepentían de ellas; en el castigar era misericordioso; regocijábase mucho con las damas, y era muy comedido y liberal con ellas; jugaba todos juegos sin parecer tahúr, mostrando tan buen rostro al perder como al ganar; en las fiestas y banquetes que hizo fue muy largo. Edificó en México dos casas muy suntuosas; cúlpanle todos no haber hecho iglesia, conforme a la grandeza de las casas; los que le defienden, dicen que era su pensamiento hacer el templo más suntuoso que el de Sevilla, y que por no haber entonces oficiales españoles lo dejó. Como quiera que sea, él se descuidó más de lo que convenía. Cúlpanle también muchos de no haber pedido o dado perpetuidad de indios a los conquistadores, como pudiera, a causa de tenerlos siempre debajo de la mano; pues él, aunque tan valeroso, no pudiera sin ellos conquistar tan grandes reinos y señoríos; no falta quien le defiende de esto, aunque como hombre no podía acertar en todo. Cúlpanle asimismo muchos de los conquistadores que en el repartir de las ganancias de la guerra tomaba lo más y mejor para sí; podía ser que como a cada uno pareciese que merecía más que el otro, le creciese en el ojo lo que Cortés mereciendo tanto tomaba para sí.

Fue Cortés hombre de mediana disposición, de buenas fuerzas, diestro en las armas y de invencible ánimo; de buen rostro, de pecho y espalda grande, sufridor de grandes trabajos a pie y a caballo; parecía que no se sabía cansar; velaba mucho y sufría la sed y hambre mucho más que otros; finalmente: cuán dichoso y valeroso capitán fuese, cuán avisado en el razonar, cuán recatado con los enemigos, cuán deseoso de que el Evangelio se promulgase, cuán piadoso y amigo de los suyos y cuán leal a su rey, parecerá claro por el discurso de esta historia, en la cual no trataré de su muerte hasta que hable cómo y por qué partió de esta tierra para España, donde quedó; y porque he dicho cómo pasó a las Indias, y Diego Velázquez le encomendó el descubrimiento y conquista de esta tierra, diré por los capítulos siguientes cómo casó en Cuba y las pasiones que tuvo con Diego Velázquez, tocando primero el pronóstico que de su prosperidad tuvo.

Capítulo XVII. El pronóstico que Hernando Cortés tuvo de su buena andanza
No es de pasar en silencio, antes que trate las pasiones que Cortés tuvo con Diego Velázquez, el pronóstico que él muchas veces contó de la prosperidad

en que vino; porque con haber estado en Puerto de Plata con otros dos compañeros, tan pobre que se huyeron por no tener con qué pagar el flete, estando en Azúa sirviendo el oficio de escribano, adurmiéndose una tarde soñó que súbitamente, desnudo de la antigua pobreza, se vía cubrir de ricos paños y servir de muchas gentes extrañas, llamándole con títulos de grande honra y alabanza; y fue así que grandes señores de estas Indias y los demás moradores de ellas, le tuvieron en tan gran veneración que le llamaban Teult, que quiere decir «dios e hijo del Sol y gran señor», dándole de esta manera otros títulos muy honrosos; y aunque él como sabio y buen cristiano sabía que a los sueños no se había de dar crédito, todavía se alegró, porque el sueño había tido conforme a sus pensamientos, los cuales con gran cordura encubría por no parecer loco, por el bajo estado en que se vía, aunque no pudo vivir tan recatado que en las cosas que hacía no mostrase algunas veces la gran presunción que tenía en su pecho encerrada. Dicen que luego, después del sueño, tomando papel y tinta dibuxó una rueda de arcaduces; a los llenos puso una letra, y a los que se vaciaban otra, y a los vacíos otra, y a los que subían otra, fijando un clavo en los altos. Afirman los que vieron el dibuxo, por lo que después le acaeció, que con maravilloso aviso y subtil ingenio, pintó toda su fortuna y sucesos de vida.

Hecho esto, dijo a ciertos amigos suyos, con un contento nuevo y no visto, que había de comer con trompetas o morir ahorcado, y que ya iba conociendo su ventura y lo que las estrellas le prometían; y así de ahí adelante comenzó más claro a descubrir sus altos pensamientos, aunque, como luego diremos, la fortuna le contrastaba cuanto podía para que entendamos que, como dijo Aristóteles, la virtud y la ciencia se alcanzan con dificultad.

Capítulo XVIII. Las pasiones que hubo entre Diego Velázquez y Hernando Cortés
Después que Hernando Cortés tuvo entendida la tierra y conoció los motivos e intentos de Diego Velázquez, que eran pretender la gobernación de Cuba, porque entonces era teniente de don Diego Colón, hijo del Almirante, primero descubridor, del cual se ha de hablar en la primera parte de esta historia, comenzó, como hombre bullicioso, a tratar con ciertos amigos suyos, que sería bien dar aviso al Almirante, que estaba en Santo Domingo, cómo Diego

Velázquez trataba de alzarse con la gobernación de Cuba, para la conquista de la cual había sido enviado Diego Velázquez en nombre de Colón y de los reyes Católicos en el año de 1511.

Hecha cierta liga para este efecto entra Cortés y sus compañeros, escribieron ciertos capítulos contra Diego Velázquez, determinando de irse secretamente a la Yaguana, que estaba de allí más de ciento y cincuenta leguas, y de allí con canoas pasar un golfo de más de treinta leguas para entrar en Santo Domingo. No pudo ser el negocio tan secreto que Diego Velázquez no lo viniese a entender, y así mandó luego prenderlos, con determinación de enviarlos luego al Almirante con los capítulos que habían hecho, para justificar su causa.

Había al presente en el puerto de la villa de Barucoa un buen navío, en el cual mandó meter a Cortés bien aprisionado y debajo de sosota; pero él tuvo manera, aunque con mucho trabajo, cómo quitarse las prisiones y salirse por un escotillón a tal hora de la noche que los que en el navío estaban dormían muy profundamente. Dudoso qué haría, porque no sabía nadar, abrazándose con un madero, con grande ánimo se echó al agua; a la sazón era la mar menguante, y a esta causa la corriente le metió la mar adentro más de una legua de la otra parte del navío. Quiso su ventura que, aunque ya estaba cansado, volviendo la creciente, le tornase a tierra. En el camino vio gran copia de tiburones y de lagartos, de que no poco temió que le tragasen; y así, por este miedo como porque el trecho era grande, vino a desfallecer tanto que muchas veces estuvo determinado de soltar el madero y dejarse ahogar, porque ya no podía sufrir el trabajo; pero esforzándose lo más que pudo, encomendándose a Dios y a su abogado el apóstol san Pedro, se halló en seco en la costa, que una grande ola le había echado, y no como dice Gómara, que trocando sus vestidos con el mozo que le servía y saliendo por la bomba, se metió en un esquife.

Estando, pues, en la playa tornó en sí, tanteó la tierra, y abriendo los ojos, no se puede decir el contento que recibió reconociendo dónde estaba; pero entendiendo que ya se acercaba el día y que echándole menos las guardas del navío le habían de buscar par todas partes, fuera de camino se escondió entre unos matorrales, y cuando fue tiempo se metió en la iglesia de la villa, desde la cual, como vivía cerca Juan Juárez y su hermana Catalina Juárez, comenzó a tratar amores con ella. En este comedio, Juan Escudero, alguacil mayor que, por dar contento a Diego Velázquez, le espió tanto para prenderle que un día, por ver Cortés mejor a la hermana de Juan Juárez, que era de buen parecer y entendimiento, saliendo al cimenterio de la iglesia, el alguacil mayor, entrando por la otra puerta, se abrazó con él y lo llevó a la cárcel. Los alcaldes procedieron contra él y le sentenciaron rigurosamente, de cuya sentencia apeló para Diego Velázquez, que verdaderamente era bueno y piadoso, el cual, revocando la sentencia y comutándola en una pena muy liviana, de ahí adelante le favoreció por medio de Andrés de Agüero, el cual privaba mucho con Diego Velázquez, por ser muy cuerdo y valeroso, y no como otros dicen, mercader. Otros afirman, y es creíble de la bondad de Diego Velázquez, que un Juan Juste, que a la sazón era alcalde ordinario, por ciertas pasiones que había tenido con Cortés, le perseguía, y que Diego Velázquez, como gobernador, le amparaba y defendía. Dicen también otros, lo que es contrario de esto, que dos veces le mandó prender.

Como quiera que fue, Cortés, así por el valor de su persona, como por medio de Andrés de Duero, vino en tanta gracia con Diego Velázquez, que por su comisión, como parece por la instruición de ello arriba inserta, acometió y salió con el mayor negocio que romano ni griego jamás emprendió ni consiguió.

Capítulo XIX. Cómo se casó Cortés, y de un gran peligro de que se libró
Acabadas las pasiones, Diego Velázquez procuró que Cortés se casase con Catalina Juárez, y efectuado el casamiento como él lo deseaba, lo festejó lo más que pudo, porque era muy inclinado a honrar y favorece a sus amigos, especialmente en tales casos, y porque hasta entonces se habían hecho pocos casamientos.

Era Juan Juárez hijo de Diego Juárez y de María de Marcaida, vecinos de Sevilla. Pasó a la isla Española con el Comendador de Lares, don fray Nicolás de Ovando. Pasó Catalina Juárez por doncella de la hija del contador Cuéllar, suegro que fue de Diego Velázquez, y después del descubrimiento de México vinieron otras dos hermanas suyas a Cuba y de allí a México, las cuales murieron sin casarse, aunque estaba tratado con personas honradas. Murió después Catalina Juárez en Cuyoacán por octubre del año de 22, después de ganado México. No tuvo Cortés de ella hijo alguno.

Antes de todos estos sucesos, porque convenía que pasase por grandes trances el que había de verse en tan gran pujanza, viniendo Cortés un día de las bocas de Bain para Barucoa, donde a la sazón vivía, ya anochecido, se levantó una gran tempestad que trastornó la canoa en que venía, y él, como no sabía nadar, por gran ventura se abrazó con la canoa media legua de tierra, y atinando a una lumbre de pastores que estaban cenando a la orilla del mar, ayudándole la marca y viento que corría hacia tierra, se halló bien fatigado en la orilla, donde conocido por los pastores, desnudándole de la ropa que traía mojada, le cubrieron con la mejor que se hallaron, encendiendo en el entretanto mayor fuego do se calentase y se enxugase su ropa; diéronle aquella noche a cenar de lo que tenían, y a la mañana, vestido de su ropa, que estaba ya enxuta, se fue a su casa, que no estaba lejos de allí, agradeciendo con muy buenas palabras, porque las tenía tales, el beneficio recibido.

Capítulo XX. Do se prosigue la navegación y jornada de Hernando Cortés y provisión del Armada

Partiéndose Hernando Cortés del puerto de Santiago de Cuba a 18 de noviembre, tan a pesar, como todos dicen, de Diego Velázquez, envió luego una carabela a Jamaica para cargarla de bastimentos, mandando al capitán de ella que con lo que comprase se viniese a la Punta de san Antón, que está al fin de la isla de Cuba hacia poniente, y él en el entretanto, con los demás que llevaba, se fue a Macaca, do compró trecientas cargas de pan y mucha cantidad de tocinos, y de allí, yéndose a la Trinidad, compró un navío de Alonso Guillén y tres caballos y trecientas cargas de maíz. Allí tuvo aviso que pasaba un navío cargado de vituallas que Juan Núñez Sedeño enviaba a vender a unas minas. Mandó luego que Diego de Ordás le saliese al camino, y pagando lo que era razón, por fuerza o por grado, le tomase las vituallas. Diego de Ordás lo hizo así, compró mil arrobas de pan y mil y quinientos tocinos y muchas gallinas, yéndose con todo esto, como le era mandado, a la Punta de san Antón.

En el entretanto, Cortés recogió en la Trinidad y en Matanzas y en otros lugares cerca de doscientos hombres de los que habían ido con Grijalva, y enviando los navíos delante con los marineros y algunas personas de quien él se confió, con toda la demás gente se fue por tierra a La Habana, que entonces estaba poblada, a la parte del sur, a la boca del río Onicaxonal. Los vecinos de allí, temiendo enojar a Diego Velázquez, no quisieron venderle bastimentos algunos, y él, como iba puesto en justificar su negocio lo mejor que pudiese, aunque era más poderoso que ellos, no quiso tomar nada por fuerza, y así comprando de uno que cobraba los diezmos y de un receptor de bulas dos mil tocinos y otras tantas cargas de maíz y yuca y ajos, contento de haber proveído medianamente su flota, prosiguió su viaje.

Llegaron luego en una carabela ciertos caballeros, de los cuales eran los principales, y que después fueron capitanes en la conquista de la Nueva España, Francisco de Montejo, Alonso de Ávila, Pedro de Alvarado y Cristóbal de Olid. Recibiólos Cortés con muy alegre rostro, porque eran personas de mucha cuenta y de quien después se ayudó mucho. Así en conserva llegaron a Guaniguanico, donde ordenando su gente y concertando su matalotaje, vino un criado de Diego Velázquez que se decía Garnica, con cartas por las cuales le rogaba afectuosamente, con palabras de mucho amor, no se partiese hasta que se viesen. Este mismo mensajero trajo también cartas y mandado de Diego Velázquez para Francisco de Montejo, Alonso de Ávila, Pedro de Alvarado, Diego de Ordás, Cristóbal de Olid, Morales, Escobar y Juan Velázquez de León, que todos habían sido sus criados y capitanes, si no era Alonso de Ávila, a quien tenía por particular amigo, encargándoles y mandándoles que impidiesen el viaje a Cortés, y que como leales amigos se lo prendiesen y enviasen a buen recaudo. Los más de ellos vinieron en que era bien, pues Cortés daba tan claras muestras de quererse alzar contra Diego Velázquez, de quien tan buenas obras había recibido, que le prendiesen, aunque algunos eran de parecer contrario, diciendo que aquel era el hombre que ellos habían menester, y no a Grijalva, que de las manos dejó la buena ventura para sí y para otros; y como siempre vencen los que son más, determinóse muy en secreto que en el navío de Diego de Ordás hiciesen un banquete, para el cual convidando a Cortés, después de haber comido, le pudiese prender con alguna gente que para ello tenían puesta de secreto.

Cortés, no sabiendo de las cartas que a aquellos caballeros se habían dado, nada receloso del convite, le aceptó con alegre rostro, y metiéndose con pocos en una barca para entrar en el navío de Diego de Ordás, tuvo aviso, créese que de alguno de los que contradijeron, de lo que estaba tratado; fingió luego vómito de estómago, y metiendo la manó echó un poco de flema, y así diciendo que se sentía mal dispuesto y que no estaba para comer, agradeciéndoles mucho la comida, aunque en su pecho sentía otra cosa, se volvió a su navío, adonde llamó luego a los que entendía que eran sus amigos, y a unos rogó que estuviesen apercebidos y a punto para lo que se ofreciere, y a otros de quien más se confiaba, descubrió el secreto y la intención que contra él tenía Diego Velázquez de impedirle la jornada, dándoles en esto a entender cuánto a todos importaba que él y no otro la hiciese, porque si Diego Velázquez la cometía a otro, no sería tan amigo de ellos como él. Los unos y los otros, con juramentos y palabras de mucho amor, le ofrecieron sus personas y vidas, prometiéndole de morir donde él muriese.

    Confiado Cortés de la promesa De éstos, que eran los más de la flota, se dio luego tan buena maña y tanta prisa que aquella noche hizo embarcar toda la gente, y antes del día salió del puerto, que fue la peor repuesta que se podía dar a Diego Velázquez. Todavía los capitanes, aunque se hacían a la vela, estaban en propósito de prender a Hernando Cortés, cuando para ello hobiese tiempo; pero como Dios quería otra cosa, levantóse de súbito una tan gran tormenta, que de tal manera apartó los unos de los otros, que apenas iba navío con navío. Visto esto, los capitanes mudaron el propósito, y algunos de ellos lo manifestaron a Hernando Cortés, prometiéndole de serle leales amigos, pues veían que claramente Dios era servido que él y no otro prosiguiese tan importante negocio. Él, como sagaz, no descubriendo el vómito que había fingido, por no darles a entender que les había tenido miedo, de ahí adelante los trató con más amor e hizo mayor confianza de ellos, diciendo que como con Diego Velázquez habían sido tan leales, así lo serían de ahí adelante con él, y él quedaría obligado a morir por ellos cuando se ofreciese.

Capítulo XXI. Los navíos y gente de Cortés, y la bandera y letra que tomó

Llegados todos los navíos y gente del armada de Cortés a San Antón, hizo luego allí alarde, y halló que llevaba quinientos y cincuenta españoles, de los cuales los cincuenta eran marineros. Repartió toda la gente en once compañías y diólas a los capitanes Alonso de Ávila, Alonso Hernández Puerto Carrero, Diego de Ordás, Francisco de Montejo, Francisco de Morla, Francisco de Saucedo, Juan de Escalante, Juan Velázquez de León, Cristóbal de Olid y a un Fulano de Escobar, y Cortés como general tomó otra; y así los once capitanes, cada uno con su gente, se embarcaron en once navíos, para que cada capitán tuviese cargo de su gente y navío. Nombró por piloto mayor de la flota a Antón de Alaminos, porque era el que mejor entendía el viaje, a causa que en el primero descubrimiento había ido con Francisco Hernández de Córdoba y después con Grijalva. Aliende de toda esta gente, para el servicio de ella llevaba Cortés doscientos isleños nacidos en Cuba y ciertos negros y algunas indias para hacer pan, y diez y seis caballos y yeguas. De matalotaje se halló que había cinco mil tocinos, seis mil cargas de maíz, mucha yuca y gran copia de gallinas, vino, aceite y vinagre el que era menester, garbanzos y otras legumbres abasto, mucha buhonería o mercería, que era la moneda y rescate para contratar con los indios, porque, aunque tenían mucho oro y plata, no tenían moneda de ello, ni de otro metal, sino era en ciertas partes, unas como pequeñas almendras que ellos llamaban cacauatl, y déstas hoy por más de quinientas leguas de tierra usan los indios en la Nueva España en lugar de moneda menuda, porque también usan de la nuestra; y de comida y bebida repartió Cortés matalotaje y rescate por todos los navíos, conforme a lo que cada uno había menester.

La nao capitana, donde Cortés iba, era de cien toneles; otras había de a ochenta y de a sesenta, pero las más eran pequeñas y sin cubierta, como bergantines. La bandera que Hernando Cortés tomó y puso en su navío era de tafetán negro, su devisa era una cruz colorada en medio de unos fuegos azules y blancos; el campo y orla negros; la letra que iba por la orla decía: «Amigos, la cruz de Cristo sigamos, que si en ella Fe tuviéramos, en esta señal venceremos». Era tan devoto de la Cruz, que doquiera que llegaba, habiendo para ello lugar decente, ponía una cruz en el sitio más alto que hallaba, para que de lejos pudiese ser vista y adorada de los que después por allí pasasen; queriendo también dar a entender a los moradores de aquellas tierras a quien iba a convertir a nuestra santa Fe, que en otra señal como aquella Jesucristo, Dios y Hombre, murió para que el hombre se salvase y heredase el cielo, para el cual Dios le había criado; y aunque dicen algunos que los primeros descubridores hallaron cruces, los indios más las tenían acaso que por saber lo que eran ni lo que significaban, como muchos de los antiguos las tenían, por tormento, afrenta y oprobio, salvo si no decimos que Dios por sus ocultos juicios quiso que las hobiese en todas las partes del mundo, y en estos para que los moradores de ellas, que habían de ser alumbrados por los españoles, con devoción considerasen el misterio que en tal señal por tanto tiempo les había estado encubierta, y en otras para dar a entender que después que en tal señal, el que era y es vida, Jesucristo Nuestro Señor y Dios, por darnos vida murió fuese tan honrosa que todo cristiano se arrodillase a ella como al mismo Cristo que en ella nos redimió, por lo cual Cortés con gran razón, como el emperador Constantino, poniéndose debajo de esta fuerte bandera y estandarte, dijo lo que él: «En esta señal venceremos», y fue así que le fue tan favorable, que príncipe en el mundo no hizo tan señaladas cosas.

Capítulo XXII. La plática y razonamiento que Cortés hizo a sus compañeros
Ordenado todo como tenemos dicho, Hernando Cortés, en quien era necesario para tan dichosa jornada concurriesen, como concurrían a la igual, saber y esfuerzo, pareciéndole que era razón, pues ya estaba todo a punto y no faltaba otra cosa sino el comenzar, animase a sus compañeros; y para que todos tuviesen entendido cuánto importaba la jornada que emprendían, haciendo señal de silencio, puesto en parte de donde de todos pudiese ser oído, les habló en la manera siguiente:

> Señores y hermanos míos: Entendido tengo que cada uno de vosotros en particular habrá hecho su consideración del viaje y conquista que al presente intentamos, y cómo en ella ponemos el cuerpo a tantos trabajos y la vida a tantos peligros, entrando por mar que hasta nuestros días no ha sido de cristianos navegado, y procurando tan pocos en número como somos (aunque muchos, como espero en Dios, en virtud y esfuerzo), entrar por tierras tan grandes que con razón las llaman Nuevo Mundo, moradas y habitadas, como tenemos entendido, de casi infinitos hombres, en lengua, costumbres y religión y leyes tan diferentes de nosotros, que siendo la similitud causa y vínculo de amor, no pueden dejar de extrañarnos mucho; y no habiendo de presente, aunque les hagamos muy buenas obras, cómo

se confíen de nosotros, sernos enemigos, recatándose de que los engañemos, principios tan duros y ásperos verdaderamente no se pueden hacer fáciles y sabrosos, si no se considera la grandeza del fin en quien van a parar; y pues este es el mayor y más excelente que en la tierra puede haber, que es la conversión de tan gran multitud de infieles, justo es que, pues llevamos oficios de apóstoles y vamos a libertarlos de la servidumbre y cautiverio de Satanás, que todo trabajo, heridas y muertes demos por bien empleadas; pues haciendo tanto bien a estas bárbaras naciones y tanto servicio a Dios, lo mejor ha de redundar en nosotros, porque este es el mayor premio del que hace bien, que goza de él más que aquel a quien se hace, como del que hace mal, lloverle encima. Ofensas hemos hecho todos a Dios tan grandes, que por la menor de ellas, según su justicia, merecemos muy bien el infierno; y pues, según su misericordia, nos ha hecho tanta merced de tomarnos por instrumento para alcanzar al demonio de estas tierras, quitarle tantos sacrificios de carne humana, traer al rebaño de las escogidas tantas ovejas roñosas y perdidas, y, finalmente, hacer a la Divina Majestad tan señalado servicio entre tantos trabajos y peligros como se nos ofrecerán, grande alivio y verdadero consuelo es saber que el que muriere, muere en el servicio de su Dios y predicación de su Fe, y el que quedare, si algo nos debe mover lo temporal, permanecerá en tierra próspera, illustrará sus descendientes, hallará descanso en la vejez de los trabajos pasados, y nuestro rey y señor tendrá tanta cuenta con nuestros servicios, que gratificándoles como puede, anime a otros que, con no menos ánimo que nos, acometan semejantes empresas; y porque veáis claro que en esta jornada se interesan el servicio de Dios, la redención de estos miserables, el rendir al demonio, el servir a nuestro rey, el illustrar vuestras personas y el ennoblecerse y afamar vuestra nación, el ganar gloria y nombre perpectuo, el esclarecer vuestros descendientes y otros muchos y maravillosos provechos, que no todos, sino cualquiera de ellos basta a inflamar y encender cualquier ánimo, cuanto más el del español; será superfluo y aun sospechoso con más palabras tratar cuánto nos conviene, pues hemos puesto la mano en la esteva del arado, por ningún estorbo volver atrás, que grandes cosas jamás se alcanzaron sin trabajo y peligro. Lo que de mí os prometo es que con tanto amor procuraré el adelantamiento de vuestras personas como si fuésedes hermanos míos carnales, y porque todos miran al capitán, no se ofrecerá trabajo ni peligro que en él no me halle yo primero. Esto era lo que pensaba deciros. Ea, caballeros valerosos; si a mis palabras habéis dado el crédicto que es razón, comenzadme a seguir; y si hay algo que responderme, lo haced luego, que tan buena fortuna no es razón dejarla de las manos.

Acabado este razonamiento, fue grande el contento que todos mostraron y el esfuerzo que tomaron, y tomando la mano uno de los capitanes, que algunos dicen que fue Pedro de Alvarado, otros que Francisco de Montejo, le respondió así:

> Valeroso y excelente capitán nuestro, a quien Dios proveyó por tal para adelantamiento nuestro y pro de tantas naciones como esperamos conquistar; no tenemos que responderte, más de que, pues has hablado conforme a lo que quieren ánimos españoles, que nos hallarás tan a tu voluntad, pues esta es la nuestra, que en ninguna cosa echarás menos nuestra, fidelidad, amor y esfuerzo, diligencia y cuidado; y pues a cada uno de nosotros y a todos juntos conviene seguirte, por lo que nos prometes, la última palabra nuestra es que mandes lo que se debe hacer, pues nosotros estamos esperándolo para obedecerte.

Muy alegre Cortés con la repuesta de sus compañeros, dicha primero una misa al Espíritu Santo, poniendo por intercesor a su abogado san Pedro, hizo señal de que todos se hiciesen a la vela.

Capítulo XXIII. Cómo Cortés partiendo para Cozumel, un navío se adelantó y de lo que sucedió
Acabado el razonamiento de Cortés y la respuesta de los suyos, todos con alegre ánimo, oída primero una misa que se dijo al Espíritu Santo, se comenzaron a embarcar cada capitán en su navío, como de antes estaba concertado. Yendo todos en conserva, dicen que un navío, o con tiempo (y esto es lo más cierto) o porque era más velero, se adelantó y vino a surgir a un puerto que más tiene manera de playa que de puerto; estaba algo escondido y hacía un poco de abrigo. Puestos allí, no sabiendo dónde estaban, vieron, mirando a la costa, una lebrela que, como sintió ruido de gente y reconoció ser voces de españoles, coleando y ladrando dio muestras de querer pasar adonde el navío estaba. Los nuestros, padeciendo ya necesidad de comida, considerando que donde aquella lebrela estaba, debía de haber gente española que los

socorriese, metiéronse algunos en una barca, y pasando de la otra parte, no hallaron más de la lebrela, la cual hizo grandes extremos de alegría, coleando, saltando, ladrando y corriendo de una parte a otra.

Los nuestros la regalaron mucho y trajeron consigo, la cual, proveyéndolo Dios así, les fue tan provechosa que sola cazó muchos conejos, de que las nuestros se sustentaban, y acompañada de dos o tres cazó muchos venados, tanto, que no solamente proveyó bastantemente a la necesidad de la hambre, pero hízose de ellos tanta cecina en el navío que después, llegados los otros, la repartieron entre ellos. Lo que se pudo saber de hallar aquella lebrela fue que con tiempo un navío de españoles dio en aquella costa, y sin perderse estuvieron allí algunos días, y después como con necesidad se hiciesen a la vela, dejaron allí la lebrela sin acordarse de ella, para que después, por oculto juicio de Dios, fuese ayuda de otros perdidos.

Capítulo XXIV. Cómo Cortés, prosiguiendo su viaje, llegó a la isla de Cozumel
Yendo Hernando Cortés con su flota a vista de tierra en demanda de la Nueva España, habiendo salido con muy buen tiempo, que fue una mañana, a diez y ocho días del mes de hebrero del año, del Señor de 1519, habiendo, como es uso, dado nombre a todos los capitanes y pilotos, que fue de san Pedro su abogado, avisándoles asimismo, proveyendo para lo porvenir, que todos tuviesen ojo a la capitana, que llevaba un gran farol para de noche, y cómo el viaje que habían de hacer desde la Punta de san Antón, que es en Cuba, para el cabo de Cotoche, que es la primera punta de Yucatán, como era casi leste oeste, como quien dice de oriente a occidente: y como después habían de seguir la costa entre norte y poniente, la primera noche que comenzaron a navegar para atravesar aquel pequeño estrecho, que es de poco más de sesenta leguas, levantóse el viento nordeste con tan recio temporal que desbarató la flota, de manera que cada navío fue por su parte, aunque todos llegaron sin perderse ninguno, de uno en uno y de dos en dos, a la isla de Cozumel, do estaba el navío que halló la lebrela.

Los indios de la isla, como vieron surtos tantos navíos, temieron, y alzando el hato, se metieron al monte, y otros se escondieron en cuevas. Viendo esto Cortés, mandó a ciertos soldados que, aderezados como convenía, saltasen en tierra y viesen qué había; los soldados fueron a un templo del demonio que no estaba lejos de la costa; era el templo suntuoso y de hermoso edificio; allí luego hallaron un pueblo de buenas casas de cantería; entraron dentro, estaba despoblado, hallaron alguna ropa de algodón y ciertas joyas de oro, que llevaron a su capitán. Holgóse Cortés de verlas, y traídos algunos indios, haciéndoles buen tratamiento, mostrándoles cuanto amor pudo y dándoles algunas cosillas que hay entre nosotros, con alegre semblante los invitó a los suyos, lo cual fue causa que los demás indios poco a poco comenzasen a salir y a venir, trayendo a los nuestros pan de maíz, frutas y mucho pescado, que de todo esto había abundancia en aquella isla. Recibíanlos muy bien, los nuestros, porque así estaban avisados de su general, el cual para más asegurar aquellos indios, dio al señor, llamado Calatuni, que había venido con ellos, ciertas cosas de mejor parecer y de más precio, las cuales dio a entender el señor o cacique que tenía en mucho; y así, después de despedido, le envió muchos presentes de comida, los cuales Cortés, dándoles otras cosas, recibió alegremente; y para más asegurarlos y que entendiesen que él ni los suyos no venían a hacerles mal, hizo una cosa que les aprovechó mucho, y fue que mandó traer delante de los indios todas las preseas y oro que los soldados habían traído del pueblo, para que los indios, conociéndolas, cada uno tomase lo que era suyo. De esto, como era razón, se maravillaron los indios mucho, y tomando cada uno lo que conoció ser suyo, muy contentos se volvieron a su señor, el cual de ahí adelante con más amor proveyó abundantemen a los nuestros.

Capítulo XXV. Cómo en Cozumel tuvo lengua de Jerónimo de Aguilar
Estando de esta manera Cortés, y creciendo siempre entre los suyos y los indios de Cozumel la contratación y amistad, tuvo noticia que en la costa de Yucatán la tierra adentro había cinco o seis españoles, los cuales los indios de Cozumel dieron a entender por señas, diciendo que eran unos hombres como los nuestros, y tocándose sus barbas, daban a entender que las de aquellos eran largas y crecidas. Entendiendo Cortés ser españoles, le tomó gran voluntad de saber de ellos; pero como era dificultoso, y él deseaba proseguir su jornada, no hizo tanto caso como debiera; pero como Dios encaminaba

los negocios mejor que Cortés lo podía desear, saliendo Cortés dos o tres veces del puerto de Cozumel en demanda de la Nueva España, con tiempo que le hizo muy bravo, se volvió, y entendiendo por esto que Dios quería que aquellos cristianos saliesen de cautiverio y volviesen al servicio de Dios, envió a Diego de Ordás y a Martín de Escalante por capitanes de dos bergantines, y en el batel de la capitana envió una canoa a aquellos españoles, dándoles por ella a entender que él era venido allí con once navíos, y que lo mejor que pudiesen se entrasen en aquel batel, en guarda del cual enviaba dos bergantines, para que con más seguridad se viniese con ellos. Estos capitanes, sospechando que Aguilar no sabría leer muy bien, escribieron otra carta de letra de redondo, que contenía lo mismo que la del general, añadiendo que les esperarían seis días. Dieron la una carta y la otra a dos indios que llevaban de la isla de Cozumel, los cuales, aunque con mucho miedo, porque tenían guerra con los de aquella costa, entraron la tierra adentro. Los nuestros esperaron la repuesta los seis días que prometieron y otros dos después. Entretanto, Cortés estaba con pena, creyendo, o que los españoles eran muertos, o que los indios no habían llevado las cartas; y así, haciendo muy buen tiempo, determinó de embarcarse y proseguir su viaje. Saliendo con tiempo próspero, súbitamente se levantó una tan gran tempestad que pensaron todos perecer, y así les fue forzado, que fue la tercera vez, tornar al puerto.

Los indios que llevaban las cartas, para darlas secretamente a Aguilar y a los otros españoles, las metieron entre el rollo de los cabellos, que los traían muy largos. Dieron las cartas a Aguilar, el cual estuvo muy dudoso si las mostraría al cacique, su señor, o, si se iría con los mensajeros; y finalmente, así por cumplir con su fidelidad, como porque no se le sigua algún peligro, fue con ellas a su señor, y diciéndole lo que contenían, el señor le dijo sonriéndose: «Aguilar, Aguilar, mucho sabes, y bien has cumplido con lo que debes al amor y fidelidad que como buen criado debías tener y has hecho más de lo que pensabas, porque te hago saber que yo antes que tú tuve estas cartas en mis manos»; y fue así, porque los indios, no solo guardan fidelidad a su señor, pero al extraño cuando le van a hablar; y así, éstos, de secreto, aunque los nuestros les habían mandado lo contrario, acudieron primero al señor.

Entendido, pues, por el cacique lo que las cartas contenían, admirándose de que el papel supiese hablar y que por tan menudas señales los ausentes manifestasen sus conceptos, porque entre los indios, como antiguamente los egipcios (según escribe Artimidoro), no se entendían por letras, sino por pinturas, reportándose un poco el señor, que se había alterado con las nuevas (porque, como adelante diremos, le era muy provechoso Aguilar), le dijo: «Aguilar, pues, ¿qué es ahora lo que tú quieres?», al cual respondiendo Aguilar, dijo: «Señor, no más de lo que tú mandares». Convencido el cacique con el comedimiento de Aguilar, le tornó a decir: «¿Quieres ir a los tuyos?» Replicó Aguilar: «Señor, si tú me das licencia, yo iré y volveré a servirte». El cacique con rostro más sereno y alegre le dijo: «Pues vee enhorabuena, aunque sé que no has de volver más». Con todo esto le detuvo dos días esperando si él se iba o arrepentía, y como vio que no hacía lo uno ni lo otro, le llamó y dijo:

> Aguilar, grande ha sido tu bondad, tu humildad, fidelidad y esfuerzo con que en paz y en guerra me has siempre servido; digno eres de mayores mercedes que yo te puedo hacer; y aunque por una parte me convida el amor que te tengo y la necesidad en que me tengo de ver, careciendo de tu compañía, por otra, este mismo amor, merecido por tus buenos servicios, y lo que yo debo a señor, me fuerzan a que te dé libertad, que es la cosa que el cautivo. más desea; y pues es esta la mayor merced que yo te puedo hacer, vete norabuena a los tuyos, y ruégote por esta buena, obra que te hago y por otras que te habré hecho, que me hagas amigo desos cristianos, pues como por ti he entendido, son tan valientes.

Aguilar, recibida la licencia, con grande humildad se le postró a los pies, y con muchas lágrimas en los ojos (creo que del demasiado contento) le dijo: «Señor, tus dioses queden contigo, que yo cumpliré lo que me mandas como soy obligado». De allí se fue a despedir de otros indios principales con quien tenía amistad. Dicen que el cacique le envió acompañado con algunos indios hasta la costa, donde le guiaron los indios que le trajeron las cartas. Andando por la costa, halló cómo los bergantines le habían esperado por allí ocho días, y muchas cruces levantadas de cañas gruesas, a las cuales, hincado de rodillas, con grandes lágrimas adoraba y abrazaba, pareciéndole que ya estaba en tierra de cristianos y que su largo deseo era cumplido; y como vio que los bergantines no parecían por la costa, entristecióse algún tanto; y pensando en el remedio que tendría para conseguir su deseo, yendo más adelante, vio los ranchos hechos de palmas do los nuestros habían estado; y creyendo que estaban dentro, con gran alegría apresuró el paso, y como llegado no halló a nadie, desmayó mucho; pero como Dios lo guiaba yendo pensativo por la costa abajo, andada una legua, topó con una canoa llena de arena, la cual vació con ayuda de tres indios que con él iban. Tenía la canoa podrido un lado y por él hacía agua. Aguilar se metió con ellos en la canoa para ver si podría navegar, y como vio que hacía tanta agua, haciendo saltar los dos en tierra, se quedó con el uno, acostándose al lado que no hacía agua; y como vio que de esta manera podía navegar, salió a tierra para buscar algún palo con que remase. Proveyó Dios que halló una duela de pipa con que muy a su placer pudo remar; y así, yendo la costa abajo en busca de los navíos, atravesando por lo más angosto, que por lo menos serían cinco leguas, dio en la costa de Cozumel, y por las grandes corrientes vino a caer dos leguas de los navíos. Como los vio, saltó en tierra con el compañero, y yendo por la playa adelante otro día, que era primer domingo de Cuaresma, ya que el general y su gente habían oído misa y estaban a pique para tornarse a partir, un español llamado Ángel Tintorero, que salía de caza aquella mañana de los montes, estando sacando camotes, que es una fruta de la tierra, alzando la cabeza vio venir a Aguilar, y dándole el corazón lo que era, le dijo: «Hermano, ¿sois cristiano?», y respondiendo Aguilar que sí, sin más aguardar, Ángel Tintorero respondió: «Pues yo voy a pedir las albricias al general», el cual había mandado 100 pesos al primero que le diese nuevas del cristiano que tanto deseaba ver.

    Corrió tanto Ángel Tintorero, por que otro no ganase las albricias, diciendo a los que topaba que venían indios de guerra, haciéndoles de esta manera volver al real, que llegó casi sin habla do el general estaba, al cual pidió las albricias, y otorgándoselas, fue tanta la alegría con que hablaba, que casi fuera de sí, unas veces le llamaba Señoría, y otras Merced. Finalmente, contando lo mejor que pudo lo que le había sucedido y cómo Aguilar venía, fue tan grande el alegría que recibió toda la gente, que con habei mandado Cortés, debajo de pena, que ninguno saliese a verle, los más del ejército, unos en pos de otros, salieron por tierra, y casi todos los marineros por la mar se metieron en las barcas a buscarle: y cuando los delanteros que iban por tierra toparon con él, dieron muchas gracias a Dios, y abrazándole le preguntaron diversas cosas. Aguilar estaba tan alegre que apenas podía responder. Acompañado, pues, de mucha gente llegó a la tienda del general; venía desnudo en carnes, cubiertas sus vergüenzas con una venda, que los indios llaman mástil; tresquilada la cabeza desde la frente y lados hasta la mollera, lo demás con cabellos muy crecidos, negros y encordonados, con una cinta de cuero colorado que le llegaba más abajo de la cinta; llevaba un arco en la mano y un carcaj con flechas colgado del hombro, y del otro una como bolsa de red, en la cual traía la comida, que era cierta fruta que llaman camotes. Venía tan quemado del Sol, que parecía indio, sino fuera por la barba que la traía crecida, y los indios de aquella tierra acostumbraban a pelársela con unas como tenazuelas, como hacen las mujeres las cejas; venía todo enbixado, que es untarse con un cierto betún que es colorado como almagra, aprovecha esto contra los mosquitos y contra el calor del Sol; venía acompañado del indio de la canoa; otros dicen que con los dos indios que le llevaron las cartas.

Y porque pretendo no callar otras opiniones, escribe Motolinía, a quien siguió Gómara, que el primer domingo de Cuaresma que Cortés y su gente habían oído misa para partirse de Cozumel, vinieron a decirle cómo una canoa atravesaba y venía a la vela de Yucatán para la isla, y que venía derecha hacia do las naos estaban surtas, y que salió Cortés a mirar a do iba, y como vio que se desviaba algo de la flota, dijo a Andrés de Tapia que con algunos compañeros encubiertamente fuesen por la orilla del agua hasta ver si los que iban en la canoa saltaban en tierra; hiciéronlo así, la canoa tomó tierra tras de una punta y salieron de ella cuatro hombres desnudos, los cuales traían los cabellos trenzados y atados sobre la frente, como mujeres, con los arcos en las manos y a las espaldas carcáxes con flechas; acometiéronlos los nuestros con las espadas desenvainadas para tomarlos; los tres de ellos, como eran indios, huyeron; el otro, que era Aguilar, se detuvo, y en la lengua de los indios dijo a los que huían que no temiesen, y volviendo el rostro a los nuestros, les dijo en castellano: «Señores, ¿sois españoles?». Otros dicen que dijo: «Señores, ¿sois cristianos?». Respondiéronle que sí, se alegró en tanta manera que lloraba de placer, e hincándose luego de rodillas, alzando las manos al cielo, dio muchas gracias a Dios por la merced que le había hecho en sacarle de entre infieles, donde tantas ofensas se hacían a Dios, y ponerle entre cristianos. Andrés de Tapia, atajándole la plática, llegándose a él lo abrazó amorosamente y dio la mano para que se levantase; abrazáronle los demás, y así se vino con los indios compañeros, hablando con Andrés de Tapia, dándole cuenta cómo se había perdido, hasta que llegó do estaba el capitán.

Capítulo XXVI. Cómo Aguilar llegó do estaba Cortés, y de cómo le saludó y fue recibido

Era tan grande el deseo que los nuestros tenían de ver a Aguilar y de oír las extrañezas que había de contar, que unos se subían en lugares altos, otros se adelantaban a tomar lugares do Cortés estaba, otros iban muy juntos con él, para entrar juntamente y oírle lo que diría. Llegado, pues, Aguilar do Cortés estaba, desde buen espacio atrás, inclinada la cabeza, hizo grande reverencia; lo mismo, hicieron los indios que con él venían, y, luego, llegándose más cerca, después de haberle dado a Cortés la norabuena de su venida, se puso con los indios en cuchillas, poniendo todos a los lados derechos sus arcos y flechas en el suelo; poniendo las manos derechas en las bocas, untadas de la saliva, las pusieron en tierra, y luego las trajeron al lado del corazón, fregando las manos. Era esta la manera de mayor reverencia y acatamiento con que aquellos indios [veneraban] a sus príncipes, dando, como creo, a entender, que se allanaban y humillaban a ellos como la tierra que pisaban.

Cortés, entendiendo ser esta ceremonia y modo de salutación, tornó a decir a Aguilar que fuese muy bien venido, porque era de él muy deseado, y desnudándose una ropa larga, amarilla con una guarnición de carmesí, con sus propias manos, se la echó sobre los hombros, rogándole que se levantase del suelo y se sentase en una silla. Preguntóle cómo se llamaba y respondió que Jerónimo de Aguilar, y que era natural de Écija. A esto, diciéndole Cortés si era pariente de un caballero que se llamaba Marcos de Aguilar, respondió que sí. Sabido esto, le volvió a preguntar si sabía leer y escribir, y como respondió que sí, le dijo si tenía cuenta con el año, mes y día en que estaba, el cual lo dijo todo como era, dando cuenta de la letra dominical. Preguntadas otras cosas de esta manera, le mandó traer de comer; Aguilar comió y bebió poco. Preguntado que por qué comía y bebía tan templadamente, respondió como sabio, porque a cabo de tanto tiempo como había estado acostumbrado a la comida de los indios, su estómago extrañaría la de los cristianos; y siendo poca la cantidad, aunque fuese veneno, no le haría mal. Dicen que era ordenado de Evangelio, y que a esta causa, como adelante diremos, nunca se quiso casar. Hízole Cortés muchos relgalos y caricias, conociendo la necesidad que tenía de su persona, para entender a los indios que iba a conquistar, y porque era largo para de una vez informarse del suceso de su vida y cómo había venido a aquel estado, le dijo que se holgase y descansase hasta otro día, mandando al mayordomo que lo vistiese, el cual entonces no la tuvo por mucha merced, porque como estaba acostumbrado de tanto tiempo a andar en carnes, no podía sufrir la ropa que Cortés le había echado encima.

Capítulo XXVII. Lo que otro día Aguilar contó
Otro día, con no menos gente, preguntándole Cortés cómo había venido en poder de aquellos indios, dijo: «Señor, estando yo en la guerra del Darién y en las pasiones de Diego de Nicuesa y Blasco Núñez de Balboa, acompañé a Valdivia, que venía para Santo Domingo a dar cuenta de lo que allí pasaba al Almirante y gobernador y por gente y vituallas y a traer 20.000 ducados del rey. Esto fue el año de 1511; y ya que llegábamos a Jamaica se perdió la carabela en los bajíos que llaman de Las Víboras o de los Alacranes o Caimanos. Con dificultad entramos en el batel veinte hombres sin velas y sin pan ni agua y con ruin aparejo de remos». Esto dice Motolinía. Otros que oyeron a Aguilar dicen que los que entraron en el batel no fueron sino trece, de los en cuales murieron luego los siete, porque vinieron a tan gran necesidad que bebían lo que orinaban; los seis vinieron a tierra, de los cuales los cuatro fueron sacrificados por los indios; quedaron los dos, que fueron Aguilar y un Fulano de Morales.

Prosiguiendo Aguilar su plática, dijo: «Y de esta manera anduvimos catorce días, al cabo de los cuales nos echó la corriente, que es allí muy grande y va siempre tras del Sol, a esta tierra, a una provincia que se dice Maya. En el camino murieron de hambre siete de los nuestros, y viniendo los demás en poder de un cruel señor, sacrificó a Valdivia y a otros cuatro; y ofreciéndolos a sus ídolos, después se los comió, haciendo fiesta, según el uso de la tierra, y yo con otros seis quedamos en caponera, para que estando más gordos, para otra fiesta que venía, solemnizásemos con nuestras carnes su banquete. Entendiendo nosotros que ya se acercaba el fin de nuestros días, determinamos de aventurar la vida de otra manera; así que quebramos la jaula donde estábamos metidos y huyendo por unos montes, sin ser vistos de persona viva, quiso Dios que, aunque íbamos muy cansados, topásemos con otro cacique enemigo de aquel de quien huíamos. Era este hombre humano, afable y amigo de hacer bien; llamábase Aquincuz, gobernador de Jamancona; diónos la vida, aunque a trueco de gran servidumbre en que nos puso; murió de ahí a pocos días, y yo luego serví a Taxmar, que le sucedió en el estado.

«Los otros cinco mis compañeros murieron en breve, con la ruin vida que pasaban; quedó yo solo y un Gonzalo Guerrero, marinero, que estaba con el cacique de Chetemal. y casó con una señora principal de aquella tierra, en quien tiene hijos; es capitán de un cacique llamado Nachancam, y por haber habido muchas victorias contra los enemigos de sus señores, es muy querido y estimado; yo le envié la carta de vuestra merced y rogué por la lengua se viniese, pues había tan buen aparejo y detúveme esperándole más de lo que quisiera; no vino, y creo que de vergüenza, por tener horadadas las narices, labios y orejas y pintado el rostro y labradas las manos al uso de aquella tierra, en la cual los valientes solo pueden traer labradas las manos; bien creo que dejó de venir por el vicio que con la mujer tenía y por el amor de los hijos.

También hay otros que dicen (que no puso poco espanto en los oyentes) que Aguilar en esta plática dijo que saltando de la barca los que quedaron vivos, toparon luego con indios, uno de los cuales con una macana hendió la cabeza a uno de los nuestros, cuyo nombre calló; y que vendo aturdido, apretándose con las dos manos la cabeza, se metió en una espesura do topó con una mujer, la cual, apretándole la cabeza, le dejó sano, con una señal tan honda que cabía la mano en ella. Quedó como tonto; riunca quiso estar en poblado, y de noche venía por la comida a las casas de los indios, los cuales no le hacían mal, porque tenían entendido que sus dioses le habían curado, pareciéndoles que herida tan espantosa no podía curarse sino por mano de alguno de sus dioses. Holgábanse con él, porque era gracioso y sin perjuicio vivió en esta vida tres años hasta que murió.

Esta plática y relación puso gran admiración a los que la oyeron, y cada día, así Cortés como los suyos, le preguntaban otras muchas cosas que por ser dignas de memoria y del gusto de la historia pondré en el capítulo siguiente.

Capítulo XXVIII. La vida que Aguilar pasó con el señor a quien últimamente sirvió y de las cosas que en su servicio hizo
Dicen los que particularmente comunicaron a Aguilar, cuya relación sigo en lo que diré, que cuando vino a poder de este cacique, los primeros tres años le hizo servir con gran trabajo, porque le hacía traer a cuestas la leña, agua y pescado, y estos trabajos sufríalos Aguilar con alegre rostro por asegurar la vida, que tan amada es. Naturalmente estaba tan sujeto y obedecía con tanta humildad, que no solo con presteza hacía lo que su señor le mandaba, pero lo que cualquier indio por pequeño que fuese, tanto, que aunque estuviese comiendo, si le mandaban algo, dejaba de comer por hacer el mandado. Con esta humildad ganó el corazón y voluntad de su señor y de todos los de su casa y tierra. Y porque es malo de conocer el corazón del hombre y el cacique era sabio y deseaba ocupar a Aguilar, como después hizo, en cosas de mucho tomo viendo que vivía tan castamente que aun los ojos no alzaba a las mujeres, procuró tentarle muchas veces, en especial una vez que le envió de noche a pescar a la mar, dándole por compañera una india muy hermosa, de edad de catorce años, la cual había sido industriada del señor para que provocase y atrajese a su amor a Aguilar; dióle una hamaca en que ambos durmiesen. Llegados a la costa, esperando tiempo para entrar a pescar, que había de ser antes que amaneciese, colgando la hamaca de dos árboles, la india se echó en ella y llamó a Aguilar para que durmiesen juntos; él fue tan sufrido, mode esto y templado, que haciendo cerca del agua lumbre, se acostó sobre el arena; la india unas veces lo llamaba, otras le decía que no era hombre, porque quería más estar al frío que abrazado y abrigado con ella; él, aunque estuvo vacilando, muchas veces, al cabo se determinó de vencer a su sensualidad y cumplir lo que a Dios había prometido, que era de no llegar a mujer infiel, por que le librase del cautiverio en que estaba.

Vencida esta tentación y hecha la pesca por la mañana, se volvió a su señor, el cual en secreto, delante de otros principales, preguntó a la india si Aguilar había llegado a ella, la cual, como refirió lo que pasaba, el señor de ahí adelante tuvo en mucho a Aguilar, confiándole su mujer y casa, de donde fácilmente se entenderá cómo sola la virtud, aun cerca de las gentes bárbaras, ennoblece a los hombres. Hízose Aguilar de ahí adelante amar y temer, porque las cosas que de él se confiaron trató siempre con cordura, antes que viniese en tanta mudanza de fortuna. Decía que estando los indios embixados con sus arcos y flechas un día de fiesta, tirando a un perro que tenían colgado de muy alto, llegóse un indio principal a Aguilar que estaba mirándolo detrás de un seto de cañas, y asiéndole del brazo le dijo: «Aguilar, ¿qué te parece de estos flecheros cuán certeros son, que el que tira al ojo da en el ojo, y el que tira a la boca da en la boca?; ¿qué te parece si poniéndote a ti allí, si te errarían?». Aguilar, con grande humildad, le respondió: «Señor, yo soy tu esclavo y podrás hacer de mí lo que quisieres; pero tú eres tan bueno que no querrás perder un esclavo como yo, que tan bien te servirá en lo que mandares». El indio después dijo a Aguilar que aposta le había enviado el cacique para saber, como ellos dicen, si su corazón era humilde.

Capítulo XXIX. Cómo Aguilar en servicio de su señor venció ciertas batallas

Estando Aguilar muy en gracia de su señor, ofrecióse una guerra con otro señor comarcano, la cual había sido, en años atrás muy reñida y ninguno había sido vencedor; y así, durante los odios entre ellos, que suelen ser hasta beberse la sangre, tornando a ponerse en guerra, Aguilar le dijo: «Señor, yo sé que en esta guerra tienes razón y sabes de mí que en todo lo que se ha ofrecido, te he servido con todo cuidado; suplícote me mandes dar las armas que para esta guerra son necesarias, que yo quiero emplear mi vida en tu servicio, y espero en mi Dios de salir con la victoria». El cacique se holeó mucho, y le mandó dar rodela y macana, arco y flechas, con las cuales entró en la batalla; y como peleaba con ánimo español, aunque no estaba ejercitado en aquella manera de armas, delante de su señor hizo muchos campos y venciólos dichosamente. Señalóse y mostróse mucho en los recuentros, tanto que ya los enemigos le tenían gran miedo y perdieron mucho del ánimo en la batalla campal que después se dio, en la cual Aguilar fue la principal parte para que su señor venciese y sujetase a sus enemigos.

Vencida esta batalla, creciendo entre los indios comarcanos la envidia de los hechos de Aguilar, un cacique muy poderoso envió a decir a su señor que sacrificase luego a Aguilar que estaban los dioses enojados de él porque había vencido con ayuda de hombre extraño de su religión. El cacique respondió que no era razón dar tan mal pago a quien tan bien le había servido, y que debía de ser bueno el Dios de Aguilar, pues tan bien le ayudaba en defender la razón. Esta respuesta indignó tanto aquel señor, que vino con mucha gente, determinando con traición de matar a Aguilar y después de hacer esclavo a su señor; y así, ayudado y favorecido de otros señores comarcanos, vino con gran pujanza de gente, cierto que la victoria no se le podía ir de las manos.

Sabido esto por el señor de Aguilar, estuvo muy perplexo y aun temeroso del suceso; entró en consejo con los más principales; llamó a Aguilar para que diese su parecer; no faltaron entre los del consejo algunos que desconfiando de Aguilar, dijesen que era mejor matarle que venir a manos de enemigo que venía tan pujante. El señor reprehendió ásperamente a los que esto aconsejaban, y Aguilar se levantó con grande ánimo y dijo; «Señores, no temáis, que yo espero en mi Dios, pues tenéis justicia, que yo saldré con la victoria, y será de esta manera que al tiempo que las haces se junten, yo me tenderé en el suelo entre las hierbas con algunos de los más valientes de vosotros, y luego nuestro ejército hará que huye, y nuestros enemigos con el alegría de la victoria y alcance, se derramarán e irán descuidados; y ya que los tengáis apartados de mí con gran ánimo, volveréis sobre ellos, que entonces yo los acometeré por las espaldas; y así, cuando se vean de la una parte y de la otra cercados, por muchos que sean desmayarán, porque los enemigos cuando están turbados, mientras más son, más se estorban».

Agradó mucho este consejo al señor y a todos los demás, y salieron luego al enemigo; Aguilar llevaba una rodela y una espada de Castilla en la mano; y ya que estaban a vista de los enemigos. Aguilar en alta voz, que de todos pudo ser oído, habló de esta manera: «Señores, los enemigos están cerca; acordaos de lo concertado, que hoy os va ser esclavos o ser señores de toda la tierra». Acabado de decir esto, se juntaron las haces con grande alarido: Aguilar con otros se tendió entre unos matorrales, y el ejército comenzó a huir y el de los enemigos a seguirle; Aguilar, cuando vio que era tiempo acometió con tanto esfuerzo que, matando e hiriendo en breve, hizo tanto estrago que luego de su parte se conoció la victoria porque los que iban delante, fingiendo que huían, cobraron tanto ánimo y revolvieron sobre sus enemigos con tanto esfuerzo, que matando muchos de ellos, pusieron los demás en huída.

Prendieron a muchos principales, que después sacrificaron. Con esta victoria aseguró su tierra y estando el adelante no había hombre que osase acometerle. Esta y otras cosas que Aguilar hizo le pusieron en tanta gracia con su señor, que un día, amohinándose con un su hijo, heredero de la casa y estado, por no sé qué le había dicho, le dio un bofetón. El muchacho, llorando, se quejó a su padre, el cual mansamente dijo a Aguilar que de ahí adelante mirase mejor lo que hacía, porque si no tuviera respecto a sus buenos servicios, le mandara sacrificar. Aguilar le respondió con humildad que el muchacho le había dado causa y que a él le pesaba de ello, y que de ahí adelante no le enojaría. El señor, volviendo adonde el hijo estaba, le mandó azotar, porque de ahí adelante no se atreviese a burlar con los hombres de más edad que él. Quedó con esto muy confuso Aguilar, aunque más favorecido y de todos tenido en más.

Después de esto pasaron por aquella costa los navíos de Francisco Hernández de Córdoba y los de Grijalva, y como los indios tuvieron algún trato con ellos, tuvieron en mucho a Aguilar, porque parecía a los otros, aunque siempre tuvieron en él muy grande recaudo porque no se fuese.

Dicen, como escribe fray Toribio, que la madre de Aguilar, como supo que su hijo estaba en poder de indios y que comían carne humana, que tomó tanta pena, que tornándose loca, de ahí adelante nunca jamás quiso comer carne cocida ni asada, diciendo, que era la carne de su hijo; y estas y otras muchas cosas se dicen de Aguilar, que por no ser tan averiguadas dejo de escribir; y volviendo al proceso de la historia, diré algo de la isla de Cozumel y tierra de Yucatán.

Capítulo XXX. Qué tierra es Yucatán y por qué se llamó así, y lo que los religiosos de san Francisco después hallaron en ella

Justo es que, pues hemos de proseguir conforme a la verdad de la historia la dichosa jornada de Cortés, que primero que vaya adelante, diga algo de la isla de Cozumel y de lo que en ella hizo Cortés antes que se partiese, el cual, cuando vio que los indios tenían ya tanta amistad con los nuestros, que se sufría por lengua de Aguilar desengañarlos de la idolatría en que estaban; y así, juntando los más que pudo, y entre ellos a todos los principales y a los que eran sacerdotes de los demonios, asentado en alto, y a par de él Aguilar, en pie en el principal templo de ellos, les habló en la manera siguiente:

Hermanos e hijos míos: ya sabréis y habréis visto y entendido del trato y comunicación que con vosotros hemos tenido, que aunque somos tan diferentes en lengua, costumbres y religión, nunca os hemos hecho enojo ni dado pesadumbre ni pretendido vuestra hacienda, lo cual si bien lo miráis, claramente os da a entender que tenemos los corazones piadosos y que no deseamos ni queremos más que teneros por amigos, para que si entre vosotros hobiere alguna cosa buena que imitar la sigamos, y así vosotros hagáis lo mismo, conociendo haber algo entre nosotros que debáis seguir. Ya os dije al principio, cuando entré en esta isla, que yo y estos mis compañeros veníamos por mandado de un gran señor que se dice don Carlos, emperador de los romanos, cuyo señorío es a la parte del occidente, para que le reconocáis por señor, como nosotros hacemos y porque veáis cuánto le debéis amar, sabiendo que así en las costumbres y policía humana, como en la religión, estábades engañados, nos envió para que principalmente os enseñásemos que sepáis que hay un solo Dios, que crió el cielo y la tierra, y que las criaturas que adoráis no son dioses, pues veis que son menos que vosotros, y que el demonio os traiga engañados parece claro, pues contra toda razón natural manda y quiere que los innocentes y sin culpa sean sacrificados. Este mismo hace que contra toda ley natural y contra la generación humana, los hombres tengáis acceso con otros hombres, habiendo Dios criado las mujeres para semejante uso; coméis os unos a otros, habiéndoos Dios dado tanta variedad de animales sobre la tierra, de aves en el aire y peces en el agua. Nuestro Dios es clementísimo; crió todo lo que veis para servicio del hombre, y para que después que muriese, creyéndole y guardándole su ley en esta vida, para siempre después le gozase; y pues sois, como nosotros, nacidos y criados para adorar y gozar a este gran Dios que todo lo que veis crió, y que por llevarnos para sí murió en la cruz, resucitando para que después resucitásemos, quebrantad y deshaced esas feas estatuas de piedra y madera, que ellas no son dioses, ni lo pueden ser, pues las fabricaron vuestras manos; y para que mejor lo creáis, quiéroos descubrir una maldad con que hasta ahora os han engañado los ministros del demonio, perseguidor vuestro, y es que como esas figuras son huecas por de dentro, métese un indio por debajo y por una cerbana habla y da respuesta, fingiendo que las figuras hablan; y porque no penséis que os engaño, delante de vosotros derribaré un ídolo y haré que los sacerdotes confiesen ser así lo que digo.

Diciendo esto, hizo pedazos un ídolo y luego los demás compañeros los otros; confundiéronse los sacerdotes y dijeron públicamente que aquel secreto no lo podía revelar ni magnifestar otro que aquel gran Dios de quien hablaba el general.

Fue cosa de ver cómo los indios ayudaron luego a los cristianos a quebrantar los ídolos. Alegre de esto, como era razón, Hernando Cortés, hizo poner cruces, dándoles a entender que en una como aquélla Dios, hecho hombre, había padecido por librar al hombre de la servidumbre del demonio. Dióles luego una imagen de Nuestra Señora, diciéndoles que aquella era figura de la Madre de Dios, de quien Él había nacido; que la tomasen por abogada y a ella pidiesen el agua y buenos temporales, porque se los daría, porque nadie podía tanto con Dios como ella. Recibieron esta imagen los indios con gran devoción y reverencia y adoráronla de ahí adelante, alcanzando todo lo que pedían, y aficionáronse tanto a los nuestros, que a todos los navíos que después por allí pasaron, rercibieron de paz e hicieron muy buen tratamiento, proveyéndolos de todo lo necesario, mostrándoles la imagen que Cortés les había dado, al cual llamaban señor y padre; y como vían que los nuestros, quitándose las gorras se hincaban de rodillas y la adoraban, crecía en ellos la Fe y devoción.

Después que Cortés hubo acabado su plática y derrocado los ídolos, puesto las cruces y dado la imagen, diciéndoles otras cosas de nuestra santa Fe, abrazó a los señores y a los sacerdotes, encomendándoles mucho se acordasen de lo que les había dicho; dióles algunas joyas; despidióse de ellos no sin muchas lágrimas y otras muestras de grande amor entre los nuestros y ellos.

Capítulo XXXI. Do se prosigue la materia del precedente
Esta isla de Cozumel, donde tan bien fueron recibidos los nuestros, llamóse por Juan de Grijalva, Santa Cruz, porque el día de la Cruz de mayo la descubrió; y aunque hemos dicho que después de derrocados los ídolos, Cortés hizo poner cruces, dicen algunos que en un cercado almenado de buen edificio, en medio de él hallaron una cruz de cal y canto, de más de estado

y medio en alto, a la cual moradores de la isla adoraban por dios de la lluvia; de manera que cuando tenían falta de agua iban a ella los sacerdotes, y con ellos los hombres y mujeres, niños y niñas, y con gran devoción, ofreciéndole copal, que es entre los indios como incienso, sacrificándole codornices para le aplacar, le demandaban agua. Afirmaban los viejos que jamás la habían pedido, que luego o dentro de poco tiempo no lloviese, lo que no les acontecía con los otros dioses.

Tiene esta isla de box, según algunos dicen, diez leguas, y según otros, más, y según otros, menos. Está en el mismo altor que México, que son diez y nueve grados; dista de la Punta de las Mujeres o Amazonas, que llaman cabo de Cotoche, cinco leguas largas; hay en esta isla buenos edificios de cal y canto, especialmente los templos; la gente andaba desnuda; cubrían sus vergüenzas con una tirilla de lienzo; su principal mantenimiento era pescado, a cuya causa entre ellos había grandes pescadores. Hay venados pequeños y puercos monteses también pequeños; son negros, tienen una lista blanca por medio y el ombligo en el lomo; andan las más vez en manada, defiéndense bravamente, y cuando los acosan se encierran en cuevas, para sacarlos de las cuales les hacen un seto de rama alrededor, y echándoles humo, salen luego, y como están cercados, con facilidad los cazadores los flechan y alancean.

En esta isla montuosa; en lo llano habitan los moradores; es de buen temple y sana, y dase mucho maíz; hay gran copia de aves, que llaman gallinas de la tierra; mucha miel y cera. Tenía cinco mil moradores, aunque ahora may muy muchos menos; la causa es porque entonces cada uno tenía las mujeres que podía sustentar.

Había en ella cinco pueblos y muchas cuevas, donde vivían los moradores. Sembraban en las resquebrajaduras de las piedras. Está por un río grande abajo quince leguas de Yucatán, y por la tierra treinta. Es sujeta a Yucatán y allí traen su tributo. Y porque he tocado en Yucatán, será bien saber, que en gran parte de aquella tierra, de los cuatro elementos parece que faltan los tres, porque es toda como un peñasco, y así la llaman malpaís; apenas se vee tierra. Siembran los moradores en las grietas y resquebrajos que hacen las peñas, y acude bien por la humedad de los ríos y arroyos que corren por debajo, aunque diez y doce estados de hondo llevan los ríos sus peces; tómase el agua debajo de la tierra. Parece también que falta el elemento del aire, por ser la tierra llana y llena de arcabucos muy espesos; con todo esto es tierra sana; abunda de cera y miel; hay mucha copia de algodón, que ahora la hace muy rica por la ropa que en ella se labra; danse mucho las legumbres y frutas de la tierra. Hay al presente monesterios de san Francisco y algunos pueblos de españoles, el principal y cabeza de los cuales se llama Mérida. Señalóse en la conquista de esta tierra y población de ella don Francisco de Montejo, de lo cual diré en la primera parte de esta historia. Agora, viniendo al viaje de Cortés, diré cómo tomó a Champotón y lo que en él le sucedió.

Capítulo XXXII. Cómo Hernando Cortés tomó a Champotón y de lo que le sucedió
Salió Cortés con su flota en demanda del navío que le faltaba, que con el tiempo se perdió al salir de la Punta de san Antón y Cabo de Corrientes, que por ser pequeño no pudo sufrir el tiempo. Llamábase El Guecho. Crece la mar mucho cerca de Campeche, y es esto cosa de mirar en ello, porque en toda la mar del Norte no crece ni decrece sino muy poco, desde la Mar del Labrador a Paria. Tráense de ello diversas razones, aunque las menos satisfacen.

Prosiguiendo Cortés su derrota, llegó a una ensenada que hace unas isletas, cerca de una de las cuales, que Grijalva llamó Puerto de Términos, halló el navío sano y entero, y toda la gente buena, proveída de mucha cecina que con la lebrela habían cazado; y había tanta copia de conejos, que los mataban a palos. Llamó Cortés a aquel puerto el Puerto Escondido; alegróse grandemente en haber hallado el navío sin haber sucedido desgracia; regocijáronse mucho los unos con los otros, preguntándose cómo les había ido, porque los de la flota creyeron que el navío había dado al través, y estaban ya desconfiados de toparle, o que, a lo menos, morirían de hambre los que en él iban, por no ir muy bien proveídos. Los del navío también creyeron que, o la flota era desbaratada o que habían pasado muy adelante. El capitán del navío se llamaba Escobar.

Juntos, pues, todos, aunque hasta allí habían padecido muchos trabajos, con buen tiempo navegando la vía de San Juan de Lúa, llegaron a un río muy grande que Grijalva descubrió, por lo cual le llamaron el Río de Grijalva, y por otro nombre el río de Tabasco o de Champotón, en la boca del cual surgió el general, no atreviéndose a entrar con los navíos gruesos, desde los cuales vieron luego gran población no lejos del río. Acudieron a la lengua del agua muchos indios a manera de guerra, con arcos y flechas, plumajes y devisas, pintados a la usanza de la guerra; venían determinados de no dejar desembarcar a ninguno de los nuestros, pareciéndoles que les sucedería como con los navíos que antes habían ojeado. Cortés, dejando guarda la que era menester, saltó con la demás gente en los bateles con ciertas piezas de artillería y los suyos bien armados; entró por el río arriba, aunque la corriente no les ayudaba nada; andada legua y media, vieron un gran pueblo con casas de adobes cubiertas de paja y cercado de madera con gruesa pared almenada y con sus troneras para flechar a los enemigos. Entonces, dicen unos que los indios entraron en muchas canoas y muy enojados reprehendiendo a los nuestros, porque se habían atrevido a entrar por su tierra. Otros dicen que desde la playa los amenazaban.

Acercóse Aguilar a ellos, y por Aguilar y por un indio que traía, lo mejor que pudo les dio a entender que no venía a hacerles mal, sino a ser su amigo y contratar con ellos. Los indios, o porque estaban lejos, o porque no querían entenderlo, respondieron que no entendían. Cortés entonces se acercó hasta zabordar en tierra, y el indio, como vido tiempo para su deseo, saltó en tierra y fuese a los otros indios, diciéndoles que aquellos hombres advenedizos tenían mal corazón y que tan crueles y robadores; que no los recibiesen ni proveyesen de cosa. Hizo este indio con sus palabras tanta fuerza en los pechos de los demás indios que fue muy dificultoso, como diremos, el sujetarlos. Hízoles Cortés señal de paz y rogóles por Aguilar que le oyesen; pidióles alguna comida para pasar adelante; ellos en una canoa le enviaron un poco de maíz y tres o cuatro gallinas de la tierra, diciéndole que tomase aquello y que se fuese luego; si no, que le harían cruda guerra, y tratarían a él y a los suyos como habían tratado a los otros sus compañeros. Replicóles el general que toda templanza que no fuesen tan crueles y que ya veían que para tantos hombres era poca comida aquella; que le trajesen más, que él se la pagaría. Los indios, mientras más blandamente les hablaba, más se indignaban contra él, tornando a amenazarle que si no se iba, matarían a él y a los suyos. Esto era a hora de vísperas.

Cortés, vista la crueldad y mala intención de aquellos indios, recogióse a una isleta que el río allí hace, y en la noche cada uno pensó engañar al otro, porque los indios levantaron la ropa y sacaron las mujeres y niños, juntando toda la gente de guerra, para dar en los nuestros; y Cortés envió tres hombres el río arriba a buscar el vado, y aunque el río es muy grande, como era verano, le hallaron. Mandó a éstos que pasado el río diesen vuelta al pueblo para ver si por alguna parte podía entrar, los cuales, habiéndolo bien visto, volvieron y dijeron que por las espaldas un arroyo arriba se podía entrar. Entendido esto por Cortés, lo más secretamente que pudo envió a Alonso de Ávila, capitán que era de un navío, persona de quien Cortés tenía mucho concepto, con ciento y cincuenta hombres de pie, para que aquella noche, encubiertamente, se pusiese cerca del pueblo por la parte que los tres hombres habían dicho que se podía entrar, con aviso que cuando él desde los bateles mandase soltar un tiro, acometiese con grande esfuerzo al pueblo. En el entretanto que Alonso de Ávila iba con su gente, el general mandó que los capitanes de los navíos saltasen con sus soldados en los bateles, y él se metió en otro con hasta treinta soldados, mandando a Alonso de Mesa, que era el artillero, que cargase dos tiros a la proa del batel, y así, puestos todos a punto, con pocas palabras los animó de esta manera:

> Señores y amigos míos: Nosotros como cristianos hemos hecho el deber, convidando a estos indios con la paz y comprándoles la comida, de que tanta necesidad tenemos, nos la niegan; y como si les hubiésemos hecho algún daño, nos tienen por sus enemigos. Resta que tornándolos a convidar con la paz y amistad, si no la admitieren, los acometamos, como está concertado, con toda furia, para que hagan por temor lo que no quieren por amor, y pues todos habéis de pelear, no por quitar la vida a otros, sino por sustentar la vuestra, razón es que cada uno haga lo que debe.

Dichas estas palabras, se fue llegando a tierra poco antes que amaneciese, y ya los indios estaban en la playa despidiendo contra los nuestros muchas flechas. El general hizo señal de paz, y por Aguilar les rogó le oyesen; díjoles lo que otras veces, y finalmente, pasada uno hora en demandas y respuestas, diciendo Cortés que había de entrar en el pueblo y ellos que no, mandó soltar el tiro, y saltando luego en tierra con toda la gente los acometió con grande esfuerzo; luego Alonso de Ávila por la rezaga, como estaba concertado, dio en el pueblo. Los indios, como se vieron cercados y sintieron la celada, espantados de los tiros y del ardid de los nuestros, quedaron muchos de ellos muertos, desampararon el pueblo, metiéronse en el monte. Cortés, con muy poco daño de los suyos, entró en el templo de los ídolos, que era fuerte y muy grande, donde puso su gente; halló poca presa, aunque mucha comida; y aquella noche, puestas sus guardas y centinelas, descansó hasta otro día, en el cual sucedió lo siguiente.

Capítulo XXXIII. Lo que a Cortés le acaeció el día siguiente con los indios del río de Grijalva
Otro día después de curados los heridos, que serían hasta cuarenta, mandó Cortés que le trajesen allí los indios presos, y por la lengua de Aguilar les dijo:

> Amigos y hermanos míos: Porque sepáis que nosotros no os venimos a hacer mal, aunque vosotros nos le habéis procurado, os podéis ir libremente a vuestro señor y decirle heis de mí parte que de los heridos y muertos y de todo el daño hecho a mi me pesa más que a ellos, aunque, como sabéis, vosotros tenéis la culpa, pues habiéndoos sido rogado tantas veces con la paz no la habéis querido. Diréis también a vuestro señor, de mi parte, que yo le deseo tener por amigo, y que si no lo recibe por pesadumbre, me venga a ver, porque tengo muchas cosas que le decir de parte de Dios y del gran señor que me envía; y si no quisiere venir, decirle heis que yo le iré a buscar, y le rogaré por bien me provea de comida, porque no es razón en tierra poblada de hombres tan valientes como vosotros muramos de hambre. Traerle heis a la memoria como los indios de Cozumel nos recibieron y proveyeron de lo necesario, quedando, [cuando] nos partimos, por muy amigos nuestros.

Los indios se partieron muy alegres, como aquellos que habían cobrado su libertad, y aunque con muchas palabras encarecieron a su señor y a otros principales el buen tratamiento que Cortés les había hecho y relataron por extenso lo que les había encargado, no por eso el señor mudó propósito, antes más endurecido, juntó gente de cinco provincias, en que habría más de cuarenta mil hombres, entre los cuales venían los señores y caudillos que los regían, conjurados de morir todos o matar aquellos pocos españoles y comerlos con gran regocijo en la primera fiesta principal que viniese.

Otro día vinieron hasta veinte indios bien adereszados a su modo que parecían hombres principales, y dijeron a Cortés que su señor le rogaba que no quemasen el pueblo, que ellos le traerían vituallas. Cortés, respondiéndoles graciosamente, les dijo que él no se enojaba con las paredes, pues soltaba los hombres que tenía presos, y que ya les había otras veces dicho que de parte de Dios y de un gran rey, su señor, tenía que decirles cosas que si las oyesen les darían gran contento. Los indios, que más eran espías que embajadores, se volvieron, y por asegurar a los nuestros, otro día vinieron con alguna comida, la cual Cortés les pagó algunas cosas de Castilla. Dijéronle después de haberle dado la comida y recibido el rescate, que su señor decía que libremente podía entrar por la tierra adentro a rescatar comida. Holgó mucho de esto Cortés, creyendo que, como habían sido vencidos y sentido las grandes fuerzas de los españoles, querían más la paz que la guerra. Cortés les respondió que se lo agradecía mucho y que así lo haría.

En el entretanto los indios se acaudillaron en partes donde de los nuestros no pudiesen ser vistos, para acometerlos cuando fuese tiempo. Cortés, no recelando la celada, otro día envió tres capitanes, los cuales fueron Alonso de Ávila, Pedro de Alvarado y Gonzalo de Sandoval, cada uno con ochenta compañeros; el uno de los capitanes dio en unos maizales cerca de un pueblo, y rogando a los indios le vendiesen maíz, los cuales no queriendo, de palabra en palabra, vinieron a las armas, y fue la furia con que los indios acometieron tan grande, que parecía llover flechas sobre los nuestros. Resistió la capitanía lo que pudo, hasta que se vinieron retrayendo a una parte donde los indios los pusieron en grande aprieto, y murieran todos sin quedar hombre si las otras dos compañías no acudieran a la grita. Trabáse de nuevo una brava batalla que duró hasta la noche, en la cual murieron algunos españoles y fueron heridos muchos, y de las armas; casi los más se encalmaron; hicieran grande estrago en los indios, aunque por ser tantos no los pudieron vencer.

Luego otro día, como Cortés entendió la malicia y odio en que los Champotón perseveraban, después de haber llevado aquella noche todos los heridos a las naos, hizo que muy de mañana, luego después de haber oído misa, saltasen en tierra los sanos, y juntó en campo quinientos hombres y doce de a caballo, que fueron los primeros que en aquella tierra entraron. Ordenólos y repartiólos por sus capitanías, poniéndolos por los caminos hacia el lugar do había de ir, que se llamaba Acintla, que quiere decir en nuestra lengua «lugar cerca de agua». Ordenó el artillería, de la cual llevaba cargo Alonso de Mesa, el cual en lo más de la conquista fue muy necesario. Los indios, en el entretanto, no se descuidaban nada, porque no era amanecido cuando en número de más de cuarenta mil en cinco escuadrones salieron a buscar a los nuestros, y como gente práctica en la tierra, los esperaron entre unas acequias de agua y ciénagas hondas y malas de pasar.

Cuando los nuestros se vinieron a juntar con los indios, se hallaron muy embarazados y comenzaron a perder el orden que llevaban. El general, con los de a caballo, fue hacia do entendió que estaba la mayor fuerza de los enemigos, mandando a la gente de pie que caminase por una calzada que de una parte y de otra estaba llena de agua; él pasó con los de a caballo por la mano izquierda do iba la gente, y no pudo llegar a los contrarios tan presto como pensó, ni ayudar a los suyos. En el entretanto, los indios acometieron con gran furia a los nuestros con varias flechas y piedras de honda; teníanlos cercados y metidos en una hoya a manera de herradura; pusiéronlos en tan gran peligro, aunque los nuestros hacían gran daño en ellos con las ballestas, escopetas y artillería, que se vieron muy fatigados, así porque los indios eran muchos y acometían siempre de refresco, mudándose unos y viniendo otros, como porque se reparaban con los árboles y valladares.

Los nuestros se dieron prisa a salir de aquel mal paso, metiéndose hacia un lado a otro lugar más espacioso y llano y con menos acequias, donde se aprovecharon más de las armas y especialmente de los tiros, los cuales hicieron mucho daño, porque como los enemigos eran muchos, daban siempre en lleno. Con todo esto, como los enemigos eran tantos y los españoles se iban cansando y había siempre más heridos, los arremolinaron en tan poco estrecho de tierra, que les fue forzado para defenderse pelear vueltas las espaldas uno a otros; y aun de esta manera estuvieron en muy gran peligro, porque ni tenían lugar de jugar el artillería ni de hacer campo con las armas, porque los de a caballo aún no habían llegado. Estando en tan estrecho trance apareció uno de a caballo, que pensaron los nuestros ser el general o Francisco de Morla; arremetió a los indios con muy gran furia; retirólos gran espacio; los nuestros cobraron esfuerzo y acometieron con gran ánimo, hiriendo y matando en los indios; el de a caballo desapareció, y como los indios eran tantos, revolvieron sobre los nuestros, tornándolos a poner en el estrecho que antes; el de a caballo volvió y socorrió a los nuestros con más furia y ímpetu que de antes; esto hizo tres veces, hasta que Cortés llegó con los de a caballo, harto de pasar arroyos y ciénagas y otros malos pasos, el cual, viendo su gente en tan gran peligro, les dijo en alta voz: «Adelante, compañeros; que Dios y Santa María es con nosotros y el Apóstol san Pedro, que el favor del cielo no nos puede faltar si hacemos el deber». Dichas estas palabras arremetió a más correr con los otros de a caballo por medio de los enemigos; lanzólos fuera de las acequias y retráxolos en parte do a su placer los pudo desbaratar. Los indios dejaron el campo, y confusos y sin orden se metieron huyendo por las espesuras, que no paró hombre con hombre. Acudieron luego los de a pie y siguieron el alcance, en el cual mataron más de trescientos indios, sin otros muchos que hirieron. Pasó esta batalla Lunes santo.

El general, conseguida esta victoria, mandó tocar a recoger; fueron los heridos de flechas y piedras sesenta; dicen que no murió ninguno: mandólos el general curar todos; dieron muchas gracias a Dios por la merced que les había hecho en librarlos de tantos enemigos; comenzaron a tratar quién sería el de a caballo; los más decían ser el Apóstol Santiago, aunque Cortés, como era tan devoto de san Pedro, decía ser su abogado, al cual en aquel día con gran devoción se había encomendado; y aunque no está cierto cuál de los dos Apóstoles fuese aquel caballero, lo que se averiguó por muy cierto fue no haber sido hombre humano ni alguno de los de la compañía; de adonde consta claramente cómo Dios favorecía esta jornada, para que su santa Fe se plantase en tierra do por tantos millares de años el demonio tiranizaba.

Capítulo XXXIV. Cómo vencidos los champotones, convencidos por buenos comedimientos, se dieron por amigos.
Acabada esta batalla, que se concluyó, con la noche, los nuestros descansaron en el real dos días, porque estaban cansados y fatigados de la hambre. En el entretanto, Cortés envió algunos de los indios que tenía presos al señor y a otros comarcanos caciques que con él se habían juntado a hacer la guerra, a decirle que le pesaba del daño hecho entre ambas las partes, y que

ellos lo habían mirado mal en no tener cuenta con los ofrecimientos que les había hecho y con no admitir el aviso que cerca de lo que les convenía, les quería dar de parte Dios y de aquel gran emperador por cuyo mandado venía a comunicarlos, y que por lo sucedido entenderían cuán poca razón habían tenido, pues tan pocos españoles habían vencido a tantos indios, y que con todo esto, él les perdonaba la culpa que en esto habían tenido si luego venían a él a darle razón por qué habían estado tan endurecidos y habían porfiado tanto contra tan buenos comedimientos, y que les apercebía que si dentro de dos días no venían, que él los iría a buscar por toda la tierra, destruyendo y talando cuanto hallase y no dando vida a hombre que topase.

Como la repuesta se tardó algo, al tercero día Cortés salió al campo con determinación de buscarlos; en esto vinieron hasta cincuenta indios principales de parte de todos aquellos señores que habían sido en la liga, los cuales, humillándose al capitán, hablaron de esta manera:

> Los que aquí venimos somos tus esclavos, y de parte de nuestros señores, que también se ofrecen por tus esclavos, te hacemos saber que están muy pesanes de haberte enojado, aunque han llevado la peor parte, y dicen que bien parece que tenían poca razón y tú mucha, pues sus dioses, siendo nosotros tantos, no quisieron darles la victoria, y que pues ellos conocen su culpa y tu mucha razón y el gran esfuerzo con que has peleado, te suplican los perdones y recibas por tus amigos, que ellos te guardarán para siempre esta Fe y palabra que te dan, en testimonio de lo cual te piden les hagas merced de darles licencia para enterrar los muertos y seguridad para venirte a besar las manos y oír todo lo que les quisieres decir.

Cortés con alegre rostro respondió en pocas palabras que se holgaba hubiesen venido en conocimiento de su error y que les daba licencia para lo que pedían, y que en la venida de los señores no le mintiesen, porque ya no los oiría por mensajeros. Despidiéronse con grandes comedimientos los indios, y después de dada la repuesta, sus señores les preguntaron extensamente del asiento y orden de los nuestros, la gravedad y severidad con que el general los había recibido y respondido, las armas y bullicio de gente y otras particularidades que no en poca admiración los pusieron; y así juntos, antes que ninguno fuese a su casa, trataron si sería bien cumplir la palabra o volver sobre los nuestros.

Finalmente, después de grandes altercaciones, se resumieron en ir a ver al capitán, por no poner en condición sus personas y estados, entendiendo que sus fuerzas no eran iguales con las de los nuestros y que parecíamos invencibles e inmortales. Con esta determinación salieron a su modo ricamente vestidos, acompañados de muchos indios, con joyas de oro que valdrían hasta 400 pesos, para presentar al general. Fue la cantidad tan poca, porque en aquella tierra no labran oro, ni hay minas de plata; llevaron, que era lo que más hacía al caso, mucho bastimento de pan, gallinas y frutas. El señor principal iba acompañado de los otros señores, entre dos de los más principales; la demás gente iba un poco atrás.

Llegaron do el general estaba, y poniendo delante del los criados el presente, ellos le hicieron un grande acatamiento. Levantóse Cortés de la silla y abrazó primero aquel señor, y luego a todos los demás por su orden. Hecho esto, un indio, haciendo gran comedimiento, se puso a un lado entre aquel señor y el general. Aguilar se puso del otro lado, para declarar lo que el indio quería decir, al cual señor, haciendo gran comedimiento y reverencia a Cortés, dijo todo lo que él por su propia boca pudiera decir, para que lo dijese a Aguilar. Es esta costumbre entre ellos, que cuando el señor con quien hablan no entiende la lengua, ponen a un criado a que hable, pues el criado del otro señor ha de declararlo, y así guardan entre ellos su autoridad y reputación. Lo que este señor dijo por boca de su criado, e interpretado por Aguilar, fue que él y aquellos señores humildemente se ofrecían por sus criados, y que de lo pasado les pesaba mucho, porque habían sido engañados; que de ahí adelante le servirían en todo, y que en señal de esto le traían aquel oro y joyas y ofrecían aquel bastimento para el real, y que ellos y la tierra toda estarían siempre a su servicio y le obedecían como a su señor, aquel gran príncipe en cuyo nombre habían venido.

Holgóse Cortés en extremo con lo que el señor les dijo, tornóle a abrazar y hízole grandes caricias; dio a él y a los otros señores cosas de rescate, con que muchos se holgaron; díjoles que él y los suyos serían muy sus amigos.

Acabadas estas palabras y otras de mucha amistad que entre el general y ellos pasaron, aquel señor y otros, oyendo el relinchar de los caballos, que estaban atados en el patio, preguntaron que qué habían los tequanes, que quiere decir «cosas fieras». Respondióles Cortés que estaban enojados porque no había castigado gravemente su atrevimiento, pues se habían puesto a hacer guerra a los cristianos. Ellos amedrentados, creyendo ser esto así, trajeron muchas mantas do se echasen los caballos y muchas gallinas que comiesen para aplacarlos; decíanles que no estuviesen enojados y que los perdonasen, porque de ahí adelante serían muy amigos de cristianos. A esto Cortés y los que allí se hallaron disimularon mucho, porque por entonces convenía así.

Preguntóles qué había sido la causa por que con él se habían habido tan ásperamente, pues con otros que por allí habían pasado como ellos, se habían habido humanamente. Respondieron que los otros navíos y los que en ellos venían eran pocos y los primeros que por allí visto habían, y que contentándose con rescatar algunas cosillas y con pedir pocas cosas para comer, se habían pasado de largo; pero que ahora tantas naos y tantos hombres los habían puesto en gran sospecha que les venían a tomar el oro y su tierra y haciendas; y que tiniéndose ellos por hombres esforzados entre todos sus vecinos y que no reconocían señorío a nadie ni que de ellos ningún otro señor sacaba tributos ni gente para sacrificar, le había parecido gran cobardía siendo ellos tantos y los nuestros tan pocos no matarlos a todos; y que para esto, el indio que se había huido los había animado mucho, diciendo ser los nuestros robadores, de mal corazón, amigos de mandar y señorearlo todo, pero que se habían engañado, así en creer al indio, como en pensar que podían destruir a los nuestros. Dijeron tras esto que los tiros y las espadas desnudas y las grandes heridas que con ellas los nuestros hacían, los había en gran manera espantado, y que aquellos tequanes, que eran los caballos, eran tan bravos y tan ligeros que con la boca los querían comer y parecía no correr sino volar, pues los alcanzaban por mucho que ellos corrían, y que sobre todo aquel caballo que primero vieron, les quitaba la vista de los ojos y había puesto gran espanto, de adonde cuando los otros vinieron, se tuvieron por perdidos, y que siempre creyeron que el caballo y el hombre era todo uno.

Capítulo XXXV. Cómo Cortés dijo algunas cosas a aquellos señores tocantes al servicio de Dios y del emperador

Pasadas estas cosas, luego que Cortés entendió que la amistad no era fingida, haciéndolos asentar, por lengua de Aguilar les habló de esta manera:

> Señores y amigos míos: Todas las veces que os envié a hablar para que viniésedes en la amistad que ahora tenemos, os dije que de parte de Dios y del emperador, mi señor, tenía que deciros algunas cosas que os importaba mucho saber, las cuales, por estar sospechosos de nuestra amistad no quesistes oír; y pues ahora entendéis cómo jamás hemos pretendido vuestro daño, será bien que con todo cuidado oigáis lo que cerca de Dios y del rey os quiero decir; y así, ante todas cosas, sabed que no hay más de un Dios, criador y hacedor de todo lo que veis, y que no puede haber sino uno, porque Éste lo ha de poder todo y saber todo, pues si hobiese otros, no podría sustentarse la unidad y concordia que hay en todas las cosas criadas. Este Dios es tan poderoso que de nada crió el cielo y la tierra, los ángeles y los hombres; es tan bueno que lo sustenta todo; es tan justo que ni el bueno queda sin galardón, ni el malo sin castigo; quiso tanto al hombre que, viendo cómo el demonio le había engañado, se hizo hombre, naciendo de madre virgen; murió por él, porque el hombre, aunque le veis morir, el ánima, que es imagen de Dios, nunca muere, y después vendrá tiempo que el cuerpo se junte con el ánima para nunca más apartarse; de manera que el hombre que en esta vida, creyendo en un solo Dios, vivió bien, cuando este mundo se acabe, que será el día del Juicio, resucitará en cuerpo y en ánima, para gozar de este Dios para siempre jamás, que es verdadera gloria; y, por el contrario, el que no creyere en Él, o el que habiendo creído, viviere mal, en aquel tiempo tomará su cuerpo para ser atormentado para siempre en las penas del infierno; y para que sepáis de raíz vuestra perdición y engaño, sabréis que después que Dios crió los ángeles, uno de ellos que se llama Lucifer, con muchos que le siguieron, se quiso igualar con su Criador, por la cual ofensa fue echado del cielo con sus compañeros. A éste y a ellos llamamos diablos, que quiere decir caviladores, porque con el pesar que tienen de que el hombre suba al asiento que ellos perdieron, procuran con gran cuidado, quitando la honra al verdadero Dios, tomarla para sí, haciéndose adorar de los hombres como si fuesen verdaderos dioses; y así, debajo de diversas figuras procuran ser venerados,

en lo cual hay dos grandes engaños: el primero, que hacéis dios de una piedra, que no siente, o de un animal, que matáis para comer; el otro, que os piden vuestra vida y sangre, la cual nunca os dieron ni pueden dar ni quitar: y así, para que se pierdan vuestras ánimas y después vuestros cuerpos, os permiten y mandan que os comáis unos a otros; que el más poderoso tiranice al más flaco; que uno pueda tener muchas mujeres y, lo que peor es, que unos con otros tengáis acceso carnal y que cometáis otros nefandos y abominables pecados que claramente son contra toda razón natural y muestran que el dios, si tal se puede llamar, que los consiente, es malo y nefando. El Dios que yo os predico no quiere sino vuestro bien, y quiéreos tanto, que no quiere que hagáis cosa mala por la cual muráis para siempre; y si la hicierdes, que os pese de ella, volviéndoos a Él, el qual, ha querido que el rey de España y emperador de los cristianos, mi señor, por comisión de un Sumo Sacerdote que en la tierra está en lugar de Dios, rigiendo y apacentando las ánimas, me enviaron con esta gente que veis a buscaros, como a hombres que estáis fuera del camino, y alumbraros como a ciegos que estáis con los engaños del demonio, y a que conocáis los errores, pecados y maldades en que por engaño de los demonios habéis vivido; por esto debéis mucho a gran señor; reconocelde y servilde tan grand merced, admitiéndole de vuestra voluntad por príncipe y señor vuestro, para que él por sus ministros os enseñe la ley cristiana y sustente y conserve en justicia; y porque yo vengo en su nombre a daros a entender lo que he dicho, ruégoos que en su nombre me recibáis y deis vuestra palabra de conocer y creer un solo Dios y servir y obedecer a este emperador de los cristianos.

Acabada esta plática, que aquellos señores y los vasallos que con ellos iban oyeron con gran atención, admirados y aun convencidos con la fuerza de la verdad que no habían oído, dieron muchas gracias al general, y aquel señor con consentimiento y ruego de los demás, por sí y por ellos respondió de esta manera:

Señor, gran merced es la que nos has hecho en darnos a entender la ley que vosotros tenéis y guardáis, y cierto, debemos mucho a ese gran señor que te envía, y no menos a ti, porque veniste. Nosotros, aunque no tan claramente como querríamos, por ser tan la primera vez que nos hablas, conocemos los vicios en que hemos vivido, y que no son dioses, sino diablos, como dices, los que hasta ahora habemos adorado, pues siempre nos han dejado vivir mal y querido que con nuestra sangre y vida les hagamos sacrificio. Nosotros, pues, desde ahora para siempre nos ponemos en tus manos con nuestros vasallos, tierras y haciendas, para que las ofrecas a ese emperador de los cristianos que tanto nos ama, y seguiremos la ley que por ti nos predica.

Con estas palabras se despidieron muy graciosamente de Cortés, y en llegando a sus casas le enviaron nuevo refresco y con él doce o trece indias para que hiciesen tortillas, entre las cuales vino una que después, bautizándola, llamaron Marina, y los indios, Malinche. Esta sabía la lengua mexicana y la de aquella tierra, por lo cual, como adelante diré, fue muy provechosa en la conquista de la Nueva España.

Capítulo XXXVI. Cómo Marina vino a poder de los nuestros y de quién fue
Ya que Dios, para la conversación y bien de tantos infieles, había proveído de Aguilar, quiso que entre las esclavas que estos señores enviaron fuese una Marina, cuya lengua fue en gran manera para tan importante negocio necesario; y pues se debe de ella en esta historia hacer notable mención, diré quién fue, aunque en esto hay dos opiniones: la una, es que era de la tierra de México, hija de padres esclavos, y comprada por ciertos mercaderes, fue vendida en aquella tierra; la otra y más verdadera es que fue hija de un principal que era señor de un pueblo que se decía Totiquipaque y de una esclava suya, y que siendo niña, de casa de su padre la habían hurtado y llevado de mano en mano [a] aquella tierra donde Cortés la halló. Sabía la lengua de toda aquella provincia y la de México, por lo cual fue tan provechosa como tengo dicho, porque en toda la jornada sirvió de lengua, de esta manera: que el general hablaba a Aguilar y el Aguilar a la india y la india a los indios.

Repartió Cortés estas esclavas entre sus capitanes para el servicio de ellos, y cupo Marina a Puerto Carrero. Esta india se aficionó en tanta manera a los nuestros, o por el buen tratamiento que le hacían, visto cuánto convenía regalarla, o porque ella de su natural inclinación los amaba, alumbrada por Dios para no hacerles traición, que aunque muchas veces fue persuadida, unas veces por amenazas y otras por promesas de muchos señores indios, para que dijese unas cosas por otras, o diese orden cómo los nuestros pareciesen, nunca lo quiso hacer, antes, de todo lo que en secreto le decían, daba parte al general y a otros capitanes, y así los hacía siempre vivir recatados. Casóse después esta india, en la prosecución de la conquista con Juan Jaramillo, conquistador y hombre que en la guerra sirvió valientemente.

Capítulo XXXVII. Cómo Cortés partió de Champotón y vino al Puerto de San Juan de Lúa

Después que Cortés hubo pacificado los champotones, deseoso de llegar al fin de su esperanza, aderesando su viaje y proveyendo sus navíos, determinó otro día, que era Domingo de Ramos, hacer una solemne procesión, para la cual convidó aquellos señores indios y a sus vasallos, los cuales, como son amigos de novedades, vinieron de muy buena gana, ricamente aderesados y tantos en número (porque también vinieron las mujeres y niños) que cubrían los campos. Hizo Cortés la procesión con ramos en las manos, con toda pompa, autoridad, devoción y lágrimas que pudo, la cual solemnidad miraron los indios con gran atención y cuidado, y hubo entre ellos algunos que dijeron que el Dios de los cristianos era el verdadero y el Todopoderoso, pues gentes de tanto esfuerzo y valor, con tanta autoridad y pompa, con tanta reverencia y veneración, con tantos instrumentos de música y voces, le servían y adoraban. Cortés, no dejando el ramo de la mano, llamó a Aguilar, y para despedirse de aquellos señores y de los demás indios le dijo que les dijese:

> Señores y amigos míos: Yo confío en el Dios que adoro y os he predicado, que es solo verdadero Dios y señor nuestro, que adelante entenderéis la mucha verdad que con vosotros he tratado, y se que encomendándoos a Él y a su santísima Madre, cuyas imágenes os dejo que adoréis, no le pediréis cosa, como aconteció a los de Cozumel, que no la alcancéis, y alumbrará vuestros entendimientos para que mejor conozcáis la ceguedad en que hasta ahora habéis estado; y pues el emperador y rey, mi señor, nos ha enviado para que siendo vosotros nuestros amigos vengáis en este conocimiento, ruégoos mucho porque después yo os enviaré sacerdotes que os enseñen, que tengáis vuestro corazón puesto en solo Dios, y con los cristianos que por aquí pasaren uséis de toda caridad, guardando

la palabra que me tenéis dada de servir en lo que pudiéredes a este gran príncipe que me envía.

Acabada esta breve plática, los abrazó, y ellos, diciendo que harían todo lo que les mandaba, le acompañaron hasta que con toda la gente se metió en los navíos y se hizo a la vela. Saludólos Cortés desde los navíos con una hermosa salva de artillería; prosiguió su derrota sin sucederle cosa memorable; llegó al río de Alvarado, cuyo puerto es san Juan de Lúa; no entró por él, como dicen algunos, porque tiene bajíos a la boca, y así, si no son barcas pequeñas, no entran navíos de más carga, y si este río se pudiera navegar con navíos gruesos, fuera importante negocio para la seguridad y contratación de la Nueva España, porque se pudiera hacer en él puerto muy abrigado; y así por no haber otro, sirve el de San Juan de Lúa, tan descubierto para el norte, que muchas veces da con los navíos al través.

Hay otro puerto, que es el de Diauste y Papalote, pero no se cursa, porque es puerto muy abierto. Tiene un peñolcillo, detrás del cual surgen los navíos.

Deste río de Alvarado al puerto de San Juan de Lúa no hay más de ocho leguas, por lo cual, saliendo de Champotón, que es el río que se llamó de Grijalva, no tuvo Cortés necesidad de desembarcar en el río de Alvarado, sino derecho tomar puerto en San Juan de Lúa, donde hasta hoy le toman todos los navíos que vienen de España. Llegó Cortés a este puerto con su armada sana y salva jueves santo, año de 1519.

Libro III. La segunda parte de la Crónica general de las Indias

Capítulo I. Lo que hizo Cortés desembarcando en San Juan de Lúa
Antes que entrase en el puerto, los que iban en los navíos cantidad de indios andar por la costa, y capeando a los nuestros hacían señas para que se acercasen. El general, después que hubo tomado puerto, no quiso que nadie fuese aquel día a tierra sin su licencia y mandado, recatándose no hubiese alguna celada. Los indios, como vieron que ninguno de los nuestros saltaba en tierra, dos principales de ellos se metieron en dos canoas con sus remeros, y buscando al señor del Armada, como de un navío les hicieron señas cuál era la capitana donde Cortés venía, llegáronse a bordo. Aguilar, que siempre iba con el general y Marina, preguntándoles qué era lo que querían, respondieron que hablar al general. Dijéronles que entrasen. Ellos, como vieron al general, haciendo su acatamiento, le dijeron que Teudile, gran mayordomo de Moctezuma y gobernador de aquella tierra, enviaba a saber qué gente y de dónde era aquella que venía, qué buscaba y si quería parar allí o pasar adelante.

Tenía Moctezuma, según era grande su poder, mucha noticia de los españoles desde Champotón, por vía de los mercaderes que lo corrían todo envió estos mensajeros Teudile, para luego dar aviso a su señor Moctezuma de la venida de los españoles y de lo que pretendían, para que estuviese advertido de lo que debía de hacer, porque, como adelante diré, no se holgaba nada Moctezuma con la venida de los nuestros, por los pronósticos que tenía, Cortés, aunque no les respondió, luego recibiólos con alegre cara, y hízolos sentar sobre una caja junto a su silla, mandando a todos los del navío estuviesen quedos, sin hacer bullicio, porque aquellos principales no se alterasen y recibiesen algún miedo. Luego ellos desenvolvieron una manta y sacando de ella una sonajera de oro fino a manera de limeta y cinco rodelas de plata, con gran comedimiento las presentaron a Cortés, diciéndole que de parte del gran señor Moctezuma, cuyos esclavos eran ellos, recibiese aquel pobre presente. Dicen que aquí estuvo Cortés muy confuso, porque Aguilar ya no entendía aquella lengua mexicana, que es de los Naguales, que corre por toda la Nueva España, aunque luego se entendió de Marina, que la entendía. Dicen otros que entonces no se supo que Marina supiese la lengua mexicana, porque venía con Puerto Carrero en su navío, hasta que después de haber saltado en tierra, oyendo que unos indios intérpretes, que eran de los que truxo de Cuba, interpretaban falsamente, en gran daño de los nuestros lo que Cortés respondía, habló a Aguilar en la lengua que él sabía, diciendo que aquellos perros respondían al revés de lo que el general decía. Aguilar, muy alegre, lo dijo a Cortés, el cual, llamando a la Marina por lengua del Aguilar, le dijo que fuese fiel intérprete, que él le haría grandes mercedes y la casaría y le daría libertad, y que si en alguna mentira la tomaba, la haría luego ahorcar. Ella fue tan cuerda y sirvió tan fielmente hasta que algunos de los nuestros entendieron la lengua que, aunque fuera española e hija del general, no lo pudiera hacer mejor.

Volviendo, pues, a la confusión que Cortés tuvo, acordándose de los indios de Cuba, por ellos respondiendo a aquellos principales, les dijo que él venía en demanda de aquella tierra de muy lejos, por mandato de un muy gran señor, para conocer y tratar a su señor Moctezuma, de quien tenía grandes nuevas, y para decirle algunas cosas de parte de Dios, que a él y a toda su gente convenía mucho, y que a esta causa se había de desembarcar y detenerse allí algunos días. Los principales respondieron que se holgaban mucho de ello y que lo irían a decir a Teudile, su señor, el cual tenía gran deseo de los ver. Acabadas estas y otras razones que entre ellos pasaron, mandó Cortés darles colación de conservas y frutas de Castilla y de beber de nuestro vino, con el cual se holgaran demasiadamente, dando a entender el uno al otro cuán bien les sabía. Acabada la colación se despidieron de Cortés con mucha crianza, el cual, como era tan avisado y sabía a lo que obliga el que da y es liberal, mandó sacar unos bonetes de grana, cuchillos, tijeras y algunas sartas de cuentas, margaritas y diamantes falsos, lo cual repartió entre los dos con rostro tan alegre que claramente mostraba meterlos en las entrañas y desear darles mucho más. Dicen que los indios, visto el contento con que Cortés les daba aquellas cosas, se atrevieron a pedirle un poco de la conserva y del vino. Cortés se lo mandó dar, y ellos se despidieron de él muy contentos para Teudile, a quien dijeron que había de dar todo lo que llevaban.

Capítulo II. Cómo después de llegado Cortés al puerto de San Juan de Lúa, envió dos bergantines a buscar puerto y de lo que les avino

La noche antes que Cortés saltase entierra determinó, para ver si podría hallar mejor puerto, enviar dos bergantines que corriesen la costa; en el uno envió a Montejo, y en el otro a Rodrigo Álvarez, por ser personas de crédicto y confianza. Encomendóles que llevasen la vía de Panuco, porque por aquella costa le habían dicho que había puerto; navegaron la costa abajo, y descubrieron a do es ahora Villa Rica la Vieja y corrieron toda la costa de Almería y toda la demás costa casi hasta Isla de Lobos, adonde les dio tiempo tan bravo que nunca pensaron salir con vida del peligro en que se vieron; faltóles luego, aunque el tiempo abonanzó, el agua, y de tal manera que pensaron perecer de sed. Para socorrer a esta necesidad el artillero mayor, con otros dos compañeros, queriendo salir a tierra se ahogó, y el otro, esforzándose lo más que pudo, no sin muy gran trabajo y grandes heridas de la mucha reventazón que el agua hace en aquellos arrecifes, salió a tierra; el otro se volvió con muy gran miedo y no sin notable peligro a los bergantines. Luego otro día, atando sogas con sogas hasta la reventazón, echaron el escutillón todo lo más largo que pudieron, para que asiéndose a él, el que había quedado en tierra pudiese volver al navío, el cual con gran dificultad tomó el cabo, y balando los marineros con muchos golpes de mar, le metieron en el navío.

En el entretanto, Montejo y Rodrigo Álvarez mandaron que todas las armas se atasen a la tablazón del un bergantín para que la misma tormenta las echase a tierra, determinados de zabordar en tierra con los bergantines, por no perecer de sed: y ya que querían hacer esto, se levantó un norte con un gran aguacero, y como todos estaban tan sedientos, aunque el viento los fatigaba, holgaron mucho con el aguacero, porque con sábanas y algunas vasijas tomaban el agua; y era tanta su sed, que algunos abrían la boca al agua que corría por las velas abajo, que no debía ser tan buena como la del río Tajo. Mataron una tonina, porque si no era el pan, todo el demás bastimento habían echado a la mar para quitar la ocasión de la sed, y con el norte llegaron aquel día cerca de San Juan de Lúa. Fueron al real a dar mandado cómo habían hallado puerto; saltaron todos en tierra, y descalzos, las cabezas descubiertas, fueron en procesión desde donde desembarcaron hasta una iglesia que el general había mandado hacer, donde llegando, con muchas lágrimas y gran alegría, postrados por tierra, dieron muchas gracias a Dios por haberlos librado de tan grandes peligros.

Cortés se alegró mucho con ellos, porque por los vientos que habían corrido entendió el gran peligro en que se habían visto, y porque de San Juan de Lúa se hace tanta mención, será bien decir por qué se llamó así. Es, pues, de saber que si dicen Ulúa quiere decir «árbol», o una resina que de él sale, de la cual los indios hacían sus pelotas con que jugaban, que como los españoles con las manos arrojan la pelota, así ellos, desnudos en carnes, la rechazaban y daban con el encuentro del anca; y si dicen San Juan de Culhúa, quiere decir de aquella generación o gente que se enseñorearon de la tierra de México; y así, antes que los mexicanos se enseñoreasen de tan grandes provincias, los indios naturales de aquella tierra la llamaban Chalchicoeca, que quiere decir «en el agua clara».

Capítulo III. El buen recibimiento que el gobernador Teudile hizo a Cortés y el presente que el Señar de México le envió
Después que Cortés asentó su real, y con sus amigos, como adelante diremos, dio orden y manera cómo se descargase de la obligación que a Diego Velázquez tenía, y, en nombre del rey, por los de su ejército fuese elegido, y, como parecerá, casi forzado a aceptar el cargo de general, el Domingo de Pascua por la mañana vino Teudile del pueblo de Cotasta, que era ocho leguas de allí, muy como señor, acompañado de más de cuatro mil indios bien ataviados y sin armas; los más de ellos vinieron cargados con muchas cosas de comer, que mataron la hambre a todo el real. Teudile entró acompañado de los más principales a do el general estaba, el cual, como ya estaba avisado, se aderezó lo mejor que pudo y se asentó en una silla de espaldas, acompañado de todos los capitanes, aderezados lo mejor que pudieron para mostrar el autoridad de su capitán a los indios, y puesto delante de Cortés, como vio el autoridad con que estaba asentado, haciendo primero una grande inclinación, se sacó sangre de la lengua con una paja, porque la traía, al uso y costumbre de aquella gente, horadada. Fue esta la mayor reverencia y acatamiento que se le pudiera hacer entre los indios, porque sacar sangre de la lengua o del

brazo o echar incienso, nunca lo acostumbraban sino cuando hacían gran sacrificio a los ídolos que por dioses tenían. Hecho este comedimiento, sacó ciertas joyas de oro y otras de pluma muy vistosas y mantas de algodón ricamente labradas, [y] mandando poner delante todo el refresco de comida, que era muy grande, por lengua de Marina y de Aguilar habló de esta manera:

> Señor y valiente capitán: Bien te acordarás cómo los indios que te fueron a visitar al navío antes que desembarcases, te preguntaron qué era lo que querías y a qué eras venido, para dar de ello relación al gran emperador Moctezuma, cuyo esclavo soy yo, los cuales como tú respondiste que de parte de un gran rey y señor tuyo le venías a conocer y visitar, fueron con esta repueta y ahora son venidos con mandato del gran señor Moctezuma, para que yo te reciba y sirva lo mejor que pudiere, y en su nombre te ofrezca estas joyas, las cuales te envía, agradeciéndote mucho la venida y teniendo en gran merced que tan gran señor como dices que es el emperador le quiera conocer.

Cortés, aunque luego sospechó, como después pareció, que aquellos eran cumplimientos de Moctezuma, respondió levantándose primero de la silla y abrazándole muy amigablemente, haciéndole juntamente sentar en un banquillo:

> Mucho te agradezco, señor, el trabajo que has tomado de venir desde tu casa hasta aquí, pero haces lo que debes al servicio de tan gran príncipe como Moctezuma, al cual dirás que le beso las manos, y que estas joyas, por ser suyas, las tengo en mucho, y enviaré al emperador, mi señor, como prendas del amor y conocimiento con que tu señor Moctezuma le paga.

Y luego, haciendo sacar un sayo de seda, una medalla, un collar de cuentas de vidrio y otros sartales, los dio por la mano a Teudile, el cual lo recibió con mucho comedimiento, rindiéndole muchas gracias, porque eran cosas que él ni los suyos jamás habían visto, y como tan peregrinas, túvolas en tanto que luego las envió a su señor Moctezuma, no diciendo que Cortés se las enviaba, sino que él porque las viese, le servía con ellas, pues era su esclavo; envióle asimismo con estas cosas un lienzo que los indios labran de algodón, en el cual, porque letras ni modo de escribir no tenían, iba pintado todo el real, los navíos y cómo habían los nuestros saltado en tierra, señalada la persona de Cortés y las de los capitanes y de otras personas principales, tan al natural como si muchos años los hubieran tratado.

Como vio Hernando Cortés el contento que Teudile mostraba con las cosas que le había dado y que allí delante de él las había dado a ciertos indios principales para que luego las llevasen al pueblo de Cotasta, sintiendo que con ellas había de enviar la embajada a Moctezuma, mandó que delante de él saliesen todos los españoles con sus armas en ordenanza, al paso y son del pífaro y atambor, y que luego trabasen una muy reñida escaramuza, y que también los de caballo con sus cascabeles y adargas hiciesen otra escaramuza, de la cual Teudile y los suyos se maravillaron mucho, porque pensaban hombre y caballo ser una misma cosa; tuvo pavor, aunque Cortés se reía con él. Mandó, hecho esto, al artillero mayor que, puestas las piezas de artillería en el orden y asiento que es menester para dar batería a una ciudad, disparase, sin quedar ninguna, contra cierto baluarte, para que los indios viesen la gran furia de los tiros y considerasen el mucho daño que podrían hacer en las personas, pues en las paredes le hacían tan señalado.

Muy espantado quedó de todo esto Teudile, y como era hombre de buen juicio, fácilmente coligió que con aquellas armas y bestias, aunque no eran muchos los nuestros, podían salir con lo que intentasen; y que sintiese esto, y aun muchos de los principales, pareció claro por el nuevo respecto con que de ahí adelante trató a Cortés, aunque antes, como dije, le honró como a sus dioses. Preguntóle Cortés que le parecía de todo lo que había visto; respondió con gran reverencia:

> Señor, todo lo que he visto nunca he visto, y así no puede dejar de ser nuevo y maravilloso para mí, porque, aunque sois hombres como nosotros, sois de otro color y talle; vuestro traje es en todo diferente del nuestro, y esos hombres que andan tan altos y corren tanto y tienen cuatro pies me admiran mucho, pero lo que me ha mucho atemorizado, son aquellas armas gordas que echan fuego y suenan tanto, que me pareció que relampagueaba y tronaba el ciel».

Y los navíos, asimismo, dijo que le habían admirado a causa que eran grandes casas de madera que andaban sobre el agua.

Cortés se holgó mucho con esta respuesta, porque de ella entendió que los nuestros y nuestras armas le habían puesto miedo y que todo lo haría saber a su señor Moctezuma, como luego lo hizo, despachando indios por la posta, para que de palabra y por pintura diesen a entender a Moctezuma todo lo que asaba.

Dicen que Cortés, para tener espacio de hablarle, convidó a Teudile a comer y que le asentó a su mesa. Hízose servir muy como señor, para que de todo diese relación a Moctezuma. Acabada la comida, después de haber reposado un poco, ya que Teudile se quería despedir para volverse a su pueblo, Cortés le hizo la plática siguiente:

Capítulo IV. La plática que Cortés hizo a Teudile y de lo que más sucedió

Teudile, fiel criado y gobernador en esta provincia de Moctezuma: Porque sé que de todo lo que has visto, has dado y das larga cuenta a tu señor, será bien que de propósito entiendas quién soy, quién me envía y para qué; para que veas lo que debes avisarle, y tu señor lo que debe de hacer. Yo me llamo Hernando Cortés, soy capitán principal de toda esta gente que ves, soy vasallo y criado del mayor señor y más poderoso que hay en el mundo, el cual, tiniendo noticia de esta gran tierra y del mucho valor de tu señor Moctezuma, me envió a que le visitase y hablase de su parte, y de parte de Dios le avisase conociese los errores grandes en que él y todos los suyos viven, adorando muchos dioses en figura de animales, con sacrificios de hombres sin culpa e inocentes, viviendo en muchas cosas contra toda razón y ley natural, no habiendo ni pudiendo haber más de un solo Dios, criador de todo lo que vemos y no vemos, el cual, en sus sacrificios, como clementísimo, no pide las haciendas de los hombres ni la sangre, ni que pierdan la vida, sino dolor y lágrimas por haberle ofendido. Sin el conocimiento de este Omnipotente y solo Dios, ninguno puede ser salvo, porque solo Él es el que puede matar el alma y darle vida. Hízose hombre naciendo de una virgen sin corrupción de su virginidad, para que muriendo por el hombre, que luego al principio que le crió la había ofendido, le librase de la muerte eterna y le diese la gloria, para la cual le había criado. Para conseguir tan gran bien como éste, conviene que yo vea a tu señor y le enseñe la gran ceguedad en que con honrar a sus vanos ídolos hasta ahora ha vivido, y yo sé que cuando entienda los muchos reyes y señores que obedecen y sirven al emperador, mi señor, y el gran deseo que con la obra magnifiesta que tiene de que tu señor y todos vosotros os salvéis, le sirvirá como los demás príncipes y señores y le querrá muy de su voluntad reconocer por señor. Sabido has quién soy, quién me envía y a lo que vengo; diráslo todo a tu señor Moctezuma, y que yo estoy determinado de en ninguna manera dejar de verle y hablarle y enseñarle más despacio lo que te tengo dicho y otras cosas muchas que tú ni él, sí no es con el curso del tiempo, podréis entender.

Después que Teudile, con muy gran atención hobo oído esta plática, le pesó de una cosa y se rió de otra; pesóle de la determinación de Cortés, porque también pesaba a Moctezuma; rióse de que Cortés dijese que un tan gran Prínecípe y señor como era Moctezuma sirviese al emperador; y así, disimulando el pesar y descubriendo la risa, dijo así:

Cortés, hijo del Sol (que era el mayor título que le podía dar, porque al que principalmente adoraban de los dioses era el Sol): Mucho creo que holgará mi señor Moctezuma de verte y conocerte, así por ver lo que nunca ha visto, como por salir de esos errores en que dices que vivimos; pero a lo que dices que Moctezuma reconocerá y servirá al emperador, tu señor, no sé cómo puede ser esto, porque mi señor tiene tantos reinos y señoríos debajo de su mano, manda tanta tierra y obedécenle tantos vasallos, que no puede haber señor en el mundo que tanto pueda como él; pero con todo esto, yo le enviaré mensajeros que le digan lo que me has dicho, y antes de muchos días tendrás la repuesta.

Con esto se despidió Teudile, haciendo luego postas para su señor, enviando pintado lo que había visto y diciendo de palabra a los mensajeros muy por extenso lo que había oído. Hecho esto, se partió para Cotasta, que fue un pueblo muy fresco, dejando, para que los nuestros conociesen lo que los amaba y quería, a par del real dos indios principales que mandasen a dos mil indios que allí dejaba, que sirviesen con gran diligencia y cuidado a los españoles. Hicieron los indios de ramas cubiertas con paja sus moradas; en el día de carne proveían largamente el real de gallinas, galli-pavos, venados, conejos y de todas las maneras de fruta que se daban en la comarca; y en el de pescado, de mucha variedad de peces de diversos gustos y sabores, de los cuales en aquella costa hay gran copia; proveyó asimismo Teudile de muchas mujeres, para que cociesen en el pan y guisasen la comida a los nuestros a su modo y gusto; y como se desengañó que los caballos no comían carne, mandó que les trajesen toda la hierba y maíz que habiesen menester.

Capítulo V. El presente que Moctezuma envió a Cortés y de la respuesta que le dio
No eran pasados siete días, habiendo casi setenta leguas de la Veracruz a México, cuando los embajadores vinieron, los cuales antes que dijesen la repuesta que su señor enviaba, sacaron una vestidura de oro y pluma a manera de coselete, con mucha pedrería, guarnecida por los cabos de cuero colorado, y del mismo pendían unas cintas con que la ropa se ataba a los brazos y a las piernas; por almete de esta ropa que parecía coselete, trajeron una gran cabeza de águila hueca por de dentro, de oro y pluma, que resplandecía a maravilla, por el pico de la cual veía el que se la ponía; volaban por cima de esta, cabeza muchos y muy grandes plumajes de ricas plumas de diversos colores, que son con los que en la guerra y en sus bailes mucho se adornan los capitanes y otros varones fuertes, que en su lengua llaman tiacanes. Suplicaron a Cortés con muy grandes comedimientos que porque aquella ropa era con la que vestían al mayor de sus dioses en los días de fiesta y regocijo, y especialmente cuando de sus enemigos habían conseguido alguna victoria, se la vistiese, para recibir el presente que su gran señor Moctezuma le enviaba y para oír la repuesta que daba a su embajada que por Teudile había enviado. Fue el motivo de Moctezuma enviar esta ropa, estar avisado de Teudile que los nuestros eran inmortales; y así por muchos días los llamaron teules, que quiere decir «dioses», y que era razón que pues el mayor de sus dioses vestía aquella ropa, que Cortés, que era el mayor de los del real, se la pusiese, el cual, o por gozar de la más nueva honra que a príncipe se ha hecho en el mundo, o por complacer a los mensajeros y que no dijesen que tenía en poco ropa tan preciosa, se vistió sobre el jubón y calzas, y era por el oro y pedrería tan pesada, que fue necesario que algunos caballeros de los que con él estaban la ayudasen a soliviar. Puesto de esta

manera, recibió dos ruedas grandes, una de oro y otra de plata; la de oro se llamaba el Sol, porque en el medio de ella, con gran artificio y muy al natural, estaba el Sol esculpido, con otras muchas labores hechas alrededor, de vaciadizo, de lo cual hobo y hay muy diestros oficiales en esta tierra; pesaba 100 marcos. La otra, que era de plata, se llamaba la Luna, porque en medio estaba esculpida su figura; pesaba cincuenta y dos marcos. Cada una de ellas tenía diez palmos de ancho y treinta de ruedo. Sacaron luego mucha cantidad de joyas y piedras de oro y plata, muchas plumas riquísimas y de gran estima entre ellos; muchas mantas y ropas de algodón, blancas y otras labradas de pelos de conejo y plumas muy hermosas de ver. Era el presente tan rico que valía más de 30.000 ducados.

Dado el presente, de los indios principales que con él venían, dos, haciendo grandes reverencias a Cortés, se rogaron al hablar. Finalmente, tomando la mano el más viejo, dijo:

> El gran señor Moctezuma, cuyos esclavos somos cuantos vivimos en esta tierra, dice que se huelga mucho con tu venida y con las nuevas que le traes de un solo Dios, en quien se ha de creer y poner todo el corazón y esperanza, y con lo que le dicen del gran emperador de los cristianos, al cual desde ahora recibe por amigo y hará por él y en su servicio todo cuanto pudiere; porque, pues es señor de hombres como vosotros a quien nosotros como a dioses tenemos y reverenciamos, debe ser tan poderoso y gran príncipe como le has significado, y que a esta causa mandará que todo el tiempo que aquí estuvieres, te sirvan sus vasallos como a su persona misma; pero que a lo que dices de hablarle, lo tiene por muy dificultoso, así de su parte como de la tuya; de la suya, porque él está enfermo y flaco y no puede bajar tan acá; de la tuya, porque la jornada es muy larga y en ella hay muchas sierras asperísimas de pasar y grandes despoblados, donde tú y los tuyos padeceréis grandes trabajos, y que demás de esto has de pasar por tierras de enemigos suyos, hombres de mal corazón y muy crueles y sin piedad, que procurarán hacerte todo el daño que pudieren y estorbarte el paso.

Todas estas escusas ponía Moctezuma, porque veía que ya era llegado el tiempo en que él había de perder su señorío y sus vasallos habían de profesar otra ley, por los maravillosos pronósticos que de la venida de los españoles tenía, los cuales trata en su Tercera Parte el padre Motolinía.

Cortés, oída la repuesta de Moctezuma delante de Teudile, que a todo se halló presente, reportándose un poco, mandó sacar las mejores ropas de seda que tenía, con algunas buenas joyas, las cuales dio a Teudile para que las enviase en su nombre a Moctezuma, su amo, y es de saber que aunque en lo pasado he usado de este vocablo, señor, que los indios jamás a sus señores llaman sino amos, pareciéndoles que a solos los dioses se debía el nombre de señores, lo cual entre los romanos también sintió un emperador, mandando por público pregón que ninguno, so pena de muerte, le llamase señor.

Cortés, cuantos más estorbos para su deseo le ponía Moctezuma, tanto más deseaba verle y hablar con él, porque esto tiene todo lo que se prohíbe y vieda; y como estaba con este deseo, sin tener cuenta con examinar ni inquerir las escusas de Moctezuma, si eran verdaderas o falsas, como aquel a quien su buena fortuna llamaba para negocio tan grande, replicó a los mensajeros con ánimo denodado de esta manera:

> Diréis a vuestro amo Moctezuma que, pues con tantos trabajos, por más de dos mil leguas, metidos en casas de madera, he venido por mandado del emperador, mi señor, no a otra cosa sino a verle y a hablarle, que no haría yo lo que debía si me volviese sin hacerlo, porque lo que le quiero decir es de parte de Dios y de mi rey, y a él importa tanto oírme como a mí hablarle, y a mí me conviene tanto hacer esto, que si pensase morir mil veces no lo dejaría, que esta costumbre tenemos los cristianos criados de los reyes, que damos por bien empleada la muerte, pues resulta de ella gloria a los descendientes, cuando en cosa justa morimos obedeciendo a nuestro rey y señor, y que, pues yo estoy determinado de no caer en la indignación de mi Dios y de mi rey, que no quiera que a cabo de tanto tiempo y de tan larga jornada me vuelva sin ver y hablar a tan gran príncipe como Moctezuma, a quien el emperador, mi señor, desea tratar y comunicar por cartas, pues por presente conversación no puede.

Teudile, que no estaba muy contento de esta respuesta, sin dejar responder al que vino de parte de Moctezuma, dijo:

Tú haces cierto lo que debes al servicio de tu señor, aunque como Moctezuma, mi amo, dice, ha de ser muy dificultoso y aun peligroso el poder verle, por las causas que te ha dicho; pero, pues tú estás tan determinado de verle, que no sé si después de puesto en ello te arrepintirás; yo despachar luego estos mensajeros que declaren a mi amo Motezama tu determinación, y en el entretanto que vuelven, te suplico descanses y tomes placer, que no te ha de faltar cosa de las que hobiere menester, y porque me parece que aquí estás mal aposentado, sería bien que te vinieses a un pueblo que está de aquí cinco leguas, donde estarás a tu contento.

Cortés, agradeciéndole la buena voluntad y ofrecimiento, dijo que él no se mudaría de allí hasta que tuviese repuesta de Moctezuma. Con esto se despidió Teudile para Cotasta a despachar con los mensajeros.

Capítulo VI. Cómo el señor de Cempoala envió ciertos indios a ver los españoles, y cómo supo Cortés las diferencias que había entre los señores de la costa y los señores de México
Como era tan gran príncipe Moctezuma y los mercaderes y lengua de México se extendían por muchas provincias y reinos, entendió la venida de los nuestros, los navíos y número de gente, la manera del vestir y figura del rostro, y cómo en Champotón de toda la costa se habían juntado diversas haces a no otra cosa sino a matar y comer a Cortés y a sus compañeros, porque como ellos eran tantos y los nuestros tan pocos, creyeron que sin dificultad harían lo que intentaban, y quedaron tan burlados de su deseo, que fueron afrentosamente vencidos y muchos de ellos muertos, sin que ninguno de los nuestros faltase, y que era tan grande el esfuerzo y valentía de cada uno de los nuestros, que tenía en poco a doscientos y trescientos indios, y así pensaban que eran inmortales, y por esta causa dioses; y como con esto supo también Moctezuma que el Dios de los nuestros podía mucho, pues estando los españoles por tres veces en tanto aprieto había enviado un hombre sobre una bestia blanca, que peleaba con tanta furia que les quitaba la vista de los ojos y entorpecía las manos, desapareciendo y pareciendo cuando quería, extendióse la fama de tan nuevo y nunca visto negocio por toda la tierra de tal manera, que cuando Cortés saltó en tierra, luego después de pasadas las

cosas que he dicho con Teudile, muchos señores de la costa secretamente enviaron criados suyos para que viesen a Cortés y a sus compañeros, en especial el señor de Cempuala, uno de los mayores señores de la costa, el cual, espantado de las cosas que de los españoles se decían, envió de los más bien entendidos de su casa hasta veinte criados, porque siendo tantos y tales le trajesen mejor relación, porque en lo que uno no advirtiese, miraría otro, los cuales, como llegaron, que no estaban de allí más de una jornada y con los otros indios no tenían comunicación, apartáronse a un lado del real de los cristianos, mirando con mucho cuidado a los nuestros que en él estaban.

Cortés, que no se dormía nada, porque al que bien vela todo se le revela, miró en aquellos indios, y como los vio juntos y apartados de los otros indios, diferentes en rostros y trajes, y mirar con tanto cuidado, preguntando quién eran o qué querían aquellos indios, diciéndole que eran masceguales, que quiere decir como labradores o hombres bajos y de poca suerte, no se satisfizo, porque ni parecían masceguales ni estaban con tanto descuido que no se debiese mirar en ellos y sospechar, como ello fue, que debía de haber otra cosa de lo que parecía; y así para salir de esta sospecha, mandó que se los trajesen delante. Ellos vinieron de buena voluntad, Cortés los recibió humanamente y metió en su tienda; preguntóles que de dónde eran y a qué venían; ellos respondieron que de un pueblo cerca de allí, que se decía Cempuala, y que el señor de él, que era en aquella costa el más principal, los enviaba a que viesen aquellos teules o dioses que habían venido de tan lejas tierras en tan grandes acales, cuya fama tenía espantados desde Cozumel y Champotón toda aquella tierra.

Cortés les mostró buen rostro y agradeció mucho a su amo haberlos enviado; dióles algunas cosas de recate; mostróles los caballos y las armas y el asiento real; mandóles dar de merendar y a beber del vino, que no les supo mal; y ya que los quería despedir para que diesen relación a su amo de lo que habían visto, miró cómo los indios de Culhúa no se llegaban a ellos ni los hablaban, habiendo tantos por allí alrededor. Maravillado de esto, preguntó a Marina qué era la causa de que aquellos indios no se comunicaban con los otros; Marina respondió que los indios que le habían venido a ver no eran naguales o mexicanos y que se llamaban totonaques, diferentes en lengua y costumbres de los mexicanos, y aunque en cierta manera, sujetos a Moctezuma, reconocían a otro señor que era el que al presente tenían, lo cual, especialmente entre indios, era bastante causa de discordias y poca amistad.

No pesó a Cortés con esto, porque de las palabras de Teudile había conocido que Moctezuma tenía enemigos, y que a esta causa, por tenerlos sujetos, tenía capitanes y guarniciones de gente por toda la costa; y para certificarse más de esto, apartó en secreto a tres o cuatro de ellos, que le parecieron más ancianos y que le darían mejor razón, y preguntándoles por lengua de Marina, qué señores había por aquella costa y cómo vivían y si entre ellos había guerras, los indios le respondieron que de pocos años a aquella parte los señores de aquella costa obedecían al gran señor Moctezuma y tributaban a él y al señor de Tezcuco y al de Tacuba, porque de otra manera no se podían librar de las tiranías de Moctezuma y del poder de sus armas, que había venido siempre en crecimiento, porque antes con él y con los señores que estaban la tierra adentro, habían tenido continuas y crueles guerras, y lo que al presente los señores de aquella costa sentían mucho era, no el reconocer a Moctezuma por supremo señor, sino las vejaciones y malos tratamientos que las guarniciones de Moctezuma les hacían.

Cortés holgó por extremo saber estas ocultas pasiones y las fuerzas que Moctezuma había hecho y hacía, porque entendió, como ello fue, que a no haber pasiones, Moctezuma era tan poderoso que en ninguna manera pudiera reducirle al servicio del emperador, y así hizo nuevos regalos a estos indios, dióles cosas de rescate y algunas para su señor, y que le dijesen que él era venido para ser su gran amigo, por lo que de él había ido, y para favorecerle y ayudarle contra cualquiera que le tuviese enojado; y porque pensaba presto ir a verle y hablarle despacio, no quería decir más. A los indios rogó viniesen otra vez a verle, porque se holgaría mucho con ellos, pues los otros indios no eran parte para estorbárselo. Los indios respondieron que harían todo lo que su merced mandaba, y que si fuese a do su señor estaba sería muy bien recibido, porque era de él muy deseado. Con esto se partieron muy alegres, aunque lo quedó más Cortés en haber entendido el medio con que se había de conseguir su fin tan deseado.

Capítulo VII. Cómo Cortés recibió la respuesta de Moctezuma y cómo buscó sitio para poblar

Recibió Moctezuma los presentes de Cortés, y aunque por su extrañeza y novedad le dieron contento, mucho le pesó cuando los mensajeros le dijeron que Cortés estaba determinado de venir a verle, aunque más estorbos hobiese que su Alteza decía, contando, como ellos suelen, todo lo demás que Cortés respondía, con grandes encarecimientos. Oída esta respuesta aunque disimuló el pesar que sentía lo mejor que pudo, despachó luego otros mensajeros con un presente de mantas ricas, labradas de algodón y oro, con ciertas piezas, muy vistosas hechas de oro y pluma, y mandóles que yendo primero donde Teudile estaba, dijesen a Cortés que recibiese aquel presente, y que en lo que tocaba a la venida no lo pensase, porque no era cosa que le convenía; y que si algo hobiese menester, que todo se le daría, así para volver a su tierra, como para pasar adelante, y dicen que encargó a los mensajeros que dijesen a Teudile que en todas maneras, dándole esta repuesta, procurase cómo Cortés se volviese y dejase la tierra. Teudile, venidos los mensajeros, se fue con ellos y con el presente donde Cortés estaba, y después de habérselo dado en nombre de Moctezuma, le comenzó a persuadir se volviese a su tierra, o pasase adelante, porque pensar de ver a Moctezuma era cosa imposible por el riesgo y peligro que en ello había, y porque claramente su señor decía que no le visitase, pues entre príncipes bastaba el comunicarse por mensajeros, sin que fuese ejército armado. Añadió Teudile que si tanto deseo tenía de ver a Moctezuma, que fuese con tres o cuatro compañeros, que las guardas de su señor le acompañarían y defenderían por do fuese. Cortés se rió de esta razón postrera, y aunque se enojó por las escusas de Moctezuma lo más disimuladamente que pudo, en pocas palabras respondió a Teudile en esta manera:

> Teudile, dirás a Moctezuma que nosotros los españoles no solemos por miedo ni amenazas dejar de proseguir lo que una vez intentamos, especialmente si nuestro rey nos lo manda. El emperador y rey, mi señor, me mandó, que aunque me costase la vida, no volviese hasta ver y hablar a Moctezuma, con el cual, como otras veces he dicho, tiene gran deseo de comunicarse por cartas y embajadores; y pues es

este mi propósito, decirle has que yo iré presto a verle y a besarle las manos, y no es menester que sobre esto vengan ni vayan más mensajeros. A lo que dices que vaya con tres o cuatro compañeros solamente y no con tanta gente, que parece que va en son de pelear, dirás que cualquiera de estos mis compañeros es tan valiente que sabiendo el camino iría solo, sin que fuesen parte los enemigos de Moctezuma para ofenderle; pero que porque yo sé que tiene muchos enemigos y muy valientes, quiero ir acompañado de algunos para que a mis ventajas haga castigo en ellos si me quisieren estorbar el camino.

Dijo Cortés estas palabras, así para espantar a Teudile, como para que las supiese, como luego las supo, Moctezuma. Despidióse con esto Teudile, no tan graciosamente como las otras veces, porque no menos le pesó que a Moctezuma la determinación de Cortés.

Otro día cuando amaneció, toda la gente de los indios se había ido y quedaron las chozas tan vacías que ninguna persona pareció en ellas, y esto hicieron aquella noche que Teudile se despidió de Cortés tan secretamente que ninguno de los del real de los españoles lo sintió. Recelóse de esto Cortés, pareciéndole que el negocio iba de mal arte, y así mandó estar a toda su gente a punto, enviando espías y corredores para ver si había alguna celada o los indios intentaban algo; y como ni de guerra ni de paz pareció indio, determinó de buscar por toda aquella costa si había algún puerto mejor del que tenía y asiento donde más cómodamente pudiesen poblar, porque a esto le habían convidado mucho las ricas muestras de la tierra y la manera de la gente, que era mucho más y más lucida y de mejor color que la de las islas, que era descolorida y poco bien tratada.

Envió al piloto mayor Antón de Alaminos con dos bergantines para que, costeando la tierra, buscase puerto y asiento conveniente. Navegó más de veinte días; padeció muchos trabajos, llegó con mucha dificultad hasta el río de Pánuco, por los muchos arrecifes y grandes corrientes que había. Corrida la costa, no halló, como tengo dicho antes, sino un peñol que estaba salido en la mar; aquí fue Villa Rica la Vieja. Tomó Cortés lo mejor, que fue al abrigo de aquel peñol, porque tenía cerca dos buenos ríos y pastos, como era menester. En el entretanto que se buscaba el puerto, Cortés levantó su real, y metiendo la ropa en los navíos, él con los de a caballo y con cuatrocientos compañeros tomó el camino que traían los que le proveían, y a tres leguas, a par de un hermoso río, de los cuales hay en aquella costa muchos, y cerca déste está lioy fundada la Veracruz, vadeando el río, llegó a un pequeño pueblo que estaba de la otra parte, del cual toda la gente se había salido por temor de los nuestros, desde el cual pueblo vino a dar a otros tres o cuatro tan pequeños que ninguno subía de doscientas casas, en las cuales, aunque hallaron muchos bastimentos de maíz, frijoles, miel, calabazas y otras semillas de que los indios usan para sus brebajes, hallaron también mucho algodón y plumajes ricos. Cortés, como vio que los nuestros se aficionaban a la ropa, mandó por público pregón que ninguno tomase cosa alguna so pena de muerte, si no fuese de los bastimentos, porque sin éstos no podían vivir. El motivo de Cortés de mandar pregonar esto fue dar a entender a los indios, como después lo conocieron, que no venía a robarlos ni a quitarles sus haciendas, sino a comunicarlos y tratar con ellos, para tener entrada para conseguir el principal fin que llevaba, que era la conversión de ellos y el reconocimiento del emperador, que tanto bien les hacía.

Aprovechó tanto el rigor con que Cortés ejecutaba sus mandamientos y el no perdonar al desobediente, que ningún príncipe ni capitán fue tan acatado y obedecido de los suyos como él, lo cual fue causa que de ahí adelante todo le sucediese más prósperamente de lo que pensaba.

Tornóse de allí, y mandó descargar los navíos, para que si algún temporal viniese no los desbaratase y para despachar algunos de ellos con cartas para el emperador, pidiendo más gente y dando aviso de lo que hasta entonces había entendido de la tierra.

Capítulo VIII. El razonamiento que Cortés hizo a los suyos y de la elección de Cabildo en la Veracruz

Después que hubo Cortés asentado donde es ahora la Veracruz, los principales que le seguían le requirieron delante de un escribano que, pues la tierra daba tan buenas muestras, poblase luego en nombre de Su Majestad y no le aconteciese lo que a Grijalva. Cortés, que no deseaba otra cosa, porque lo tenía así maneado, respondió que lo oía y que para el cumplimiento de ello les respondería otro día, porque era razón pensar negocio que tanto importaba;

y así, rogándoles que para otro día se hallasen en su casa, les habló en la manera siguiente:

> Señores y amigos míos: Ayer me requeristes delante de Pero Fernández, escribano de Su Majestad, que comenzase a poblar, porque no me acaeciese lo que a Grijalva, por lo cual, considerando yo por una parte cómo fue por Diego Velázquez tan justamente reprehendido, y por otra el habernos Dios traído a una tierra de tan buen temple, tan rica, tan poblada de gente, tan abundosa de comida, me ha parecido que, pues, de poblar se han de seguir muchos provechos y ningún inconveniente, que será bien tomar vuestro parecer y ponerlo luego por la obra, porque desde allí podríamos entrar poco a poco la tierra adentro y ver a Moctezuma, que es lo que yo más deseo, y para este fin tenemos tan buenos principios como son el amistad del señor de Cempoala y de otros comarcanos suyos, contrarios, como tenemos entendido, de Moctezuma; porque sujetados por fuerza, será cosa acertada hacernos fuertes, edificando ante todas cosas una fortaleza. También proveeremos con esto de enviar a las islas por bastimentos y alguna gente, y enviar un navío a España con persona de confianza, para dar noticia a Su Majestad de lo sucedido, enviándole el oro y plata y otras cosas ricas que Moctezuma me presentó, para que Su Majestad, entendiendo nuestra buena ventura, que debajo de su venturoso nombre nos ha sucedido, tenga por bien de hacernos toda merced y darnos todo favor, enviándonos la gente y los demás aderezos que para esta jornada son menester; y porque en toda población es necesario que haya justicia y regimiento para que la república sea bien gobernada, yo, como capitán general, en nombre de Su Majestad, pareciendo así a todos vosotros, determino nombrar alcaldes y regidores y los demás oficios que son necesarios para nuestra buena gobernación; y porque yo he respondido a lo que me requeristes, y he dicho otras cosas que me han parecido convenir, vos ruego me respondáis a todo, porque en el consejo de muchos se suele acertar».

Oída esta plática, que a todos contentó mucho, en nombre de todos los demás del real respondieron ciertos caballeros en esta manera:

> Señor: Gran confianza tenemos que Dios ha de hacer prósperamente nuestros negocios, pues vuestra merced ha hablado de tal manera que parece que entendía

nuestros corazones y voluntades, porque todo lo que vuestra merced ha dicho y determina hacer deseábamos nosotros todos; por tanto, lo que tenemos que responder es que vuestra merced ponga luego por obra lo que ha dicho, pues es lo que al presente más nos conviene.

Cortés, oída esta respuesta, pidió luego por testimonio delante del escribano que presente estaba, cómo en nombre de Su Majestad tomaba posesión de aquella tierra con las demás por descubrir. Hecho este auto y diligencia, nombró luego por alcaldes a Puerto Carrero y a Montejo; por regidores a Alonso de Ávila, a Alonso de Grado, a Pedro de Alvarado y a Escalante, y por Procurador general a Francisco Álvarez Chico, que era hombre de negocios y por alguacil mayor a Gonzalo de Sandoval, y por escribano de Cabildo a un Godoy. Hecho este nombramiento por su mano, delante del escribano que había nombrado, dio las varas a Alonso Fernández Puerto Carrero y a Francisco de Montejo, diciéndoles así: «Yo, Hernando Cortés, capitán general por Su Majestad, enviado por Diego Velázquez, su gobernador en la isla de Cuba, os doy y entrego estas varas, para que en nombre de Su Majestad ejerzáis y uséis el oficio de alcaldes en esta nueva población, y os encargo y requiero que aceptando el dicho cargo, hagáis justicia, sin tener respecto a persona alguna; y a vos el escribano que presente estáis, pido me deis por testimonio cómo los dichos Puerto Carrero y Montejo aceptan los dichos cargos de alcaldes en nombre de Su Majestad y prometen de hacer justicia». Los alcaldes, hecha la solemnidad en tal caso acostumbrada, tomando las varas se asentaron y mandaron al escribano que diese por testimonio en manera que hiciese Fe todo lo que Hernando Cortés pedía. Púsose por nombre a la nueva población la Villa Rica de la Veracruz, en memoria que el Viernes de la Cruz habían entrado en el puerto que se llama hoy San Juan de Lúa.

Capítulo IX. Cómo Cortés renunció su oficio en manos de los alcaldes y cómo fue elegido de los del pueblo por capitán general
Hecha esta diligencia, Hernando Cortés, como lo había ya tratado con los que había hecho alcaldes y regidores, delante del mismo escribano, quitándose la gorra a todo el regimiento, dijo:

> Señores, ya sabéis cómo por los frailes jerónimos que residen en la Isla Española y de allí en nombre de Su Majestad gobiernan las Indios, yo fui nombrado por Diego Velázquez, teniente de gobernador en la isla de Cuba por el Almirante de las Indias, para descubrir y rescatar en esta tierra que Grijalva descubrió; y porque me parece que los susodichos no tuvieron tan bastante poder como convenía, yo desde ahora para siempre renunció el cargo de capitán general en manos de los señores alcaldes y regidores que presentes están y me desisto de él, para que en nombre de Su Majestad provean a quien más convenga, hasta que Su Majestad mande otra cosa; y a vos, escribano que presente estáis, pido y requiero que deis por testimonio cómo hago la dicha dejación de capitán general para que, como tengo dicho, este regimiento nombre por capitán general al que mejor visto le fuere, y así lo torno a pedir por testimonio.

Los alcaldes respondieron que se saliese fuera, para determinar lo que más convenía al servicio de Su Majestad y bien de aquella república.

Hernando Cortés, hecho su comedimiento, se fue a su casa. Los alcaldes y regidores en el entretanto trataron muchas cosas convenientes al bien de aquella república, determinando, como lo tenían ya en sus pechos, de elegir por su caudillo y capitán a Hernando Cortés; y para que la elección tuviese más fuerza, llamaron a todo el pueblo, el cual después de junto, uno de los alcaldes dijo así:

> Señores, ya tendréis entendido cómo Hernando Cortés, nuestro capitán general, por razones que a ello le movieron, ha renunciado el cargo de capitán general en nuestras manos, para que nosotros le proveamos en nombre de Su Majestad a quien mejor nos pareciere. En el entretanto que Su Majestad manda otra cosa, estamos todos los de este regimiento de parecer que Hernando Cortés nos gobierne y sea nuestro capitán general y Justicia, pues se lo debemos por el buen tratamiento que nos ha hecho y porque en él caben, como habéis visto, todas las partes y calidades que deben concurrir en un buen capitán y gobernador; y pues todos tenemos entendido esto, gran error sería y aun cosa peligrosa dejar al que tenemos conocido, por elegir otro que no sabemos cómo lo hará, que cierto, como la experiencia lo enseña, los cargos preeminentes truecan a los hombres de manera que el que ayer os parecía manso, afable y humilde, mañana, puesto en el

cargo, no le conoceréis, hallándole tan otro como si nunca hobiera sido aquel que el día antes conocistes; por lo cual, si os parece, para que esta elección tenga más fuerza, os ruego deis vuestro consentimiento, que nosotros descargamos nuestras conciencias con dar el nuestro y avisaros de lo que habéis de hacer.

Tuvo tanta fuerza este razonamiento y era tan sabio y bienquisto Hernando Cortés, que sin dar la mano a uno que respondiese en nombre de todos, juntos respondieron a la par:

Cortés, Cortés es el que nos conviene, y así pedimos, y si necesario es, requerimos a vuestras mercedes le elijan y nombren luego por nuestro capitán general, que nosotros desde ahora le habemos por elegido y nombrado.

El regimiento, visto esto, determinó otro día por la mañana, acompañado de los principales del pueblo, ir a casa de Hernando Cortés, el cual ya tenía nueva de lo que pasaba, y estaba esperando lo que él, con tanta sagacidad, había tratado. Entró el regimiento; Cortés los recibió con mucha gracia, preguntándoles, como si de nada estuviera advertido, a qué era su venida. Entonces uno de los alcaldes a quien ya el regimiento y la demás república había cometido que tratase el negocio, respondió así:

Señor, ayer renunció vuestra merced el oficio de capitán general y se descargó con nosotros para que como nos pareciese, hasta que Su Majestad determinase otra cosa, le proveyésemos en persona tal que nos mantuviese en justicia y acabase esta jornada que tenemos comenzada; y visto por todos nosotros que ninguno puede mejor regir y gobernarnos, venimos a vuestra merced a suplicarle y requerirle, y si necesario es, mandarle, acepte el cargo de nuestro capitán general y Justicia mayor, porque todo el pueblo está de parecer de no elegir a otro, ni admitirle, aunque nosotros le elijamos; por lo cual será bien que vuestra merced quiera a quien le quiere. Esto es lo que venimos a pedir a vuestra merced, porque, como tenemos entendido, vuestra merced nos mantendrá en justicia y nosotros seremos regidos y gobernados, por el que deseamos.

Cortés, a estas palabras, disimulando lo más que pudo el contento que tenía, respondió:

> Señores, aunque es grande la merced que me hacéis en elegirme por vuestro caudillo, en más tengo la voluntad y amor con que me elegís, porque sin haberos hecho tan buenas obras como yo quisiera, tenéis de mí confianza de que haré el deber, y pues me lo habéis de mandar, haré lo que me rogáis, y así, en nombre de Su Majestad, hasta que de otra cosa sea servido, acepto el cargo de vuestro capitán general y Justicia mayor, y prometo cuanto en mí fuere de ejercer y usar el dicho cargo bien y legalmente.

No hubo Cortés acabado de aceptar, cuando luego los alcaldes y regidores y los demás principales del ejército acometieron a besarle las manos, dándole muchas racias por haber aceptado. Despidió Cortés con alegre rostro a los demás del pueblo, y quedándose con el regimiento, comenzó a tratar de cosas que convenían para lo de adelante. El Cabildo, tomando ocasión de esto para pedirle lo que tenía pensado, dijo:

Capítulo X. Cómo el regimiento pidió a Cortés le vendiese ciertos bastimentos y lo que él respondió

Señor: porque sabemos que, pudiendo, en ninguna cosa vuestra merced nos faltará, nosotros tenemos determinado que, atento a que de nuevo ha venido un navío con bastimentos, y no siendo conocidos en esta tierra, sería dificultoso y peligroso por el presente sustentarnos en ella, suplicar a vuestra merced que tomando de él y de los demás, lo que hobiere menester para sí y para sus criados, lo demás, tasado en justo precio, nos lo dé y reparta, que para la paga todos nos obligaremos a lo pagaremos de montón de lo que nos cupiere en la guerra, sacando primero el quinto que a Su Majestad se debiere. Juntamente con esto suplicamos a vuestra merced mande apreciar los navíos y artillería para que de montón los paguemos, para que de común sirvan de traer bastimentos de las islas para el proveimiento de esta villa y ejército, que de esta manera seremos más bien proveídos y más barato que por vía de mercaderes, que venden por precios excesivos.

Cortés respondió que cuando en Cuba había hecho el matalotaje y bastecido la flota no lo había hecho para revendérselo, como habían hecho otros, sino para dárselo, aunque en ello había gastado su hacienda y la de sus amigos, y que le pesaba de que no fuese más, para que conociesen lo que deseaba hacer por ellos; pero que él confiaba en Dios que gastado aquel proveimiento no les faltaría. Con esto mandó luego a los maestros y escribanos de los navíos acudiesen con todos los bastimentos que en las naos había, al cabildo, y que el regimiento los repartiese por cabezas igualmente, sin mejorar ni aun a su persona, porque en la guerra tanto comía el chico como el grande y el viejo como el mozo y en lo que tocaba al vender de los navíos, respondió que miraría lo que más conviniese a todos, y que eso haría cuando menester fuese.

Pretendió Cortés, como sabio, porque no le faltaban émulos, con liberalidad y largueza de ánimo, hacer de los enemigos amigos, lo cual intentó siempre con mucha prudencia; y porque hasta ahora ninguno ha dicho la manera que Cortés tuvo para ser elegido sin contradicción, decirla he en el capítulo siguiente.

Capítulo XI. La manera que Cortés tuvo para ser elegido en la Veracruz por capitán general
Aunque desde Guaniguanico, como después se supo, Cortés tenía tratado lo que después hizo con sus amigos, conociendo la buena ventura que Grijalva dejó, no quiso, por no hacerse sospechoso, darlo a entender hasta que fuese menester, aunque de secreto, como yo supe de Diego de Coria, que fue su paje de cámara, estuvo recogido ocho noches enteras escribiendo; créese, como después pareció, que se apercebía para lo que contra él había de hacer Diego Velázquez; porque después, antes que viniese Narváez, hubo una cédula del rey, que decía que si prendiesen a Hernando Cortés, no hiciesen justicia de él, sino que lo remitiesen a España.

Cortés, aliende de lo que escribía al rey, escribió ciertas, caras a su padre y al licenciado Céspedes, para que en corte solicitasen sus negocios. Hecho esto, pocos días después que llegó a San Juan de Lúa, recatándose de los amigos y deudos, de Diego Velázquez que traía en su compañía, hablando de secreto y tratando su negocio con los de su tierra, que eran muy valerosos, y con otros amigos de quien él se confiaba, envió a Juan Velázquez de

León, deudo de Diego Velázquez, con doscientos y cincuenta soldados, entre los cuales, para disimular mejor el negocio, iban muchos de sus privados y conocidos amigos, y para que también le avisasen de lo que pasaba. El motivo público, aunque otro era el secreto, fue para que Juan Velázquez por tierra entrase descubriendo los más cercanos pueblos y trajese comida; mandóle, para asegurarle más, que no se alejase mucho ni se detuviese sino muy pocos días. Partióse Juan Velázquez, y luego otro día, no dejando ir de la mano su buena ventura renunció, como dije, el cargo de general para tenerle por el rey y no por Diego Velázquez.

Detúvose Juan Velázquez tres días, y cuando vino halló lo que no quisiera, aunque lo disimuló cuanto pudo, porque ya no era parte para contradecirlo; aunque, como adelante diré, no faltaron amigos de Diego Velázquez que lo murmuraban de secreto, y ya que no lo podían estorbar, daban orden como Diego Velázquez lo supiese.

Estando así las cosas, para que se conozca la simplicidad que los indios tenían, dicen testigos de vista, que después que Juan Velázquez se volvió, toparon los indios con un perro que de cansado se había quedado atrás, al cual con grandes comedimientos y reverencias, poniéndole sobre una manta, le trajeron en hombros y venían detrás más de trescientos indios cargados de aves, conejos y venados guisados de diversas maneras, con ricas xícaras de cacao para que bebiese cuando tuviese sed; hacían esto creyendo que el perro era dios, por venir en compañía de los españoles, a los cuales ellos llamaban teules, que quiere decir «dioses»; y cuando el perro no quería comer ni beber porque iba harto, creyendo que estaba enojado, con palabras amorosas le suplicaban no se indignase contra ellos, y que mandase lo que quería, que ellos lo harían luego.

Desta manera, llegados do el capitán estaba, le suplicaron dijese al perro no estuviese más enojado; el perro saltó de la manta, y los indios temieron pensando que los quería comer; metióse debajo de la silla del capitán, el cual, disimulando la risa, les dijo que aquél no era dios, sino una fiera muy brava que cuando se enojaba despedazaba los hombres, y que él le diría que no estuviese enojado, porque él los tenía por amigos; y así, para que de ahí adelante los indios temiesen y dijesen cómo los españoles tenían aquel animal por amigo, acaeció que saliendo debajo de la silla retozó un rato con Cortés, que los indios lo vieron.

Capítulo XII. Cómo Cortés fue a Cempuala y del recibimiento que el señor de ella le hizo

Cortés y sus compañeros no estando muy contentos del primer sitio que habían tomado, acordaron de ponerse al abrigo del peñol, que tenía de la una parte y de la otra ocho o nueve leguas, las cuales anduvieron los navíos costa a costa. Cortés con cuatrocientos compañeros fue camino de Cempuala; llegó a un río que parte términos con tierra de Moctezuma, y como iba grande no lo pudo vadear hasta la orilla de la mar, donde el río hace una reventazón; volviendo el río arriba en demanda de Cempuala halló chozas y casillas de pescadores, donde hicieron alto, porque no sabían dónde estaban ni qué camino habían de tomar, hasta que con la lengua Cortés se informó de ciertos indios y los tomó por guías, los cuales llevaron a los nuestros a un pueblo pequeño sujeto a la ciudad de Cempuala, no lejos de ella, y porque era ya tarde y no se podía entrar en Cempuala sino muy de noche, determinó Cortés quedarse allí; fortificóse lo mejor que pudo; fue regalado y bien tratado por los indios de aquel pueblo, porque le dieron abundantemente de comer, sirviéndole como si fuera su señor.

De allí envió Cortés mensajeros al señor de Cempuala, haciéndole saber cómo quedaba allí y que a la mañana iría con toda su gente a verle, pues él no había querido venir adónde él estaba. Recibido este mensaje por el señor de Cempuala, mandó luego que muy de mañana partiesen cien indios cargados de gallinas y con ellos ciertos principales que, después de haber ofrecido aquel presente, dijesen a Cortés cómo su señor se había alegrado mucho con su venida y que le estaba esperando para hacerle en su pueblo todo servicio; y que no había dejado de ir a verle por falta de voluntad, sino porque estaba tan cargado en carnes que no se podía menear.

Cortés recibió el presente dando las gracias a los mensajeros, a los cuales hizo almorzar con su gente y dio a beber del vino de Castilla para aficionarlos e inclinarlos a su amistad. Después que la gente hubo almorzado, Cortés mandó hacer señal de partida; puestos todos en ordenanza con su pífaro y atambor y con dos falconetes a punto, por si algo aconteciese, caminaron la vía de Cempuala, siguiendo a las guías que el señor de Cempuala había enviado. Estaba el camino muy bueno, porque el señor lo había mandado aderezar a mano; llegaron a un buen río, el cual pasaron a vado, y desde allí comenzaron a ver a Cempuala, que estaría como una milla. Ya que estuvieron juntos, holgaron, mucho los nuestros de ver un pueblo tan populoso y de tan buenos edificios, con tantas aguas, huertas y jardines, tanto que los nuestros, por su hermosura, llamaron a esta ciudad Sevilla, diciendo unos: «Aquélla parece a la casa del Duque de Medina»; otros, «aquélla a la casa del Duque de Arcos». Salieron del pueblo muchos hombres y mujeres de todas edades, por mandado de su señor, a recibir a los nuevos huéspedes; ofrecieron los indios a los nuestros muchas flores y rosas, de las cuales en aquel pueblo había en gran abundancia. Llegaron a Cortés ciertos principales, a su modo ricamente vestidos, los cuales, en nombre de su señor, le dieron la norabuena de la venida, echándole al cuello una hermosa cadena de rosas y flores; pusiéronle en la cabeza sobre la celada una guirnalda de flores muy olorosas, y para que llevase en la mano le dieron un manojo de flores, compuestas y ordenadas de tal manera que hacía una graciosa labor, a la cual llaman los indios suchil.

    Cortés recibió esto con muy alegre rostro; abrazólos y hízoles muchas caricias. Entraban los indios muy sin temor entre la ordenanza del escuadrón, con semblante de alegría, dando a cada uno de los nuestros la buena venida. de esta manera y con este regocijo, con mucha música de los nuestros y de ellos, entró Cortés en Cempoala. A la entrada del pueblo salió la gente más noble y más ataviada, que era de señores y principales; por la una parte, y por la otra, de las calles, había gran multitud de gente abobada de ver caballos, tiros y hombres tan extraños; había entre esta gente muchas señoras acompañadas de sus criadas, que todas daban a entender el contento que recibían con la venida de los nuestros, los cuales, llegados que fueron al medio del pueblo, vieron un cercado muy grande, con sus almenas, blanqueado de yeso y espejuelo tan bruñido que con el Sol resplandecía tanto que a seis españoles de a caballo que iban delante por descubridores les había parecido plata chapada, o porque lo parecía, o porque llevaban el pensamiento en la plata y oro que buscaban. Pasaron luego los nuestros, desengañados de lo que los de a caballo se habían engañado, por el patio de los teucales, que son los templo del demonio. Ya que llegaban cerca de la casa del señor, salió él muy bien aderezado y acompañado de personas ancianas muy bien ataviadas; llevábanle de brazo dos señores principales, porque esta era la costumbre entre ellos cuando un señor recibía a otro, a la manera de los reyes de Siria. Acercándose Cortés y el señor, cada uno hizo al otro su cortesía al modo de su tierra, y saludándose con pocas palabras, por lengua de los intérpretes, el señor, dejando personas principales que aposentasen y diesen lo necesario a Cortés y a su gente, haciendo gran comedimiento, se despidió de Cortés, volviéndose a entrar en su palacio. Cortés con toda su gente se aposentó en el patio grande de los templos y cupieron muy bien todos, porque las salas eran muy grandes, y aunque los indios habían dado muestras de mucho amor, Cortés se fortaleció, poniendo los tiros, frontero de la puerta, haciendo a los que les cabía su guarda velar toda la noche. Mandó Cortés que ninguno, so pena de la vida, saliese de los aposentos sin su licencia. En el entretanto, los indios proveyeron con gran cuidado la cena para los nuestros, que fue muy abundante; trajeron hierba y maíz para los caballos, que siempre la hay verde.

Capítulo XIII. Lo que otro día pasó entre el señor de Cempoala y Cortés

Otro día por la mañana el señor de Cempoala, bien acompañado de principales, fue a visitar a Cortés; dióle algunas buenas joyas de oro, muchas mantas de algodón y algunas piezas ricas hechas de oro y pluma; podía valer todo el presente 2.000 ducados. Díjole: «Señor, descansa y huélgate tú y toda tu gente como si estuvieses en tu casa, porque yo te amo y deseo servir». Cortés le rindió las gracias con palabras amorosas y comedidas, porque lo sabía bien hacer, y con esto el señor se despidió, diciendo a la salida a ciertos caballeros de los nuestros que le iban acompañando, que avisasen de todo lo que hobiesen menester, que no les faltaría; y fue así, que de lo que sobraba proveían los navíos.

Estuvo Cortés de esta manera, recibiendo y dando presentes quince días, hasta que un día, enviando al señor ciertas ropas de seda, que él tuvo en mucho, le envió a decir que pues le había venido a ver tantas veces, que él quería, si no recibía de ello pesadumbre, irlo a visitar a su casa. Respondió el señor que holgaba mucho de ello y que recibía gran merced. Cortés luego otro día, dejando toda su gente en orden y concierto, tomó cincuenta compañeros, a los cuales mandó que se aderezasen de paz y guerra lo mejor que pudiesen, porque así lo hacía él; fuese con ellos a palacio; el señor salió a la puerta de la casa a recibirlo, y después de haberse hecha el uno al otro grandes comedimientos, Cortés tomó por la mano al señor, y juntos entraron en su aposento y se asentaron en unos banquillos que los señores usan, todos hechos una pieza; y apartándose la gente del uno y del otro, quedando solos con sola la lengua, comenzaron a tratar de negocios, y como Cortés, para ver lo que había de hacer adelante, deseaba mucho informarse de las cosas de la tierra y había topado con aquel señor, que era cuerdo y de buen entendimiento, estuvieron muy gran rato en preguntas y respuestas. Cortés le dio cuenta de su venida y de quién era el emperador que le enviaba; diole asimismo a entender que el principal motivo por que el emperador de los cristianos le había enviado, era para desengañar a tantas gentes como el demonio con falsa religión había engañado y, finalmente, todas las otras cosas que dijo en Champotón y las que había dicho a Teudile.

El señor oyó estas cosas con gran atención y maravillado de la extrañeza de ellas, porque jamás las había oído; y después de haber respondido a lo que tocaba a la adoración y creencia de un solo Dios y al engaño que hasta entonces tenían de tantos dioses, dijo «cómo sus antepasados habían vivido siempre en entera libertad, sin reconocer a otro señor, y que de pocos años a aquella parte él y su pueblo estaban tiranizados con la fuerza y poder de los señores de México, los cuales a los principios se contentaban con que adorásemos sus dioses con los nuestros, y después, poco a poco, por armas, se han enseñoreado de nosotros y de toda esta tierra y serranía que se llama de Totonacapa, que casi llega hasta Pánuco; y porque algunos pueblos de esta tierra procuraron de defenderse por armas de esta tiranía y no pudieron, por la mucha pujanza de Moctezuma, hales echado mayores tributos y puesto en mayor servidumbre; y en la guerra cuando procurámos resistir, hase tan cruelmente con nosotros que a los que llevan presos no los toman por esclavos, por no darles vida, sino sacrifícalos luego a los dioses de la victoria y cómenlos en sus danzas y bailes y en otras fiestas que hacen en menosprecio nuestro. Por este miedo estamos en esta tierra casi todos hechos esclavos, muy abatidos, padeciendo intolerable servidumbre. Así por los grandes tributos que pagamos, como por las vejaciones que nos hacen los Oficiales y recogedores de Moctezuma. De aquí, señor, verás si de buena gana desearé yo ser vasallo de un tan bueno y tan gran príncipe como dices que es el emperador, tu señor».

Diciendo estas palabras y otras de gran lástima comenzó a llorar, suplicando a Cortés se condoliese de las tiranías que él y los suyos padecían, porque si esto no hacía, ya no tenían otro remedio sino matarse; pero diciendo esto, encareciendo el gran poder de Moctezuma, dijo:

> Mas, ¿quién podrá vencer a un gran señor, que aliende de su mucho poder está aliado y abrazado con otros dos señores los mayores de la tierra, el uno el señor de Texcuco y el otro el señor de Tlacopa? Allégase a esto ser México inexpugnable, lo uno, por estar asentado y puesto sobre agua; lo otro, porque sus moradores son casi infinitos y muy ejercitados en la guerra, y Moctezuma, su señor, es el más rico príncipe del mundo, aunque tiene continua guerra con los de Tlaxcala, Guaxocingo y Cholula, que caen en la serranía de los Totonaques.

En esto había dos opiniones: la una y más creíble, que Moctezuma tenía guerra con esta gente sin apretarlos como pudiera, para que los suyos se ejercitasen en la guerra y para que los enemigos trajesen esclavos y gente para sacrificar y comer; la otra opinión es que los tlaxcaltecas eran muchos y muy fuertes y puestos en lugares ásperos, donde no podían ser vencidos sino cuando bajaban a lo llano.

Conforme a esta opinión, prosiguiendo el señor su plática, dijo a Cortés «Si te confederas con los tlaxcaltecas, yo te ayudaré cuanto pudiere y así serás poderoso contra Moctezuma». Cortés le agradeció mucho habérsele descubierto y ofrecido su amistad y la de sus amigos, y cierto no se puede decir el contento que recibió en saber que tenía ya medio conveniente para conseguir el fin que pretendía. Consoló mucho al señor de Cempoala; díjole que él confiaba en su Dios, que era solo y verdadero, que antes de muchos días le pondría en su antigua libertad y le vengaría de los agravios recibidos, pues por su parte tenía la razón, que hacía justa la guerra, y que él no había venida sino para deshacer agravios y para que de ahí adelante no se sacrificasen más hombres a los demonios, enemigos de nuestras almas y cuerpos, y a que unos no comían a otros, que era cosa contra toda razón y piedad. Díjole más, que el buen recogimiento y recibimiento que en su casa había hallado no le perdería, y que lo mismo haría por aquellos sus amigos, a los cuales convenía que llamase y dijese a lo que había venido, para que todos le tuviesen por amigo y se hiciesen bien sus negocios, y con esto también les dijese que con el favor de su Dios cada uno de aquellos sus compañeros era más valiente que mil indios.

Dicho esto, se levantó y pidió licencia al señor para ir a ver la otra gente y navíos que estaban en Quiaustlan, donde pensaba tomar asiento, porque bastaba lo que allí había estado. El señor de Cempoala le replicó que si quería estar allí más días, que él se holgaría de ello; y que si no, que cerca estaban los navíos para comunicarse cuando fuese menester. Rógole luego que en prendas de su amistad y amor recibiese veinte doncellas totonaques, todas señoras e hijas de principales, entre las cuales le daba una sobrina suya, que era la más hermosa señora de vasallos. Cortés recibió el presente con todo amor, por no enojar al que se lo daba, y así se partió llevando muchos indios principales que le acompañaron hasta la mar y otros de servicio; acompañaron muchas mujeres a las doncellas, por ser tan principales, y mientras Cortés estuvo en los navíos, fue muy bien proveído de todo lo necesario, de donde entendió que la amistad con los de Cempoala sería firme y verdadera.

Capítulo XIV. La llegada de Cortés a Quiaustlán y de lo que allí avino

Aquel mismo día que Cortés partió de Cempoala llego a buena hora a Quiaustlán, y los navíos no habían llegado, de que se maravilló mucho y no le pesó menos, porque haber tardado tanto tiempo en camino tan breve no lo tenía por bueno. Estaba bien cerca de allí un pueblo puesto en un repecho poco apartado del peñol; llamábase el pueblo Quiaustlán, que quiere decir «lugar de lluvia». Cortés, como vio que estaba tan cerca, o, porque no tenía que hacer, o por ver desde lo alto si parecían los navíos, sabiendo de los de Cempoala que era de un señor totonaca, de los opresos de Moctezuma, determinó subir allá en orden, como iban. Los de a caballo se quisieran apear, porque la subida era áspera, pero Cortés se lo estorbó, diciendo que no convenía que los indios entendiesen haber lugar tan áspero donde los caballos no pudiesen subir; subieron poco a poco, y antes que llegasen a las casas toparon con dos indios que, por ser de diferente lengua no los entendió Marina.

Entrado Cortés en el pueblo, como vio que no parecía indio ninguno, sospechó que los indios que había tomado eran espías y que había algún engaño, mas por no mostrar flaqueza entró por el pueblo hasta que topó con doce indios ancianos y de mucha autoridad, que traían consigo un intérprete de la lengua mexicana. Salían a recibir a Cortés en nombre de su señor, porque ya estaban avisados de los indios de Cempoala. Saludaron a Cortés, dijéronle que su señor holgaba mucho con su venida; Cortés se lo agradeció, y preguntados que por qué se habían escondido, respondieron que porque jamás habían visto hombres semejantes, pero que después que el señor de Cempoala los había asegurado con decir que era gente buena y pacífica, habían perdido el miedo y salido a recibirle por mandado de su señor. Cortés los siguió hasta una plaza, donde el señor estaba esperando bien acompañado. Saludáronse los dos con muestras de mucha amistad; el señor tomó un braserillo de barro con ascuas, y echando en él cierta resina que parece anime blanco y huele bien, incensó a Cortés, porque era ceremonia que a solas los dioses y a los grandes señores se hacía en señal de reverencia.

En el entretanto que aquellos indios principales aposentaban la gente de Cortés, el señor se metió con él debajo de unos portales de la plaza, donde Cortés con los intérpretes le dio a entender quién era, de dónde venía y para qué, como había hecho con los otros señores. El señor le dijo lo mismo que el de Cempoala, no con poco temor de que Moctezuma se había de enojar por haber hospedado a Cortés sin su licencia y mandado. Estando con este miedo, asomaron obra de veinte indios por la otra parte de la plaza con unas varas cortas y algo gruesas, a manera de alguaciles, que en la mano traía cada uno y en la otra un moscador grande de pluma con que se hacían aire, por el calor de la tierra, aunque no los usaban sino hombres principales. El señor, como los vio, comenzó a temblar de miedo y lo mismo hicieron los que con él estaban. Cortés, preguntó la causa; respondiéronle que aquellos eran los recaudadores de las rentas de Moctezuma y que temían que le dirían cómo habían hallado allí aquellos españoles, por lo cual temían ser gravemente castigados. Cortés los esforzó diciéndoles que Moctezuma era su amigo, y que no solamente no se enojaría ni les haría mal por ello, pero se lo agradecería; y si de otra manera lo hiciese, que él los defendería, pues traía consigo hombres tan valientes que cada uno bastaba a pelear con mil mexicanos, y que esto lo tenía ya entendido Moctezuma por la guerra de Champotón.

No bastaron aquellas palabras para asegurar aquel señor y a los suyos, porque luego se quiso levantar para recibirlos y aposentarlos. Cortés lo detuvo, y dijo:

> Por que veas cuánto podemos yo y los nuestros, manda luego a los tuyos que los prendan, y si se defendieren, les den de palos, que yo estoy aquí con los míos para defenderte contra todo el poder de Moctezuma, cuanto más, que yo sé que por mi respeto no te osará enojar.

Cobró tanto ánimo el señor con estas palabras y encendiósele tanto la cólera con la memoria de los malos tratamientos pasados, que los mandó prender; y porque se defendían, los apalearon; pusieron a cada uno por sí en prisión en un pie de amigo, que es un palo largo en que les atan los pies al un cabo y la garganta al otro y las manos en medio, de manera que por fuerza han de estar tendidos en el suelo. Puestos los indios de esta numera, preguntaron si los matarían; Cortés rogó que no lo hiciesen, porque más convenía tenerlos a buen recaudo con guardas que de noche y de día mirasen por ellos para que no se fuesen, y que él enviaría a decir a Moctezuma cómo ellos habían tenido la culpa de su prisión, por los agravios que hacían. Pareció bien al señor este consejo, aunque él más se holgara de matarlos. Mandólos meter en una sala del aposento de los nuestros, y mandando hacer un gran fuego dijo que los pusiesen alrededor de él con muchas guardas para que ninguno se pudiese huir. Poso también Cortés algunos españoles para mejor guardia a la puerta de la sala. Fuese a cenar a su aposento, donde él y los demás fueron bien proveídos de lo que el señor les envió.

Capítulo XV. La astucia y orden que Cortés tuvo para revolver los indios totonaques con Moctezuma

Ya que era bien de noche, pareciendo a Cortés que todos reposaban y que los guardas indios estarían durmiendo, envió a decir a los españoles que guardaban los presos, que quitasen las prisiones a dos de ellos sin que los demás lo sintiesen. Los españoles lo hicieron tan bien que, cortándoles las cuerdas, que eran de mimbres, trajeron dos de ellos adonde Cortés estaba, el cual hizo que no los conocía, y preguntándoles con Aguilar y Marina quién eran y qué querían y por qué estaban presos, respondieron que eran vasallos de Moctezuma y que por su mandado habían venido a aquella tierra a cobrar ciertos tributos que los de aquel pueblo y provincia pagaban a su señor, y que no podían saber qué fuese la causa porque los habían prendido y maltratado, porque hasta entonces los salían a recibir al camino y con mucho comedimiento los traían a sus casas, donde les hacían todo servicio y placer, y que de tan súbita mudanza no podían entender qué fuese la causa, sino estar allí los nuestros, que decían ser inmortales y que temían no matasen a los que quedaban en la prisión, primero que Moctezuma lo supiese, porque eran serranos bárbaros y vengativos, deseosos de rebelarse contra Moctezuma por darle enojo y ponerle en costa, y que esto lo habían intentado otras veces; por tanto, que le suplicaban hiciese cómo ellos y los otros sus compañeros no muriesen ni quedasen en poder de sus capitales enemigos, de lo cual Moctezuma, su señor, recibiría gran pesar por aquellos que eran sus criados viejos, no merecedores de que por tan buen servicio les diesen tan mal galardón.

Cortés, mostrando en el rostro y palabras pesar de lo hecho, les dijo:

> Pena tengo que Moctezuma, vuestro señor, haya sido deservido donde yo estoy, que tanto procuro su amistad y contento, y así estad ciertos que por ser criados de tan valeroso príncipe, yo miraré por vosotros, como lo haré por todas las cosas que al señor Moctezuma tocaren; dad gracias a Dios porque estáis libres, para que yo pueda enviar luego cierto despacho a México; por eso comed y esforzáos para partir luego y mirad no os descuidéis, porque si éstos os cogen otra vez os comerán vivos, y a los que quedan presos, yo procuraré cómo no se les haga mal y que vivos y sanos vuelvan a México.

Ellos se lo agradecieron mucho; comieron brevemente, porque no veían la hora de salir del pueblo. Cortés los despidió luego, haciéndolos sacar por do ellos guiaron, dándoles algo que comiesen por el camino; encargóles mucho por la buena obra que de él habían recibido, que dijesen a Moctezuma, su señor, cómo él deseaba hacerle todo servicio, por lo mucho que de su persona se decía, y que tenía gran contento de habérsele ofrecido tiempo en que por la obra mostrase lo que tenía en el corazón, soltándolos a ellos y trabajando que el autoridad de tan gran príncipe no viniese a menos, y que aunque su Alteza había desechado su amistad y la de los españoles, como lo mostró Teudile, yéndose sin despedirse de él y ausentándole la gente, no dejaría él de servirle y buscar para esto cualquier ocasión; y que tenía bien entendido que sus vasallos, pensando que le servían, habían dicho que su señor no le quería ver ni conocer ni dejarle entrar la tierra adentro, porque tales palabras no eran dignas de tan gran príncipe como él, especialmente que él no iba con aquellos sus compañeros sino a servirle y decirle de parte de un solo Dios y del emperador, su señor, cosas que le convenían mucho y secretos que jamás hobiese oído; y que si por él quedaba, sería su culpa, aunque todavía confiaba de su buen seso que, mirándolo bien, holgaría de oírle y hablarle y ser amigo de un tan poderoso príncipe como el emperador». Ellos quisieran mucho llevar consigo sus compañeros, pero Cortés les replicó que no llevasen pena, que él les prometía de hacerlos soltar y que luego lo hiciera sino [fuera] por no enojar a los del pueblo, que le habían hospedado y hecho buen tratamiento, y que no era razón irles a la mano en su casa hasta atraerlos con buenas palabras; que fuesen con tanto sin cuidado y le trajesen repuesta, que él cumpliría lo prometido.

Los mexicanos se partieron muy alegres, prometiendo en todo cumplir su mandado.

Capítulo XVI. Cómo los Totonaques se levantaron contra Moctezuma y lo que sobre ello hicieron

Otro día en amaneciendo, echaron menos los presos que se habían soltado; y el señor, teniendo, como ello fue, que iban camino de México a dar mandado a Moctezuma, recibió tanta pasión que quiso matar a los que quedaban y hacer cruel justicia en las guardas, sino fuera porque Cortés defendió a los unos y excusó a los otros, diciendo que no era razón matar los presos, que eran personas enviadas por su señor, y que, según derecho natural, ni tenían culpa ni merecían pena por hacer lo que su señor les mandaba. Excusó a los guardas, diciendo que de veinte se hubiesen huido dos, porque el preso vela cuando los otros duermen, para salir de prisión; y porque los demás no se huyesen, que se los entregase a él, porque los echaría en los navíos con buenas prisiones, de donde no pudiesen salir.

Con esto se aplacó el señor y mandó entregar los presos a Cortés, el cual, delante del señor, les riñó ásperamente y mandó a sus soldados que los echasen en cadenas. En el entretanto, el señor, sin que Cortés lo supiese, entró en consejo con los principales de su pueblo, proponiendo si sería mejor pedir perdón a Moctezuma, enviándole su tributo con otros presentes, o ya que habían preso a los cogedores y tenían a Cortés por amigo, levantarse contra Moctezuma, desechando de sus cervices el yugo de servidumbre en que estaban opresos.

Hubo dos pareceres muy contrario entre sí, el uno de temerosos y pusilánimos; el otro de esforzados y amigos de su libertad. Decían los temerosos que lo mejor era aplacar a Moctezuma, enviándole embajadores con los tributos y otros ricos presentes, desculpándose de la locura y dislate que habían cometido contra la majestad mexicana, a la cual de nuevo pedían perdón de su culpa y humildemente se sometían; y que aunque confesaban haber errado, y por esto ser dignos de riguroso castigo, todavía, confiando en la clemencia de su gran señor Moctezuma y de que aquellos españoles los habían forzado a hacer tan gran desatino, Moctezuma los perdonaría y recibiría en su gracia. Los de contrario parecer dijeron que era muy mejor morir defendiendo su libertad que vivir en tan áspera y perpetua servidumbre, y que no había para qué esperar misericordia de Moctezuma, pues sabían que con ninguno que lo hobiese ofendido usaba de ella; y que pues esto había de ser así, y al presente tenían de su parte aquellos hombres inmortales y medio dioses, que no había que temer, sino suplicar a su capitán los favoreciese, como antes se lo tenía prometido. Finalmente, como las razones de estos tenían más fuerza y todos deseaban verse libres de la tiranía de Moctezuma, determinaron de rebelarse contra él y suplicar a Cortés los favoreciese.

Con esta determinación, acompañado de todos los principales, fue el señor a hablar a Cortés, al cual en pocas palabras dijo:

> Señor, yo sé que los prisioneros que se soltaron habrán dicho a Moctezuma el mal tratamiento que les hecimos, y esto fue porque tú lo mandaste y nosotros holgamos de ello, por vernos libres de la tiranía que padecemos. Hemos determinado, después de lo haber bien mirado, de levantarnos contra Moctezuma, procurando nuestra libertad. Por tanto, tú cumple tu palabra y danos favor, que nosotros determinamos de morir primero que vivir más en servidumbre.

Cortés holgó en extremo con esto, porque vio que no había otro camino para conseguir lo que deseaba sino éste, y disimulando el contento, respondió al señor: «Mira bien lo que haces, porque ya sabes que Moctezuma es muy poderoso y tiene muchos amigos», pero que si así lo querían, que él sería su capitán y los defendería valerosamente, porque era razón querer y amar a los que le querían y amaban, y no a Moctezuma, de quien era él desechado, habiéndole convidado tantas veces con su amistad; y porque para la defensa de ellos convenía saber qué gente podrían juntar de guerra, les dijo que le dijesen la verdad para que él viese cómo había de repartir sus soldados cuando Moctezuma los acometiese por diversas partes. Ellos respondieron que en la liga se podrían juntar hasta cien mil hombres.

Cortés, visto esto, dijo que avisasen de lo que estaba tratado a todos los señores comarcanos amigos suyos y enemigos de Moctezuma, para que cuando fuese menester se juntasen y supiesen que su favor no les faltaría; y que decía esto, no porque tuviese necesidad de ellos ni de su ejército, que él solo y sus compañeros con el favor de su gran Dios bastaban para los de Culhúa, aunque fuesen otros tantos más, pero para que estuviesen a recaudo y avisados, si por caso Moctezuma enviase gente de guerra contra algunas tierras de los confederados, tomándolos de sobresalto; y también porque si tuviesen necesidad de socorro, le avisasen con tiempo, para que él los favoreciese y ayudase con los suyos. Pusieron tanto ánimo y esfuerzo a aquellos indios las palabras de Cortés que, aunque de suyo eran pusilánimos y estaban acostumbrados, aunque de tan lejos, a reverenciar y tener a Moctezuma como a dios, por otra parte como eran orgullosos y no bien considerados, determinaron con grande alegría de despachar luego sus mensajeros por todos aquellos pueblos, haciéndoles saber lo que tenían acordado y rogándoles que, pues tenían de su parte aquellos teules o dioses tan valientes y esforzados, que con gran presteza se juntasen y estuviesen a punto para dar aviso cuando Moctezuma enviase contra ellos su ejército, porque luego serían socorridos por aquel valeroso capitán que determinaban seguir, para desechar de sus cervices el insufrible yugo de servidumbre que Moctezuma les tenía echado.

Entendido este aviso, como los que no deseaban otra cosa por verse libres de la tiranía que padecían, respondieron que así lo harían, y porque el señor de Cempoala viese cómo le obedecían y daban las gracias por el aviso, le enviaban sus mensajeros para que con ellos más largamente fuesen avisados de lo que debían hacer.

Rebelóse toda aquella serranía, do había gran número de indios; publicaron luego guerra a fuego y a sangre contra Moctezuma; no dejaron a cogedor ni a hombres que fuese de Culhúa a vida, deseosos de hartarse de la sangre de aquellos que tan opresos los tenían. Usó de estas mañas y artes Cortés para ganar las voluntades a todos y hacer su hecho, como deseaba, porque de otra guisa era imposible; y porque Moctezuma no pudiese sospechar que él había sido causa de la rebelión de los totonaques, dio orden, según luego diré, cómo con la buena gracia del señor de Quiaustlán, los cogedores que habían mandado prender fuesen sueltos; habló a dos de ellos en secreto, avisándoles dijesen a Moctezuma cómo ellos y sus compañeros volvían con las vidas a tu tierra, y que si su persona y gente fuese menester para castigarlos y reducirlos a su servicio, que no le faltarían, aunque estaba agraviado de no haberle querido admitir a su servicio y amistad, no habiendo venido ahora con más que a ésta.

Los indios, no viendo la hora que irse, en pocas palabras dijeron que harían todo lo que su Merced mandaba.

Capítulo XVII. La fundación de la Villa Rica de la Veracruz y de lo que más sucedió

En el entretanto que esto pasaba, ya los navíos estaban detrás del peñol; fuelos a ver Cortés; llevó consigo muchos indios de los pueblos rebelados que estaban por allí cerca, aunque los de Cempoala eran los principales, así por ser vasallos de mayor señor, y por ser los primeros que se determinaron a volver por su libertad. A éstos todos, dándoles a entender Cortés que convenía, para su defensa, que él y los suyos se hiciesen fuertes en algún pueblo edificado al modo y manera de los cristianos, les mandó cortar mucha madera y traer la piedra que era necesaria para hacer casas en aquel lugar que trazó, a quien puso nombre la Villa Rica de la Veracruz, como había determinado cuando en San Juan de Ulúa nombró alcaldes y regidores. Repartió Cortés los solares conforme a los vecinos que había de haber; señaló los sitios y asientos donde se había de edificar la iglesia y hacer la plaza, las casas de cabildo, cárcel, atarazanas, decargadero, carnicería y otros edificios públicos que para el buen gobierno y ornato de la villa convenían; trazó asimismo, una fortaleza sobre el puerto, en sitio que a todos pareció muy conveniente. Comenzóse este edificio y los demás a labrar de tapiería, así porque la tierra era buena para ello como porque de presente no había otros materiales.

Estando los nuestros en el hervor de estas obras, vinieron de México dos mancebos bien apuestos, sobrinos de Moctezuma con cuatro viejos de mucha experiencia y autoridad, bien tratados, como ayos y consejeros de los mancebos, con los cuales venían muchos indios para su servicio. No pudieron llegar tan de súbito que algunos indios de Cempoala no diesen luego aviso a Cortés, el cual se sentó luego en una silla de espaldas, mandando a todos los principales de su compañía que, quitadas las gorras, en pie, estuviesen alrededor de su silla, a las espaldas de la cual se pusieron dos pajes y su alférez Antonio de Villarroel. Puesto así Cortés para representar el autoridad que convenía, mandó por los intérpretes decir [a] aquellos señores que venían de México que esperasen un poco; ellos se detuvieron hasta que por otros mensajeros Cortés mandó que entrasen, los cuales a la entrada do Cortés estaba, quitándose las cotaras, sacudiéndolas y poniéndolas en la cinta a las espaldas, encubiertas con la manta de que iban vestidos, bajas las cabezas, tocando con la mano derecha en tierra, la besaron como hacían con el gran señor Moctezuma, y sin hablar palabra, llegando donde Cortés estaba, le presentaron plumajes muy ricos, maravillosamente labrados, muchas mantas extrañamente tejidas de algodón, plumas y pelos de conejo y ciertas piezas de oro y plata, labradas con piedras y otras vaciadas y un casquete lleno de oro, como se sacaba de las minas, que se llamaba entre los mineros oro en grano, a diferencia del oro en polvo. Pesaría todo, según escribe Gómara, 2.090 castellanos; y a lo que dice Motolinía, de quien principalmente se aprovechó Gómara, 3.000 ducados. Como quiera que sea, o porque así lo sentía Moctezuma, o por dar a entender la sed que Cortés y los suyos traían del oro, le dijeron que si se hallaba bien con aquella medicina para la enfermedad del corazón, que le enviaría más; diéronle con esto muchas gracias por haber soltado aquellos dos criados de su casa y haber sido parte de que los demás no fuesen muertos, y que si del todo quería hacer placer a su señor Moctezuma, diese orden cómo los que estaban presos se soltasen, que en las cosas que se ofreciesen se lo agradecería mucho su señor, y que así, a su contemplación y por su respecto, perdonaba a los que se le habían alzado y eran rebeldes, con tal que conociendo su culpa se emendasen de ahí adelante, aunque tenía entendido ser tales que presto cometerían otro delicto, para pagarlo todo junto con mayor castigo de sus personas y ejemplo de otros; porque a no haberle recibido y hospedado tan amorosamente como lo habían hecho, de que él se holgaba mucho, no bastara cosa a que no los mandara gravemente castigar conforme a la gravedad de su desacato y a la gravedad de su delicto. En lo demás dijeron que por estar su señor Moctezuma no bien dispuesto y muy ocupado en las guerras que al presente tenía y con otros muy importantes negocios de la gobernación de sus reinos y señoríos, a que no podía dejar de acudir, no respondía cuándo y adónde se podrían ver, pero que, habiendo lugar, se daría manera y traza en ello.

Cortés, a la embajada, no respondió cosa, porque no le supo bien la excusa de Moctezuma; pero recibidos los embajadores y presentes, con alegre rostro, los mandó aposentar todo lo bien que pudo en unas tiendas de campo que mandó armar par del río, hechas de manera que los embajadores no pudiesen entender la urdimbre de su tela; envió a llamar al señor de Quiaustlan, que era uno de los rebelados contra Moctezuma; díjole la verdad que con él siempre había tratado, cómo habían venídole embajadores de Moctezuma, de los cuales tenía entendido que Moctezuma no se atrevería a hacerles guerra, sino que antes pretendía reducirlos a su amistad; pero que mirase lo que hacía, que lo que le convenía era proseguir lo comenzado y echar de sí el duro yugo de servidumbre que Moctezuma había puesto sobre sus cuellos. Por tanto, que él y los confederados podrían de ahí adelante estar libres de la subjección mexicana y que para esto él no les faltaría, como era razón y era obligado.

Entendiendo Cortés de aquel señor que con estas palabras se iba alegrando, para acabar de concluir su delgada trama, le dijo antes que respondiese; «pero ruégote, porque Moctezuma no diga que no le damos en algo contento, que si de ello no recibes pesadumbre, que le enviemos libres los criados que le tenemos presos, porque así me lo envía a rogar».

El señor, con muy gran contento, que le había nacido de lo que primero Cortés le había dicho, le respondió que hiciese en todo a su voluntad, porque él en nada excedería de ella, pues él y los suyos y sus amigos pendían de su favor y estaba debajo de sus alas. Con esto, despedido con muchos comedimientos, muy alegre se volvió a su casa; lo mismo fueron los embajadores mexicanos, porque llevaban libres a sus amigos y de Cortés habían sido muy bien tratados; dióles, para aficionarlos más, como tenía de costumbre, muchas cosas de rescate, de lino, lana, cuero, hierro, vidrio. Iban por el camino tratando con los presos, como después se entendió, el valor y esfuerzo grande de los españoles y cómo en breve tiempo, si no se volvían a su tierra, aunque eran pocos, hinchirían toda la tierra y serían señores de ella hasta pasar de la otra parte de México. Trataban de la diferencia del traje, armas y costumbres de los nuestros, que todo era muy nuevo e inusitado para ellos. En el entretanto Cortés derramó la fama por toda aquella tierra del miedo que Moctezuma le tenía y de cómo estando él allí, aunque todos se alzasen, no osaría tomar armas contra ellos, que les dio mayor osadía para proseguir la rebelión comenzada, y así, no quedó indio en toda la serranía de los totonaques que no se rebelase apellidando libertad y tomando armas contra las guarniciones mexicanas; vengáronse de los agravios que les habían hecho, lo cual fue causa que ciertas guarniciones de las mexicanas hiciesen guerra a los de Cempoala.

Capítulo XVIII. Cómo se tomó a Tipancinco por fuerza por Cortés y los suyos
Pocos días después que esto sucedió, los vecinos de Cempoala enviaron a pedir socorro de españoles a Cortés, porque se veían muy afligidos con la gente de guarnición de Culhúa que Moctezuma tenía allí; diéronle a entender cómo ello pasaba, para más moverle a que les enviase socorro, las muchas crueldades que aquella guarnición hacía, talándoles los árboles, quemándoles

las sementeras, destruyéndoles las tierras y labranzas, prendiendo y matando los que las labraban.

Confina Ticapacinga con los totonaques y con tierras de Cempoala; era en aquel tiempo, a su modo, un lugar bien fuerte, porque estaba asentado cerca de un río y tenía una fortaleza puesta sobre un peñasco alto, de la cual casi por todas partes, bien de lejos, se podían ver los enemigos. En esta fortaleza, por ser tan fuerte y estar entre aquéllos, que cada día se rebelaban, procurando, como es natural, su antigua libertad, tenía Moctezuma mucha gente de guarnición, la cual, viendo que los tesoreros y recaudadores de las rentas reales, afligidos y acosados por los rebeldes de aquella comarca, se acogían allí, salía haciendo todo el daño que podía por apaciguar la rebelión, y, en castigo de los delitos cometidos, destruía todo cuanto hallaba. Prendió y castigó gravemente muchas personas.

Cortés, vista la necesidad en que sus amigos estaban, luego fue a Cempoala y de allí, en dos jornadas, con algunos de a caballo y con un pujante ejército de aquellos indios amigos, llegó a Ticapacinca, que estaba poco más de ocho leguas de la ciudad de la Veracruz. Dice aquí Motolinía que con los de caballo llevó Cortés algunos de pie, y así es creíble, por que se hiciese mejor la guerra. Los de Culhúa pensando que les había de suceder con los nuestros como con los cempoaleses, salieron al campo; pero antes que se trabase la batalla, como vieron la braveza y denuedo de los de caballo, calmaron y echaron a huir a la fortaleza, que estaba cerca de allí; pero no pudieron llegar tan presto que los de caballo no llegasen con ellos hasta el peñasco, y viendo que no le podían subir por su aspereza, se apearon cuatro de ellos con Cortés, y a las vueltas, entrando con ellos en la fortaleza, se detuvieron en la puerta, hiriendo y matando a los que la querían cerrar, hasta que llegaron los demás españoles y muchos, de los amigos. Entrególes el general, con gran humildad, la fortaleza y pueblo, rogándoles que no les hiciesen ya más daño, así a los de Moctezuma como a los vecinos; rogóles asimismo dejasen ir libres a los soldados, mas sin armas ni banderas. Hízose así, que fue cosa bien nueva para los indios. Los vencedores comieron aquí algunos de los enemigos muertos, y hubo quien con un niño gordo, bien asado, hizo fiesta y banquete a uno de los capitanes indios. Aquí fue donde la primera vez vieron los nuestros comer carne humana a los indios.

Alzada esta victoria, que fue la primera que Cortés hubo contra la gente de Moctezuma, se volvió a la mar por el camino que vino. Quedó aquella serranía de ahí adelante libre del miedo y tiranías de Moctezuma, y la fama de esto se extendió tanto por los que eran amigos y no amigos de Cortés, que de ahí adelante, cuando se les ofrecía alguna guerra, le suplicaban les diese alguno de aquellos teules, que con él, llevándole por capitán, tendrían por segura la victoria.

Fue tan dichoso este principio para el fin y motivo de Cortés como fue el sucesor de Champotón. Vueltos los nuestros a la Veracruz contentos, como era razón, de la victoria habida, hallaron que había llegado Francisco de Salcedo con la carabela que Cortés había comprado a Alonso Caballero, vecino de Cuba, que había dejado allí dando carena. Trajo setenta españoles y nueve caballos y yeguas, con que los nuestros no poco se regocijaron y animaron, por ser ayuda para mejor proseguir su destino.

Capítulo XIX. Cómo Cortés y la Villa enviaron presentes al emperador

Deseoso Cortés de proseguir su intento que era la demanda de México, de quien tan señaladas cosas había oído, dio prisa en que se acabasen las casas y fortalezas de la Veracruz, para que los soldados y vecinos, cómodamente viviesen y se reparasen contra las lluvias, y para que también, cuando se ofreciese, tuviesen donde resistir a los enemigos, y así después de concertadas muchas cosas tocantes a la guerra, mandó sacar a tierra las armas y pertrechos de guerra, y cosas de rescate, las vituallas y otras provisiones que estaban en los navíos. Entrególas al cabildo, como se lo tenía prometido, y teniéndolos a todos juntos con otros principales que no tenían oficios públicos, les habló en esta manera:

> Señores, ya me parece que es tiempo que Su Majestad del emperador, nuestro señor, sepa por relación de alguno de nosotros que la lleven, cómo ha sido servido en estas partes y la gran esperanza que de riquezas promete esta tierra, y así, si a vuestras mercedes parece, será bien que ante todas cosas repartamos por cabezas lo que hemos habido en la guerra, sacando primero el quinto que a su Majestad pertenece, y porque esto mejor se haga, nombro por Tesorero del rey a Alonso de

Ávila, y del ejército a Gonzalo Mexía, para que, como es uso y costumbres, pasando por manos de Oficiales el negocio, se trate con más fidelidad y confianza.

Pareció bien lo que el general dijo a todo el regimiento y a los demás caballeros que a él vinieron, y suplicáronle lo pusiese luego por obra, porque, no solo holgaban que aquellos caballeros fuesen Tesoreros, mas que ellos los confirmaban y rogaban lo quisiesen ser. Aceptaron de buena gana los señalados sus cargos; comenzaron, acabada la junta, a entender en ello con toda fidelidad, y por que en el negocio no hobiese sospecha, mandó Cortés sacar y traer a la plaza que todos lo pudiesen ver, la ropa de algodón que había allegada, las cosas de pluma, que eran muy de ver, todo el oro y plata que había, que pesó 27.000 ducados, y entregándolo todo, por peso y cuenta a los Tesoreros, dicha al cabildo que, conforme a razón y justicia, lo repartiesen. Ellos, no olvidados de la buena obra que del habían recibido, respondieron que no tenían qué repartir, sacado el quinto que al rey pertenecía, porque lo demás era menester para pagarle los bastimentos que les había dado y la artillería y navíos, de que todos en común se aprovechaban; por tanto, que le suplicaban lo tomase todo y enviase al rey su quinto de lo que mejor le pareciese. Él, empero, que siempre procuró con buenos comedimientos y obras ganar amigos, les dijo que aún no era tiempo de tomar lo que le daban, porque veía que ellos lo habían más menester para ayudar a sus gastos y pagar sus deudas, y que de presente no quería más parte de la que le venía como a su capitán general. Rogóles con esto que porque tenía pensado de enviar al rey más de lo que le venía de su quinto, que no recibiesen pesadumbre si excediese de lo acostumbrado, pues era lo primero que se enviaba y había cosas que no se sufría partir ni fundir.

Halló en todos, como suelen los más españoles, gran voluntad para con su rey. Esto es lo que dice Motolinía, y después Gómara, que en lo más de su historia le siguió. Dicen otros de los que se hallaron presentes que ningún repartimiento se hizo, sino que, apartando el general lo más y mejor que le pareció, se quedó con lo otro, y de ello envió parte a su padre Martín Cortés y parte de ello dio a los procuradores que habían de ir para sus negocios a España; e incidentemente, por los de la república. Lo que apartó para enviar al rey, fue lo siguiente: Las dos ruedas de oro y plata que dio Teudile de parte de Moctezuma, un collar de oro de ocho piezas, en que había ciento y ochenta y tres esmeraldas pequeñas engastadas y doscientas y treinta y dos pedrezuetas como rubíes, de no mucho valor; colgaban de él veinte y siete como campanillas de oro y unas cabezas de perlas o berruecos; otro collar de cuatro trozos torcidos, con ciento y dos rubiejos y ciento y setenta y dos esmeraldas, diez perlas buenas, no mal engastadas, y por orla veinte y seis campanillas de oro: entrambos collares eran de ver y tenían otras cosas primas sin las dichas; muchos granos de oro, ninguno mayor que garbanzo, así como se hallan en el suelo; un casquete de granos de oro sin fundir, sino así, grosero, llano y no cargado; un morrión de madera chapado de oro y por de fuera mucha pedrería, y por bebederos veinticinco campanillas de oro, y por cimera un ave verde, con los ojos, pico y pies de oro; un capacete de planchuelas de oro y campanillas alrededor, y por la cubierta piedras; un brazalete de oro muy delgado; una vara como cetro real con dos anillos de oro por remate y guarnecidos de perlas; cuatro arrexaques de tres ganchos, cubiertos de pluma de muchos colores y las puntas de berrueco, atado con hilo de oro: muchos zapatos como esparteñas de venado, cosidos con hilo de oro, que tenían la suela de cierta piedra blanca y azul muy delgada y transparente; otros seis pares de zapatos de cuero de diverso color, guarnecidos de oro, plata y perlas; una rodela de palo y cuero y a la redonda campanillas de latón morisco y la copa de una plancha de oro, escupida en ella Uitcilopuchtli, dios de las batallas, y en aspa cuatro cabezas con su pluma o pelo al vivo y desollado, que eran de león, de tigre, de águila y de un buarro; muchos cueros de animales y aves adobados, con su pelo y pluma; veinte y cuatro rodelas de oro, pluma y aljófar, primas y muy vistosas; cinco rodelas de pluma y plata, cuatro peces de oro, dos ánades y otras aves huecas y vaciadas de oro, dos grandes caracoles de oro, que acá no los hay, y un espantoso cocodrilo con muchos hilos de oro gordo alrededor; una barra de latón y de lo mismo ciertas hachas y unas como azadas; un espejo grande guarnecido de oro, y otros chicos; muchas mitras y coronas de pluma y oro, labradas y con mil colores, perlas y piedras; muchas plumas gentiles y de todas colores, no teñidas, sino naturales; muchos plumajes y penachos grandes, lindos y ricos con argentería de oro y aljófar; muchos ventalles y amoscadores de oro y pluma y sola pluma, chicos y grandes y de toda suerte, pero todos muy hermosos; una manta como capa de algodón, texida de muchas colores y de pluma, con una rueda negra en medio, con sus rayos y por de dentro rasa; muchas sobrepellices y vestimentas de sacerdotes, palias, frontales y ornamentos de templos y altares; muchas otras de estas mantas de algodón, blancas solamente o blancas y negras, escacadas o coloradas, verdes, amarillas, azules y otros colores, del envés sin pelo ni color y de fuera vellosas como felpa; muchas camisetas, jaquetas, tocadores de algodón, cosas de hombre, muchas mantas de cama, paramentos y alfombras de algodón y otras algunas cosas que todas tenían más precio y valor por su extrañeza y novedad que por su riqueza, aunque las ruedas tenían de por sí harta estima; y lo que mucho maravilló a ciertos plateros de España, fue ver un pez fundido, las escamas del cual la mitad eran de oro y la otra mitad de plata, ambos metales en su género bien finos.

Enviáronse con estas cosas algunos libros, cuyas letras eran como las que dice Artimidoro, giroglíficas, de las cuales al principio usaron los egipcios. Eran figuras de hombres, de animales, árboles, hierbas, las cuales, pintadas declaraban, como nosotros por nuestras letras, los conceptos de los que escribían, aunque confusamente; eran estos libros, no como los nuestros, sino como rollos de papel engrudado, que descogidos daban a entender lo que contenían. Era este papel hecho de ciertas hojas de árboles; parece papel de estraza, aunque es más liso y blanco.

Al tiempo que se aderesçaba este presente, los cempoaleses, para cierta fiesta que hacían, tenían muchos hombres para sacrificar; pidióselos Cortés con mucha instancia para enviarlos al rey con el presente; pero ellos, hechos muchos comedimientos, no osaron dárselos, diciendo que sus dioses se enojarían grandemente y no les darían agua y les quitarían los mantenimientos y que matarían a sus hijos y a ellos. Porfió tanto Cortés que, aunque muy contra su voluntad, temerosos no les hiciese algún daño, le dieron cuatro mancebos bien dispuestos y dos mujeres de buena gracia y disposición. Era costumbre, aunque más largamente toqué esto en el libro primero, que los que habían de ser sacrificados, si eran habidos de guerra, aderesçados lo mejor que podían con plumajes en la cabeza y espada y rodela en las manos, bailaban en lo alto del cu, cantando cantares tristes como endechas, llorando su muerte, ofreciendo su vida a los dioses. Lo mismo hacían los que no eran de guerra, salvo que no llevaban armas. Hecho esto, se tendían de espaldas y sacábanles los sacerdotes el corazón con tanta presteza que, porque lo vieron personas de crédito, diré una cosa maravillosa; y fue, que sacando una vez el corazón los tlaxcaltecas a un indio mexicano, echando el cuerpo por las gradas del cu, se levantó y anduvo tres o cuatro pasos por las gradas, que sería ocho, porque hasta entonces le duraron los espíritus vitales.

Estos cuatro mozos, con los demás que habían de ser sacrificados, andaban cantando por las calles y pidiendo limosna para su sacrificio y muerte. Era cosa de ver cómo todos los miraban y daban de lo que tenían, diciéndoles que hacían gran servicio a los dioses en ofrecerles su sangre y vida para el bien de los que quedaban vivos. Traían en las orejas arracadas de oro con turquesas y unos pedazos de oro en el labio bajo, que hacía descubrir los dientes.

Los señores con el oro traían metidas en el mismo labio piedras preciosas, que en España pareció bien feo, aunque entre ellos era mucha gala y ornato; y en esto había tanta diferencia, que cada uno traía las piedras y oro como había peleado y mostrado el valor de su persona, tanto que al que no era de casta o valiente por su persona, no le era lícito traer sino una paja por oro y un pedernal por piedra preciosa.

Capítulo XX. Lo que el Cabildo y Cortés escribieron al rey
Puesto ya a punto el presente para el rey, entró Cortés en cabildo con los demás principales del pueblo y díjoles que, así para llevar el presente como para tratar de los negocios que a todos convenían con Su Majestad, era necesario que, como era costumbre en todos los pueblos, el regimiento nombrase y eligiese procuradores, a los cuales dijo que también daría su poder y su nao capitana en que fuesen. El Regimiento señaló a Alonso Hernández Puerto Carrero y Francisco de Montejo, que entonces eran alcaldes. Holgó de ello Cortés y dióles por piloto a Antón de Alaminos, y como iban en nombre de todos, tomaron de montón lo que de oro habían menester para ir a negociar y volver. Lo mismo hicieron en lo del matalotaje para la navegación. Dióles, como había dicho, Cortés su poder y una instrucción de lo que habían de hacer en su nombre en Corte y en Sevilla y en su tierra, porque habían de dar a su padre Martín Cortés y a su madre doña Catalina Pizarro ciertos dineros y las buenas nuevas de su prosperidad y adelantamiento. envió con ellos

la relación y autos que había hecho, así en Cuba como en la Nueva España, sobre lo cual escribió una larga carta al emperador, dándole sumaria cuenta de lo que le había sucedido desde que salió de Cuba hasta el día de la fecha, y por que el emperador estuviese advertido antes que otro le advertiese. Lo que especialmente escribió fue las pasiones y diferencias que hubo entre él y Diego Velázquez en Santiago de Cuba, las cosquillas que había en su real por haber en él muchos de la parcialidad de Diego Velázquez, los trabajos que todos habían pasado, la voluntad que tenían a su real servicio, la grandeza y riqueza de aquella tierra, la esperanza grande que tenía de ponella debajo de su real nombre, la tiranía y dominio que el demonio tenía sobre toda ella. Ofreciósele de ganar la ciudad de México y haber a las manos vivo o muerto al gran rey Moctezuma, el fin de todo. Recontando sus servicios señalados, le suplicaba le hiciese mercedes en los cargos y provisiones que había de proveer en aquella nueva tierra para remuneración de sus trabajos y gastos que hizo en descubrirla y ganarla.

El regimiento de la Veracruz escribió otra carta por sí, firmada solamente de los regidores, que con brevedad decía lo que aquellos pobres hidalgos habían hecho en descubrir y ganar aquella tierra, y casi del mismo tenor otra en nombre de toda la república, firmada de los más principales que en ella había.

Escribió otra, prometiendo por ella que en su real nombre todos ellos tendrían y guardarían aquella villa con el mayor aumento que pudiesen, y que por esto morirían, hasta que Su Majestad otra cosa mandase. Suplicáronle con mucha humildad diese la gobernación de aquella tierra y de la demás que conquistasen a Hernando Cortés, su caudillo y capitán general y Justicia mayor, elegido por ellos mismos para quitar pasiones y hacer mejor lo que conviniese al adelantamiento del estado real, y que porque habían visto que para este fin convenía él más que otro, le habían elegido en nombre de Su Majestad. Suplicaban también con mucho calor que por evitar ruidos, escándalos y peligros y muertes que se siguirían si otro los gobernase y fuese su capitán, si acaso, había hecho merced de estos cargos a otro, los revocase, porque esto era lo que más convenía y que no sentían ni debían decir otra cosa. Al fin le suplicaron fuese servido de responderles con toda brevedad y hacerles merced de despachar los procuradores de aquella su villa con el buen despacho que deseaban y suplicaban.

Con estas cartas y poderes que Cortés y el cabildo dieron, se partieron de Quiaustlán los procuradores Alonso Hernández Puerto Carrero y Francisco de Montejo y Antón de Alaminos en una razonable nao, a 26 días del mes de julio del año de 1519, con las dichas cartas, autos Y testimonios y relación que dicho tengo; tocaron de camino en el Marién de Cuba; y diciendo que iban a La Habana, pasaron sin detenerse por la Canal de Bahama y navegaron con harto próspero tiempo hasta llegar a España.

Escribieron estas cartas los de aquel consejo y ejército, recelándose de Diego Velázquez, que tenía muy mucho favor en Corte y Consejo de Indias, y porque andaba ya la nueva en el real con la venida de Francisco de Salcedo, que Diego Velázquez había habido la merced de la gobernación de aquella tierra del emperador con la ida a España de Benito Martín, lo cual, aunque ellos no lo sabían de cierto, era muy gran verdad, según en otra parte se dice.

Capítulo XXI. Cómo se amotinaron algunos contra Cortés y del castigo que en ellos hizo

Aunque casi de común parecer, por el seso y valor de Cortés, le habían elegido, por su caudillo y Justicia mayor, no faltaron, como acontece en todas las cosas humanas, contradicciones, porque algunos, por ser criados de Diego Velázquez, y algunos por ser sus amigos, y otros, o por ir tras las voces de estos, o porque estaban descontentos de no haberlos puesto Cortés en cosas que no merecían, comenzaron entre sí a murmurar de la elección porque les parecía, como ello fue, que ya Diego Velázquez estaba fuera de parte; y que habiendo sido el principal autor, era excluido de aquella felice y próspera tierra, afirmando con esto ser más elegido, por astucia, ardid, halagos y sobornos que por razón y justicia; y que el haberse hecho de rogar para que aceptase el cargo de capitán general había sido con maña y disimuladamente, y que a esta causa no era válida la elección en perjuicio de Diego Velázquez, que le había enviado, especialmente que para esto se requería el autoridad y poder de los frailes jerónimos, que por los reyes Católicos gobernaban las islas; que, según se decía, ya Diego Velázquez era gobernador de la tierra de Yucatán, en cuyo destricto estaba Cortés, el cual, como entendió que poco a poco se iba encendiendo el fuego, aunque no humeaba mucho, primero que levantase tanta llama que no pudiese ser apagado, informado de los principales autores, sin alterar el real, los prendió y metió en un navío vara enviarlos a España presos, pero como de su natural condición era benigno y clemente, rogado por algunos a quien deseaba complacer, los soltó; y fue quitar los grillos al furioso y darle armas, porque olvidados del beneficio recibido, perseverando en su mal propósito, usando mal de la facultad del perdón, procuraron alzarse con un bergantín y matar al Maestre, para irse a su salvo a la isla de Cuba a dar aviso a Diego Velázquez de lo que pasaba, y del gran presente que Cortés enviaba al emperador para ganarle la voluntad y ser confirmado por gobernador y capitán general, como había sido elegido.

Querían dar estos amotinadores este aviso a Diego Velázquez para que, cuando los procuradores de Cortés pasasen por La Habana, Diego Velázquez los prendiese y quitase el presente, estorbando como el fin y motivo de Cortés no fuese adelante, y en el entretanto Diego Velázquez pudiese avisar al emperador de lo que pasaba, para que no se tuviese por bien servido de Cortés y de los demás que le habían seguido.

Cortés, entendida la conjuración, viendo que convenía antes que más se afistolase la llaga cortar algunos miembros, mostrando, porque así convenía, más enojo del que tenía en su pecho, prendió muchos de ellos y con grande aviso, tomándoles su confesión, hallando ser unos más culpados que otros, les dio diversas penas, porque ahorcó a Juan Escudero y a Diego Cermeño, piloto, grandes cortadores de espada; y era el Cemento tan ligero, que con una lanza en la mano saltaba por cima de otra atravesada sobre las manos levantadas de los dos más altos hombres que había en el ejército. Tenía también tan vivo el olfato que, andando por la mar, olía la tierra quince leguas y más antes que llegase a ella.

Pidieron a éstos, como se acostumbra en España, dos mujeres públicas; unos dicen que ellos no las quisieron, y otros que Cortés no quiso, por lo que entonces convenía, el cual, la primera vez que los perdonó les dijo que de ahí adelante mirasen cómo vivían, porque les prometía por vida del emperador que, si recaían, los mandaría ahorrar. Con todo esto, al firmar de una sentencia, subió en un caballo y lloró, condoleciéndose de lo que hacía; y por no ser importunado dio de espuelas al caballo, yéndose de allí con algunos que le acompañaron a un pueblo allí cercano.

Mandó cortar el pie a otro y azotar a otros dos, que fueron Gonzalo de Umbría y Alonso Peñate. Disimuló con algunos otros, porque vio convenir así. de esta manera puso gran miedo a muchos que se iban ya inclinando. Quieto y pacífico su ejército, hízose temer; aseguró su negocio, porque a descuidarse, Diego Velázquez tuviera aviso y fuérale fácil estorbar, prendiendo los procuradores, la buena ventura a Cortés; porque después lo procuró, enviando una carabela de armada tras Puerto Carrero y Montejo, porque no pudieron pasar tan secretos por la isla de Cuba que Diego Velázquez no lo supiese.

Capítulo XXII. El hazañoso hecho de Cortés cuando dio con los navíos al través

Andaba pensando Cortés cómo conseguiría su fin tan deseado, que era verse en México con el señor Moctezuma, y aunque se le ofrecían muchos inconvenientes, como eran ser la tierra tan larga, tan poblada de gente, los estorbos que Teudile había propuesto, los enemigos muchos que estaban en el camino, el deseo de muchos de los suyos que tenían de volver a Cuba y la dificultad que de salir con tan gran empresa a todos se ofrecía; con todo esto, echando como dicen el pecho al agua, entendiendo que jamás grandes cosas se consiguen sin gran trabajo y diligencia, acompañando a su singular esfuerzo maravillosa prudencia, determinó de dar con los navíos al través, cosa cierto espantosa y que pocos capitanes hasta hoy han hecho, aunque Gómara en este gar cuenta otro semejante hecho de Barbarroxa del brazo cortado, que por tomar a Bugía quebró siete galeones, que comparado por sus partes con el de Cortés, es muy inferior.

Para salir, pues, con tan memorable hazaña de manera que los suyos no se alborotasen, llamó de secreto a los maestres y pilotos, y haciéndoles grandes caricias y nuevas ofertas, dándoles en breve a entender la gran fortuna y buena ventura que entre las manos tenían, les rogó que con todo secreto, so pena de la vida, diesen barreno a los navíos, de manera que por ninguna vía se pudiese tomar el agua, y que hecho esto, cuando él estuviese con mucha gente, entrasen do él estaba algunos pilotos y dijesen que los navíos estaban cascados y comidos de broma para no poder navegar; que su Merced viese lo que sobre ello mandaba hacer, y esto como que venían a darle cuenta por que después no los culpase.

Poniendo por obra los maestros y pilotos con el secreto que se les había encargado el negocio, vinieron algunos de ellos a Cortés delante de muchos que se hallaron presentes, y con alguna alteración que cubría lo secreto del pecho, le dijeron:

> Señor, los navíos ha más de tres meses que están surtos, y ahora, yendolos a requerir y visitar, los hallamos tan abromados y tan abiertos que por veinte partes hacen agua y se van a fondo, y parécenos que se van a fondo y no tienen remedio. Vuestra Merced vea lo que manda.

Cortés, oyendo esto, mostró pesarle mucho; los presentes creyeron ser así por haber tantos días que los navíos estaban surtos; y después de haber por gran rato tratado lo que se debía hacer, mandó Cortés, que pues ya no había otro remedio, sacasen de ellos la xarcia y lo demás que se pudiese aprovechar y los dejasen hundir. Los Maestres, sacando primero los tiros, armas, vituallas, velas, sogas, áncoras y todo lo demás que podía aprovechar, dieron al través con cinco navíos que eran de los mejores. No mucho después quebraron otros cuatro con alguna dificultad, porque ya la gente entendía el propósito y ardid de su capitán; y así comenzaron a murmurar y tratar mal de él, quejándose por corrillos que los llevaba al matadero y que les había quitado todo el refugio, así para ser proveídos de fuera, como para si se ofreciese algún peligro, tener con que librarse de él.

Cortés, visto que muchos de los principales, que eran las principales fuerzas de su ejército, estaban bien en lo hecho, juntos todos, [les dijo]:

> Señores y amigos míos: A lo hecho no hay remedio; Dios parece que quiere seamos los primeros que señoreemos tan grande y próspera tierra; los que de vosotros no quisiéredes participar de tan buena andanza, queriendo más volveros a Cuba que ir conmigo en demanda de empresa tan señalada, lo podéis hacer, que para esto, queda ahí un buen navío, aunque yo no sé con qué cara podéis volver, quedando conmigo tantos y tan buenos caballeros.

Aprovechó mucho esta plática, porque unos mudaron el propósito y otros, de vergüenza, se quedaron, aunque hubo muchos que no tuvieron empacho de pedirle licencia; créese eran marineros y hombres de baja suerte que querían más navegar que pelear. Reprehendidos por Cortés y por otros caballeros, se quedaron, haciendo de las tripas corazón.

Visto esto, porque no hobiese logar de arrepentimiento en algunos otros, mandó dar Cortés a la costa con el navío que quedaba, quitando a todos la esperanza de la vuelta y dándoles a entender que en solo Dios y en su esfuerzo y valentía habían de confiar de ahí adelante; y que pues les era necesario, o pasar adelante, o no dejarse vilmente morir, hiciesen el deber, pues a los osados siempre ayudaba la fortuna, y que el cobarde moría más presto y con más afrenta suya y de los suyos.

Estas palabras, con la necesidad que había de hacer lo que debían, dieron mucho ánimo y aliento a todos, y fue muy alabado Cortés y más querido de ahí adelante por el buen consejo y astucia que en tan dificultoso negocio había tenido.

Capítulo XXIII. Lo que a Cortés sucedió con ciertos navíos de Garay

Cortés, que no ocupaba el pensamiento en otra cosa, salvo en cómo saldría con la empresa que entre manos tenía comenzada, ordenado primero lo que era menester para el buen gobierno y defensa de la villa, que estaba ya casi acabada, dejando en ella ciento y cincuenta españoles, y por capitán de ellos a Francisco Álvarez Chico (y no a Pedro Dircio, como dicen fray Toribio y Gómara, porque el año de 24 fue teniente de gobernador en la Villa Rica Pedro Dircio), y a Juan de Escalante por alguacil mayor, dejando con esta guarnición dos caballos, dos tiros con muchos indios de servicio y cincuenta pueblos de amigos y aliados, de los cuales, cuando fuese menester, se podría sacar cincuenta mil hombres de guerra, encomendando que la fortaleza se acabase, publicó su partida. Salió con los demás españoles, con indios de servicio y muchos amigos.

Vino a Cempoala, que estaba cuatro leguas de la nueva villa, donde acabado de llegar le dijeron que andaban cuatro navíos de Francisco de Garay por la costa. No le supo bien; recelóse de algún estorbo que impidiese su jornada; volvióse luego a la villa, para que desde allí, estando fortalecido, pudiese defenderse y ofender si se ofreciese.

Supo, como llegó, que el alguacil mayor Escalante había ido a informarse de quiénes fuesen y qué querían y a convidarlos a que alojasen en su pueblo. Supo también que los navíos venían hacia el Norte y que habían corrido la costa de Pánueo y rescatado hasta 3.000 pesos de ruin oro y algunos bastimentos y que no les había contentado la tierra por no ser tan rica como pensaban.

Cortés, como supo que los navíos estaban surtos y que no habían querido salir a tierra, aunque los habían convidado a ello, fue hacia allá con una escuadra de su compañía. Llevó consigo a Escalante, por ver si alguno de los de los navíos salía a tierra, para tomar lengua e informarse de lo que quería; y después de andada una legua, topó con tres españoles que habían salido de los navíos, el uno de los cuales dijo que era escribano y los otros dos testigos, que venían a notificarle ciertas Escrituras que entonces no mostraron y a requerirle que partiese la tierra con el capitán Garay, echando mojones por parte conveniente, porque también él pretendía aquella conquista por primero descubridor y porque quería asentar y poblar en aquella costa veinte leguas de allí hacia poniente, cerca de Nautlán, que ahora se llama Almería. Cortés, con gracioso semblante, aunque sentía otra cosa, les dijo, que primero que nada le notificasen se volviesen a los navíos y dijesen al capitán que se viniese a la Veracruz con su armada, porque allí hablarían mejor en lo que conviniese, y se sabría qué era lo que pretendía; y que si tuviese alguna necesidad, le socorrería cuanto mejor pudiese; y que si venía, como ellos decían, en servicio del rey, que él holgaba mucho de ello, porque se preciaba de guiar y favorecer a los semejantes, pues estaba él allí también por el rey y todos eran unos. Ellos dijeron a esto que en ninguna manera el capitán Garay ni hombre de los suyos saldría a tierra ni vendría do él estaba. Esto dice Gómara, aunque conquistadores que se hallaron en ello, afirman no venir allí Garay, sino cierta gente suya con un teniente.

Cortés, como quiera que fuese, oída esta respuesta, entendió lo que sospechaba; prendiólos y púsose tras un médano de arena alto, frontero de las naos, donde cenó y durmió. Estuvo allí hasta bien tarde del día siguiente, esperando si Garay o algún piloto o otra cualquiera persona saldría a tierra para tomarlos e informarse de lo que habían navegado y el daño que dejaban hecho, con intento que por lo uno los enviaría presos a España, y [por] lo otro sabría si habían hablado con gente de Moctezuma. No cociéndosele el pan, viendo que los de los navíos se recelaban mucho y que no llegaban a tierra, entendió que debía de haber alguna mala trama urdida, y para certificarse de esto usó de un ardid, y fue, que hizo que tres de los suyos trocasen los vestidos con aquellos que habían venido, y que llegando a la lengua del agua, como que eran de los navíos, capeando, llamasen. Los de los navíos, o porque por los vestidos creyeron ser de los suyos, o porque los llamaron, enviaron en un esquife doce hombres aderezados con ballestas y escopetas. Los de Cortés, vestidos de los hábitos ajenos, como estaban enseñados, se apartaron hacia unas matas que por allí había, como que buscaban sombra por el recio Sol que hacía, que era a mediodía, para hablar más a placer, y también por no ser conocidos.

Los del esquife echaron en tierra dos escopeteros y dos ballesteros y un indio, los cuales caminaron derechos hacia las matas, pensando que los que estaban debajo de ellas eran sus compañeros. Arremetió entonces Cortés con otros algunos y tomáronlos antes que tuviesen lugar de volver al barco, aunque se quisieren defender. El uno de ellos, que era piloto, encaró la escopeta contra el capitán Escalante y no dio fuego, de cuya causa no le mató. Los de las naos, visto el engaño y burla no pararon allí más, y haciéndose a la vela, no esperaron a que llegase el esquife. De estos siete se informó Cortés cómo Garay había corrido mucha costa en demanda de la Florida, y tocando en un río y tierra cuyo rey se llamaba Pánuco, donde hallaron que había oro, aunque poco, y que sin salir de las naos habían rescatado hasta 3.000 pesos de oro y habido mucha comida a trueco de cosas de rescate, pero que nada de lo andado y visto había dado contento a Francisco de Garay, por no hallar mucho oro y no ser bueno lo poco que había.

Capítulo XXIV. Cómo Cortés volvió a Cempoala, y hecho un parlamento a los señores de ella, les hizo derrocar los ídolos

No pudiendo haber Cortés más claridad de los negocios de Garay, se volvió a Cempoala con los mismos españoles que había sacado de la Villa Rica. Salióle a recibir el señor del pueblo con otros muchos principales que le acompañaban; comieron juntos aquel día; hízole grandes caricias Cortés; renovóse el amistad.

Otro día, estando el señor de Cempoala con todos los principales en sus aposentos, por la lengua les hizo Cortés esta plática:

Señor y amigo mío, y vosotros, nobles caballeros: Entendido habréis el amistad y amor verdadero que os tengo, pues le he bien mostrado por las obras, siendo parte para que alanzásedes de vuestras cervices el duro yugo de servidumbre del gran señor Moctezuma, que de pocos años acá tenía puesto sobre vosotros, y de aquí entenderéis que lo que ahora os quiero decir va con el mismo amor y amistad, porque sé que, no solamente conviene al autoridad de vuestras personas y aumento de vuestro estado, pero (que es lo que más se ha de mirar) al descanso y gloria perpetua de vuestras almas, que son inmortales, y salidas de vuestros cuerpos han de tener, conforme al bien o el mal que en esta vida hobiéredes hecho, holganza o pena perpetua.

Haos tenido el demonio, que vosotros llamáis Tlacatecolotl, por muchos años muy engañado, para después para siempre atormentar vuestras almas, haciéndoos entender que hay muchos dioses, no habiendo ni pudiendo haber más de uno. Haceos adorar animales, bestias, fieras que vosotros soléis matar; haceos que sacrifiquéis a las piedras que ponéis en los cimientos de vuestras casas, negocio, por cierto, de harto desatino, porque en la tierra todas las demás criaturas sirven al hombre y no el hombre a ellas; por lo cual es menester que sepáis que hay un solo Dios, tan grande que en todo lugar está, tan poderoso que hizo los cielos y la tierra y la mar con todo lo que hay en ella, tan sabio que todo lo rige, tan bueno que perdona los pecados, tan justo que a nadie deja sin castigo. Este, por redemir al hombre, que por su culpa se había perdido, se hizo hombre y murió por nosotros en una cruz como ésta. En éste creed, a éste adorad, porque solo éste es nuestro Dios, criador y autor nuestro. Haréisle gran servicio si, dejando la falsa religión en que hasta ahora habéis vivido por engaño del demonio, derrocáredes y deshiciéredes vuestros ídolos, que no son sino palos y piedras, retratos de vuestro perseguidor, y levantad con gran reverencia la cruz en que fuistes redemidos y creed que el que en ella murió os dará bienes temporales sin derramamiento de vuestra sangre, victoria contra vuestros enemigos y después la gloria para que fuistes criados.

Oída esta plática con gran atención por aquel señor y sus caballeros, obrando Dios en sus corazones, respondieron en pocas palabras que les había parecido muy bien lo que les había dicho y que delante de él quebrantarían los ídolos, y poniendo la cruz, la adorarían, como se lo había dicho, porque entendían que aquel Dios que en ella murió debía de ser muy bueno, pues puso su vida por los hombres; y que pues los cristianos, que creían en él, eran tan valientes y sabios, no había que buscar otro Dios y que a éste recibían y querían.

Alegróse en extremo Cortés con esta respuesta; abrazó al señor y a otros principales; derrocáronse luego los ídolos; ayudaron los nuestros en ello; púsose una cruz grande en el templo mayor y otras en otros templos menores; hízose confederación con otros pueblos comarcanos contra Moctezuma; ellos le dieron rehenes para que estuviese cierto y seguro que le serían verdaderos y leales amigos y no faltarían de la palabra que habían dado, prometiendo de proveer de lo necesario a los españoles que quedaban de guarnición en la Veracruz; ofreciéronle toda la gente de guerra que hobiese menester; diéronle mil tamemes, que son hombres de carga para el servicio del ejército, para hacer agua y leña y llevar los tiros; recibió los rehenes, que fueron muchos, pero los señalados eran Mamexi, Teuch y Tamalli, hombres muy principales.

Cortés dejó al señor de Cempoala un paje suyo de edad de doce años, muchacho bien apuesto, para que aprendiese bien la lengua; y por que le tratasen bien, dijo que era su hijo; y así, después que los nuestros se partieron, tuvieron muy gran cuenta con él, haciéndole muchos regalos y buen tratamiento.

Concertadas las cosas de esta manera, se despidió Cortés del señor de Cempoala con muchos abrazos y lágrimas. Salieron con él buen trecho del pueblo todos los principales y mucha gente del pueblo, deseándole toda buena andanza contra el gran señor Moctezuma.

Capítulo XXV. Lo que a Cortés sucedió después que partió de Cempoala

Partido Cortés de Cempoala, que por su grandeza y asiento llamó Sevilla la Nueva, y que fue a 16 días de agosto del mismo año que entró en la tierra, sacó consigo, dejada la guarnición (que dije) en la nueva villa, cuatrocientos españoles (otros dicen que trescientos), con quince caballos (aunque otros dicen que trece), con seis tirillos y con mil y trescientos indios, así nobles y de guerra como tamemes, en que también entran los de Cuba. Los amigos eran de la serranía que llaman Totonicapán. Dicen algunos, y así lo escriben fray Toribio y Gómara, que la gente de Moctezuma dejó a Cortés y que le hizo gran falta para acertar el camino; pero muchos conquistadores de quien yo me informé, que se hallaron en la jornada, dicen que dos capitanes de Moctezuma que gobernaban lo sujeto al imperio de Culhúa, le acompañaron desde Cempoala hasta Tlaxcala y más adelante, y que con malicia llevaron a Cortés por la rinconada, por tierras ásperas y fragosas, de diversos temples, unas muy calientes, para que con la aspereza de los caminos y de estemplanza de las tierras enfermasen y muriesen los nuestros y así se excusase su ida a México.

Las tres primeras jornadas que nuestro ejército caminó por tierras de aquellos sus amigos fue muy bien recibido y hospedado, especialmente en Xalapa. Juntáronse aquí Cortés y Pedro de Alvarado, que traían partido el ejército entre sí, por no ser molestos a los pueblos do llegaban, y allí, por descuido, se quedó un potrillo que venía con las yeguas y caballos, que después pasado año y medio hallaron hecho buen rocín entre una manada de venados, de los cuales nunca se había apartado, que, enfrenado, fue un buen caballo y sirvió bien en la guerra.

El cuarto día llegó el ejército a Sicochimalpo, que es un lugar muy fuerte, puesto en áspero lugar, porque está en una ladera de una agria sierra. Tiene hechos a mano dos escalones que sirven de entrada, tan angostos que apenas pueden entrar hombres de a pie, cuanto más de a caballo. Si los vecinos quisieran, fuera imposible entrar los nuestros; pero, como después se supo, tenían mandado de Moctezuma para hospedarlos y proveerlos y aún les dijeron que pues iban a ver a su señor Moctezuma, que estuviesen ciertos que era su amigo y que por todas sus tierras serían muy bien recibidos.

Tenía este pueblo en lo llano muchas aldeas y alcarías de a trescientos y a quinientos vecinos labradores, que por todos serían hasta seis mil vecinos. Sacaba de allí Moctezuma, cuando quería, cuatro o cinco mil hombres de guerra. Llamábase la provincia del nombre del pueblo; era sujeto a

Moctezuma; gobernábala un señor que por extremo proveyó bien el ejército y dio lo necesario para la jornada de adelante. Agradecióselo Cortés, dándoles a entender que sería muy servido Moctezuma, a quien él iba a ver por mandado de un grandísimo señor que se llamaba el emperador de los cristianos; dióle de paso a entender otras cosas de nuestra religión y poder de los cristianos, de que aquel señor quedó muy espantado. Despedido de él de esta manera, pasó una sierra muy alta por el puerto que llamó Nombre de Dios, por ser el primero que en estas partes había pasado, el cual era sin camino, tan áspero y alto que no hay en España otro tan dificultoso de subir, pues tiene tres leguas de subida. Pasóle seguramente, porque a haber contradicción se padeciera gran trabajo y peligro. Hay en esta sierra muchas parras con uvas y árboles con miel; a la bajada había otras alcarías de una villa y fortaleza que se llama Texuán; que asimismo era de Moctezuma, donde asimismo con el pueblo de atrás fueron muy bien recibidos y proveídos de lo necesario, porque así lo tenía mandado Moctezuma. Díxoles Cortés algunas cosas, dándoles cuenta de su venida; despidióse de ellos con mucha gracia. Antes que llegase a este pueblo, no creyendo que fuera tan bien proveído, mandó soltar dos tiros; salieron los indios al ruido, dijeron que no los espantase, que ellos le proveerían de lo necesario. Cortés les respondió lo hiciesen así, porque si no se enojarían los tiros y les echarían el cerro encima.

    Desde aquí anduvo tres jornadas por tierra despoblada, inhabitable y salitral donde fueron bien menester los regalos pasados y el buen tratamiento que el ejército tuvo, porque pasó necesidad de hambre y mucha más de sed, a causa de ser toda el agua que toparon salada, y muchos españoles que con la demasiada sed bebieron de ella adolecieron, aunque ninguno murió. Sobrevínoles luego un turbión de piedra y con él gran frío que los puso en mucho trabajo y aprieto, pues los españoles lo pasaron aquella noche muy mal, porque acudió sobre la indisposición que llevaban. Los indios corrieron tanto riesgo que aina perecieran; murieron algunos de los de Cuba, así por ir mal arropados, como por no estar hechos a las frialdades de aquellas montañas.

Capítulo XXVI. Lo que acaeció a ciertos españoles de la Nueva Villa entretanto que marchaba el ejército, y de lo que más sucedió a Cortés en el camino en Zacatani

En el entretanto que nuestro ejército caminaba para México, doce españoles, con los cuales iba Escalante, que era alguacil mayor, porque con el cargo de capitán quedaba en la villa Francisco Álvarez Chico, persona de mucho gobierno, salieron de ella a ranchear, y no dándose [a] acato, dieron en un pueblo que los nuestros llamaron Almería, donde estaba una guarnición de Moctezuma de quince mil hombres, los cuales, como estaban avisados por su señor que, como pudiesen, tomando algún español, se lo enviasen, porque, aunque desde que entraron los nuestros en el puerto, tenía por las pinturas que le enviaban noticia de nuestro ejército y de las cosas de él deseaba ver alguno de los nuestros, porque los tenía por más hombres; y de esta causa, por haber alguno a las manos, trabaron batalla con los nuestros, la cual duró hasta la noche. Murió en ella Escalante; tomaron a uno mal herido; los demás con la oscuridad de la noche se escaparon por las sierras, dando mandado a la Villa Rica. El herido llevaron los indios en una hamaca a México, y por mal curado murió en el camino. No lo quiso ver Moctezuma porque ya iba muy corrompido, pero mostráronle las cabezas del que murió en la batalla y del que falleció en el camino. Mirólas por gran rato y dijo que ya se desengañaba de pensar ser aquellos hombres inmortales, aunque, como lo mostraban en los rostros, debían ser muy valientes. Dicen que se le mudó el color, porque por los pronósticos que tenía, entendió que habían de ser de aquellos los que le habían de quitar su señorío y traer nueva ley, ritos y costumbres a su tierra.

Volviendo al camino que hacía nuestro ejército, a la cuarta jornada de mala tierra, prosiguiendo su viaje adelante, subió una sierra muy áspera, y porque hallaron en la cumbre de ella al parecer como mil carretadas de leña cortada, puesta en orden a manera de baluarte, cerca de una torrecilla donde había unos ídolos, llamaron a aquel puerto el Puerto de la Leña, pasado el cual, dos leguas adelante, dieron en tierra estéril y pobre, y de ahí vinieron a un lugar que se llamaba Zacatlani, y no Castilblanco, como dice Gómara, porque está más adelante. Estaba este pueblo en un valle muy hermoso que se dice Zacatami, en el cual había casas muy bien labradas, porque eran de cantería, especialmente las del señor, que eran muy grandes y de mucha majestad; tenía muy grandes salas y aposentos, y, finalmente, era tan real que hasta entonces los nuestros no habían visto cosa semejante. Aquí Cortés mandó azotar a un soldado porque había hecho cierto agravio a un indio, contra lo que él tenía mandado, con que mucho se hizo respetar de los suyos y amar y servir de los extraños.

El señor del pueblo se llamaba Olintetl, el cual recibió a Cortés con mucho amor. Aposentóle, en su casa; proveyó a toda su gente, muy cumplidamente; hízolo así porque, como después él dijo, tenía mandamiento de Moctezuma que honrase y sirviese en cuanto pudiese a Cortés; y así, por hacer todo lo a él posible por fiesta y alegría de la llegada de los nuestros, sacrificó cincuenta hombres, y esto poco antes que los nuestros llegasen, porque hallaron la sangre fresca y limpia. Hubo muchos del pueblo que trajeron en hombros y en hamacas las personas señaladas del ejército hasta entrar en los aposentos, que es como si los llevaran en andas; honras fueron ambas las mayores que pudieron hacer, y solo por mandárselo así Moctezuma. Salió el señor, que era tan gordo que los nuestros le llamaron el Temblador, a la puerta de la casa a recibir a Cortés; llevábanle de los brazos dos mozos fuertes, los más nobles de su casa; recibiéronse con mucho amor y comedimiento. Dijo a Cortés que por estar tan pesado en carnes, como veía, no le había salido a recibir; que fuese bien venido y descansasen él y los suyos en aquel su pueblo y casa, porque serían con toda voluntad hospedados.

Cortés, por los intérpretes, que eran Marina y Aguilar, le dio las gracias. Entráronse de esta manera juntos al aposento, que estaba aderezado para Cortés, donde en el entretanto que se aderezaba la comida, sentados comenzaron a hablar, estando en pie muchos caballeros de los nuestros y de los de la casa y familia de aquel señor. Cortés por lengua de Marina y Aguilar le dijo la causa de su venida y otras muchas cosas tocantes al honor y gloria de Dios y de su rey, casi por la misma manera que las había dicho a los caciques y señores con quienes antes había tratado. El señor mostró holgarse mucho con tan nueva relación de cosas. Respondióle prudentemente, porque era hombre de mucha experiencia y bien entendido en negocios, así de guerra como de paz. Al cabo de la plática le preguntó Cortés (porque vía la majestad y grandeza con que se servía) si era amigo, aliado o vasallo de

Moctezuma. A esto estuvo callado un gran rato, tanto que le dijo Cortés casi como enojado que cómo no le respondía. Entonces, como quien despierta de sueño, con un sospiro arrancado de las entrañas, rasándosele los ojos de agua, como maravillado de aquella pregunta, respondió: «¿Y quién no es esclavo y vasallo de Moctezuma?», dando, a lo que se pudo colegir, a entender el grande y tiránico poder de Moctezuma, del cual le parecía que no había señor en el mundo que se pudiese librar.

A esto Cortés le replicó que de la otra parte del agua había otro muy mayor señor, que era el emperador y rey de España, a quien servían muchos príncipes y reyes, y que él era uno de los menores vasallos suyos, que por su mandado venía a ver aquella tierra y conocer a Moctezuma y a los otros señores de ella. Rogóle fuese servidor de tan gran príncipe y que en reconocimiento de esto, si tenía oro, le sirviese con él. A esto respondió que no haría otra cosa sino lo que su señor Moctezuma le mandase, así en tener la amistad de aquel tan gran príncipe que decía, como de enviarle oro, aunque tenía harto. A esto no replicó Cortés, porque le pareció que no era tiempo y vio en él y los suyos que eran hombres de corazón y gente belicosa; y por no parecer que le atajaba, le rogó le dijese el estado y grandeza de Moctezuma, pues iba a besarle las manos, el cual le respondió como holgándose de haberse ofrecido aquella ocasión, y dar a entender que no podía haber otro señor tan grande como el suyo:

> Moctezuma es señor de muchos reyes y tan grande que en el mundo no conocemos otro igual, cuanto más superior; sírvenle muchos señores en su casa, los pies descalzos y los ojos puestos en el suelo; tiene treinta vasallos que cada uno tiene ciet mil combatientes; sacrifica cada año veinte mil personas y algunas veces cincuenta mil; reside en la mayor, más linda y más fuerte ciudad de todo lo poblado, porque está puesta sobre agua, y para su servicio hay más de cuarenta mil acales, que son canoas; su casa y corte es grandísima, muy noble y muy generosa; acuden a ella muchos príncipes de toda la tierra; sírvenle a la contina grandes señores; sus rentas y riquezas son increíbles, porque no hay nadie, por gran señor que sea, que no le tribute, y ninguno tan pobre que no le tribute algo, aunque no sea sino la sangre del brazo; sus gastos son excesos, porque aliende de las expensas de su casa, tiene continuamente guerra, sustentando grandes ejércitos.

Maravillóse Cortés y los nuestros de tan grandes cosas, y cierto eran así, como después pareció, aunque no dejaron de creerle por ser hombre de tanta autoridad y que lo decía como hombre que lo había visto.

Estando así en estas pláticas, llegaron dos señores del mismo valle a ver a los nuestros. Presentaron a Corta cada uno cuatro esclavas y sendos collares de oro de no mucho valor. Recibiólos muy bien Cortés; respondióles por las lenguas que les agradecía el presente y voluntad; ofrecióles su persona cuando la hobíesen menester; hablaron un rato con Olintetl; despidiéronse luego y fuéronse.

Era Olintetl, aunque tributario de Moctezuma, señor de veinte mil vasallos; tenía treinta mujeres, todas en una casa, con las de cien otras que las servían; tenía dos mil criados para su servicio y guarda. El pueblo, era tan grande; tenía trece templos, cada uno suntuoso, con muchos ídolos de piedra de diferentes figuras, abogados para diferentes casos; sacrificabanse delante De éstos, conforme a lo que se les pedía, hombres, niños, mujeres, palomas, codornices y otras cosas con sahumerios y gran veneración.

En este pueblo y en su comarca tenía Moctezuma cinco mil soldados en guarnición y frontera; tenía postas de hombres dobladas, puestas por breves trechos, que llegaban hasta México, por las cuales en muy poco espacio sabía, por muy lejos que fuese, lo que pasaba.

Acabó Cortés de entender la grandeza y mucho poder de Moctezuma, aunque antes había entendido gran parte, y fue tan grande su valor que ni en público ni en secreto mostró arrepentimiento de haberse puesto en tan grave y dificultoso negocio; antes, cuanto más dificultades, inconvenientes y temores le representaban algunos de los que con él iban, diciéndole que para un español había tres mil indios y que ellos estaban en su tierra tan amigos, como había visto, desobedecer a su señor, que tenían por gloria morir por él, y él, que estaba en el ajena, no sabida ni entendida, y que no con armas, sino a puñados de tierra, podrían ser todos hundidos y acabados, por ser el número de los enemigos casi infinito, le eran mayores espuelas para ir a ver y señorear tan gran poder como él vía y todos le decían, [y] con ánimo invencible que le prometía el dominio y señorío de tan gran imperio, dijo las palabras que por devisa en las columnas traía el emperador, con el favor de

Dios: «Señores, pues llevamos tan buena empresa, "plus ultra"», que quiere decir «más adelante».

Capítulo XXVII. Cómo Cortés, prosiguiendo su jornada, fue recibido en Castilblanco y despachó mensajeros a los tacaltecas

Estuvo Cortés en Zacatlán cinco días, porque tenía fresca ribera y la gente de aquel valle era apacible; puso muchas cruces en los templos, derrocando los ídolos, como lo hacía en cada lugar que llegaba y por los caminos, y dejando muy contento a Olintetl, porque le dio algunas cosillas y le trató con mucho amor y respeto, acompañándole los principales buen trecho fuera del pueblo, se despidió. Fuéronle sirviendo muchos indios hasta otro pueblo que los españoles, por la ocasión que para ello daba, llamaron Castilblanco. Era de Yztacmachtitlán, uno de aquellos señores que le presentaron las esclavas y collares; estaba dos leguas de Zacatlán, río arriba. Está este pueblo en llano, par de una ribera; tiene dos leguas a la redonda, muchas caserías que casi tocaban unas con otras; extendíase su señorío todo por hermosa población y por lo llano del valle cerca del río tres o cuatro leguas; en un cerro muy alto estaba la casa del señor, con la mejor fortaleza que había en toda la tierra y mejor cercada de muro, barbacana y cavas; en lo alto del cerro había una población de cinco o seis mil vecinos, de muy buenas casas y gente algo más rica que la del valle abajo, y porque la fortaleza blanqueaba mucho desde lejos y las casas que estaban en lo alto, llamaron los nuestros al pueblo Castilblanco.

Fue aquí Cortés muy bien recibido, porque estaban ya avisados; reposó allí tres días, para repararse del camino y trabajo pasado que el ejército tuvo en el despoblado; hiciéronle muchos mitotes, que son danzas y bailes a su costumbre y otras fiestas, así por obedecer a Moctezuma, como, porque son algo envidiosos, por parecer a Olintetl; detúvose también por esperar los mensajeros cempoaleses que habían enviado desde el pueblo antes a los tlaxcaltecas. Lo que contenía la embajada era que él estaba informado del señor de Cempoala y de los demás señores de aquella comarca, amigos y confederados suyos, las grandes guerras y enemistades que con tanta razón tenían con Moctezuma, de quien muchos años atrás habían recibido muchos daños y agravios; que él iba a México y había de pasar por su tierra, que les rogaba lo tuviesen por bien; y que si querían favorecerse de él en sus guerras contra Moctezuma, que él lo haría con la voluntad y amor que verían. Movieron a Cortés a que enviase estos mensajeros los nobles y otra gente principal que de Cempoala venía con él, diciéndole que los tlaxcaltecas eran muchos y muy fuertes y grandes enemigos de Moctezuma, pues continuamente tenían guerra con él y que sabiendo ellos que los cempoaleses y totonaques, sus amigos y aliados, se habían confederado con los nuestros, ofrecerían con gran voluntad sus casas y personas, aunque a los principios sucedió al contrario, creo que por experimentar los tlaxcaltecas el valor y esfuerzo que en los nuestros había.

Creyó Cortés que fuera así como los cempoaleses se lo habían dicho, porque hasta entonces le habían tratado mucha verdad, y así pensaron que lo trataban en esto, porque eran bastantes las enemistades y guerras que los tlaxcaltecas tenían con Moctezuma, para pensar que, viniendo los nuestros en su ayuda, los salieran a recibir y acariciarían, como ellos habían hecho. Aquí tuvieron los nuestros noticia que Tlaxcala era una ciudad tan grande que tenía seiscientas plazas, y hubo quien con ánimo generoso dijese: «Buenos vamos, que a cada uno de nosotros caben dos plazas».

Capítulo XXVIII. Cómo las cuatro cabeceras de Tlaxcala, oída la embajada de Cortés, entraron en su acuerdo, y de las diferencias que entre ellos hubo

En el entretanto que Cortés iba a Castilblanco y reposaba allí, los cuatro embajadores cempoaleses entraron en Tlaxcala con cierta señal que solían llevar los mensajeros, a manera de correos, para ser conocidos e ir seguros. A la entrada dieron mandado cómo venían así de parte de Cortés como de los de Cempoala. Saliéronlos a recibir a su costumbre algunos principales de Tlaxcala; lleváronlos a las casas de su cabildo, donde después de haberles dado de comer, se juntaron a cabildo los cuatro señores que llaman cabeceras de Tlaxcala, con otros muchos de sus principales que eran del consejo de gobernación y guerra. Estando así juntos, mandaron entrar los embajadores, los cuales, hecha gran reverencia, como en lugar de tanta majestad se requería, estuvieron en pie un rato sin hablar palabra, esperando les mandasen dijesen a lo que eran venidos. Entonces Xicotenga, que era uno de los cuatro señores que gobernaban aquella provincia, les dijo que propusiesen su embajada. Los embajadores entonces, hecho otro comedimiento, rogándose los unos a los otros, dieron los tres la mano y el proponer al más anciano, el cual, haciendo cierta ceremonia, tendiendo la mano, trayéndola a la boca, dijo:

> Muy valientes y grandes señores, nobles caballeros: Los dioses os guarden y den victoria en las guerras y batallas que tenéis contra vuestros enemigos. El señor de Cempoala y los otros señores totonaques se encomiendan mucho en vosotros y os hacen saber que de allá, las partes de oriente, en grandes acales, han venido unos teules, hombres barbudos, muy fuertes y animosos, los cuales les han ayudado y favorecido contra las guarniciones de Moctezuma y los han puesto en grande, libertad. Su capitán se llama Fernando Cortés. Dice que él y los suyos son vasallos de un muy poderoso y gran rey y que de su parte viene a verse con Moctezuma, vuestro capital enemigo. Dicen los cempoales y totonaques que será bien que, como ellos, tengáis por amigos a estos valientes, porque aunque son pocos, valen más que muchos de nosotros; y porque entendemos que para contra Moctezuma su amistad os será provechosa, aconsejamos a Cortés, que ha de pasar por esta ciudad, enviase mensajeros haciéndoos saber su venida, el cual por nosotros os besa las manos y dice que para verse con Moctezuma, como el emperador, su señor, le manda, le es necesario pasar por esta vuestra ciudad; que os suplica lo tengáis por bien, pues su deseo es contentaros en todo lo que se os ofreciere, poniendo a ello su persona y gente, y que tiene sabido las guerras que de muchos años a esta parte tenéis traído con él y los agravios y daños, aunque les habéis hecho otros, que habéis recibido; si para esto su ayuda os es necesaria, os la ofrece.

Acabada esta embajada, Magiscacín, que era otro señor de los cuatro, los mandó sentar un poco; y después de haber callado todos algún espacio, les dijo en nombre de aquella insigne república fuesen bien venidos y que besaban las manos a los cempoaleses y totonaques por el consejo que les daban y que holgaban mucho de que se hobiesen librado del duro imperio y señorío de Moctezuma; y porque era menester espacio para responder a lo demás que tocaba a la venida de Hernando Cortés, que se holgasen en aquella ciudad algunos días, como en propia casa, en el entretanto que se resumían en lo que debían hacer.

Con esto se salieron los mensajeros del Ayuntamiento, y quedando ellos solos tuvieron silencio por un rato, mirándose unos a otros. Cada uno esperaba que el otro hablase primero, hasta que Magiscacín, que era uno de los que gobernaban la señoría de Tlaxcala, hombre de mucho reposo y juicio, de noble condición, bienquisto en aquella república, tomando la mano, o porque era más antiguo, o porque en las cosas de consejo era el que primero proponía, dijo:

Caballeros, señores y amigos míos que aquí os habéis juntado para oír la embajada que los cempoaleses han traído: Entendido tendréis tres cosas de ella: la primera, que nuestros amigos, enemigos de nuestro enemigo, nos aconsejan hospedemos a estos caballeros que, según su valor y manera, más parecen dioses que hombres como nosotros; la segunda, que de ellos podremos ser ayudados para tomar venganza de nuestro enemigo que, a la contina, con su poder, nos tiene encerrados en estas sierras sin poder gozar de los mantenimientos y trajes que las otras gentes gozan; la tercera es que nos pide el capitán de estos invencibles y valientes caballeros que le demos pasaje por nuestra tierra y le hospedemos el tiempo que en ella estuviere, ofreciéndonos su persona y las de sus caballeros. Cosa es esta que en buena razón no se le puede negar, especialmente yendo como va contra nuestro enemigo, y nuestros dioses nos enseñan a hacer caridad con los peregrinantes; si no los recibimos, parecerá que somos crueles y, lo que más se ha de huir, que somos cobardes, que no los osamos recibir, temiendo que nos han de hacer algún daño, teniendo entendido lo contrario por experiencia y por lo mucho que de ellos dicen los de nuestra nación.

Lo que sobre todas tres cosas me parece que debemos responderle es que venga norabuena y salir con toda alegría a le recibir, porque si los españoles, que los cempoaleses y los otros que los han tratado llaman dioses y los tienen por inmortales, quieren, fácil les será pasar por nuestra tierra a nuestro pesar y destruirnos a todos, de lo cual recibiría nuestro capital enemigo Moctezuma gran contento. Allégase a esto, que no poco confirma mi parecer, lo que nuestros antepasados nos dejaron en nuestros annales y pinturas: que vendrían unos hijos del Sol, en trajes y costumbres diferentes de nosotros, de muy lejas tierras, en unos acales grandes, mayores que casas, y que, aunque en número no serían muchos, serían tan valientes que uno podría más que mil de vosotros; que destruirían nuestros ídolos e introducirían nueva religión, costumbres y leyes, y que luego cesaría el imperio y mando de Moctezuma, y que estos invencibles dioses harían su asiento en nuestra tierra y que vendrían enviados por un grandísimo señor que un Dios muy poderoso favorecía y ayudaba para que cesase el derramamiento de sangre, la tiranía, la sodomía y otros abominables delitos que hasta ahora por subjestión de un príncipe de tinieblas, que nosotros llamamos Tlacatecolotl, con tanto perjuicio nuestro, han reinado. Y pues vemos cumplido lo que nuestros antepasados profetizaron tan claramente y las fuerzas humanas no bastan a resistir al poder divino y a las cosas que del cielo vienen, no hay para qué ya yo os diga más, sino que todos con alegre el ánimo salgamos a recibir a estos dioses, que me parece vienen en nombre de algún poderoso Dios, y mirad lo que en fin de esta mi plática os digo, porque así me lo dice mi corazón: que si hiciéredes lo contrario, morirán muchos de los nuestros y, aunque no queráis, entrarán por fuerza en nuestra tierra y casas, porque no se puede dejar de cumplir lo que nuestros antepasados, que eran mejores que nosotros, nos dijeron en sus Escrituras. Esto es lo que siento; vosotros ved lo que os parece, que el tiempo os dirá, si lo contrario quisierdes hacer, haberos yo aconsejado bien.

Como Magiscacín era hombre de mucha prudencia y de afable conversación, era tenido en su república en grande estima, aunque la gente de guerra seguía más a Xicotencatl, por ser bullicioso y aun venturoso en las batallas; y así, aunque hasta que habló Xicotencatl pareció bien a todos su razonamiento, los republicanos y hombres de auturidad y experiencia, que eran los menos, estuvieron en su parecer, porque, como luego respondieron, tenían por acertado subjetarse a la voluntad de los dioses, ir contra la cual sería locura; pero luego Xicotencatl, que a la sazón era capitán general del estado, por quien principalmente se gobernaban las cosas de la guerra, conturbando el parecer de Magiscacín, deseoso de venir a las manos con los nuestros, engañado con los buenos sucesos que poco antes había tenido en dos batallas campales contra mexicanos, persuadido de esto, contradijo apasionadamente el parecer de Magiscacín, diciendo de esta manera.

Capítulo XXIX. La brava plática que Xicotencatl hizo contradiciendo a Magiscacín

Valerosos y esforzados caballeros, capitanes, muro y fortaleza de la inexpugnable señoría de Tlaxcala: Si no tuviera entendido [que Magiscacín] desea más el descanso y buen tratamiento de vuestras personas que la gloria que con vuestros belicosos trabajos habéis de alcanzar, haciéndoos cada día más señalados contra el emperador Moctezuma, que todo lo ha sujetado, sino ha sido a vosotros, creyera que sus aparentes y bien ordenadas razones tuvieran fuerza para que yo y todos vosotros viniéramos en su parecer, perdiendo la mejor ocasión que jamás se nos ha ofrecido para señalar y mostrar nuestras personas, haciéndolas memorables para todos los siglos venideros; y porque entendáis la razón que tengo en contradecir, respondiendo en suma a lo que Magiscacín dijo, os descubriré lo que por ventura todos no sabéis.

Dice Magiscacín que el hospedar a los forasteros es precepto de los dioses y que en buena razón se usa. Esto es cuando los huéspedes no vienen a hacer daño: pero sí cuando, para conocer nuestras fuerzas, vienen a hacerse amigos, el daño es mayor, porque con dificultad resistimos al enemigo casero. Dice también que estos españoles, que él sin razón llama dioses, son los que han, de señorear esta tierra, conforme a los pronósticos que de ello hay. A esto respondo dos cosas: la una, que los más de los pronósticos han sido falsos; la otra, que no sé yo si son éstos o otros los pronosticados; a lo menos, paréceme que no haremos el deber si no viéremos, para qué son, porque si los halláremos mortales como nosotros somos, no nos habrán engañado; y si fueren inmortales y más poderosos que nosotros, fácil será el reconciliarnos con ellos, porque no me parecen a mí dioses, sino monstruos salidos de la espuma de la mar, hombres más necesitados que nosotros, pues vienen caballeros sobre ciervos grandes, como he sabido; no hay quien los harte; dondequiera que entran, hacen más estrago que cincuenta mil de nosotros; piérdense por el oro, plata, piedras y perlas; parécenles bien las mantas pintadas; son holgazanes y amigos de dormir sobre ropa, viciosos y dados al deleite, a cuya haraganía el trabajo, la labor y coa, debe ser odioso; y así, creo que, no pudiéndolos sufrir el mar, los ha echado de sí; y si esto pasa, como digo, ¿qué mayor mal podría venir a nuestra patria que recibir en ella por amigos a tales monstruos, para que quedemos obligados a sustentarlos a tanta costa de nuestras haciendas, que aun para hartar de maíz aquellos mochos venados que traen, no bastarán nuestros campos?; pues para ellos, ¿qué gallinas, qué conejos, qué liebres bastarán? Donosa cosa sería que estando nosotros habituados a tanta esterilidad, pues aun sal no tenemos, ni mantas de algodón con que nos cubramos, contentos con el maíz y hierba de la tierra, viniésemos a ponernos en mayores trabajos, haciéndonos esclavos para sustentar los advenedizos. No es, pues, razón que los que derramamos nuestra sangre por defender nuestra patria y vivir sin servidumbre, metamos en ella por nuestra voluntad quien nos haga tributarios.

Informaos de los mercaderes que van y vienen a esta Señoría y entenderéis que es poco lo que yo os he dicho, y considerad que si cuando vencemos a los de Culhúa y traemos los enemigos vencidos y atados no caben a bocado cuando los comemos en nuestras parentelas, ¿qué necesidad padeceremos si, recibiendo a éstos, los hemos de sustentar? De adonde, pues la invencible Tlaxcala no tiene otras riquezas que el arco, flechas, macana y fuerte rodela, ni otro mayor bien que la tostada y arrojadiza vara con que atravesamos al enemigo, no hay para qué rendir y entregar nuestra defensa a los que no conocemos, pues estamos en ásperas y fuertes sierras. Muchos sois en número y no menos valientes en esfuerzo; los que vienen no saben la tierra ni los pasos, fácil será, si quieren venir, el resistirlos y aun hacerlos volver atrás, huyendo. Yo en lo que en mí es no os faltaré, y prometo, como lo habéis visto, de ser el primero y acometer al más fuerte; de adonde, si de los dioses, como es razón, estáis confiados que nos darán victoria, si pensáis que sois los mismos que tantas veces habéis vencido ejércitos de Moctezuma, si queréis vuestra libertad, que excede a todo precio, si amáis a vuestras hijas y mujeres, si procuráis que vuestra religión esté en pie, y si, finalmente, no queréis perder el nombre de tlaxcaltecas que tanto temor pone a nuestros enemigos, seguidme, morid conmigo, que más vale que por estas tan importantes cosas muramos como valientes en el campo que, perdiéndolas como mujeres, las ofrecamos desde nuestras casas a los forasteros, de quien tanto mal nos puede venir.

Mucho alteró los pechos de los oyentes este bravo razonamiento de Xicotencatl; comenzó entre ellos un murmurio, hablando los unos con los otros, iban creciendo las voces, declarando cada uno lo que sentía; y como eran los pareceres diferentes, que los republicanos seguían el de Magiscacín y los soldados y capitanes el de Xicotencatl, estaba aquel Ayuntamiento, diviso, hasta que Temilotecutl, uno de los cuatro señores que entonces era Justicia mayor, haciendo señal que quería hablar, callando todos, con una madura gravedad que puso atención, dijo así.

Capítulo XXX. La plática que hizo Temilutecutl, justicia mayor de Tlaxcala

Señores y amigos míos: No me maravillo que, como acontece en todas las consultas que importan algo, haya contradicción y variedad de pareceres en ésta, porque no hay negocio en las casos humanas tan claro que no tenga haz y envés, y que, tratado por buenos entendimientos, por muy fácil que sea, no se haga dificultoso. Acontece también para la determinación de algunas cosas en las cuales uno dice sí y otro no, que conviene ni del todo seguir el sí ni del todo dejar el no, como se ha ofrecido en el negocio que ahora entre las manos tenemos, en el cual los señores Magiscacín y Xicontencalt son contrarios, porque el señor Magiscacín dice se reciban estos nuevos huéspedes, y lo contrario defiende el señor Xicotencatl. Ambos, aunque contrarios, tienen razón, y cada uno debe ser alabado por su buen parecer; pero, si a vosotros, señores, parece, ha de ser tomado de cada uno lo que más conveniente fuere para la determinación de nuestro negocio; y así, cada uno de vosotros, señores, quedará contento de haber con razón defendido su parte. Será, pues, el medio que resultará de los dos extremos, que usemos de un mañoso ardid que creo aplacerá a todos, especialmente al muy valeroso y sagaz Xicotencatl el viejo, padre de nuestro general, que por estar ciego no sigue la guerra, y es que enviemos nuestros embajadores al capitán Cortés con graciosa respuesta, diciéndole que con su venida recibimos todos mucha merced y que cuando venga a esta ciudad será muy bien recibido. En el entretanto que él viene con su gente, el señor Xicotencatl tendrá concertado con los otomíes le salgan al camino, y allí le dará la batalla una vez y muchas hasta que veamos para qué son éstos que de tan lejos vienen, que nos dicen ser dioses; y por otra parte, como dijo el señor Xicotencatl, tienen hambre y sed y aman las cosas que, siendo dioses, habían de menospreciar y tener en poco, lo cual arguye ser hombres, y aun no tan abstinentes como nosotros. Si los nuestros vencieren, nuestra ciudad y provincia habrá ganado perpetua gloria y quedaremos con mayores fuerzas contra nuestro cotidiano enemigo Moctezuma, libres de las pesadumbres y trabajos que el señor Xicotencatl ha contado; y si fueren tan valientes y tan valerosos que los nuestros no los puedan empescer, diremos que los otomíes son bárbaros y gente sin conocimiento ni comedimiento, y que sin nuestra voluntad y parecer y sin saberlo nosotros, para se lo poder estorbar, no sabiendo lo que hacían, salieron a ellos; por manera que, como, señores, veis, si esto se hace, el señar Magiscacín y el señor Xicontencatl han dicho bien y nosotros jugamos al seguro. Este es mi parecer; ahora ved, señores, qué es lo que a todos os parece, y si otro medio hay mejor yo lo seguiré, porque no es otro mi fin sino procurar querer y hacer todo lo que más al bien común perteneciere, dejada toda honra y gloria de salir con mi parecer.

Acabado Temilotecutl su razonamiento, que dio gran contentamiento a todos, sosegó y aplacó las diferencias; y así, unánimes y sin contradicción alguna, determinaron se pusiese luego por obra lo que había dicho, porque cierto en las cosas dudosas que por ambas partes tienen pro y contra, un buen medio hace mucho y no puede proceder sino de muy buen seso y gran experiencia de negocios.

Fue cosa de ver cómo antes que saliesen de su cabildo se levantaron todos y abrazaron a Temilutecutl, dándole gracias y diciéndole que era la prudencia de su república, que los dioses estaban en su corazón y hablaban en su boca; alabaron mucho, demás del medio que había dado, la templanza y humildad con que había comenzado y acabado su plática.

Sosegados todos y tornándose a sentar, como lo tenían de costumbre, mandaron llamar a los mensajeros; diéronle la repuesta que estaba determinada, aunque, con ocasión de cierto sacrificio, los detuvieron hasta que supieron que Cortés venía; y los otomíes, por industria de Xicotencatl, le salieron al encuentro y pasó entre ellos lo que después diré. Y porque al presente se hace mención de los embajadores, y no son de callar ni pasar pues silencio las ceremonias de que usaban y cómo eran recibidos y despachados, diré en el capítulo que se sigue, por ser muy nuevo y peregrino, lo, que en ellas había.

Capítulo XXXI. Las insignias de los embajadores y de cómo eran recibidos y despachados

Eran, como es del derecho de las gentes de los indios de la Nueva España, tan inviolables los embajadores, tenían tan diferentes señales de las que se usan entre todas las naciones del mundo, eran tratados y recibidos con tanta ceremonia y honor, que demostraban ser cosa sagrada, tanto que, aunque estas gentes, bárbaras de su condición, son más vengativas que todas las del mundo, respetaban a los embajadores de sus mortales enemigos como a dioses, teniendo por mejor violar cualquiera otra ceremonia y rito de su falsa religión que pecar contra los embajadores, aunque fuese en cosa muy pequeña, porque por la tal, no menos que si fuera muy grave, eran con mucho rigor castigados, diciendo que, por los embajadores se confiaban de ellos, no debían en un punto ser engañados.

Su manera, pues, de caminar para ser conocidos en tierras de sus enemigos era qué cada uno llevaba una delgada manta, de punta a punta torcida, revuelta al cuerpo, que cubría el ombligo, con dos nudos a los lomos, de manera que de cada nudo sobrase un palmo de manta. Con esta manta había de entrar cubierto cuando diese la embajada; sin ésta llevaba otra de algodón grueso, de tal manera doblada, que hacía un pequeño bulto enroscado; llevábala echada con un pequeño cordel por el pecho y hombros; llevaba en la mano derecha una flecha por la punta, las plumas hacia arriba, y en la izquierda una pequeña rodela y una redecilla en que llevaba la comida que le bastaba hasta llegar do había de dar la embajada. Entrando por tierra de enemigos, había de ir el camino derecho sin salir de él a la una ni a la otra parte, so pena de perder la libertad y derechos de embajador y estar condenado a muerte, la cual le daba el señor a quien llevaba la embajada.

Llegado que era al pueblo donde había de parar, era luego conocido por el traje, y los oficiales de la casa del señor a quien iba le salían a recibir; mandabánlos los reposar en la calpisca, que era casa del común del pueblo, donde, conforme a la calidad del señor que le enviaba, se le hacía en el comer y en todo lo demás el tratamiento más o menos, según convenía. Hecho esto, los oficiales decían al señor cómo había venido mensajero, el cual mandaba que viniese; iba después de haber almorzado primero, porque la comida era muy tarde, muy compuesto, callado y como recapacitando consigo lo que había de decir, acompañado de los principales de la casa con rosas en las manos que ellos le habían dado. Llegado a palacio paso ante paso, los ojos en tierra, entraba donde el señor estaba sentado con toda la majestad a él posible; haciéndole un muy gran acatamiento, se ponía en la mitad de la sala, sentado sobre sus pantorrillas, pegados los pies y recogida la manta con que todo se cubría. Hacíale señal el señor que hablase, y luego él, hecho otro acatamiento, la voz baja, los ojos en tierra, con muy grandes cortesías y comedimientos y ornato de palabras, de que se preciaban mucho, proponía su embajada. Oíale el señor con los principales que con él estaban, sentados a su uso y costumbre, que era sobre unos banquillos bajos de una pieza que ellos llaman yepales, con muy gran atención bajas las cabezas, puestas las bocas sobre las rodillas.

Acabada la embajada, no se le respondía palabra hasta otro día, si no fuese muy principal, y dando algunas gracias, salían con él algunos de los que en la sala estaban; volvíanle a la calpisca, mandándole proveer de lo necesario. En el entretanto el señor trataba con los principales de su consejo la respuesta que se le había de dar para otro día. No le respondía el señor, sino alguno de los principales por él; echábanle en la redecilla tanto bastimento que bastase para llegar a su tierra, y según la hacienda y liberalidad del señor, se le daban algunos presentes. Recibíalos si su señor no le había mandado lo contrario, porque si era embajador de amigo, era afrenta y agravio que se hacía al que los daba no recibirlos; y si de enemigo, no podía sin licencia de su señor. Salían los mismos que le habían traído a la calpisca con él cuando le despedían hasta sacarle del pueblo, donde, hechos muchos ofrecimientos, él llevaba la respuesta a su señor, y ellos se volvían a casa.

Los embajadores que eran de alguna Señoría o provincia nunca iban solos, porque por lo menos iban cuatro; eran hombres escogidos, de autoridad en las personas y los más facundos y elocuentes que podían hallar, para que, o desafiando o haciendo paces, o tratando de conciertos, tuviesen mayor eficacia sus palabras y consiguiesen el efecto que deseaban.

Otras muchas particularidades dejo, porque no son tan principales. Ahora, viniendo a Hernando Cortés, digamos lo que hizo en el entretanto que los embajadores volvían.

Capítulo XXXII. Lo que a Cortés sucedió yendo a Tlaxcala

Como había sido Cortés aconsejado por los cempoaleses que enviase sus mensajeros a la Señoría de Tlaxcala y habían ya pasado ocho días que no venían, preguntó a los principales de Cempoala que iban con él cómo no venían. Ellos le respondieron que debía de ser lejos, o que por la majestad y grandeza, según su costumbre, no los despacharían tan aína, según yo dije en el capítulo precedente. Cortés, viendo que se dilataba su venida y que aquellos principales le certificaban tanto la amistad y seguridad de los tlaxcaltecas, determinó de partir con todo el campo para allá, confiado que le sucedería de otra manera que le avino, y a la salida del valle topó poco después una gran cerca de piedra seca, de estado y medio de alta y ancha veinte pies, con un pretil de dos palmos por toda ella para peleal de encima; atravesaba todo aquel valle de una sierra a otra; no tenía más de una sola entrada de diez pasos y en aquella doblaba la una cerca sobre la otra a manera de revellín por trecho de cuarenta pasos, de manera que era tan fuerte y tan mala de pasar que habiendo quien la defendiera, se vieran los nuestros en trabajo.

Parósela Cortés a mirar, y como aquel que velaba por sí y por todos, dando con el caballo una vuelta por más de media legua, así para ver la fuerza de aquella cerca, como para ver si había algunas asechanzas, preguntando luego para qué era y quién la había hecho, respondió Yztacmichtitlán, que le acompañó hasta allí, que era para dividir los términos entre él y los tlaxcaltecas y que servía de mojones y también de fuerza para resistir a los tlaxcaltecas si quisiesen por fuerza de armas entrar en sus tierras, y que a este fin sus antecesores la habían hecho muchos años había, porque en aquel tiempo los tlaxcaltecas eran vasallos del señorío que Moctezuma tenía a habían hecho muchas correrías en aquellos sus términos, aunque al presente ya eran amigos, aunque los tlaxcaltecas enemigos de Moctezuma.

De aquí entendió Cortés más claramente que los tlaxcaltecas eran más valientes que todos los demás indios, pues aquéllos habían hecho aquel muro tan bravo para defensa de ellos, aunque a los nuestros más les pareció costoso y fanfarrón que provechoso, porque, rodeando un poco, había paso por donde los enemigos podían entrar.

Como nuestro ejército se detuvo algún tanto mirando aquella obra tan magnífica, diciendo cada uno su parecer y reparando principalmente en que tan larga y ancha cerca estuviese tan bien hecha, sin mezcla de cal ni barro, y Yztacmichtitlán no entendía lo que hablaban, ni por qué se habían reparado, pensó que tenían y recelaban de ir adelante; dijo y con ahinco rogó al capitán que no fuese por allí, pues había otro camino por donde podría ir seguro y servido, todo por tierras de su señor Moctezuma; que temía que los tlaxcaltecas habían de hacer de las suyas, que era gente muy bellicosa y que por quedar amigos de Moctezuma, les saldrían al encuentro y harían algún daño.

Mamexi y los otros principales de Cempoala le aconsejaban lo contrario, diciéndole que en ninguna manera fuese por donde Yztacmichtitlán pretendía encaminarle, porque lo hacía con engaño y malicia, por apartarlo del amistad de los tlaxcaltecas, gente muy valiente y valerosa, temeroso que si los nuestros se juntaban con los tlaxcaltecas, su señor Moctezuma sería menos poderoso. Cortés, entre pareceres tan diversos dados, como parecía, con sana y buena voluntad, estuvo suspenso por una pieza, deliberando en lo que se determinaría; y así, al fin, se arrimó al consejo, de Mamexi porque le tenía más conocido y tenía mejor concepto de él, y también por no mostrar cobardía, que es lo que siempre el buen caudillo ha de pretender, pues en él está el desmayo o esfuerzo de los suyos; y así, prosiguiendo el camino de Tlaxcala que había comenzado, se despidió de Yztacmichtitlán, tornando de él trescientos soldados. Entró por la puerta de la cerca y luego, poniendo en orden su gente, poniendo los tiros a punto, comenzó a marchar, yendo el con algunos de a caballo siempre media legua delante para descubrir el campo, y si algo hubiese, dar aviso y poner su gente en concierto y modo de pelear, y también para escoger buen lugar para la batalla o para asentar el real si otra cosa no sucediese.

Andada, pues, una legua topó con un espeso pinar todo lleno de hilos y papeles que enredaban los árboles y atravesaban por el camino. Riéronse mucho los nuestros cuando vieron esto, aunque se detuvieron en quitar hilos y papeles para pasar. Entendieron, como después se supo, que esta era obra de hechiceros que habían dado a entender a los tlaxcaltecas que aquellos hilos y papeles habían de tener tanta virtud que, o los nuestros no habían de poder pasar, o si pasasen habían de perder las fuerzas para no poder resistir cuando fuesen acometidos.

Salidos del pinar los nuestros, andadas más de tres leguas desde la cerca, mandó el capitán decir a la infantería que se animase aprisa, porque era ya tarde, y él con los de caballo fuese casi una legua delante, donde encumbrando una cuesta dieron los dos de a caballo que iban delanteros en obra de quince o diez y seis indios con espadas y rodelas y penachos pendientes de las espaldas y de la cabeza, que ellos acostumbran traer en la guerra, los cuales eran escuchas y estaban puestos, como pareció, para dar aviso cuando los nuestros llegasen, porque como los vieron, echaron a huir, o de miedo o, por dar aviso.

Llegó luego Cortés con otros tres compañeros a caballo, y por más que voceó ni señas que les hizo, no quisieron esperar; y porque no se le fuesen sin saber algo, los siguió. Alcanzólos, pero ya que estaban juntos y remolinados, determinados de morir antes que de rendirse, comenzaron a jugar de las espadas y rodelas Hacíales señas Cortés que estuviesen quedos; acercábase a ellos, pensando tomarlos a manos y con vida, pero ellos, no curando de esto, jugaron de las espadas; pelearon y defendiéronse tan bien de los seis de a caballo, que hirieron dos de ellos y les mataron dos caballos de dos cuchilladas, y aun, a lo que vieron algunos de los nuestros, eran tan valientes y de tan buenos brazos que a cercén y con riendas cortaron las cabezas a los caballos que mataron, y esto no fue porque hicieron golpe, sino porque las espadas eran de navajas de pedernales muy agudas, y aunque tenían muchas fuerzas habían muy diestramente cortar.

Esta refriega fue principalmente con los seis de a caballo que primero llegaron, porque en esto acudieron otros cuatro y tras ellos los demás. Detrajéronse por orden los indios, jugando sus espadas sin muestra de temor, hasta que Cortés, viendo que con grande alarido y grita descendían muy en orden más de cinco mil indios de guerra a socorrer a los suyos, envió a gran prisa uno de a caballo que dijese a la infantería caminase con toda furia. El escuadrón de los indios allegó tarde, porque ya las escuchas estaban alanceadas por el enojo grande que Cortés recibió de ver que le habían muerto dos caballos, y siendo tan pocos, y habiéndoles hecho señar, no haber querido rendirse ni detenerse.

Capítulo XXXIII. Lo que hicieron los indios y de lo que después enviaron a decir al capitán
En el entretanto que la infantería caminaba, el escuadrón de los indios llegó y arremetió con buen ánimo y denuedo contra el capitán y sus compañeros; tiráronles muchas flechas; acercáronse a los nuestros cuando las lanzas les daban licencia, los cuales mataron y alancearon a todos los que más se metían; acercóse entretanto la infantería y artillería y como del recuesto lo

vieron los capitanes de los indios, hicieron señal de retirar; volviéronse luego en buena orden, dejando el campo a los nuestros, los cuales cuando llegaron no hallaron más que los caballos e indios muertos. En este rencuentro los de a caballo entraban y salían de ellos, porque tenían como cosa nueva más miedo a los caballos que a los caballeros, diciendo que aquellos venados mochos eran muy mayores que los suyos y que corrían más, y que por algún encantamento andaban los nuestros encima de ellos.

Retirado, pues, bien de los nuestros el escuadrón de los indios, enviaron luego los señores de Tlaxcala dos de los embajadores que Cortés les había enviado con otros suyos a decirle cómo ellos habían sabido lo que había pasado, y que les había pesado mucho de que aquella gente bárbara se hubiese así atrevido; que sopiese que eran ciertas comunidades y behetrías de indios que sin su licencia y como les parecía, hacían lo que querían, aunque se holgaban que algunos de ellos hobiesen pagado la pena que merecían por su loco atrevimiento, y que ellos eran sus amigos y deseaban verle en su pueblo para hacerle todo servicio, pues eran tan valientes; y que si querían que les pagasen los caballos que aquellos otomíes les habían muerto, que luego les enviarían oro o joyas por ellos, porque hombres tan valientes como eran él y los suyos, merecían ser muy servidos de tal gente como la tlaxcalteca.

Cortés, aunque barruntó, como ello era, que el recaudo era falso, para tomarle sobre seguro, respondió como siempre sagaz y blandamente que les tenía en merced su ofrecimiento y buena voluntad y que sería con ellos lo más presto que pudiese, porque lo deseaba mucho; y disimulando la pena que la falta de los caballos muertos le hacían, y más de que los indios tuviesen entendido que los caballos eran mortales, cerca de esto les dijo que no había necesidad de que se los pagasen, que otros muchos le vendrían muy presto de adonde aquellos habían nacido. Volviéronse con esto los mensajeros, llevando consigo los cuerpos de los indios alanceados, para enterrarlos conforme a su rito y religión. Cortés mandó luego enterrar los caballos, por que no supiesen que morían. Dicen otros que creyó ser el recaudo verdadero, por ser dos de los cempoaleses los mensajeros que con los otros venían, que a venir solos era más creíble.

Pasó Cortés casi una legua más adelante; llegó casi a puesta de Sol cerca de un arroyo, lugar cómodo para asentar el ejército, por ser fuerte y de agua; paró allí porque la gente venía muy cansada; dobló porque dormía en el campo, las velas de pie y las de a caballo, y aun dicen otros que por sus cuartos velaron de ciento en ciento, que no poco los aseguró. Aquella noche reposaron todos según que les cupo, mejor de lo que pensaron, porque no tuvieron ningún alarido ni rebato.

Otro día llegaron a unas casas, de otomíes, en las cuales no hallaron más de algunos muertos de las heridas recibidas el día antes; quemaron las casas y comieron tunas, más de hambre que de vicio, porque no las osaron comer hasta que vieron que las comían los tamemes que consigo traían; y porque es fruta muy espinosa que aunque se tome con guantes los pasa, los nuestros, primero que entendieron que echándolas en el suelo y volviéndolas con la suela del zapato se les quitaban las espinas, las metían por las puntas de las espadas chamuscándolas a la llama de las casas que ardían, de que no poco se reían los indios. Otro día, salido que fue el ejército de aquella alcaría quemada, llegando a un mal paso, que era en una quebrada honda que la señoreaban sierras alrededor, antes que la pasasen, un perro sintió espías; ladró, acudió un herrador llamado Lares, excelente hombre de caballo, mató dos; huyéronle los demás. En esto llegaron los otros dos mensajeros cempoaleses que Cortés había enviado, corriendo, sudando, demudada el color, maltratados, llorando y que apenas de miedo que traían podían hablar; vinieron derechos a Cortés, echáronse en el suelo, abrazáronse con sus pies, como pidiendo favor y socorro; aseguróles Cortés; pidióles por las lenguas que dijesen cómo venían así. Respondieron que los malos y perversos tlaxcaltecas, violando, como aquellos que no tenían ni reconocían superior, el derecho inviolable de la embajada, los habían atado y guardado para sacrificarlos otro día, en amaneciendo, al dios de la victoria, diciendo y afirmando que la tendrían cierta si ellos muriesen; y que aquella noche, desatándose el uno al otro se habían escapado, porque también habían oído decir que después de sacrificados, habían de ser para buen comienzo de la guerra sabroso manjar, y que así habían de hacer con los barbudos y con todos los demás que con ellos venían.

Capítulo XXXIV. El segundo recuentro que Cortés hubo con los de Tlaxcala y de la celada que le pusieron

Poco después que los mensajeros contaron lo que con los tlaxcaltecas les había acontecido, obra de un tiro de ballesta, asomaron por detrás de un cerrillo mil indios bien armados; acercáronse a los nuestros con el alarido y grita que suelen, y los acometieron tirándoles muchos dardos, piedras y saetas. Cortés les hizo muchas veces señal de paz; hablólos con farautes, rogándoles que estuviesen quedos, porque él no venía a hacerles mal; requirióselo en forma por ante escribano y testigos, como si hobiera de aprovechar algo o ellos entendieron qué quería decir hacer requerimientos; y así, después acá en nuestros días se han engañado muchos frailes, creyendo que sin gente de guerra que les guardase las espaldas podían convertir los indios y hales acontecido al revés, porque después de haberles dado muchas voces y tratado con mucha blandura y amor, han recibido cruelmente la muerte de sus manos.

Viendo, pues, Cortés que mientras más les rogaba más se encendían, determinó defenderse; y así, trabada la batalla con engaño que tenían pensado, comenzaron a retraerse, llevando a los nuestros tras sí hasta meterlos en una emboscada de más de cien mil indios de guerra que estaban el arroyo arriba, que por unas quebradillas que había hacían el paso asperísimo en gran manera y de tanto peligro que los nuestros se vieron perdidos, donde, después del favor divino, que claramente conocieron, el ánimo y esfuerzo invencible de Cortés aprovechó mucho.

Aquí dicen que Teuch, uno de los nobles y principales de Cempoala, dijo, cortado y desmayado, a Marina: «¡Oh, Marina y cómo veo la muerte de todos nosotros delante de los ojos! ¡No es posible que ha de quedar vivo ninguno!». Marina, con ánimo varonil y espíritu profético, le respondió: «No tengas miedo ni desmayes así, que el Dios de estos cristianos es muy poderoso; quiérelos y ámalos mucho, y presto verás, cómo siendo vencedores, los saca de este peligro».

No mucho después que Marina dijo estas palabras tan llenas de esfuerzo y de Fe, diéronse tan buena maña los nuestros, que, aunque con muy gran trabajo, salieron presto de aquel paso, donde los indios amigos, por no ser sacrificados, haciendo como dicen de las tripas corazón, pelearon como deben los que pelean por la vida, aunque las acequias, guardadas y defendidas con mucha gente de guerra, eran a todos los nuestros grande estorbo, y embarazó tanto que muchos de los enemigos se atrevían a abrazarse con los caballos y quitar las lanzas a los caballeros. Perdiéranse allí muchos españoles si los indios amigos, como diestros en el agua y con fidelidad maravillosa no les ayudaran. Cortés iba delante con los de a caballo peleando y haciendo lugar a la infantería; volvía de cuando en cuando a concertar el escuadrón; decíales:

> Señores, acordaos que sois cristianos y españoles y que ahora es menester vuestro animoso corazón con que la nación nuestra se señala entre todas las del mundo; mirad que peleáis por Jesucristo, por defender su honra y vuestra vida. ¡Esfuerzo, esfuerzo, que Dios es con nosotros y éstos no pueden durar mucho!

Con estas y otras palabras, dignas de tal capitán, alentó tanto a la gente que peleaba, que con nuevo esfuerzo salieron en fin de aquellas quebradas a campo raso y llano donde, pudiendo correr los caballos y jugar la artillería, dos cosas que pusieron gran espanto, hicieron gran daño en los enemigos, a los cuales teniéndolos en poco, se metían en ellos haciendo gran matanza, hasta que no pudiéndolo sufrir los indios, en orden se fueron retrayendo a un recuesto donde se hicieron fuertes. Quedaron este día en el un recuentro y en el otro muchos indios muertos y heridos; de los españoles hubo algunos heridos, pero ninguno muerto.

Dieron los nuestros en voz alta con increíble alegría muchas gracias a Dios por la victoria que les había dado. Fue de ver, como acontece en negocios que han sido, tan peligrosos, cómo los indios amigos, abrazaban a los españoles y entre sí los unos a los otros decían: «Grande y Poderoso Dios en este de los cristianos, pues siendo tan pocos con aunque fueran pájaros no se pudieran escapar de las manos de los enemigos y de tan peligrosos pasos, han salido victoriosos».

Fue también de ver el regocijado y alegre coloquio que entre Marina y el indio cempoalese pasó, diciendo él cuán bien había profetizado, y replicando ella que jamás había tenido miedo, teniendo por cierto que el Dios de aquellos cristianos no les había de faltar. Tocáronse los instrumentos que había entre los indios amigos y los nuestros, los cuales hicieron bailes y danzas a su uso, mirándolo los enemigos del recuesto, que no poco los movía a indignación y enojo.

Estando así las cosas, un indio, capitán de cierta parte del ejército de los enemigos, acompañado de ciertos principales de su capitanía, haciendo señal de paz, bajó adonde Cortés estaba. Díjole que él veía, como por la experiencia había parecido, que él y los suyos eran invencibles y que creía ser dioses inmortales; que le suplicaba la guerra no pasase adelante, porque él procuraría con los otros capitanes de que le tuviesen por amigo y dejasen entrar en Tlaxcala.

Cortés se alegró con esto, y con la gracia que solía le respondió que fuese así, que él no venía a dar mal por mal, que su Dios, que solo era verdadero, lo vedaba y prohibía; y que aunque él con tanta razón podía estar enojado de ellos, que queriendo ser sus amigos, se desenojaría y los recibiría por tales. Con esto se despidió el indio, y tratando de las paces con los capitanes, la dieron tantos de palos que volvió descalabrado, diciendo a Cortés que aquellos bellacos, hombres de mal corazón estaban obstinados en su malicia, aparejados para hacerle todo mal; que mirase por sí, porque él y los de su compañía serían sus amigos. Cortés le hizo curar; regalóle y agradecióle su buena voluntad; díjole que con su gente se apartase a un lado con una seña levantada para que los cristianos no le hiciesen daño en la batalla y rencuentros que con los enemigos habían de tener.

Capítulo XXXV. El desafío que hubo entre un indio tlaxcalteca y otro cempoalese, y de cómo Diego de Ordás rompió los enemigos
Estando así los enemigos puestos sobre aquel recuesto en su orden y concierto, escaramuzando algunas veces con los nuestros, un indio que dicen era otomí, muy valiente y bien dispuesto, ejercitado en la guerra, en la cual había hecho cosas señaladas, bajó armado a su modo con espada y rodela; hizo señas a los indios de nuestro real, diciendo que saliese el que de ellos fuese más valiente, con las mismas armas en campo con él, porque les haría conocer persona por persona que era mejor y más valiente que ellos. Había

entre los indios amigos de los nuestros un cempoalese, hombre noble y no menos ejercitado en guerra, que viendo callar a los demás, agraviado de que el enemigo tuviese tanto atrevimiento, confiado de que los españoles le habían de socorrer si le viesen en aprieto, que no poco le puso ánimo, se fue a Cortés y le dijo:

> Señor, no es justo que aquel perro que allí está tenga tan en poco a los que contigo venimos, que diga que es mejor y más valiente que nosotros y que esto lo probará por su persona; está allí braveando, y como vees esperando que alguno salga a él; dame para ello licencia, porque deshaga esta injuria, que yo confío que en tu buena ventura le venceré y te traeré su cabeza.

Cortés se holgó de esto, alabóle su buen propósito, animóle con las mejores palabras que supo, abrazólo y mandó que fuesen con él algunos amigos suyos hasta ponerle de la otra parte donde el enemigo estaba, porque le pareció que, como tlaxcalteca, había de ser más ejercitado en guerra y en su persona y orgullo demostraba ser más valiente. Por llevar el juego hecho y que su cempoalese no perdiese nada, mandó a un español que algo lejos tuviese cuidado de mirar por el cempoalese, y si le viese ir de vencida y que el enemigo le apretaba, le socorriese y librase.

Puestos en campo los dos, a vista de los ejércitos, comenzaron a jugar de sus espadas y rodelas, afirmándose con gentil denuedo el uno contra el otro; y después de muchos golpes que se tiraron, que reparaban con las rodelas, viendo el cempoalense que duraba la batalla más de lo que quisiera, descubrióse el pecho, cebando al enemigo, el cual, tirándole a lo que le vio descubierto, recibiéndole el golpe en la rodela, el cempoalense le dio una gran cuchillada sobre el hombro, de la espada, y acudiéndole con otros lo derribó en tierra y cortó la cabeza, la cual, como levantó en alto, acudió la grita de todos los amigos, festejando su victoria. Los indios que con el taxealteca habían bajado, muy cabizcaídos, dejando allí el cuerpo, se volvieron donde el resto del ejército estaba.

Había debajo de aquel recuesto una gran caverna que caía sobre un mal paso, por donde, para ir adelante, por fuerza habían de pasar los nuestros, el cual paso defendían muy a su salvo desde la caverna gran copia de flechazos. Visto esto por Diego de Ordás, hombre de grandísimas fuerzas y ánimo, pidió a Cortés sesenta soldados que él escogiese y que le aseguraría el paso. Cortés se los dio y él los escogió tales y tan buenos, que aunque más espesas que granizo venían sobre ellos las flechas, pasaron adelante, y matando muchos de los enemigos que en la caverna estaban, pusieron en huida a los demás. Pasaron los caballos de diestro, que no eran más de trece, que cuando se vieron en lo llano, relinchando, dieron muestra que eran señores del campo, y aunque bestias, parece que se alegraron en verse fuera de aquellas barrancas; y de las flechas que sobre ellos caían, murieran todos si no fuera porque los rodeleros que los llevaban en medio, recibían las flechas. Dicen que era cosa maravillosa ver cómo se apenuscaban, no andando más de lo que los soldados querían y vían que era menester.

Visto por los que estaban en el recuesto que allí no había ya más que esperar, fingiendo que del todo se apartaban de la guerra, en breve desaparecieron todos, aguardando otra ocasión, como lo hicieron, para acometer a los nuestros.

Retirados los enemigos, los nuestros aquella tarde bien alegres con la victoria, caminaron hacia un pueblo que se llamaba Tecoacinco, pueblo bien pequeño; zasentaron el real en un alto, donde estaba una torrecilla y templo de indios; llamáronla después los nuestros y con mucha razón la Torre de la Victoria, por las muchas que Dios les había dado desde allí contra los tlaxcaltecas. Hiciéronse fuertes daron en esto los indios amigos con mucho cuidado, o por vengarse de sus enemigos o por no venir a sus manos: acariciábalos mucho Cortés, porque, o por vergüenza, o por amor, hiciesen el deber; durmieron aquella noche todos, que fue la primera de septiembre, en aquel sitio harto sobresaltados porque como la tarde antes habían visto, los cerros cubiertos de gente de guerra, temieron ser acometidos. Mandó velar Cortés por esto toda la noche en tres cuartos al ejército, tomando él con la parte que le cabía el alba, que era cuando más se temían que vendrían los enemigos; pero no vinieron, porque no acostumbran pelear de noche.

Otro día, que fue segundo de septiembre, en amaneciendo envió Cortés mensajeros a los capitanes de Tlaxcala a rogarles y requerirles fuesen amigos y le dejasen pasar por sus tierras, porque él no iba a hacerles daño ni a aliarse con Moctezuma contra ellos, sino a hacer lo que el emperador, su señor, le había mandado. Con esto, dejando doscientos españoles y la artillería y tamemes, y por su capitán a Pedro de Alvarado, tomó los demás españoles y los indios amigos que traía, corrió el campo y con los de a caballo, antes que los de la tierra se juntasen, quemó cuatro o cinco lugares; volvió con hasta cuatrocientas personas presas sin recibir daño, aunque le siguieron hasta la torre peleando. Halló allí la repuesta que los capitanes de Tlaxcala le enviaban, y era que otro día vendrían a verle y responderle como vería, repuesta cierto bien soberbia, aunque de pocas palabras, porque prometía mucho más de lo que después hicieron. Cortés, oído este recaudo que le pareció bravo y de mucha determinación, especialmente que los prisioneros le habían certificado que se habían juntado ciento y cincuenta mil hombres para venir sobre él otro día y tragárselos vivos, puso toda diligencia cómo el ejército estuviese bien apercibido.

Capítulo XXXVI. Lo que más particularmente los prisioneros dijeron a Cortés, y cómo otro día vino el ejército tlaxcalteco sobre él

Por que el capitán que no procurare saber lo que su enemigo intenta, fácilmente será engañado y vencido, Cortés, que nunca dormía, unas veces por halagos y otras por amenazas y tormento, procuró informarse más largo de los prisioneros. Juntó algunos de los más ancianos y que mejor razón le podían dar; preguntóles que si aquel tan pujante ejército era de solos otomíes o de tlaxcaltecas, o de los unos y de los otros, y qué era la causa que estaban tan obstinados en no dejarle pasar por sus tierras y qué número de gente era la que la señoría de Tlaxcala podía poner en campo, de qué ardides usaban y si peleaban de noche y qué era a lo que más miedo tenían.

Ellos respondieron por el orden que les había preguntado, diciendo:

> Señor, tus prisioneros somos y la verdad te hemos de decir, sin que por fuerza la descubramos, porque tienes buen corazón y nos haces buen tratamiento. La gente que has visto es otomí y tlaxcalteca, sujeta toda a los señores y capitanes de Tlaxcala, aunque ellos no querrían que supieses que Tlaxcala te hace guerra, porque se tienen por tan valientes que, siendo vencidos, no quieren que tú sepas ser ellos; quiérente tan mal porque tienen por cierto que vas a ser amigo de su mortal

enemigo Moctezuma, y a esta causa están concertados de no parar hasta darte la muerte, y de ti y de los tuyos hacer muy solemnes sacrificios y ofrendas a sus dioses, que nunca tales se hubiesen hecho, y luego dar un banquete general de vuestra carne, que nosotros llamamos celestial. Y porque sepas quien es Tlaxcala y quién son sus capitanes, sabrás que aquella gran Señoría se reparte en cuatro cuarteles o apellidos; llámanse Tepeticpac, Ocotelulco, Tizatlán, Quiauztitlán, esto es, como si en romance dijésemos «los serranos, los del pinar, los del yeso, los del agua».

Cada apellido de estos tiene su cabeza y señor a quien todos acuden y obedecen. Estos así juntos hacen el cuerpo de la república y ciudad; mandan en paz y en guerra cuatro señores, por el que de ellos es ahora general del ejército, porque es muy valiente y ardid y el que peor está contigo, es Xicotencatl. Este lleva el estandarte de la ciudad, que es una grúa de oro con las alas tendidas y muchos esmaltes y argentería; tráela en tiempo de guerra, como verás mañana, detrás de toda la gente, y en tiempo de paz delante. Magiscacín, que es el otro capitán, es muy noble y no estás mal con él. Será la gente que contra ti se ha juntado ciento y cincuenta mil hombres de guerra; usan de diversos ardides con los indios sus enemigos, pero con vosotros no hay ese aparejo porque peleáis de otra manera. Lo que habéis de procurar para prevalecer contra éstos y que no os ofendan, es que no os tomen en quebradas y pasos angostos y que no peléis con ellos estando puestos en recuestos ni entre tunares, porque allí los flecheros son más señores y se guardan mejor. Lo que más temen son esos truenos que parecen del cielo y esos venados grandes, que corren mucho que parece, no habiéndoos visto a pie, que ellos y vosotros sois de una pieza; también se maravillan de las grandes heridas que dan los tuyos con las espadas que traen de hierro. Esto es lo que sé; tú mirarás lo que te conviene».

De ahí a poco que esto supo Cortés, asomaron los cuatro capitanes de Tlaxcala con todo su ejército que cubría el campo. Vio bien, como los prisioneros le habían dicho, la señal del general, y esto fue, como habían prometido el día antes, cuando amanecía; era gente muy lucida y bien armada a su uso y costumbre, aunque por venir pintados con bixa y xaguas, parecían demonios; traían grandes penachos que campeaban a maravilla; traían hondas, varas con amínto que pasaban una puerta, era el arma que más temían los nuestros;

lanzas, espadas de pedernal, arcos y flechas sin hierba, que no poco aprovechó; traían asímismo porras, macanas, cascos, brazaletes y grebas de madera, doradas o cubiertas de pluma y cuero; las corazas eran de algodón, tan gruesas como el dedo: llámanse escaupiles; las rodelas y broqueles, muy galanos y para ellos bien fuertes, pues eran de palo y cuero y con latón y pluma; otras texidas de caña con algodón, y son las mejores, porque no hienden; de estas se aprovecharon después los nuestros, porque las suyas perecieron presto por los muchos y grandes golpes que en ellas recibían de los enemigos.

Venía el campo en muy gentil orden, repartido en sus escuadrones, y en cada cuartel sonaban muchas bocinas, caracoles y atabales que cierto era bien de ver. Nunca españoles vieron en campo tan hermoso ejército y tan grande después que las Indias se descubrieron, porque los de México nunca salieron a campo. Esta gran junta y aparato fue para pocos más de trescientos españoles, que tuvieron a Dios tan de su parte que pudieron vencer este y otros ejércitos. Púsose cerca de los nuestros no más de una barranca grande en medio.

Cortés que así los vio, como si tuviera presente la victoria, se alegró, dando a entender a los suyos que aquella era buena coyuntura en que con el favor de Dios habían de mostrar el valor y esfuerzo de la nación española para espantar a Moctezuma mucho antes que a él llegasen. La gente que, ya del recuento pasado, sabían para qué eran los indios, esforzóse y deseó presto venir a las manos.

Capítulo XXXVII. Las bravezas que los tlaxcaltecas hacían, y cómo acometieron a Cortés

Como los enemigos se vieron tantos y tan venturosos y acostumbrados a vencer a sus vecinos, pareciéndoles que por ser tan pocos los nuestros, aunque entendían que tantos por tantos eran más valientes que ellos, comenzaron entre sí a bravear y decir palabras llenas de presunción y soberbia que la multitud más que el esfuerzo les hacía decir. Decían:

> ¿Quién son éstos que siendo tan pocos presumen tanto de sí, que piensan a nuestro pesar entrar por nuestra tierra para confederarse con nuestro enemigo Moctezuma? ¡Bien será que entiendan lo que podemos, y por que no piensen que

hacemos a nuestra ventaja los negocios y que queremos más tomarlos por hambre que rendirlos por fuerza de armas, enviémosles de comer, que vienen hambrientos y cansados, porque después, en el sacrificio y banquete que de ellos hiciéremos, los hallemos sabrosos!

Después de dichas estas palabras y otras tan arrogantes y más, enviaron luego trescientos gallipavos, doscientas cestas de bollos de centli, que ellos llaman tamales, que pesarían más de cien arrobas, lo cual ayudó en gran manera al trabajo de los nuestros y socorrió a la estrecha necesidad que padecían. Hecho esto, cuando les pareció que ya habrían comido, dijeron:

> Vamos a ellos, que ya estarán hartos; comerlos hemos y pagarnos han nuestro pan y gallipavos; sabremos quién los mandó venir acá, y si es Moctezuma, venga y líbrelos, y si es su atrevimiento, lleven el pago.

Con estos y otros semejantes fieros que hacían, menospreciando el número de los nuestros, aquellos cuatro capitanes enviaron hasta dos mil soldados de los muy escogidos y más valientes de todo el ejército. Dijéronles:

> Acometed aquellos pocos extranjeros que la mar ha rebosado por no poderlos sufrir; si se os defendieren, mataldos, pero procuraréis de tomarlos a vida, para que vivos vengan a nuestro poder y nuestros dioses sean con su sangre y muerte aplacados; mirad que hagáis como sabios y valientes, pues sois la flor de nuestro ejército y peleáis por nuestros dioses y patria.

Diéronles los capitanes una persona señalada por capitán, que especialmente tenía oído contra los nuestros, el cual mostró tanto esfuerzo, o por mejor decir, odio, que dio a entender que se afrentaba de llevar tantos y tan buenos soldados contra tan pocos.

Pasaron los dos mil indios con su caudillo la barranca; llegaron a la torre con mucho esfuerzo y osadía, salieron a ellos los de a caballo y en pos de ellas los de a pie; trabóse la batalla y en breve, al primer acometimiento, conocieron los indios cuánto cortaban las espadas españolas; retrajéronse un poco, tornando luego a acometer; entonces entendieron más claro, por la prisa que los nuestros les daban, el valor de aquellos pocos que poco antes tanto ultrajaban. Finalmente, al tercer recuentro solo aquellos escaparon (que fueron muy pocos) que acertaron con el paso de la barranca, porque todos los demás murieron de muy fieras y espantosas heridas, volviéndoseles su vana presunción muy al revés de lo que pensaban; pues yendo a prender, quedaron muertos.

Como los capitanes que de la otra parte estaban vieron la matanza que los nuestros habían hecho, juntos, con un alarido que le ponían en el cielo, acometieron tan denodadamente que llegaron, sin poderlos resistir, hasta el real, donde entraron muchos, a pesar de los que dentro estaban; anduvieron a las cuchilladas y brazos con los nuestros. Fue este rencuentro, por ser tantos los enemigos, de gran riesgo y peligro para los nuestros, pues tardaron un gran rato en matar y echar fuera a los que habían entrado, haciéndolos saltar por el valladar; pelearon desde el valladar y fuera los nuestros más de cuatro horas, primero que pudiesen hacer plaza. Al cabo, ya que todos estaban cansados, aflojaron reciamente los enemigos, viendo los muchos muertos de su parte, las grandes heridas que habían recibido y que no mataban a nadie de los contrarios, que lo tenían por cosa espantosa y nunca jamás vista, confundiéndose en ver que ellos eran tantos y los nuestros tan pocos y los unos no menos bien armados que los otros, y con esto, como enojados de sí mismos, como canes rabiosos, se volvieron aquel día algunas veces contra los nuestros, hasta que viendo que ya era tarde y que siempre llevaban lo peor, se retiraron de lo que no poco se holgó Cortés, porque él y los suyos tenían ya los brazos tan cansados de matar indios, que a tornar a volver de refresco otros, no pudieran dejar de o morir muchos o ser vencidos, si Dios milagrosamente no les diera nuevas fuerzas.

Durmieron aquella noche los nuestros muy contentos, más con el poco miedo que tenían en saber que los indios no pelean con lo oscuro, que con la victoria que habían ganado, aunque fue tanto mayor cuatinto mayor el peligro en que se vieron; durmieron a placer, aunque con muy buen recaudo, en las estancias, velas y escuchas. Los indios, en el entretanto, aunque echaron menos muchos de los suyos, no se tuvieron por vencidos, por lo que después, como diré, hicieron. No se supo cuántos fueron los muertos, porque los nuestros [no] tuvieron ese lugar, ni los enemigos pararon a tener cuenta en ello.

El otro día salió Cortés bien de mañana a talar el campo como la otra vez lo había hecho, dejando en guarda del real la mitad de su gente, y por no ser sentido, primero que hiciese el daño, partió antes del día; quemó más de diez pueblos y saqueó uno de tres mil casas, en el cual había poca gente de pelea, como estaban en la gran junta; con todo eso pelearon como por sus casas y haciendas los que dentro se hallaron, aunque no les aprovechó; mató copia de ellos; puso fuego al lugar; llevó muchos prisioneros; tornóse a su fuerte, sin casi ningún daño a medio día, cuando ya los enemigos acudían a más andar para despojarle y dar en el real, que de cansados y calurosos, con el resestero del Sol y por miedo de los tiros que los ojearon, se volvieron atrás hasta otro día, como diré.

Capítulo XXXVIII. Cómo los enemigos tornaron a acometer a los nuestros y de las cosas particulares que acontecieron
Porfiando en su demanda los enemigos, creyendo que con acometer muchas veces a los nuestros les sucedería mejor, vinieron, aunque no tantos, otro día, porque vieron que en lugar angosto la multitud de ellos estorbaba y les hacía daño, enviando, como el día antes, comida; bravearon, dijeron palabras más de hombres victoriosos que vencidos; acometieron con furioso ímpetu a los nuestros; pelearon cinco horas con mucho coraje; no pudieron matar ni prender a ninguno de los nuestros, que era lo que mucho procuraban; murieron de ellos infinitos, porque como estaban apretados, aunque menos que, el día antes, y se metían hacia nuestro real, donde había menos espacio, la artillería y escopetería hacía gran riza en ellos; finalmente, después de muy cansados los nuestros, y de ellos infinitos muertos y los vivos mohinos y corridos de no haber podido execuutar su ira, se fueron sin ningún orden ni concierto, tratando que los nuestros debían ser encantados, pues tan poco les empecían las flechas. Luego otro día aquellos cuatro capitanes de Tlaxcala, más con maña que con amor, enviaron sus mensajeros a Cortés con tres maneras de presentes. Los que los llevaron le dijeron así:

> Señor, si eres dios bravo que comes carne y sangre, cata aquí cinco esclavos que te envía la Señoría de Tlaxcala para que comas; y si eres dios bueno, ofrecémoste

incienso y pluma; y si eres hombre, toma estas aves, este pan y cerezas, que tú y los tuyos comáis.

Esto hicieron los señores de Tlaxcala por saber si los nuestros eran hombres como ellos, porque de no haberlos podido vencer ni matar alguno, y viendo que por otra parte tenían hambre y comían, estaban dudosos si eran dioses o hombres.

Cortés, que en las cosas de veras y especialmente en las de nuestra religión, estaba muy recatado y advertido, no queriendo atribuirse lo que no debía por ningún interés, les dijo que él y los suyos eran hombres mortales como ellos, compuestos de las mismas calidades que ellos; pero que porque creían y servían a un solo y verdadero Dios y peleaban por su ley, los defendía y amparaba tanto, haciéndolos invencibles contra tanto número de enemigos; y que pues siempre les había dicho verdad, que de ahí adelante no tratasen mentiras ni lisonjas con él, porque se descubrirían y redundarían, como hasta entonces habían visto, todas en su daño y perjuicio, y que él deseaba ser su amigo y no hacerles más daño del que por su culpa hasta allí habían recibido; que no fuesen locos ni porfiados en pelear, porque, peleaban contra la razón, que siempre fue invencible.

Con estas palabras, dichas con todo el amor que pudo, procurando traerlos a sí, los despidió, dándoles gracias por el presente. No pudieron nada con te tan bárbara y tan indignada y contumaz tan buenas razones, porque otro día volvieron más de treinta mil indios de refresco, los cuales, deseosos de señalarse más que los pasados, pelearon con los nuestros hasta llegar al real tan brava y esforzadamente que fue la más reñida batalla que hasta entonces habían tenido; pero como Dios, cuyo negocio trataban los nuestros, estaba de su parte, a cabo de gran pieza, quedando muchos muertos, huyeron afrentosamente los enemigos. Y por que el que esto leyera vea la especial cuenta que Dios tuvo con los españoles, es bien que sepa que el primer día acometió todo el grande ejército, que estaba dividido en cuatro cuarteles, gobernado, como dije, por cuatro sumos capitanes, y que por deshacer y cansar a los nuestros, en los otros días nunca acometió sino, un cuartel, que era de más de treinta mil hombres, para que el trabajo se repartiese mejor y los nuestros acometidos con más fuerza, por lo cual los combates y batallas eran más recias y más reñidas, pues cada apellido de aquellos procuraba de hacerlo más valientemente que el otro para ganar más honra, aunque fuese con más daño y más a costa suya, teniendo entendido que todo su mal y vergüenza recompensarían con la muerte o prisión de un solo español. Con esto también es muy de considerar que en quince días que los nuestros estuvieron en aquella torrecilla peleando los más de ellos, nunca los enemigos dejaron de proveer de pan, gallipavos y certezas, y esto no lo hacían por darles de comer ni por hacerles bien alguno, sino que para con aquel achaque los que llevaban la comida viesen el asiento y orden del real, o si había alguno herido, o enterraban algún muerto, o qué ánimo tenían, si estaban con más o menos fuerzas. De esto estaban ignorantes los nuestros, hasta que después lo supieron.

Alababan los nuestros mucho a los enemigos de que no hubiesen querido pelear más que con armas, porque con quitarles la comida les pudieran haber hecho gran daño. Todas las veces que venían con provisión, decían no ser tlaxcaltecas los que hacían la guerra, sino otomíes, gente bárbara y sin respecto; encubrían la verdad por no confesar que la nación tlaxcalteca podía ser vencida.

Entre otros recuentros que los indios tuvieron con los nuestros, en uno un capitán de un escuadrón de ellos venía tan bien aderezado y era tan animoso y valiente que peleando solo con dos españoles, les dio que hacer, hasta que Lares el herrador, que era muy valiente y muy buen hombre de a caballo, apartando a los españoles y diciendo: «¡Vergüenza, vergüenza de la nación española que dos no podáis contra uno!»; volviendo sobre el indio, aunque él le esperó con su espada y rodela, procurando dejarretar el caballo, le dio una lanzada por los pechos de que cayó muerto; y fue causa que aquel día se retirasen más presto los enemigos, porque tenían los ojos puestos en el muerto.

Fue tan severo Cortés en la disciplina militar, que porque una noche, estando en este real, se durmieron dos españoles velando su cuarto, los mandó azotar. Otro día, porque un Hernando de Osma tomó unas manzanas de la tierra a un indio, el cual se las dio de voluntad, diciendo uno en alta voz, que Cortés lo pudo oír: «¿Cómo los indios nos han de traer de comer, pues hay entre los nuestros quien se lo toma por fuerza?», mandó a Alonso de Grado, alcalde mayor, le mandase luego azotar, y así se hizo, sin que ruegos ni suplicaciones de ninguno bastasen. Algunos por esto culpan a Cortés, aunque esta severidad fue por entonces harto necesaria, porque desde aquel día en adelante fue más obedecido y aun temido, y así los negocios de la guerra sucedían como convenía.

Capítulo XXXIX. Las espías que vinieron al real y del castigo notable que Cortés hizo en ellas
Sabían cada día los señores de Tlaxcala todo lo que pasaba en el real de Cortés, porque de la torrecilla a Tlaxcala no había más de seis leguas. Desvelábanse en qué modo y manera podrían vengarse, siquiera en uno de los nuestros; y como hallaban que por fuerza de armas nunca les había sucedido bien, determinaron probar su ventura con engaño; y así, para asegurar a los nuestros y darles mayores muestras de paz, lo que nunca hasta entonces se había hecho, enviaron ciertos mensajeros de los más principales de su ciudad con ciertos tejuelos de oro no muy fino y algunas joyas de oro y plumajes ricos que para Tlaxcala era mucho, por ser tierra áspera y falta de todas aquellas cosas. Entraron con este presente los mensajeros a do Cortés estaba y haciéndole, como son ceremoniosos y como estaban industriados, grande acatamiento, el más viejo de ellos y que en llevar embajadas era más ejercitado, le hizo un largo y elegante razonamiento. Lo que en suma contenía era que los señores de Tlaxcala le besaban las manos, y que en señal de amor y de la amistad que con él querían tener le enviaban aquel pobre presente, no porque no tuviesen voluntad de enviárselo muy mayor, sino que por la esterilidad de su tierra no alcanzaban más; que se sirviese de ellos y viese lo que había menester, porque lo proveerían como mejor pudiesen.

Cortés, creyendo que tan comedidas palabras nacían de corazones limpios y verdaderos, muy alegre les respondió que él no deseaba cosa tanto como tener aquellos señores por amigos y que su presente, aunque era muy rico, no le tenía en tanto por su riqueza cuanto por el amor y voluntad con que se lo enviaban; y que les agradecía mucho el ofrecimiento, en pago del cual le hallarían muy presto en lo que se les ofreciese; y porque no fuesen vacíos, les dio ciertas cosas de España que, aunque entre nosotros tienen poca estima, ellos las tuvieron en mucho y fueron muy alegres con ellas.

Otro día, que fue 6 de septiembre, los señores de Tlaxcala, creyendo que ya tenían hecho su negocio y que no podría suceder desmán que se lo estorbase, enviaron cincuenta indios de los muy honrados, que en su arte y manera así lo parecían a los nuestros; dieron a Cortés de parte de aquellos señores mucho pan, cerezas y gallipavos, como de ordinario traían; preguntáronle cómo estaban los nuestros y qué querían hacer y si habían menester algo. Cortés les agradeció la venida y dijo que todos estaban buenos, que no había menester nada y que en su partida, no estaba determinado. Oído esto por los indios, fingiendo que no se despedían, como hombres que tenían familiaridad con los nuestros, comenzaron a entrar por el real y a mirar muy particularmente el asiento, los vestidos, armas, caballos y artillería, haciéndose más bobos y maravillados de lo que convenía, aunque a la verdad, la novedad y extrañeza de las cosas españolas pedían admiración, pero ellos las miraban más como espías que como deseosos de ver novedades. Y como lo que se hace por arte no tiene aquella fuerza que lo que se hace por naturaleza, mirando en ello Teuch, cempoalese, hombre experto y avisado en las cosas de guerra, como aquel que desde niño se había criado en ella, pareciéndoles mal lo que los mensajeros hacían, dijo a Cortés que no sentía bien de aquellos tlaxcaltecas, porque aunque se hacían bobos, miraban con mucho cuidado las entradas y salidas y lo flaco y fuerte del real; por tanto, que supiese si aquellos bellacos eran espías.

Cortés le agradeció el buen aviso, maravillándose cómo él ni ningún español habían dado en aquello a cabo de tantos días como indios de Tlaxcala entraban en el real con comida y otros recaudos, y cierto, este indio no cayó en aquello por ser más sabio ni entendido que los españoles, sino porque vio y oyó cómo los indios tlaxcaltecas hablaban paso con los de Iztacamichtitlán, volviendo algunas veces el rostro a otras partes, para sacar de ellos por puntillos lo que deseaban saber.

Cortés, sospechando lo que Teuch y viendo que aquel bien no era bien, mandó luego tomar al que más a mano halló y más apartado de los otros, y metiéndolo do los demás no le pudiesen ver, por lengua de Marina y Aguilar, por buenas palabras, le preguntó a lo que era venido con los demás; demudóse y titubeó, pues esto es propio del delicuente por mucho que quiera encubrir su maldad. Amenazóle Cortés, diciéndole que le haría matar a tormentos si no le decía la verdad. El indio entonces, reportándose, dijo que él y sus compañeros, con achaque de traer comida, eran venidos por espiones a ver y notar los pasos por do mejor pudiesen dañar y ofender a los nuestros y quemar las chozas que cercaban el real, y que porque habían por muchas vías y modos procurado a todas las horas del día vengarse y alcanzar alguna victoria y no les había sucedido como pensaban, ni conforme a la antigua fama y gloria que de guerreros por todo el mundo habían alcanzado, tenían determinado de con pujante ejército venir de noche, lo uno por ver si en aquello consistía su ventura, y lo otro porque con la oscuridad de la noche temiesen menos a los tiros, espadas y caballos, y que para esto ya estaba Xicotencatl, capitán general, detrás de ciertos cerros en un valle frontero y cerca de los nuestros con infinita gente.

Oída esta confesión, por ver si los demás variaban o decían alguna cosa más, mandó prender otros cuatro o cinco; y como vio que dijeron lo mismo que el primero y que todos eran espías, prendió a todos cincuenta, y allí, delante de todo el ejército, mandándoles cortar las manos, los envió a Xicotencatl, diciéndoles que le dijesen que otro tanto haría a cuantos le enviase que espías fuesen, y que supiese que de día y de noche y cada y cuando que viniese, conocería que los españoles eran invencibles y a quien Dios sujetaba sus enemigos.

Gran espanto y temor pusieron estos indios, cortadas las manos, a la gente de Xicotencatl, porque les pareció cosa muy nueva y que los españoles no eran hombres con quien se debían burlar; creyeron que tenían algún familiar que les decía que lo que ellos tenían en su pensamiento; y así los que de ellos eran más valientes y más sabios, para espiar a los nuestros, de ahí adelante determinaron de no ponerse a peligro tan cierto, por que no les acaesciese lo mismo o peor que a los otros, a cuya causa alzaron de allí adelante los mantenimientos que solían enviar a los nuestros, de a do pareció claro la mala intención con que los traían.

Otros dicen, y aún lo tienen por más cierto, según yo me informé, que Diego de Ordás, hombre experto en las guerras contra indios (porque se halló en la conquista del Darién), viendo que aquellos indios hacían de los bobos, no siéndolo, y que se maravillaban más de lo que permitía la conversación que con los nuestros tenían, dijo a Cortés: «No me parecen bien estos indios; no sería malo ver si son espías». Cortés, no teniéndolos en nada, le respondió: «Calla, ¿de qué tenéis miedo?». Diego de Ordás le replicó: «Yo no tengo miedo, pero acertado sería saber qué es lo que éstos andan mirando». Cortés mandó luego prender a uno, y por las lenguas que dije, con escribano, le hizo preguntas, y aunque desvariaba en algo, siempre negó, y tanto que apretándole los compañones sufrió el dolor hasta que se los deshicieron, sin confesar cosa.

Cuando esto se hacía, ya estaban presos los demás y cerca del aposento donde éste fue atormentado; oyeron los gritos, aunque no supieron lo que había dicho; determinaron, por no padecer lo mismo, de decir la verdad si se la preguntasen; y así, poniendo al atormentado en otra parte, mandó llamar Cortés a tres o cuatro de ellos y díjoles que ya el otro había dicho la verdad, que también la dijesen ellos si no querían morir a tormentos. Ellos, así por el miedo como porque creyeron que eran descubiertos, confesaron ser espías, diciendo todo lo demás que antes dije. Castigólos como está dicho.

Capítulo XL. Lo que Cortés hizo después de enviadas las espías y de lo que Xicotencatl dijo

Cortés, sabido por lo que las espías dijeron la determinación de los enemigos, hizo fortalecer lo mejor que pudo el real, puso la gente en las estancias, como convenía; estuvo muy sobre aviso hasta que se puso el Sol, y vio ya que anochecía cómo comenzaba a bajar la gente de los contrarios, creyendo que venían muy secretos, para cercar nuestro real y poner en ejecución su propósito; pero como Cortés estaba tan avisado, pareciéndoles que no era bien dejarlos acercar al real, por el daño que con el fuego podrían hacer (ca a permitir esto, no quedara español a vida) determinó de salirles al encuentro, porque con la oscuridad de la noche algunos de los nuestros no desmayasen viendo la gran multitud de los enemigos. Dejando, pues, en el real la gente que era menester, puso la que con él había de ir en orden y mandó echar a los caballos pretales de cascabeles, para que haciendo ruido pareciesen más.

Dicen que estando las espías, cortadas las manos, contando lo que les había acontecido, poniendo pavor con su razonamiento a los de Xicotencatl, acometió Cortés con los de caballo, gritando: «¡San Pedro y Santiago»; y fue tan grande la furia con que los enemigos fueron asaltados y acometidos y el temor que de lo sucedido a las espías habían recibido, que sin hacer resistencia ni haber hombre que los animase sin la grita que suelen, volviendo las espaldas, se metieron por los maizales de que toda la tierra estaba casi llena, llevando consigo algunos de los mantenimientos que traían para estar sobre los nuestros si de aquella vez no los pudiesen arrancar del todo. Siguiólos Cortés por entre aquellas sementeras hasta dos leguas, de noche; mató muchos de ellos, y porque los suyos descansasen y con el cebo de la victoria no se metiesen en parte donde no pudiesen salir tan presto, se volvió victorioso al real, donde los nuestros, velándolos los que en el real habían quedado, descansaron el resto de la noche hasta bien de día que, como suele acontecer, contaron lo que habían hecho, alegrándose los unos con los otros de la victoria nocturna, que era la primera en que se habían visto. Daban gracias a Dios, diciendo cuán a la clara los favorecía, pues en tierra no sabida y tan poblada y donde los enemigos, si tuvieran ánimo, puesto entre los maizales, hicieran grandísimo daño, habían salido sin herida, con estrago de sus enemigos.

El capitán, que como era muy valiente así era muy cristiano, juntando los principales, después que hobo comido, les dijo:

> Señores y amigos míos: Ya muchas veces tenéis visto el favor y merced que Dios nos ha hecho en las batallas que con estos bárbaros enemigos de nuestra santa Fe hemos tenido, que cierto parece claro, en especial en esta última batalla, que quita las fuerzas y ciega los juicios a nuestros enemigos, que son tantos que a puñado de tierra nos podrían anegar, y por el contrario, nos alumbra y esfuerza de manera que para los siglos venideros nuestras memorables victorias parecerán increíbles. Soy de parecer, pues todo nos sucede prósperamente, y el poder de Tlaxcala, con ser tan grande, nos huyó la noche pasada, que de día y de noche salgamos a buscar a nuestros enemigos, hasta que de muy seguidos y molestados vengan a querer la paz que nosotros les ofrecíamos, y con nuestra buena conversación y tratamiento los haremos tan nuestros amigos cuanto han sido hasta ahora enemigos, para que prosiguiendo nuestra jornada, si Moctezuma no hiciere el deber, nos ayudemos de ellos para contra él, pues sabéis, es príncipe poderosísimo.

Acabado este breve razonamiento, los capitanes y la demás gente que le oía, alegres con la victoria pasada, le respondieron en pocas palabras:

> No tenemos que decir a lo que vuestra Merced nos ha dicho más de que, aunque estamos muy contentos de las buenas andanzas que hasta ahora nos han sucedido, lo estamos más en tener tal caudillo, y ver que en el buen seso y maravilloso esfuerzo de vuestra Merced nos favorece Dios. En lo demás haga vuestra Merced su parecer, que ése es el nuestro, y sepa que nunca tan de veras le seguimos y obedecimos como le seguiremos y obedeceremos de aquí adelante.

En el entranto que los nuestros se aderezaban para salir a los enemigos, Xicotencatl se recogió en Tlaxcala bien corrido de los malos sucesos que contra los nuestros había tenido. Magiscacín, que siempre fue en favor de los españoles, con los otros señores le reprehendieron gravemente su temeridad y atrevimiento y vana presunción, diciéndole:

> ¿No te decíamos nosotros que estos barbudos eran muy valientes y que su Dios debía de ser muy poderoso, pues en su virtud han podido y pueden tanto que ni nuestras muchas e infinitas flechas ni los duros golpes de nuestras macanas les han podido empecer? Más nos parecen dioses que hombres, y tú, de loco y atrevido, has porfiado a pelear contra el poder su Omnipotente Dios, hasta que con más de ciento y cincuenta mil guerreros la noche pasada viniste afrentosamente huyendo, afrentando y oscureciendo con tu loca porfía la floria y honra y fama de la muy ilustre y clara Señoría de Tlaxcala, a la cual no has tratado como natural, sino como extraño; no como amigo, sino como enemigo; no como ciudadano, sino, como advenedizo y fugitivo; no como padre que debieras ser de tu patria, sino como padrastro aborrecible. Merecías, si no fuera por la gloria y honrosas canas de Xicotencatl el viejo, tu padre, que fueras depuesto de la dignidad en que estás, y reducido al número de los pecheros, para que de aquí adelante ninguno de tus descendientes, como hijos de hombre que tan mal ha tratado su república, tome escudo ni sea armado caballero, ni coma sal ni vista manta de algodón.

A Xicotencatl se le saltaban las lágrimas de los ojos; de pesar y de coraje, viendo que todo lo que aquellos señores le decían era así; y confuso de sus malos sucesos, disimulando cuanto pudo la afrenta en que estaba, les dijo:

> Señores: No podéis vosotros encarecer tanto mi desgracia y mala andanza cuanto yo la siento y padezco en mi corazón, que quisiera más ser mil veces sacrificado que haberme puesto contra éstos, que ni sé si los llame dioses ni si los llame diablos, porque su furia, siendo tan pocos, es tanta que parecen rayos que, con gran tempestad descienden del cielo. Con vuestro parecer los acometí, pensando que me sucediera de otra manera; porfié (que es en lo que me hallo culpado) hasta ver si vivo o muerto os podía traer algunos de ellos, y todavía los quiero y querré tan mal que si me lo permitiésedes volvería contra ellos, o para quedar muerto, o para matar alguno.

Magiscacín, no pudiendo sufrir que fuese adelante, reprehendiéndole de nuevo con más bravas y ásperas palabras que antes, interrumpió la plática de Xicotencatl y de los demás que querían hablar, dejando para otro día la determinación de los negocios.

Capítulo XLI. Cómo Cortés tomó a Cipancinco, y de lo que con Alonso de Grado le pasó

Viendo Cortés que los enemigos no le acometían, y era porque no sabía lo que los señores de Tlaxcala habían tratado con Xicotencatl, se subió encima de la torre, lo que hasta entonces, no había hecho, porque no le habían dado tanto espacio, para desde ella, como era alta, mirar qué poblaciones había alrededor, y así, mirando a unas partes y a otras, vio cuatro leguas de allí, cerca de unos riscos que hacia una alta sierra, cantidad de humos, aunque no vio de dónde salían. Creyó, como ello fue, que habría allí gran población; y luego, bajando de la torre, como había dicho antes, dijo a los principales del ejército:

> Señores: Yo he visto desde lo alto de la torre muestras de alguna gran población; pues los enemigos no vienen de paz ni de guerra, no será bien estar en esta duda; acometámoslos, para que hagan por fuerza lo que de grado deberían.

Respondieron todos que se hiciese así, aunque Gómara dice que sin dar parte a nadie, salió.

La verdad es que era Cortés tan amigos de parecer ajeno que, aunque el suyo las más veces era mejor, por dar gusto y contento, siempre decía lo que pensaba hacer, porque si en algo se errase, ninguno le pudiese culpar de no haberlo primero comunicado. Demarcó, pues, tan bien aquella tarde la tierra, que tomando consigo la mitad de la gente con los de caballo (aunque se le ofrecieron grandes contrastes que enflaquecieran a cualquier hombre valeroso, como luego diré), entró aquella noche por un camino ancho que le pareció, por la demarcación, que daría donde vio los humos hasta llegar a Cipancinco. La noche era tan oscura que apenas se veía la sierra hacia donde caminaba; la tierra no conocida, el poco uso de andar de noche, todo ponía pavor, porque no sabían dónde podrían estar los enemigos. Con todo esto, que naturalmente amedrentaba, sucedió, porque así lo ordenaba el demonio, que veía despojarse de su imperio con la venida de los nuestros que, no habiendo andado una legua, dio a un caballo una manera de torzón que dio con él en tierra. Sabido esto por el general, mandó que el que iba en él lo volviese al real. Apenas había mandado esto, cuando cayó otro caballo y luego otro hasta cuatro o cinco. Visto esto por los que con él iban, pareciéndoles que era mal agüero y señal, le dijeron:

> Señor, ¿adónde vamos, que parece que salimos con mal pie? Volvámonos y hagamos nuestros negocios de día para que veamos lo que hacemos, que esto es tentar a Dios e ir a ciegas.

Cortés, que entendía lo contrario, les respondió:

> Para estos tiempos es menester el esfuerzo, que la alegría y contento en las buenas andanzas, los necios tan bien como los sabios la toman; muchas cosas hay cuyo parecer es áspero, y si bien se miran son prósperas; no hay que mirar en agüeros ni en siniestras señales que el demonio causa; Dios es sobre todo; su causa y negocio tratamos y es necesario que de su contrario, el demonio, sintamos estorbos e impedimentos; vamos adelante y los de los caballos vuélvanse al real,

porque os hago saber que me da el corazón que esta noche habemos de hacer el mayor negocio que hasta ahora habemos hecho, del cual ha de emanar y proceder el amistad con Tlaxcala.

Diciendo esto se le cayó el caballo de entre las piernas, de que él y todos se maravillaron mucho, y no faltó quien le dijo que él daría con todo al través, pues era aquello dar con la cabeza en la pared y porfiar contra la voluntad divina. Hizo alto Cortés y replicó lo dicho, diciendo que grandes negocios no se hacen sin gran dificultad: «Tomemos los caballos de rienda y prosigamos nuestro camino, porque me parece que veo mayor bien del que pensáis». Caminaron un buen rato de esta manera. Estuvieron luego los caballos buenos, aunque nunca se pudo saber de qué habían caído, mas de pensar que el demonio estorbaba lo que después se hizo, porque tuzales, como dice Motolinía, no eran parte para que el caballo cayese y se tendiese en el suelo, cuanto más que a la vuelta pareció no haberlos y que el camino era ancho y muy hollado.

Andando, pues, hasta perder el tino de unas peñas que parecían en la sierra, dieron en unos pedregales y barrancas de donde con muy gran dificultad y trabajo salieron. Al cabo, después de haber pasado mal rato, despeluzándoseles el cabello de miedo, vieron una lumbrecilla; fueron a tiento hacia ella, la cual estaba en una casa do hallaron dos mujeres, las cuales y otros dos hombres que acaso hallaron, los guiaron luego y llevaron a las peñas do Cortés desde la torre había visto los humos. Antes que amaneciese dieron sobre algunos lugarejos.

No hicieron el estrago que dice Gómara, porque mataron muy pocos y fue mayor el pavor y miedo que pusieron con su súbita venida que no el daño que hicieron, pues siempre, como cristiano, pretendió el capitán no hacer daño, sino cuando no se podía excusar. No quemaron aquellos lugarejos, por no ser sentidos y dar aviso a los comarcanos con las lumbres, y también por no detenerse, que ya llevaban lengua cómo allí junto estaba una gran población que era Cipancinco, lugar de veinte mil casas, según después pareció por la visita que de ellas, hizo Cortés.

Entraron los nuestros en él con gran furia y voces, que no poco perturbaron los ánimos de los moradores, que seguros estaban, especialmente cuando vieron venir de los lugarejos algunos tan despavoridos y alterados que no acertaban a decir cómo los nuestros habían ido sobre ellos. Al primer acometimiento hicieron algún daño, por ponerles algún miedo; salieron a la grita y a los llantos que las mujeres hacían, que son harto alharaquientas, muy sobresaltados los hombres, unos en carnes, otros con sus mantillas, los menos con armas, porque ni tal habían pensado ni aquella era hora para que sus enemigos los acometiesen. Huían como locos y desatinados de acá para allá, sin saber adónde iban, y era tanto el miedo que ni el padre se acordaba del hijo, ni el marido de la mujer, ni el amigo del amigo. Murieron no muchos, como algunos dicen, al principio, y como Cortés vio que no resistían, mandó que no los matasen ni les tomasen sus mujeres y ropa. Fueron tan nobles los españoles en todo y siguieron tan acertadamente la voluntad de su general, que no solamente no les hicieron daño, pero haciéndoles señas de paz, tomaron muchas mujeres y niños y regalándolos y tratándolos bien, por señas los aseguraban y decían que fuesen a sus maridos. Otros españoles por señas les pedían comida, dándoles a entender que [a] aquello venían y no a darles guerra. de esta manera los aseguraron, y ya que el Sol era salido y el pueblo estaba pacificado, Cortés se subió a un alto, por descubrir tierra, y vio una tan gran población que le puso espanto. Preguntó cuya era y cómo se llamaba. Dijéronle que era la gran Señoría de Tlaxcala con todas sus aldeas. Llamó entonces a los españoles y díjoles: «¿Qué aprovechará matar a los de aquí, pues hay tantos allí?». Demudóse la color a muchos de los que allí estaban, y por ver qué sentían del negocio, volviéndose a Alonso de Grado que estaba más cerca, dijo: «Ya veis la gran muchedumbre de gente que aquí vemos; ¿qué os parece que hagamos?». Alonso de Grado le respondió:

> Señor, para tantos muy pocos somos nosotros; si nos vencen, no cabemos a bocado; paréceme que demos vuelta a la mar y que allí nos hagamos fuertes; enviaremos a Diego Velázquez que provea de socorro, porque si perseveramos aquí, o hemos de apocarnos, muriendo de enfermedad, o todos seremos comidos, de nuestros enemigos; ya no es bien tentar a Dios.

Mucho le pesó a Cortés con esta repuesta, especialmente cuando tocó en Diego Velázquez, y así muy enojado replicó dos veces:

Vos habíades de ser, Alonso de Grado, el que tal consejo me diésedes. ¿No sabéis que si damos vuelta, como vos decís, que las piedras se levantarán contra nosotros, pues no podemos ir sino en son y manera de fugitivos, a los cuales persigue tanto la fortuna, que no deja, como dicen, pelo ni hueso de ellos? ¡Adelante, adelante, Alonso de Grado, que si no se excusa nuestra muerte, más vale que muramos prosiguiendo nuestro intento y mostrando el rostro a nuestros enemigos, que no como liebres, mostrándoles las espaldas!

Quedó corrido Alonso de Grado y los que estaban desmayados volvieron sobre sí.

Con esto, sin hacer otro daño en el pueblo, se salió a una hermosa fuente que allí había, donde vinieron los principales que gobernaban el pueblo, con más de cuatro mil hombres sin amas; trajéronle mucha comida, saludáronle con gran veneración, suplicáronle con lágrimas en los ojos no les hiciese más daño, agradeciéndole con muy fecundas palabras el poco que les había hecho; prometieron de servirle y obedecerle, y no solamente guardarle la Fe y palabra, pero procurar de que hobiese amistad con los señores de Tlaxcala y con otros comarcanos. Él se lo agradeció y dijo que aunque sabía que ellos con los de Tlaxcala le habían diversas veces hecho guerra, se lo perdonaba con que de ahí adelante fuesen leales vasallos de Su Majestad. Hízoles muchas caricias y con tanto los dejó y se volvió a su real harto más alegre que el mal principio de los caballos prometía.

Decía en el camino a los suyos: «Deprenderéis de aquí adelante a no decir mal del día hasta que sea pasado, pues vemos que tras buen Sol viene la tempestad, y amaneciendo muchas veces el día nubloso y áspero suele acudir la tarde alegre y serena», y llevando el pecho lleno del buen suceso que después le había de venir, dijo: «Veréis cómo los de Tlaxcala han de venir antes de muchos días a ser nuestros amigos, y si esto se hace, como espero, dichosa y bienaventurada será muchas veces nuestra venida». Con esto llegó al real. Mandó luego que nadie hiciese enojo alguno a ningún indio, porque tenía entendido que en aquel día tenía acabada la guerra de aquella provincia.

Capítulo XLII. El temor que hubo en el real de los españoles con la vuelta de los caballos que cayeron en el camino
Cuando llegó Cortés a su real, aunque iba muy alegre del buen suceso, halló tristes a los que en él estaban, porque habían temido, y no sin causa, por la vuelta de los caballos, que algún desastre le hubiese sucedido; pues si así fuera, tenían por cierto su perdimiento, pues estaban entre tantos enemigos y les faltaba su caudillo, el cual parecía que traía siempre por compañera a la buena fortuna; pero como Cortés entró arremetiendo el caballo y vieron algunos indios que venían en compañía de los que con él fueron, antes que hablase palabra conocieron el buen suceso de la jornada. Salieron los principales corriendo a él, apeáronle del caballo, el cual los abrazó a todos, y dijo: «Tened, señores, confianza que, según nos ha sucedido, seremos presto señores de Tlaxcala, que es principio para conseguir nuestro fin de vernos en México». Con esto les contó por extenso todo lo que les había acaecido (según ya está dicho). Hubo aquel día muy gran regocijo y alegría en el real, aunque, como el contento nunca dura mucho, sabiendo de los que con el capitán habían ido la gran población de Cipancinco y la que de Tlaxcala se había descubierto, con las palabras que Cortés había dicho, comenzaron muchos a temer y recelarse, deseando verse cerca de la mar, donde se pudiesen hacer fuertes y esperar socorro de la isla de Cuba. Tenían, cierto, para temer, razón, porque se veían pocos, cansados de trabajos, en tierra grande, cuajada de gente y toda belicosa, bien aderezada y con ánimo de no consentirlos en ella, tan apartados de la mar y sin esperanza de socorro; a cuya causa, como iba creciendo entre ellos el miedo, hacían de secreto corrillos, hablando entre sí y tratando cómo sería bien hablar a Cortés, y aun requerirle, que no pasase más adelante, sino que se tornase a la Veracruz, pues era necesario que yendo adelante se habían de acabar, o por hambre, o por guerra, caminando por entre tantos enemigos, y que así sería cosa acertada dar la vuelta, lo uno para asegurar las personas, y lo otro para recoger más gente y más caballos, sin los cuales era imposible hacer la guerra.

No se le daba de esto mucho a Cortés, que cierto su corazón le prometía lo que después alcanzó, aunque algunos se lo decían en secreto con todo el encarecimiento que podían, suplicándole que antes que la gente se le amotinase o se fuese sin él, lo remediase y diese orden cómo saliesen de tanto peligro. Respondíales que no debía ser tanto el temor como se le pintaban, y que algunos, deseosos de volver a lo que bien querían en Cuba, temían donde no había qué; decíales que no le viniesen con aquellas nuevas, porque no podía creer que cayese pensamiento de flaqueza en españoles, especialmente habiéndoles sucedido hasta allí tan bien; y cierto, aunque algo creyó del miedo que su gente tenía, nunca pensó ser tanto, hasta que una noche, saliendo de la torre donde tenía su aposento a requerir las velas, oyó hablar recio en una de las chozas que alrededor estaban. Púsose a escuchar lo que hablaban y oyó que ciertos compañeros que dentro estaban, decían: «Si el capitán es loco y quiere meterse donde no pueda salir sino hecho pedazos, seamos nosotros cuerdos y miremos que no nos ha de dar él la vida si por su causa nosotros la perdemos; digámosle claro que, o nos volvamos, o le dejaremos solo, para que haga de sí a su placer». Entre éstos había dos principales, de que no poco pesó a Cortés, el cual, llamando dos amigos suyos, como por testigos, les dijo que oyesen lo que aquellos hablaban, y luego dijo: «Quien esto osa decir, también lo osará hacer».

Fuese escuchando por otras partes, y oyó que algunos decían:

> Este nuestro capitán ha de ser como Pedro Carbonero que, por entrar a tierra de moros a hacer salto, quedó allá muerto con todos los que le siguieron. Bien será que escarmentemos en cabeza ajena, porque perdido es quien tras perdido va, y no puede dejar de caer el que va tras el ciego. Remediémoslo antes que nos falte tiempo para ello, que el capitán no nos puede ahorcar a todos ni hacer la guerra sin nosotros.

Estas y otras palabras oyó Cortés, que le dieron harta pesadumbre. Quisiera reprehender y aun castigar a los que las decían, pero como era cuerdo y reportado, entendiendo que era peor por entonces la reprehensión y castigo y que era tomarse con los más, acordó de llevarlos por bien y aun hacerles más caricias y mejor tratamiento, para que atraídos a sí, cuando los tuviese juntos, tuviese más fuerza lo que les pensaba decir; y así, cuando vio que era tiempo, juntándolos a todos les hizo el razonamiento siguiente.

Capítulo XLIII. El razonamiento que Cortés hizo a sus soldados, animándolos a la prosecución de la guerra

Valerosos capitanes y esforzados soldados míos, viva maravilla y espanto de todas las naciones del mundo: Entendido he que algunos de vosotros, no por miedo, que éste no puede caber en vuestros corazones, sino o por el deseo de que tenéis de volver a Cuba y gozar de la quietud de vuestra casa, o por la dificultad que se os representa en acabar esta jornada, deseáis que demos la vuelta hacia la mar. Cierto, si de lo que os parece que conviene, bien mirado, no se siguiesen peligros, muertes, hambre, sed, cansancio y lo que peor es, infamia y afrenta y otros muchos inconvenientes, que cada uno pesa más que el falso provecho que pretendéis, por daros contento, de muy buena gana viniera en vuestro parecer, pues yo hombre soy como vosotros y no menos deseo descanso y quietud; temo la muerte y recelo los peligros, y no menos que a vosotros me fatiga el hambre y cansancio. El padre que mucho quiere al hijo que está enfermo, aunque le desea complacer, no le da lo que le pide, porque le ha de hacer mayor daño. Vosotros me escogisteis por vuestro padre y capitán, y yo siempre como a hijos, y soldados merecedores de todo honor os he tratado, haciéndoos siempre en todos los riesgos y trabajos yo la salva primero; y pues no me podéis negar que esto no sea así, razón será que en lo que os dijere me creáis, pues del bien o del mal no me ha de caber a mí menos parte que a vosotros. Todos somos españoles, vasallos del emperador, a los cuales, en su ejército, hecho de diversas naciones, él suele decir: «¡Ea, mis leones de España!». Hemos pasado mar que hasta nuestros tiempos nadie navegó; hemos andado mucha tierra que pie de ningún cristiano, moro ni gentil holló, grande, muy poblada, muy rica; venimos a ilustrar la fama y nombre de España, a acrecentar el imperio y señorío de César, a señalar nuestras personas, para que de escuderos y pobres hijosdalgo, mediante nuestra virtud y esfuerzo, César nos haga señores y queden de nosotros mayorazgos para los siglos venideros; y lo que más es y a lo que principalmente habemos de tener ojo, que venimos a desengañar a estos idólatras y bárbaras naciones, a de esterrar a Satanás, príncipe de las tinieblas, de esta tierra, que por tantos años ha tenido miserablemente tiranizada, a extirpar los nefandos y abominables vicios que como padre de toda maldad ha sembrado en los pechos de esta gente miserable.

Venimos, finalmente, a predicar el santo Evangelio y traer al rebaño de las ovejas escogidas éstas que tan fuera, como veis, están. Servicio es éste a que todo cristiano debe poner el hombro, pues es el mayor que a Dios se le puede hacer, y así la corona y triunfo de los mártires es mayor y más excelente que la de las otras órdenes de santos, pues el amor últimamente se prueba en poner la vida por el que amamos. Mirad, pues, si las utilidades y provechos que os he contado son tales que el menor de ellos pide y merece que por alcanzarlos nos pongamos a todo trabajo, y si ninguna cosa buena se consigue sin trabajo, tantas y tan excelentes, ¿por qué las hemos de alcanzar sin dificultad? Hasta ahora no tenemos de qué quejarnos, sino de qué dar muy grandes gracias a Dios por las muchas y muy maravillosas victorias que nos ha dado contra nuestros enemigos. Para lo de adelante, maldad y blasfemia sería pensar que la mano del Señor ha de ser menos fuerte que hasta aquí. El que nos ha dado vigor para vencer las batallas pasadas, si en Él solo confiáremos, nos le dará para concluir lo que queda.

Confiésoos que le gente entre quien estamos es infinita y bien armada, pero también no me negaréis que nos tienen por inmortales y que nos temen como a rayos del cielo. Mientras más son, más se confunden y embarazan; muerto uno, van todos como los perros tras él; visto lo habéis y pasado por ello; no hay que deciros sino que si volvemos las espaldas, toda nuestra buena fortuna se trueca y muda en todo género de adversidad, porque, ante todas cosas, volvemos las espaldas a Dios, pues dejamos de proseguir tan alta demanda, desconfiando de su poder que hasta aquí ha sido tan en nuestro favor. ¿Cuándo jamás huyeron españoles? ¿Cuándo cayó en ellos flaqueza? ¿Cuándo no tuvieron por mejor morir muerte cruel que hacer cosa que no debiesen? ¿Cuándo emprendieron negocio que dejasen de llevarle al cabo? Poco aprovecha acometer e intentar cosas arduas si al mejor tiempo, por graves inconvenientes que se ofrezcan, no se acaban. Por eso se alaba la muerte buena, porque en ella se rematan y concluyen como en dichoso fin los buenos principios y medios; en el perseverar se conoce el varón fuerte, y nunca salió con lo que quiso sino el que bien porfió. ¿Qué cuenta daríamos de nosotros si al mejor tiempo de nuestra ventura la dejásemos y mostrándosenos la ocasión por la cara que tiene cabellos muy largos para asirla, que no se vaya, dejásemos que volviese el colodrillo, donde no tiene pelo para ser asida? Gocemos, gocemos, fuerza y valor de las otras gentes, esforzados soldados míos, del tiempo que tenemos, que mañana se nos rendirán los enemigos; que si quietud y descanso, volviendo el rostro, cosa cierto vergonzosa para vosotros, buscáis, poniendo vuestra vida en cierto y conocido peligro, adelante le hallaréis mayor, con doblado honor y gloria. El cobarde más presto muere que el valiente, porque cualquiera se le atreve y acaba más presto por livianas causas; huyendo muere la liebre, que en su alcance y huida convida y anima a los perros. De aquí a la mar hay muy gran trecho; todos los que atrás quedan nos serán enemigos y saldrán contra nosotros, porque nadie hay que sea amigo del vencido; todos huyen de la pared que se cae; breve es la vida, y cuando llega su fin, tanto monta haber vivido muchos años como pocos, porque de ella no se goza más del instante que se vive. Si hemos de morir, más vale que muramos por Dios y por nuestra honra, que dejando tan alta empresa, morir en el camino apocadamente o a manos de los enemigos que ahora vencimos, o a manos de los que antes sujetamos y como a dioses nos acataron y temieron. Los más fuertes se nos rinden, que son los tlaxcaltecas; de los de Culhúa no hay que temer; y pues la fortuna nos es favorable, seguirla, seguirla y no huirla, porque no quiere sino al que la busca; nuestra es y será si no desmayamos. Dios es con nos; nadie será contra nos; y pues esto es verdad, ved lo que queréis sobre lo dicho, que aunque piense quedar solo (que no quedaré), estoy determinado de seguir la buena andanza que Dios hoy nos promete.

Con esto acabó Cortés y todos quedaron tan persuadidos, que los que enflaquecían tomaron ánimo y los esforzados, le cobraron doblado; los que no le amaban tanto, de ahí adelante le quisieron mucho; creció en todos su opinión más, y cierto fue necesaria tan facunda, larga y prudente oración para tan arduo negocio como entre manos tenía, darle el fin que deseaba para lo cual era gran estorbo el temor que muchos de los soldados tenían, que atrayendo a sí los demás se amotinaran, y le fuera necesario volver atrás, perdiendo la esperanza que se le prometía de lo venidero y el trabajo de lo pasado, que fue el mayor escalón que él tuvo para ponerse en la cumbre, de donde después de muchos años la muerte le llevó.

Capítulo XLIV. La embajada que Moctezuma envió a Cortés, y de lo que estando purgado le avino
Poco después que el capitán hizo este razonamiento, entraron por el real en demanda suya seis señores mexicanos muy principales con hasta doscientos

hombres que traían consigo de servicio. Fueron recibidos muy bien, porque luego los conocieron los nuestros en su manera y traje, bien diferente del de las otras gentes. Entraron do Cortés estaba, y haciéndole, como tienen de costumbre, con muchas ceremonias muy grandes reverencias, especialmente entonces, porque habían sabido las victorias que contra los fuertes tlaxcaltecas había tenido, primero que palabra hablasen, le dieron un solemne presente que su señor Moctezuma le enviaba, en que había mil ropas de algodón, muchas piezas de plumas ricas y extrañamente labrados y 1.000 castellanos de oro en grano muy fino, como de las minas se coge. Dado el presente, puestos todos seis en pie, el que era más principal, más antiguo y de más elocuencia, haciendo primero cierta ceremonia, dijo así:

> El gran señor Moctezuma, señor mío y grande amigo tuyo, te saluda por nosotros y te desea toda prosperidad y cumplimiento de lo que intentas. Dice que quisiera, según tu valor, enviarte mayor presente y personas si en su reino las hubiera más calificadas que nosotros; ruégate le hagas saber cómo estás tú y los tuyos y que si has menester algo que él pueda, lo pidas, porque todo se te dará. Dice que está muy alegre con las muchas y señaladas victorias que de los tlaxcaltecas, sus enemigos, has ganado, y que porque te desea todo bien te ruega que tú ni los tuyos vais a México, porque el camino es áspero y fragoso y de mucho riesgo y peligro, y no querría que [a] hombres de tanto valor y que él tanto ama les sucediese algún desastre de los muchos que pueden acaecer; y que si tu intención es que él reconozca por superior al emperador de los cristianos, rey y señor tuyo, que desde ahora hasta que muera él y sus descendientes le reconocerán, y en señal de esto cada año le dará tributo de mancebos y doncellas nobles, que es el mayor reconocimiento que entre nosotros se usa, y con esto le tributará oro, plata, piedras, perlas, ropa rica y preciosos plumajes, y a ti, porque vienes en su nombre te dará muchas riquezas con que próspero y rico vuelvas a tu tierra.

Con esto acabó, y todos seis en señal de que no querían decir más y que esperaban la respuesta, hecha cierta ceremonia, estuvieron en pie, las cabezas inclinadas, tendidos los brazos el uno puesto sobre el otro. Cortés, con la autoridad que pudo, por las lenguas les respondió que fuesen muy bien venidos y que besaba las manos a su gran señor Moctezuma, así por el presente que le enviaba, que era muy bueno, como por el amor que le tenía, y principalmente por el reconocimiento que al Monarca de los cristianos en el emperador su señor hacía; y que porque venían cansados del camino, porque sabía que habían rodeado por Castilblanco y valle de Zacatami, por no encontrarse con los tlaxcaltecas, sus enemigos, les rogaba se detuviesen allí algunos días, así para que descansasen, como para que él se viese en lo que había de responder cerca del ir o no ir a México.

Esto hacía Cortés para que por sus ojos viesen cómo si volvían de guerra los tlaxcaltecas los nuestros peleaban, o si viniesen de paz, cómo los recibía, reprehendiéndoles las locuras pasadas, repitiendo las victorias habidas contra ellos, para que de esto entendiesen los embajadores su valor y lo poco que debía recelar el ir a México, y con esto se tuviesen por respondidos. Los mensajeros dijeron que harían lo que mandaba. Mandó Cortés a los suyos los acariciasen y tratasen bien, pues eran señores y mensajeros de tan gran príncipe.

A aquella sazón sentíase mal dispuesto de unas calenturas, a cuya causa había algunos días que no había salido a correr el campo ni a hacer tales, quemas ni otros daños a los enemigos; solamente se proveía que guardasen el fuerte contra algunos tropeles de indios que llegaban a gritar y escaramuzar, que era más ordinario que no enviarles cerezas y pan. Purgóse Cortés con cinco píldoras hechas de una masa que sacó de Cuba, y tomándolas a la hora que se suele hacer, acaeció que el mismo día, de mañana, antes que las píldoras obrasen, vinieron tres muy grandes escuadrones a dar por tres partes sobre el real, o porque sabían que Cortés estaba malo, o pensando que de miedo aquellos días no habían osado salir los nuestros. Olvidado Cortés de la purga, cabalgó y salió a ellos con los suyos; peleó valerosísimamente hasta la tarde, que los desbarató y retrajo por un gran trecho.

Esto miraban los embajadores desde lo alto de la torre; maravilláronse mucho del gran esfuerzo y poder de los nuestros; encomendáronlo muy bien a la memoria para contarlo después a Moctezuma.

Cortés purgó el día siguiente como si entonces tomara la purga; no fue milagro, sino retenerse naturaleza con la nueva alteración; y también lo escribo para que se entienda cuán sufridor era Cortés de trabajos y males y cuán poco se popaba, siendo siempre el primero que venía a las manos con los enemigos, haciendo él lo que a su imitación quería que hiciesen los demás. Habiendo, pues, purgado, veló luego la parte que de la noche le cupo como a cualquiera de los compañeros, lo cual le dio mayor estima y autoridad.

Capítulo XLV. Cómo los señores de Tlaxcala se juntaron con los demás principales, y se determinaron de hacer paz con Cortés, y cómo lo encargaron a Xicotencatl
Estuvieron algunos días los señores de Tlaxcala tratando en particular los unos con los otros las buenas andanzas y prósperas victorias de Cortés y cómo debía de ser ayudado y favorecido de aquel gran Dios que los nuestros adoran, pues en el postrer recuentro, delante de los embajadores de Moctezuma, estando enfermo y siendo acometido por tres partes, había salido con tanto esfuerzo como si estuviera sano, y con grande afrenta de los enemigos y no sin gran matanza de ellos los había desbaratado, durando en la batalla desde la mañana hasta la tarde, de que no poco se debían afrentar siendo testigo de ello los embajadores mexicanos, con los cuales habían siempre tenido grande estima y reputación, pareciéndole que proseguir en la guerra era tomarse con espíritus celestiales, y que con la amistad de Moctezuma había de crecer el poder de los nuestros. Determinaron de entrar todos en su consistorio y Ayuntamiento, amando a él a Xicotencatl que todavía estaba de mal arte, y hecha cierta ceremonia, como invocando el favor de sus dioses para que los encaminase en que las paces se efectuasen con buena dicha, después que todos estuvieron a su modo sentados y que ninguno hablaba, Magiscacín, que como tengo dicho, era muy principal y de mucha bondad y seso, tomando la mano, hablando por todos, dijo así:

> Señores valerosos y esforzados capitanes en quien al presente está puesto todo el negocio de la guerra, y vosotros, sabios y cuerdos varones a quien está cometida la administración y gobierno de la república: Testigos me son los dioses en quien creemos y adoramos, que es tanto el amor que a esta insigne y gran república tengo, que si con morir yo por ella y sacrificar mis hijos y parientes, o ponerlos al cuchillo de nuestros enemigos, yo pudiera haceros victoriosos contra estos invencibles hombres, lo hiciera de muy buena voluntad y pensara ganar en ello mucho, porque sé cuán gloriosa cosa es que uno muera por muchos; pero como veo

que esto no puede ser, pues que el Dios de estos advenedizos quiere otra cosa y puede y vale más que nuestros dioses, que en nada, como veis, nos han favorecido, habiéndoles nosotros hecho tantos sacrificios, veo, por otra parte, que con ser tan poderoso Moctezuma, quiere y procura, como sabéis, el amistad de estos fortísimos varones; y si solos pueden más que nosotros, juntándose con nuestros enemigos, ¿cuánto os parece que podrán? Por cierto, tanto que de nosotros no quedará hombre ni quien de nosotros venga para que levante nuestra memoria. Estos cristianos, que así se llaman, son nobles, y muchas veces nos han rogado con la paz; de creer es que yéndonos a ellos, diciéndoles que nos perdonen, nos recibirán, como otras veces han hecho con los que se les han atrevido, con humano y alegre rostro.

Mi parecer es, pues Xicotencatl es tan avisado y de tan buena razón, que el error que hasta ahora ha cometido en porfiar a pelear con Cortés, lo entiende y deshaga con ir en nombre de toda esta provincia con algún presente, que siempre ablanda el ánimo del airado, a los cristianos; y como sabe bien hacerlo, hable largamente a su capitán, ofreciéndose a sí y a su república a la subjección y servicio de aquel gran señor en cuyo nombre viene. De esto ganaremos dos cosas muy principales: la una, que no nos gastaremos ni pelearemos en balde, afrentando nuestra nación y perdiendo cada día gente; la otra es, que después de amigos, diremos a Cortés cuán malos y perversos son los de Culhúa, para que de ellos se recate, y teniéndolos por enemigos, nosotros a nuestro salvo podremos sujetarlos y vengarnos de algunos agravios que, por ser muchos más que nosotros, nos han hecho.

Acabada esta plática, todos, sin faltar ninguno vinieron en lo que Magiscacín había dicho, y así, algunos de ellos en nombre de todos los demás rogaron mucho a Xicotencatl fuese con el presente a hacer paz con el capitán. Entristecióse Xicotencatl y mostró bien el odio que siempre hasta que murió tuvo con los nuestros. Quiso replicar, pero estorbóselo Magiscacín, diciéndole que aquello convenía a la república, que lo hiciese luego, so pena de ser tenido por traidor y ser castigado conforme a las leyes y fueros de la Señoría de Tlaxcala, y que allí se determinase luego con el sí, con el cual recibirían todos gran contento; y si se determinaba en el no, que luego desde allí sería privado de su oficio y dignidad y echado en crueles prisiones hasta que se le diese la pena que merecía.

Xicotencatl calló por poco espacio, y como pudo más la pena, temor y amenazas que su república le ponía que su obstinación y pertinacia, fingiendo el contento que no tenía, respondió:

> Nunca los dioses quieran que sea contra mi república y que no obedeca en lo que me manda. Yo me determino de hacer vuestro mandado y de hablar a Cortés lo mejor que yo pudiere, inclinándole con mis palabras aquel recibiéndonos en su amistad, nos sea perpetuo y buen amigo.

Holgóse mucho con esto aquella Señoría, y en especial Magiscacín y el buen viejo de Xicotencatl, que también pública y secretamente se lo había aconsejado y mandado.

Capítulo XLVI. Cómo Xicotencatl vino a Cortés, y de la oración que le hizo y presente que le trajo
Después que esto se trató en Tlaxcala y los tlaxcaltecas se certificaron bien de la venida de los mensajeros mexicanos, Xicotencatl se aderezó para llevar la embajada; vistióse a su modo y costumbre de paz, cuanto más ricamente pudo; tomó consigo cincuenta caballeros de los más principales y más bien apuestos que, por consiguiente, se aderezaron lo más ricamente que pudieron. Iban con éstos sus criados, que eran muchos; llevaron, como siempre tienen de costumbre, aunque por la esterilidad de la tierra que entonces había, algunos presentes no muy ricos de suchiles, plumajes, mantas y algún oro; y por que la amistad fuese más firme y Cortés estuviese más cierto de ella, llevó también Xicotencatl ciertos mancebos hijos de señores para darle en rehenes.

Salió de la Señoría de Tlaxcala acompañado de todos los señores de ella; despidióse cuando fue tiempo, y poco antes de que llegase al real de Cortés, envió tres o cuatro de los principales que con él iban adelante a dar aviso cómo iba y aqué; alegráronse por extremo los nuestros. Cortés con la mayor autoridad y gracia que pudo, salió a recibir a Xicotencatl cuando supo que estaba ya en el real, acompañado de los principales del ejército. Saludáronse el uno al otro a su modo con gran comedimiento y señales de amor. Abrazólo Cortés, y tomándolo por la mano lo asentó a par de sí; llamó a las lenguas; todos los caballeros españoles estuvieron en pie, y asimismo los principales tlaxcaltecas. Estando así todos con mucho silencio, los nuestros por oír lo que Xicotencatl quería decir, y los otros por saber lo que Cortés respondería, Xicotencatl mandó traer allí el presente y los mancebos nobles que en rehenes de la confederación y amistad presentaba. Puestos delante de Cortés, se volvió a él y con mucha gravedad, la voz algo baja, inclinados los ojos en alguna manera en tierra, levantándose algo del asiento, volviéndose luego a sentar, habló así:

> Ante todas cosas, primero que algo te diga, muy fuerte y sabio capitán, entendido habrás que yo soy Xicotencatl, capitán general de la Señoría de Tlaxcala, y cómo vengo ahora en su nombre y en el mío a saludarte y tratar contigo de perpetua amistad y concordia; también entenderás el crédito que como a capitán general y embajador de aquella Señoría me debes dar en lo que dijere. Salúdote, pues, y salúdante Magiscacín y todos los otros señores de aquella gran república, y como al que procuran ya tener por amigo, te desean en todo lo que emprendieres prósperos y dichosos sucesos. Suplicámoste que de lo pasado nos perdones y admitas a tu amistad, porque te prometemos serte de aquí adelante, como verás, muy fieles y leales amigos. Damos de nuestra voluntad y con alegre ánimo (lo que hasta hoy a ningún príncipe hemos hecho) vasallaje y obediencia a ese gran emperador en cuyo nombre vienes, por saber que es muy bueno y muy poderoso, pues se sirve de tales hombres como tú, y nos dicen que traes otras leyes y costumbres y otra religión con adoración de un solo Dios, que no permite sacrificio de hombres ni cruel derramamiento de sangre ni otros pecados abominables en que nuestros dioses nos han tenido engañados; y si hemos traído contra ti y los tuyos tan continua y brava guerra, en la cual siempre hemos sido vencidos, ha sido, por haber estado hasta ahora persuadidos de que érades otros hombres, y no sabiendo qué queríades y aun temiendo que érades amigos de Moctezuma, a quien y a sus pasados hemos tenido y tenemos por capitales y mortales enemigos. Tuvimos razón de sospechar esto porque vimos que desde Cempoala han venido contigo criados y vasallos suyos, y así, por no perder la libertad en que nuestros antepasados nos dejaron, y que por tiempo inmemorial, con gran derramamiento de sangre, hambre, desnudez y otros trabajos hemos defendido, determinamos, hasta estar cierto de quién eras, defender nuestras personas y casas; y porque, como sabes, el hombre libre debe morir primero que perder la libertad en que su

padre le dejó, hemos estado muchos años cercados en esta aspereza de sierras, sin frutas ni mantenimiento, sin sal, que da sabor a toda comida, sin trajes ni vestidos delicados, de que usan nuestros vecinos, sin plumajes ricos, oro y piedras, que para rescatar algo de esto era menester vender alguno de nosotros. Todas estas faltas y necesidades hemos padecido por no venir con nuestras mujeres e hijos en sujeción de Moctezuma, determinados de morir primero que hacer tal fealdad, pues nuestros antepasados fueron tan grandes señores como él. Ahora que hemos entendido de los cempoaleses que eres bueno y benigno y de noche y de día a ti y a los tuyos habemos hallado invencibles, no queriendo ya más pelear contra nuestra fortuna y contra lo que ese gran Dios tuyo quiere, nos damos a ti, confiados que nada perderemos de nuestra libertad, sino que antes nos ayudarás contra la tiranía de Moctezuma, que más con pujanza y gente y desenfrenada ambición, que con razón y justicia, ha sujetado a muchos señoríos, haciendo inauditas crueldades en los vencidos; y en confirmación de esta amistad que contigo procuramos, te ofrecemos y damos en rehenes estos mancebos, que son hijos de los principales señores de Tlaxcala. (Y los ojos rasados de agua, que ya Xicotencatl no podía disimular el dolor que de rendirse en su corazón sentía, dijo, después de haber callado muy poco): «Acuérdate, capitán valentísimo, que jamás Tlaxcala reconoció rey ni señor ni hombre entró en ella que no fuese llamado o rogado. Trátanos como a tuyos, pues te entregamos nuestras personas, casas, hijos y mujeres». Con esto acabó Xicotencatl, limpiándose los ojos con el cabo de la rica manta con que venía cubierto.

Capítulo XLVII. El contento que Cortés recibió con esta embajada y de lo que a ella respondió

Cortés, como vio que en las últimas palabras tanto se había enternecido Xicotencatl, con ser tan esforzado y diestro capitán de su nación, considerando, como sabio por sí, lo que en el pecho de aquel capitán podía haber, aunque muy alegre y regocijado con tan buena embajada y con tan buen embajador, tomándole por las manos y abrazándolo, antes que nada respondiese a la embajada, le dijo:

> Muy valiente y muy deseado amigo mío Xicotencatl: No tienes de qué tener pesadumbre, ni de qué tener pasión, porque, como verás adelante, yo y los míos te

seremos, así a ti como a los tuyos, tan amigos que vosotros no os tendréis tanta amistad, porque somos de tal condición, que no solamente hacemos bien al que nos le hace, pero procuramos bien a quien nos hace daño, como habrás visto en los recuentros pasados, porque es hermoso género de vencer, venciendo a mal con bien, hacer de enemigos amigos. Ya deseo que a la Señoría de Tlaxcala ofrezca algo en que veáis el amor que os tengo y el bien que os deseo». Alegróse con esto mucho Xicotencatl, y volviendo sobre sí, con mucho comedimiento respondió que porque ellos tenían creído de él más que aquello, habían venido a su amistad.

Cortés, prosiguiendo su repuesta, dijo:

Aunque sé que me matases dos caballos, y que unas veces debajo de que érades otomíes y no taxealtecas, y otras no como valientes y esforzados que sois, sino como cobardes y traidores, me salistes sobre seguro al camino, debiendo como tlaxcaltecas desafiarme primero, os lo perdono todo, con las mentiras y engaños que conmigo habéis tratado; y pues habéis visto tantas veces que todo ha sido en vuestro daño y perjuicio, mirad cómo tratáis estas Paces conmigo, porque si hay otra cosa de lo que me has prometido, lloverá sobre tu casa y sobre toda tu tierra, que el Dios en quien nosotros creemos y en cuya virtud vencemos no sufre engaños ni maldades; y si, como creo, perseverades en la amistad que yo siempre os guardaré, como conoceréis por el tiempo, seréis en tantas cosas mejorados, que os pesará de que no hubiésemos venido mucho antes a vuestra tierra. En lo demás dirás al señor Magiscacín y a todos esotros señores que les tengo en merced el amor y voluntad que me tienen, y que cuando vaya a su tierra conocerán de mí que no estuvieron engañados, y esto, que será después que haya despachado estos embajadores mexicanos que también de parte de su señor Moctezuma vienen a pedirme amistad.

Dada esta respuesta se levantó Xicotencatl, abrazáronse los dos, salió Cortés con él hasta salir de su tienda y de aquí hasta salir del real, le acompañaron algunos caballeros españoles y muchos nobles de Cempoala, donde despidiéndose de todos, siguiéndole los suyos, muy alegre caminó para su tierra.

Quedó Cortés y su ejército harto más contento que iba Xicotencatl. Cortés, porque lo que había prometido le había salido tan verdadero y veía lo que después vio, que de aquella amistad pendía todo el suceso y buena andanza que tuvo. Alegróse en ver que tan gran señor que le humillaba, con lo cual su fama y nombre se adelantaba y su reputación crecía entre todos los indios, como pareció, porque luego dentro de muy pocos días se extendió la nueva de ello por todas las Indias.

El ejército, así de españoles como de indios, por estar ya libres del temor que con tanta razón podían tener, según atrás dije, viendo que todos sus trabajos y temores se volvían en descanso y grandes esperanzas, y porque de todo esto quedase adelante memoria, el muy valiente y cristiano Cortés, en reconocimiento que todo venía de la mano de Dios y ya que tenían lugar para ello, mandó decir misa al padre Juan Díaz, clérigo, el cual, acabada la misa, puso por nombre a la torre la Torre de la Victoria en memoria de las muchas que Dios había dado allí a los españoles, los cuales estuvieron con los trabajos que la historia ha contado casi cuarenta días. En el entretanto que esto se hacía Xicotencatl llegó a Tlaxcala; saliéronle a recibir aquellos señores casi fuera de la ciudad; entró con ellos en su cabildo, donde era obligado a dar la respuesta; juntáronse los que se habían hallado a enviarle con la embajada; puesto allí, les dijo todo lo que con Cortés había pasado, y, o porque lo sentía así, o porque disimulaba su odio, para buscar ocasión en que lo mostrase de sí, les dijo:

> Bien será, señores, que pues el capitán de los cristianos, como habéis visto de su respuesta, nos muestra tanto amor y voluntad, y de su persona contra Moctezuma tenemos tanta necesidad, que con toda prisa procuraremos traerle a nuestra ciudad, haciéndole todo regalo y servicio.

Pareció muy bien a todos esto, aunque no faltó quien sospechase que no iba dicho con verdaderas entrañas.

Salidos de allí, se publicaron las paces por toda la provincia; hízose entre ellos en la ciudad grande regocijo y alegría; hubo un mitote, que es su danza, de más de veinte mil hombres de los nobles y principales, aderezados lo más ricamente que pudieron; cantaron la valentía y esfuerzo de los españoles, el contento que tenían con su amistad, para mejor vengarse de su enemigo Moctezuma; quemaron mucho incienso en los templos, hicieron grandes sacrificios, y lo que más fue de ver, que las mujeres y niños se alegraron públicamente por la quietud y sosiego quede ahí adelante habían de tener, poniendo muchos ramos y flores a sus puertas, entre ellos, en señal de grande alegría.

Capítulo XLVIII. El recibimiento y servicio, que los tlaxcaltecas hicieron a Cortés y a los suyos
Los embajadores de Moctezuma como se hallaron a la venida de Xicotencatl y a todo lo que dijo, y Cortés le respondió, pesóles en gran manera, porque claramente adivinaron por la voluntad de su señor y por la antigua y grande enemistad que con los tlaxcaltecas tenían, que aquella nueva amistad había de redundar en daño y destrucción del imperio y señorío de Culhúa, y procurando, lo que en ellos fue, desbaratarla, dijeron a Cortés que mirase lo que había hecho y no se confiase de gente tan doblada, inconstante y mala como era la tlaxcalteca, porque lo que no habían podido conseguir por fuerza de armas, lo procurarían por todos los engaños posibles, y que así era su intento meterle en la ciudad, para que, como dicen, a puerta cerrada y a su salvo, le matasen sin dejar hombre de los suyos.

Cortés, que entendía la balada, aunque no estaba muy cierto de la amistad de los tlaxcaltecas, mostrando el ánimo que convenía, les respondió que por malos y traidores que fuesen había de entrar en la ciudad, porque menos los temía en poblado que en el campo. Ellos, vista esta determinación y lo poco que Cortés temía, le suplicaron diese licencia a uno de ellos para ir a México a dar cuenta a Moctezuma de lo que pasaba y llevarle la repuesta de su principal recaudo, y que se detuviese allí hasta pasados seis días que para ellos, y si antes ser pudiese, vendría con la respuesta de su señor. Cortés dio la licencia y prometió de hasta aquel tiempo esperar allí, así por lo que de nuevo traería el embajador, como para sanearse del amistad de los tlaxcaltecas.

En el entretanto que esto pasaba, iban y venían muchos tlaxcaltecas al real de los nuestros, unos con gallipavos, otros con pan, cual con cerezas, cual con ají y algunos a solo visitar a los nuestros y a comunicar y hablar con ellos. Los que traían los bastimentos no tomaban precio y agraviábanse de que los nuestros se le ofreciesen y decían que su amistad no era para venderles los mantenimientos, sino para servirlos en lo que pudiesen. Había de la una parte a la otra buenas razones y comedimientos; rogaban a la contina a los nuestros que fuesen a su ciudad. Cortés los entretenía con buenas palabras hasta que vino el mensajero mexicano, el cual llegó, como había prometido, al sexto día. trajo diez joyas de oro ricas y muy bien labradas, mil y quinientas ropas de algodón, mejores sin comparación que las mil primeras, hechas con maravillosa arte. Rogó muy ahincadamente a Cortés, después que le dio el presente, que no se pusiese en aquel peligro que pensaba, que su señor Moctezuma le hacía cierto que si en él se ponía le había de pesar mucho de ello, porque aquellos de Tlaxcala eran pobres y necesitados de todo buen tratamiento y que por robarle le convidaban a su ciudad; que procurarían, aunque fuese durmiendo, matarle, solo porque sabían que era su amigo. Acudieron luego, como barruntando lo que había de decir el embajador mexicano, todas las cabeceras y señores de Tlaxcala a rogarle importunadamente les hiciese merced de irse con ellos a la ciudad, donde sería muy servido, proveído y aposentado, pues se avergonzaban que tales varones como ellos no estuviesen aposentados como merecían, que chozas no eran aposentos dignos de tales personas; y que si se recelaba de ellos, que pidiese otra cualquier mayor seguridad, que se la darían, y que supiese que lo que le habían prometido sería para siempre, porque no quebrantarían su palabra y juramento, ni faltarían [a] la Fe de la república por todo el mundo; pues si tal hiciesen, sus dioses se lo demandarían mal y caramente.

Cortés, viendo que aquellas palabras salían de verdadero corazón y que tanta importunidad con tanta seguridad no podía nacer sino de amor y amistad entera, y viendo que los de Cempoala, de quien tanto se confiaba, se lo importunaban y rogaban, determinó cargar todo el fardaje en los tamemes y llevar el artillería. Partióse luego en pos de ella para Tlaxcala, que estaba de allí seis leguas, con el orden y concierto que solía llevar para dar batalla; dejó en la torre y asiento del real, donde tantas veces había sido victorioso, cruces y mojones de piedra. Salióle a recibir al camino buen trecho de la ciudad toda la nobleza de Tlaxcala con rosas y flores olorosas en las manos, las cuales daban a los nuestros; salieron todos vestidos de fiesta. Entró de esta manera con un gran baile, que iba delante, en Tlaxcala a 18 de septiembre. Era tanta la gente que por las calles había, que para ir a su aposento tardó más de tres horas. Aposentóse en el templo mayor, que era muy suntuoso; tenía tantos y tan buenos aposentos que cupieron todos los nuestros en él; aposentó Cortés de su mano a los indios amigos que consigo traía, de que ellos recibieron mucho favor; y porque nunca estaba descuidado, puso ciertos límites y señales hasta do pudiesen salir los suyos, mandándoles so graves penas no saliesen de allí, proveyendo so las mismas penas que nadie tomase más de lo que le diesen, ni se atreviese a hacer algún desabrimiento, por liviano que fuese, lo cual cumplieron muy al pie de la letra, porque aún para ir a un arroyo bien cerca del templo, le pedían licencia.

Trataron muy bien aquellos señores a los nuestros; usaron de mucho comedimiento con el capitán; proveyeron de todo lo necesario abundantemente, y muchos dieron sus hijas en señal de verdadera amistad, así por guardar su costumbre, como por que naciesen hombres esforzados de tan valientes guerreros y les quedase casta para cuando otras guerras se ofreciesen. Descansaron y holgáronse allí mucho los nuestros veinte días, procuraron saber muchas particularidades; informáronse del hecho de Moctezuma. Y porque es cosa mayor Tlaxcala y de más importancia que un capítulo decirse pueda, en los que se siguen diré algo de su grandeza y señorío y de lo que a más a los nuestros avino.

Capítulo XLIX. Algunas particularidades de Tlaxcala y de lo que a Cortés le pasó con Xicotencatl el viejo y con Magiscacín
Después que los nuestros fueron aposentados, así los señores de Tlaxcala como los demás vecinos comenzaron con mucho cuidado y amor a proveerlos y regalarlos en cuanto pudieron; trajéronles luego más de cuatro mil gallinas, las más de ellas vivas y las que eran menester asadas, y en lo demás que los nuestros habían menester eran proveídos, con dar por señal para conocerlos, después, a cada indio, un pedazo del sayo roto, y así el indio con él en la mano iba a la comunidad o casa de provisión, y visto que venía con el paño de parte de algún español, se le daba todo lo que pedía, y por el mismo paño le conocía el español que le había enviado con él; y aunque pensaron los nuestros que no tuvieran platos en qué comer, por hacerse la loza con tanto artificio y los indios carecer de aquel arte, Alonso de Ojeda, uno de los soldados, halló en su aposento en unas vasijas grandes de barro más de ochocientos platos y escudillas de loza tan bien labrada como se hiciera

en Talavera, de que no poco se maravillaron los nuestros, los cuales se sirvieron de esta loza y de otra mucha en que les traían la fruta y aves guisadas. Entrando adelante por el mismo aposento el dicho Alonso de Ojeda, halló un lío de petate, que es como la que nosotros llamamos estera, muy bien liado; sacóle afuera, y queriendo saber qué había dentro, con la espada cortó los cordeles con que estaba atado (y ya [a] aquel tiempo se habían llegado otros españoles), halló un hueso de hombre de la coja, que es el hueso que va desde la rodilla al cuadril, tan grande que tenía cinco palmos. Lleváronlo luego a Cortés, por cosa digna de ser vista, el cual llamó a algunos viejos y entre ellos a Xicotencatl, padre del capitán general, que de viejo estaba ya ciego; trajéronle unas mujeres de brazo, mandóle sentar Cortés, holgóse mucho de verle, porque tenía más de ciento y treinta años, que él contaba por soles; preguntóles muchas cosas; respondióle muy bien a ellas, y a lo del hueso dijo que muchos años había que a aquella tierra de unas islas habían venido unas hombres tan grandes que parecían grandes árboles y con ellos algunas mujeres también de disforme grandeza, y que los unos habían muerto allí y los otros pasado adelante a tierra de México. Decía que o de hambre o de flechas, por el miedo que ponían, habían sido muertos, y que aquel hueso era de uno de ellos. Tentaba este viejo a los nuestros las manos, la ropa y las barbas; maravillábase mucho de la extrañeza de los hombres que tocaba; decía con grande ansia de corazón que nunca le había pesado tanto de ser ciego como hasta entonces, por no poder ver aquellos hombres de quien él muchos años antes tenía grandes pronósticos de que habían de venir, y así dijo a Cortés:

> Tú seas muy bien venido y sepas que has de señorear el gran imperio de Culhúa y los míos te serán buenos amigos, que yo así se lo he aconsejado. No durarán mucho tiempo nuestros sacrificios, ritos y ceremonias, y nuestros ídolos serán quebrantados y deshechos; tomará nuevo nombre esta gran tierra, y los moradores de ella nueva religión y nuevas leyes y costumbres; reconocerán otro gran señor, y el demonio mostrará grandes señales de pesar.

Holgóse por extremo Cortés con estas palabras, que fueron profecía; enterneciéronse con lágrimas los otros vicios que allí se hallaban, los cuales como a más viejo y más sabio respectaban al ciego Xicotencatl. Hízoles Cortés muchas caricias y buenos tratamientos, especialmente al ciego, dándoles algunos presentes y a beber de nuestro vino, que les supo bien, porque entendió que en el consejo de aquellos viejos consistía el perseverar los mozos en la amistad comenzada.

Otro día, como entendió que el valeroso y prudente Magiscacín había sido su amigo y el que con todo calor había procurado su amistad, le envió a llamar y usó con él de muchos comedimientos, porque aliende de que era muy señor, le pareció en su persona, trato y conversación digno del buen acogimiento que le hizo. Agradecióle con muy amorosas palabras la voluntad que le había tenido; prometióle que por él y sus cosas pondría su persona y amigos; dióle algunas cosas, que aunque no eran muy ricas, eran vistosas; holgóse con ellas mucho Magiscacín; respondióle que su corazón estaba ya contento con ver en su tierra a un hombre a quien el cielo y las estrellas habían dado tan subido valor, y que aquellos dones los tomaba como por prenda de mayor vínculo y amistad, prometiendo de los guardar para que sus descendientes gozasen de ellos.

Acabadas estas y otras comedidas razones se despidió, enviando luego de las cobas, que él tenía más preciadas las mejores a Cortés; y porque los indios más que los otros hombres son envidiosos y era menester ganar a todos la voluntad, no solamente Cortés a los otros señores y hombres principales llamó en particular, dando a cada uno de lo que tenía, pero a sus mujeres e hijas hizo presentes, con que vino a ser amado, respectado y querido de todos, que aun en sus mismos negocios que fuesen importantes no hacían cosa sin su parecer, de adonde paresoe cuánto puede la liberalidad acompañada con buenas y comedidas palabras, con la cual el capitán suele las más veces rendir a su contrario antes que con la fuerza de las armas, aunque lo uno y lo otro fue cumplido en Cortés, el cual como supo que de cierta enfermedad había muerto uno de sus soldados, mandó que sin bullicio lo enterrasen a la media noche, para que los tlaxcaltecas, a lo menos por entonces, no entendiesen que los nuestros eran mortales.

Capítulo L. El sitio y nombre que en su gentilidad tenía Tlaxcala
Dicen los antiguos naturales de esta insigne ciudad que Tlaxcala tomó nombre de la provincia en que está edificada, por ser fértil y abundante de pan,

y así tlaxcalan quiere decir «pan cocido, o casa de pan». Otros dicen que la ciudad dio este nombre a la comarca y provincia y que al principio se llamó Texcallan, que quiere decir «casa de barranco o de peñascos». Está puesta orillas de un río que nace en Atlancatepeque, el cual riega gran parte de aquella provincia; entra después, en la mar del Sur por Zatulán. Tenía cuatro barrios que se llamaban Tepeticpac, Ocotelulco, Tizatlán, Quiahuztlán. El primero estaba en un cerro alto, lejos del río más de media legua, y porque estaba en sierra le llamaban Tepeticpac, que es «como sierra». Esta fue la primera población que allí hubo; estaba tan alta por causa de las guerras. El otro descendía la ladera abajo hasta llegar al río; y porque allí había pinos cuando se pobló, lo llamaron Ocotelulco, que quiere decir «pinar». Esta era la mejor y más poblada parte de la ciudad, donde estaba la plaza mayor, en que hacían su mercado, que se llama tianquistli. Aquí tenía sus casas Magiscacín, que eran las más soberbias y suntuosas de la ciudad y provincia. El río arriba en lo llano había una población que se decía Tizatlán, por haber allí cierta tierra muy blanca que parece yeso y más propiamente albayalde. Tenía allí su casa con mucha gente de guarnición Xicotencatl, capitán general de la República. El otro barrio estaba también en llano, río abajo, y por ser el suelo anegadizo y aguazal se dijo Quiauztlán, que quiere decir «tierra donde llueve».

Era, finalmente, esta ciudad mayor que Granada, más fuerte y de mucha más gente, abastecida en gran manera de las cosas de la tierra, que eran pan, gallipavos, caza y pescado de los ríos; abundancia de frutas y de algunas legumbres que ellos comen; es la tierra más fría que caliente; fuera de la ciudad, que lo más de ella es áspero, tiene muy buenas y llanas salidas; dentro, en casas de hombres principales, muchas y buenas fuentes. Había todos los días en la plaza mayor mercado, donde concurrían más de treinta mil personas, trocando unas cosas por otras, porque moneda, que es el precio común con que las cosas se compran, no la había; había también en otras plazas menores otros mercados de menos contratación, en todos los cuales lo que se rescataba era vestido, calzado, joyas de oro y plata, piedras preciosas y otras para enfermedades, plumajes, semillas, frutas y otras cosas de comer. Había mucha loza de todas maneras y tan buena como se podía haber en España. Tenía y tiene esta provincia muchos valles y muy hermosos, todos labrados y sembrados, sin haber en ellos cosa vacía, aunque ahora, por darse a las contrataciones y ser demasiadamente sobrellevados, trabajan poco en el cultivar la tierra.

Tiene en torno la provincia noventa leguas. Era república como la de Venecia, Génova y Pisa, porque no había general señor de todos; gobernábanla los nobles y ricos hombres, especialmente aquellos cuatro señores, pues decían que era tiranía que uno solo los gobernase, porque no podía saber tanto como muchos. Los cuatro señores eran también capitanes, pero sacaban de entre ellos el que había de ser general; en la guerra, al acometer y en el marchar, el pendón iba detrás, y acabada o en el alcance, le hincaban donde todos le viesen; al que no se recogía, castigábanle bravamente. La ceremonia y superstición con que emprendían la guerra era que tenían los saetas como santas reliquias de los primeros fundadores, llevábanlas a la guerra dos principales capitanes o dos muy valientes soldados, agüerando la victoria o la pérdida con tirar una de ellas a los enemigos que primero topaban; si mataba o hería, era señal de victoria, y si no, de pérdida. Por ninguna cosa dejaban de cobrar la saeta, aunque fuese con pérdida de muchos.

Tenía esta provincia veintiocho lugares, en que había doscientos mil vecinos; son bien dispuestos, eran muy guerreros, y entonces no tenían par; eran pobres, porque no tenían otra riqueza ni granjería sino las sementeras, caza y pesca. Había a su modo toda buena policía y orden; eran los vecinos y moradores muy respectados y tenidos de las otras gentes. Hablábase en ella tres lenguas. En el templa mayor se sacrificaban cada año ochocientos y mil hombres. Había cárcel pública, donde echaban a los malhechores con prisiones; castigaban lo que entre ellos era tenido por pecado, porque muchos había que ellos no los tenían por tales.

Aconteció, estando allí Cortés, que un vecino de la ciudad hurtó a un español un pedazo de oro. Cortés lo dijo a Magiscacín, el cual lo tomó tan a pechos que, habiendo primero la información, hizo buscar con tanta diligencia que se lo trajeron de Cholulán, que es otra ciudad, cinco leguas de Tlaxcala. Entregóselo con el oro a Cortés, para que hiciese justicia de él a su fuero y uso, pero él no quiso y agradeció a Magiscacín la diligencia y remitióselo para que hiciese de él. lo que le pareciese, el cual mandó que con pregón público que manifestase el delito, le llevasen por ciertas calles y después le trajesen al mercado, y puesto sobre uno como teatro le matasen con unas porras, y fue así, acompañando, el delincuente mucha gente, a vista de los nuestros. Puesto en aquel teatro, inclinada la cabeza, le dieron en ella ciertos mozos robustos tres o cuatro golpes con unas porras pesadas hasta que le hicieron pedazos la cabeza. Maravilláronse mucho los nuestros de aquella justicia, y de ahí adelante los tuvieron en más, y aun los indios, que naturalmente son inclinados a hurtar, se recataron (lo que ahora no hacen) de cometer hurtos.

Capítulo LI. Cómo al presente está fundada Tlaxcala y de los edificios y gobernación de ella
Como los indios de Tlaxcala, así como los demás que se fueron sometiendo a la Corona real de Castilla, se iban aficionando a nuestras religión, leyes y costumbres, comenzaron poco a poco a tomarlas y seguirlas, procurando parecernos en todo lo que pudiesen, y así mudaron el orden y asientos de pueblos y ciudades, en lo cual especialmente se señalaron los tlaxcaltecas, porque está hoy Tlaxcala, que es cabeza de obispado, asentada en un valle, al pie de una alta sierra que en la cumbre hay todo el año nieve; está por las faldas llena de pinos y cedros, de que se han hecho, como diré, suntuosos edificios; pasa por medio de la ciudad el río que atrás dije; entra muy grande (aunque por aquí corre mediano) en el Mar del Sur, donde hay muchos lagartos y otros animales fieros. Está la ciudad ordenada por sus calles, que son muy anchas y espaciosas; en lo bajo de ella tiene una plaza cuadrada y en medio de ella una muy hermosa fuente de cantería con ocho caños; en las dos cuadras de la plaza hay portales, y debajo de ellos tiendas de diversas mercadurías; en la tercera cuadra hay dos casas muy suntuosas, la una se llama la casa real, donde se reciben los virreyes y señores que de España vienen o vuelven por allí; en la sala principal, alrededor de toda ella, está pintado cómo Cortés vino y lo demás que le sucedió hasta llegar a México, está cosa bien de ver. En la otra casa reside el gobernador y oficiales del pueblo que tienen cargo de la república; recógense allí los tributos de Su Majestad y otros servicios tocantes a la república. En la cuarta acera hay otra casa donde posa el alcalde mayor, que es español y suele ser siempre hombre de cuenta; hace allí audiencia con el gobernador y alcaldes. Síguese en la misma acera la cárcel pública y luego un mesón con agua de pie y muchos buenos aposentos; está en un corredor alto, pintada la vida del hombre desde que nace

hasta que muere; la una pintura y otra con muchos edificios y policía que en la dicha ciudad hay, hizo hacer y pintar Francisco Verdugo, alcalde mayor que fue allí, varón discreto y republicano. Al otro lado de la fuente está el rollo, hecho de cantería, donde se ejecuta la justicia.

En lo alto de la ciudad está fundado un monasterio de Franciscos muy suntuoso y devoto; súbese a él por una escalera ochavada de cantería que tiene sesenta y tres escalones, con sus mesas muy espaciosas, y es tan llana y tan artificiosamente labrada que por ella puede subir un caballo. Al pie de esta escalera al un lado hay un hospital donde se curan los enfermos, así los indios como españoles. Tiene el monasterio una muy hermosa huerta con muchas fuentes de muy linda agua, poblada de frutales de Castilla y de la tierra.

La gobernación del pueblo es en esta manera: que de dos a dos años por su rueda, por evitar discusiones, se elige un gobernador de una de las cuatro cabeceras con cuatro alcaldes y doce regidores, los cuales todos en negocios de repúblicas se juntan con el alcalde mayor, y otras veces ellos por sí hacen su cabildo. Hay muchos alguaciles, porque la ciudad y provincia es muy grande, que tendrá hoy cien mil vecinos y más. Cógese en su comarca gran cantidad de grana, con que se han enriquecido los vecinos, porque son aprovechados cada año en más de 100.000 ducados, y así la caja de su comunidad es muy rica.

Los campos son muy fértiles, así de maíz como de trigo y otras semillas. Hay tierras y asientos para ganado menor muchas y muy buenas, donde hay muy gran muy verdadero y tan al natural que es copia de ganado. Hase hecho esta ciudad muy pasajera de carretas y arrias por industria de Francisco Verdugo, que hizo en los ríos y quebradas que van a México y a la ciudad de los Ángeles treinta y tres puentes de piedra muy fuertes y vistosas, cada una de un ojo y algunas de dos, a cuya causa es muy frecuentada de españoles. Hácese todos los sábados en la plaza el mercado general, donde concurren muchos españoles y gran cantidad de indios; véndense allí muchas cosas de Castilla y todas las demás de la tierra. Tienen los moradores de esta ciudad gran reputación y estima entre todos los indios de esta Nueva España, así por el antiguo renombre de su valentía, como por haber tan leal y valerosamente ayudado a los españoles en la conquista de México, por lo cual el emperador los honró, y en privilegios y exenciones los aventajó de todos los otros.

Tiene esta ciudad en su comarca más de cuatrocientas iglesias, sin muchas que han mandado derrocar los obispos, por no ser necesarias y ocuparse el culto divino y evitarse algunas demasiadas comidas y bebidas, que con ocasión de las advocaciones de las iglesias los indios hacían, y no poderse poner en cada una ministro y sustentarse. Hanse después acá los tlaxcaltecas señalado en todas las cosas que se han ofrecido al servicio de su rey y hanlo tenido por punto de honor, como ello es.

Capítulo LII. Cómo Cortés envió a Pedro de Alvarado a México y de lo que trató con los tlaxcaltecas acerca de los ídolos

Estando así los negocios, Cortés determinó de enviar a Pedro de Alvarado a México, para que en su nombre visitase a Moctezuma y le hiciese saber cómo despachando ciertas cosas le iría a ver. Partió Pedro de Alvarado con un compañero y un criado que le sirviese; llegó a Cholula, que fue la primera jornada, donde los principales de la ciudad le hicieron muy buen hospedaje, aposentándole en la mejor casa que tenían. Estuvo allí un día y una noche, pasó adelante y por todo el camino fue muy bien recibido; llegó por sus jornadas, sin acaecerle cosa memorable, a la calzada de Yztapalapan, que de México está dos leguas pequeñas, y como él no daba paso que Moctezuma no lo supiese, ciertos criados de Moctezuma que allí estaban esperándole no le dejaron pasar adelante, diciéndole que no podía ver al gran señor Moctezuma, que estaba malo de un gran dolor de cabeza, que dijese lo que quería y que esperase allí, que ellos le traerían la repuesta. Hízolo así Alvarado, porque no osó hacer otra cosa. Los principales volvieron y dijeron que por estar mal dispuesto su señor, no daba otra repuesta a la embajada del capitán Cortés, más de que le enviaba allí cierto presente de oro y ropa rica y que cuando estuviese mejor enviaría sus embajadores, respondiendo a lo demás. Alvarado se volvió y vino por Guaxocingo y por Cholula, donde especialmente le hicieron más honra y fiesta que en los demás pueblos. Llegó al real de Cortés, al cual y a los oficiales del rey entregó el oro y ropa; holgáronse todos mucho con su venida, preguntáronle muchas particularidades, las cuales Alvarado contó por extenso, porque las había mirado con cuidado, para dar aviso cómo se habían de seguir adelante los negocios.

A Cortés no pareció bien el dolor de cabeza de Moctezuma, porque entendió que todavía quería no ser visto; aunque cuanto más el otro lo rehusaba, tanto más lo procuraba él con los mejores medios que podía; y así, acariciando cuanto en sí era a los tlaxcaltecas y viendo que en ellos crecía cada día la afición y que en su falsa y diabólica religión eran tan observantes, aunque como dando tientos, todas las veces que podía, les hablaba con los farautes cerca del engaño en que estaban. Un día vio haber oportuno lugar para ello. Estando juntos los cuatro señores y los demás principales de Tlaxcala, les dijo:

Señores y amigos míos que en paz y en guerra sois los más señalados que hay en estas partes: El amor que me habéis mostrado y lo mucho que por él yo os debo me convidan y aun fuerzan a que lo que por algunas veces os he apuntado os lo diga más claramente, porque de aquí adelante viváis desengañados y profeséis la verdadera religión que nosotros los cristianos tenemos. Sabed, pues, que no hay más que un Dios, que crió el cielo que veis y la tierra que pisáis, y no es posible ni cabe en buena razón que pueda haber muchos dioses, como vosotros adoráis; y esto veldo, por vosotros, porque si dos igualmente mandan en una casa, no puede ser bien gobernada, porque ni siempre pueden estar de un parecer, ni hay hombre que en el mandar quiera superior ni igual; y como no puede ser que dos hombres sean igualmente fuertes ni igualmente sabios, sin que el uno al otro haga ventaja, así no puede ser que haya muchos dioses, sino uno solo, el cual es tan poderoso que todo lo cría, tan sabio que todo lo rige y gobierna, tan bueno que nos sustenta y mantiene. Este solo Dios ninguna cosa quiere ni nos manda que no sea justa y buena y que nos convenga, porque Él manda que ni matemos ni quitemos la hacienda, ni afrentemos, ni injuriemos, ni levantemos falso testimonio a otro, porque no es razón que quiera yo para otro lo que no querría para mí. Lo contrario de esto quieren y mandan vuestros falsos dioses, porque tenéis por bueno que no queriendo ser vosotros sacrificados, sacrifiquéis los inocentes; no queriendo ser robados y despojados de vuestra hacienda, robéis al que menos puede la suya. Después de esto es gran lástima que siendo el hombre señor de los peces que andan en el agua, de los animales que se crían sobre la tierra y de las aves que se crían en el aire, estéis tan engañados que sujetando a vuestro poder todos estos animales, a muchos de ellos hechos de piedra, de oro, plata y barro, los adoréis, adorando por dioses a los que por vuestras propias manos hacéis y podéis deshacer, no levantando el entendimiento a que ni pues vosotros no os hicistes a vosotros mismos, ni los animales se hicieron a sí mismos, es necesario que haya un solo Criador y Hacedor de todo esto, que ni es el cielo ni la tierra, ni el agua ni el aire, ni las criaturas que veis, ni el hombre, sino una invisible causa, un sumo principio, un Dios que como no tiene cuerpo y está en toda parte no puede ser visto con los ojos corporales, hasta que nuestras almas, criadas a su semejanza, después de salidas de nuestros cuerpos, le vean. La razón nuestra nos dicta esto, y la Fe por más alta manera nos lo enseña y declara.

Bien sé que aunque esto que he dicho como cosa tan cierta y tan clara convencerá vuestros entendimientos, que por la costumbre tan larga que tenéis de lo contrario, se os hará de mal creerlo y seguirlo; pero yo espero en este Dios que os predico que Él os alumbrará para que no siendo parte los demonios que contradicen, sigáis su santa y sabrosa ley, entendiendo cada día mejor el error en que por tanto tiempo os ha tenido nuestro adversario el demonio; y porque si no es oyéndonos, no podéis creer ni entender lo que digo, después que haya ido a México enviaré a quien oigáis y quien os enseñe. En el entretanto me haréis gran placer que dejéis estos ídolos, falsos y mentirosos dioses que permiten lo que toda razón rehúsa, que, no queriendo ser comidos, comáis a otros.

Oída esta plática, como era justo, con gran atención, respondieron todos que les parecía bien, pero dividiéndose en particulares pareceres, unos dijeron que de grado hicieran luego lo que les mandaba, siquiera por complacerle, si no temieran ser apedreados del pueblo; otros, que era recio de creer lo que ellos y sus antepasados tantos siglos habían negado y sería condenarlos a todos y a sí mismos; otros, que podría ser que andando el tiempo lo harían, viendo la manera de su religión y entendiendo bien las razones por qué debían hacerse cristianos y que con la comunicación y trato y con ver sus leyes y costumbres se aficionarían, porque en lo que tocaba a la guerra ya tenían entendido que eran invencibles y que su Dios les ayudaba mucho.

Cortés, oída esta repuesta, con afable y alegre rostro les replicó que bien estaba y que el parecer postrero llevaba más camino, que él, como había prometido, les daría presto quien los enseñase, y que entonces conocerían el gran fruto que sacarían y el gran consuelo que sentirían sus corazones; y viendo que no era tiempo de apretarles más, les rogó tuviesen por bien que en aquel templo donde estaba aposentado se hiciese iglesia para que él y los suyos hiciesen sacrificio y adoración a Dios, y que también ellos podrían venirlo a ver. Con muy buena voluntad dieron la licencia y aún vinieron muchos y los más principales a oír la misa que se decía cada día y a ver las cruces e imágenes que allí se pusieron y en otros templos y torres, y aun hubo (porque Dios así lo guiaba) algunos que se vinieron a vivir con los nuestros. Finalmente, todos los de Tlaxcala mostraron grande amistad, pero el que más se señaló fue Magiscacín, que parecía que traía escrito en el corazón el nombre de Cortés, no apartándose de su lado ni hartándose de oír y ver a los españoles.

Capítulo LIII. La enemistad que se hizo entre mexicanos y tlaxcaltecas y de dónde y por qué causa procedió
Ya que Cortés se aprestaba cuanto podía para ir a México, procuró de secreto informarse del poder y riquezas de Moctezuma y de la causa de las guerras tan bravas y tan antiguas que tlaxcaltecas tenían con mexicanos; procuró también informarse del camino y de otras particularidades; y como a la sazón estaban en Tlaxcala los embajadores mexicanos y los unos eran enemigos de los otros, descubrían, como dicen, las verdades para entenderlas mejor hablaba Cortés a los unos a escondidas de los otros, agradesciéndoles el parecer y consejo que le daban. Decía Magiscacín, procurando apartar a Cortés de la amistad de Moctezuma y del ir a México, que Moctezuma era, no solamente rey, pero rey de reyes y príncipe de príncipes, a quien unos por amor y mercedes que les hacía, y otros por temor, tenían tanto respeto y veneración que se tenían por muy dichosos en servirle, al comer y en otras cosas que se le ofrecían; y que su riqueza de oro y plata, piedras, perlas, plumaje y ropa rica era tan grande, que podía hacer ricos a muchos príncipes; y que la ciudad donde tenía su silla y asiento era la mayor y más fuerte del mundo, porque estaba fundada sobre una gran laguna, y que las calles eran de agua y no se andaba ni podían entrar sino con canoas, que de éstas había más de vente mil, y que a esta ciudad concurrían todos los señores de la comarca y otros príncipes de bien lejos, porque era la Corte y no había otro señor a quien seguir ni servir; y que la gente que tenía era innumerable, porque podía, haciendo guerra en tres o cuatro partes, poner en cada una un

campo de doscientos mil hombres de guerra, y que con esto él y sus mexicanos usurpaban los señoríos ajenos y extendían y ampliaban cada día más su imperio, usando, cuando vencían, de grandes crueldades, para que las otras gentes se rindiesen y sujetasen a su imperio, de temor de no experimentar semejante crueldad; y que eran de tan mal corazón (pues esta es su manera de hablar), que nunca guardaban palabra, ni tenían secreto, ni se acordaban de las buenas obras recibidas, por grandes que fuesen; y pues que veía que eran muchos, malos y tan poderosos, que no se metiese entre ellos, porque no le podía suceder bien.

Y aunque estas cosas movieran a miedo e hicieran temblar la barba a otro, por ser tan verdaderas y dichas por hombre que tanto amaba a los españoles, a Cortés pusieron nuevo esfuerzo y ánimo, engendrando en él mayor deseo de verlas. Disimuló con Magiscacín, agradecióle el consejo y parecer y díjole que se veía bien en ello antes que nada hiciese; y por saber bien de raíz los negocios, para mejor acertar en lo que emprendiese, le preguntó qué tiempo había que los tlaxcaltecas tenían guerra con los mexicanos y la causa. Magiscacín, como el que bien la sabía, le respondió que habría ochocientos años que los mexicanos habían venido a poblar aquella laguna, de muy lejas tierras y que eran tiranos, porque por fuerza de armas echaron a los otomíes, que eran señores de ella, y que de noventa o cien años a aquella parte los tlaxcaltecas tenían guerra con ellos por defender su patria y libertad; y que la principal causa por donde las guerras eran continuas y tan crueles, que nunca tendrían fin hasta que el mundo se acabase, era que en tiempo del abuelo de Moctezuma los mexicanos con ardid y engaño prendieron a un señor tlaxcalteca de los muy principales, y después de haberle hecho muchas afrentas y muerto con diversos tormentos, le embalsamaron y pusieron al Sol, sentado en un banquillo bajo con el brazo tendido; y cuando le tuvieron muy seco, inxuto, y que de aquella manera podría durar mucho tiempo, le pusieron en el aposento del abuelo de Moctezuma para que cada noche, en oprobio y afrenta de los tlaxcaltecas, tuviese lumbre encendida en la mano derecha, alumbrando cuando aquel tirano cenaba. Cuando Magiscacín llegó a estas palabras, no pudiendo detener las lágrimas, con un suspiro que rompía las entrañas, dijo: «¡Oh, dioses, que mal lo habéis hecho en no habernos vengado de tan grande injuria!». Cortés lo aplacó y prometió de vengarle, diciendo que ya era llegado el tiempo en que la falsa religión de los dioses se acabaría y cesaría la tiranía de Moctezuma. Esto tuvieron, aunque muy secreto, los tlaxcaltecas en sus pinturas y los mexicanos, los unos para que viéndolo les creciese la seña y deseo de vengarlo; los otros para honra y gloria suya y afrenta de sus enemigos.

Mucho se holgó Cortés de que los tlaxcaltecas tuviesen tanta razón de tener guerra con los mexicanos, porque entendiendo que no se podían confederar los unos con los otros, veía claro que sus negocios tendrían buen suceso. Despedido con esto Magiscacín, llamó a los embajadores mexicanos, que iban y venían con embajadas de Moctezuma. Preguntóles lo que Magiscacín, y como cada uno defendía su partido, dijeron que las guerras eran muy antiguas y muy trabadas, pero que los señores de México (como ello era) las habían sustentado por dos cosas; la una, por ejercitar en la guerra a los mancebos mexicanos, que con la ociosidad se entorpecían y no podían ganar nada; la otra, porque los señores de México sacrificaban cada año, especialmente en el templo mayor de Huitcilopuchtli, gran número de gente, y que por esto conservaba a los tlaxcaltecas, para tenerlos como en depósito para sus sacrificios, sin más lejos, como a Panco, Meztitlán Teguantepeque, donde hacía siempre guerra; y trayendo de allá prisioneros, por los diversos temples de la tierra, morían los más primero que llegasen a México. Esto negaban muy de veras los tlaxcaltecas, porque solían prender y sacrificar tantos mexicanos cuantos de los tlaxcaltecas habían los otros sacrificado, y que muchas veces los señores de México los habían cercado con todo su poder por todas partes, pero que ellos se habían defendido, haciendo más daño del que habían recibido, y que otras veces les habían corrido la tierra hasta las calzadas de México. Esto debía ser así, porque después en el cerco de México, yendo con Pedro de Alvarado, afrentando de palabra a los mexicanos, decían:

> Bellacos, salid acá. ¿No sabéis que antes de ahora como a gallinas os encerrábamos en vuestras casas?

Cortés, como dije, entendida tan pertinaz enemistad, comenzó luego a dar orden en su partida, porque viendo que dejaba las espaldas seguras, tenía el juego por ganado, y así envió a llamar a Magiscacín. díjole que estaba determinado de ir a México, que viese lo que él o lo que los otros señores de Tlaxcala querían que negociase con Moctezuma. Magiscacín no pudo sufrir las lágrimas, porque cierto amaba tiernamente a los nuestros; pesóle de la determinación de Cortés, pero como vio que no se lo podía estorbar, le dijo:

> Señor, pues estás ya determinado de ir a México, tu Dios te favorece y ayude como hasta ahora ha hecho; recibiremos merced en que, si pudieres, alcances de Moctezuma que sin pena alguna, porque las tiene muy graves, puedan los suyos vendernos algodón y sal, que son las cosas de que al presente y siempre hemos tenido gran necesidad».

Cortés se lo prometió y dijo que si otras cosas más hubiesen menester, que se las haría dar, como verían.

Capítulo LIV. Cómo Cortés determinó de ir por Cholula y de lo que respondió a ciertas mensajeros

Los de Guaxocingo, que siempre habían sido enemigos de los tlaxcaltecas, visto que eran tan amigos de los nuestros, se confederaron con ellos, los cuales, por intercesión de Cortés, restituyeron a los de Guaxocingo muchas tierras que por fuerza de armas les habían tomado, porque en el hervor de sus guerras los de Guaxocingo se habían hecho amigos de los mexicanos, por defenderse de los tlaxcaltecas.

Puestos los negocios en este término, ya que Cortés quería ir para México, cuanto Magiscacín y los otros señores tlaxcaltecas procuraban que Cortés no fuese a México, tanto más los mensajeros de Moctezuma que con él estaban procuraban que, ya que había de ir a México, fuese por la ciudad de Cholula, y esto era por sacar a los nuestros de Tlaxcala, donde pesaba mucho a Moctezuma que estuviesen, recelándose de lo que después le sucedió.

Mientras andaban estas cosas, Cortés tuvo nueva que Moctezuma, de secreto, enviaba a Cholula un ejército de treinta mil hombres de guerra; y para fortificarse, si por allí quisiese pasar nuestro campo, los cholutecas tapiaron las pocas de las calles, poniendo sobre las azoteas de las casas gran cantidad de piedra; cerraron el camino real con mucha rama y palos que hincaron en el suelo, haciendo otro de nuevo con grandes hoyos cubierto por encima, hincadas dentro estacas muy agudas, para que cayendo los caballos se espetasen y no pudiesen bullirse. Creyó esto Cortés, porque los cholutecas, estando cerca, nunca habían enviado sus mensajeros, ni venido ellos, como habían hecho los de Guaxocingo y otros pueblos comarcanos, por lo cual, para certificarse si la nueva era verdadera o no, de consejo de los tlaxcaltecas envió a Cholula ciertos mensajeros a que llamasen a los señores y principales, diciéndoles en breve qué era la causa por qué no habían hecho los que los otros pueblos. Ellos no quisieron venir, enviándose a excusar con cuatro o cinco principalejos, diciendo que aquellos señores no podían venir, que viese lo que mandaba. Cortés se enojó, y tornando a enviar los mismos mensajeros que antes con un mandamiento por escrito, les mandó que viniesen todos dentro de tercero día, donde no, que los tendría por rebeldes y enemigos y que como a tales los castigaría rigurosamente. Los cholutecas entraron en su consejo; hubo diversos pareceres, pero como reinaba el temor, sin el cual no hacen cosa acertada los indios, resumiéronse de ir otro día los más y más principales. Llegaron do Cortés estaba, y después de hecho un gran comedimiento, porque son bien ceremoniosos en esto, habló uno que era el más viejo, y dijo:

> Señor y valentísimo capitán: Aquí venimos tus esclavos a besarte las manos y ver lo que nos mandas; pero, ante todas cosas, te suplicamos nos perdones no haber venido cuando los otros pueblos ni cuando nos enviaste a llamar, porque los tlaxcaltecas son capitales enemigos nuestros y era cosa temeraria meternos por las puertas de los que nos desean y procuran beber la sangre, y también porque hemos sabido que te han dicho de nosotros muchos males, los cuales no es razón que creas, pues te los dicen nuestros enemigos, a quien nunca se suele dar crédito; y por que veas que es todo falso cuanto de nosotros te han dicho, vente con nosotros, porque te serviremos como verás y te hospedaremos en nuestra casa con más amor y amistad que los tlaxcaltecas, que no te aman tanto como parece ni tú piensas.

Cortés respondió con severidad pocas palabras, reprehendiéndoles el no haber venido, diciéndoles que donde él estaba no había que recelar. En lo demás dijo que él se iría con ellos, por ver si era verdad o mentira lo que le habían dicho; y esto quiso que pasase por ante escribano, para que a su tiempo, si algo sucediese, diese testimonio de ello. Despidióse Cortés de los tlaxcaltecas, los cuales hicieron tan gran sentimiento que parecía claro salirles de las entrañas el pesar que recibían de verle ir a México y por Cholula. Magiscacín, con muchas lágrimas por el rostro, le tornó a suplicar excusase la partida; y como vio que no podía, salió con él, acompañado de los demás señores y principales de Tlaxcala. Proveyó Magiscacín para si alguna cosa aconteciese, ochenta mil hombres de guerra que acompañasen nuestro ejército, al cual, por más de media legua, acompañó toda la demás gente de Tlaxcala, hasta los niños y mujeres, que cubrían los campos, llorando y diciendo palabras de grande amor, que mucho enternecían a los nuestros. Unos decían: «Vuestro gran Dios os defienda y dé victoria contra aquellos enemigos nuestros». Otros: «Muy solos nos dejáis, que no nos habéis hecho obras de extranjeros, sino de más que padres y hermanos». Algunos, que eran valientes, decían: «Aunque nos hace falta vuestra presencia, bien es que aquel tirano de Moctezuma sepa, como nosotros sabemos, vuestro grande esfuerzo y valentía».

Andada media legua, hizo Cortés señal de que aquella gente se volviese, parando un gran rato, despidiéndose con mucho amor de los viejos ancianos, que no dejó pasar adelante. Aquel día no llegó a Cholula, por no entrar de noche; quedóse a par de un arroyo que está cerca de la ciudad. Otro día por la mañana salieron otros muchos señores de Cholula, a recibirle; suplicáronle, como vieron la gran multitud de los tlaxcaltecas, que no permitiese entrasen con él, porque no podían dejar de hacerles gran daño. Cortés, por estorbar el alboroto y escándalo que se podía seguir, apartó al general y a los otros capitanes tlaxcaltecas y agradecióles mucho la venida. Díjoles, cómo los cholutecas, se recelaban de ellos, por ser tantos y tan valientes; rogóles se volviesen a Tlaxcala, que solamente le dejasen cinco mil, porque de tan buena gente como ellos eran aquéllos bastaban; y que si algo se ofreciese, que cerca estaban para poder hacer el oficio de verdaderos amigos.

El general, dejando los cinco mil hombres que Cortés había pedido, se despidió y volvió con la demás gente muy contra su voluntad, diciendo que hasta México quisiera seguirle por ver en qué paraban los negocios; pero que pues él así lo quería, se volvería luego, prometiendo en siendo llamado, de acudir con doblada gente que aquélla; y que por despedida le avisaba una y muchas veces se recatase de los cholutecas, que era mala gente, que decía uno y hacía otro, aguardando la suya, para cuando menos se cataban los que trataban con ellos.

Cortés le agradeció mucho el consejo; respondióle que le tomaría, porque bien tenía entendido que aquella gente era de mala digestión y de corazón doblado.

Capítulo LV. Del solemne recibimiento que los cholutecas hicieron a los nuestros

Después que Cortés llegó a aquel río, antes que entrase en la ciudad, mandó que aquella noche, de cincuenta en cincuenta, por sus cuartos, se velase el ejército de los españoles, los cuales en el camino, con ser trescientos e ir algunos a caballo, parecían tan pocos que Pedro de Alvarado volvió a los aposentos de Tlaxcala, creyendo que algunos quedaban en ellos, de adonde se podrá colegir que serían más de doscientas mil ánimas las que salieron con los nuestros, porque como dicen los que lo vieron, casi no quedó persona de ningún estado y condición que no saliese al campo, haciendo el sentimiento que antes dije.

Otro día de mañana, como hizo a la salida de Tlaxcala, concertó Cortés su gente en orden de guerra para entrar en Cholula, porque los embajadores mexicanos que con él habían estado en Tlaxcala le rogaron que, ya que se determinaba de ir a México, fuese por Cholula. Comenzando a marchar nuestro campo, llegaron muchos señores vestidos de fiesta; dieron, a su costumbre, a Cortés y a los otros capitanes muchos ramilletes olorosos, con grandes muestras de contento, por venir a su ciudad. Cortés, como solía, los recibió humanamente, y como Cholula se divide y reparte en seis grandes barrios y señoríos, que antes entre sí eran contrarios, por seguir los unos la parte de Moctezuma y los otros la de Tlaxcala, salieron cada uno por sí a recibir a los nuestros. Aquí es de saber que como los tres barrios eran diferentes de los otros tres, por la causa que es dicha, los del bando de Moctezuma, diciendo que serían señores de Cholula, prendieron y echaron en jaula a los tres señores cabezas de los otros tres barrios, por sugestión de Moctezuma, y por grandes presentes que les envió. Soltáronse estos tres señores y viniéndose a Tlaxcala, donde Cortés estaba, le pidieron justicia; prometió de hacérsela; viniéronse con él, y aquella noche que llegó al río, para salir otro día a recibirle, se fueron a Cholula. Salieron con estos señores grande música de trompetas, atabales y caracoles, y en pos de ellas las personas religiosas y sacerdotes de sus templos, vestidos de ropas sacerdotales a su manera; iban cantando, con ramilletes en las manos, con gran solemnidad; lo que el cantar decía era dar la enhorabuena de la llegada de los nuestros; ofrecieron en el camino muchas rosas, pan, aves y frutas; era de ver cuán lleno estaba todo el campo de gente de esta manera entró Cortés en Cholula, en la cual, por no ser las calles muy anchas y estar las casas más juntas que en otros pueblos, era tanto el concurso de los vecinos y comarcanos que acudieron a ver a los nuestros, que tardaron muy grande espacio en llegar a los aposentos, los cuales, como eran viejos y maltratados y otros de los en que habían aposentado a Pedro de Alvarado, dijo Pedro de Alvarado a Cortés: «Señor, mal me parece esto, que éstos no son los aposentos donde a mí me aposentaron cuando vuestra Merced me envió a México; por tanto, síganme todos, que yo los llevaré a ellos», y fue así que tomando la delantera los llevó adonde había sido aposentado, de que los cholutecas se desabrieron, aunque por entonces lo disimularon, para ejecutar después mejor la traición que tenían armada. Cupieron muy bien los nuestros y los indios amigos en aquellos aposentos, porque eran muy grandes y tenían tan grandes salas y tantos cumplimientos que pudieran caber en ellos cincuenta mil hombres; el patio de la casa era tan grande que cabían en él veinte mil personas, porque en él estaba levantado un cu muy suntuoso y alrededor del había muchos y muy crecidos árboles.

Aquel día proveyeron los cholutecas razonablemente de comida, así a los nuestros como a los tlaxcaltecas y otros amigos. Buen rato antes que anocheciese, Cortés ordenó su real, porque siempre estuvo receloso de la traición que le ordenaban; y porque en el camino y en la ciudad vio algunas señales de lo que en Tlaxcala le habían dicho, hizo velar por sus cuartos a toda la gente aquella noche.

Otro día los cholutecas trajeron muy poca comida; no venían los señores a visitar a Cortés, y así de día en día se iban empeorando y dando a entender lo que en sus pechos fraguaban, de que Cortés tomó peor Sospecha. Allí los embajadores mexicanos tornaron a porfiar y a persuadir a Cortés que no fuese a México hasta decirle, como le vieron perseverar en su propósito, que en México tenía su señor muchos y muy bravos tigres, lagartos, leones y otros fieros y espantosos animales, que echándoselos, bastarían en una hora a matar a todos los que con él venían. Cortés se rió y disimuló el enojo, por no quebrar con Moctezuma. Dijo a los embajadores:

> No creo yo que vuestro señor será tan mal comedido que porque yo le vaya a ver en nombre del emperador de los cristianos, rey y señor mío, nos suelte y eche esas fieras que decís; y si lo hiciere, lo peor será para él y para sus vasallos, porque nosotros somos de tal calidad que no nos pueden empecer esas fieras y presto veréis, si nos las echan, cómo se vuelven contra vosotros, y nosotros las hacemos pedazos.

Mucho se maravillaron de esto los embajadores, y presto, sin que nadie lo supiese, dieron noticia de esta repuesta a su señor Moctezuma. Llegaron en este comedio otros embajadores con algunos presentes, no tan ricos como los pasados, a porfiar que Cortés no pesase adelante.

Viendo, pues, Diego de Ordás que por una parte los cholutecas no traían comida y que tanto menudeaban los embajadores mexicanos, procurando estorbar la ida de los nuestros a México, dijo a Cortés, acabando de comer:

> Señor, no me parecen bien éstos y creo que no me engaño, como otra vez a vuestra Merced dije en la Torre de la Victoria.

El capitán, por que no desmayasen los que presentes estaban, dando con la mesa en el suelo, dijo, como muy enojado:

> ¡Válame Dios, Diego de Ordás, y qué de miedos tenéis! ¿Qué nos han de hacer éstos ni los otros por muchos más que sean?

Capítulo LVI. Cómo los cholutecas se concertaron con los mexicanos para matar a los nuestros, y del castigo que en ellos hizo Cortés

Entendiendo los embajadores mexicanos que casi por horas iban y venían do Cortés estaba, que contra la voluntad de su señor procuraba ir a México y que ni por amenazas ni por ofertas mudaba propósito, teniendo de secreto poder para ello de su señor, se concertaron y aliaron con los cholutecas, que antes habían sido amigos de los tlaxcaltecas, en que, tomando las calles y haciéndose fuertes en las azoteas, con la cantidad grande de piedra que tenían escondida, de sobresalto acometiesen a los nuestros sin dejar hombre a vida; y por que con mayor ánimo acometiesen esto, les hicieron ciertos que dos leguas de Cholula estaban cincuenta mil hombres de guerra enviados por Moctezuma, así para asegurarlos, como para que si acaso los españoles escapasen de sus manos, muriesen a las de los otros. Prometieron también los mexicanos, de parte de Moctezuma, grandes intereses, y dicen que dieron al capitán principal de ellos un atabal de oro; y como tras las dádivas, que suelen de ir conforme al proverbio, que quebrantan las peñas, las buenas y aparentes palabras tienen más fuerza, diciendo muchas que agradaban, movieron de tal manera [a] los cholutecas, que unánimes se determinaron de hacer lo que los mexicanos pedían, prometiendo de entregarles a los españoles atados; pero como eran hombres de guerra, recelándose de la poca Fe de los mexicanos, temiendo que debajo de amistad no se alzasen con su tierra, no los consintieron entrar en la ciudad.

Hecho, pues, el concierto todo lo más secretamente que pudieron, comenzaron a alzar el hato y sacar fuera los hijos y mujeres, y no a la sierra, como dice Gómara, porque Cholula no tiene sierra, sino muy lejos. Viendo Cortés el ruin tratamiento que los cholutecas les hacían y el mal gesto que le mostraban, queriéndose partir, supo de Marina, la lengua, los tratos en que andaban mexicanos y cholutecas; y la manera por donde Marina lo supo, fue que otra india muy amiga suya, mujer de un principal choluteca, apartándola muy en secreto, le dijo:

Hermana, por lo mucho que te quiero y por el amistad que estos días hemos tenido juntas, te ruego que el bien que te quiero hacer en querer salvar tu vida, me pagues con callar un secreto que te descubriré; y si piensas decirle, no te diré palabra y tú morirás antes de muchos días.

Marina, que era sabia y de buen entendimiento, barruntando lo que podía ser, le respondió, por sacarle del pecho todo lo que sabía:

No tengo yo en tan poco mi vida ni tu amistad, que aunque fuese en lo que me has de decir la muerte de muchos hombres, no lo callase como si jamás me lo hubieras dicho; por tanto, no te receles y haz cuenta que hablas contigo misma.

Entonces la otra, abrazándola, le dijo:

Estos cristianos con quien vienes son malos, roban y atalan nuestras haciendas, señorean las tierras por donde pasan, quieren ser de nosotros servidos, especialmente ahora que se han señoreado sobre los tlaxcaltecas; siendo tan pocos, presumen de hacer por muchos, y están engañados, porque los cholutecas y mexicanos están concertados un día de esta semana, cuando estén más descuidados, o cuando se quieran ir, matarlos a todos; por tanto, porque a ti no te maten a vueltas de ellos, te aviso te vayas comigo con las otras mujeres a una parte secreta, donde hemos de estar en el entretanto que esto se hace.

Marina se lo agradeció mucho y contemporizó con ella, diciéndole que tenía razón; y cuando tuvo lugar lo contó todo a Cortés, el cual difirió la partida y prendió luego a dos que andaban muy negociados y que le pareció que lo sabrían. Tomó a cada uno aparte, amenazóle con una daga en las manos que le puso a los pechos; confesaron ambos una misma cosa, confirmando lo que Marina había dicho; y tiniéndolos en apartado, que otros no lo supiesen, envió a llamar a los señores y principales, a los cuales dijo que no estaba satisfecho de ellos por el mal tratamiento que le habían hecho y por el poco amor que le mostraban. Rogóles que no le mintiesen ni anduviesen con él en tratos ocultos, que si algo querían, como hombres valientes, le desafiasen y no anduviesen con él en traiciones. Ellos, como vieron que ninguna cosa clara les descubría, dijeron que eran sus amigos y servidores y que siempre lo querían ser y que les dijese cuándo se quería partir, para irle a servir por el camino armados, para si alguna cosa se le ofreciese con los mexicanos. Cortés, con disimulación, se lo agradeció y dijo que otro día se quería partir y que no quería más de los indios que [lo que] hubiese menester para llevar el fardaje y la comida. Pidióles de comer; ellos se sonrieron, diciendo entre dientes:

> ¿Habéis de ser presto comidos, cocidos con chile, y pedís comida? Cierto, si no supiésemos que Moctezuma os quiere para su plato, y de ello no se enojase, ya os habríamos comido.

Aunque esto dijeron murmurando y quedo, no faltó entre los nuestros quien lo entendiese y se lo dijese a Cortés, el cual, como en todo lo demás, estuvo con el recato y reportamiento que convenía para poder hacer mejor el negocio, dióles prisa que les diesen tamemes, mandó a los que tenían cargos en el ejército anduviesen solícitos, mandando aderezar las cargas, para que por ninguna vía se pudiese entender la venganza que pretendía tomar de los que con tanto engaño para tanto mal como se esperaba, le habían recibido. Llamó aquella noche a los capitanes y a otros hombres principales, a los cuales dijo lo que tenía determinado de hacer; avisóles de que ni un punto discrepasen, por que no se perdiese el juego que tenía por cierto, que el castigo que pensaba hacer en los cholutecas había de ser causa que los mexicanos, por más que fuesen, se recelasen de intentar semejantes traiciones.

Otro día, bien de mañana, los cholutecas, pensando que tenían el juego ganado, muy solícitos y diligentes comenzaron a traer los tamemes, y para más disimular, alguna provisión de comida para el camino. Trajeron también, según algunos afirman, aunque otros lo niegan, hamacas donde fuesen los enfermos o los más regalados, para que en ellas, como en andas, los pudiesen matar a su placer. Vinieron asimismo hombres escogidos por muy valientes, con armas secretas para matar al que de los nuestros se revolviese; y porque no acometían cosa, especialmente de guerra, que primero no la comunicasen con sus dioses, los sacerdotes sacrificaron a su Quezalcoatl diez niños de a tres años, las cinco hembras. Esta era especial ceremonia suya cuando comenzaban alguna guerra, tanto que si después les sucedía mal, echaban la culpa a la falta que en el sacrificio había habido.

Los capitanes de ellos se pusieron cuanto disimuladamente pudieron a las cuatro puertas del patio y aposento de los españoles, con los que traían armas.

Cortés, que no dormía, madrugó más que los cholutecas, y muy calladamente avisó a los de Tlaxcala, Cempoala y otros amigos de lo que habían de hacer a su tiempo; mandó estar a caballo a los que los tenían, diciendo a los demás españoles que cuando se soltase una escopeta estuviesen prestos para acometer, porque les iba en ello la vida. Ya que era bien de día, viendo que se iban juntando los cholutecas, mandó llamar los capitanes y señores de ellos con achaque que se quería despedir de ellos; entraron hasta cuarenta de ellos donde Cortés estaba y entraran muchos más si los dejaran, pero como faltaba uno de ellos, que era el más viejo y más principal, así por su nobleza como por su consejo, dijo Cortés que se lo llamasen; respondieron los demás indios que no estaba bien dispuesto; replicó Cortés que no se iría de allí hasta que se lo trajesen, porque se quería despedir del y decirles algunas cosas que les convenían; fueron por él, y venido, estando todos juntos, con rostro grave y severo, por la lengua les dijo:

> Yo siempre he tratado con vosotros verdad y vosotros comigo mentira; yo os he amado como hermano, y vosotros me habéis aborrecido como a enemigo, como se ha parecido bien desde que entramos en vuestro pueblo; rogástesme y con dañada intención, como se ha parecido, que despidiese a los de Tlaxcala; hícelo de grado, aunque ellos me dejaron contra su voluntad, barruntando lo que habíades de hacer; mandé el los de mi compañía que no os hiciesen enojo aunque ellos le recibiesen; y magüer que no me habéis dado de comer, como era razón, no he consentido, como vosotros sabéis, que ninguno de los míos os tomase ni aún una gallina; heos avisado muchas veces que tratásedes conmigo verdad y que si queja alguna teníades de mí o de los míos, me la pidiésedes como valientes hombres, que yo os satisfaría, porque mi venida no era para agraviar a nadie. En pago de esto, creyendo que no se había de saber, y que la maldad había de poder más que la virtud, estáis concertados de nos matar hoy a mí y a los míos; venís de secreto armados, tenéis tomadas las calles, las azoteas llenas de piedra, la ropa, niños y

mujeres enviados fuera; habéis os confederado con cincuenta mil mexicanos que están dos leguas de aquí, esperándome a un mal paso, para que si nos escapásemos de vosotros no nos librásemos de ellos. Ved, pues, qué merecéis por tan gran maldad. Moriréis todos, y en señal de traidores vuestra ciudad será asolada y hombre no quedará vivo, ni tenéis por qué negarlo, pues yo lo sé; ni por qué pedir misericordia, pues la gravedad del delito no la merece.

Ellos, oídas tan particulares señas de la verdad, enmudecieron, y espantados, demudada la color, se miraban unos a otros, diciendo: «Este es como nuestros dioses, que todo lo saben; no hay para qué negarle cosa», y así confesaron luego delante los embajadores que se hallaban presentes ser verdad todo lo que Cortés había dicho, el cual apartó cuatro o cinco de ellos, créese que entre ellos al viejo; preguntóles, estando lejos los embajadores, porque así convenía para lo que intentaba, qué era la causa de aquella traición; ellos contaron el negocio desde el principio y dijeron cómo los embajadores mexicanos por mandado de Moctezuma, que no quería que los españoles entrasen en su tierra, los habían inducido a ellos y que toda la culpa era de Moctezuma y de los embajadores. Entonces, dejándonos, se volvió adonde los embajadores estaban haciendo del ladrón fiel; díjoles cómo aquellos de Cholula le querían matar a inducimiento suyo y por mandado de Moctezuma, pero que él no lo creía porque Moctezuma era su amigo y gran señor y que los tales río solían mentir ni hacer traiciones, y que por esto quería castigar aquellos bellacos, traidores y fementidos, y que ellos no temiesen, porque eran personas públicas y, entre todas las naciones, inviolables, en especial siendo enviados por tan gran príncipe, a quien debía servir y no enojar, el cual debía ser tan valeroso y de tanta bondad que no era posible mandase cosa tan fea. Todos estos cumplimientos hacía y decía por no poner el negocio en riesgo y descompadrar con Moctezuma hasta verse en México.

Los embajadores, como tenían tanta culpa, aunque Cortés les daba a entender que no la tenían, se disculparon como quien defiende mentira; pero quedaron contentos con la seguridad de la vida.

Mandó, hecho esto, matar algunos de aquellos capitanes que le pareció tenían más culpa, y dejando los demás atados, hizo disparar la escopeta, que era la señal que tenía dada a su gente. Arremetieron los nuestros de súbito con gran ímpetu y grita, siguiéndolos los amigos tlaxcaltecas y cempoaleses, que pelearon valerosamente. Los del pueblo, viéndose sobresaltados y que ninguna cosa menos pensaban que aquello, se turbaron de tal manera que, aunque resistían, no sabían lo que hacían.

Fue tan grande el estrago que los nuestros y los indios amigos hicieron, que aunque los del pueblo estaban armados y las calles con barreras y la batalla duró cinco horas, mataron más de seis mil hombres, quemaron todas las casas y torres que hacían resistencia, echaron fuera los más de los vecinos, corrían las calles sangre, no pisaban sino cuerpos muertos. La grita de los que subieron a las azoteas y a las torres de los templos y la de los indios amigos era tan grande que ponía mucho pavor. Proveyó Cortés que si niños, mujeres, viejos o enfermos hallasen, no tocasen a ellos; hiciéronlo así, y así en todo le daba Dios victoria. Los más valientes se subieron a la torre mayor, que tenía cien gradas; llevaron consigo a los sacerdotes del templo cuya era la torre; defendiéronse con gran esfuerzo, haciendo mucho daño en los nuestros con flechas y piedras. Requirióles Cortés que se diesen; díjoles que por señas de aquel anillo que les enviaba se diesen, porque no les haría mal alguno. Mofaron de esto todos, sino fue uno que se bajó, a quien los indios amigos recibieron bien, guardaron y defendieron, como Cortés había prometido; los demás se abrasaron con el fuego que los nuestros les pusieron; blasfemaban los sacerdotes de sus dioses, quejábanse de lo mal que lo defendían y de lo poco que volvían por su templo, diciendo que mal hubiesen y que les pesaba de haberlos servido. Subióse uno a lo más alto de la torre y a grandes voces, dijo: «¡Tlaxcala, Tlaxcala, ahora vengas tu corazón; tiempo vendrá que, Moctezuma vengue el nuestro!». Tardó en quemarse aquella torre aquel día y la noche hasta que amaneció. Saqueó Cortés la ciudad; los nuestros tomaron el despojo de oro y plata y pluma; los indios amigos mucha ropa y sal, que era lo que más les hacía al caso; hicieron, hasta que el capitán mandó que cesasen, el estrago que pudieron.

Los capitanes que presos estaban, viendo la destrucción y matanza que en su ciudad se hacía, con lágrimas y compasión grande suplicaron a Cortés soltase algunos de ellos para ver qué habían hecho sus dioses de la gente menuda, y que perdonase a los que vivos quedaban, para tornarse a sus casas, pues no tenían tanta culpa cuanto Moctezuma que los había sobornado. Él soltó dos, los cuales tuvieron tanta autoridad en el pueblo, que otro día estaba la ciudad tan llena y sosegada como si jamás hubiera faltado hombre ni habido alboroto. Luego, a ruego de los tlaxcaltecas, a quien los presos tomaron por intercesores, los perdonó y soltó, dejándolos libres, avisándoles que mirasen de ahí adelante cómo vivían y la merced que les había hecho en otorgarles la vida, y dijo que de aquella manera castigaría a todos los que le mostrasen mala voluntad y le mintiesen y tratasen traición. Quedaron con esto muy temerosos; hízolos amigos con los de Tlaxcala, como lo habían sido en tiempos pasados, antes que quebrasen la amistad que entre ellos había, como la rompieron por inducimiento de Moctezuma y de sus antepasados.

Los cholutecas, como era muerto su general, con licencia de Cortés, eligieron otro porque Cholula era Señoría como Tlaxcala.

Capítulo LVII. El asiento y población de Cholula, y de su religión
Cholula, después de Tlaxcala, era en la Nueva España la principal Señoría, porque en gente, edificios y comarca y religión, que era lo que principalmente se miraba entre los indios, tenía la primacía, aunque Tlaxcala, fuera de la religión, era más y tenía mayor nombre. Era, pues, Cholula ciudad muy populosa; estaba y está al presente puesta en un muy hermoso llano; tiene veinte mil casas en lo que llaman ciudad, porque carece de muros; y fuera, bien lejos, que ellos llaman estancias, por arrabales, tiene otras veinte mil casas. Era en su gentilidad la ciudad hermosa de ver, así por de dentro como de por fuera, a causa de las muchas torres que salían de los templos, que eran tantos, según algunos dicen, como días hay en el año; y porque algunos templos tenían dos torres, se contaron más de cuatrocientas.

Gobernábase esta ciudad por un capitán general que la república elegía con el consejo y parecer de algunos nobles que podían ser elegidos en el mismo cargo. Asistían a los negocios los principales sacerdotes, porque ninguna cosa emprendían pública que no se tratase primero por vía de religión, por lo cual a Cholula llamaban todos los indios el santuario de todos los dioses. Ahora gobiérnase por un gobernador y por alcaldes y regidores al fuero de España. Tiene un solo templo, tan suntuoso como le hay en toda Castilla; tiénenle y administran en él los sacramentos, religiosos de san Francisco; tiene una casa de cabildo y otra do se hospedan los caminantes, muy buenas; hay en la plaza una muy hermosa fuente; las calles, al modo de Castilla, son muy largas y anchas. Cógese mucha cochinilla, que llaman grana de las Indias, de la cual hay grandes contrataciones, porque se lleva por todo el mundo. Los campos son muy fértiles, así para todo género de sementales como para ganados; mucha parte de la tierra se riega, por ser llana y tener un río grande; podríase regar mucha más, si quisiesen. Los hombres y mujeres son de buena disposición y parecer. En lo de las mujeres, que dice Gómara, que eran plateras y entalladoras, se engaña, o, por mejor decir, le engañaron, porque nunca tratan oficios de hombres, ocupadas en hilar y tejer. Había entre ellos muchos mercaderes que iban a tratar muy lejos de allí. Los vestidos de los pobres eran de nequén, que se hace de los magüeyes; los nobles y gente rica se vestía de algodón con orlas de pluma y pelos de conejo.

Aquí los nuestros hallaron pobres, los que nunca habían visto hasta entonces; créese que los más venían de fuera a causa de la gran religión que allí había, como romeros en España. Los de la ciudad estaban así, o por enfermedades o porque no tenían tierras que labrar, a causa de la mucha gente que la ocupaba.

El templo de la ciudad, que tenía cien gradas, era dedicado a Quezalcoatl, que quiere decir «dios del aire», el primer fundador de aquella ciudad, virgen, como, ellos afirmaban y de grandísima penitencia, instituidor del ayuno, del sacar sangre de la lengua y orejas y de que no sacrificasen sino codornices, palomas y cosas de caza. Nunca se vistió sino una ropa de algodón blanca, muy ceñida al cuerpo, tan larga que cubría los pies, por mayor honestidad; encima una manta sembrada de cruces coloradas. Tenían ciertas piedras verdes que fueron suyas, como por reliquias; una de ellas es una cabeza de mona, muy al natural. Iban y venían al tiempo que los nuestros allí estuvieron, que serían veinte días, tantos a contratar y muchos a ver, que era cosa maravillosa, y lo que más a los nuestros puso en admiración fue ver la loza que en los mercados se vendía, tan prima y de tan varias y diversas colores que en España no se habían visto semejantes.

Vieron otras muchas cosas que les dieron gran contento, aliende del suelo y cielo de aquella ciudad, que cierto son de los buenos y más alegres que hay en el mundo. Tiene, entre otras cosas notables, ocho leguas de allí, un monte que los indios llaman Popocatepec, del cual, primero que prosiga lo que Cortés hizo, diré algo en el capítulo, que se sigue.

Capítulo LVIII. El monte que los indios llaman Popocatepec y los nuestros Volcán

Porque estando en Cholula los nuestros y viendo ocho leguas de allí un muy alto monte, cuya cumbre, como el monte de Sicilia, humeaba y aun echaba fuego, preguntaron a los moradores cómo se llamaba y si alguno había subido adonde parecía aquel humo. Respondiéndoles que no, los nuestros, y especialmente Cortés, tuvo gran deseo de saber qué había allí.

Me pareció, aunque después trataré más largo de esto, por haberse tenido en este lugar la primera noticia, decir lo que entonces pasó, y es que como los indios habían encarecido mucho la subida a aquel volcán, por ser tan áspera y nunca pies humanos haberla hollado, Cortés, que para las cosas arduas y dificultosas tenía alto e invencible ánimo, estando juntos los principales de su ejército, les dijo:

> Bien sería, caballeros, que pues tan cerca tenemos aquel monte tan alto y tan extraño en su manera, que alguno de nosotros subiésemos a él, así porque me parece que pues hay humo y muchas veces parece fuego, que debe haber piedra azufre, de que poder hacer pólvora cuando la que traemos se acabare, como para que estos indios, que tanto nos encarecen la aspereza y dificultad de su subida, entiendan que lo que a ellos es imposible a nosotros es fácil. Fuera de esto, que tanto, como veis, importa, llégase, que si se puede subir a lo alto puédese ver desde allí la tierra de México y la demás que alrededor del monte está, para que siquiera, como en traza, veamos a lo que vamos y por dónde.

A todos pareció muy bien lo que Cortés dijo, aunque pocos se determinaron a subir, entre los cuales el principal fue Diego de Ordás, hombre para mucho en la guerra, el cual subió con nueve compañeros y muchos indios del pueblo que lo guiaban y llevaban de comer. Era la subida más áspera y embarazosa de lo que le habían encarecido, y aunque algunos se arrepintieron y otros se cansaban, alentándose los unos a los otros, llegaron a encumbrar tan alto que oyeron el ruido grande que dentro había, pero no osaron subir a lo alto do estaba la boca, porque temblaba la tierra y había tanta ceniza que impedía el camino: pero Diego de Ordás y otro, primero que todos se volviesen, determinaron de ver el cabo y misterio de tan admirable y espantoso humo y fuego que tanto ruido hacía, y porque Diego de Ordás les decía que sería cosa vergonzosa que españoles no saliesen con lo que se ponían y dejasen de dar relación, pues a ello se habían ofrecido; y así, aunque más los indios los atemorizaban, subieron allá por medio de la ceniza y llegaron a lo postrero por debajo de un espeso humo. Miraron por un rato la boca, que era tan grande y desemejada que les parecía tener media legua de circuito: espantáronse mucho de ver aquella profunda concavidad y del ruido grande que dentro retumbaba, que estremecía la tierra; vieron (aunque los que después subieron lo niegan) tanto fuego abajo que hervía como horno de vidrio. Desde allí Diego de Ordás vio a México puesto sobre la laguna; vio a los otros grandes pueblos que estaban en su comarca, porque el día hacía muy claro, y las casa principales, templos y torres blanqueaban; alegróse por extremo, por el contento que de ello había de recibir Cortés; miró bien los caminos que iban hacia México y consideró, como hombre del guerra, otras particularidades que después hicieron mucho al caso. No se pudo detener lo que quisiera, por ser tanto el calor y humo que los forzó a volverse por las mismas pisadas que habían subido, por no perder el rastro y perderse.

Apenas (según dice Gómara) se hubieron desviado y andado un pedazo, cuando comenzó a lanzar ceniza y llama y luego ascuas y al cabo muy grandes piedras de fuego ardientes, de menara que a no hallar do se metieron, que fue debajo de una peña, parecieran allí abrasados. Esto niega Andrés de Tapia, uno de los valerosos conquistadores que hubo, el cual subió allá con trescientos indios otra vez y dice haber entrado en este volcán ochenta brazas abajo y afirma no haber visto salir aquel fuego de ordinario. La verdad de todo esto trataré más largo cuando diga cómo Mesa y Montaño entraron y sacaron azufre. Finalmente, como estos españoles bajaron y trajeron tan buenas señas, espantados los indios de verlos venir vivos y sanos, se llegaban a ellos con grande acatamiento, besándoles la ropa como a dioses; diéronles muchos presentillos: tanto se maravillaron de aquel hecho.

La superstición que los indios comarcanos tenían cerca de esto, por donde se maravillaron más de la bajada de los nuestros, era tener entendido ser aquella una boca de infierno, adonde los señores que mal gobernaban o tiranizaban la tierra, iban después de muertos a purgar sus pecados y de allí a un lugar de descanso y de deleite como paraíso.

Llamaron los nuestros a esta sierra Volcán, por la semejanza que tiene con la de Sicilia. Es tan alta, que de muchas leguas alrededor se ve y jamás le falta nieve; parece de noche que echa llama; alrededor de la sierra es la tierra más fértil y más poblada de la Nueva España, porque a cuatro, a seis, a diez y hasta veinte leguas alrededor tiene los más principales pueblos y de más gente que hay en toda la Nueva España. El pueblo más cercano que tiene es Guexocingo, pueblo muy grande, muy vistoso y muy fértil, aunque Calpa está junto a la falda.

Estuvo diez años esta sierra, según decían los antiguos, que no echó humo, y el año de 1540 tornó como primero; no se ha podido saber la causa. Trajo tanto ruido cuando volvió a humear que puso espanto a los vecinos que estaban a cuatro leguas y más adelante; salió tanto humo y tan espeso, que los viejos decían no haber visto cosa semejante; lanzó tanto y tan recio fuego que su ceniza llegó a Guazocingo, Quetlaxcoapan, Tepeaca, Cholula y Tlaxcala, que está diez leguas, y aún, como escribe Gómara, que llegó a quince, cubrió el campo, quemó la hortaliza y árboles y aun los vestidos e hizo en otras cosas mucho daño, de que los moradores se aternorizaron tanto, que algunos de los más cercanos pensaron dejar la tierra y apartarse más lejos.

Capítulo LIX. Cómo Moctezuma consultó con los de su consejo si sería bien dejar entrar a Cortés en México o no
Hecha la matanza y castigo que habéis oído en los traidores y fementidos cholutecas, que fue tal que los ballesteros tiraban a los indios que se habían subido a los árboles que estaban en el patio del templo, levantándose otro día los vivos que, para guarecer, se habían echado en el suelo y hecho mortecinos entre los muertos; y después de Lares el herrador trajo con algunos compañeros una yegua que el día de la batalla con el ruido se había soltado, que fue cosa de harto ánimo y de mucha dificultad; finalmente, después de haber enviado a la Villa Rica cuatrocientas indias para servir, porque de ellas había muy gran necesidad; y después de haber los indios tlaxcaltecas sacado cuatro días arreo los muertos del patio y de las plazas, porque hedían mucha;

y después que los señores de Tepeaca, vista esta tan impensada venganza, enviaron en presente a Cortés treinta esclavas y alguna cantidad de oro, dándole la enhorabuena y ofreciéndole su tierra y casas, de que no poco holgaron los nuestros por tener aquellos más de su parte, Moctezuma, que no ignoraba nada de esto, enviaba a menudo mensajeros por ver si podría excusar la venida a México de los cristianos. Cortés, que no quisiera romper con Moctezuma antes de entrar en México, amohinándose de tantas palabras y excusas, dijo a los embajadores que asistían con él, que no entendía cómo un tan gran príncipe como su señor, que por tantas veces le había enviado a decir con tantos caballeros que era su amigo y deseaba complacerle en todo, buscase maneras cómo le dañar o matar con industria ajena, porque si no le sucediese bien se pudiese excusar, y así hacer los negocios a su salvo; y que pues no hacía el deber a quien era ni mantenía su palabra como príncipe y señor, que él iría a su pesar a México, pues de voluntad no lo quería, y que como había de ir amigo y favorecedor de sus cosas, iría como enemigo y destruidor de ellas. Ellos se demudaron con estas palabras, porque Cortés las dijo conmás alteración de la que tenía. disculparon lo mejor que pudieron a su señor y rogáronle que no se enojase y que diese licencia a uno de ellos para ir a México, pues el camino era breve para volver presto con la repuesta, que sería a su voluntad. Enviaron al que dijeron, hablándole en puridad el enojo que Cortés tenía y la determinación en que estaba. Cortés dio la licencia de buena gana, porque entendía que de aquella manera iba el negocio bien guiado. Volvió dende a seis días el mensajero con otro compañero que había ido poco antes; trajeron diez platos de oro, mil y quinientas mantas de algodón, mucha suma de gallipavos, de pan y cacao y cierto vino que ellos confeccionan de cacao y maíz; ofreciéronlo a Cortés; dijéronle y con grandes juramentos que su señor no había entendido en la conjuración y liga de Cholula, ni se había ordenado tal cosa por su mandado ni parecer, sino que aquella gente de guarnición que allí estaba era de Acacinco y Azacam, dos provincias suyas y vecinas de Cholula, con quien tenían alianza y comparanzas de amistad, los cuales por induciamiento de aquellos bellacos urdieron aquella maldad; y que, como vería de ahí adelante, sería leal y verdadero amigo, aunque siempre lo había sido, y que fuese norabuena a su ciudad, que allí le esperaría; y que si le había rogado que no viniese, no era sino porque no se pusiese en trabajo o no le aconteciese alguna desgracia por los caminos, que eran ásperos y de mala gente.

Mucho holgó Cortés con esta repuesta, especialmente con aquella palabra que nunca la había podido sacar a Moctezuma, el cual se movió a decirla más por el miedo que cobró del estrago y matanza que Cortés había hecho en Cholula, que por las palabras que el mensajero le había dicho, tanto que, volviéndose a los principales que con él estaban, dijo: «Esta es la gente que nuestro dios me dijo que había de venir y señorear esta tierra». Dichas estas palabras no sin suspiro y gran alteración del alma, se fue luego a visitar los templos; encerróse en el principal, donde estuvo en oración y ayunos ocho días enteros; sacrificó muchos hombres, pensando aplacar los dioses, que debían estar enojados; hablóle allí el diablo, con quien muchas veces solía comunicar sus cosas, el cual lo consoló y animó, y esforzándole le dijo que no temiese, que él era gran príncipe, señor de infinitos hombres muy valientes y ejercitados en guerra y que los cristianos eran muy pocos; que los dejase venir, que después haría de ellos a su voluntad y que no cesase en los sacrificios, en especial en los de carne humana, no le aconteciese algún desastre y que procurase tener favorables y propicios a Vicilopustli y Tezcatepucla, para que le guardasen, porque Quezalcoatl, dios de Cholula, estaba enojado porque le sacrificaban pocos y mal, y por esta causa no fue contra los españoles, por lo cual, y porque Cortés le había enviado a decir que iría de guerra, pues de paz no quería, otorgó que fuese a México a verle.

Ya Cortés, cuando llegó a Cholula, iba con poder más que el que hasta allí, por el ayuda de Tlaxcala; pero después del estrago que hizo en Cholula, su nombre y fama se extendió por toda aquella tierra hasta que Moctezuma y los suyos lo oían cada día por momentos, y como hasta entonces se maravillaron, comenzaron dende adelante a temer, y así, más por miedo que por amor le abrían las puertas por doquiera que iba. Procuró Moctezuma, como consta de lo pasado, estorbar la venida a Cortés, poniéndole miedos con los peligros de los caminos, con la fortaleza de México, con la muchedumbre de hombres y con su voluntad, que resistía, que era más fuerte, pues tantos señores la temían y obedecían; pero como vio que con nada de esto se acobardada Cortés, determinó con dádivas, que con todos los hombres pueden mucho, detenerle y vencerle, sabiendo que era aficionado a oro y que lo tomaba de buena gana. Engañóse, por [que] cuanto más le enviaba, era más cebo para desear ver los nuestros lo que había en aquella gran ciudad; y así viendo Moctezuma la porfía de Cortés, tornó a preguntar al diablo lo que había de hacer en tal caso, y esto después que tomó parecer con sus capitanes y sacerdotes. El demonio le dijo que dejase venir aquellos pocos cristianos, que en una mañana los podrían almorzar a todos en la primera fiesta y sacrificio, que hiciese.

Estaban también Moctezuma y los mexicanos de este parecer, entendiendo que era deshonra tomarse con tan pocos, especialmente siendo embajadores, aunque esta no era la principal razón, sino el temor que poniéndose en guerra los tlaxcaltecas y otomíes, como después lo hicieron, lo apretaran con el ayuda de tan valerosa gente como eran los españoles.

Capítulo LX. Cómo salió Cortés de Cholula para México y de lo que en el candno le sucedió
Después del castigo que Cortés hizo en Cholula, estuvo veinte días en la ciudad, así para dejarla pacífica como para informarse mejor de las cosas de México y saber, como lo hizo, lo que desde el Volcán se parecía; y así, luego que tuvo la deseada repuesta de Moctezuma, salió muy en orden de Cholula, despidiendo algunos indios amigos que se quisieron volver a sus casas, aunque los más se quedaron con él.

Los embajadores mexicanos, que nunca pensaron que Cortés se atreviese a ir a México, fue de ver cómo a cada paso despachaban mensajeros a Moctezuma, diciéndole por horas lo que pasaba. Los cholutecas principales acompañaron a Cortés, que no veían la hora que verle fuera de su pueblo, no por las malas obras que les hizo, sino por la ruin intención que ellos tenían.

Cortés no quiso echar por el camino que los de Moctezuma le guiaban, que era por Calpa, pueblo muy junto al volcán, por ser camino, como desde la misma sierra habían visto, muy áspero y muy malo y donde, como los cholutecas decían, estaban los de México en asechanza y celada para matar a los nuestros. Siguió otro camino más llano, más desembarazado y más cerca; reprehendió a los mexicanos por ello; ellos respondieron que lo guiaban por allí, aunque no era buen camino, porque no pasase por tierra de Guaxocingo, que eran sus enemigos: esta fue falsa excusa, por lo que adelante se vio. No caminó aquel día nuestro ejército más de cuatro leguas, por dormir en unas aldeas de Guaxocingo, donde fue bien recibido y proveído de todo lo necesario; dieron a Cortés algunos esclavos, ropa y oro, aunque no mucho, porque entonces eran pobres, a causa que Moctezuma los tenía acorralados por de la parcialidad de Tlaxcala; ahora son muy sobrellevados y muy ricos, a causa de la grana que cogen y de otras granjerías que tienen.

Otro día antes de comer, subió un puerto entre dos sierras nevadas, de dos leguas de subida, donde si los cincuenta mil soldados que habían venido para matar los españoles en Cholula esperaran, los tomaran a manos, según la nieve y frío que les hizo. Desde la cumbre de aquel puerto se descubrían muy claro las tierras de México, la laguna con sus pueblos alrededor, que es la mejor vista de todo el mundo, por ser muchos, muy poblados, muy fértiles y de muchos y muy hermosos edificios que desde lejos campeaban maravillosamente. Holgó tanto Cortés con tan hermosa vista cuanto algunos de sus compañeros temieron, porque hubo entre ellos diversos pareceres, si llegarían o no. Los unos, confiando en la buena ventura de su caudillo, decían que sí, y que aquella era la tierra que Dios les había prometido, y que mientras más moros, más ganancia; los de parecer contrario decían que no convenía tentar más a Dios, porque había mil para uno de ellos. Levantóse con esta discordia una manera de motín oculto, pero Cortés, con su prudencia y buen juicio le deshizo con cierta disimulación, acariciando a los unos y esforzando a los otros, dándoles grandes esperanzas para la gran prosperidad en que se habían de ver; y como ellos vieron que él era el primero de los trabajos y que tanto iba por él como por ellos, perdieron el miedo, aunque después de la grandeza de México, les habían puesto miedo los árboles que a la bajada de este puerto estaban atravesados por el camino, que no solamente los de a caballo, pero ni aun los de a pie podían pasar. Demás de esto, en un paso hallaron hecha una cava honda y larga donde se podía esconder mucha gente, para saltear a los nuestros cuando les pareciera. Al pasar de este puerto durmió una noche en la cumbre de él nuestro ejército con todo el recato posible; oyeron gran vocería de indios mexicanos aquella noche; las velas mataron quince espías, y por poco Martín López, que fue el que hizo los bergantines, matara a Cortés con una ballesta que tenía armada y encarada, porque con la oscuridad de la noche no divisaba más del bulto; ya que quería apretar la llave, diciendo Cortés «¡A la vela!» se detuvo, y entonces Martín López le dijo que otra vez hablase de más lejos, no le acaeciese la desgracia que entonces, a detenerse un poco, le pudiera suceder. Cortés le alabó su cuidado, y habiendo dado una vuelta al real, se volvió a su tienda, dando gracias a Dios por haberle guardado y librado del peligro en que estuvo.

Capítulo LXI. Lo que otro día avino a Cortés a la bajada del puerto
Otro día de mañana, bajando nuestro ejército a lo llano de la otra parte, halló una casa de placer en el campo, muy grande y de muchos aposentos, rodeada de muchas frescuras. Alojáronse todos los españoles en ella, y los indios amigos que venían de Tlaxcala, Cholula y Guaxocingo, y de presto, porque son muy hábiles para esto, hicieron muchas chozas de rama y paja, a uso de la tierra; tuvieron muy buena cena; serían hasta seis mil. Dicen que los vasallos de Moctezuma se comidieron a hacer chozas a los tamemes o hombres de carga. Tuvieron encendidos grandes fuegos, y los criados de Moctezuma, visto que era bien hacer de grado lo que habían de hacer por fuerza, proveyeron abundantemente a los españoles e indios de lo necesario, y aun, por hacerles más regalo, a su costumbre, les tenían mujeres de buen parecer.

Estando allí nuestro campo, vinieron a él muchos señores principales de México a ver y hablar a Cortés y entre ellos un pariente de Moctezuma, el cual representaba bien, por la autoridad y acompañamiento con que venía, la majestad y grandeza de su señor. Diéronle 3.000 pesos de oro, rogándole mucho se volviese, diciéndole que padecería gran pobreza, hambre y ruin camino, a causa de que en México no se podía entrar sino en barquillos, ni andar por la ciudad ni entrar en las casas sino por ellos; y que aliende de ser la ciudad muy enferma, por el agua sobre que estaba fundada y los malos vapores que de ella salían, se podrían ahogar y los que viviesen padecer mucho trabajo, y aun con el nuevo y de estemplado temple no podrían tener salud, y que por esto le rogaban y aconsejaban se volviese; y que si lo hacía por que su señor reconociese y tributase al emperador de los cristianos, que le darían mucho tributo puesto cada año en la mar o donde lo quisiesen, y que para él le darían muchos haberes con que se volviese a su tierra muy rico.

Cortés lo recibió con la acostumbrada afabilidad, dio a todos cosillas de mercería de España, especialmente al pariente de Moctezuma, a quien hizo, como era razón, más particulares regalos y comedimientos. Díjoles, disimulando bien la mohina que sentía por el contradecir tantas veces su ida a México, que él holgara mucho servir a tan poderoso príncipe, si pudiera hacerlo sin enojar a su rey y señor; y que pues de su ida no había de venir a su Alteza ningún enojo, sino mucho servicio, honra y bien, y no había de hacer otra cosa más que verle, hablarle y volverse, que no recibiese pesadumbre de ello, pues él de otra manera no podía cumplir con lo que su rey y señor le mandaba, y que estaba su Alteza obligado a servirle y mandarle entrar, y responderle personalmente, pues era embajador de un tan gran señor como era el emperador de los cristianos, que le quería comunicar y tener por amigo. En lo demás dijo que de lo que aquellos caballeros, criados de su señor Moctezuma, comían, comerían ellos, y que aquel agua de su laguna no era nada en comparación de dos mil leguas de mar muy profundo que habían navegado, solo por ver y dar su embajada al gran señor Moctezuma, y comunicarle ciertos negocios de mucha importancia cerca de su religión y administración de república.

Volvieron con esto algunos de ellos, quedando muchos y, según algunos dicen, bien armados de secreto para acometer a los nuestros en viéndolos descuidados; pero como Cortés nunca lo estaba y entendió de los indios amigos que debía estar recatado, hizo saber a los capitanes y embajadores y a otras personas principales que Moctezuma enviaba por horas, cómo los españoles no dormían de noche, ni se desnudaban las armas ni vestidos, y que si sentían andar alguno entre ellos o que estaba en pie, le matarían luego, y que él no era parte para resistírselo, porque era esta su natural condición; por tanto, que lo dijesen a sus soldados, por que se guardasen, porque le pesaría si, siendo así avisados, matasen alguno de ellos. Con todo eso, aquella noche vinieron espías por fuera del camino para ver si era así que los españoles no dormían. Las velas y escuchas nuestras toparon con tres o cuatro de ellos; matáronlos luego como habían sido avisados. El otro día, aunque los hallaron muertos, no osaron hablar en ello ni quejarse. Aprovechó tanto este ardid de Cortés, que de ahí adelante se apartaban bien lejos los mexicanos del alojamiento de los nuestros, y aún dicen que Cortés avisó a los indios amigos para que dijesen lo mismo a los mexicanos.

Este mismo día, en amaneciendo, comenzó a marchar nuestro campo; fue a un pueblo que se dice Amecameca, dos leguas de donde salió, que cae en la provincia de Chalco, pueblo que con sus aldeas tiene más de veinte mil vecinos. El señor de él salió a recibir a Cortés muy bien acompañado, dióle cuarenta esclavas y 3.000 pesos de oro y de comer dos días abundantemente, y en secreto, descubriendo su pecho, le dio muchas quejas de Moctezuma, diciendo que a él y a otros señores comarcanos tenían muy opresos; que deseaba se ofreciese tiempo en que públicamente pudiese magnifestar sus quejas y librarse de la servidumbre en que estaba. Cortés no poco holgó con estas palabras, porque aquel era gran señor y las decía con tanta ansia que mostraba bien el pesar de su corazón. Estaba cerca de México para cuando fuese menester. Consolóle Cortés, dióle algunas cosas de Castilla con que se alegró y holgó mucho; quedaron de secreto muy amigos, Y otro día cuando fue tiempo, salió con los nuestros buen trecho de Amecameca. Allí se despidió de Cortés, tornándole por un poco de espacio de tiempo a hablar en puridad, diciéndole lo que antes y suplicándole le avisase cuando menester fuese.

Anduvo aquel día nuestro campo cuatro leguas; vino a un pequeño lugar poblado, la mitad en agua de la laguna y la otra mitad en tierra, al pie de una sierra áspera y pedregosa. Acompañaban a los nuestros muchos criados de Moctezuma, proveyendo con mucho cuidado en lo que era menester, los cuales, aunque exteriormente mostraban amor, quisieron con los del pueblo aquella noche acometer a los nuestros. Enviaron sus espías para saber lo que de noche hacían; pero las que Cortés puso eran españoles, que mataron de ellas hasta veinte, y así viendo los mexicanos lo poco que los nuestros dormían y lo mal que les sucedía lo que intentaban, cesaron de procurar matarlos, y era cosa, como dice Gómara, muy de burlar y de reír que cada hora procurasen de matar a los nuestros y no fuesen para ello.

Capítulo XLII. Cómo otro día de mañana, al tiempo que nuestro ejército partía, llegaron doce señores y lo que más sucedió
Luego otro día, bien de mañana, ya que se quería partir el ejército, llegaron doce señores mexicanos con muy gran copia de gente que los acompañaba. El principal y a quien los demás respectaban era Cacamacín, sobrino de Moctezuma, señor de Tezcuco, mancebo de veinticinco años; venía a su uso ricamente vestido, en unas andas a hombros, y como le abajaron de ellas, le

iban limpiando la tierra por donde iba andando, quitando las piedras y pajas, que era la mayor veneración que le podían hacer; acompañábanle dos de los otros señores, más viejos y de más autoridad; iban siguiéndole los otros con la gente, que cubría el campo.

Como Cortés supo quién era, le salió a recibir fuera de la tienda; abrazóle y hízole muchos comedimientos y asimismo muy buen recogimiento a los otros. Entraron solos los doce señores con él en la tienda, donde Casamacín, con grande autoridad, con pocas palabras, dijo cómo él y aquellos señores venían a acompañarle; disculpó a Moctezuma, que, por estar enfermo, no venía él mismo a recibirle. Cortés, primero que adelante prosiguiese, recelándose de lo demás que después le dijo, le respondió ser grande la merced que él y aquellos señores le habían hecho en salir a recibirle y acompañarle y que él se lo serviría adelante; que le pesaba de la enfermedad del gran señor Moctezuma, y que aunque estuviera bueno, no era para él tanta merced, sino para otro tan gran príncipe como él, y que por eso iba él y aquellos pocos compañeros a besarle las manos y dar la embajada del emperador, su señor.

Casamacín y los otros señores todavía porfiaron en que los españoles se tornasen y no llegasen a México, dando a entender que allá no los recibirían y defenderían el paso si porfiasen entrar, cosa cierto que con mucha facilidad pudieran hacer con quebrar la calzada, que fuera tanta resistencia que imposibilitara la entrada; pero como andaban ciegos y turbados y Dios encaminaba de otra manera que ellos pensaban los negocios, no se atrevieron, aunque no eran tantos, para resistir como pudieran. Dióles Cortés cosas de rescate, hablándolos amorosamente, como siempre lo hacía, no dejando de proseguir su jornada, procurando tratarlos así para que sabiéndolo Moctezuma no se le hiciese tan de mal su venida. También salían muchos mexicanos al camino, así de la ciudad como de los lugares comarcanos, a ver los españoles, y maravillados de sus barbas, vestidos, armas, caballos, tiros y de la novedad que en todo mostraban, decían: «Verdaderamente, estos son dioses».

Cortés les avisaba siempre que no atravesasen por entre los españoles ni caballos, ni se llegasen a tocarles la ropa, si no querían ser luego muertos. Esta hacía con gran sagacidad, lo uno porque no se desvergonzasen con la comunicación y trato a tener en poco las armas españolas, sino que siempre, como no tratadas, las temiesen; lo otro, porque dejasen abierto el camino para ir adelante sin interrumpirles el orden y concierto que llevaban, en que suele consistir la mayor fuerza de la gente. De esta manera, aunque era infinita la gente que los rodeaba sin pesadumbre llegaron a un pueblo que se llama Quitlauca. Tenía dos mil fuegos; está todo fundado sobre agua; es pueblo muy fresco y de gran pesquería, antes de llegar al cual entraron por una calzada ancha más de veinte pies; duró más de media legua. Eran las casas del pueblo muy buenas y de muchas torres. El señor de él con muchos principales salió a recibir a Cortés más adelante de la calzada; hízole muy alegre y buen recogimiento y proveyó el ejército abundantemente de lo necesario; rogó mucho al capitán se quedase allí aquella noche, el cual lo hizo por condescender con su ruego y por saber de él qué tal era el camino de allí a México. Hablaron los dos en secreto aquella noche gran rato; quejóse mucho aquel señor de los agravios que Moctezuma a él y a otros hacía; magnifestóle con harto recelo de ser entendido el deseo que tenía de por cualquier vía que fuese verse libre de su tiranía y subjección, diciendo que si él y los suyos, como parecían, eran dioses, que debían poner en su antigua libertad a muchos señores, que de secreto estaban agraviados; que sería fácil, intentándolo, salir con ello, porque todos le ayudarían, y esto, como lo decía muy de veras, no pudo resistir a las lágrimas, de ver las cuales no poco se holgó Cortés, aunque mostró compasión. díjole que sosegase su corazón, que presto tendrían todos contento, porque el gran señor Moctezuma haría lo que él le rogase. Esto dijo así, porque si el otro descubriese algo, no entendiese Moctezuma que iba con ánimo de hacerle guerra. En lo demás le preguntó qué tal era el camino para México, el cual le respondió que muy bueno y todo por una calzada como la que había pasado. Descansó con esto Cortés, pues iba con determinación de parar allí y hacer barcas para entrar en México, aunque con todo estuvo con pena y cuidado no le rompiesen los mexicanos las calzadas, por lo cual llevaba muy gran advertencia, yendo muy sobre aviso él y sus capitanes, enviando buen trecho adelante dos de a caballo, que descubriesen lo que había.

 Cacamacín y los otros señores le importunaron no se quedase más allí, sino que se fuese a Yztapalapa, que no estaba sino dos leguas adelante y era de otro sobrino del gran señor. Él hizo lo que tanto aquellos señores le rogaban, porque no le quedaban sino dos leguas de allí a México, que podía entrar en ella otro día a buen tiempo y a su placer en aquella imperial ciudad. Fue, pues, a Yztapalapa, y aliende que de dos en dos horas iban y venían mensajeros de Moctezuma, le salieron a recibir buen trecho el señor de Yztapalapa y el señor de Cuyoacán, también pariente y de la casa real de Moctezuma. Iban con ellos tantos indios que era bien de ver, porque toda la calzada estaba cuajada de gente; presentáronle esclavas, plumajes, ropa y hasta 4.000 pesos de oro. Cuetlauaca, el señor de Yztapalapa, le hizo por las lenguas un muy comedido parlamento, dándole el parabién de la venida en nombre del gran señor y de los otros señores sus deudos, criados y esclavos, que así lo eran según estaban sujetos. Abrazó Cortés a estos dos señores; dióles algunas cosas, con que mucho holgaron por su extrañeza; respondióles graciosamente, diciendo que él venía de parte del gran emperador de los cristianos a servirlos, conocerlos, tratarlos y tenerlos por muy amigos y darles lo que en su tierra había. Con esto entró en Yztapalapa, donde Cuetlauaca hospedó a todos los españoles en su casa, porque era una de las grandes que había en el señorío de Moctezuma. Tenía grandes patios, hermosos cuartos, altos y bajos, muchos y muy frescos jardines, las paredes todas de cantería y la madera muy bien labrada; los aposentos muchos y muy espaciosos, colgados de cortinas de algodón, muy ricas de su manera. Había a un lado una huerta con mucha fruta y hortaliza; los andenes de la huerta y jardines eran hechos de red de cañas, cubiertos de rosas y flores muy olorosas. Había estanques de agua dulce con muchos pescados; la huerta era tan grande que en ella había una alberca de cal y canto, de cuatrocientos pasos en cuadro y mil y seiscientos en torno, con escalones hasta el agua y aun hasta el suelo por muchas partes; tenía muchas suertes de peces, acudían a ellas muchas garcetas, labancos, gaviotas y otras aves, que muchas veces cubrían el agua, cosa cierto muy de ver.

    Miró Cortés todas estas cosas y entendió por ellas la grandeza de México y ser una cosa de las más notables del mundo, y dicen que allí se alegró más que en otra parte, diciendo a algunos de sus amigos que muy presto tendrían todos el premio de sus trabajos, y esto se le confirmó bien, por lo que luego diré del recibimiento que Moctezuma le hizo.

Capítulo LXIII. Cómo salió Moctezuma a recibir a Cortés
Primero que Cortés saliese de Yztapalapa para ir a México, aunque Moctezuma le había enviado a decir que viniese, todavía procuró excusarlo, enviándole allí ciertos caballeros suyos, los cuales, no de su parte, sino como que le daban consejo, le dijeron que se volviese y que se le daría todo lo que pedir quisiese, porque de allí a México no había camino, sino por agua, y que él y los suyos no sabían la manera de andar por aquella laguna y que se perderían y anegarían luego. A estas pláticas se halló Teuchi, principal de Cempoala, el cual por cierto caso había estado en México, y como vio que aquellos mexicanos tan claramente mentían, dijo a Cortés: «Señor, no creas a éstos, porque yo he estado en México y te llevaré hasta las casas de Moctezuma por una muy hermosa calzada que hay de aquí allá». Quedaron avergonzados los mexicanos y Cortés los reprehendiera ásperamente, sino que se reportó porque no sucediese algún desmán rompiéndole la calzada, que era toda la resistencia, y así les dijo que porque eran criados del gran señor Moctezuma, no los mandaba castigar por la mentira que le habían dicho, que se fuesen con Dios y no le dijesen más, porque también sabía que si el gran señor Moctezuma lo supiese los castigaría gravemente. Ellos se fueron, dándose a entender que Cortés no entendía otra cosa de lo que decía, y con esto, aunque infamados de mentirosos, iban contentos, creyendo que el honor de su señor estaba salvo.

Cortés, que se le hacía ya tarde por entrar en la deseada ciudad, comenzó a poner luego en orden su gente con más aviso que hasta allí, porque acudía infinita gente y de toda se recelaba, por ser del imperio de Culhúa.

Al salir de Yztapalapa y por el camino mandó a pregonar que ningún indio se atravesase por el camino, si no quería ser luego muerto. Aprovechó tanto este pregón que, aunque la gente era tanta que fuera de la calzada en canoas acudían a ver a los nuestros gran número de hombres, iban holgadamente por la calzada.

Está Yztapalapa dos leguas de México por una calzada muy ancha que holgadamente van por ella ocho caballos en ringlera; es tan derecha, sino es a una enconada que hace, que desde el principio se podían ver las puertas de México; a los lados de ella están Mexicalcingo, que es pueblo de cuatro mil casas, puestas todas sobre agua; Coyoacán, que tendrá seis millas, sentado sobre tierra firme, fértil, muy sano y alegre; y Huicilopuchco, que tendrá cinco mil casas. Tenían estos tres pueblos en su gentilidad muchos templos y torres muy levantadas, encaladas, que desde lejos con el Sol resplandecían como plata; adornaban mucho los pueblos y parecían bien desde afuera. Ahora hay monasterios bien edificados y que dan mucho lustre y ornamento, hechos de la piedra que había en los cúes o templos del demonio. El mayor trato que en estos pueblos había era de sal, no blanca ni buena para comer, especialmente para los españoles y para los indios que eran nobles, aunque muy buena para salar tocinos y otras carnes; hácese de la superficie de la tierra que está cerca de la laguna y es toda salitral; los panes de ella son casi de color de ladrillo, redondos; hácese con artificio en cierta manera, larga de decir; era gran renta para Moctezuma, y así es ahora gran trato para los moradores, tanto que muy lejos se lleva a otras partes.

En esta calzada había de trecho a trecho puentes levadizas sobre los ojos do corría el agua, de la una laguna a la otra. La una laguna es de agua dulce y es más alta que la otra, y aunque entra en ella no se mezclan mucho, por las calzadas que están de por medio.

Por este camino iba Cortés con trescientos españoles. Engáñase Gómara en decir que eran cuatrocientos, porque los demás quedaron en la Veracruz, y otros, como está dicho, murieron. Seguían al ejército español hasta seis mil indios amigos de los pueblos que había pacificado, llegó cerca de la ciudad, donde se junta otra calzada con ésta, donde estaba un baluarte fuerte y grande de piedra, dos estados alto, con dos torres a los lados y en medio un pretil almenado y dos puertas, fuerza harto fuerte. Aquí se detuvo Cortés, porque salieron a recibirle cuatro mil caballeros cortesanos y ciudadanos, vestidos a su usanza todo lo más ricamente que pudieron y todos de una manera, por su orden. Cada uno como llegaba a do Cortés estaba, tocando con la mano derecha la tierra y besándola, se humillaba, y pasando adelante, se volvía al lugar de donde había salido. Tardaron en hacer esto más de una hora y fue cosa de ver y bien extraña a los nuestros. En este lugar puso después Cortés el real cuando cercó la ciudad. Desde el baluarte se sigue todavía la calzada y tenía antes de entrar en la calle una puente de madera levadiza, de diez pasos ancha, por el ojo de la cual corría el agua; es ahora de piedra y está cerca de las casas que fundó Pedro de Alvarado. Hasta este puente salió Moctezuma a recibir a Cortés debajo de un palio de pluma verde y oro, con mucha argentería, colgando; llevábanlo cuatro señores sobre sus cabezas; iban delante tres señores, uno en pos del otro, cada uno con una vara de oro levantada a manera de cetros. Estas llevaba delante de sí Moctezuma todas las veces que salía fuera, así por agua como por tierra, en señal de guión y muestra de que el gran señor iba allí, para que los que le topasen, aunque no le viesen, hiciesen la reverencia y acatamiento que a su señor debían. Llevaban a Moctezuma de brazo dos muy grandes señores, conviene a saber, Quetlauac, su sobrino, o, como otros dicen, su hermano, y Cacamacín, su sobrino; venían todos tres ricamente vestidos y de una manera, salvo que Moctezuma traía unos zapatos de oro que ellos llaman cacles; son a la manera antigua de los romanos; tenían gran pedrería de mucho valor; las suelas estaban prendidas con correas. Los dos señores que le llevaban de brazo iban descalzos, porque era tan grande el respeto que se le tenía, que ninguno entraba donde él estaba que no se descalzase los zapatos ni osase levantar los ojos. Iban criados suyos delante, de dos en dos, poniendo y quitando mantas por el suelo, para que no pisase en la tierra; iban a mediano trecho en pos de él doscientos señores como en procesión, todos descalzos y con ropas de otra más rica librea que los tres mil primeros. Moctezuma venía por medio de la calle y éstos detrás, arrimados cuanto podían a las paredes, los ojos en tierra, por no mirarle a la cara, porque, como digo, era desacato.

Cortés, a mediano espacio, como le vio, se apeó presto del caballo y con él algunos caballeros. Como se juntaron, le fue a abrazar a nuestra costumbre; los que le llevaban de brazo le detuvieron, porque les pareció que era gran pecado que hombre alguno le tocase, pues le tenían como a cosa divina; saludáronse, empero, cada uno a su modo, dando el uno al otro la buena venida, y el otro agradeciendo el favor y merced de salirle a recibir. Cortés con mucho comedimiento y muestras de amor le echó al cuello un collar de margaritas y diamantes y otras piedras de vidrio; Moctezuma se le inclinó un poco, mostrando que con benignidad e imperial majestad recibía el don y servicio; fuese delante un poco con el sobrino que le llevaba de brazo, y mandó a su hermano que se quedase acompañando a Cortés; llevábale por la mano por medio de la calle, no consintiendo que español ni indio se llegase.

Fue esta la mayor honra que Moctezuma, siendo tan gran señor, pudo dar a Cortés, porque le igualó a sí.

En esto los doscientos caballeros de la librea, uno a uno, comenzaron a darle el parabién de la llegada, según y como está dicho, a su modo. No acabaran en aquel día si todos o los nobles de la ciudad hubieran de hacer lo mismo, pero como su rey y señor iba delante, volvían todos la cara a la pared, por la veneración grande que le tenían, y así no osaron llegar los demás que quedaban a saludar a Cortés.

Moctezuma se holgó con el collar de vidrio que Hernando Cortés le había echado al cuello, porque era extraño y nuevo para él, aunque no rico; y como sea condición de reyes querer más dar que recibir, él, por no tomar sin dar mejor, como gran príncipe, llamando a dos camareros suyos, les mandó traer dos collares de camarones colorados, gruesos como caracoles, que ellos tenían en mucho; de cada caracol colgaban ocho camarones de oro, muy al natural labrados y de a xeme cada uno. Traídos, paró Moctezuma hasta que Cortés llegó, y con sus propias manos se los echó al cuello, con grande amor. Túvose esto por muy especial favor entre los indios, pues se maravillaron mucho de que tan gran príncipe hiciese tan señalado favor cual nunca había hecho otro.

Ya en esto acababan de pasar la calle, que duró por un tercio de legua; era ancha, derecha y muy hermosa llena de casas por ambas aceras. Tiene México, según en su lugar diré, al presente, las mejores calles y casas, a una mano, de todo lo que se sabe que hay poblado en el mundo. A las puertas, ventanas y azoteas de aquellas tan largas aceras había de hombres y mujeres tanta multitud que los unos ponían admiración a los otros. Ellos se maravillaban de la extrañeza de los nuestros, de sus barbas, rostros y vestidos, de los caballos, armas y tiros, y decían: «Dioses deben ser éstos, que vienen de do nace el Sol». Los viejos y que más sabían de las antigüedades y memorias de su gentilidad, suspirando, decían: «Estos deben de ser los que han de mandar y señorear nuestras personas y tierra, pues siendo tan pocos, son tan fuertes que han vencido tantas gentes». Los nuestros estaban abobados de ver tanta gente cuanta jamás no solamente no habían visto, pero ni imaginado, y así decían:

¿Qué es esto? ¿Es encantamiento, o hay aquí juntado toda la gente que dejamos atrás? Cierto, somos de buena ventura si éstos nos fueren amigos.

De esta manera llegaron a un patio muy grande que era recámara de los ídolos, que fue la casa de Axayacacín. A la puerta tomó Moctezuma de la mano a Cortés; metióle dentro a una muy gran sala; púsolo en un rico estrado de oro y pedrería; díjole estas palabras, que fueron muy de señor, deseoso de le hacer toda merced y favor: «En vuestra casa estáis; comed y bebed, descansad y habed placer, que luego torno». Cortés, sin responderle palabra, le hizo, como aceptando la merced, el comedimiento que a tan gran señor convenía.

Este fue el recibimiento que Moctezuma, rey de muchos reyes y poderosísimo príncipe, hizo al muy valeroso y no menos venturoso Fernando Cortés en la gran ciudad de Tenuztitlán México, a 8 días del mes de noviembre, año del nacimiento de Cristo de 1519 años.

Libro IV

Capítulo I. Cómo Moctezuma volvió a do Cortés estaba y de una avisada plática que le hizo

Fue tan príncipe y tan señor en todo Moctezuma, que aposentó a Cortés y a los suyos, así españoles como indios, en una tan hermosa y grande casa que, aunque parece increíble, había salas con sus recámaras y que cabían, cada uno en su cama, ciento y cincuenta españoles; y lo que era mucho de ponderar fue que con ser tan grande la casa, estaba toda ella sin quedar rincón muy limpia, lucida, esterada y entapizada, con paramentos, de algodón y pluma de muchas colores, que habían bien que mirar en todo; había fuego y con olores en todas las salas, y tantos hombres, de servicio para lo que menester fuese, que mostraban bien el gran poder de su señor.

Como Moctezuma se fue, repartió Cortés el aposento, señalando dónde cada uno había de estar y con cuántos había de tener cuenta; puso la artillería de cara de la puerta, y desque hubo ordenado todo lo que era menester para adelante, se sentó a comer, sirviéndole los principales de los oficios que suelen tener los tales en casas de grandes señores; los demás, por el autoridad y respecto de Cortés y por lo que entonces convenía, estaban arrimados a las paredes. Finalmente, después que todos hubieron comido una comida tan espléndida cual convenía de tan gran príncipe para tal capitán, Moctezuma, luego que supo que todos habían comido, y reposado, volvió a do Cortés estaba, el cual lo salió a recibir a la puerta de la sala; hízole gran reverencia y Moctezuma a él buen acogimiento; fuéronse juntos hasta el estrado; sentóse Moctezuma en otro que le pusieron junto al de Cortés, también muy rico. Sentados ambos delante de aquellos señores mexicanos y de los capitanes y caballeros de Cortés, porque para otra gente no se dio lugar, Moctezuma, primero que dijese a Cortés a lo que venía le dio muchas y muy preciosas joyas de oro, plata, pluma y seis mil ropas de algodón, muy ricas, labradas y tejidas, de maravillosas colores, cosa cierto que manifestó harto su grandeza y confirmó lo que traían imaginado, por los presentes que antes de él habían recibido; y después de haber hecho esto, con toda la gravedad y majestad real que convenía, y Cortés con toda la gracia y comedimiento que pudo, alabando tan rico presente, Moctezuma, reposando un poquito, con la misma autoridad, por lenguas de Marina y Aguilar, volviéndose hacia Cortés, le dijo:

Señor capitán valeroso, y vosotros, caballeros que con él vinistes: Testigos hago a vosotros, mis caballeros y criados de mi casa y Corte, cómo huelgo mucho de tener tales hombres como vosotros en mi casa y reino para poder hacerles alguna cortesía y bien, según vuestro merecimiento y mi estado; y si como habéis visto hasta ahora, os rogaba y aun importunaba con muchos mensajeros que no viniésedes a esta mi gran ciudad y casas, era por el gran miedo que los míos tenían de los vuestros, porque aliende que cada uno de vosotros es tan valiente que muchos de los nuestros puede vencer y rendir, los espantábades con esas vuestras barbas tan largas y tan fieras, y traéis unos animales muy mayores que venados, que tragaban los hombres, y que como veníades del cielo, abajábades de allá rayos y relámpagos y truenos con que hacíades temblar la tierra y estremecer a los nuestros los corazones, y matábades, sin saber ellos cómo, al que os parecía o enojaba en cualquier manera. Decían también que con esas vuestras espadas de hierro dábades tan grandes heridas que partíades al hombre por medio, y punzábades de tal manera con ellas que en un punto matábades al que así heríades. Contábannos, asimismo, que érades muy amigos de lo ajeno, deseosos de señorearlo y mandarlo todo, que veníades con gran sed, de oro y plata, y que por ello hacíades desafueros y agravios y que cada uno de vosotros comía y vestía par diez de los nuestros, y otras cosas muchas que nos amedrentaban y ponían en cuidado, para no dejaros entrar en estos mis reinos. Mas empero como ahora soy certificado, así de larga relación, como de alguna observación que los nuestros han tenido con los vuestros, que sois hombres mortales como nosotros, aunque más valientes y más diestros, bien acondicionados, amigos de vuestros amigos, sufridores de trabajos, y que no habéis hecho daño sino con muy gran razón defendiendo vuestras personas, amparando los que con necesidad vienen a vosotros, comedidos y bien criados, y he visto los caballos, que son como ciervos grandes, y los tiros, que parecen cebratanas, tengo por burla y mentira lo que de vosotros al principio me dijeron, tanto que aun los tlaxcaltecas, vuestros amigos, estuvieron de este parecer. Ahora, como desengañado, no solamente os tengo por amigos, más por muy cercanos parientes, pues mi padre me dijo, que lo oyó también al suyo, que nuestros pasados y reyes de quien yo desciendo no fueron naturales de esta tierra, sino advenedizos, los cuales, viniendo con un gran señor que desde ha poco se volvió a su naturaleza, como más poderosos, señorearon esta tierra, que era de los otomíes, y al cabo de muchos años este señor tornó por ellos, pero no quisieron volver por haberse casado aquí y tener hijos y mando, el que querían en la tierra, y complacerles el asiento, que cierto es muy fuerte habiendo quien le defienda. Aquel señor se volvió muy descontento de ellos y les dijo a la partida que enviaría sus hijos a que los gobernasen y mantuviesen en paz y justicia y en las antiguas leyes y religión de sus padres, y que si esto no aceptasen de su voluntad, por fuerza de armas serían compelidos a ello. Por esto hemos creído siempre y esperado que algún día vendrían los de aquellas partes a nos sujetar y mandar, y así creo yo que sois vosotros, según de donde venís y la noticia que ese gran emperador, señor vuestro, que os envía, tiene de nosotros. Por tanto, capitán valentísimo, sed cierto que os obedeceremos, si ya no traéis algún engaño o cautela, y partiremos con vos y los vuestros lo que tuviéremos; y ya que lo que he dicho y nosotros esperábamos no fuese tan cierto, por solo vuestra virtud, fama y obras que de esforzados caballeros tenéis, sois merecedores se os haga todo buen tratamiento en estos mis reinos y Corte, pues bien sé lo que hicisteis en Tabasco, Tecoacinco, Tlaxcala, Cholula y otras partes, venciendo tan pocos a tantos; y si traéis creído que soy dios y que, como algunos falsamente dicen, me vuelvo cuando quiero en león, tigre o sierpe, es falsedad, porque hombre soy mortal como los otros.

Diciendo esto, se pellizcó en la mano, y dijo:

Tocad mi cuerpo, que de carne y hueso es, bien que como rey me tengo en más, por la dignidad y preeminencia en que los dioses me pusieron. También os habrán dicho que los tejados y paredes de mis casas, con todo el demás servicio son de oro, y esto lo han afirmado los de Cempoala, Tlaxcala y Guaxocingo, que con vuestra venida se me han rebelado, y de sujetos vasallos se han vuelto enemigos mortales, aunque su soberbia yo se la quebrantaré presto. Las casas, ya veis que son de barro, y palo algunas, por mucha estima, de cantería. En lo demás, verdad es que tengo tesoros y riquezas, heredadas de mis padres y abuelos, guardadas y conservadas de tiempo inmemorial a esta parte; hay en estos tesoros mucha plata, oro, perlas, piedras preciosas, joyas riquísimas, plumas y armas, como suelen tener los reyes y príncipes que son de antiguo principio, lo cual todo vos y vuestros compañeros tendréis y gozaréis cada y cuando que lo queráis, porque para vosotros lo tengo guardado.

Cuando acabó de decir esto ya no podía detener las lágrimas que de los ojos se le saltaban; pero, esforzándose cuanto pudo, concluyendo, dijo: «Entre tanto holgad, que vendréis cansados».

Cortés, que bien entendió que más por miedo que por amor hacía aquel comedimiento., y que ya sentía lo que después le avino, le hizo una gran mesura y con alegre semblante le respondió en la manera siguiente:

Capítulo II. Lo que Cortés respondió a lo que Moctezuma le dijo

Gran señor y príncipe muy poderoso: No pienses que mi venida ha sido por otro que por conocerte y saludarte de parte del emperador de los cristianos, rey y señor mío, que de ti y del gran valor de tu persona y de la pujanza de tus estados tiene gran noticia, y cuanto más lejos está apartado de tu persona, tanto más desea conocerte y tenerte por amigo, ayudándote en lo que se te ofreciere; pero especialmente me envió a comunicar contigo cosas de tu religión, porque a ti y a los tuyos, que son muy muchos, tiene por muy engañados, y así desea que tú y ellos salgáis del engaño en que el demonio [a ti] y a tus pasados ha tenido por muchos años. Comunicarte he también muchas cosas que para la buena administración y gobierno de tus reinos harán mucho al caso, pues como no habéis tenido letras ni sabéis leer, no habéis podido saber ni aprender las esencias que los antiguos nos dejaron, en las cuales están escondidas las leyes y preceptos para vivir virtuosamente y tener firme y fijo principio para saber lo que conviene a la salud y remedio de las almas, que son inmortales, y forzosamente con la muerte, dejando sus cuerpos, han de ir a dar estrecha cuenta del mal o bien que hicieron a un solo Dios, juez verdadero, que a los que bien vivieron dará para siempre descanso, y a los que mal, para siempre tormento. Por manera, que si me escuchares y bien entendieres lo que adelante te diré, tendrás por dichosa nuestra venida y estarás en obligación grande al emperador de los cristianos por haberme enviado a ti, y cierto, si no confiara mucho de tu natural bondad y clemencia, no hubiera porfiado tanto en quererte ver y saludar, contradiciéndolo tú tan eficazmente por la falsa relación que, como has dicho, tenías. Yo me desengaño de lo que de ti me habían dicho, pues veo por mis ojos lo contrario, y que eres hombre como nosotros, manso, apacible, humano, justiciero, clemente, liberal, y en todo, príncipe, como por la obra has mostrado, tan cumplido y acabado que nuestro gran Dios no ha permitido que mueras en el engaño e ignorancia en que el demonio hasta ahora te ha tenido, y ten por cierto que aquel gran señor que de tanto tiempo atrás esperábades es el emperador de los cristianos, cabeza del mundo, mayorazgo del linaje y tierra de tus antepasados. Por tanto, como a cosa suya, recíbenos, ámanos y quiérenos, porque no venimos sino a servirte, enseñarte y darte todo placer y contento. Por tanto, reposa y sosiega tu corazón y no sospeches que hay otra cosa de lo que te decimos; y en lo que toca a ofrecerme tus tesoros, te beso las manos por la liberalidad y voluntad con que lo haces, y así tendrás tú entendido que importa más a tu servicio nuestras personas que la hacienda.

Con esto acabó Cortés. Moctezuma, que muy atento había estado, especialmente a lo que a su religión tocaba, muy alegre, perdido todo mal recelo, tomó a Cortés las manos, abrazóle y de nuevo le tornó a ofrecer su persona y casa; y como era cuerdo y de buen juicio, para no errar en el tratamiento, que había de hacer a los compañeros de Cortés, le preguntó si aquellos de las barbas eran todos vasallos o esclavos suyos, para tratar a cada uno como convenía. Él le dijo que todos, o los más, eran sus hermanos, amigos y compañeros, aunque entre ellos había algunos más principales que otros, y que los demás, como después sabría, eran mozos de servicio.

Con esto se despidió Moctezuma y se fue a su palacio, donde particularmente se informó de las lenguas cuáles eran o no caballeros, y así, según que le informaron, envió a cada uno un don, y ninguno tan pequeño que no fuese de rey muy poderoso; y aunque en la cantidad y estima de los dones hacía diferencia, también la guardaba en la forma de enviarlos, porque si era principal, se lo llevaba un mayordomo de su casa, y si marinero o lacayo, lo enviaba con un contino. Y porque primero que prosiga lo que adelante sucedió, es bien que no se pase en silencio la casa y administración de Moctezuma, diré algunas cosas extrañas para otros príncipes.

Capítulo III. La estatura y proporción y Moctezuma y de su condición

Razón es que, pues tengo de decir en los capítulos que se siguieren la grandeza de la casa y majestad de servicios que Moctezuma tenía, hable primero algo de su persona, pues era tan gran príncipe y lo sabía tan bien ser, que hay pocos en la gentilidad que con él se puedan igual. Era, pues, Moctezuma hombre de mediana disposición, acompañada con cierta gravedad y majestad real, que parecía bien quién era aun a los que no le conocían. Era delgado de pocas carnes, la color baza, como de loro, de la manera que todos los de su nación; traía el cabello largo, muy negro y reluciente, casi hasta los hombros; tenía la barba muy rara, con pocos pelos negros y casi tan largos como un xeme; los ojos negros, el mirar grave, que mirándole convidaba a amarle y reverenciarle. Era hombre de buenas fuerzas, suelto y ligero; tiraba bien el arco, nadaba y hacía bien todos los ejercicios de guerra; era bien acosdiscionado, aunque muy justiciero, y esto hacía por ser amado y temido, pues así de lo que sus pasados le habían dicho, como de la experiencia que él tenía, sabía que eran de tal condición sus vasallos que no podían ser bien gobernados y mantenidos en justicia sino con rigor y gravedad; y así cuando entendió que Fernando Cortés quedaba con el imperio y señorío sobre los indios, le dijo: «Pues así lo han querido los dioses que vengas a mandarme y a todos mis vasallos, sabe que si no te temen mucho, que no harás cosa buena».

Era bien hablado y gracioso cuando se ofrecía tiempo para ello; pero, junto con esto, muy cuerdo; era muy dado a mujeres y tomaba cosas con que se hacer más potente; tratábalas bien; regocijábase con ellas bien en secreto; era dado a fiestas y placeres, aunque por su gravedad lo usaba pocas veces. En la religión y adoración de sus vanos dioses era muy cuidadoso y devoto; en los sacrificios, muy solícito; mandaba que con gran rigor se guardasen las leyes y estatutos tocantes a la religión; ninguna cosa menos perdonaba que la ofensa, por liviana que fuese, que, se hacía contra el culto divino. En el castigar los hurtos y adulterios, a que especialmente veía ser los suyos inclinados, era tan severo que no bastaba privanza ni suplicación para que dejase de ejecutar la ley. Tenía con los suyos, por grandes señores que fuesen, tanta majestad que no los dejaba sentar delante de él, ni traer zapatos, ni mirarle a la cara, sino era con cuál y cuál, y éste había de ser gran señor y de sangre real. Con los españoles era más afable; holgábase con todos, especialmente con los caballeros y hombres de suerte, y porque los tenía en mucho, no los consentía estar en pie, aunque Cortés les habían mandado lo tratasen como a rey; trocaba con ellos sus vestidos si le parecían bien los de España; mudaba cuatro vestidos al día y ninguno tornaba a vestir segunda vez. Estas ropas se guardaban para dar en albricias, para hacer presentes, para dar a criados, mensajeros y soldados que peleaban y prendían algún enemigo, que era gran merced y favor y aun como privilegio y señal de caballería. De estas eran aquellas tantas y tan ricas mantas, que por tantas veces envió a Fernando Cortés.

Moctezuma quiere decir lo mismo que «señudo y grave». Era costumbre entre ellos que a los nombres propios de señores, de reyes y mujeres ilustres añadían esta sílaba cin, que es por cortesía a dignidad, que es como entre nosotros al principio del nombre se pone el don, como don Carlos. Los turcos le ponen al cabo, como Sultán, Solimán, y los moros Muley; y así los indios decían Motezumacín.

Andaba éste siempre muy pulido, y a su modo ricamente vestido; era limpio a maravilla, porque cada día se bañaba dos veces; salía pocas veces de la cámara, si no era a comer; no se dejaba visitar de muchos; los más negocios se trataban con los de su consejo, y ellos o alguno de ellos venía a cierto tiempo a comunicarlos con él, y esto por dos o tres intérpretes, por quien él respondía, aunque toda era una lengua. Iba por su casa a los sacrificios que se hacían en el templo mayor de Uchilobos, donde, apartado de todos los grandes de su reino, mostraba gran devoción; salía, la cabeza baja, pensativo, sin hablar con nadie, y debía ser porque muchas veces se le aparecía el demonio, el cual, como siempre aparecía en figura fea y espantosa, siempre le dejaba turbado y atemorizado; llamaba luego a los sacerdotes y al Papa, que era el principal entre ellos; pedíales parecer y consejo; no hacía cosa que no la comunicase primero con ellos, porque decía que sin el favor de los dioses no se podía acertar en cosa, palabras cierto de gran religión y humildad si no estuviera tan engañado.

Capítulo IV. La manera de servicio que Moctezuma tenía en su comer

El tratamiento y manera de servicio que en su comer tenía Moctezuma era bien diferente del uso y costumbre de los otros príncipes del mundo, pues aunque comía solo, como las más veces lo hacen los reyes, era tan grande la abundancia de la vianda que se le traía, tan varia y de tantas maneras aderezada, que podían comer de ella todos los principales de su casa. La mesa era una almohada o un par de cueros de color; la silla un banquillo bajo, de cuatro pies, hecho de una pieza, cavado el asiento, labrado y pintado cuan ricamente ser podía. Los manteles, pañizuelos y tovallas, eran de muy delgado algodón, más blancos que la nieve, y puestos una vez, nunca se ponían otra. Gozaban de ellos los camareros y oficiales de la mesa. Traían la comida cuatrocientos pajes, caballeros, hijos de señores; poníanla todo junta en una sala; salía Moctezuma, miraba las viandas, y con una virita o con la mano, señalando las que mejor le parecía, luego el maestresala ponía debajo de ellas braseros con ascuas para que no se enfriasen ni perdiesen el sabor. Guardaba tan bien esta costumbre, que muy pocas veces comía de otras viandas si no fuese algún guisado que oliese mucho y se lo alabasen los mayordomos.

Antes que se sentase a comer venían veinte mujeres suyas de las más hermosas; otros dicen que eran de las más queridas, y otros, que eran de las semaneras, que sucedían por su orden, porque siempre salían veinte. Servíanle las fuentes con mucha gracia y gran reverencia y humildad. Sentado a la mesa, el maestresala cerraba una baranda de madera, que dividía la sala, para que la caballería que acudía a verle comer no embarazase la mesa, y él solo ponía y quitaba los platos, que los pajes no, llegaban a la mesa ni hablaban palabra. Estaba sin zapatos, hincadas las rodillas, y de esta manera, sin levantarse ni alzar los ojos, servía a la mesa. Había tan gran silencio mientras comía que ninguno hablaba, si no era truhán o alguno que le preguntase algo. No entraba hombre, so pena de muerte, en la sala, que no entrase descalzo.

En el beber no tenía tan ceremonia ni majestad, porque el mismo maestresala que quitaba y ponía los servicios servía la copa, la cual era una jícara de diversas hechuras y diversas materias, porque unas veces era de plata, otras de oro, otras de calabaza y otras de conchas de pescado, de caracoles y otras hechuras extrañas.

Asistían a la contina a la comida al lado de Moctezuma, aunque algo desviados, seis señores ancianos, a los cuales daba algunos platos del manjar que le sabía bien. Ellos lo tomaban y comían luego allí con tanta reverencia y humildad como si fueran enviados del cielo.

Servíase siempre con mucha música de flautas, zampoña, caracol, hueso, atabales y otros instrumentos a nuestros oídos poco deleitables; no alcanzaban otros mejores. No tenían música de canto, porque ni tienen buenas voces ni sabían el arte, hasta que de los nuestros lo aprendieron, aunque en sus mitotes cantaban como al principio de esta historia dije.

Había siempre a la comida enanos, jibados, contrechos y otros de esta suerte, todos por grandeza y para mover a risa; éstos comían de los relieves de la mesa al cabo de la sala con los truhanes y chocarreros; lo demás que sobraba comían tres mil indios de guarda ordinaria, que estaban en los patios y plaza, y por esto se traían siempre tres mil platos de manjar y tres mil vasos con vino que ellos usan. Jamás se cerraba la botillería ni despensa, así por lo que en ella cada día entraba, como por lo que se sacaba, cierto, cosa de gran grandeza. No dejaban de guisar ni de tener cada día en la cocina de cuanto en la plaza se vendía, que era, según después diremos, sin los demás que traían cazadores, renteros y tributarios.

Los platos, escudillas, tazas, jarros, ollas y el demás servicio era todo de barro muy bueno cuanto lo podía haber en España. No servía al rey más de una comida, como lo demás. Tenía también muy gran vajilla de oro y plata, de diversas figuras de animales y frutas; no se servía de ella en el comer; la causa era por no servirse con ella dos veces, que parecía bajeza; llevábanla, empero, cuando era menester, o toda o parte, a los sacrificios y fiestas de los dioses. Comía Moctezuma carne humana pocas veces, y había de ser de la sacrificada y aderezada por extremo, y lo que dicen de los niños es burla.

Levantados los manteles, llegaban las mujeres, que por toda la comida habían estado en pie como los hombres, a darle otra vez agua a manos, con el acatamiento que primero; y hecho esto, se iban a su aposento a comer con las damas, y así hacían todos los demás, si no eran los caballeros y pajes a quien tocaba la guarda.

Capítulo V. Cómo negociaban con Moctezuma después de comer, y los pasatiempos que tenía

Levantada la mesa y después de ida toda la gente, aunque nunca quedaba tan solo que los pajes que llaman de cámara no quedasen con él, aliende de la gente a quien cabía la guardia, o mandaba que se quedase algún señor de los seis que asistían a su comer, para parlar un poco con él o, si el tiempo lo pedía, reposaba un poco, arrimado a la pared, sentado en el banquillo, en que había comido. Luego, poco después de esto, hacía audiencia con mucha afabilidad y gravedad, mandando para ella llamar los secretarios, por quien respondía y decretaba lo que se había de hacer. Entraban los que habían de negociar, dejaban los zapatos a la puerta de palacio, o los ponían en el cinto, debajo de la manta. A este tiempo los muy grandes señores, o los de la sangre real, muy parientes y hacendados, y los otros señores y ricos hombres, no solamente entraban descalzos, pero sobre las mantas ricas llevaban otras groseras y de poco precio, porque no era razón parecer, según ellos decían, los esclavos delante del señor tan compuestos que pudiesen vestir en su presencia ropas tan buenas como él, si no eran príncipes o los de su linaje, ceremonia cierto de gran respeto y veneración y tal que pocas veces se ha oído. Los unos y los otros eran iguales cuando entraban por la sala en la reverencia y acatamiento, porque primero que llegasen, a decir lo que querían, hacían tres reverencias y muchos cuatro; no le miraban al rostro; hablaban inclinada la cabeza y tan bajo que, si no era él y los secretarios, nadie podía entender lo que decían, porque se tenía por tosquería y descomedimiento hablar alto delante de tan gran señor. Él oía con mucha atención, como príncipe que deseaba hacer a todos justicia, y si de turbado no acertaba a decir lo que quería, como, acontece a muchos que negocian con los príncipes, mandaba que se reportase y dijese el negocio a uno de los secretarios. En el entretanto negociaba otro, y acabando aquél, el secretario decía lo que quería el otro y proveía luego sobre ello. Respondía a todos con buen semblante y muy despacio y con muy pocas palabras, porque es de reyes hablar poco y muy pesado. Esto hacía no todas veces, ni con todos, porque con los más respondía por los secretarios y guardábase lo que mandaba, aunque pareciese o fuese injusto, que ninguno otro lo podía reponer sino él, y esto era cuado el que negociaba volvía otra vez y no osaba decir que había sido injusto lo proveído, sino que se había ofrecido, como parecía, no convenir aquello. Después que cada uno había negociado, se tornaba a salir sin volverle las espaldas, haciéndole con todo el cuerpo un muy grande acatamiento.

Acabada de esta manera el audiencia, entraban señores y otros muchos cortesanos, a hacerle palacio; tomaba solaz y pasatiempo, oyendo algunos romances que contenían las hazañas y grandezas de sus antepasados, cantados a unos instrumentos redondos que suenan mucho. Holgábase mucho de oír hablar a truhanes y chocarreros, porque decía ser la cosa con que más se recreaba el espíritu, cansado de los negocios pasados y graves, cuales son los del gobierno de la República, y aun decía (palabra cierto digna de tal varón) que los chocarreros y truhanes eran graciosos represores, porque debajo de burlas y de ser tenidos por locos, decían las verdades, que muchas veces los sabios no osan declarar. Hacía a éstos Moctezuma muchas mercedes, porque particularmente les era aficionado.

Otras veces se deleitaba de ver unos jugadores de pies, como los hay en España de manos, los cuales, echados de espaldas en el suelo, con los pies revuelven un palo rollizo, tan largo como tres varas, en tantas maneras arrojándole y recogiéndole tan bien y tan presto que apenas se ve cómo; hacen, finalmente, con los pies cosas que con las manos los muy diestros no las podrían hacer con este mismo palo. Había otros, como también los hay hoy, que como pájaros, enhestándole en el suelo, saltaban con ambos pies encima, y otro, tomando por lo bajo el palo, levantando al que estaba encima andaban haciendo mil monerías. Había también tan ligeros trepadores que sobre el palo, puesto sobre los hombros de dos hombres, hacían tan extrañas y maravillosas cosas, que, aunque se ven, parecen no poderse creer, sin que haya en ello alguna ilusión del demonio, que no había sino el grande ejercicio y uso, que es gran maestro. Deleitábale también mucho otra manera de juego, que es a manera de matachines, pues se subían tres hombres unos sobre otros de pies, levantados sobre los hombros, y el postrero hacía maravillas como si estuviera de pies en el suelo, andando y bailando el que estaba, debajo y haciendo otros movimientos el que estaba en medio. Algunas veces miraba el juego del patoli, que parece en algo al juego de las tablas reales; juégase con habas o frijoles, hechos puntos en ellos, a manera de dados, de harinillas. Llámase, el juego patoli, porque estos dados se llaman así; échanlos con ambas manos sobre una estera delgada que ellos llaman petate, hechas ciertas rayas a manera de aspa, y atravesando otras, señalando el punto que cayó arriba, quitando o poniendo chinas de diferente color, como en el juego de las tablas. Es este juego entre ellos tan codicioso y de tanto gusto, que no solamente pierden muchos de ellos a él toda su hacienda, pero su libertad, porque juegan sus personas cuando no tienen otra cosa.

Capítulo VI. El juego de la pelota que entre los indios se usaba
Deleitábase Moctezuma otras veces en ir ver el juego de la pelota, que ahora les es prohibido a los indios, por el mucho riesgo que en él se corre. Llamábase aquel lugar donde el juego se hacía tlachtli, que es como en España trinquete. A la pelota llaman ulamallistli. Esta se hacía de la goma de ulli, que es un árbol que nace en tierras calientes, que punzado destila unas gotas gordas y muy blancas y que muy presto se cuajan, las cuales juntas, mezcladas y amasadas y tratadas después, se paran tan negras como la pez y no tiznan; de aquello, redondeando, hacían pelotas, que, aunque pesadas y duras para la mano, botan y saltan tan livianamente como pelotas de viento y mejor, porque no tienen necesidad de soplarlas.

No jugaban a chazar, sino al vencer, como el balón o a la chueca, que es dar con la pelota en la pared que los contrarios tienen por puesto, o pasarla por encima; pueden darle con cualquiera parte del cuerpo que mejor les viene, pero había postura que perdiese el que la tocaba sino con la nalga o cuadril, que era entre ellos gran gentileza, y a esta causa, para que más la pelota resurtiese, se ponían un cuero bien tieso sobre las nalgas; podíanle dar siempre que hacía bote y hacía mucho uno en pos de otro, tanto que parecía cosa viva. Jugaban en partida, tantos a tantos y a tantas rayas una carga de mantas, o más o menos, conforme a la posibilidad de los jugadores. También jugaban cosas de oro y pluma, y aun veces había que a sí mismos, como dije en el juego del patoli. Érales permitido como el venderse, cosa bien cruel y bárbara, pues para otras cosas tenían poca libertad.

Era aquel lugar do se jugaba una sala baja, larga, estrecha y alta, pero más ancha de arriba que de abajo y más alta a los lados que a las fronteras; haciánlo así de industria para jugar mejor; teníanla siempre muy encalada y lisa, así por el suelo como por las paredes, para que la pelota anduviese más ligera e hiciese más botes; ponían en las paredes de los lados unas piedras como molino, con un agujero enmedio que pasaba a la otra parte, por do apenas cabía la pelota, que era bien raro y dificultoso, porque aun meterla con la mano había bien que hacer. El que la metía por allí ganaba el juego, y como, por victoria rara y que pocos alcanzaban, eran suyas las capas de cuantos miraban el juego, por costumbre antigua y ley de jugadores, pero era obligado a hacer ciertos sacrificios al ídolo del trinquete y piedra por cuyo agujero metió la pelota.

Visto este modo de meter la pelota, que a los miradores parecía milagroso, aunque podía ser acaso, decían y afirmaban que aquel tan debía ser ladrón o adúltero, o que moriría presto, pues tanta ventura había tenido, y duraba la memoria de esta victoria Por muchos días entre ellos hasta que sucedía otra que hacía olvidar la pasada.

Cada trinquete era templo, porque ponían dos imagines, del dios del juego y del de la pelota, encima de las dos paredes más bajas, a la media noche de un día de buen signo, con ciertas ceremonias y hechicerías, y en medio del suelo hacían otras tales, cantando romances y canciones que para ello tenían; luego venían un sacerdote del templo mayor con ciertos religiosos a lo bendecir; decía ciertas palabras, echaba cuatro veces la pelota por el juego y con tanto quedaba consagrado y podían con mucha autoridad y atención, porque decían que iba en ello el descanso y alivio de los corazones. El dueño del trinquete, que era siempre señor, no jugaba pelota sin hacer primero ciertas ceremonias y ofrendas al ídolo del juego, de donde se verá cuán supersticiosos eran, pues aun hasta en las cosas de pasatiempo tenían tanta cuenta con sus ídolos, queriendo que en las burlas también fuesen burladores. A este juego llevaba Moctezuma los españoles y mostraba holgarse mucho verlos jugar, y también, no sé si por darles contento, se holgaba de ver jugar a los nuestros a los naipes y dados.

Capítulo VII. Las danzas y bailes que en México se hacían
No hay reino y señorío en el mundo, según parece de lo escrito, donde los hombres no se deleiten con algún genero de música, danza o baile; y así, aunque los indios de la Nueva España son más flemáticos y melancólicos que

todos los otros hombres que se sabe del mundo, todavía tenían y tienen su diversidad y variedad de música instrumental, a nuestros oídos, según tengo dicho, no muy apacible, aunque al presente con las demás cosas que de los nuestros han aprendido, saben muy bien tocar flauta, cheremía, sacabuche, trompeta, hornos y otros instrumentos nuestros a punto de canto de órgano. Moctezuma, pues, como era tan gran señor y todos los suyos le tenían más veneración que a hombre, y por esto procuraban de darle todo contento, viendo que especialmente se deleitaba con la música, que es más general en los reyes, venían las más veces a regocijarle a palacio en un gran patio que ante las salas estaba, y muchas veces, según él se holgaba con este servicio y solaz, mandaba que viniesen a ello.

La danza y manera de bailar de los indios es muy diferente, como en lo demás, de las otras que usan las otras naciones. Er adesta manera: que después de comer comenzaban un baile que llaman netotiliztle, danza de mucho regocijo y placer. Mucho antes de la comida tendían una gran estera, y encima de ella ponían dos atabales, uno chico, que llaman teponaztle, que es todo de una pieza de palo muy bien labrado, hueco y sin cuero mi pergamino por fuera, con cierta mosca o hendedura por lo alto, como dije en el Comentario de la jura del rey don Felipe. Tócase con palillos, como nuestros atabales, aunque los extremos no son de palo, sino de lana o de otra cosa fofa; el otro es grande, alto más que hasta la cinta, redondo, hueco, entallado por de fuera y pintado; sobre la boca tiene un ancho parche de cuero de venado, curtido y bien estirado, que apretado sube, y flojo baja el tono; táñese con las manos, aunque con trabajo. Concertados estos dos instrumentos con las voces de los que cantan, suenan mucho, aunque a nuestros oídos tristemente. Cantaban al son de estos instrumentos romances que contenían las victorias y hazañas de los reyes pasados, y después, escondiéndose más, cantaban cantares alegres, graciosos y regocijados, todo, en copla por sus consonantes aunque no tan artificiosas como las nuestras.

Ya que era [hora] de comer, como apercibiendo a los que habían de bailar, después de la comida silbaban ocho o diez hombres muy recio, tocando los atabales muy recio; venían luego los bailadores que, para hacer sarao al gran señor, habían de ser todos señores, caballeros y personajes principales, vestidos cuanto cada uno podía riquísimamente, cubiertos con mantas ricas, blancas, coloradas, verdes, amarillas y otras tejidas de diversos colores, traían en las manos ramilletes de rosas o ventalles de pluma, o pluma y oro; muchos venían por manera de gala y bravosidad, metidas las cabezas por cabezas de águilas, tigres y caimanes y otros fieros animales; llevaban o sobre el brazo derecho o sobre los hombros alguna devisa de oro, plata o ricas plumas. Juntábanse a este baile no mil hombres, como dice Gómara, pero más de ocho mil que éstos casi se juntaron en la jura del rey don Felipe. Iban por sus hileras, según la cantidad de la gente, o de cuatro en cuatro, o de seis en seis, o de ocho en otro, o más. Los señores y que eran más principales andaban junto a los atabales y tanto más cerca cada uno cuanto mayor señor. Bailaban en corro, unas veces trabados de las manos y otras sueltos, unos en pos de otros, moviendo a un tiempo el pie o la mano. Guían dos que son sueltos y grandes danzantes; todos los demás hacen y dicen lo que aquéllos, sin faltar compás, cantan aquéllos, responde todo el corro; los postreros, cuando los danzantes son muchos, hacen un compás más para igualar con los primeros, y todos acuden a un tiempo. Tardan mucho, en esta danza, porque suelen danzar cuatro o cinco horas sin cansarse. Unas veces, si cantan romances, cantan despacio y con gravedad; y si otros cantares, más aprisa y con más regocijo, avivando la danza, la cual, como dura tanto, salen algunos a beber o a descansar sin hacer falta al compás, tornando a volver cuando les parece.

Algunas veces andan sobresalientes ciertos truhanes, diciendo gracias y contrahaciendo a otras naciones en el traje y lengua, haciendo del borracho, loco o vieja, moviendo de esta manera a risa a los circunstantes. Es más de ver este baile que la zambra de Granada; y si mujeres le hacen, es más gracioso y vistoso. Hácenle muy pocas veces, y esto en secreto, por su honestidad.

Dicen que las mujeres que Moctezuma tenía, que eran las más hermosas y las más nobles de todos sus reinos, por hacerle fiesta, danzaban de esta manera o en los jardines o en la sala, sin que otro lo viese, sino eran algunos muy privados.

Capítulo VIII. Las mujeres y casa que para su recreación tenía Moctezuma

Era tan gran príncipe y señor en todo Moctezuma, que ninguna cosa tenía, o para su servicio o para su contentamiento, que no fuese real y digna de tan gran señor, y así por recreación y grandeza, como para entrar en ellas, tenía muchas casas; discurrir por las cuales sería muy largo; por tanto, no diré más de la morada donde a la contina residía, la cual en su lengua se llama tepac, que quiere decir lo que «palacio y casa real», la cual tenía veinte puertas, que todas por su orden salían a la plaza y calles públicas; tres patios muy grandes y que en el uno había una muy hermosa fuente de mucha agua, la cual por sus caños debajo de tierra iba a otras partes de la casa. Había muchas salas, cien aposentos de a veinticinco y treinta pies de largo y hueco; cien baños. El edificio todo de la casa que tocaba el enmaderamiento era sin clavazón, muy fijo y fuerte, que no poco espantó a los nuestros; las paredes, de canto, mármol, jaspe, pórfido, piedra negra con unas vetas coloradas como sangre, piedra blanca y otra que se trasluce; los techos, de madera bien labrada y entallada de cedros, palmas, cipreses, pinos y otros árboles, hechas en ellos algunas figuras de animales, como si tuvieran los instrumentos que nuestros entalladores; las cámaras, pintadas y esteradas, muchas de ellas paramentadas de ricas telas de algodón, de pelo de conejo y de pluma. Las camas no respondían a la soberbia de la casa y aderezo de ella, porque eran pobres y malas; eran de mantas sobre esteras o sobre heno, o esteras solas, las más delgadas puestas sobre las más gruesas, porque en aquel tiempo poco regalo y policía tenían los indios. Ahora algunos de ellos que son ricos, con el andar a caballo, aún han usado algunas camillas de madera con un colchón y una manta, que tienen por mucho regalo.

 Dormían pocos hombres en esta casa real. Había mil mujeres, aunque otros dicen que tres mil, y esto se tiene por más cierto, entre señoras, criadas y esclavas. Las señoras, hijas de señores, que eran muchas y muy bien tratadas, tomaba para sí Moctezuma, en especial las que bien le parecían, y las otras daba por mujeres a sus criados y a otros caballeros y señores, y así dicen que hubo vez que tuvo ciento y cincuenta preñadas a un tiempo, las cuales, a persuasión del diablo, movían tomando cosas para lanzar las criaturas, y esto, para estar desembarazadas, para dar solaz a Moctezuma, o porque sabían que sus hijos no habían de heredar.

 Tenían estas mujeres muchas viejas por guarda, que jamás se apartaban de ellas, no dejando que aun las mirasen los hombres, porque así Moctezuma como los reyes sus antepasados, procuraron en su casa toda honestidad y castigaban rigurosamente cualquier desacato y desvergüenza que en ella sucediese, y así muy raras veces acontecía esto. Tenían estas señoras muy gran servicio de mujeres; andaban a su modo ricamente aderezadas; bañábanse muchas veces, porque era Moctezuma muy amigo de limpieza.

El escudo de armas que estaba a la puerta de palacio y que traían las banderas de Moctezuma y de sus antepasados, era un águila abatida a un tigre, las manos y uñas, puestas como para hacer presa. Algunos dicen que es grifo y no águila, afirmando que en las sierras de Teguacán hay grifos y que desploblaron el valle de Avacatlán, porque comían a los moradores de él. En confirmación de esto dicen que aquellas sierras se llaman Cuitlachtepetl, de cuitlachtli, que es grifo como león. No hay de esto mucha certinidad, más de lo que ellos decían, porque hasta ahora nunca los españoles los han visto, que han andado toda la tierra, aunque los indios los mostraban pintados en sus antiguas figuras; tienen vello y no pluma, y dicen que eran tan recios y fuertes que con las uñas y dientes quebraban los huesos de los hombres y de los venados, por grandes que fuesen; tiran mucho a león y parecen águila; pintábanlos con cuatro pies, con dientes y con vello, que más aína es lana que pluma, con pico, con uñas y alas con que vuela. En todas estas cosas responde la pintura a nuestra Escritura y pinturas, de manera que ni bien es ave ni bien bestia. Plinio y otros naturales tienen por burla lo que se dice de los grifos, aunque hay muchos cuentos y fábulas de ellos. De no haberlos visto los nuestros infieren y tienen por cierto que, desde el principio de la idolatría de los indios de esta Nueva España el demonio se volvía en aquella figura como en otras tan bravas y tan espantosas como aquélla. También había otros señores que traían por armas este grifo, volando con un ciervo en las uñas; otros le traían sobre otros fieros animales: tanto le temían por fuerte y espantoso.

Capítulo IX. La casa que para las aves y pluma tenía Moctezuma
Tenía Moctezuma cerca de palacio una muy hermosa casa de muchos y buenos aposentos, con grandes corredores, en cuadra, levantados sobre ricos pilares de jaspe, todos de una pieza. Había otros corredores más vistosos y ricos que éstos, que caían a una muy grande huerta en la cual había diez estanques o más; unos de agua salada para las aves de mar, otros de dulce

para las de río y laguna, los cuales vaciaban y henchían muchas veces para la limpieza de la pluma.

Andaban en aquestos estanques tantas aves que no cabían dentro ni fuera; eran de tan diversas maneras, plumas y hechura, que pusieron en admiración a los nuestros la primera vez que las vieron, los cuales, con ser de diferentes tierras de España, donde hay, como de otras cosas, gran diversidad de aves, extrañaron tanto éstas, que muy pocas dijeron que parecían a las nuestras. Las demás, que eran de muchos géneros y especies, no conocieron, porque jamás hasta entonces ni las habían visto ni oído decir.

Era tanta la solicitud con que Moctezuma mandaba curar estas aves por la pluma, que a cada suerte de ellas se le daba el pasto y cebo con que se mantenían en el campo; si con hierba, dábanles hierba; si con pesca do, pescado; si con otras aves, dábanles aves; con grano, frijoles, maíz y otras semillas; de pescado, para las aves de pescado, era lo ordinario diez arrobas que pescaban y tomaban en las lagunas de México. A algunas aves daban moscas y otras sabandijas, que era su comida. Había para el servicio de estas aves trescientas personas y más; unos limpiaban los estanques, otros pescaban, otros les daban de comer, otros las espulgaban, otros guardaban los huevos, otros las echaban cuando estaban cluecas; otros las curaban, enfermando; otros, en tiempos de calor, les quitaban la pluma más delgada, para que se hacía tanta costa y diligencia; hacían de ellas ricas mantas, tapices y rodelas, plumajes, moscadores y otras muchas cosas con oro y plata entretejida, obra cieto bien vistosa y muy extraña para los nuestros.

Capítulo X. Las aves que para caza tenía Moctezuma y de otras cosas maravillosas que para ella tenía
Había otra casa cerca de ésta, también muy cumplida y de muy hermosos cuartos. Llamábase también la casa de las aves, no porque en ella hubiese más que en la otra, sino porque eran mayores, más nobles y de otro género, porque eran de rapiña, para cazar con ellas. Curábanlas hombres sabios en aquel menester con tanto cuidado que más no podía ser.

Iba algunas veces más a esta casa Moctezuma que a las otras, por ser cosa más real haber estas aves. Deteníase, preguntando a los cazadores y a los que tenían cargo de ellas muchas cosas, muchos secretos, que holgaba de saber del arte de la cetrería, y cierto tenía razón, porque hay hoy las más y mejores aves que en todas las otras partes del mundo. Tenía esta casa muchas salas altas, en que estaban hombres, mujeres y niños albinos, todos blancos ojos y cabellos desde su nacimiento, como en España; y lo que más es de maravillar, es que en la Nueva Galicia, en un pueblo que se dice Apozol, nació un niño, hijo de negro y negra, blanco en todo más que la nieve, con sus pasas en la cabeza y las demás facciones muy de negro; no vía de puro blanco. Fueron sus padres esclavos de Francisco Delgadillo, señor del mismo pueblo, y decían que en Guinea había así otros niños blancos y que los hijos nacían negros como sus abuelos. Era milagro nacer así, por acaecer raramente, pues toda la demás gente tiene color de membrillo cocido.

Había en otra sala enanos, corcovados, quebrados, contrechos y monstruos, que los tenía en mucha cantidad para su pasatiempo, y aún dicen que para este fin los quebraban y enjibaban desde niños cuando estaban más tiernos, diciendo que en la casa de tan gran rey, para grandeza suya, había de haber cosas que no se hallasen en las casas de otros príncipes. Cada manera de estos enanos y monstruos estaba por sí en su sala y cuarto, con personas que curaban de ellos. Había en las salas bajas muchas jaulas de vigas muy recias; en unas estaban leones, en otros tigres, en otros osos, en otras onzas, en otros lobos y, finalmente, no había fiera, ni animal de cuatro pies que allí no estuviese, a solo efecto de decir que era tan poderoso el gran señor Moctezuma, que, aun hasta las fieras y fieros animales tenía rendidos y encarcelados en su casa. Dábanles de comer por sus raciones gallipavos, venados, perros y cosas de caza. Había asimismo, cosa cierto bien nueva, en otras piezas grandes tinajas, barreños y semejantes vasijas con agua o con tierra. Sustentaban y mantenían en ellas culebras más gruesas que el muslo, víboras que son por extremo grandes, cocodrilos que llaman caimanes o lagartos de agua, lagartos de estotros, lagartijas, serpientes de tierra y agua, tan bravas y ponzoñosas que con sola la vista espantaban a los que no tenían mucha costumbre de verlas y tratarlas. Dábanles de comer por manera extraña, porque algunas había de su natural condición tan fieras y crueles, que no bastaba criarlas desde muy pequeñas para amansarlas.

Las aves de rapiña que dije, estaban en otro cuarto, y por el patio en jaulas de palos rollizos, en alcándaras de toda suerte y ralea de ellas, como alcotanes, gavilanes, milanos, buitres, azores, halcones, nueve o diez maneras de ellos; muchos géneros de águila, entre las cuales había cincuenta mayores harto que las más caudales, y que de un pasto comía cada una de ellas un gallo de papada, ave muy grande. Estaban estas águilas por sí apartadas unas de otras: tenían de ración para cada día todas estas aves quinientos gallos de papada; curaban de ellas trescientos hombres de servicio, sin los cazadores, que eran infinitos. Había águila entre éstas tan crecida y de tan disformes garras y pico que ponía miedo mirarla, y hasta estos días ha habido una en el Tatelulco de México, dicen que desde entonces, de tan disforme grandeza, que no solamente los nuestros, pero los indios la iban a ver por cosa maravillosa. Comíase un carnero de una comida.

Muchas otras aves estaban en aquel cuarto, que los nuestros no conocieron, pero los indios decían ser todas muy buenas para caza, y así lo mostraban ellas en el talle, uñas y presa que tenían. Daban a las culebras la sangre de las personas muertas en sacrificio, la cual chupaban y lamían, y aún, como algunos dicen, les echaban de la carne, la cual también comían los lagartos de tierra y agua, y así se criaban de espantosa grandeza. Los españoles no vieron esto, pero vieron el suelo cuajado de tanta sangre, que metiendo por él un palo, temblaba; hedía tan terriblemente aquel lugar que no había quien lo sufriese. Era mucho de ver el bullicio de los hombres que entraban y salían en esta casa y que andaban curando de las aves, animales y sierpes.

Los nuestros se holgaban mucho de ver tanta diversidad de aves, tanta braveza de bestias fieras y el enconamiento de las espantosas serpientes, aunque no podían oír de buena gana los espantosos silbos de ellas, los temerosos bramidos de los leones, los aullidos tristes de los lobos ni los fieros gañidos de las onzas y tigres, ni los gemidos de los otros animales, que daban teniendo hambre o acordándose que estaban encerrados y no libres para ejecutar su saña. Todos los nuestros que de noche oían este tan vario y diverso ruido, al principio se atemorizaron mucho, hasta que la costumbre les quitó el miedo. Afirmaban que era tan espantoso el ruido, que así gritando [se] hacía que parecía ser traslado del infierno y morada del diablo aquella casa; y así lo era, porque en una sala de ciento y cincuenta pies larga y ancha cincuenta había una capilla chapada de oro y plata, de gruesas planchas, con gran cantidad de perlas, piedras, ágatas, cornerinas, esmeraldas, rubíes, topacios y otras así, adonde Moctezuma entraba en oración muchas noches y el diablo venía a le hablar y se le aparecía y aconsejaba, según la petición y ruegos que oía.

Los conquistadores primeros, de quien yo largamente me informé, dicen que no vieron esta capilla, porque Moctezuma iba siempre al templo a hacer oración; podía ser, como dicen los indios, que la encubriese Moctezuma de los nuestros y no quisiese mostrar aquella riqueza, porque no, se acudiciasen a ella; y así dicen que cuando México se tomó, ellos mismos la destruyeron y echaron otras muchas riquezas en la laguna.

Tenía también Moctezuma casa para solamente graneros y donde poner la pluma y mantas de la renta y tributos, que era cosa muy de ver: sobre las puertas había por armas un conejo. En esta casa vivían los mayordomos, tesoreros, contadores, receptores y todos los que tenían cargos y oficios en la real hacienda, y no había casa de estas del rey donde no hubiese capillas y oratorios del demonio que adoraban, por amor de lo que allí estaba, y por tanto, todas eran grandes y de mucha gente, de adonde parece cuán supersticioso y por cuántas maneras el demonio quería ser adorado y venerado.

Capítulo XI. La casa que para guardar las armas tenía Moctezuma
Preciábase tanto Moctezuma de ser en toda manera de grandeza señalada entre todos los otros príncipes de este Nuevo Mundo, que ninguna cosa dejó que de rey fuese que no la tuviese más aventajada que todos los otros, y así como con las armas y multitud de los suyos había sujetado y vencido muchos reinos y provincias, tenía, no una, sino muchas casas diputadas para la guarda y limpieza de las armas. El blasón que sobre las puertas estaba puesto era un arco y dos aljabas, porque este era el género de armas que ellos más usaban.

Las armas que en estas casa había eran muchas, porque eran muy muchos los que las usaban. Las armas, pues, eran arcos, flechas, hondas, lanzas, lanzones, dardos, porras, espadas, que ellos llaman macanas, broqueles y rodelas, más galanas que fuertes, cascos, grebas y brazaletes, no de hierro, sino de palo dorado o cubierto de cuero y no en tanta abundancia como las otras armas. El palo de que hacían estas armas era muy recio; tostábanlo, y a las puntas hincaban pedernal o hueso del pece líbica, que es enconado, y a esta causa es peor su herida, o de otros huesos que como se quedan en la herida la hacen casi incurable y enconan. Las espadas son de palo con agudos pedernales enxeridos por los filos, bien encorados y engrudados con cierto engrudo de una raíz que llaman zacotle y de teuxale, que es una arena recia, como de vena de diamante, que mezclan y amasan con sangre de murciélagos y otras aves, el cual pega, traba y dura por extremo, tanto que dando grandes golpes no se deshace. Cortaban en lo blando cuanto topaban, pero en lo duro resurtían, como eran los filos muy delgados y de pedernal, del cual también con aquel betumen hacían punzones con que barrenaban cualquier madera y piedra, aunque fuese un diamante, ayudándose de cierta agua que echaban en el agujero como quien horada perlas. Las espadas cortaban lanzas y aun pescuezos de caballos a cercén. Dicen algunos que mellaban el hierro: verdad es que en él hacían señal con la furia del golpe, pero quebrábase el filo, porque en fin era de piedra.

Ninguno era osado traer armas por la ciudad; solamente las llevaban a la guerra o a la caza o en la guarda que hacían al rey, el cual en fiestas y días señalados hacía ejercitar a los caballeros mozos en ellas para cuando fuese menester; y para animarlos, ponía premios para los que mejor lo hiciesen. Hallábase él presente y aun algunas veces tiraba el arco y esgrimía del espada, que lo hacía muy bien y con mucha gracia, aunque muy pocas veces, por la autoridad.

Capítulo XII. Los jardines en que Moctezuma se iba a recrear
Tenía este gran rey, aliende de las casas que he dicho, otras muchas de placer con espaciosos y grandes jardines con sus calles hechas para el paseo y regadío. Eran los jardines de solas hierbas, medicinales y olorosas, de flores, de rosas, de árboles de olor, que eran muchos. Mandaba a sus médicos hiciesen experiencias de aquellas hierbas y curasen a los caballeros de su Corte con las que tuviesen más conocidas y experimentadas. Daban estos jardines gran contento a los que entraban en ellos, por la variedad de flores y rosas que tenían y por la fragancia y buen olor que de sí echaban, especialmente por la mañana y a la tarde. Era de ver el artificio y delicadeza con que estaban hechos mil personajes de hojas y flores, asientos, capillas y otras cosas que adornaban por extremo aquel lugar. No consentía Moctezuma que en estos vergeles hubiese hortaliza ni fruta, diciendo que no era de reyes tener

granjerías ni provechos en lugares de sus deleites; que las huertas eran para esclavos o mercaderes, aunque con todo esto tenía huertos con frutales, pero lejos y donde pocas veces iba.

Tenía asimismo fuera de México casas en bosques de gran circuito y cercados de agua, para que las salvajinas no saliesen fuera y la caza estuviese segura. Dentro de estos bosques había fuentes, ríos y albercas con peces, conejeras, vivares, riscos y peñoles en que andaban ciervos, corzos, liebres, zorras, lobos y otros semejantes animales, en cuya caza mucho y muy a menudo se ejercitaban los señores mexicanos. Hacían rodeo cuando querían hacer una caza real, para que toda o la más viniese adonde Moctezuma estaba; y si no era estando allí su persona, no se osaba hacer rodeo. Otras veces, cuando al rey le parecía ir con todos sus grandes a caza de monte, era cosa de ver, como ahora se hace con los virreyes, que ocho o diez mil indios y muchas veces más, asidos por la mano, cercaban cuatro o cinco leguas de tierra, dando voces y silbos, levantando y oxeando la caza, sacándola de sus madrigueras y cuevas, la echaban en campo raso, donde estaban los flecheros y los que tenían armas, en medio de los cuales, sobre unas andas muy ricas, puestas en hombros, estaba Moctezuma mirando a los valientes que acometían a las fieras; y como casi a mano tomaban los venados, estaban alrededor del rey muchos flecheros que no se meneaban de un lugar, puestos como muralla para que ninguna fiera rompiese por donde él estaba, y así seguro miraba la caza, porque no había caballos en que huir.

Éstas eran las casas y deleites del gran señor Moctezuma, en que pocos o ningún príncipe se le ha igualado.

Capítulo XIII. La Corte y guardia de Moctezuma
Si en todas las cosas pasadas el gran rey Moctezuma tenía tanta majestad y grandeza como de lo dicho parece, mayor mucho, como, convenía para conformar con las otras cosas, la tenía en la guarda y acompañamiento de su persona, porque cada día le hacían guardia seiscientos señores y caballeros muy principales, cada uno, el que menos, con tres o cuatro criados, y muchos con veinte y treinta, según la posibilidad y renta de cada uno. Todos traían sus armas y venían a ser entre amos y criados más de tres mil personas, y aun hay muchos que dicen más de cinco mil. Todos comían en Palacio de lo

que sobraba del plato real, como tengo dicho. Los criados, ni subían arriba ni se iban hasta la noche, después de haber cenado. Los señores, también con sus armas, se paseaban arriba por las salas sin entrar adonde estaba el gran señor Moctezuma; unos se paseaban, aunque lo usaban muy poco; otros, que eran los más, estaban sentados en sus banquillos, de cuatro en cuatro, de seis en seis, parlando entre ellos y bien bajo, porque era desacato hablar alto en la casa real. Eran, finalmente, tantos los de la guardia, que aunque eran grandes los patios, plazas y salas, lo henchían todo. No falta quien diga de los que se hallaron presentes, que por amor de los nuestros y por mayor majestad y seguridad de Moctezuma, se había doblado la guardia, aunque los más dicen que aquella era la ordinaria, porque los señores estaban debajo del imperio de Moctezuma, que eran treinta de a cien mil vasallos y tres mil señores de lugares y otros muchos vasallos, personas preeminentes y de cargos. Residían en México por obligación y reconocimiento del gran señor Moctezuma cierto tiempo del año y estaban tan sujetos con ser tantos y tan señores y con tantos vasallos, que ninguno osaba ir a su tierra y casa sin licencia y voluntad del gran señor, y si iban, dejaban algún hijo o hermano por seguridad que no se alzarían, y a esta causa tenían todos casas en la ciudad de México. De donde parece claro que era violento y tiránico el imperio de Moctezuma, pues es cierto que el rey natural es amado y querido de tal manera de los suyos que, si no fuese por la autoridad real, podría andar y dormir sin guarda, las puertas abiertas, si no fuese o tiranizando o estando en guerra en frontera de enemigos.

Ésta era la guarda de tantos y tan principales señores que Moctezuma tenía, obedecido más por temor que amado por rey natural.

Capítulo XIV. Cómo ningún indio había en el imperio mexicano que en alguna manera no fuese tributario a Moctezuma
Tenía el gran señor Moctezuma tan sujetos a sus vasallos, y tan avasallados a los que de nuevo sujetaba, que ninguno había, por gran señor que fuese, que no le tributase, pues los señores y nobles le pechaban tributo personal, asistiendo en la Corte lo más del tiempo del año, gastando allí sus haciendas, con que no poco adornaban la Corte; y si se ofrecían guerras, los señores eran los que primero iban a ellas, por la obligación personal que tenían, en las cuales

gastaban mucho más que en la Corte, porque se preciaban de llevar más gente consigo y de hacer más servicio al gran señor, del que eran obligados. Los labradores, que llaman mascegoales, eran casi infinitos, porque la principal granjería que tenían era la labor de los campos: éstos tributaban con sus personas y bienes. Ésta era la diferencia que había entre nobles y pecheros; que los pecheros eran en dos maneras, unos renteros, que arrendaban de otros las heredades, a los cuales pagaban las rentas de ellas, y demás de esto tributaban de lo que les que daba la mayor parte a Moctezuma. Había otros pecheros que labraban sus heredades y pagaban cada año de todo lo que cogían de tres anegas una, y de todo lo que criaban, de tres uno; las sementeras eran maíz, frijoles, chía y otras semillas; lo que criaban eran perros, gallinas, aves de pluma, conejos. Otros eran oficiales que labraban oro y plata y piedras, entre los cuales había algunos muy primos. Los instrumentos con que labraban eran de piedra, cosa bien nueva para los nuestros. Otros trataban en sal, cera, miel, mantas, plumajes, algodón, cacao, camatli, habas y en todas frutas y hortalizas, de que principalmente se sustentaban y mantenían.

Los renteros que arriba dije, pagaban por meses o por años lo que se obligaban; y porque era mucho, los llamaban esclavos, pues tributaban dos veces; y cuando comían huevos les parecía que el rey les hacía gran merced, y estaban tan oprimidos que dicen algunos que se les tasaba lo que habían de comer, y lo demás era para el rey; vestían a esta causa muy pobres paños, y finalmente no alcanzaban ni tenían sino una olla para cocer hierbas y una piedra o dos para moler su maíz y una estera para dormir, y no solamente daban este pecho los renteros y los pecheros, pero aún servían con las personas todas las veces que el gran señor quería, aunque no quería sino en tiempos de guerra y caza. Era, finalmente, tanto el señorío que los reyes de México tenían sobre ellos, que callaban aunque les tomasen las hijas para lo que quisiesen y los hijos, y por esto decían algunos que de tres hijos que cada labrador tenía, daba uno para sacrificar, lo cual aliende de que fuera demasiada crueldad, no permitiera que tanto se poblara la tierra, y así es falso, por lo que después se supo, porque los nobles y señores no comían carne humana si no era sacrificada y ésta era de hombres esclavos, presos en guerra, porque por maravilla sacrificaban al que sabían que era noble. Eran crueles, carniceros y mataban entre año muchos hombres y mujeres y algunos niños, aunque no

355

tantos como se dicen, y éstos eran hijos de esclavos y personas condenadas o a destierro perpetuo o a servidumbre.

Todas las rentas y tributos traían a México a cuestas los que no podían en canoas, a lo menos traían todo lo que era menester para mantener la casa de Moctezuma; lo demás gastaban con soldados, o trocábanlo a oro, plata, piedras, joyas y otras cosas que los reyes estiman y guardan en sus recámaras y tesoros.

Ésta era la manera de tributar de los vasallos de Moctezuma, que con las opresiones que he dicho padecían otras, y decía Moctezuma que eran necesarias para tenerlos sujetos en paz y justicia, según eran de su condición mal inclinados. Ahora, que están debajo de la Corona de Castilla, son tan libres y trátanse tan bien los muy pobres y de baja suerte como entonces los muy nobles, porque es tan poco lo que tributan y tantas las granjerías en que con los nuestros son aprovechados, que visten mantas de algodón y comen muy bien; y si de su natural condición no fuesen tan apocados, tan holgazanes y amigos de borracheras, serían muy ricos y la tierra estaría muy ennoblascida, porque son muchos, y en la tierra, quiriendo trabajar, hay para ello gran aparejo. El tiempo dará adelante a entender lo que conviene hacer en esto, aunque ya fuera bien haberlo remediado; pero han querido los reyes de Castilla sobrellevarlos mucho, para que entiendan la diferencia que hay del tiempo de su idolatría al de gracia en que viven.

Capítulo XV. Cómo se recogían las rentas de Moctezuma
El modo y manera de recoger las rentas reales era en esta manera: que en México había troxes, graneros y casas en que se encerraba el pan, y un mayordomo mayor con otros menores que lo recibían y gastaban por concierto y cuenta de libros de pintura, donde había tanta cuenta y razón que era maravilla. En cada pueblo había un cogedor, a manera de alguacil; traía vara en la una mano y un ventalle en la otra, en señal que era oficial del gran señor. Era éste un género de hombres muy aborrecible a los tributarios, porque eran presuntuosos y molestos en el pedir los tributos, y aun trataban mal de palabra y aun algunas veces de obra a los pecheros; vengábanse de aquellos a quien tenían odio, en son de recoger las rentas; acudían y daban cuenta con pago de lo cogido y gente que empadronaban en su provincia y

partido que tenían a cargo; acudían todos a los mayordomos y contadores mayores de México; si traían mala cuenta, o por engaño, morían por ello y aun eran punidos los de su linaje, como parientes de traidores al rey, y a esta causa eran tan solícitos y diligentes, que prendían a los pecheros hasta que pagaban; y si estaban pobres por enfermedades, los esperaban a que sanos ganasen el tributo; si por holgazanes, apremiábanlos duramente, y en fin, si no cumplían y pagaban a ciertos plazos que les daban, podían tomar a los unos y a los otros por esclavos y venderlos para la deuda y tributo, o sacrificarlos.

Tenía también el gran señor Moctezuma muchas provincias que le tributaban cierta cantidad de cosas a manera de parias, reconociéndole por supremo señor; pero esto era más honra que provecho.

De esta manera tenía Moctezuma grandes rentas con que sustentaba su casa y mantenía la gente de guerra con excesivo gasto y le sobraba gran parte para aumentar cada día más sus tesoros, y fuera de esto no gastaba nada en labrar cuantas casas quería, por suntuosas que fuesen, porque ya de mucho tiempo atrás estaban diputados muchos pueblos allí cerca, que no pechaban ni contribuían en otra cosa más de hacer las casas, repararlas y tenerlas siempre en pie a costa suya propia, poniendo su trabajo, pagando a los oficiales, y trayendo arrastrando o a cuestas el canto, la cal, la madera y todos los otros materiales. Tenían éstos también, que no era pequeña molestia, cargo de proveer abundantemente de cuanta leña se quemaba en las cocinas, cámaras y braseros de palacio, que eran muchos y habían menester, a lo que dicen, quinientas cargas de tamemes, que son mil arrobas, y los días de invierno, aunque no es muy recio, muchas más. Para los braseros y chimeneas del rey traían cortezas de encina y otros árboles, porque era mejor fuego y por diferencia la lumbre que no fuese como la de los otros, que en esto eran grandes lisonjeros, o porque, como otros dicen, trabajasen más los que hacían leña.

Tenía Moctezuma cien ciudades grandes, cabezas de otras tantas provincias, imperio cierto muy grande. De estas llevaba las rentas, tributos, parias y vasallaje que dije, donde tenía fuerzas, guarnición y tesoreros del servicio y pecho, a que eran obligados. Extendíase su señorío y mando de la mar del Norte hasta la del Sur y más de doscientas leguas por la tierra adentro, aunque en medio había algunas provincias y grandes pueblos como Tlaxcala,

Michoacán, Pánuco, Teguantepec, que eran sus enemigos y no le pagaban pecho ni servicio, aunque le valía mucho la contratación, rescate y trueque que con los unos y los otros tenía cuando quería, porque abundaba de lo más y mejor que para sus contrataciones era menester.

Había en su señorío, muy cerca de México, otros señores y reyes como los de Tezcuco y Tacuba, que no le debían nada, sino la obediencia y homenaje; eran de su sangre y linaje, y por esto los reyes de México no casaban sus hijas con otros que con ellos, lo cual era causa que Moctezuma fuese mayor señor, más temido y más reverenciado.

Capítulo XVI. La majestad y grandeza de México en tiempo de su idolatría

Estaba la muy grande y muy insigne ciudad de México Tenuchtitlán, cuando Cortés entró en ella, en el mismo sitio que ahora está; pero estaba sobre agua, y si no era por algunas calzadas que tenía, no se podía entrar a ella sino con barcas. Tenía sesenta mil casas, las cuales no tiene ahora, aunque son muy grandes las poblaciones que sirven como de arrabales, que abrazan lo principal de la ciudad, morado y habitado de españoles, como en los capítulos siguientes diré. Llámanse estas dos poblaciones, la una Santiago Tlatelulco, y la otra México.

Las casas del gran señor eran muchas, como tengo dicho, y muy grandes, que representaban el poder grande y majestad de su morador; las de los señores y caballeros cortesanos también eran grandes y muy buenas, cada una con vergel y baños y otros deleites que para su contento tenían; las de los otros vecinos eran chicas, bajas y ruines, sin puertas ni sin ventanas, porque no quería el gran rey que fuesen mayores, para que en todo se diferenciasen de los nobles. Ahora el que más puede más presume y más lo muestra, aunque venga del linaje de aquéllos.

En aquellas casas, por pequeñas que eran, pocas veces dejaban de morar dos, tres, cuatro y seis vecinos, y así era infinita la gente, porque como no tenían ajuar ni otro aparato de casa, donde quiera cabían muchos, y así cuando salían al campo o [a] algún sacrificio y fiesta parecía infinita gente, que no había quien pudiese decir dónde se acogía tanta.

Parecía esta ciudad mucho a Venecia en cuanto a su asiento y fundación, aunque en la fortaleza de los edificios, altura y parecer le hacía mucha ventaja Venecia. Todo el cuerpo, de esta ciudad estaba sobre agua; tenía tres maneras de calles, anchas y espaciosas; las unas eran de agua sola, con muchos puentes; las otras de sola tierra; las otras de tierra y agua, porque la gente de a pie andaba por la parte do había tierra, y la otra por el agua en canoas, de manera que las más de las calles por la una parte y por la otra tenían terrapleno y el agua iba por medio. Las calles de agua, de suyo, eran limpias, porque no echaban inmundicias en ellas; las de tierra barrían muy a menudo.

Casi todas las casas tenían dos puertas y ahora muy pocas, una sobre la calzada y otra sobre el agua, por donde se mandaban con los barcos; y aunque toda esta gran ciudad estaba fundada sobre agua, los moradores no bebían de ella, por ser algo gruesa, y a esta causa traían el agua sobre una calzada desde una legua de una fuente que se llama Chapultepec, que nace de una serrezuela, al pie de la cual están dos estatuas de bulto labradas en la peña, con sus rodelas y lanzas, de Moctezuma y Axaiaca su padre, según muchos decían. Traían los mexicanos esta agua por dos muy gruesos caños hechos de tierra muy pisada, tan fuerte como piedra, de esta manera que el agua nunca venía sino por el uno de los dos caños, porque cuando el uno estaba sucio y legamoso, echaban el agua por el otro, y así corría el agua más clara que el cristal. De esta fuente se abastece hoy toda la ciudad y se proveían todos los estanques y fuentes, que había muchas por las casas principales; y de ciertos caños de madera por donde corría sobre las acequias, muchos indios recogían agua en sus canoas, que vendían a otros, y éste era su trato, por el cual pagaban ciertos derechos al gran señor Moctezuma.

Estaba la ciudad repartida en solos los dos barrios que dije, que al uno llamaban Tatelulco y al otro México, donde moraba Moctezuma, que quiere decir «manadero» y era el más principal; por ser mayor y por morar en él los reyes, se quedó la ciudad con este nombre, aunque el propio y antiguo que tenía es Tenuchtitlán, que significa «tuna de piedra», pues está compuesto de tetl, que quiere decir «piedra», y de nuchtli, que quiere decir «tuna». El árbol, si así se puede llamar o cardo, porque es espinoso, aunque de diferente color, lleva esta fruta, que en la lengua de Cuba se llama tuna y entre los indios de México nuchtli, y el árbol nopali, el cual es casi todo hojas algo redondas, un palmo y más anchas, un pie largas, y un dedo gordas y enconosas; la fruta nace por lo alto de las hojas; el color de ellas es verde y el de las espinas pardo; nace una hoja de otra, y así, plantándolas, crecen y engordan tanto, que vienen a ser árboles, y no solamente produce una hoja otra por la punta, mas echa otras por los lados. En la tierra de los chichimecas, que es estéril y falta de agua, les sirve de mantenimiento y bebida, porque comen las tunas y beben el zumo de las hojas. La fruta es a manera de higos, aunque no de la color, porque el hollejo es delgado y de dentro están llenos de granitos; las tunas son más largas, coronadas como nísperos, unas verdes y otras coloradas y otras moradas y otras amarillas. Las blancas son mejores que las otras, huelen muy bien y son muy sabrosas; fruta muy fresca para de verano. Y porque de esta fruta dije en el primer libro de esta historia, pasaré adelante, por no hacer tanto a nuestro propósito.

Capítulo XVII. Adónde tomó nombre la ciudad de México y cuándo primero fue fundada
Hay algunos que dicen que esta tan nombrada ciudad en este Nuevo Mundo tuvo su primer nombre de su primero fundador, que fue Tenuch, hijo segundo de Yztacmixcoatl, cuyos hijos y descendientes después poblaron esta tierra de Anauac, que al presente se llama y llamará siempre Nueva España. También dicen otros que se llamó Tenuchtitlán, por las tunas de grana o cochinilla que nace en otros géneros de tunales. Nuchtli es el color de la grana, tan subido que los españoles, le llaman carmesí; tiénese en mucho y así va creciendo de precio en precio hasta las últimas partes del mundo. Como quiera que ello sea, es cosa cierta, que el lugar y sitio donde primero se fundó esta ciudad se llama Tenuchtitlán y el natural y vecino de ella tenuchca. México propiamente no era toda la ciudad, según ya dije, sino la media, porque no tenía más de dos barrios y éste era el uno, aunque los indios decían y dicen hoy México Tenuchtitlán, y así se pone en las Provisiones reales. México quiere decir lo mismo, que «manadero o fuente», por las muchas y buenas fuentes y ojos de agua que alrededor tiene en la que es tierra firme, y es tan buena el agua de todas que ninguna hay que no sea mejor que la de Chapultepeque, de adonde hasta ahora se provee la ciudad. No faltan muchos que dicen que esta ciudad se llamó México por los primeros fundadores que se dijeron

mexiti, que aun ahora se nombran mexica los naturales de aquel barrio o población. Los fundadores mexiti, tomaron nombre de su principal dios y ídolo dicho, Mexiti, que es mismo que Huicilopuchtli. Primero que el barrio que se llamó México se poblase, estaba ya poblado el del Tatelulco, que por haberle comenzado en una parte alta y enjuta de la laguna le llamaron así, que quiere decir «isleta»; derívase de tlatelli, que quiere decir «isla».

Está México Tenuchtitlán todo cercado de agua dulce, aunque gruesa. Como está puesto en la laguna, no tiene más de tres entradas por tres calzadas: la una viene de poniente, trecho de media legua; la otra del norte, por espacio de una legua hacia levante, no hay calzada, sino canoas para entrar; al mediodía está la otra calzada, dos leguas larga, por la cual entraron Cortés y sus compañeros, según está dicho. Y es de saber que aunque la laguna en que México está asentada parece toda una, es dos y muy diferentes la una de la otra, porque la una es de agua salitral, amarga y mala y que no cría ni consiente ninguna suerte de peces, y la otra de agua dulce, que los produce, aunque pequeños. La salada crece y mengua más o menos, según el aire que corre en ella; la dulce está más alta, y así cae el agua dulce en la salada y no al revés, como algunos pensaron, por seis o siete ojos bien grandes que tiene la calzada, que las ataja por medio, sobre los cuales hay puentes de madera bien fuertes y anchas. Tiene por algunas partes cinco leguas de ancho la laguna salada y ocho o diez de largo y en circuito más de quince; otro tanto tiene la laguna dulce, y así entrambas bojan más de treinta leguas. Tienen dentro y a la orilla más de cincuenta pueblos, muchos de ellos de a cinco mil casas y algunos de a diez mil, y pueblo, que es Tezcuco, tan grande como México.

El agua que se recoge al lugar bajo, donde se hace la laguna, viene de las vertientes de las sierras, que están a vista de la ciudad y a la redonda de ella, la cual agua, por parar en tierra salitral, se hace salada, y no otra cosa, como algunos creyeron. Hácese a la orilla de esta la laguna mucha sal, de que hay gran trato. Andan en esta la laguna más de cien mil canoas o barquillos de una pieza, de figura de lanzaderas de tejedores; los indios las llaman acales, que quiere decir «casas de agua»; por [que] atl es, «agua», y calli «casa». Los españoles, como los más vinieron de Cuba y Santo Domingo, las llamaban canoas, acostumbrado, a la lengua de Cuba. Hay en México, solo para proveer la ciudad y traer y llevar gente, casi cincuenta mil; y así las acequias que corren por la ciudad como el agua que está cerca de ella, están siempre llenas de estas canoas, cosa bien de ver, por ser negocio de tanta contratación.

Capítulo XVIII. Los mercados de México y de la variedad de cosas que en ellos se vendía
Tenía y tiene hoy México, a su costumbre y uso, mercados, así en el sitio como en la contratación, tan grandes y tan poblados de gente que ningún pueblo en el mundo hay que mayores ni mejores los tenga; conforme a lo que en la tierra se usa, tiene en cada plazuela y lugar medianamente desocupado; todos los días hay mercado de cosas de comer, de manera que para proveer los españoles y los indios sus casas no han menester salir lejos. Fuera de estas mercados hay tres muy principales, donde a ciertos días de la semana concurre gran multitud de indios a vender y comprar todo lo que es menester. Llaman los indios al mercado tianguistli, y los españoles le llaman tiánguez, sin mudarle como en otras muchas cosas, su antiguo nombre. El un tiánguez es en la población del Tatelulco, que es una cuadrada, rodeada por las tres partes de portales y tiendas, y en la una acera está la casa del gobernador y la cárcel; la cuarta acera ocupa el monesterio de Santiago, que es de Franciscos, del cual hablaré adelante.

En la mitad de esta plaza, que es una de las mayores del mundo, está la horca y una fuente muy hermosa que se ha hecho de poco acá. El otro es en la población de México; llámase hoy el tiánguez de San Juan, que es una plaza también muy grande, de suerte que en cada una de éstas caben cien mil personas con sus mercadurías.

Había todos los días de la semana en estos tiánguez gente y mercadurías, y después, en tiempo del muy prudente don Antonio de Mendoza y del Visitador Tello de Sandoval se ordenó que la gente que acudía a estos dos tiánguez cada semana se juntase, miércoles y jueves, en otra plaza muy grande, más cerca de la población de los españoles, que se llama el tiánguez de San Hipólito, por estar cerca de la iglesia desde Santo, abogado de la ciudad, por haberse ganado en aquel día México. Acuden a este tiánguez de todos los pueblos de la laguna, de manera que se viene a juntar tanta gente que apenas se puede andar a caballo ni a pie en él. Finalmente, son tantos los contratantes, que no oso decir el número, porque parecerá fabuloso al que lo oyere y no lo hubiere visto, porque cierto no hay hormiguero de tanto bullicio como acude de gente a este tiánguez. Vienen también a comprar a él, y otros a ver, muchos españoles y españolas. Los que venden, las más son mujeres; debajo de tendejones tienen las mercadurías puestas en el suelo, y cada una conoce y tiene su asiento sin que otra se lo tome.

A causa de este mercado, como por la laguna vienen los más a comprar y vender, hay tantas canoas en las acequias, que cubren el agua. Cada oficio y cada mercaduría tiene su lugar señalado, que nadie se lo puede quitar ni ocupar, que no es poca policía. Las cosas que son de más pesadumbre y embarazo, como piedra, madera, cal, ladrillos y otras cosas de esta suerte, dejan en las canoas o las ponen a la lengua del agua, para que allí los vayan a comprar los que quisieren. Tráense al mercado esteras finas y groseras, que llaman petates, y las que son hechas de eneas, tolcuextles; las finas son de muchas maneras, porque son pintadas a manera de alfombras, de manera que se pueden poner en la cámara de cualquier señor. Tráese a este mercado carbón, leña, ceniza, loza y toda suerte de barro pintado, vidriado y muy lindo, de que hacen todo género de vasijas, desde tinajas hasta saleros. Tráense cueros de venados, crudos y curtidos, con su pelo y sin él, y de muchos colores teñidos, para zapatos, broqueles, rodelas, cueras, aforros de armas de palo, y asimismo cueros de otros animales y aves, adobados con su pluma y llenos de hierba, unas grandes y otras chicas, cosa cierto para ver, por las colores y extrañeza. La más rica mercaduría es mantas y de estas muchas diferencias. Son de algodón, unas más delgadas que otras, blancas, negras y de todas colores, unas grandes, otras pequeñas, unas para camas damascadas, riquísimas, muy de ver; otras para capas, otras para colgar, otras para zarahueles, camisas, sábanas, tocas, manteles, pañizuelos y otras muchas cosas. Téjense las mantas ricas con colores, y aun algunas, después de la venida de los nuestros, con hilos de oro y de seda de varias colores. Las que se venden labradas tienen la labor hecha de pelos de conejos y de plumas de aves muy menudas, cosa cierto de ver. Véndense también mantas para invierno, hechas de pluma, o por mejor decir, del fleco de la pluma, unas blancas y otras negras y otras de diversas colores; son muy blandas y dan mucho calor; parecen bien aunque sea en cama de cualquier señor. Venden hilado de pelos de conejo, telas de algodón, hilaza, madejas blancas y teñidas.

La cosa más de ver era la volatería que se traía al mercado, aunque ahora no se trae tanta, porque no se ocupan tanto como solían, y esto ha causado la demasiada libertad que tienen, pues aliende que de estas, aves comían la carne y vestían la pluma y cazaban a otras con ellas, son tantas que no tienen número, y de tantas raleas y colores que no se puede decir, mansas, bravas, de rapiña, de aire, de agua, de tierra.

Lo más rico que al mercado se traía eran las obras de oro y plata, unas fundidas y otras labradas de piedras, con tan gran primor y sutileza que muchas de ellas han puesto en admiración a los muy doctos plateros de España, tanto que nunca pudieron entender cómo se habían labrado, porque ni vieron golpe de martillo ni rastro de cincel ni de otro instrumento de que ellos usan, de los cuales carecen los indios.

Traíanse obras de pluma, figuras e imágenes de príncipes y de sus ídolos, tan vistosas y tan acertadas que hacían ventaja a las pinturas nuestras. Ahora en Michoacán se hacen imágenes de santos, azanefas de frontales, casullas, mitras, palabras de consagración, tan ricas y de tanto valor que valen más que de oro. Hanse llevado al Sumo Pontífice cosas tan bien hechas, que ni el dibujo ni la pintura las excede. Hacen de esta pluma un animal, un árbol, una rosa, una peña, un monte, un ave, y así otra cualquiera cosa de bulto, tan al propio que al que no la mirare le parecerá natural. Acontéceles a los oficiales de esto embeberse tanto en lo que hacen, quitando y poniendo con gran flema una plumita y otra, que no se les acuerda de comer en todo el día, mirando a una y a otra parte, al Sol, a la sombra, a la vislumbre, por ver si dice mejor a pelo o contrapelo, o al través de la haz, o del envés. Finalmente, no dejan la obra de entre las manos hasta que la ponen toda perfección. Háceles acertar el sufrimiento grande que tienen, del cual carece nuestra nación, por ser más colérica que ninguna.

El oficio, después de éste, más primo y más honrado es el platero. Sacaban al mercado los oficiales de esta arte platos ochavados, el un cuarto de oro y otro de plata, no soldados sino fundidos y en la fundición pegados, cosa dificultosa de entender. Sacaban una caldereta de plata con excelentes labores y su asa de una fundición, y lo que era de maravillar, que la asa estaba suelta, y de esta manera fundían un pez con una escama de plata y otra de oro, aunque tuviese muchas. Vaciaban asimismo un papagayo que se le andaba la lengua, que se le meneaba la cabeza y las alas. Fundían una mona que jugaba pies y manos y tenía en la mano un huso, que parecía que hilaba, o una manzana, que parecía que comía. Esmaltan asimismo, engastan y labran esmeraldas, turquesas y otras piedras, y agujeran perlas, pero no tan bien como en Europa. Labran el cristal muy primariamente y hacen veriles grandes y pequeños, dentro de los cuales meten imagines entalladas de madera, tan pequeñas que en el espacio de una uña figuran un Cristo en cruz con san Juan y Nuestra Señora a los lados y la Magdalena al pie, y en la misma madera en la otra parte otras figuras, de manera que en el veril hace dos haces, que si no se viese cada día parece cosa imposible.

De esta suerte se hacen y venden tantas cosas que sería largo tratar de ellas; por tanto, volviendo a las cosas que demás se venden, las diré en el capítulo que se sigue.

Capítulo XIX. Las demás cosas que en los mercados se venden
Prosiguiendo, pues, lo que en el mercado se vendía y compraba, era tanto y tan vario que aunque diga mucho, quedará más; porque se vendía oro, plata, plomo, latón y estaño, aunque de los dos metales postreros hay poco, perlas y piedras preciosas, muchas otras piedras que sirven de claros espejos y son muy buenas para hacer aras de altares. Hácense de piedra navajas y lancetas y sácanse de donde nacen con muy gran primor, como quien descorteza alguna cosa; salen con dos filos muy parejos, tan agudas como las nuestras. Véndense mil maneras de conchas y caracoles, pequeños y grandes, hueso, chinas, esponjas y otras menudencias muy diferentes; y para reír, muchos dijes para los niños; hierbas, raíces, hojas, semillas, así para comida como para medicina, tantas y de tanta variedad que no se pueden contar y que para conocerlas es menester gran curso y ser muy diestro herbolario, aunque por la mayor parte, los hombres, mujeres y niños en su gentilidad conocían mucho en hierbas, porque con la pobreza y necesidad (que ahora no tienen), las buscaban para comer y curarse en sus dolencias, que poco gastan en médicos aunque los tienen, los cuales curan con cosas simples y de ellas saben maravillosos secretos. Hacen y han hecho en algunos de los nuestros

curas muy señaladas. Había boticarios que sacaban al tiánguez ungüentos, jarabes, aguas y otras cosas de enfermos. Casi todos los males curan con hierbas, tantoque, aun para matar los piojos, tienen hierba propia y conocida.

Las cosas que para comer venden no tienen cuento, porque muy pocas cosas vivas dejan de comer: culebras sin cola y cabeza, perrillos que no gañen, castrados; topos, lirones, ratones, lombrices, hormigas grandes tostadas, y éstas por mucha fiesta. Con redes de malla muy menuda barren, a cierto tiempo del año, una cosa muy molida que se cría sobre el agua de las lagunas de México, y se cuaja, que no es hierba ni tierra, sino como cieno; hay de ello mucho y cogen mucho, y en eras, como quien hace sal, lo vacían y allí se cuaja y seca; hácenlo tortas como ladrillos, y no solo las venden en el mercado, mas véndenlas fuera de allí, llevándolas más de cien leguas la tierra adentro. Comen esto como nosotros el queso, y así tiene un saborcico de sal que con chilmoli es sabroso. Dicen que a este cebo vienen, tantas aves a la laguna que muchas veces por invierno la cubren por algunas partes.

Traían muchos animales a vender, unos vivos y otros muertos, que o corriendo alcanzaban, o en lazos tomaban vivos, o con los arcos mataban, como venados enteros, que los hay muy grandes, o hechos cuartos, gamas, liebres, conejos, tuzas, que son menores que ellos, perros y otros animalejos que ganen como ellos, cuzatli y otros que ellos cazan y crían.

Hay muchas tiendas de ollas grandes y pequeñas, llenas de atole, mazamorra, que son como poleadas, hechas de atole, de maíz y de otras cosas; véndese tanto de esto, no solamente en los mercados, pero en muchas esquinas de casas, que es cosa maravillosa y pone espanto, donde se consume tanto mantenimiento, carne y pescada, asado y cocido, en pan, pasteles, tortillas, huevos de diferentísimas aves; no hay número en el pan cocido y en grano y en mazamorra que se vende juntamente con habas, frijoles y otras muchas legumbres; frutas, así de las de la tierra como de las de Castilla, verdes y secas en gran cantidad. La más principal, que sirve, como en el primero libro dije, de mantenimiento, comida y bebida y moneda, son unas como almendras que unos llaman cacahuatl y los nuestros cacao, como en las islas de Cuba y Haití. No menos pone en admiración la mucha cantidad y diferencias que venden de colores que nosotros tenemos y de otras muchas de que carecemos, que ellos hacen de hojas de rosas, frutas, flores, raíces, cortezas, piedras, madera y otras cosas que sería largo contarlas.

Hay miel de abejas, de magüey y otros árboles; pero del magüey [hacen] vino, vinagre, azúcar, miel, arrope, según tengo dicho. Hay aceite de chían, que es simiente muy parecida a mostaza o a zargatona, con el cual untan los pies y piernas, porque no las dañe el agua; también lo hacen de otras cosas. Este aceite es de tan gran virtud, que, untada con él una imagen de pintura, se conserva en la viveza de sus colores contra el agua y el aire. Guisan de comer con este aceite, aunque más usan la manteca, sain y sebo. Las muchas maneras de vino que venden es largo decirlas.

Hay en el mercado estuferos, barberos, cuchillos y otros, que muchos piensan que no los había en esta gente. Todas estas cosas y otras innumerables que callo, que decirlas sería dar fastidio, se venden, que vale más verlas que contarlas.

Los que vendían en estos mercados pagaban cierto tributo a manera de alcabala al gran señor, Porque los guardase de ladrones, y así andan siempre por la plaza y entre la gente unos como alguaciles, y al presente un español, con vara; y en una casa que había cerca del mercado estaban doce hombres ancianos, como en audiencia, librando pleitos que había entre los contratantes.

La venta y compra es trocando una cosa por otra. Esta contratación es ya general por toda la tierra. Después de la venida de los nuestros tienen medida para todas las cosas, hasta la hierba para los caballos, que ha de ser tanta cuanta se pueda atar con una cuerda de una braza, por un tomín. Castigaban bravamente al que falsaba medidas, diciendo que era enemigo de todos y ladrón público. Quebrábanlas, como hacen nuestros jueces. Trataba bien el gran señor a los que de lejos venían con mercadurías. Ponía fieles ejecutores, y finalmente, en todo había tanta razón y cuenta, que no bastaba la multitud de gente a perturbarla.

Capítulo XX. La grandeza del templo de México y cómo se servía
Pocas o ninguna nación hay en el mundo que no tenga religión falsa o verdadera, que no honre uno, la que sigue la verdad, o muchos dioses, la que va errada; y así vemos por las Escrituras Y annales que los pasados dejaron,

que cuando alguna nación era más valerosa y más puesta en policía y ornato, como fueron la griega y la romana, aunque en lo mejor estuvieron engañadas, tanto con más cuidado, veneración y honra, pompa y majestad celebraron el culto divino, no emprendiendo cosa grande ni pequeña en que primero no la consultasen con sus oráculos, cosa de harta confusión para los que tratamos la verdadera adoración de un Dios. De adonde, después de los griegos y romanos, que tanto valieron y supieron, pone gran lástima las innumerables gentes de este Nuevo Mundo que con tanto engaño por tantos años tan bárbaramente derramaron sangre de inocentes, siendo de ello maestro el demonio, con tanta solicitud y gastos veneraron y siguieron falsos dioses. Y porque esto ya que del todo no pueda ser, porque sería muy largo, en parte será razón decir algo de los templos y vana religión que en México había.

Llamaban, cuanto a lo primero, al templo teucalli, que quiere decir «casa de dios»; está compuesto de teutl, que es «dios», y de calli, que es «casa», vocablo harto propio si fuera dios verdadero. Los españoles, como poco sabios en la lengua, llamaban a los templos cúes y a Ucilopuchtli, Uchilobos, que era el más suntuoso y principal templo, como después diremos. Había muchos templos en México, según las parroquias y barrios, que eran muchos; estaban todos torreados; subíase a ellos por gradas; en lo alto había capillas y altares, donde estaban los ídolos e imágenes de sus dioses. Las capillas servían de enterramientos para los señores cúyas eran, porque los demás se enterraban en el suelo, alrededor de los templos y en los patios de ellos; todos eran casi hechos por una traza; la mayor diferencia era ser los unos más altos que los otros y mayores y más bien adornados o de más sacrificios, y así hablando del templo mayor, bastará, para entender los demás, cuya traza es tan diferente de la de los templos de las otras naciones, que creo que si no de esta, jamás de otra se haya visto ni oído.

Tenía este templo su sitio cuadrado; de esquina a esquina había un tiro de escopeta; la cerca era de piedra, más alta que un hombre bien dispuesto, con cuatro puertas muy anchas, que respondían a las calles principales, que venían hechas de terrapleno. Por las tres calzadas que antes dije, y por otra parte de la ciudad que no tiene calzada, sino una ancha calle en medio de este espacio, que era grandísimo, muy llano y muy pisado, con arte que se levantaba del suelo tres o cuatro gradas, estaba una como cepa de tierra y piedra mezclada con cal muy maciza, esquinada como el patio, ancha de un cantón a otro más de setenta brazas. Como salía de tierra y comenzaba a crecer el montón, tenía unos grandes relejes y a manera de pirámide como las de Egipto; cuanto más la obra crecía tanto más se iba estrechando la cepa y disminuyendo los relejes; rematábase no en punta, sino en llano y en un cuadro de hasta doce o quince brazas. Por la parte de hacia poniente no llevaba relejes, sino gradas para subir a lo alto, cada una no más alta que un buen palmo. Eran todas ellas ciento y trece o ciento y catorce (otros dicen que más de ciento y treinta); como eran muchas y altas y de gentil piedra, artificiosamente labradas, desde lejos y cerca parecían por extremo bien.

Era cosa muy de mirar ver subir y bajar par allí los sacerdotes, vestidos de fiesta a su modo, con alguna ceremonia o con algún hombre para sacrificar. En lo alto del templo había dos muy grandes altares, desviado uno de otro y tan juntos a la orilla y bordo de la pared, que no quedaba más espacio de cuanto un hombre pudiese holgadamente andar por detrás. El uno de estos altares estaba a la mano derecha y el otro a la izquierda; no eran más altos que cinco palmos; cada uno de ellos tenía sus paredes de piedra por sí, pintadas de cosas feas y monstruosas, con su capilla labrada de madera, como mazonería; tenía cada capilla tres sobrados, uno encima de otro, cada cual bien alto, hecho de artesones, a cuya causa se levantaba mucho el edificio sobre la pirámide, quedando una muy grande torre, en manera vistosa, que de lejos parecía extrañamente bien. Desde ella se veía muy a placer toda la ciudad y laguna con sus pueblos, sin encubrirse ninguno, que era la mejor y más hermosa vista del mundo, y así, para dar este contento Moctezuma a Cortés y a los suyos, los subió a él, acompañado de la principal caballería, hasta los altares, do estaba una placeta de buena anchura, donde los sacerdotes estaban bien a placer para vestirse y celebrar los oficios.

Cortés, puesto en lo alto, mirando a una parte y a otra la más hermosa vista que jamás había visto, no se hartaba de verla, dando gracias a Dios y diciendo a los suyos:

> ¿Qué os parece, caballeros, cuánta merced nos ha hecho Dios? Después de habernos dado en tantos peligros tantas victorias, nos ha puesto en este lugar de donde vemos tan grandes poblaciones. Verdaderamente, me da el corazón que desde

aquí se han de conquistar grandes reinos y señoríos, porque aquí está la cabeza donde el demonio principalmente tiene su silla; y rendida y sujetada esta ciudad, será fácil conquistar todo lo de adelante.

Acabado de decir esto, se volvió a Moctezuma, diciéndole por la lengua que a señor de tan hermoso señorío razón era que los señores comarcanas reconociesen, y que no hallaba otra falta sino que tan gran príncipe y tanta gente estuviesen tan engañados, adorando y siguiendo al demonio, que no pretendía otra cosa que la destrucción de sus vidas y almas. Con esto se bajaron, no pareciendo mal a Moctezuma estas palabras.

Capítulo XXI. Lo demás que el templo tenía y cómo se hacían los sacrificios
Cuando se hacían los sacrificios, que ellos llamaban divinos, había todo género de música. Los sacerdotes se vestían y echaban sahumerios de diversas cosas; el pueblo todo, los hombres a una parte y las mujeres a otra, miraba y oraba hacia do el Sol salía. En cada altar de los dos que está dicho había un ídolo muy grande, que cada uno representaba una diferencia de dioses. Sin la torre que se hacía en las capillas sobre la pirámide había otras cuarenta o más torres pequeñas y grandes en otros templos pequeños que estaban en el circuito del templo mayor, los cuales, aunque eran de la misma hechura, no miraban al oriente, sino a otras partes del cielo, por diferenciar el templo mayor de los otros, los cuales, siendo unos mayores que otros y cada uno dedicado a diferente dios, entre ellos había uno redondo, consagrado al dios del aire, que se llamaba Quezalcoatl, porque así como el aire anda alrededor del cielo, así le hacían el templo redondo. La entrada para este templo era una puerta hecha como boca de sierpe, pintada diabólicamente; tenía los colmillos y dientes de bulto, relevados; era tan fea y tan al natural, que no había hombre, por animoso que fuese, a quien no pusiese pavor y espanto, especialmente a los cristianos, que les parecía verdadera boca del infierno; al entrar, por la oscuridad y hedor de la sangre de los sacrificados que dentro había, era más espantable e insufrible. Otros templos había en la ciudad, que tenían las gradas y subidas por tres partes, y algunos que tenían otros pequeños en cada esquina.

Todos estos templos tenían casas por sí, con todo servicio y sacerdotes aparte y particulares dioses. A cada puerta, de las cuatro del templo mayor, había una sala grande con buenos aposentos alrededor, altos y bajos; estaban llenos de armas, pues eran casas públicas y comunes, porque los templos, aliende de que servían de casas de oración, eran las fortalezas con que en tiempo de guerra más se defendían, y por eso tenían en ellos la munición y almacén.

Había otras tres salas a la par, con sus azoteas encima, altas, grandes, las paredes de piedra, pintadas, el techo de madera, e imaginería, con muchas capillas o cámaras de muy chicas puertas y oscuras allá dentro, donde estaban infinitos ídolos, grandes y pequeños, hechos de muchos metales y materias. Estaban todos bañados en sangre y negros de como los untaban y rociaban con ella cuando sacrificaban algún hombre, y aun las paredes tenían una costra de sangre de dos dedos en alto y el suelo un palmo; hedían pestilencialmente, y con todo esto, como la costumbre aliviana las cosas, entraban los sacerdotes cada día dentro con tanta facilidad como si entraran a un aposento muy rico y muy oloroso. No dejaban entrar dentro sino a personas muy señaladas, y aunque habían de ofrecer algún hombre para el sacrificio, aquellos ministros del demonio esperaban gentes que ofreciesen la inocente ofrenda, para lavarse las manos en la sangre de los que por no poder más los ofrecían al sacrificio. Hacían esto con tanta alegría y solicitud como si no mataran hombres como ellos, ni de su nación ni ciudad, ni de aquellos de quien poco antes habían recibido buenas obras; tanto podía el engaño del demonio. Regaban con la sangre aquellos aposentos y aun echaban en las cocinas y daban a comer a las gallinas. Tenían un estanque donde venía agua de Chapultepeque; allí se tornaban a lavar. Todo lo demás que las paredes del templo cerraban, que estaba vacío y descubierto, eran corrales para criar aves y jardines de hierbas, árboles olorosos, rosales y flores para los altares. Residían para el servicio del templo mayor cinco mil personas; todas dormían dentro y comían a costa de él, porque era riquísimo, pues tenía muchos pueblos para su gasto, fábrica, y reparos, los cuales de concejo sembraban y cogían gran cantidad de semillas para el sustento de los que asistían en el templo, a los cuales eran obligados a dar pan, frutas, carne, pescado, leña cuanta era menester, y era menester mucha más harto de la que se daba en el Palacio real, porque siempre la religión, aunque falsa, fue en todo preferida, y con todo esto aquellos pueblos, por servir a los dioses, tenían más libertades y vivían más o descansados.

Este era el gran templo y esta su grandeza y majestad, que en otra parte se particularizara más de propósito. Ahora digamos de sus ídolos.

Capítulo XXII. Los ídolos del templo mayor y de los otros menores
Era tanta la ceguedad de los mexicanos y aun andaban en la luz natural tan ciegos que, no discurriendo como hombres de buen juicio, a que todo lo criado era obra y efecto de alguna inmensa e infinita causa, la cual sola es principio y Dios verdadero, vinieron, así por engaños del demonio, que siempre procuró para sí la suma veneración, como por sus enormes pecados, en tan torpe y ciega ignorancia, y en solo México, según la común opinión, tenían y adoraban dos mil dioses, de los cuales los principalísimos eran Uicilopuchtli y Tezcatlipucatl, los cuales como supremos estaban puestos en lo alto del templo mayor, sobre los dos altares. Eran de piedra, bien proporcionados, aunque de feos y espantables rostros, tan grandes como gigantes bien crecidos; estaban cubiertos de nácar, insertas por la cobertura muchas perlas y piezas de oro engastadas y pegadas con engrudo que llaman tzacotli, aves, sierpes, animales, peces, flores, rosas hechas a lo mosaico de turquesas, esmeraldas, calcidonias, ametistes y otras pedrecillas finas, que hacían hermosa labor, descubriendo el nácar, que mucho resplandecía. Tenía cada ídolo De éstos ceñida una gruesa cadena de oro al cuerpo, hecha a manera de culebra, y al cuello un collar grueso de oro hasta los hombros, de que pendían diez corazones de hombre, también de oro. Tenían asimismo una máscara de oro muy fea, y espantosa, con ojos de espejo, que de noche y de día relucían mucho y en la oscuridad ponían mayor pavor; al colodrillo tenían un rostro de muerto, muy muerto, no menos espantoso.

Todo esto entre los sacerdotes y sabios en su religión tenía sus sentidos y entendimientos literales, morales y aun, conforme a su error, anagógicos. Estos ídolos, según el pueblo decía, eran hermanos, aunque en los oficios y advocaciones, diferentes, pues Tezcatlipucatl era dios de la providencia, y Uicilopuchtli de la guerra. Era éste, porque cada día se ofrecía, más venerado y tenido en mayor estima que los demás.

Había otro ídolo de muy mayor estatura que estos dos, puesto sobre la capilla donde ellos estaban. Era esta capilla la mayor, mejor y más rica de todas cuantas había en el imperio de Moctezuma, y era la causa porque a México acudían todas las riquezas de la tierra y la devoción de todos a estos ídolos. Era este ídolo muy grande, hecho de cuantas semillas se hallaban en la tierra, que se comen y aprovechan de algo, molidas y amasadas con sangre de niños inocentes y de niñas vírgenes sacrificadas, abiertas por los pechos, para ofrecer los corazones, por primicias al ídolo, el cual, aunque era tan grande, era muy liviano y de poco peso, como si fuera hecho de corazones de cañaheja. Consagrábanle, acabado de enjugar, los sacerdotes, con grandísima pompa y ceremonias, donde se hacían grandes y excesivos gestos, porque se hallaba toda la ciudad y tierra presente a la consagración con grande regocijo e increíble devoción. Las personas devotas, con grande reverencia, después de bendecido, llegaban a tocarle con la mano, metían por la masa las más ricas y preciosas piedras que tenían, tejuelos de oro y otras joyas y arreos de sus cuerpos. Hecho esto, y puesto con grandísima pompa y ruido grande de música en su capilla, de ahí adelante ningún seglar podía entrar a do él estaba, cuanto más tocarle, ni aun los religiosos, si no era sacerdote, que en su lengua se llamaba Tlamacaztli. Era este ídolo muy negro; renovábanlo de tiempo a tiempo, desmenuzando el viejo, que por reliquias se repartía a personas principales, esencialmente a hombres de guerra, que para defensa de sus personas lo traían consigo. Bendecían con este ídolo una vasija de agua con grandes ceremonias y palabras; guardábanla al pie del altar, con gran religión, para cuando el rey se coronaba, que con esta agua le consagraban, y para bendecir al capitán general cuando le elegían para alguna señalada guerra, dándole a beber de ella.

Hacían de cierto a cierto tiempo otro ídolo de la manera de éste, el cual, después de desmenuzado por los sacerdotes en pequeñas partes, le daban a comer en manera de comunión a los hombres y mujeres, los cuales para este día tan festival y de tanta devoción, la noche antes se bañaban, lavaban la cara y las manos, aderezaban el cabello y casi no dormían en toda la noche; hacían su oración y en siendo de día estaban todos en el templo para la comunión, con tanto silencio y devoción que con haber innumerable gente parecía no haber nadie. Si algo quedaba del ídolo, comíanlo los sacerdotes. Iba a esta ceremonia Moctezuma con gran caballería, riquísimamente aderezado. Después de la fiesta, en honra de ella, mandaba hacer grandes banquetes, muchas fiestas y regocijos. Los demás dioses, aunque eran tantos, cada uno era abogado para cosa particular; y como las enfermedades son tantas, cada uno era de la suya, y así para las demás necesidades humanas, especialmente para las sementeras de sus maizales, porque cuando las cañas estaban pequeñitas sacrificaban niños, casi recién nacidos, y cuando mayores, mayores, y así iban subiendo hasta que el maíz estaba en mazorca y maduro, que entonces sacrificaban hombres viejos. Estos sacrificios ofrecían a los dioses de las sementeras por que se las guardasen. Y porque sería cosa muy larga de decir las demás cosas tocantes a su vana religión, solo diré, que es lo que en el capítulo siguiente se sigue, el osario que tenían en memoria de la muerte.

Capítulo XXIII. El osario que los mexicanos tenían en memoria de la muerte
Como en todas las cosas que tocaban a la religión fuesen tan solícitos y cuidadosos los mexicanos entre todos los otros de este Nuevo Mundo, o por mostrar los muchos sacrificios que a sus dioses hacían, o por traer a la memoria la muerte a que todos los hombres están sujetos, freno grande de próspera y adversa fortuna, tenían un osario de cabezas de hombres presos en guerra y sacrificados a cuchillo. Fuera del templo y enfrente de la puerta principal, lejos de ella más que un tiro de piedra, estaba hecho a manera de teatro, más largo que ancho, fuerte, de cal y canto, con gradas en que estaban enxeridas entre piedra y piedra calavernas con los dientes hacia fuera. A la cabeza y pie del teatro había dos torres hechas solamente de cal y cabezas, que como no llevaban piedra ni otra materia, a lo menos que pareciese, estaban las paredes bien extrañas, que por una parte ponían pavor y por otra hablaban al espíritu, porque donde quiera que el hombre volvía los ojos topaba con la muerte, para que era nacido.

En lo alto del teatro, que adornaba mucho el osario, había sesenta o más vigas altas, apartadas unas de otras cuatro palmos o cinco, llenas de palos cuando cabían de alto abajo, enxeridos de una viga a otra, dejando cierto espacio entre palo y palo, haciendo muchas aspas, en cada tercio de los cuales estaban ensartadas cinco cabezas por las sienes. Eran tantas que, según cuenta Gómara, de relación de Andrés de Tapia y Gonzalo de Umbría, que las contaron muy de su espacio, pasaban de ciento y treinta mil calavernas, sin las que estaban en las torres, que no pudieron contar. Condena Gómara esta costumbre, por ser de cabezas de hombres degollados en sacrificio, como efecto que emanaba de causa tan cruel como era matar los inocentes; y tiene razón, porque si fueran las calavernas de hombres que hubieran muerto muerte natural, piadosa cosa fuera ponerlas adonde, muchas veces vistas, levantaran el espíritu a consideración de la muerte. Tenían tan gran cuidado de que como trofeos estuviesen siempre estas cabezas puestas por su orden, que había personas diputadas para poner otra cuando alguna se caía, porque ni el número ni el orden faltase, que según su superstición lo tenían por cosa divina y celestial.

Capítulo XXIV. La descripción y grandeza que hoy tiene la ciudad de México después que españoles poblaron en ella
Es cosa cierta, pues de ello hay tantos testigos de vista, que como en su gentilidad la ciudad de México era cabeza de este Nuevo Mundo, así lo es ahora después que en él se ha promulgado el santo Evangelio, y cierto lo merece ser, por las partes y calidades que tiene, las cuales en pocos pueblos del mundo concurren como en éste. Describíle interior y exteriormente en latín en unos Diálogos que añadí a los de Luis Vives, por parecerme que era razón que, pues yo era morador de esta insigne ciudad y Catedrático en su Universidad, y la lengua latina tan común a todas las naciones, supiesen primero de mí que de otro la grandeza y majestad suya, la cual hubiera ido en muy aumento como en las demás cosas, si el virrey hubiera dado más calor.

Está puesta la población de los españoles entre los indios de México y del Tlatelulco, que la vienen a cercar casi por todas partes. La traza es la que dio al principio Hernando Cortés, tan acertada como todo lo demás que hizo; el suelo es todo llano en la mayor parte de él; antiguamente había agua; las calles todas son tan anchas que holgadamente pueden ir por ellas dos carros que el uno vaya y el otro venga, y tres a la par; son muy largas y derechas, pobladas de la una parte y de la otra por cuerda de casas de piedra, altas, grandes y espaciosas, de manera que, a una mano, no hay pueblo en España de tan buenas y fuertes casas.

En la plaza, que es la mayor que hay en toda Europa, en el medio de ella, está la iglesia mayor, que parece, conforme a la grandeza de la ciudad, más ermita que templo suntuoso. La causa fue haberla hecho al principio, de prestado, los oficiales del rey, en ausencia de Fernando Cortés, que eran Alonso de Estrada, Gonzalo de Salazar y Rodrigo de Albornoz. Era bastante iglesia para los pocos españoles que entonces había. Después, venido Cortés, esperando grandes oficiales para hacerla, como él decía, tan suntuosa, como la de Sevilla, se fue a España y así ha quedado hasta ahora que el rey la manda hacer; tráense los materiales para ella; no la verán acabada los vivos, según la traza con que se pretende hacer.

Toda esta plaza, con ser tan grande, está cercada por la una parte de portales y tiendas, donde hay grandísima cantidad de todas mercadurías, y concurren a ella de fuera de la ciudad, así de españoles como de indios, mucha gente. La mayor parte de la acera que mira al oriente ocupa una casa que Hernando Cortés hizo, en la cual reside el virrey y oidores, con tiendas por debajo, que dan mucha renta. Es tan grande esta casa y de tanta majestad, que aliende de vivir el virrey con todos sus criados en ella y los oidores con los suyos, hay dentro la cárcel real, la casa de la moneda, una plaza donde está una tela donde los caballeros se ejercitan, aliende de muchos patios y jardines que tiene el aposento del virrey y oidores. La parte por do sale a la plaza tiene unos corredores de arcos de cantería suntuosísimos, a par de los cuales están las salas y estrados donde se hace audiencia y los aposentos donde asisten los secretarios de ella. En la misma acera, estando la calle de san Francisco en medio, se continúan los portales y tiendas hasta llegar a otra calle, por la cual pasa la principal acequia de la ciudad, sobre la cual está la otra acera que mira al norte. En ésta está la Audiencia de los alcaldes ordinarios, la cárcel de la ciudad, las casas de cabildo, la fundición y caja real, y adentro la platería; casas todas muy grandes y espaciosas de cantería, con portales bajos y corredores altos de piedra, que por extremo hermosean la plaza. Un callejón en medio, se siguen los Portales que llaman de doña Marina, con tiendas debajo y casas del marqués del Valle, que son muy mayores y de mayor majestad que las del conde de Benavente en Valladolid, en las cuales vive su gobernador Pedro de Ahumada Samano y su mayordomo mayor y otros oficiales de su casa. En la misma acera se sigue[n], estando la calle en medio, que va a las casas arzobispales y hospital de las bubas, otras muchas casas y algunas muy principales, como son las del adelantado Montejo, las de Alonso de Ávila, Alvarado. Luego se sigue la otra acera que cae sobre la calle que va a las Atarazanas, que se llama de Tacuba, toda muy poblada de tiendas y contrataciones. Adornan mucho la plaza cuatro torres; las dos que están a las esquinas de la casa donde el virrey y oidores viven, que hizo el marqués; de la casa de Montejo y la de Juan Guerrero.

Saliendo de esta tan señalada plaza, por seis calles se va a seis notables edificios. Por el Audiencia de los alcaldes se va a san Agustín, monasterio suntuosísimo de Augustinos, el más rico de rentas, ornamentos y plata que hay en estas partes. Llámase la calle del nombre del monesterio; hay en ella gran contratación de tiendas y oficiales y están en ella las carnicerías. Por la calle que está par de la esquina de las casas del marqués, se va al hospital de Nuestra Señora, que el marqués edificó y doctó, donde se curan los pobres enfermos que vienen de España; tiene grandes indulgencias y perdones; no está acabado; lleva principios de muy suntuoso edificio. En esta calle hay muchas casas principales. Por la otra calle, a la acera del marqués, se va a las casas arzobispales, que aunque no son muy grandes, son muy fuertes, con dos torres de cal y canto muy altas; edificada toda la casa sobre un terraple-no, que antiguamente era en tan levantado de la calle que hasta el primer suelo donde el arzobispo tiene su aposento, hay una pica en alto. Derecho, por esta calle, está frontero el hospital de las budas, casa de gran devoción y para en estas partes de gentil edificio. Cúranse aquí a la contina muchos enfermos; hácense grandes limosnas; hay muchas indulgencias y perdones. Las casas arzobispales y este hospital hizo don fray Juan de Zumárraga, primer arzobispo de México, de buena memoria. Luego por la misma acera se va por otra calle muy larga a dar a la iglesia de la santísima Trinidad, y mucho más adelante a la fortaleza que llaman Atarazanas. Su Alcaide se llama Bernardino de Albornoz, regidor de México. Debajo de estas Atarazanas están ad perpetuam Rex memoriam, puestos por su orden, los trece bergantines que el marqués mandó hacer a Martín López, con los cuales se ganó esta ciudad. Da contento verlos, y a cabo de tanto tiempo están tan enteros como cuando se hicieron. Cae esta fortaleza sobre el alaguna, hermosa vista, por la grandeza de ella y peñoles que en ella parecen y canoas de pesquería. Es ruin el edificio, y sería acertado para adelante fuese tan fuerte como la grandeza de la ciudad lo merece. Por la otra calle que cruza por ésta que va a las Atarazanas, se va al monesterio de santo Domingo, de la Orden de los Dominicos . Hay en esta calle hasta más de la mitad de ella muchas tiendas de diversos oficios, y luego, antes de llegar al monesterio, se hace una buena plaza cuadrada, que por la una parte tiene unos portales de cantería y casas de morada encima, con tiendas debajo. Frontero en la otra acera hay tres casas muy sumptuosas de caballeros principales. El monesterio, que está entre la una acera y la otra, es muy grande; tiene un templo de sola una nave, de las mayores que yo [he] visto ahora se comienza y prosigue otro que será muy de ver; tiene por las espaldas una muy hermosa huerta y acequia. Hay en esta casa mucho ejercicio de letras. Por la otra calle, que llaman de Tacuba, que comienza desde la esquina y Torre del Relox, se va a la Veracruz, templo de donde salen el Jueves santo los cofrades de la Veracruz, y desde ahí, por la calzada adelante, un buen trecho, está la iglesia de san Hipólito, en cuyo día se ganó esta ciudad. Esta calle se llama así porque va derecha al pueblo de Tacuba hasta la mitad de ella o poco menos.

Por la una acera y por la otra hay gran bullicio y ruido de todo género de oficiales, herreros, caldereros, carpinteros, zurradores, espaderos, sastres, jubeteros, barberos, candeleros y otros muchos. De ahí adelante hasta la Veracruz, por la una parte y por la otra, hay muchas y muy sumptuosas casas de personas principales. Es esta la más hermosa y vistosa calle de la ciudad; sálese por ella derecho a las huertas. Es esta la más hermosa salida que hay en muchas partes del mundo, por la grandeza y muchedumbre de las huertas, por el agua de pie y fuertes y hermosas casas de placer. Por la otra calle, la cual también hasta la mitad tiene muchas tiendas, de ahí adelante las casas principales, se va a san Francisco, monesterio de Franciscos. Su templo y casa es mediano; la huerta y patio primero son muy grandes. En este patio, que está rodeado de árboles con una cruz altísima de palo en medio, está hacia el occidente la capilla de san Joseph que, como dije en el Túmulo Imperial que escrebí de las obsequias del invictísimo césar don Carlos V, tiene siete naves; caben en ella toda la ciudad de españoles cuando hay alguna fiesta; es muy de ver, porque está artificiosamente cubierta de madera sobre muchas columnas; tiene delante una lanza de arcos de cantería; está muy clara, porque la capilla es alta y descubierta toda por delante, que los arcos de cantería son bajos y sirven más de ornato que de abrigo y cobertura.

Capítulo XXV. Do se prosigue la descripción y grandeza de México
Aliende de estos templos que por las calles que dije se va a ellos, hay el templo de san Pablo, que está en el destricto de los mexicanos, donde todas las fiestas gran cantidad de indios y algunos españoles vecinos oyen misa. Adelante está la ermita de san Antón, sobre la calzada de Yztapalapa. Hay de la otra parte en la población de los españoles un monesterio de monjas de la Madre de Dios, que aunque en el edificio no es señalado, en el número de monjas y en la bondad y observancia de la religión y calidad de sus personas es tan célebre como algunos de los nombrados de Castilla, porque en él hay muchas monjas, las más de ellas hijas de hombres principales. Comiénzase ahora otra casa cerca désta, donde se mudarán para tener el templo y morada que conviene. Hacia esta parte, que también se llama México, hay muchas iglesias de los indios, como son santa María la Redonda y san Juan y otras de los españoles sobre el acequia que corre. Al un lado del monesterio de san Francisco está el Colegio de los Niños Huérfanos, que llaman de la Doctrina, los cuales son muchos y muy bien enseñados, porque dentro hay siempre un capellán, un mayordomo y un maestro que enseña a leer y escribir, con todo el servicio necesario; es casa muy devota, aunque no de bravo edificio. Hanle concedido los Summos Pontífices las indulgencias de que goza san Juan de Letrán de Roma, y así tiene esta advocación el colegio. Dícense en él cada día muchas misas, porque mueren pocos que no manden decir misas. Gobierna esta casa un Rector y ha de ser uno de los oidores y cuatro diputados. Adelante está un hospital con muy buenas tiendas que los indios han hecho para renta de él, donde se curan los indios pobres y enfermos. Un poco más adentro y en la ciudad, frontero de la otra parte de san Francisco, está el Colegio de las Huérfanas, que es buena casa y espaciosa, de gran recogimiento, donde hay una madre que gobierna la casa. Hay muchas doncellas: unas que se reciben por amor de Dios, hasta que se cumple cierto número; otras que tienen padres ricos o haciendas de que se sustenten. Se reciben

para ser enseñadas en la doctrina cristiana y estar recogidas, aprendiendo a labrar y coser, hasta que es tiempo de tomar estado. Cásanse de las huérfanas pobres cada año cuantas puede casar la Cofradía de la Caridad, cuyo Rector y diputados tienen cargo de la administración de esta casa, que cierto era bien necesaria en esta ciudad. Hace la Cofradía de la Caridad, porque es la más principal y donde son hermanos todas las personas de suerte, muchas limosnas, no solo en esto, mas en salir a recibir los pobres y enfermos que vienen de España. Va un canónigo de la iglesia mayor a ello, que hasta ahora ha sido siempre el canónigo Santos. Hay en el camino un hospital que se dice de Perote, porque en todo lo demás del camino hay poco refrigerio.

Hay asimismo en el districto de México las iglesias de santa Catalina y san Sebastián y santa Ana. Desde este templo comienza la población de los indios de Santiago, donde está la gran plaza que dije. Hay aquí muchas iglesias de indios, pero en la plaza está un monesterio que se llama de Santiago, que es de frailes franciscos, de gentil edificio, y gran sitio, donde acude las fiestas a oír misa y sermón toda aquella población. Junto a este monesterio está un colegio también de buen edificio y muy grande, donde hay muchos indios con sus opas, que aprenden a leer, escribir y gramática, porque hay ya entre ellos algunos que la saben bien, aunque no hay para que, porque por su incapacidad no pueden ni deben ser ordenados, y fuera de aquel recogimiento no usan bien de lo que saben. Tiene cargo de este colegio el guardián del monesterio; hase tratado de comutarlo en españoles, y sería bien acertado. Y porque las insignes ciudades para el proveimiento de los vecinos han de tener agua de pie y esta ciudad la tenía por algunas calles de ella, al presente se trae por todas, y en cada esquina se hace un arca de piedra, donde los vecinos pueden tomar agua, sin la que entrará en muchas casas. El edificio donde se recibe para hacer el repartimiento de ella es muy hermoso y de gran artificio. Hácele Claudio de Arceniega, maestro mayor de las obras de México. Es el obrero mayor que asiste a las obras, por elección del regimiento de la ciudad, don Fernando de Portugal, Tesorero de Su Majestad.

Está puesta toda esta ciudad con la población de indios muy en llano; rodéanla a tres y a cuatro leguas muchos montes y sierras; los campos que están a las vertientes son muy llanos, muy fértiles, alegres, y sanos, por los cuales corren diversas aguas y fuentes. Hay en ellos muchos pueblos de indios con muy buenos templos y monesterios. Cógese mucho trigo y maíz, y hay muchas moliendas y ganado menor. Es tierra de caza y la laguna de mucha pesca, porque hay poca en los ríos. Tiene exidos, donde pasce todo género de ganados. A media legua, entre las huertas tiene un bosque, cercado con una muy hermosa fuente de donde viene el agua a la ciudad; llámase Chapultepeque. Don Luis de Velasco, virrey de esta Nueva España, hizo una casa; sobre la casa, aunque pequeña, muy buena y sobre lo alto del bosque edificó él mismo una capilla redonda, la cosa más graciosa y de ver, que de su tamaño hay en toda la ciudad; tiene sus petriles alrededor, de donde se parece toda la ciudad, laguna, campos y pueblos, que verdaderamente es una de las mejores vistas del mundo. Hay en este bosque muchos conejos, liebres, venados y algunos puercos monteses. Ciérrase todo el bosque con una puerta fuerte, sobre la cual puse yo esta letra: Nemus edifitio et amenitate pulchrum delitias populi Ludovicus Velascus, hujus, provinciae prorex, Scaesari suo consecrat, que quiere decir:

> Don Luis de Velasco, virrey de esta provincia, dirige al emperador, su señor, este bosque, en edificio y frescura, hermoso pasatiempo de la ciudad.

Estas y otras muchas cosas señaladas tiene la muy insigne, muy leal y muy nombrada ciudad de México, cabeza de todo este Nuevo Mundo, de donde han salido y salen los capitanes y banderas que en nombre de Su Majestad han conquistado y conquistan, como en su lugar diré, todas las demás provincias que hasta ahora están sujetas a la Corona real de Castilla. Y porque ya es razón, por la gran digresión que he hecho, que ha parecido ser necesaria, volver al contexto de la obra e historia, proseguiremos lo que más avino a Cortés estando en México.

Capítulo XXVI. El hazañoso hecho de Cortés en la prisión del gran señor Moctezuma

En todas las cosas que hasta entrar en la imperial ciudad de México a Cortés habían sucedido, como parece por lo que dicho tenemos, en los peligros mostró grande esfuerzo y la confianza que en Dios tenía; en las consultas, gran prudencia, y en todo, la gran ventura que tuvo; pero hasta determinarse a prender al gran señor Moctezuma y determinado salir con ello fue cosa que ningún capitán ni príncipe ha hecho, de todos los que por las Escrituras se saben; considerando ser él y trescientos hombres, apartados del puerto sesenta leguas y metidos donde había indios casi sin número, en ciudad cercada toda la agua, la más grande y poderosa de todo este Nuevo Mundo, en su propia casa y entre tantos y tan poderosos señores, de quien Moctezuma más que rey era servido, amado, temido y acatado. Y porque, aunque este hecho que excedía a todo ánimo humano, por su gran dificultad, no parezca temerario y sucedido más acaso que gobernado y regido por prudencia, será bien que el lector entienda que, según los más dicen, pasados seis días que Cortés con mucho cuidado anduvo mirando el asiento, fortaleza y edificios de la soberbia ciudad, revolviendo en su pecho por la una parte lo mucho a que se había puesto, y por la otra la gran dificultad que había para poder salir con ello, porque muchos de los suyos le venían con nuevas temerosas, que aunque él las disimulaba, eran las más verdaderas, diciendo que los señores y los demás capitanes, de secreto, trataban con Moctezuma cómo todos los cristianos muriesen, ayudaba a esto a banderas desplegadas el demonio, con quien en tan breve tiempo habló muchas veces Moctezuma, pidiéndole consejo, el cual le respondía que ya era tiempo que a tan pocos hombres los sacrificase e hiciese fiesta con su sangre a los dioses. No estaba fuera de este parecer Moctezuma, si por otra parte ser de su natural condición clemente y piadoso, y el miedo que tenía a los españoles, no lo estorbara.

Estando, pues, Cortés en tan gran duda, recibió cartas de Francisco Álvarez Chico, aunque otros dicen que de Pedro Dircio, teniente suyo en la Veracruz, las cuales decían así:

> Muy magnífico señor: Después que vuestra Merced de esta villa partió, lo que hay de nuevo que hacerle saber es que el Qualpopoca, señor de la ciudad [en blanco] que después nosotros llamamos Almería, me envió a decir por sus mensajeros que tenía gran deseo de ser vasallo del emperador, nuestro rey y señor, y que si hasta entonces no había venido a dar la obediencia que era obligado y a ofrecerse a su real servicio con todas sus tierras y señorío, había sido la causa no haberse atrevido a pasar por tierra de sus enemigos, que estaban en el medio del camino; pero que si yo le enviase cuatro de los teules que comigo tenía, que con la demás

gente que él tenía, pasaría sin miedo por entre sus enemigos, sabiendo cierto que no le enojarían, y que vendría a dar la obediencia al emperador de los cristianos, cuyo vasallo y esclavo él deseaba ser. Yo, creyendo ser así lo que decía, porque en lo de los enemigos decía verdad, le envié cuatro españoles, pensando que, como él decía querer venir, al servicio de Su Majestad, lo hicieran otros, pero ha salido al revés, porque en llegando los cuatro españoles, haciéndoles al principio buen recibimiento y muchos regalos, de secreto, sin que él pareciese que entendía en ello, los mandó matar; murieron los dos y los otros dos se escaparon malamente heridos; vinieron a mí, que no fue poca ventura, y dándome cuenta de lo pasado, con cincuenta españoles y dos de caballo y dos de tiros de pólvora, con hasta ocho o diez mil indios amigos, di sobre la ciudad, peleé con los vecinos de ella, sobre razón que habían muerto seis o siete españoles; toméles la ciudad, maté muchos, y los demás eché fuera; quemé y destruí la ciudad, porque así convino. Los indios amigos eran tan grandes enemigos de ellos que al que podían coger no le daban vida. Qualpopoca y otros señores, sus aliados, que en su favor habían venido, se escaparon huyendo, y de algunos prisioneros que tomé, me informé cúyos vasallos eran los que en defensa de la ciudad estaban, los cuales dijeron que de Moctezuma, el cual había enviado a mandar a Qualpopoca y a los otros señores que allí habían venido, como a sus vasallos y mascegoales, que sobre seguro matase a los españoles, y que salido vuestra Merced de la Veracruz, viniesen sobre los indios que se habían aliado y ofrecido al servicio del emperador, y que tuviesen todas las formas que ser pudiesen para matar los españoles que vuestra Merced aquí dejó, porque no se pudiesen ayudar ni favorecer a los rebeldes. Vuestra Merced verá sobre esto lo que conviene hacer, y mire que, pues esto ha precedido, que no puede estar en esa ciudad, donde es rey y señor Moctezuma, seguro.

Recibida Cortés esta carta y entendido, por ella el suceso, del cual ya había tenido noticia en Cholula, comenzó a pasearse muy cuidadoso por una sala, pensando el pro y contra de tan arduo negocio, pues por una parte veía que si se salía de la ciudad, perdía mucho y ponía su vida y la de los suyos en claro peligro de muerte, afrentando su nombre y nación, desdorando todo lo que hasta entonces le había prósperamente sucedido. Por la otra vía, que convenía prender a Moctezuma, y que era este negocio de grandísima dificultad; pero poniendo toda su esperanza solamente en Dios, y que tomando el uno, o

el otro camino veía la muerte a los ojos, determinóse como valeroso a prender a Moctezuma, entendiendo que si le era forzoso morir, que era mejor acabar de esta manera, que no huyendo, saliendo de la ciudad.

Otro día de mañana, después de haberse así determinado, vinieron a él muchos tlaxcaltecas con algunos españoles a decirle cómo los mexicanos trataban ya, casi al descubierto, de romper las puentes de la ciudad y que ya tenían muchos pertrechos de munición puesto de secreto en las casas fuertes; que viese lo que convenía antes que el negocio pasase adelante. Cortés les respondió que ya él sabía la verdad del negocio y que no había en él tanto peligro como ellos pensaban, y que pues los cristianos tenían a Dios de su parte, no tenían que temer; que Él, que había sido poderoso para sacarlos victoriosos de tantos peligros, lo sería para sacarlos del que tenían presente. Con esto los despidió, y aquella noche se anduvo por una gran sala paseando, bien pensativo, tratando consigo por qué medios acabaría la prisión de Moctezuma, en la cual estaba el no rebelarse la tierra toda. Paseándose así, vio una puerta que no había mucho que estaba encalada; mandó a dos criados suyos que la abriesen para ver lo que dentro había. Entró y halló muchas piezas, unas tras otras, que servían de recámaras, llenas de muy ricos plumajes, de joyas, muchos paños de algodón, muchos ídolos y otras cosas de esta suerte. Mandólo cerrar como de antes, lo mejor que ser pudo; tornóse a pasear otro buen rato; envió luego a llamar a los capitanes y personas de consejo, y juntos, que ninguno otro los pudiese oír, les dijo:

> Señores: Ya habréis entendido el peligro en que estamos, así por la carta que me escribió Pedro Dircio, como por lo que los tlaxcaltecas y ciertos españoles hoy me han dicho. He de terminado, si a vosotros os parece, de prender a Moctezuma y traerle a este aposento y ponerle la guarda necesaria, porque los mexicanos, preso su señor, no osarán poner por obra lo que intentan, porque ha de caer todo sobre su señor; y si todavía porfiaren, hecho esto, a levantarse contra nosotros, muerto su señor ha de haber diferencias entre ellos sobre la elección de emperador, y así podría ser que de nuestra parte tuviésemos los más del pueblo y fuésemos poderosos contra los otros. Salirnos de la ciudad no puede ser, sino a manera de fugitivos, y en ella y doquiera hemos de ser menospreciados y tenidos en poco y aun muertos antes que lleguemos a Tlaxcala, cuanto más, adelante. Y pues por la

una vía y por la otra no se excusa peligro, pongamos el pecho al agua y hagamos como españoles el deber, poniendo toda nuestra esperanza en Dios, que Él nos ayudará para que seamos parte cómo el demonio sea alanzado de estas tierras.

Dichas estas palabras, les rogó que con toda libertad dijesen su parecer. Respondieron dos o tres de los principales diferentemente, porque el uno contradijo, diciendo no ser razón tentar tantas veces a Dios, y que pues los indios mexicanos y Moctezuma habían pretendido siempre que los españoles no entrasen en México, ofreciéndoles grandes intereses por que se volviesen, con facilidad los dejarían volver y aun darían de lo que tuviesen, y que con esto, sin riesgo de sus personas podrían volver ricos a su tierra. Otros contradijeron, diciendo que el hacer el deber y tomar lo más seguro no era tentar a Dios, pues no estaban ciertos de que queriendo ellos salir de la ciudad, Moctezuma los aseguraría, cuanto más dar de sus tesoros, pues como había parecido por la carta de Pedro Dircio, había mandado matar aquellos españoles, y en fin, como quiera que saliesen de la ciudad, era afrentoso y peligroso, y que pues habían ya entrado no era razón con incierta esperanza de seguridad de las vidas y llevar dineros, dejar de hacer tan gran servicio a Dios y al rey, como era apoderarse de la ciudad, que sujetada, era fácil el señorear toda la demás tierra.

Pareció a todos los demás muy bien esta repuesta, y así se determinó que Cortés hiciese lo que había pensado, el cual, después de haberles dicho el cómo, les dijo se fuesen a dormir; que por la mañana se haría lo que convenía.

Capítulo XXVII. Cómo Cortés prendió al gran señor Moctezuma
El día siguiente, a la hora que Cortés solía ir a ver al gran señor Moctezuma, se acompañó de treinta de los suyos, capitanes y personas principales, dejando a los demás puestos en armas, de secreto, para si hobiese algún bullicio, divididos de cuatro en cuatro por las encrucijadas; y a los que con él iban, mandó que de dos en dos o de tres en tres, disimuladamente, como que se iban a pasear, se fuesen a palacio. Entró do el gran señor Moctezuma estaba, el cual lo salió a recibir; metióle en una sala a do tenía su estrado; entraron con él los treinta españoles que allí se habían juntado, quedando otros muchos a la puerta y en el patio, como Cortés había ordenado. Saludó

a Moctezuma con la gracia que solía; comenzó a tener palacio con él; holgóse el señor, bien descuidado de lo que fortuna de ahí a poco había de hacer con él, y estaba contento y muy alegre con la conversación. Dio a Cortés muchas joyas de oro y una hija suya con otras hijas de señores; la hija para que con ella se casase, y las demás para que le sirviesen o las repartiese entre sus caballeros. Él las recibió por no enojarle, diciendo que siempre, como gran señor, le hacía mercedes de todas maneras, y que supiese que con aquella señora, su hija, no se podía casar porque su ley cristiana lo prohibía, así por no ser bauptizada, como por ser él casado y no poder tener más de una mujer. Con todo esto Moctezuma se la dio, diciendo que quería tener nietos de hombre tan valeroso.

Entre estas y otras pláticas, Cortés sacó del pecho la carta que Pedro Dircio le había escripto; mandó a las lenguas que la leyesen y declarasen a Moctezuma, el cual se entristeció, aguándosele bien el placer que había recibido. Quexóse mucho Cortés, diciendo que aquellos no eran tratos de rey, sino de traidor y hombre bajo y que se parecía bien serle enemigo, aunque le hacía caricias de amigo; pues los suyos decían que querían romper las puentes y levantarse contra los cristianos, no habiendo de ellos recibido pesadumbre alguna. Moctezuma se desculpó cuanto pudo, diciendo ser maldad lo que Qualpopoca y los suyos le levantaban, y por que viese ser así, mandó llamar a ciertos principales; dioles una piedra que él traía al brazo con una figura de Ucilopuchtli, que era el ídolo mayor, como en señal real, para que luego le trajesen delante de sí y se hiciese justicia de él. Esto decía Moctezuma por asegurar más a Cortés, y porque era tan grande el respeto que hasta los señores le tenían, que delante de él no habían de osar decir otra cosa de lo que él dijese. Entendiendo esto Cortés, con buenas palabras le dijo:

> Señor mío: Conviene que vuestra Alteza se vaya comigo a mi aposento y esté en él hasta que los mensajeros traigan a Qualpopoca, que comigo será vuestra Alteza muy bien tratado, servido, acatado, y reverenciado, y mandará como hasta aquí, no solo a sus vasallos, pero a mí y a mis compañeros; y yo con más cuidado miraré por la persona de vuestra Alteza como por la de mi rey, y perdonadme que lo haga así, porque no me conviene hacer otra cosa, pues de otra manera vuestros reinos se rebelarán y revolverán, y vuestra persona y las nuestras correrán mucho riesgo,

y estos mis compañeros que comigo vienen y los demás se enojarían comigo si no los amparase y defendiese, sabiendo, como saben, que los vuestros se quieren levantar contra ellos. Por tanto, mandad a los vuestros que no se alteren ni revuelvan, porque cualquiera alteración que sucediere la pagará vuestra persona con pérdida de la vida; y pues está en vuestra mano ir callando sin que los vuestros se alboroten, haceldo, que así os conviene para lo presente y para lo de adelante, y en esto no pongáis excusa, porque se ha de hacer lo que digo.

Moctezuma, aunque era muy señor, muy grave y muy reportado, alteróse con esto demasiadamente aunque no respondió hasta que se sosegó un poco, y entonces, con buen semblante dijo:

Señor capitán: Maravíllome de vuestro atrevimiento, que en mi casa, en mi ciudad y reino, y con tanto peligro vuestro os pongáis en prenderme, pues no es persona la mía que debe ni puede ser presa, y ya que yo lo consintiese, no lo consentirán los míos, que son tantos y tan poderosos, como sabéis.

Desta manera, en demandas y respuestas estuvieron los dos más de tres horas, hasta que viendo ya Moctezuma que el negocio estaba en lo último del riesgo que podía tener, temiendo perder allí el imperio con la vida, le dijo: «¡Ea, pues, vamos; que se ha de hacer lo que tú mandas; que en fin, yo veo que lo has de venir a señorear y mandar todo!». Volvióse a los que con él estaban, que eran, señores, porque nunca estaba solo, y con rostro grave les dijo: «No os alteréis, que yo voy de mi voluntad con el capitán Hernando Cortés a su aposento, para asegurarle de la maldad que Qualpopoca me ha levantado». Cortés mandó aderezar el aposento donde había de estar. Hecho esto, los señores, quitándose las mantas y poniéndolas debajo los brazos, descalzos y llorando, le llevaron en los hombros en unas andas al aposento, que a su modo, estaba ricamente aderezado. No se pudo esto hacer tan secreto que luego no se dijese por toda la ciudad cómo el gran señor iba preso en poder de los españoles. Acudieron luego muchos señores mal espantados y muy alterados; comenzó, como era forzoso en negocio tan arduo y tan nuevo, a haber gran bullicio por toda la ciudad, y como los más de los señores estaban con Moctezuma, para saber la causa de su prisión y ver lo que mandaba, no hubo quien osase tomar armas.

Moctezuma, temeroso de que no lloviese sobre él el daño que los suyos podrían hacer, disimulando sabiamente la pena que su corazón sentía, con rostro alegre dijo a aquellos señores:

> Amigos y criados míos: No hay por qué hagáis tan gran sentimiento: que yo estoy vivo y estoy en este aposento a mi contento; no se me ha hecho fuerza ni afrenta, porque he querido estar en este lugar, para asegurar al capitán Hernando Cortés y a los suyos de la maldad que Qualpopoca me ha levantado, diciendo que yo le mandé que matase a aquellos españoles, y así, venido que sea, pienso hacer de él justicia, porque otro no se atreva a levantar testimonio a su rey. También quiero estar aquí para que Hernando Cortés entienda ser falsedad la que de vosotros se dice, que estábades determinados de romper las puentes y tomar a manos a los españoles y sacrificarlos a todos, cosa harto cruel y que ellos no han merecido, por haber estado en mi ciudad y tierra tan sin perjuicio. Yo saldré de aquí cuando quisiere y como quisiere, como lo veréis de aquí adelante; por tanto, si me amáis, es razón, como leales vasallos que yo tanto he amado, deseéis mi contento; sosegad vuestros corazones y no tratéis en público ni secreto de este negocio, porque no conviene, que en ello me haréis gran placer.

Acabadas de decir estas palabras, se le arrasaron los ojos de lágrimas, las cuales detuvo cuanto pudo, aunque muchos de los que le oían no pudieron tener tanto esfuerzo, sintiendo bien la disimulada pena de su señor y la suya, que mostraban claramente, por servirle, darle contento; y aun porque creyeron ser así lo que su señor decía, se reportaron, procurando hacer en todo su voluntad.

Cortés le puso guardia de españoles, de la cual era capitán Pedro de Alvarado. La guardia era de treinta españoles bien aderezados, que a la contina, de noche y de día le guardaban por sus cuartos mirándole de noche a la cara, así por las hechicerías de que algunos de los indios usaban, como porque otros horadaban las paredes. Fue tan necesario este cuidado, que un día se quiso echar Moctezuma de una azotea alta diez estados, para que los suyos le recibiesen, si un español de los de la guardia, que iba más cerca de él, no le detuviera. Visitábale cada día Cortés; alegrábale y regocijábale cuanto podía, entreteniéndole con la conversación de aquellos caballeros españoles; mandándoles que delante de él jugasen e hiciesen ejercicios de armas, con que él mucho se holgaba, a los cuales hacía cada día muchas mercedes. Era servido, como en su palacio, de sus mismos criados y también de los españoles a quien Cortés también mandó que le sirviesen y hablasen como a rey, y así lo hicieron. Allí libraba pleitos, despachaba negocios y entendía en la gobernación de sus reinos, hablando público y secreto con todos cuantos quería, cosa ciertamente bien acertada para asegurarle a él y a los suyos, aunque con todo esto estaban tan inquietos que de noche ni de día dejaban de procurar cómo sacar a su señor de la prisión, echando algunas veces fuego por las azoteas, porque el horadar las paredes era contino, por lo cual Cortés mandó a Rodrigo Álvarez Chico que con sesenta hombres le velase por las espaldas de la casa, haciendo los cuartos de veinte en veinte, y por la delantera de la casa con otros sesenta mandó que hiciese lo mismo Andrés de Monjaraz.

El servicio de la comida y la cama que allí tenía Moctezuma eran de muy gran señor, porque ocupaban trecho de una piedra bien tirada los servicios de la comida, que de cuatro en cuatro por hilera, los platos levantados, venían al aposento; todo este gran servicio se repartía entre [los] señores y los españoles que le guardaban. La cama en que dormía era de mantas de algodón, muy ricas y muy delgadas, muchas, unas sobre otras, gastadas como colchones y encima ricas mantas de pluma y de pelos de conejo; son muy calientes y de muy buen tacto, las cuales, por ser de diversas colores, parecían muy bien. El aposento donde la cama estaba, que estaba hecha sobre madera, conforme al tiempo, el suelo y todo, estaba ricamente aderesado para el frío y calor.

Capítulo XXVIII. Algunas otras particularidades que estando preso Moctezuma acontecieron

Fue tal y tan bueno el tratamiento que Cortés hacía a Moctezuma, que mandó que ninguno de sus caballeros le hablase sino quitaba la gorra y haciéndole una reverencia tal cual convenía a tan gran príncipe, y así él todas las veces que entraba a verle le respectaba mucho, entendiendo que, con solamente en ello hacía el deber, pero que ayudaba a su negocio. Rogóle muchas veces con la libertad, diciendo que si era servido, que se podía volver a su palacio, porque él no le tema en prisión. Respondióle Moctezuma que se lo agradecía mucho y que él estaba bien allí pues no echaba menos cosa que al real servicio de su persona perteneciese y que holgaba de estar allí por tener ocasión de tratar más particularmente a los españoles, a quien cada día se iba más aficionando, por lo bien que le parecían, pues era gente muy sabia y valiente, y también podría ser que, volviéndose a su aposento, los suyos, tiniendo más libertad para hablarle, le importunasen e induciesen a que hiciese alguna cosa contra su voluntad, que fuese en daño de los españoles, y que estando allí en son de preso, podía excusarse con ellos, diciendo no estar en su libertad.

Muy bien pareció a Cortés esta respuesta, aunque se recataba no fuese dada para asegurarle más. Salía Moctezuma con licencia de Cortés y acompañado de las guardas [de] españoles a visitar los templos y hacer oración a los dioses, a quien lo más nobles y más señores veneraban y acataban más. Asimismo pedía licencia para irse a holgar y a pasar tiempo a ciertas casas de placer que tenía alrededor de la ciudad una o dos leguas, volviéndose siempre a dormir al aposento. Iba en piraguas y en canoas grandes, que en cada una cabían sesenta hombres. Delante de la suya iba una pequeña, en la cual con uno o dos remeros iba un indio ricamente vestido, en pie, con tres barras de oro atadas, levantadas en la mano, a manera de guión real, y así le llamaban Alteza y emperador y al señor de Tezcuco Infante. Iban en su guardia cuatro bergantines, que fueron los primeros que Martín López hizo, los cuales quemaron después los indios cuando Cortés fue contra Narváez. Iban en éstos los españoles, muy bien adereszados, porque entonces era el tiempo cuando más podían ser ofendidos. La caza, a que Moctezuma iba por agua, era a tirar a páxaros y a conejos con cebratana, de la cual era gran tirador. Otras veces salía a los montes a caza de fieras con redes, arcos y flechas y a caza de altanería, aunque no la usaba mucho, aunque por grandeza, como dije, tenía muchas águilas reales y otras muchas aves muy hermosas, de rapiña. Cuando iba a la caza de montería le llevaban en hombros con las guardas de españoles y tres mil indios tlaxcaltecas; acompañábanle los señores, sus vasallos, por hacerle solaz; banqueteaba a éstos y a los españoles con mucha gracia, dando a los unos y a los otros muchos dones y haciéndoles muchas mercedes.

Era tan aficionado a dar y era con los que bien le parecían tan liberal, que viendo esto Cortés le dijo un día que los españoles eran traviesos y que como, nunca andaban quedos, escudriñando la casa, habían tomado cierto oro y otras cosas que hallaron en unas cámaras; que viese lo que mandaba hacer de ello. Esto era lo que él había descubierto cuando mandó abrir aquella puerta. Moctezuma respondió: «Eso es de los dioses de la ciudad, pero dejen las plumas y cosas que no son de oro ni de plata, y lo al tomaldo para vos y para ellos, y si más queréis más os daré». Era tan grande esta riqueza, según dice el contador Ojeda en un Memorial que me envió de lo que vido, que de oro, plata y ropa rica se podían henchir quince navíos. Llamaron los españoles a aquellos aposentos, donde esta riqueza estaba, la joyería. Las cajas donde la ropa rica estaba, eran tan grandes que llegaban a las vigas de los aposentos, y tan anchas que después de vacías se alojaban en cada una dos soldados. Sacaron los españoles al patio más de mil cargas de ropa; quísolas volver Cortés a Moctezuma, el cual no lo permitió, diciendo que lo que una vez daba no lo había de tornar a recibir. Repartió, Cortés esta ropa entre los soldados, como le pareció. Y porque no es justo dejar de decir cosa que señalada sea, sucedida en tiempo de la prisión de Moctezuma, es de saber que, entre otras cosas que de la policía de Moctezuma se ponderaron, fue tener tan gran cuenta con la limpieza de su gran ciudad, que no había día en que, por lo menos, en cada calle no anduviesen mil hombres barriéndola y regándola, poniendo de noche por sus trechos grandes braseros de fuego, y en el entretanto que unos dormían velaban otros, de manera que siempre había quien de noche y de día tuviese cuenta con la ciudad y con lo que en ella sucedía.

Cortés, que en todo era muy mirado, viendo que los naborías, que son indios de servicio, hacían grande costa a Moctezuma, mandó que se recogesen y que no quedasen más de una india a cada español, para que le guisase de comer, y que las demás se pusiesen en parte donde no comiesen a costa de Moctezuma y que esto fuese fuera de la ciudad, porque Moctezuma y los suyos no recibiesen pesadumbre. No pudo Cortés hacer esto tan secretamente que Moctezuma no lo entendiese, el cual le envió a rogar se llegase a su aposento. Venido, con palabras graves y amorosas le dijo:

Muy maravillado estoy de ti hayas tenido en tan poco mi persona y el amor que yo a ti y a los tuyos tengo, que por no hacerme gasto, mandes echar los naborías fuera de la ciudad, para que vayan a comer a costa de mis esclavos. ¿Qué te parece que dirán los que han conocido mi grandeza y recibido de mí grandes mercedes, que amándote yo tanto y siendo tú y los tuyos tan valerosos, temiese, yo los gastos, siendo tan poderoso para hacer otros mayores?

Acabadas de decir estas palabras, antes que Cortés le respondiese, mandó a ciertos principales que allí estaban, que luego pusiesen los naborías de los españoles en unos aposentos muy buenos y que cada día les diesen doblada ración de lo que habían menester. Cortés le besó las manos por ello, pidiéndole perdón si en algo había errado, diciendo no haber sido su intención deservirle.

Tuvo también gran cuenta Moctezuma con el servicio de los españoles, y tanta, que aun hasta el proveerse de las necesidades naturales, les señaló unas casas, que por esto se llamaron del maxixato, que quiere decir del proveimiento natural, con las cuales ciertos indios tenían gran cuenta para que siempre estuviesen limpias y aun con buen olor, y como esta casa era muy grande, entrando Ojeda por ciertos aposentos, halló en uno muchos costalejos de a codo, llenos y bien atados. Tomó uno y sacólo fuera y abriéndole delante de algunos de sus compañeros, halló que estaba lleno de piojos; tornánronle a atar de presto, espantadas de aquella extrañeza. Contáronlo a Cortés, el cual preguntó a Marina y Aguilar qué quería decir cosa tan nueva. Respondiéronle que era tan grande el reconocimiento que a Moctezuma hacían todo sus vasallos, que el que de muy pobre o enfermo no podía tributar, estaba obligado a espulgarse cada día y guardar los piojos que tomase, sin osarlos matar, para tributarlos a su tiempo en señal de vasallaje, y que como de los pobres hubiese gran número así había muchos costalejos de piojos, cosa cierto la más peregrina que se ha oído y que más muestra la tiranía y subjección que sobre los suyos Moctezuma tenía, aunque con los nuestros era tan afable y amoroso, como el que conocía el valor de la gente nueva, que jamás pasó día que no hiciese mercedes a alguno o algunos de los nuestros que estaban en su guarda, y especialmente quería mucho a un Fulano de Peña, con el cual, burlándose muchas veces, le tomaba el bonete de la cabeza, y echándoselo de la azotea abajo, gustaba mucho de verle bajar por él y luego le daba una joya. Amó muy de veras a éste, como adelante diré, y si la desgracia de la muerte de este tan gran príncipe no sucediera, le hiciera muy rico, porque era muy a su contento, tanto que todas las veces que le vía, aunque fuese delante de Cortés, se sonreía y alegraba. Nunca comía ni se iba a holgar que no le llevase consigo, y cierto tenía razón, porque el Peña era gracioso, de buen aire y de buen parecer y avisado en lo que decía y hacía.

Buscaba siempre Moctezuma, según era su condición afable y dadivoso, ocasión cómo hacer mercedes, y así, viendo un día a Alonso de Ojeda una bolsa grande, nueva, de las plegadas y de bolsicos, labrada con seda, que se decía burjaca, se la pidió; miróla toda, holgóse mucho de verla, espantado de que tuviese tantas partes y tan bien hechas, donde guardar muchas cosas. Alegre con ella, dio un silbo bajo, que es manera de llamar de los señores; vinieron luego ciertos principales; díjoles muy quedo que luego trajesen ciertas cosas. Apenas había acabado de mandarlo, cuando luego dieron a Ojeda dos indias muy hermosas, muchas mantas ricas, una hanega de cacao y algunas joyas, pagándole la burjaca harto más de lo que ella valía, aunque fuera de oro. Rindióle Ojeda las gracias con mucha humildad, y como ninguna cosa concilia tanto amigos como la afabilidad y liberalidad, aliende de que era tan gran príncipe, le amaban los nuestros como si de cada uno fuera padre y hermano. Jugaba muchas veces al bodoque con Pedro de Alvarado, aunque los precios eran bien diferentes, porque cuando Pedro de Alvarado perdía le daba un chalchuite, que es una piedra baja y de poco precio, y cuando Moctezuma perdía le daba un tejuelo de oro, que por lo menos valía 50 ducados, y aconteciole perder en una tarde cuarenta o cincuenta tejuelos de aquéllos. Holgábase las más veces de perder, por tener ocasión de dar, condición no de otro que de rey.

Capítulo XXIX. Se prosiguen otras particularidades acontecidas durante la prisión de Moctezuma
Deseaba Moctezuma, según la afición mostraba a los españoles, hacerles en todo placer y darles contento, tanto que después de haber dado a Cortés una hija suya, bien hermosa, le ofreció otra muy más linda, pensando que, así como él tenía muchas mujeres, Cortés tuviera muchas amigas aunque fueran

hermanas. Verdad es que le pesó a Cortés, por el parentesco que había, por no poder recibir a la segunda, pero trató de casarla luego con Cristóbal de Olid, el cual vino luego en ello, por ser tan linda e hija de tan gran señor y mandárselo Cortés. Como Moctezuma supo el casamiento, holgó mucho de ello y envió a su yerno joyas ricas y de ahí adelante le trataba como a deudo. Tornáronse cristianas estas dos señoras, de que también plugo a Moctezuma, el cual un día Cortés muy encarecidamente, con muchas y muy buenas razones, rogó que, pues que veía tan claramente el engaño de su ley y se había holgado tanto con la conversión de sus hijas, que se hiciese cristiano, porque Dios era el que había criado todas las cosas y el que da y quita los imperios y señoríos en esta vida, y en la otra le haría grandes mercedes, conservándole en este mundo en mayor estado y señorío del que tenía, y en el otro dándole gloria para el alma. Como ya Moctezuma se iba desengañando del error en que había vivido, pareciéronle muy bien las razones de Cortés, aunque por miedo de los suyos, no osándose determinar luego, pidió término, y esto secretamente, para verse en ello, diciendo que por hacerle placer lo procuraría cuanto en sí fuese, porque se holgó mucho y le hizo grandes caricias, para atraerle a que se, determinase, aunque vio que el demonio le había de ser gran contrario y que por no perder el señorío, Moctezuma se había de resfriar y acobardar. Con todo esto, si no le sucediera la muerte, se cree se hiciera cristiano.

En este comedio, aconteció que faltando dos indias de servicio a un español de los que le guardaban, le dijo que se las mandase buscar. Dijo Moctezuma que sí mandaría, y como pasaron dos días que no parecían, el español, con demasiado atrevimiento, le tornó a decir que le mandase buscar las indias, que si no que... (paró aquí). Moctezuma, como príncipe, respondióle, ásperamente, desdeñando su persona. El español, no considerando que lo había con tan gran príncipe, le amagó con su espada, porque son de esta condición, si no es con su rey, todos los más de los españoles. Moctezuma entonces acordándose que en su propia casa estaba preso, y de día y de noche con guardia de gente tan ariscada, y que ningún gran señor de los suyos osaba alzar los ojos cuando él le hablaba, no se pudo sufrir que no llorase, ni pudo ser esto tan secreto que Cortés no lo supiese luego, el cual, como era razón, muy enojado, quiso ahorcar al español, si no fuera por ruego de los capitanes y por la falta que por entonces pudiera hacer, y así le mandó dar doscientos azotes de manera que Moctezuma lo viese, el cual, como los de la guarda suplicasen que no permitiese que aquel español que con enojo se le había atrevido, fuese azotado, pues entre los españoles era más afrentoso ser azotado que el morir, Moctezuma, que aún no había perdido el enojo, les respondió que Cortés, como buen capitán, hacía justicia y que su ruego no había de ser sino para que le perdonasen la vida, que merecían perder, y que no de otra manera castigara él a cualquiera señor de los de su Corte que se atreviese contra Cortés. Visto esto y que tenía razón, los de la guardia callaron y el otro pagó como mal criado, pasando su carrera.

Otro día que esto aconteció, estando velando a Moctezuma, al trocar de las velas, se fueron tres sin haber venido las otras a ponerse en su puesto; y como Cortés lo supo, que no sabía dormir, los mandó luego aquel día azotar, porque Moctezuma entendiese el castigo que se daba a los que no hacían bien la vela, para que si tenía pensamiento de irse no osase. Luego la otra noche, a dos horas de ella, vieron los españoles salir a muchos indios naborías de la casa del maxixato, cargados de panes de liquidámbar. Como vieron esto, fueron allá obra de sesenta de ellos, y entre ellos Peña, el querido de Moctezuma; tomaron mucho del liquidámbar, que era cosa que corría mucho en el mercado, porque cada pan valía dos gallipavos o tres gallinas. Mandólos prender a todos Cortés, y como lo supo Moctezuma y vio que los alguaciles andaban de casa en casa y que ya había dos días que estaban presos, envió a decir a Cortés que por qué tenía preso a Peña, su amigo, y a los otros sus compañeros, y respondiéndole Cortés que porque habían hurtado el liquidámbar y no había de permitir que los suyos le diesen enojo, replicóle Moctezuma que aquello era no nada y que mandase luego soltar a su amigo Peña y a los demás; que el castigo en los españoles, no había de ser sino por fuerzas y desacatos. Holgó Cortés de ello, y así de adelante, hasta que se acabó el liquidámbar, se aprovecharon de ello los españoles, y los que estaban presos fueron luego sueltos y Peña fue a besar las manos a Moctezuma, el cual le abrazó y se holgó tanto con él como si fuera su hermano, a quien mucho tiempo, deseara ver. Diole muchas cosas, hízole grandes caricias y rogóle que de ahí adelante no se apartase de su lado, y que si algo hobiese menester que se lo pidiese, porque ninguna cosa le negaría.

Otro día, después que Cortés mandó soltar los presos, le convidó Moctezuma al peñol de la caza, que es hoy una de las buenas casas que hay en la Nueva España, donde Hernando Cortés, después que fue marqués del Valle, edificó una muy hermosa casa. Moctezuma entró en canoa, con otras muchas llenas de señores, adereszados ricamente, con muchos ramos por lo alto, que hacían sombra. Cortés entró en los bergantines que se habían hecho, también a su modo lo mejor que ser pudo adereszados, acompañado de algunos capitanes y soldados principales, porque los demás quedaron en guarda de la ciudad. Salieron todos con gran ruido de música, así de los españoles, como de los indios. Llegados al peñol, en unas casas que se hicieron de árboles y ramos, flores y rosas, dio Moctezuma una muy real comida, en mesas diferentes, porque los españoles comieron juntos, en mesas altas, y a la cabecera Moctezuma y al lado Cortés; los señores indios, a su costumbre, comieron en el suelo, y con ellos, para mayor confirmación de amistad, algunos caballeros españoles, porque así lo ordenaba el muy avisado Cortés, procurando por todas las vías que podía aficionar y traer a su amor aquella gente entre quien estaba.

Acabada la comida de ahí a una hora, mandó Moctezuma poner algunas redes y que por otra parte saliesen los flecheros y que otros con voces y ruido de instrumentos levantasen la caza. Fue cosa de ver cómo algunas salvajinas se enredaban y cómo los flecheros enclavaban animales muy pequeños, aunque fuese muy de lejos, donde se mostraba bien su destreza. Holgáronse mucho los nuestros en ver caza tan extraña; fueron cargados de liebres y conejos, que los hay los mayores y mejores del mundo.

Acabada la caza, dio el gran señor una muy solemne merienda, y sobre tarde volvió a la ciudad. Mostró sus casas y los secretos de ellas a los caballeros españoles. Eran tan grandes, tan vistosas y tan soberbias que representaban la grandeza y majestad de su morador, y no menos que en el laberinto cretense un español de los que dentro había entrado se perdió que no acertó a salir hasta que un criado del gran señor lo sacó. Estaba lo más de la casa de tal manera fundada sobre agua, que debajo de ella andaban en canoas, y para ir más secretamente a las casas de sus mujeres, iba Moctezuma en canoa por agua lo más solo que podía, como quien va por debajo de cobertizo.

Capítulo XXX. Cómo Cortés trató con Moctezuma de derrocar los ídolos y de lo que entre ellos pasó
Viendo Cortés que Moctezuma estaba más quieto y que así él como los señores mexicanos con la conversación de los nuestros se iban cada día más aficionando a ellos; y, que todas las fiestas principales salía al templo mayor con la ceremonia acostumbrada, que era ir arrimado a uno, o entre dos señores, que lo llevaban de los brazos, y otro delante con tres varas delgadas de oro en la mano, en señal de justicia, o que iba allí la persona real, y si iba en andas, tomaba una de aquellas varas en su mano, llevándola como cetro, según algunos dicen, cuando bajaba de ellas; y que las más de las fiestas con los sacerdotes hacía sacrificar muchos hombres y mujeres, doliéndose de esto y de que estando él presente se hiciese carnicería de inocentes, determinó de hablar a Moctezuma y rogarle quitase los ídolos, y para más moverle le dijo así:

> Gran señor y poderoso rey a quien Dios omnipotente y no los falsos dioses han dado grandes señoríos: Razón será que entiendas que como tú estás puesto en la silla real, pudiera poner a otro de tus más bajos vasallos, y pues la gran dignidad que tienes la has recibido de un solo Dios que por sus ocultos juicios da los reinos a quien es servido y no pueden hacer esto muchos dioses, lo uno porque no los hay ni puede haber, y lo otro que ya que los hobiera no pudieran tener todos un poder y una voluntad, bien será que salgas ya del engaño en que hasta ahora has vivido y me dejes que yo quebrante y derrueque aquellos falsos y malos ídolos que adoráis, que son tan crueles que no sirven sino de la sangre de los que no tienen culpa, y poner en su lugar la imagen de Cristo, Dios verdadero, y la de su bendicta Madre, para que de ahí adelante conozcan los tuyos al que los hizo y redimió y ha de salvar; y pues tú has siempre, después que me tratas, tenido afición a ser cristiano y te ha parecido bien nuestra ley y manera de vivir, y eres tan amado y obedecido de los tuyos, sé el primero en esto, para que los demás te sigan y no osen hacer otra cosa, y si la intentaren no serán todos, y si todos, yo, estoy aquí con mi gente, que con el favor de Dios te los sujetaré y haré que en todo sigan tu voluntad mejor que hasta aquí.

Moctezuma le oyó con mucho cuidado y atención, y primero que le respondiese se detuvo un poco, sintiendo, primero que hablase, en su pecho, contradición y diversos pareceres; finalmente, inclinándose a lo peor, respondió que no le parecía mal lo que había dicho, pero que entonces no era tiempo, porque los suyos eran muchos y todos nacidos y criados en su adoración de dioses, y que ya que él quisiese seguir su parecer, que ellos no querrían, por tener, como era razón, en más a sus dioses que no a él. Díxole más, como aquel a quien el demonio tenía tan ciego:

> ¿Cómo quieres que haga tal, que estos dioses nos han dado salud, bienes temporales y victorias en las guerras, y cuando se enojan porque los ofendemos envían malos años y nos castigan como quieren?

Replicóle Cortés ser falso aquello y que los demonios que en aquellas figuras de ídolos se hacían adorar no eran dioses, sino criaturas obstinadas en su pecado y condenadas a las penas eternas del infierno, y que no podían hacer mal, más del que Dios les permitiese, y que el bien de sola la mano de Dios venía, aunque aquellos demonios le hacían entender lo contrario, y que no pusiese excusa en lo que le suplicaba, porque era subgestión y engaño del demonio, que le tenía ciego.

Moctezuma tornó a responder lo mismo que de antes, diciendo que sus vasallos tomarían armas contra él, y que si él fuese más poderoso que ellos, se irían a otros reinos y dejarían la ciudad despoblada. Tornóle a decir Cortés que si se rebelasen, que él los sujetaría y si se fuesen los traería por fuerza. Contradijo a esto Moctezuma; pero después que vio la porfía de Cortés, pensando rendirle con amenazas [le dijo]:

> Pues tanto porfías, haz lo que quisieres, y si mal te viniere no te quejes de mí, porque te hago saber que tú y los tuyos moriréis luego, o de hambre, porque los nuestros no os darán de comer, o en guerra, porque todos se levantarán y no seré yo parte para apaciguarlos.

Cortés, con el ánimo y seso que solía respondió:

Hagan lo que quisieren; que tú verás cómo no pueden nada, porque yo tengo a Dios de mi parte, por cuya honra, y gloria vine aquí, y quiero derrocar los ídolos y poner su imagen, y así tendré poco que agradescerte y razón de culparte por haber tenido miedos vanos y no haber creído lo que yo te he dicho, que tanta razón tras consigo.

Con esto se despidió como enojado, con determinación de hacer lo que muchos dicen que después hizo, que fue delante de todo el poder mexicano, subiendo al cu mayor con una barra en las manos, quebrantar el ídolo supremo, y afirman muchos haberle visto, cuando esto hacía, levantado del suelo en el aire más de tres palmos. Otros dicen, como es Ojeda, que hizo un sumario de lo que vio, que pasados tres o cuatro días después que Cortés habló a Moctezuma, vinieron muchos indios con muchas maromas y unos vasos que son como los con que varan los navíos, y subieron a lo alto donde el gran ídolo estaba casi cuatrocientos hombres, con mucha cantidad de esteras de enea y de asentaderos de a braza, de los que tienen los caciques en sus casas, que son de paja, cubiertos con petates, e hicieron una cama muy grande, que tendría medio estado, en alto, para poner el ídolo encima, que no se quebrase, porque él y otros que a par de él estaban, según he dicho, eran muy grandes. Bajáronlos con toda la destreza que pudieron; su figura era vestidos como frailes, ceñidos también como frailes, las cabezas con cabello corto y redondo como ellos, salvo que las capillas eran a manera de capa lombarda. No pudieron abajar estos ídolos con tanta destreza que por su pesadumbre y grandeza no se quebracen algunos pedazos muy pequeños, los cuales los sacerdotes y los que más cerca se hallaron cogieron y envolvieron en los cabos de sus mantas, como reliquias de algunos Santos; tanta era su superstición.

Puestos los ídolos en aquella cama, fue cosa de ver la industria y arte de que usaron para abajarlos por tantas y tan altas gradas como el templo tenía. Metieron ante todas cosas cada uno de los ídolos en sendos vasos, atando luego unas gruesas maromas a unas argollas de metal que estaban en lo alto, tan grandes que por cada una podía caber la cabeza de un hombre y tan gruesas como la pierna, poniendo para por donde los vasos fuesen muy gruesas vigas juntas y ensebadas, de manera que los vasos, pendientes de las maromas, poco a poco descendían, halando las maromas por las argollas. Hicieron esto con tan gran concierto y tan sin voces, que no suelen hacer nada sin ellas, que puso en espanto a los nuestros. Puesto de esta manera el un ídolo en lo bajo del templo, bajaron el otro por la misma arte, y puestos en unas como andas muy grandes, en hombros las llevaron los sacerdotes, y la caballería y la demás gente, que no tenía número, los acompañaron hasta ponerlos donde nunca los nuestros jamás los vieron, ni por cosas que les dijeron lo quisieron descubrir. Pudo en esto mucho la autoridad de Moctezuma y la reverencia que le tenían y la prisión en que estaba, porque fue negocio tan nuevo y tan áspero para los mexicanos, que aunque todos murieran, no consintieran bajar los ídolos. De donde se puede bien entender, como de lo demás que hemos dicho, cuán grande fue el valor, prudencia y esfuerzo, y lo que es principal, la confianza que en Dios tenía Cortés, cosas que parece haberlas puesto Dios juntas, tan grandes y señaladas como convenía que fuesen, para ser instrumento de que un Nuevo Mundo se conquistase, y conociendo un Dios, reconociese a los reyes de Castilla.

Dicen algunos que sintieron tanto esto, así el pueblo en común como los señores, que muchas veces casi por puntos instigados por el demonio, que tanto en este negocio perdía, estuvieron determinados de rebelarse y ponerse en armas, aunque esto lo había prevenido también Cortés, que puesto más que nunca a punto con los suyos hiciera gran estrago, aunque era notable el riesgo que corría.

Puestos, pues, los ídolos adonde a los mexicanos pareció, Cortés mandó luego barrer y regar lo alto del templo donde los ídolos habían estado y con gran solemnidad y devoción en una muy extraña y nueva procesión, porque todos iban armados, subieron las imágines del Crucifijo y de Nuestra Señora y otras, cantando los que lo sabían con gran devoción aquel psalmo de Te Deum laudamus a vista de los mexicanos y con gran espanto y silencio de ellos, que parece que Dios les tenía las manos y enmudecía las lenguas. Cortés se vistió de fiesta; derramó muchas lágrimas de alegría y devoción; fue el primero que puestas las imágines, hincado de rodillas, las adoró, diciendo: «Grandes e infinitas alabanzas sean dadas a Ti, Dios verdadero, en los siglos de los siglos, que has querido que al cabo de tantos años que el demonio, tu adversario, tiranizaba con tantos errores y crueldades tantas naciones sentado en ese trono donde Tú ahora estás, le hayas por nuestras flacas e indignas manos derrocado y de esterrado para los abismos donde mora. Suplícote, pues nos has hecho tan merced, seas servido de aquí adelante favorecernos, para que tan buenos principios consigan para gloria y honra tuya glorioso fin». Diciendo estas palabras, estaban todos de rodillas, llorando y sollozando de contentos, así por lo que vían, como por las sabias y devotas palabras que a su capitán oían.

Acabadas de poner las imágines y de hacer oración, los españoles hallaron buena cantidad de oro en cascabeles, algunos tan grandes que pesaba cada uno 100 castellanos, pendientes de unos toldos y cortinas ricas que estaban colgadas, por puertas, delante de los ídolos, de manera que ninguno podía entrar donde los ídolos estaban, que meneando los toldos o cortinas no hiciesen un suave ruido como de campanillas. Todos estos cascabeles y cortinas mandó quitar Cortés, por que no quedase rastro de la superticíon e idolatría de los infieles, mandando colgar un paño de seda como dosel, donde se pusieron las imágenes, lo cual hecho se bajó y volvió donde Moctezuma estaba, el cual, con sereno y alegre rostro, disimuló bien el pesar que su corazón tenía por lo hecho, mandando luego secretamente deshacer una ramería de mujeres públicas que ganaban en el Tatelulco, cada una en una pecezuela, como botica; serían las casas más de cuatrocientas y así las mujeres, diciendo que por los pecados públicos de aquéllas, habían los dioses permitido que viniesen a su ciudad y reino cristianos que pudiesen y mandasen más que él, no considerando cuán más feos y graves pecados eran los de la sodomía, sacrificios de inocentes, comer carne humana, oprimir y sujetar a los que menos podían, quitándoles su libertad y hacienda sin haber hecho por qué.

Capítulo XXXI. Do se prosigue el quitar de los ídolos, según lo escribió fray Toribio Motolinía, y del milagro que Dios hizo enviando agua
Porque no hay en las cosas humanas, por la variedad de los pareceres, negocio tan averiguado que aun los mismos que los trataron y vieron, en el contarlo no difieran en algo, y muchas veces en mucho, parecióme que haría bien, pues de los mismos conquistadores que, o escribieron de propósito, como fray Toribio, o dejaron Memoriales, como Ojeda y otros, difieren entre

sí, y lo que más es, muchos de los conquistadores de quien yo con cuidado me informé para la verdad de esta historia, y que pues no lo vi, no pareca que sigo más a unos que a otros, no pudiendo ser juez de sus verdades, escribir aquí lo que Motolinía dice, el cual en lo más del capítulo pasado habla de otra manera, como lo toqué de paso, diciendo que después de haber Cortés diversas veces persuadido a Moctezuma se tornase cristiano, dejando la falsa adoración de los ídolos y la cruel y jamás vista costumbre de sacrificar innocentes, y vio que no aprovechaba, o, porque se le hacía áspero dejar la religión en que había nascido y vivido, o por el temor que a los suyos tenía, le envió a decir, y con palabras ásperas, como de hombre que ya estaba determinado, que en todas maneras mandase a sus sacerdotes de allí adelante no sacrificasen más hombres si no quería que le asolase el templo por el suelo, y que a esto no hubiese otra repuesta más que mandarlo, y que supiese que para quitar la ocasión, estaba determinado por su persona derrocar los ídolos. Mucho se alteró Moctezuma con este mensaje, porque entendió que los suyos se alterarían. Respondió que no se pusiese en tal, porque él, aunque quisiese, no lo podría consentir, ni los suyos lo permitirían y que de ello no se podían dejar de seguir grandes alteraciones y muchas muertes de los unos y de los otros, pues los suyos, en defensa de su religión, como cada nación de la suya, estaban obligados y aun determinados a defenderla, especialmente siendo sus dioses tan buenos que les daban agua, pan, salud, victorias y los demás bienes temporales, y que cesando los sacrificios y fiestas que con tanta razón se les debían, les negarían estos bienes y enviarían pestilencia, como otras veces habían hecho por pecados no tan graves.

No pudiendo Cortés sufrir esta respuesta, otro día de mañana, apercibiendo a sus compañeros, les dijo:

> Mejor nos será morir que sufrir que tan públicamente, estando nosotros presentes, que seguimos su ley, sea Dios ofendido con tanto derramamiento de sangre de innocentes; por tanto, quedando los que sois menester en guarda del palacio y bocas de las calles, para si algún alboroto hobiere, los demás me seguid, que yo quiero subir al templo y derrocar por mis manos los ídolos.

Ordenado lo que era menester, bien armado, tomando una barra de hierro en las manos, subió a lo alto del templo; y después de haber invocado con pocas palabras el auxilio divino, delante de Moctezuma y de los demás señores que lo miraban, se levantó con gran furia y dio con la barra en el rostro del ídolo mayor, que con ser de quince pies en alto alcanzaba a la cabeza, según tomaba el vuelo, levantándose el suelo más de vara y media, que según dicen los que siguen a fray Toribio, no era posible sino que los ángeles le sostenían en el aire, sin poderle estorbar la pesadumbre de las armas de que estaba armado.

Moctezuma se turbó demasiadamente; aceleráronse los suyos mucho con determinación de ponerse en armas y matar a los nuestros; mirábanse unos a otros como atónitos y espantados de ver en su casa, contra sus dioses, un tan gran atrevimiento; suspendieron el tomar armas hasta ver lo que el gran señor mandaba, el cual, a gran furia, por momentos, enviaba mensajeros a Cortés, rogándole y amenazándole con la muerte a que luego se bajase. Cortés entonces, no perdiendo nada de su coraje y propósito Santo, volviéndose a los nuestros y con lágrimas en los ojos y palabras hervorosas llenas de Fe, salidas del corazón, les dijo:

> Caballeros de Jesucristo que militáis debajo de su bandera: Bien será que de cuantas cosas hacemos por nuestro provecho temporal e interese mundano, buscando con tanto cuidado el aumento de nuestra honra, ahora, que es tiempo, busquemos y defendamos la gloria y honra de nuestro Dios, pues a Él solo se debe y no a estos falsos ídolos, causadores de tantas muertes de innocentes.

Dichas estas palabras, respondió a los mensajeros de Moctezuma:

> Decid a quien os envió y a todos sus principales que vengan luego, que yo no cesaré de derribar y destruir estos ídolos, que, como muchas veces les tengo dicho, no son dioses, sino piedras y figuras del demonio.

Mucho espantó y atemorizó esta respuesta al gran señor, porque el verdadero gran Señor, delante del cual no hay otro señor, le amedrentaba y confundía de manera que no fue poderoso para hacer señal de guerra ni dar a entender a los suyos que vengasen la afrenta e injuria de sus dioses. Todos los idólatras, no menos que su señor, estaban abobados, tan sin ánimo y sin sentir que enmudescieron, como si fueran de piedra, hasta que Cortés hubo acabado de hacer pedazos los dos ídolos que estaban en la capilla mayor. Asistieron con él pocos de los nuestros, porque los demás estaban en guarda, puestos donde convenía, aunque en aquella sazón no se hallaron todos, por haber Cortés enviado muchos a diversas partes fuera de México, que también da claro a entender lo mucho que en esto hizo el invencible Cortés, el cual, luego con gran diligencia, mandó quitar la sangre que por las capillas estaba helada y derramada, y barrerla y lavar la capilla mayor. Puso en aquélla un altar con un dosel de seda, donde con la procesión y devoción, que dije, puso un crucifijo y una imagen de Nuestra Señora, que él siempre en todas sus jornadas y caminos traía consigo. Excusó por entonces tan gran carnicería de innocentes que no se puede decir cuántos eran por año, porque el predecesor de Moctezuma, que se llamaba Avizotcin, que hizo el templo mayor, cuando le acabó, en el primer sacrificio sacrificó ochenta mil cuatrocientos hombres. Duró este horrendo y abominable sacrificio algunos días; traían para matar como carneros a los hombres por cuatro calles, donde llegando al cu, los sacerdotes, con gran fiesta y regocijo los recibían, diciéndoles se holgasen, pues habían de morir en servicio de los dioses. Desde a pocos días que Cortés hizo tan memorable hazaña, vinieron muchos indios cargados de cañas y mazorcas de maíz casi secas, y muy quejosos e indignados dijeron a Cortés:

> Por que veas lo que has hecho y lo poco que te debemos, mira cómo después que derrocaste nuestros dioses nunca ha llovido; sécanse nuestras sementeras y presto moriremos de hambre!».

Cortés entonces, con la Fe que había tenido cuando derrocó los ídolos, les respondió como si lo viera presente:

> Lo hecho está muy bien hecho, y para que veáis que vuestros falsos dioses no os pueden dar ni quitar los bienes temporales, sino que solo Dios, en quien nosotros creemos, los da y quita como quiere, sed ciertos que de aquí a mañana lloverá y

tendréis el mejor año que jamás hayáis tenido, y yo y mis compañeros lo suplicaremos a nuestro Dios, poniendo por intercesora a su santísima Madre, por cuyas manos y méritos hemos recibido y alcanzado grandes mercedes.

Los indios se sonrieron, como haciendo burla. Cortés, que lo entendió, llamó a sus compañeros, diciéndoles lo que había pasado y rogándoles cuan encarecidamente pudo se doliesen de sus pecados, propusiesen la enmienda y se reconciliasen los unos con los otros, si algunas enemistades había, y que para otro día de mañana fuesen con él a oír misa, para suplicar a Dios enviase agua y que aquellos infieles conociesen, por la merced que Dios les haría, que sus dioses eran falsos y que con razón habían sido derrocados.

Puestos todos, como en lo que iba tanto con Dios, con la mayor devoción que pudieron oyeron la misa que el clérigo celebró. Confesó antes y comulgó aquel día Cortés. Poco después de acabada la misa, antes que los nuestros descendiesen del templo, estando el cielo muy sereno, a vista de todo el poder mexicano, se comenzó a cobrir de un nublado muy espeso un cerro que se dice Tepeaquilla, y vino luego tan recia agua que con estar tan cerca el templo del palacio, los nuestros y los indios que estaban fuera de sus casas llegaron bien mojados. Llovió todo aquel día y otros también, que hizo el año más próspero que nunca. Dieron los nuestros muchas gracias a Dios por la merced que les había hecho, y los idólatras quedaron confundidos en su error, aunque muy consolados viendo que se les había excusado la hambre y mortandad que tenían.

Quedó Moctezuma muy espantado; alegróse y regocijóse mucho con Cortés, el cual, viendo tan oportuna ocasión para lo que deseaba decir al pueblo, le suplicó mandase juntara todos los señores y caballería de su ciudad, porque delante de él, cerca de su religión, les quería hacer una plática, que oída, podría ser les moviese los corazones a creer en un Dios y aborrecer los falsos dioses, cesando del cruel sacrificio de innocentes que les pedían. Moctezuma holgó mucho de esto, y juntos en palacio los más señores y caballeros que en la ciudad estaban, estando presente Moctezuma, les habló así:

Capítulo XXXII. La plática que Cortés hizo a Moctezuma y a sus caballeros cerca de sus ídolos
Muchas veces, muy poderoso rey y muy nobles caballeros y vosotros, religiosos varones, que según vuestras ceremonias y costumbres, después del rey, estáis puestos en lugar supremo, he deseado que, libres de toda afición a las cosas de vuestra religión, me oyésedes con gran cuidado lo que diversas veces, en suma, os he dicho, tocante a la verdadera religión de los cristianos y al engaño que con tanto daño de vuestras almas y cuerpos hasta ahora habéis vivido; y porque unas veces con su Alteza, otras con algunos de los caballeros y otras con algunos de los sacerdotes, que presentes estáis, en particular y como de paso, he tratado este negocio, y ninguno me ha respondido descontentarle, parecióme que era razón suplicar a su Alteza mandase que hoy os juntásedes todos para que alumbrándoos Dios, entendiendo lo que dijere, tengáis por muy acertado el haber yo derrocado los ídolos y puesto en lugar de ellos las imágines de Jesucristo, Dios y Redentor nuestro, y de la Virgen santísima, Madre suya, por cuya intercesión Dios ha hecho y hace cada día grandes mercedes al linaje humano; para lo cual habéis de saber que no hay nación en todo el mundo que si en la ley natural está algo advertida, y con vicios y torpedades no tiene oscurecida aquella lumbre que desde su creación Dios le dio y comunicó, tenga que hay más de un sumo principio, una suma causa de todas las causas, pues sumo es aquello sobre lo cual no hay otra cosa que más sea; y pues lo que es sumo no sufre superior ni igual, como aun por vuestras casas veréis, que no hay ninguno de vosotros que en el gobierno de ellas quiera ni sufra tener quien le vaya a la mano como igual, cuanto más quien le mande como superior, necesario es y forzoso en buena razón, discurriendo de un saber en otro, de un poder en otro, de una bondad en otra, venir, para que no haya discurso en infinito, que no puede ser a un tan gran poder, tan gran saber, tan gran bondad, que no haya tan gran poder, tan gran saber y bondad como aquella en cuyo poder de nada se hayan hecho las cosas, porque principio tuvieron y no son eternas, en cuyo saber son y serán sin error para siempre gobernadas y regidas, cuya bondad sin faltar las sustenta, comunicándoles su ser y haciendo de las más de ellas señor al hombre. No pudiendo, pues, haber dos poderes infinitos ni dos saberes, ni bondades tales, forzoso es confesemos un solo Dios, infinitamente poderoso, infinitamente bueno, infinitamente sabio; y pues no puede haber dos dioses, ¿cuánto

menos muchos, como vosotros confesáis infinitos? Y porque veáis bien el error en que estáis, ¿quien no se reirá viendo que tengáis un dios para el agua, otro para el fuego, otro para las batallas y otros así para muchas cosas, como si este nombre de dios no importase sumo poder para poderlo todo? De manera que si hay Dios, como ninguna nación lo niega, y su significación importa tanto que no puede con ningún entendimiento ser comprendida, aun en buena razón es cosa superflua que lo que uno puede hagan muchos, porque en uno hay mayor unidad y menor discrepancia que en muchos, y más fuerte y poderoso es el que solo en batalla vence a muchos que el que es ayudado de muchos.

En prueba de que no haya más de un Dios, también hace mucho al caso ver que en este vuestro gran señorío no haya más de un hombre, que es el poderoso rey Moctezuma, sobre tantos que aquí estáis, el cual solo os rige y gobierna; y si hobiera otros dos a tres tan poderosos como él, él no fuera tan poderoso sobre vosotros, y habiendo diversas voluntades y pareceres, no pudiera ser una la gobernación, y así todo lo que en sí tiene unidad es más fuerte que lo que consiente división, de adonde entre los nuestros dice un sabio que la virtud unida es más fuerte que ella misma desparcida en diversas partes. Y esto parece ser así por una comparación natural vuestra, que el vino que bebéis, recogido y cubierto en vasija tan grande cuanto fuere el vino contenido en ella, está más fuerte que si estuviese derramado o en la calle en una gran vasija, donde pierde su vigor. De esto parece claro que, pues, como tengo dicho, hemos de confesar un poder tan grande que todo lo pueda y que ninguno, pueda tanto que no puede ser sino uno y no muchos, y así veréis que a este poder potentísimo, único e inmenso, no le podemos llamar sino Dios, y no dioses; y que sea un Dios y no muchos dioses, parece claro por sus obras, pues todas y cada una por sí, como efectos de su causa, muestran unidad y no pluralidad. No crió muchos mundos, sino un mundo, y en éste, compuesto de diversas unidades, no crió muchas tierras, sino una tierra; muchos mares, sino una mar; muchos fuegos; sino un fuego; criando cuatro elementos y de cada uno no más de uno; una esencia de cielos, un hombre, una mujer, de quien descendimos; una ánima en cada uno, un Sol, una Luna en el cielo; una ley dio, una Fe, un bautismo; queriendo que como es uno, todo lo que hizo mostrase en su unidad ser uno su Autor.

Y porque sé que no sabéis de adónde ha venido vuestro error de que creéis tan contra razón lo contrario de esto, sabréis que cuando Dios crió el cielo y la tierra, crió dos maneras de criaturas excelentes sobre todas las otras; las unas fueron espirituales, sin comixtión de cuerpo, que llamamos ángeles o espíritus celestiales; la otra fue el hombre y la mujer, compuestos de ánima espiritual y del cuerpo que con los ojos veis. De los ángeles hubo uno muy señalado que, no conociendo haber recibido de Dios el excelente ser que tenía, se rebeló y levantó contra Dios, su criador; siguióle la tercera parte de los ángeles; fueron por esta maldad echados del Cielo en este mundo, y como nunca se han arrepentido ni arrepentirán de su culpa, han desde entonces y hasta que el mundo se acabe procurado, y procuran dos cosas: la una, perseverando en su malicia, siendo criaturas condenadas, querer ser adoradas por criadores y dioses, introduciendo, lo que la razón natural no consiente, cuanto más la Fe, que haya muchos principios y causas eternas de una cosa. Con esta ceguera han procurado y procuran la segunda cosa, que es estorbar, creyendo en ellos, que los hombres no conozcan ni sirvan a un Dios, para que después de la muerte temporal gocen de aquel supremo lugar que ellos por su maldad perdieron. Y por que veáis que esto es así, mirad que entre vosotros, aunque sois malos, os parece mal lo malo hecho y la crueldad; y que pues Dios quiere decir tanto como suma bondad y suma clemencia, si éstos fuesen verdaderos dioses, verdaderamente serían buenos; pero pues os han mentido tantas veces y se hacen adorar debajo de tan feas figuras, así de hombres como de fieros animales, y quieren y permiten haya sodomías, robos, tiranías y muertes de inocentes, ¿qué podéis pensar que sean sino demonios, enemigos vuestros? Cuando los habláis, responden palabras dudosas para que, siguiéndose forzosamente lo uno o lo otro, los creáis, y como son tan sabios y tan antiguos y permite Dios para mayor condenación suya, que hagan algunas cosas, como tronar, granizar y otras así, pensáis que son dioses, no entendiendo, como tengo dicho, que Dios no quiere mal, ni hace mal, ni tiene ayuda de otro para hacer las maravillas que quiere, como vistes la semana pasada, que estando el cielo tan sereno, os envió a nuestra suplicación tanta agua que nunca habéis tenido tan buen año como tendréis éste. Y pues veis que lo que he dicho, si estáis sin pasión, convencerá vuestros entendimientos, y la prueba del milagro pasado ha mostrado claramente que es así lo que digo, suplícoos, oh, altísimo rey, caballeros y sacerdotes, que abráis los ojos; y pues del creerme o dejar de creerme os va el morir o vivir para siempre, que con gran cuidado encomendéis a la memoria las palabras que os he dicho, pues espero en Dios que haciéndolo así, os alumbrará para que más claramente entendáis la verdad que os predico.

Acabada esta tan santa, tan prudente y sabia plática, todos estuvieron suspensos por un buen rato, hablándose muy quedo unos a otros, los más de ellos convencidos con la fuerza de la eterna verdad, aunque entonces con más furia, como al que le iba tanto, los combatía el demonio, con la larga costumbre que tenían de seguirle y adorarle.

Capítulo XXXIII. Lo que después de hecha esta oración Moctezuma prometió de hacer a Cortés acerca de los sacrificios

Después que Cortés con este tan subido razonamiento hubo aplacado la ira de los sacerdotes, que eran los que más indignados estaban, más por el interese temporal que pretendían que por la veneración que a sus falsos dioses tenían, todos muy atentos estuvieron esperando a lo que su gran señor Moctezuma respondería, el cual con pocas palabras y mucha severidad, dijo así, lo cual fue de boca en boca hasta entenderlo todos:

> Por cierto, muy sabio y valentísimo capitán, tú, con tu tan alto y subido razonamiento, me has dado mucho contento, aunque las cosas que has dicho son tan subidas que yo no las puedo alcanzar, aunque todavía entiendo que tienes razón y me has confundido, y así querría que mis sacerdotes, caballeros y vasallos estuviesen de mi parecer, para que lo que tan altamente nos has dicho muy despacio nos lo dieses a entender. En lo demás no está mal hecho que los ídolos se hayan quitado, pues como has probado, son falsos dioses y enemigos nuestros, por lo cual tendré cuidado que de aquí adelante a la imagen de tu Dios y de su Madre se barran y perfumen las capillas, y pues llevas tanta razón que los inocentes no sean sacrificados, también mandaré que de aquí adelante se haga lo que dices, y para todo esto hablaré en particular con mis sacerdotes.

Jamás tan gran alegría ni contento, según él muchas veces después dijo, llego al corazón de Cortés, que cuando Moctezuma acabó de responderle así. Diole muchas gracias, mostróle gran amor, y con esto, levantándose ambos de sus asientos, se fueron juntos a su aposento, acompañados de la principal caballería, porque los demás cada uno, se fue a su casa.

Otro día Moctezuma muy en secreto llamó al papa, que era el sacerdote mayor, y a otros de los principales con él; díjoles cosas que por ser tan secretas no se pudieron después bien entender. Lo que se presumió que les dijo fue que por algunos días disimulasen con los nuestros en lo del sacrificar, aunque en lo de adorar sus dioses nadie les iría a la mano y que había temporizado con el capitán Cortés, por no poner en condición su estado y alborotar su república y que dejasen a los cristianos adorar y honrar su Dios y que ellos podrían hacer lo que mejor les pareciese, pues no se habían quitado de los otros templos los dioses que había.

Era en su estado, nación y condición Moctezuma clemente y muy bien entendido, y por eso se cree, que por no ver alteraciones en sus reinos, temporizaba con los nuestros y con los suyos, y si se atreviera, muchas veces mostró señales de querer ser cristiano, entendiendo por las pláticas que Cortés le hacía, ser vano y falso lo que su religión profesaba. Con todo eso, los sacerdotes, por la autoridad e interese temporal que perdían, no podían disimular el odio y rancor que contra los nuestros tenían, especialmente cuando los veían oír misa y hacer oración en aquel suntuoso templo donde ellos, peores que carniceros lobos, habían muerto tanta infinidad de hombres; murmuraban del negocio cada día, indignaban a los caballeros y gente noble para tomar venganza, tratábanlo con los privados y allegados de Moctezuma, encareciéndoles la injuria recibida y la ofensa de sus buenos dioses, que por tantos años los habían proveído de lo necesario para la vida humana. Decían, estudiando siempre razones nuevas, que por qué habían ellos de dejar la religión que por tantos millares de años habían seguido, por tomar una nueva que no sabían en qué se fundaba.

En el entretanto que de secreto estas y otras cosas pasaban, tramadas y urdidas por el demonio y por la insaciable codicia de los sacerdotes, vino aquel señor Qualpopoca con un su hijo y otros quince caballeros que fueron participantes con él en el mismo delicto, de cuyo castigo diré en el capítulo que se sigue.

Capítulo XXXIV. La venida de Qualpopoca y del castigo que en él se hizo

Veinte días después, aunque otros dicen más, de la prisión de Moctezuma, tornaron aquellos criados que con su sello real habían ido a prender a Qualpopoca, los cuales, porque era gran señor, aunque preso, le trajeron como a tal, con un hijo suyo y otros quince caballeros, personas muy principales y de su consejo, que por la pesquisa secreta que los criados de Moctezuma hicieron, pareció haber sido culpados en la muerte de los españoles con su señor. Entró Qualpopoca en México acompañado, así de los que con él venían, como de los que le salieron a recibir, como a gran señor que era, el cual venía sentado en unas andas que traían a hombros criados y vasallos suyos. Llegando así a palacio, bajó de las andas; púsose otras ropar, no tan ricas con mucho, como las que traía; descalzóse los zapatos, porque delante del gran señor ninguno podía entrar de otra manera; esperó un rato hasta que Moctezuma le mandó que entrase, llegó solo, quedando muy atrás los unos y los otros que con él habían venido, y hechas muchas reverencias y ceremonias de grandísimo acatamiento, cuanto a los dioses podía hacer, baja la cabeza, sin osar levantar los ojos, dijo:

> Muy grande y muy poderoso emperador y señor mío: Aquí está tu esclavo Qualpopoca que mandaste prender; mira lo que mandas, pues tu esclavo soy y no podré hacer otra cosa sino obedecerte.

Moctezuma respondió con gran severidad (dicen algunos) diciendo fuese mal venido, pues tan mal lo había hecho sobre seguro matar los españoles y decir que él se lo había mandado, y que así sería castigado como traidor a los hombres extraños y a su rey.

Queriendo desculparse Qualpopoca, Moctezuma no le quiso oír, mandando que luego fuese entregado con el hijo y con los demás a Cortés y así se hizo, el cual, después de haberles echado prisiones, apartándolos, que no pudiesen estar los unos con los otros, les tomó sus confesiones y confesaron de plano haberlos muerto, pero que en batalla. Y preguntado Qualpopoca si era vasallo de Moctezuma, respondió: «¿Pues hay otro señor en el mundo de quien poderlo ser?», dando a entender no haberlo. Cortés le replicó:

> Muy mayor y muy más fuerte y muy más poderoso es el rey de los españoles que vos matastes sobre seguro y a traición, y así habéis venido a pagadero como malhechor, y ningún poder de los vuestros os escapará de la muerte.

Examinólos otra vez con más rigor y amenazas de tormento, y entonces sin discrepar, todos a una voz, confesaron cómo habían muerto los dos españoles, tanto por aviso e inducimiento del gran señor Moctezuma, como por su motivo; y a los otros en la guerra que les fueron a dar en su casa y tierra, donde, según el fuero de guerra, los pudieron matar.

Hecha esta confesión y rectificados en ella, sentenció Cortés a Qualpopoca y a los demás a que fuesen quemados. Notificóseles la sentencia. Repondió Qualpopoca que, aunque él padecía la muerte, por haber muerto aquellos dos españoles sobre seguro, que Moctezuma, su gran señor, se lo había mandado, y que no se atreviera a hacerlo si no pensara servirle en ello. Respondido esto, fue llevado con el hijo y con los demás a una plaza muy grande, con mucha guardia de españoles y de muchos criados de Moctezuma, y puesto él y los demás sobre una muy gran hoguera de flechas y arcos quebrados que estaban muy secos, atadas las manos y los pies, se puso fuego, y allí tornó a confesar lo que poco antes dijo. Hizo oración a sus dioses, y lo mismo los otros. Emprendióse el fuego, y en poco tiempo fueron abrasados y hechos ceniza sin haber escándalo alguno, maravillados todos los mexicanos de la nueva justicia que veían ejecutar en señor tan grande y en reinos y ciudad de Moctezuma, y que para esto fuesen parte hombres extranjeros y tan pocos.

Capítulo XXXV. La causa de quemar a Qualpopoca y a los demás
Antes y después de este tan señalado castigo, porque los españoles estuviesen siempre a punto si alguna revolución hobiese, les mandó por público pregón, con penas graves, que ninguno durmiese desnudo y, que los que tenían caballos, los tuviesen toda la noche ensillados, con los frenos puestos en los arzones de las sillas. Fue necesario esta diligencia y cuidado porque, según se sospechó, pretendieron los mexicanos matar a los nuestros, o

cuando durmiesen, y no se atrevieron porque había velas de los mismos y aun de los indios amigos, o cuando pudiesen tomarlos desnudos en sus camas, porque entonces, acometidos, no tendrían lugar de poderse armar; y así previniendo a este peligro Cortés, después que hubo mandado pregonar esto, por que ningún otro de ahí adelante se descuidase, mandó echar en un pierdeamigo a un Fulano del Barco, porque supo, que la noche pasada había dormido desnudo. Túvolo dos días al sereno, al aire y al Sol de aquella manera, que no bastó nadie a alcanzar otra cosa de él, respondiendo, como sagaz y sabio capitán, que en semejante trance y coyontura no se había de perdonar descuido, por liviano que fuese, cuanto más aquel en que al castigado iba la vida y a todos la honra. Con esta severidad militar conservó los suyos y puso espanto a sus enemigos, especialmente con el castigo tan nuevo y tan riguroso de Qualpopoca, como habéis oído, siendo tan gran señor. Y porque se sepa la razón que tuvo, diré extensamente la causa de haberle quemado, y así es de saber que, aunque Gómara, que en todo o en lo más sigue a fray Toribio, dice que Cortés mandó a Pedro Dircio que poblase a Nautlán, que hoy se llama Almería, no lo mandó, sino a Escalante, el cual murió a la vuelta de esta jornada, dicen que del trabajo que en ella pasó y de enojo deque un compañero suyo había dicho: «Huyónos el teniente de general; ¿cómo habíamos de hacer cosa buena?». Lo que otros tienen por más cierto es lo que antes está dicho; que los indios le mataron en esta jornada.

Mandó, pues, Cortés a Escalante, su teniente en la Veracruz, según otros dicen, su alguacil mayor en ella, que con la mayor diligencia que pudiese poblase a Nautlán o Almería, porque se decía que Francisco de Garay andaba cerca de allí, el cual no quería que entrase en aquella costa, especialmente en Nautlán. Viendo, pues, Escalante lo que importaba que huésped ajeno no viniese a gozar de lo que ellos habían trabajado, con la mayor prisa que pudo, así por requerimientos como con buenas palabras, procuró de atraer los indios de aquella tierra a su amistad y a que reconociesen por supremo señor al emperador don Carlos, y especialmente trató esto con el señor que se llamaba, según está dicho, Qualpopoca, el cual con palabras disimuladas le envió a decir cómo él no iba a darle la obediencia por tener en el camino enemigos que le estorbarían la jornada; y que si quería que él en ausencia, pues personalmente no podía, hiciese lo que le mandaba, enviase algunos españoles, porque a ellos daría el homenaje; y si todavía quisiese, que él en persona fuese a darla, que con la guarda de los españoles y la gente que él tenía iría a hacerlo.

Creyendo Escalante ser esto así, unos dicen que le envió diez españoles, y otros que no más de cuatro, otros, dicen, y se tiene por más cierto, que él fue con ellos y así, según atrás queda dicho, entrando por la tierra de Qualpopoca, salieron muchos indios de guerra contra ellos, y aunque vendieron bien sus vidas, porque mataron primero muchos indios, al fin, de cansados y de muy heridos, quedaron allí dos de ellos muertos. Los otros, muy heridos, escaparon lo mejor que pudieron y fueron a dar nueva a la Veracruz de lo sucedido. Dicen, porque en esto no hay cosa averiguada, que Escalante partió luego con cincuenta soldados y diez mil cempoaleses y que llevó dos de a caballo y dos tirillos, y que cuando Qualpopoca lo supo, le salió al encuentro con un gran ejército bien ordenado. Peleó tan bien con ellos que mató siete españoles y muchos cempoaleses, más al cabo, aunque resistió cuanto pudo, fue vencido; perdió mucha de su gente. Talóle, quemóle y saqueóle toda la tierra Escalante y tomó muchos cautivos, los cuales después dijeron que por mandado del gran señor de México habían usado de aquella traición contra los españoles y que Qualpopoca no había osado hacer otra cosa de lo que el gran señor Moctezuma le había mandado, aunque debajo de gran secreto, y que Qualpopoca de su voluntad no hiciera aquello, porque era muy valiente y jamás acostumbraba engañar con palabras a los enemigos, cuanto más a los cristianos, que no le habían hecho mal y que eran, según se publicaba por toda aquella tierra, tan buenos y tan valientes que eran más que hombres. Esto mismo dijeron, como está dicho, cuando fue tiempo de decir la verdad, que fue cuando Cortés los condenó a quemar, aunque no faltan algunos que digan que en todo tiempo que confesaron esto, fue más por excusarse de la maldad y traición que habían hecho, que porque Moctezuma lo hobiese mandado. Lo más cierto es lo que los indios dijeron.

Todo esto escribió Escalante a Cortés estando en Cholula, y por ello dicen, aunque tuvo otras causas, que viniendo a México tuvo luego propósito de prender a Moctezuma, como lo hizo. Y como después vino Qualpopoca y confesó la verdad, para amedrentar más a Moctezuma y dar a entender a todo el imperio mexicano su poder y valor y lo poco en que los tenía, añadiendo hazaña a hazaña y hecho a hecho, determinó como luego diré, echar prisiones a Moctezuma.

Capítulo XXXVI. Cómo Cortés, entendido lo que Qualpoca confesó, reprehendió a Moctezuma y le mandó echar prisiones
Luego que Qualpopoca y los demás confesaron, en el entretanto que los llevaban a quemar, Cortés, acompañado de los principales de su ejército, indignado, fue adonde Moctezuma estaba, al cual, hablándole con enojo, dijo así:

> Negado me habías que tú no mandaste a Qualpopoca que con tan gran traición matase a mis compañeros, creyendo que la verdad no era más poderosa que tú y que todos los príncipes del mundo. No lo has hecho como tan gran señor como dices que eres, sino como vil esclavo, enemigo de tu república y de tu palabra. Has sido causa que muriesen los nuestros, que cada uno de ellos vale más que todos los tuyos. Has sido causa que Qualpopoca, siendo tan gran señor, con su hijo y con sus amigos muera y que pague lo que tú merecías. Cierto, si no fuera porque en otras cosas me has mostrado amor, y el emperador, mi señor, me envió a que de su parte te visitase, merecías no quedar con la vida, porque en ley divina y humana es justo, que el que mata como tú has hecho, que muera; pero por que no quedes sin algún castigo y tú y los tuyos sepáis cuánto vale el tratar verdad y lo mucho que cada uno de los míos merece, te mandaré echar prisiones.

Moctezuma se alteró mucho con esta reprehensión, y como temía y tenía en tanto a Cortés, demudóse, que sangre no le quedó en el rostro; no acertaba a responderle, de turbado, porque su pecho le acusaba, y cada vez que alzaba los ojos a Cortés le ponía miedo. Díxole, como pudo, que él no era en culpa y que tal no había mandado; que no estuviese enojado y que hiciese de él lo que quisiese. Cortés no le replicó, saliéndose muy airado; echáronle luego unos grillos, diciéndole: «Quien tal hace que tal pague». Mandó esto Cortés más, según era sagaz, por ocuparle el pensamiento en aquel trabajo suyo, para que no se divirtiese a pensar en lo que en su casa se hacía contra Qualpopoca, que por castigarle, el cual, como se vio con grillos, lloró; espantóse grandemente de una cosa tan nueva, especialmente para él que era rey de reyes y príncipe tan venerado que ninguno tanto en este Nuevo Mundo lo había sido, porfiaba en decir que no tenía culpa y que no sabía nada. Espantáronse todos los señores y deudos suyos de tan gran novedad, que viniendo todos, como atónitos, donde él estaba, comenzaron a llorar con él; hincáronsele de rodillas, sosteniéndole con sus manos los grillos y metiendo por los anillos mantas delgadas para que no le tocasen a la carne. No sabían qué se hacer, porque si se ponían en armas, temían sería cierta la muerte de su señor, y así con aquel nuevo hecho espantados concibieron mayor temor, y así como alebrestados estuvieron quedos, sin osarse menear.

Hecha la ya justicia en Qualpopoca y en los demás culpados, habiendo Cortés conseguido su deseo y hecho sin temer, como, en aquella sazón convenía, y viendo que Moctezuma era de ánimo muy noble y agradescido, hacia la tarde se fue donde estaba, y saludándole con risa y buenas gracia, mandó luego que le quitasen los grillos, diciéndole que aunque por la confisión de los muertos era digno de mayor pena, por el amor que le tenía y porque de tan gran príncipe no podía creer cosa tan mal hecha, le mandaba quitar los grillos. Alegróse tanto Moctezuma con estas palabras cuanto antes se había entristecido viéndose reprehender y poner en prisión. Abrazó muchas veces a Cortés, diole muchas gracias, hizo grandes mercedes aquel día, así a muchos de los nuestros como a muchos de los suyos; afirmóse, porque le convenía decirlo, que no había sido en la muerte de los españoles. Cortés le dio a entender que lo creía, haciéndole muchos regalos, suplicándole e importunándole que con toda libertad se fuese a su palacio, como antes estaba, porque él no deseaba sino hacerle todo servicio y darle todo contento. Moctezuma, que era sabio y sabía cuán acedos tenían los suyos los pechos contra los nuestros, para no darles ocasión de que se alterasen, respondió se lo agradecía mucho, pero que por entonces no convenía y que estaba más contento en su compañía que no solo en su antiguo palacio; y que pues no había otra diferencia ni son de preso, más de haberse mudado a otro aposento, pues en lo demás gozaba y tenía todo lo que antes, no había para qué hazer mudanza. Con esto, más contento de lo que decir se puede, se despidió de él Cortés, para irse a su aposento, que cerca estaba. Acompañáronle muchos señores de aquellos que con Moctezuma estaban, tan contentos, alegres y agradescidos, que a no ser por los sacerdotes, que siempre estuvieron de mal arte con los nuestros, se esperaba gran quietud, conformidad y descanso en aquestos reinos.

Capítulo XXXVII. Cómo Cortés envió a buscar oro a muchas partes de esta Nueva España, y en esto qué fue su intento

Pasados ya hartos días de la prisión de Moctezuma, destruidos los principales ídolos, estorbados por entonces los sacrificios de carne humana, Cortés, que siempre pensaba cómo salir dichosamente con negocio tan arduo, deseoso de saber hasta dónde llegaba el imperio y señorío de Moctezuma y cómo era de los otros príncipes obedecido y la riqueza que de oro y plata había en sus señoríos y que el emperador y rey su señor fuese socorrido para las guerra, que [tenía.] a la contina contra infieles y otras naciones, de la mayor cantidad de oro y plata que él pudiese, dándole la más copiosa relación que pudiese de la tierra y gente y cosas acaecidas, fue a visitar a Moctezuma, y después de haber pasado entre ellos palabras de buena conversación, le dijo, como que no venía a ello:

> Gran señor: Ya sabes, como otras veces te he dicho, que el emperador de los cristianos, rey natural mío, aunque es el más bueno y poderoso príncipe del mundo, tiene guerras continas en diversas partes con infieles y otras naciones poderosas, defendiendo su ley y amparando a los que contra otros príncipes le piden favor, y a esta causa, aunque es muy rico y tiene grandes rentas, todavía ha menester más, para sustentar muy muchos capitanes y ejércitos que tiene en diversas partes; por tanto, si le quieres hacer placer y a mí merced muy grande, suplícote mandes mostrar a algunos de los nuestros las minas de oro y plata de donde los tuyos sacan tan gran cantidad, para que yo envíe a España la más que pudiere?

Moctezuma, con alegre semblante, le respondió:

> Por cierto tú lo haces como bueno y leal criado de tan gran señor, y quién sea él se parece bien en el gran valor de tu persona. Yo soy muy contento de hacer lo que pides y aun de ayudar al emperador con parte de mis tesoros».

Diciendo esto, mandó llamar luego ocho indios, los cuatro plateros, grandes conocedores, de los mineros de plata y oro, y los cuatro que sabían bien la tierra a do los quería enviar. Mandóles que sorteados de dos en dos fuese a cuatro provincias, que eran Zoculla, Marinaltepec, Tenich, Tututepeque, con ocho españoles que con ellos fuesen para saber los ríos, conocer los mineros y traer muestra de oro. Partiéronse los españoles con los indios, y al salir de la ciudad se dividieron a las cuatro provincias, yendo dos españoles y dos indios a cada una de ellas, todos con particulares señas de Moctezuma para que nadie los ofendiese. A los que fueron a Zoculla, que está ochenta leguas de México, y son vasallos de Moctezuma, les mostraron tres ríos con oro y de todos les dieron muestra de ello, aunque poca, porque sacaban poco por falta de aderezos que para ello son menester y de industria y codicia, que esta es la que a sus aficionados enseña delgadezas y subtilezas. Estos a la ida y a la vuelta pasaron por tres provincias muy pobladas y de buenos edificios y tierra fértil, y la gente de la una, que se llamaba Tamazulapán, es de mucha razón y más bien vestida que la mexicana. Los que fueron a Marinaltepeque, sesenta leguas de México, trajeron muestra de oro que los naturales de allí sacaban y sacan de un gran río que atraviesa por aquella provincia. A los que fueron a Tenich, que está el río arriba de Marinaltepeque y es de diferente lengua, no dejó entrar ni tomar razón de lo que buscaban el señor de ella, que se decía Coatelicamatl, porque ni reconocía a Moctezuma, ni aun le tenía por amigo, antes pensaba que eran espías, como Moctezuma por fuera y sin justicia dilataba sus señoríos; pero como le informaron quién eran los españoles, aficionóse mucho a ellos; hízoles buen tratamiento, diciendo que se fuesen los mexicanos fuera de su tierra y que los españoles hiciesen el mandado a que venían, para que llevasen recaudo a su capitán. Corriéronse mucho de esto los mexicanos, comenzando a poner mal corazón a los españoles, diciéndoles que mirasen lo que hacían, porque era malo y cruel aquel señor y que los mataría cuando no pensasen. Algo dudaron los nuestros de hablar [a] aquel señor, con lo que sus compañeros dijeran, aunque ya tenían licencia. Púsoles también recelo el ver la gente de aquella tierra andar tan bien armada, porque traían lanzas de a veinticinco palmos y algunos de a treinta, pero al fin, como españoles, no queriendo volver atrás, ni dar que sospechar de sí a los unos y a los otros, determinaron, aunque perdiesen la vida, de entrar la tierra adentro y ver a Coatelicamatl, el cual los recibió muy bien; y después de haberles preguntado muchas cosas de su venida, de quién eran y de cómo se habían habido con Moctezuma, y estando maravillado y atento a lo que le decían, les hizo luego mostrar siete o ocho ríos, de los cuales en su presencia sacaron oro, el cual les dio con más de lo que él tenía, para llevar la muestra. Ellos le dieron una o dos cosas de Castilla que, [por] ser peregrinas y extrañas, tuvo en más que todo el oro que se sacaba en aquellos ríos, y como aficionado a las nuevas del muy valeroso Cortés, con ellos envió sus embajadores.

Capítulo XXXVIII. Lo que los embajadores de Coatelicamatl dijeron a Cortés y de lo que más pasó cerca de los que fueron a ver las minas

Llegados que fueron los embajadores con los dos españoles a México, después que Cortés supo del uno de ellos cómo eran embajadores de un gran señor, nada amigo de Moctezuma, y del buen tratamiento que les había hecho y cómo no había dejado entrar en su tierra a los criados de Moctezuma, saliólos a recibir a la puerta de una sala, que no fue poco favor para ellos. Abrazólos, hízoles grandes caricias, preguntóles cómo quedaba su señor; respondiéronle que bueno y muy a su servicio; y después de haberle dado cierto presente, que nunca suelen venir las manos vacías, el más anciano y que más bien sabía razonar, le habló de esta manera:

> Ceoatelicamatl, a quien los buenos dioses han sustentado y aumentado en gran señorío con gran contento de sus vasallos, te besa por nosotros las manos y se te ofrece muy de corazón por tu servidor y amigo por las grandes nuevas que del valor de tu persona ha oído, y así dice que cuando hubieres menester la suya, sus vasallos y tesoros, no te faltarán, especialmente contra Moctezuma, a quien tiene por enemigo, por ser tirano y ocupador de reinos ajenos. Dice más: que te avisa que, pues estás en su ciudad, no te descuides, porque los mexicanos son traidores y de mal corazón, que nunca guardan palabra.

Cortés holgó harto más de esta embajada que del presente que le dieron, por ver que los enemigos de Moctezuma deseaban y procuraban su amistad. Respondióles, como solía, a todos los que la procuraban, graciosamente; díjoles que agradecía mucho la voluntad que su señor le tenía y que así la hallaría en él, y que en lo demás de recatarse no tenía descuido, porque ya tenía entendido que mexicanos no tenían buen corazón y que cuanto les faltaba de ánimo suplían con mañas y traiciones. Con esto les dio algunas cosillas de Castilla que llevasen a su señor; despidiólos con toda gracia; ellos fueron tan contentos como quedó descontento Moctezuma y los suyos, porque no holgó nada con esta embajada y ofrecimiento de amistad; porque aunque Coatelicamatl no era muy gran señor, era muy valiente y ejercitado en guerras y su gente bilicosa y puesta en tierra áspera, adonde no podían de los comarcanos, por muchos que fuesen, ser acometidos, a lo menos, ya que lo fuesen, ofendidos. Con todo esto, era tan cuerdo Moctezuma, que lo disimuló bien, aunque sus privados no lo pudieron tragar, dando claras muestras del pesar que su señor y ellos habían recibido.

Los otros españoles, e indios que habían ido a Tututepeque, que está cerca del mar y doce leguas de Marinaltepeque, volvieron con la muestra del oro de dos ríos que anduvieron y con nuevas de ser aquella tierra aparejada para hacer en ella estancias y sacar el oro. Dio contento esto a Cortés, por el aparejo que se ofrecía de sacar oro para socorrer al emperador, y así, rogó a Moctezuma poblasen allí algunos de sus vasallos y el pueblo se llamase del nombre del emperador. Moctezuma mandó ir luego allá oficiales y trabajadores con otras muchas personas; diéronse tan buena maña que en muy pocos días, que fueron menos de dos meses, hicieron unas casas muy grandes y otras algunas menores alrededor para el servicio de todas y mantenimiento de los moradores. Hicieron en la grande un estanque tan grande que había pescado en él para muchos más vecinos; echaron en él más de quinientos patos, para la pluma, los cuales peleaban muchas veces en el año, sacándoles diversas plumas, para hacer diversas colores y labores en las mantas; echaron mil y quinientos gallipavos y tanto ajuar y aderezos de casa en todas ellas, que valía más de 20.000 castellanos. Había asimismo sesenta hanegas de centli sembradas, diez de frijoles y dos mil pies de cacahuatl o cacao, que nasce por allí muy bien. Comenzóse esta granjería, mas no se acabó con la venida de Pánfilo de Narváez y con la revuelta de México que se siguió luego. Rogóle también que le dijese si en la costa de su tierra a esta mar había algún buen puerto en que las naos de España pudiesen estar seguras. Dijo que no lo sabía, mas que lo preguntaría o lo enviaría a saber, y así hizo luego pintar en lienzo de algodón toda aquella costa con cuantos ríos, bahías, ancones y cabos había en lo que suyo era, y en todo lo pintado y trazado no parecía puerto ni cala ni cosa segura, sino un grande ancón que está entre las sierras que ahora llaman de San Martín y San Antón en la provincia de Coazaqualco, y aun los pilotos españoles pensaron que era estrecho para ir a los Malucos y Especería, mas empero estaban muy engañados y creían lo que deseaban.

Cortés nombró diez españoles, todos pilotos y gente de mar, que fuesen con los que Moctezuma daba, ques hacía también la costa del camino. Partiéronse, pues, los diez españoles con los criados de Moctezuma, y fueron a dar a Chalchicoeca, donde habían desembarcado, que ahora se dice San Juan de Lúa. Anduvieron setenta leguas de costa sin hallar ancón ni río, aunque toparon muchos, que fuese hondable y bueno para naos. Llegaron a Coazaqualco, y el señor de aquel río y provincia, llamado Tuchintle, aunque era enemigo de Moctezuma, recibió muy bien los españoles, porque ya sabía de ellos desde cuando estuvieron en Potonchán. Habláronle ellos comedidamente, como los que bien lo saben hacer, cuando han menester, a otro; dioles aquel señor todo lo necesario; hablóles muy graciosamente; preguntóles muchas cosas; holgóse por extremo de verlos; tocábalos y mirábalos muchas veces, admirado de la extrañeza de su traje, barba, espadas, y dispusición de, sus personas, y decía, volviéndose a los suyos:

> Verdaderamente éstos deben de ser hijos del Sol, pues hacen tan señaladas cosas y pocos son tan poderosos contra tantos. Cierto, tengo entendido que éstos han de ser, según nuestros antepasados dijeron, los que en estas partes han de ser muy señores y han de traer nueva religión, nuevas leyes y costumbres.

Abrazólos y díjoles entre otras cosas lo mucho que se holgaba de que el tirano de Moctezuma tuviese en su ciudad varones tales que le hiciesen perder el orgullo y soberbia que sobre todos los príncipes de la tierra tenía. Dicho esto, les mandó dar barcas, que eran unas canoas grandes, para mirar y sondar el río; ellos lo midieron y hallaron seis brazas de hondo donde más; subieron por él arriba diez leguas. Es la ribera de él de grandes poblaciones y fértil, a lo que parece y después acá se ha visto. Sin esto aquel señor envió a Cortés cosas de oro, piedras, togas de algodón, de pluma, de cuero, y bravos tigres con sus cadenas a muy gran recaudo.

Capítulo XXXIX. La embajada que Tuchintle envió a Cortés, y de lo que él respondió

Envió con los españoles este señor dos embajadores, muy bien acompañados de otros amigos y criados de ellos; llevaron mucha provisión para todos, y los mensajeros, dones particulares; vistiéronse a la entrada de México de ropas ricas: adelantóse el un español; dijo en suma las buenas nuevas que a Cortés traía. Llegados luego los mensajeros, Cortés los recibió, con mucha alegría y afabilidad; hiciéronle ellos los acatamientos y reverencias que hacían a sus dioses, y primero que palabra le hablasen, le ofrecieron el presente que su señor enviaba, y hecho esto, haciendo ambos a dos otra manera de acatamiento, dijo el que era más anciano de esta manera:

> Muy valiente y muy esforzado capitán, hijo, a lo que creemos, del Sol, que has venido de tan lejos tierras en canoas mayores que nuestras casas: Muchos días ha que Tuchintle, mi señor, y todos sus vasallos, enemigos de Moctezuma, tenemos grandes nuevas de ti; deseámoste ver y conocer, y ahora, después que enviaste dos de tus valientes compañeros a ver los ríos que hay en nuestra tierra, mi señor los recibió con gran amor; dioles de lo que tenía; envíate con nosotros este presente que vees, y dice que aunque no sea tan rico como tú mereces, que recibas su voluntad con que está muy pronto para servirte en lo que se ofreciere. Ruega a sus dioses te den en todo toda prosperidad; prométete su persona y vasallos para contra Moctezuma y jura de tributar cada año lo que bueno sea al emperador, tu señor, con tal que los de Culhúa no entren en su tierra y le defiendas de hoy en adelante de su poder y tiranía, pues como es más poderoso así de gente de guerra como de riquezas, le ha hecho muchos desaguisados y malas obras, de que desea verse librado y vengado. Dice que deseaba venir a verte en persona, si no fuera por no dejar su tierra sola y por temerse de la gente de Culhúa, pero que lo pospondrá todo si tú quisieres que te vea.

Acabado de decir esto, los dos sacaron ciertas joyas que debajo de sus mantas traían, diciendo:

Y por que veas cuán de voluntad te deseamos servir y cómo en esto queremos parecer a nuestro señor y ser tan tuyos cuanto él lo procura, recibe en señal de servicio estas joyas que como a nuevo señor nuestro te ofrecemos.

Cortés, que por la embajada del otro señor iba entendiendo los émulos que Moctezuma tenía, cuando recibió ésta, en confirmación de lo que él deseaba, para ayudarse de los enemigos si Motezurna quisiese intentar alguna novedad, holgó por extremo con este nuevo ofrecimiento, y respondiendo a los mensajeros, les dijo así:

> Caballeros, leales criados de vuestro señor: Mucho me he holgado con vuestra venida, más por el amor y voluntad que me mostráis, que por los presentes que me traéis, aunque son ricos; pues cierto tengo en más ser amigo de vuestro señor que a todo el oro de toda la tierra; darle heis mis besamanos, haciéndole saber que yo, con los míos, no faltaré en todo lo que se ofreciere, y que así me avise cada y cuando que menester sea, y que de aquí adelante podrá estar seguro que Moctezuma no le hará ningún agravio, porque es mi amigo y no querrá enojar a los que yo quisiere bien, y que cuando sea menester que él me vea, yo le avisaré. En el entretanto, sosiegue y descanse, y yo soy su verdadero amigo, y en nombre del emperador y rey, mi señor, le recibo desde hoy por su vasallo, y a vosotros, caballeros y embajadores suyos, tengo en merced el ofrecimiento y merced y presente que en vuestro nombre me ofrecéis.

Acabado de responder esto, les dio algunas cosas de Castilla, unas para su señor y otras para ellos, con que mucho se holgaron. Despidiólos así, quedando él muy contento, así por el mensaje, como por lo que del río le dijeron los españoles, pues afirmaron que del río de Grijalva hasta el de Pánuco no había río bueno. Dicen algunos que se engañaron en esto.

Tornó de allí a pocos días a enviar otros españoles con algunas cosas de Castilla, que diesen a Tuchintle, y que supiesen mejor su voluntad y la comodidad de la tierra y del puerto bien por entero. Fueron y volvieron muy contentos y ciertos de todo, por lo cual despachó luego Cortés a Juan Velázquez de León por capitán de algunos españoles, para que poblase allí e hiciese una fortaleza.

Capítulo XL. Cómo Hernando Cortés pidió oro a Cacamacín, rey de Tezcuco, y de lo que más sucedió

Procuraba Cortés cuanto podía de enviar oro al emperador, por la necesidad en que estaba, y así, aunque entendió que Cacamacín no era muy su amigo, le dijo que pues era tan gran señor, que después de Moctezuma no había otro como él, le rogaba mucho le ayudase con algún oro del tesoro que tenía, pues era para favorecer al emperador en las guerras que tenía; pues había oído cuán gran señor era y que algún día se lo agradescería. Cacamacín se sonrió, disimulando el odio que en su pecho tenía contra los españoles; respondióle que le placía y diole luego un criado de su casa, de los principales, que fuese con Juan Veláquez de León, Rodrigo Álvarez Chico, Francisco de Morla, Alonso de Ojeda, Hernando Burgueño y Melchior de Alavés, personas de cuenta y confianza, a Tezcuco, y trajesen del oro que tenía en sus casas, con que no le tocasen en los chalchuites ni a los plumajes que él tenía para sus fiestas. Partieron de México estos españoles con aquel indio principal; llevaban una yegua y un caballo para si algo fuera menester. Saliendo por la calzada de Tepeaquilla, llegando al tianguez de Tlatilulco, el indio se fue escondiendo, de manera que yendo en su rastro los españoles, volvieron sin perderle el aposento de donde habían salido. Cortés entonces, entendida la maldad, para que Cacamacín supiese que no se había de burlar con él, después de haberle ásperamente reprehendido, delante de sus ojos mandó ahorcar al indio, cosa que no poco espantó a Cacamacín, el cual, por aplacar a Cortés, dio luego otro, mandándole de veras lo que había de hacer y avisando a los principales de su ciudad recibiesen y tratasen muy bien a los españoles. Fue así que antes que llegasen a la ciudad, los recibieron con gran muestra de alegría; lleváronlos a la casa real; diéronles allí luego colación; o ya que era noche hicieron a cada uno una cama de un codo en alto, de mantas ricas y delgadas, con rosas y ramilletes por encima, y a la yegua y al caballo hicieron otras dos de mantas gruesas.

Aquella noche se velaron los españoles por sus cuartos los unos a los otros. Había en el patio tantos braseros encendidos que pasaban de más de ciento y cincuenta, cuya claridad era tanta que parecía de día. Ofrecieron aquella noche para cada uno dos indias hermosas; créese que por ser infieles no llegaron a ellas.

Otro día de mañana comenzaron a buscar el oro por los aposentos o recámara de Cacamacín. Alonso de Ojeda, andando buscando oro con los demás, entrando por una sala oscura, tropezó en unos jarros, sacó uno de ellos a lo claro y halló que todos estaban llenos de miel cuajada y más blanca y más hermosa que la del Alcarria; holgaron todos con ella tanto como con el oro. Andando más adelante, halló una caja grande, llena hasta más de la mitad de ropa rica, y lo demás hasta la boca, de oro, con media braza de perlas muy ricas; recogieron todo el oro. Dijeron los criados de Cacamacín que si querían ropa, tomasen la que quisiesen. Los españoles no osaron hasta que por la aláguna enviaron a pedir licencia a Cortés por una carta que le enviaron. Él les respondió que si muy de su voluntad les daban ropa, que la tomasen, y así recibieron ochenta cargas de ropa muy buena, y con ella y con el oro volvieron muy contentos a México después de haber comido en un suntuoso banquete que los criados de Cacamacín les hicieron.

Cortés recibió el oro y la ropa; guardó el oro, que fue una muy buena cantidad, y repartió la ropa entre los que la trajeron y entre otros a quien Cortés era aficionado; quedáronse con las indias que en Tezcuco les dieron. A esta vuelta hallaron que estaban haciendo cuatro bergantines en una sala muy grande, adonde son ahora las tiendas de los portales.

Poco después que esto pasó, Cacamacín se fue a su ciudad de Tezcuco, donde, como luego diré, no pudiendo disimular el odio que contra los nuestros tenía, haciendo junta de los principales de su reino lo más secretamente que pudo, dicen que una noche les habló en esta manera.

Capítulo XLI. La oración que Cacamacín hizo a los suyos, persuadiéndoles que se rebelasen contra Cortés

Ya sabéis, caballeros y vasallos míos, el amor que siempre os he tenido, las buenas obras que os he hecho, lo mucho que de vosotros he confiado; sabéis también, porque lo habéis visto por vuestros ojos, la subjeción en que nos tienen puestos estos pocos de extranjeros, pues se han atrevido a prender y tener en su aposento al gran señor y tío mío Moctezuma, a quien después de los dioses se debe mayor reverencia y acatamiento que a hombre del mundo, porque lo merece, así por su muy gran poder, como por la alta sangre de reyes y emperadores de donde desciende. No es cosa sufridera, ni nuestro esfuerzo y valentía lo deben permitir, que vengan de fuera tan pocos y tan codiciosos ajenos de nuestra ley y religión, a echarnos de nuestras casas, a usar de nuestras mujeres e hijas, a servirse de nuestros amigos y deudos y, lo que más debemos sentir, a quitar nuestros dioses y poner el suyo; deshacer nuestros templos, destruir nuestros ritos y ceremonias, en que desde tiempos inmemoriales a esta parte somos nacidos y criados. Ahora es tiempo, vasallos míos, que volvamos por nuestra religión, por nuestra libertad, por nuestra honra, por nuestra patria y por el gran señor Moctezuma, que preso está. No aguardemos a que les venga socorro a estos extranjeros, o de Tlaxcala o de donde ellos vienen, porque si estos pocos han podido tanto, juntos con otros, ¿cuánto podrán? Demos sobre ellos, que por defenderse, dejarán libre a Moctezuma, y si otra cosa sucediere, yo soy su sobrino y rey vuestro, que vengaré su muerte y no consentiré lo que él hasta ahora ha consentido. Poneos en armas, adereszad vuestras flechas y arcos, polid vuestras macanas, proveed vuestras casas, y vosotros, valerosos capitanes que tenéis el cargo de la guerra, acaudillad vuestros soldados; que yo estoy determinado de dar sobre estos advenedizos y no consentir que como a mujeres nos tengan acorralados; y si otra cosa os parece, que creo no parecerá, ahora es tiempo de desengañarme y avisarme, como leales vasallos, de lo que debo hacer; porque después de acometido el negocio no podemos volver atrás, sino con pérdida de nuestras haciendas, vidas y honras, encrueleciéndose con la indignación que de ello recibirán nuestros enemigos.

Acabada de hacer esta plática, los mas de los capitanes y caballeros que a la sazón se hallaron allí, más por lisonjearle que por decirle la verdad, le alabaron lo que había dicho, afirmando ser más poderoso que para aquel negocio requería; ofrecieron sus personas y haciendas, diciendo no deber dilatarse, pues tanto importaba. En esto no faltaron algunos viejos que, como les quedaba poco de vivir, no queriendo lisonjearle, le dijeron mirase bien lo que intentaba, no le engañase el orgullo y ardimiento de la juventud, pues Cortés era muy valiente y había vencido mayores batallas que la que él le podía presentar; que Moctezuma era amigo de Cortés y tan gran señor como sabía, y que por no ver su persona en peligro había de ayudar a los españoles y ser de su parte; y que no le cegase debajo del protesto de la religión y libertad el querer suceder en el imperio de Moctezuma, pues había otros que tan justísimamente como él lo podían pretender, y que los negocios tan arduos como aquel, intentados con oculta codicia, las más veces sucedían mal.

No plugo nada este parecer a Cacamacín ni a los que le lisonjeaban: hiciéronse sordos, y como en todo ayuntamiento pueden más los muchos, aunque sean más nescios que los pocos, salieron todos de aquella consulta determinados de hacer lo que su señor quería, lo cual no pudo ser tan oculto que antes que se pusiese por obra Cortés y Moctezuma no lo supiesen, de donde se siguió lo que en el capítulo que se sigue diremos.

Capítulo XLII. La prisión de Cacamacín y de la astucia con que se hizo

Como Cortés entendió la trama en que Cacamacín andaba y vio que era mancebo bullicioso, de mucho ánimo, aunque de poca experiencia, y que o la pusilanimidad de Moctezuma o el mucho amor que a los españoles tenía, le daban alas a que se pusiese en negocio tan peligroso, hizo saber a Moctezuma en lo que su sobrino Cacamacín andaba, enviándole a decir que cómo no había de sospechar mal de su persona, pues habiendo precedido lo de Qualpopoca, ahora se ponía su sobrino en levantarse contra él; que mirase lo que hacía, pues si proseguía adelante Cacamacín, lo peor había de llevar él, y al cabo todo le había de llover en casa, refiriendo con esto ciertas palabras que pocos días antes Cacamacín había enviado a decir a Moctezuma, persuadiéndole que se soltase, y que pues había nacido señor, que lo fuese y no permitiese que en sus reinos, ciudad y palacio estuviese preso como esclavo, y que si no salía presto de aquella prisión, que él no podía hacer otra cosa sino levantarse por la honra de sus dioses y de su patria y emperador.

Alteróse mucho con este mensaje el gran señor. Respondió a Cortés que los dioses eran testigos que él jamás consintió ni quiso que Cacamacín, su sobrino, se levantase, diciéndole que la libertad que él quería tenía toda y que estaba en aquel aposento muy a su voluntad, por lo mucho, que se holgaba con los españoles, y que él enviaría a llamar a Cacamacín, y que no viniendo, daría orden cómo lo prendiesen y luego se lo entregaría.

En el entretanto que andaban estas demandas y respuestas, Cacamacín se puso en armas, juntó mucha gente suya y de amigos, que no le faltaban entonces, por estar Moctezuma preso y ser la guerra contra los españoles; y por tener el favor de toda la tierra, publicó que quería ir a sacar de cautiverio a Moctezuma y echar de la tierra los españoles, o matarlos y comerlos, nueva que para muchos de los nuestros fue bien terrible y espantosa, aunque Cortés con esto, no solo no perdió el ánimo, pero cobró mayor coraje, queriéndole hacer luego guerra y cercarlo en su propia casa y ciudad, para que toda la tierra entendiese lo poco en que tenía aquellas juveniles amenazas; pero Moctezuma se lo estorbó diciendo que Tezcuco era lugar muy fuerte y dentro en agua y que Cacamacín era orgulloso y bullicioso y tenía a todos los de Culhúa a su mandar, como señor de Culhuacán y Otumba, que eran muy fuertes fuerzas, y que le parecía mejor llevarlo por otra vía, y así Cortés guió el negocio todo por consejo y parecer de Moctezuma, enviando a decir a Cacamacín que le rogaba se acordase mucho de la amistad que había entre los dos desde que lo salió a recibir y meter en México y que siempre era mejor paz que guerra para hombre que tenía vasallos; que dejase las armas, porque en aquella su edad, como poco experimentado, el tomarlas era sabroso y el probarlas sangriento y trabajoso, como vería si proseguía lo comenzado; y que pues esto era lo más seguro y de ello el rey de España recibiría placer, le hiciese merced de hacer lo que le rogaba.

Respondió a esto Cacamacín tan soberbio como si fuera siguiendo la victoria, diciendo que él no quería amistad con quien le quitaba la honra y reino, sujetaba sus personas, oprimía su patria, deshacía su religión, y que la guerra en que se ponía era para deshacer todos estos agravios, y que así, estaba determinado, primero que dejase las armas, vengar a su tío y a sus dioses y poner la tierra toda en su antigua libertad, y que él no sabía quién era el rey de los españoles, ni lo quería oír, cuanto más saber, y que si él quería que no hobiese armas, que con todos sus españoles saliese luego de la tierra y que así habría amistad.

Cortés, aunque se enojó mucho con esta repuesta, no quiso responderle por el mismo tenor, antes, con toda la blandura que pudo, le tornó a amonestar y requerir muchas veces se dejase de lo comenzado, y como vio que aprovechaba poco, rogó a Moctezuma se lo mandase. Moctezuma le envió a decir que lo más presto que pudiese, viniese a México para dar algún medio y corte en las pasiones y diferencias que con los españoles tenía y a que fuese amigo de Cortés, pues le estaba tan bien. Cacamacín le respondió áspera y descomedidamente, lo que jamás pensó Moctezuma, diciéndole que si él fuera hombre y se tuviera en lo que era razón, conociendo lo que podía, no consintiera estar preso, a manera de cautivo, por mano de cuatro advenedizos, que con sus sabrosas palabras le tenían engañado, apoderándose cada día más de sus reinos y señoríos; y que pues él era tan poco que no volvía por sí, estaba determinado de perder primero la vida que volver atrás de lo que había comenzado, pues veía que la religión mexicana y dioses de Culhúa estaban abatidos debajo de los pies de los salteadores y embaídores; la gloria y fama de sus antepasados infamada, y perdida la libertad de la tierra, vuelta en servidumbre; introducidas otras leyes y costumbres, y, finalmente, en todo otro nuevo y diferente estado, y esto todo por su cobardía y poquedad, por lo cual le certificaba que iría a México, como se lo enviaba a decir, pero no las manos en el seno, sino muy a punto, con gran ejército, la espada en la mano, para no perdonar la vida a los españoles, que tanta mengua y afrenta habían hecho a la nación de Culhúa.

No se puede decir el grande peligro y riesgo que de perderse todos los nuestros estuvieron, porque los más que estaban en México eran capitales enemigos, y lo mismo los de fuera que seguían a Cacamacín, el cual, por ser animoso guerrero, porfiado, y tener mucha y muy buena gente de guerra, ponía el negocio en gran duda y a muchos de los españoles en desconfianza, por lo que veían que pasaba en casa y que oían y sabían qué pasaba fuera. Estaba Cortés determinado, sin más esperar, de salir al encuentro al camino a Cacamacín, aunque corría gran riesgo por los enemigos que dejaba en casa. Detúvolo Moctezuma, remediándolo por otra vía, entendiendo que de otra manera había de llover sobre él. Trató con ciertos capitanes y señores que en Tezcuco estaban con Cacamacín, con todo el secreto posible, se lo prendiesen y sin entregarlo a otros se lo trajesen ellos, los cuales, o por ser Moctezuma su rey, o porque le habían siempre servido en las guerras, o porque le eran aficionados, o por las grandes dádivas (que doquiera pueden mucho) que recibieron (y esto es lo más creíble), prendieron a Cacamacín un día, estando con él consultando las cosas de la guerra; y aunque él resistió lo que pudo y les afeó la traición, con todo esto, porque eran los menos de su parte, luego antes que la nueva se pudiese derramar por su ciudad, se metieron con él en unas canoas que para esto tenían apercebidas, bien armadas y con muchos remeros, para que las que en su seguimiento viniesen, no los alcanzasen. Dentro de pocas horas, sin otras muertes ni escándalos, le metieron en México, aunque le habían sacado de su propia casa, que cae sobre la alaguna y como era su señor, antes que le diesen a Moctezuma, vestido ricamente con sus insignias reales, puesto sobre unas andas muy ricas, como acostumbraban los reyes de Tezcuco, que después de los de México eran los principales señores, le metieron por el aposento de Moctezuma, pero él no le quiso ver, mandando que le entregasen a Cortés, el cual, con no poco contento, porque vio el negocio asegurado, le echó luego grillos y esposas y puso a recaudo y guarda, reprehendiéndole lo mejor que pudo su mal consejo. Dicen que a estas palabras se le saltaron las lágrimas y que no respondió cosa alguna.

Otro día, por voluntad y consejo de Moctezuma, hizo Cortés señor de Tezcuco y Culhuacán a Quizquiscatl, su hermano menor, que estaba en México con el tío y huido del hermano. Moctezuma le dio el título y corona de rey con la solemnidad y ceremonias que usaban; hízole un breve razonamiento en esta manera:

> Amado y querido sobrino mío, que de aquí adelante te tendré en lugar de hijo: Bien has visto cómo corrido y afrentado de tu hermano, Cacama te veniste huyendo a este mi palacio; no pensando jamás ser rey, has venido a serlo siendo aún vivo tu hermano, por su desobediencia y malos tratos; séate aviso para hacer el deber, porque no hay espada con que los reyes más se corten la cabeza que con el mal vivir y crerse de lisonjeros, los cuales, las más veces, fuerzan a los reyes a hacer cosas de que después se arrepienten sin poderlas remediar.

Quizquiscatl abrazó a Moctezuma, besóle las manos, prometióle obediencia y luego, se levantó, volviéndose a do Cortés estaba con todos los españoles que se hallaron en esta ceremonia real. Diole muchas gracias por la merced que le había hecho, prometióle ser tan su amigo como su hermano había sido enemigo. Hecho esto, como se dirá en el capítulo siguiente, se trató cómo fuese recibido en Tezcuco.

Capítulo XLIII. Cómo Quizquiscatl fue recibido por rey de Tezcuco y de lo que más sucedió

Después de coronado por rey Quizquiscatl, Cacama, que tan bullicioso era, lo sintió tanto que estuvo de sola tristeza muy al cabo de la vida. No se descuidó Cortés con él, porque tenía amigos y aficionados que deseaban ocasión para llevarle, como los otros le trajeron a Tezcuco; y si esto sucediera, no se podían dejar de seguir grandes escándalos y alborotos. Finalmente, con la buena guardia que Cortés le puso y con el gran pesar que le tenía ocupado, hubo mucho tiempo para que Quizquiscatl su hermano, fuese recibido por rey en Tezcuco.

Fueron con él muchos caballeros de la casa de Moctezuma, y Cortés envió de su compañía algunas personas principales, que no poco autorizaron al nuevo rey. envió delante Moctezuma dos embajadores avisando de lo que pasaba a los caballeros y principales que en Tezcuco estaban, porque los demás estaban en México con el nuevo rey, el cual, acompañado de Moctezuma y Cortés hasta salir de la imperial ciudad, se despidió de ellos, y acompañado de mucha gente, así de su ciudad como de la de México, fue por tierra, porque hobiese más lugar para hacerle fiesta. Pusiéronle muchos arcos en el camino y en ellos mucha música; lleváronle sobre unas andas muy ricas, en hombros, y ya que llegaba cerca de su ciudad, le recibieron con muchos bailes, danzas o mitotes. A la entrada de la ciudad, los gobernadores y los demás caballeros que tenían cargo de la república le tomaron sobre sus hombros, metiéndole en el palacio real. Uno de los más ancianos y más experto en los negocios, poniéndole una guirnalda de flores y rosas sobre la cabeza, habiendo gran silencio, aunque la gente era mucha, le dijo así:

> Poderoso Quizquiscatl, rey nuestro: Bien has visto la merced que los dioses te han hecho en traerte a tan gran señorío y dignidad de un caballero particular que, huyendo de tu hermano, estabas debajo del amparo de Moctezuma, sirviéndole como cualquiera de sus maestresalas, y esto ha sido por la soberbia y orgullo de tu hermano, que queda preso para no levantar cabeza en los días que viva, y por tu buena condición, que cierto eres amado de todos. Séate, pues, esto ejemplo y amonestación para que, puesto en tan alto estado, no mudes tu noble condición,

sino que antes te hagas más amable, pues tienes mayor poder para ello; que ya sabes que lo principal que los reyes deben conquistar y señorear son los corazones de los vasallos, tras los cuales se sigue forzosamente el ofrecimiento de sus personas y haciendas. Todos los que aquí vees, que no caben en este gran palacio, te están mirando, no como a hombre, sino como a dios, alegres y contentos de verse libres del duro dominio y áspero gobierno de tu hermano Cacamacín. Alégrate y regocíjate, que comienzas a reinar en contento de todos; trátate como rey; vive a tu placer, y los dioses te den toda prosperidad y muchos años de vida. Toda esta gran república por mí, a quien dio sus veces, te recibe muy alegre por su rey natural y señor, te acata como a padre, te venera como a dios, se te encomienda como hija y muchas veces te saluda, dándote la norabuena de tu venida.

Acabando así aquel sabio y facundo viejo, el nuevo rey, con graves y agradescidas palabras, respondió de esta suerte:

Muchas gracias doy a los dioses, que tantas mercedes me han hecho, no solamente por haberme librado de la persecución de mi hermano y puesto en sus días en esta silla real que él poseía, pero por haber entrado en este nuevo señorío con tan buen pie, con tanto contento y alegría vuestra, como bien habéis mostrado en el camino, y en esta mi ciudad habéisme recibido como a rey y señor vuestro, y lo que en más tengo, como a padre. Lo uno y lo otro me pone en grande obligación de quereros, trataros y amaros como a hijos naturales, procurando cuanto en mí sea vuestro adelantamiento, contento y alegría, para que yo con vosotros, vosotros comigo, pasemos la vida contenta y alegre; y, porque habréis entendido que el muy valeroso y muy valiente Hernando Cortés, con contento de mi tío Moctezuma, me ha puesto en estado tan grande, os encargo, mando y ruego lo respectéis, honréis y sigáis en lo que se le ofreciere, porque yo me confieso por gran deudor suyo; y si a los dioses pareciere, que toda la religión sea una, no tenemos más que desear para que todos seamos hermanos.

Concluyendo con esto, hechas otras muchas ceremonias, se fue la demás gente, quedando él con los oficiales y caballeros de su casa. Desta manera se remedió el peligro en que los españoles estaban, pues cierto, si hobiera dos Cacamas, no sé cómo lo pasara. Cortés por mucho valor que tuviera, el cual se extendió a tanto, que siendo no más que capitán, quitó y puso reyes, dio señoríos e hizo notables y maravillosos castigos.

Capítulo XLIV. La manera que Cortés tuvo en castigar una espía que Alonso de Grado traía por la Costa, y de la gran cantidad de cacao que una noche hurtaron a Moctezuma
Pasadas estas cosas, y estando los negocios en el peso que hemos dicho, Alonso de Grado, que era persona principal, por algunas mohínas o desabrimientos que debía tener con Hernando Cortés, tuvo muchos días una espía, español, en la costa, para ver si venía algún navío o mandado de Diego Velázquez, para hacer algún desabrimiento a Cortés; pero como sus negocios iban tan prósperos y los más de los hombres se inclinan adonde la fortuna tiende sus velas, no faltó quien avisase a Cortés de lo que pasaba, y así envió luego por el espía. Trajéronselo preso, metiéronlo por el patio donde estaba la guarnición de los españoles, las manos atadas con una soga a la garganta. No hubo comenzado a entrar, porque estaba así ordenado, para más afrentarle, a costumbre de guerra, cuando comenzaron los que tenían de ello cargo a tocar los tambores y a darle grita como a hombre infame y traidor a su capitán, de que el espía recibió muy gran afrenta y vergüenza, de manera que no osaba alzar los ojos. Tratóle mal de palabras Cortés, diciéndole que si no se le hiciera lástima le mandara ahorcar, pero que de ahí adelante lo miraría con otros ojos y trataría como él merecía. Con esto, no recibiéndole descargo, lo mandó echar en prisiones. Túvole así algunos días, hasta que por ruegos de Pedro de Alvarado y de otras personas principales le mandó soltar, pero no de manera que dentro de muchos días osase mirar al capitán ni alzase la cabeza avergonzado de lo sucedido y malquisto de los más, que eran los que seguían la parcialidad de Cortés, el cual con la prosperidad y buen suceso se hacía amar de los que le querían y temer de los que le aborrecían; porque de todos, por bueno que sea el capitán, es dificultoso o imposible, por la variedad de los pareceres y porque la envidia nunca se emplea sino en cosas altas y subidas.

Hecho este castigo, que a muchos de los indios principales pareció cosa bien nueva, una noche la gente del capitán de naborias, que serían hasta trescientos entre indios e indias, entraron en una casa de cacao que era de

Moctezuma, en la cual había más de cuarenta mil cargas, que era entonces gran riqueza y ahora mucho más, porque suele valer cada carga cuarenta castellanos. Comenzaron a carrear desde prima noche hasta cerca del alba. Pedro de Alvarado que supo esto dijo a Alonso de Ojeda, que estaba aquella noche velando a Moctezuma:

> Cuando hayáis rendido vuestro cuarto y viéredes que es tiempo, llamadme, para que yo también tenga parte en el cacao. Avisóle y fue allá con cincuenta personas. Estaba el cacao en unas vasijas como cubas grandes, hechas de mimbre, tan gruesas que no las podían abarcar seis hombres, embarradas por de dentro y por de fuera, todas puestas por su orden, que era cosa de ver. Sirven de troxas, así para el maíz como para otras semillas; consérvase en ellas mucho lo que se echa; algunas veces las tienen cubiertas por lo alto y abiertas por un lado; sirven de casas abrigadas, aunque las más veces de troxas, debajo de terrado.

Alonso de Ojeda, como vio que el día venía, primero que el tiempo se le acabase, con un bracamarte que traía cortó los cinchos a aquellas vasijas, las cuales hinchieron luego bien las faldas y mantas de los que buscaban cacao; vaciaron tres vasijas, en que habría seiscientas cargas, que cada carga tiene veinte, y cuatro mil almendras.

Otro día pareció el rastro del hurto. Hizo sobre ello Cortés pesquisa, y como supo que había sido en ello Pedro de Alvarado, lo disimuló, aunque a solas le dijo su parecer; que a ser otro, hiciera lo que antes en lo del liquidámbar, porque no es nuevo quebrar siempre la soga por lo más delgado.

Capítulo XLV. La plática que Moctezuma hizo a todos los reyes y Señores de su Imperio, rogándoles se diesen por vasallos del emperador don Carlos, rey de España
Después de la prisión de Cacama y de la elección de su hermano, y aunque otros dicen que de su hijo, estando las cosas en mayor quietud que nunca, o por persuasión de Cortés, que siempre procuraba hacer acertadamente, los negocios, o porque por su motivo se movió a ello, deseoso de dar contento a Cortés en lo que pudiese, envió sus embajadores con su anillo o sello a los príncipes y señores de su imperio, rogándoles se hallasen para el día que les

señalaba todos en la imperial ciudad de México, porque era negocio que a todos convenía. No fueron llegados los embajadores, según Moctezuma era obedecido y amado, cuando cada uno, lo más presto que pudo, se halló en la ciudad de México, conforme a su posibilidad con la mayor pompa y majestad que cada una pudo; y ya que todos hobieron llegado para el día que se les señaló, hechas las ceremonias que solía, cuando hacía Cortés, se sentaron por su orden en el real palacio todos aquellos señores con la demás caballería de la ciudad; y vestido Moctezuma de ropas reales, y Cortés y los suyos lo mejor que pudieron, hecho un asiento más alto que los demás, cubierto ricamente, donde Moctezuma y Cortés se sentaron, sin saber nadie del emperio mexicano lo que Moctezuma les quería decir, que fue lo que nunca pensaron. Hecha, pues, con la mano señal de silencio, con grande majestad comenzó Moctezuma a decirles así:

Queridos parientes, amigos y criados míos: Entendido tendréis por el discurso de diez y ocho años que aquí soy vuestro rey y emperador, lo mucho que os he amado, la gran confianza que de vosotros he hecho, lo bien que en justicia os he mantenido, el descanso y quietud que siempre os he procurado. También en este mismo tiempo, he yo conocido lo mucho que vosotros merecéis por haberme sido tan buenos y leales vasallos, y entre vosotros, algunos muy aficionados, amigos y parientes. De lo uno y de lo otro resulta que conforme a lo que yo os he amado y amo, y vosotros me habéis querido y queréis, habré pensado lo que os quiero decir, y si no creyera que así como a vosotros no convenía mucho, no os enviará a llamar con tanta diligencia y cuidado. Ya, pues, sabéis lo que de vuestros antepasados habéis oído y lo que nuestros sabios adivinos y sacerdotes, que cada día hablan con nuestros dioses, os han dicho, y por muy cierto, por muchas veces afirmado, que ni somos naturales de esta tierra, ni nuestro reino y señorío durará mucho tiempo, porque nuestros antepasados vinieron de lejos tierras, y el rey o caudillo que trajeron a la tierra se volvió dende a poco donde vino, diciendo que enviaría dende a poco quien los rigese y gobernase si él no volviese; y así desde mis tatarabuelos hemos siempre esperado este rey y señor que nos rigese y gobernase, el cual, como veis, es ya venido, pues el gran emperador de España nos ha enviado a su capitán Hernando Cortés, con los que con él vinieron, los cuales dicen que son nuestros parientes y que tienen de nosotros muchos [años] atrás, con estar tan apartados de nosotros, muy larga y grande noticia. Demos gracias a los dioses de que hayan venido en nuestros días los que tanto tiempo ha deseábamos, y lo que ha de ser no se puede excusar, y lo que los dioses quieren, hemos de hacer, aunque no queramos. Ruégoos mucho que comigo deis el homenaje a este capitán en nombre del emperador y rey de España, nuestro señor, pues ya yo me he dado por su servidor y amigo, y de aquí adelante, aunque esté ausente, le obedeceréis, serviréis y tributaréis como hasta aquí habéis hecho a mí, en lo cual veré lo que me amáis y conoceré que en lo que os he amado no he estado engañado.

Llegando a estas palabras no pudo sufrir las lágrimas ni reprimir los sospiros y sollozos que de su pecho salían, los cuales le estorbaron decir lo que más quería y enternescieron los corazones de todos los presentes, que eran infinitos, entre los cuales se levantó un tácito y callado llanto tan contino y hervoroso que los nuestros, con hacerse su negocio, no pudieron detener las lágrimas. Duró más de un cuarto de hora este sentimiento, sin poder responder aquellos príncipes y señores a Moctezuma, al cual, en el entretanto, tomó de las manos Cortés, diciéndole palabras de consuelo, porque cierto, negocio tan extraño y las palabras de lástima que aquellos señores decían, viéndole despojarse de su imperio, ponía gran lástima y habían bien menester lo que Cortés después dijo.

Capítulo XLVI. Lo que aquellos príncipes y Señores, aplacado su llanto, respondieron a Moctezuma, y de lo que Cortés les dijo

Sintieron tanto aquellos príncipes y señores del imperio mexicano las palabras que el gran señor Moctezuma les dijo, y llególes a las entrañas tanto el ver que su natural señor se desnudaba de tan gran imperio y señorío y que a sí y a los suyos todos entregaba y sujetaba a rey extraño y que no conocían, sino era por fama y relación, y que de esto pendía la mudanza de su religión, costumbres y leyes, que después de haber descansado algo del planto que habían hecho, algunos de ellos, que serían los más sabios y de más poder y a quien los demás dieron la mano, reprimiendo las lágrimas cuanto pudieron, le respondieron así:

> Muy gran señor emperador y rey nuestro: Todos los que aquí por tu mandado nos hemos juntado, parientes, amigos, criados y vasallos tuyos, te hemos oído con el amor, fidelidad y reverencia que te debemos, y si pensáramos que esto nos querías, no viniéramos acá, aunque no fuera sino por no ver llorar y hacer tan gran sentimiento a Monarca tan poderoso y señor nuestro; ¡cómo podemos dejar de sentir mucho mudanza tan grande y tan nueva, en la cual, como vees, está la mudanza de nuestra religión, leyes y costumbres!; pero, pues así parece a nuestros buenos dioses y ha tantos años que de ello hay pronósticos y profecías y que en ti se ha de acabar el imperio mexicano, pues forzosamente hemos de querer lo que los dioses quieren y tú te conformas con ellos, nosotros queremos lo que ellos y tú queréis, y así todos contigo nos damos y ofrecemos a Hernando Cortés que a par de ti está sentado, por vasallos y súbditos, en nombre del emperador de los cristianos y rey de Castilla, que a estas partes, según estaba pronosticado, le ha enviado.

No pudieron decir más palabras, por las lágrimas y altos sollozos que los impedían. Finalmente, hechas ciertas ceremonias acostumbradas en semejante caso, Hernando Cortés pidió luego todo lo que pasaba por testimonio a ciertos escribanos del rey que a esto asistieron, los cuales al pie de la letra escribiendo lo que había pasado, se lo dieron por testimonio, testificando cómo todos los príncipes y señores del imperio mexicano con su rey y emperador Moctezuma prometían vasallaje y fidelidad a don Carlos, emperador y rey de Castilla, y que de ahí adelante le acudirían con los servicios y tributos que hasta entonces habían acudido a Moctezuma su señor.

Acabado este negocio que tan importante ha sido y es a la Corona Real de Castilla, Cortés, con la gravedad que convenía y con las menos palabras que pudo, les dijo así:

> Príncipes y señores, amados amigos míos: Mucho he holgado que con tanta voluntad hayáis seguido el parecer del gran señor Moctezuma, pues en esto queréis lo que tantos años ha esperábades y lo que el verdadero y solo Dios nuestro [Señor] quiere y ha querido sea más en este tiempo que en otro atrás ni adelante, por vuestro bien, quietud y descanso; y aunque al presente no podéis dejar de sentir tanta novedad, en breve veréis, por el tratamiento que el emperador y rey mi señor, os hará, cuánto habéis acertado en lo que habéis hecho. En el entretanto, yo, que he

venido en su nombre, os haré todo placer. Moctezuma será tan gran señor, y asimismo vosotros, como hasta ahora lo habéis sido. Solo pretende el emperador de los cristianos ser vuestro amigo, sacaros del error en que habéis vivido, ampararos y defenderos en las guerras que se os ofrecieren, y porque el tiempo que vendrá hará cierto lo que os prometo, por ahora no os digo más.

Dichas estas palabras, cada uno se fue a su casa y Dios sabe con qué corazón. Cortés se fue con Moctezuma, agradesciéndole lo que había hecho, haciéndole mayores caricias que nunca y persuadiéndole por las mejores razones que podía a que perseverarse en lo comenzado, pues sus sacerdotes tantas veces le habían dicho que de la tierra oriental había de venir gente extranjera, blanca y barbuda, a señorear aquella tierra.

Acabado esto, otro día se platicaba en el vulgo cómo en Moctezuma se acababa el linaje de Culhúa y su señorío, y decían no fuera él ni se llamara Moctezuma, que quiere decir «enojado», sino por su desdicha. Decían también que los dioses le habían certificado que no gobernaría más de ocho años y que perdería la silla, no sucediéndole en ella hijo ni otro heredero, de adonde sacaban que por esto no había querido hacer guerra contra los españoles, sabiendo que habían de ser sus sucesores, aunque esto no lo tenía por muy cierto, pues había reinado más de diez y siete años. Finalmente, variaban, no entendiendo que Dios, que quita y da los reinos y señoríos, permitió que entonces se plantase esta nueva viña y que Satanás perdiese el señorío que por tantos años atrás con tanta tiranía había poseído.

Capítulo XLVII. El oro y joyas que Moctezuma dio a Cortés
Tomada ya la posesión de aquellos reinos y señoríos en nombre de Su Majestad, y hecho el reconocimiento y dado el vasallaje, como está dicho, pocos días después dijo Cortés a Moctezuma cómo el emperador y rey, su señor, a quien él había con todos los suyos con tanta razón dada la obediencia, tenía, como otras veces le había significado, necesidad de dineros para los grandes gastos que tenía en las guerras que hacía; y que pues ya todos eran sus vasallos, diese orden cómo él con ellos comenzasen a tributarle y hacerle algún servicio; por ende, que convenía enviar por todos sus reinos a cobrar todos los tributos en oro, y a ver qué hacían y daban los nuevos

vasallos. Moctezuma, aunque esto era cosa harto nueva para él, y para los suyos nada sabrosa, respondía con buen semblante, diciendo que le placía, y así, mandó que fuesen algunos españoles con ciertos criados suyos a la casa de las aves, los cuales, entrando en una sala, vieron gran cantidad de oro en planchas, tejuelos, joyas y piezas labradas. Maravillados de tanta riqueza, o porque no quisieron, o porque no osaron, no tomaron cosa hasta llamar primero a Cortés, el cual fue allá y no dejó nada que no lo llevase todo a su aposento. Mostró Moctezuma holgarse de ello, aunque sus criados y aquellos señores no lo podían disimular. Dio sin esto, muchas y muy ricas ropas de algodón y pluma maravillosamente texidas en colores y figuras tan extrañas cuales hasta entonces jamás los españoles habían visto; dio más, doce cebratanas de fuslera y plata muy labradas y vistosas con que él solía tirar; las unas pintadas y matizadas de aves, animales, rosas, flores y árboles, todo tan al natural que ocupaba bien los ojos y el entendimiento al que las miraba; las otras eran vaciadas y cinceladas con tan gran primor y sotileza como la pintura; las redes para turquesas y bodoques eran de oro y algunas de plata. No contento con esto, por mostrar bien asaz el amor que a Cortés tenía y cómo deseaba en todo complacerle, envió criados de dos en dos y de cuatro en cuatro y de cinco en cinco, con un español en compañía, a todas sus provincias y a las demás tierras de señores y amigos y confederados, ciento y ciento y veinte leguas de México, a coger oro por los tributos acostumbrados, o por nuevo servicio, para el emperador. Fue en esto tan obedecido, que aunque sabían que era para rey extraño, cada provincia y cada señor dio la medida y cantidad que Moctezuma pidió y señaló, en joyas de oro y plata, en tejuelos, en perlas y piedras.

A cabo de muchos días vinieron todos, los mensajeros, aunque unos, según la distancia, primero que los otros. Trajeron consigo los tributos, los cuales, luego que vio Moctezuma, venir como convenía, los mandó enviar a Cortés, el cual los recogió por mano de los Tesoreros. Fundidos los tributos que venían en oro, sacaron de oro fino 160.000 pesos; dicen algunos que fue mucho más, y de plata, que entonces no había mucha, por no saberla sacar, más de quinientos marcos. Repartió Cortés por cabezas el oro y plata entre los españoles; no se dio todo, sino señalóse a cada uno según era; al de a caballo, doblado que al peón, y a los Oficiales y personas de cargos y cuenta se dio ventaja. Pagósele a Cortes de montón lo que le prometieron en la Veracruz. Cupo al rey de su quinto más de 32.000 pesos de oro y 100 marcos de plata, de la cual se labraron platos, escudillas, tazas, jarros, saleros y otras piezas a la manera que los indios las labran y usan, para enviar al emperador. Valía, aliende de esto, 100.000 ducados lo que Cortés apartó de toda la gruesa antes de la fundición, para enviar por presente, con el quinto, en perlas, piedras, ropa, pluma, joyas de oro y plata y pluma a manera de las cebratanas, que par su extrañeza eran de gran valor, pues las piezas labradas de oro y plata eran peces, aves, sierpes, animales, árboles, frutas y otras cosas de esta suerte, maravillosamente contrahechas, que puestas en España, espantaran a cuantos las vieran. No hubo esta dicha, por la gran desgracia que después sucedió, como diremos, en el desbarato de los españoles, cosa bien lastimosa que jamás se olvidará. Dicen que Cortés, aunque hizo el repartimiento, no dio casi nada, y después cuando vio que no había otro remedio, para salvarse sino como cada uno pudiese salir de México, dijo a los suyos, que no debiera, porque fue ocasión para perderse muchos: «Tome dese tesoro cada uno lo que pudiere»; y así fue que con la demasiada codicia, cargándose de oro, vinieron a morir con él.

Capítulo XLVIII. Cómo acordó Moctezuma que Cortés se fuese de México, y de las causas que le movieron a ello
La fortuna, que jamás por mucho tiempo está en un ser, ni muestra el rostro de una manera, habiendo hasta este tiempo rnostrádose tan próspera a Hernando Cortés, usando de su variedad e inconstancia, se le comenzó a mostrar adversa y contraria cuando menos pensaba, porque como se vio tan pujante y próspero, ocupaba el pensamiento unas veces en enviar a Santo Domingo y otras islas dineros y nuevas de la tierra y de su prosperidad, convidando a los conocidos y no conocidos a que viniesen a ella con armas y caballos, porque para tan gran reino eran muy pocos los que con él estaban; otras veces trataba de apoderarse de todo el estado y señorío de Moctezuma, viendo que le tenía preso y de su bando a los de Tlaxcala y a los de Coaleticamatl y Tuchintle y que sabía de cierto que los de Pánuco y Tecoantepeque y los de Michoacán eran mortales enemigos de los mexicanos y que le ayudarían cuando menester los hobiesse; otras veces se

ocupaba en cómo haría cristianos a todos aquellos indios, lo cual procuró luego como mejor pudo, porque cierto siempre tuvo ojo a este fin que (como lo era) lo tenía por principal, aunque hasta ahora es tan dificultoso, por las malas inclinaciones de los indios, que ha habido siempre bien que hacer. No les asoló los ídolos por no indignarlos, pero vedó matar los hombres en sacrificios, puso cruces e imágenes de Nuestra Señora y de otros Santos por los templos, haciendo que los clérigos que había, porque después vinieron los frailes, dijesen misa cada día y bautizasen a los que quisieron ser bautizados, que fueron pocos, o porque se les hacía de mal dejar su envejecida religión, o por el miedo que tenían a los otros, que eran más. Finalmente, los nuestros no atendieron a esto mucho por parecerles que no era tiempo, esperando mejor coyontura para que no retrocediesen.

Cortés oía cada día misa, mandando que todos los españoles la oyesen y suplicasen a Dios llevase los negocios adelante con la prosperidad que al principio les había concedido. Estando, pues, en tan altos y tan prósperos pensamientos, o por sus pecados, o por ocultos juicios de Dios, comenzó Moctezuma a volver la hoja; vino en este tiempo Pánfilo de Narváez contra él; echáronle no muchos días después los indios de México, tres cosas por cierto bien notables, las cuales iré prosiguiendo por su orden.

La mudanza de Moctezuma fue tan clara que envió a llamar a Cortés, y con otro muy diferente rostro que el de antes y con otras palabras de las que él solía decir, le recibió y habló, como luego diré. Tres cosas movieron a Moctezuma a mudarse del propósito en que hasta entonces había estado, de las cuales las dos eran públicas. La una fue el porfiar de los suyos, que siempre le daban en cara su pusilanimidad y flaqueza diciendo que como vil mascegoal se dejaba estar en prisión, siendo el mayor señor del mundo; que luego, sin más traerlos en palabras, echase a aquellos advenedizos españoles, o los matase, porque era grande afrenta y mengua suya y de todos ellos que tan poquitos extranjeros le sojuzgasen y acoceasen a él y a tantos señores y caballeros como en sus reinos había, quitándoles la honra, robándoles la hacienda, cohechándoles todo el oro y riqueza de los pueblos y señoríos para sí y para su rey, que debía de ser pobre, pues de tan lejos enviaba por oro; y que si él quería salir de la prisión, que todos, como lo habían hecho, le servirían y pondrían en libertad, y si no, que tampoco ellos le querían por señor, pues no era para serlo, y que no esperase mejor fin que Qualpopoca, siendo tan gran príncipe, y Cacama, siendo su sobrino, rey de Tezcuco; que se determinase luego al sí o al no, porque diciendo de no, eligirían otro rey: palabras ásperas y que mucho movieron a Moctezuma al determinarse al sí.

La otra fue que el diablo, como se le aparecía y perdía tanto con la venida de los cristianos, le dijo muchas veces y con amenazas que matase a aquellos codiciosos españoles, o los echase de su reino, pues eran tan sus enemigos, si no, que se iría sin que él ni los suyos cogiesen sus sementeras ni tuviesen salud, porque le atormentaban mucho y daban gran enojo las misas, el Evangelio, la Cruz y el bautismo de los cristianos. Moctezuma le respondía que no era bueno matarlos siendo sus amigos y hombres de bien, pero que les rogaría se fuesen, y cuando no quisiesen entonces los mataría. A esto replicó el demonio que lo hiciese así, porque en ello le haría grandísimo placer, porque o se había de ir él o los españoles, porque dos contrarios no podían vivir bien en una casa. Moctezuma con esto se despidió muchas veces del demonio, llevando en corazón a lo que después se determinó.

La tercera causa, que fue oculta, a lo que se sospechó, fue ser Moctezuma algo más mudable que otro hombre y que se había repentido de lo que se había hecho y le pesaba de la prisión de su sobrino Cacama, al cual antes había querido mucho, porque a falta de sus hijos, le había de suceder el imperio, y porque conocía que poco a poco se iban apoderando los españoles, haciéndose señores de sus tierras, y lo que peor era, de sus personas, y porque el diablo le había dicho que no podía hacer mayor sacrificio ni más acepto servicio a los dioses que matar o echar de su tierra a los cristianos; y que si así lo hiciese, no se acabaría en él el imperio de los emperadores de Culhúa, sino que antes, con mayor prosperidad, se iría dilatando y que reinarían tras de él sus hijos y descendientes y que no creyese en agüeros, pues era ya pasado el octavo año y andaba en el diez y ocheno de su reinado. Por estas causas y por otras que no se supieron, mudó parecer Moctezuma e hizo lo que en el capítulo que se sigue diré.

Capítulo IL. Cómo Moctezuma apercibió de secreto cien mil hombres y lo que pasó entre él y Cortés
Importunado Moctezuma y aun compelido, según hemos dicho, de los suyos, donde se verá lo mucho que muchos pueden contra la voluntad de uno, por muy poderoso que sea, mandó muy de secreto, sin que Cortés lo supiese, apercebir cien mil hombres de guerra, para matar o echar de la ciudad a los nuestros, si de su voluntad no quisiesen salir de ella. Hecho esto salió disimuladamente al patio con muchos de sus caballeros a quien había dado ya parte del negocio; envió, por complacerlos, con mucha severidad y prisa, no como solía, a llamar a Cortés, el cual se receló luego y entendió la novedad. Dijo a los que con él estaban:

> No me agrada ese mensaje, plega a Dios que sea por bien, que no me ha parecido que lleva camino esta embajada de lo que pretendemos.

Tomó consigo doce españoles de los que más a mano halló; fue reportándose lo más que pudo, disimulando la alteración que llevaba; llegó con buen semblante donde Moctezuma estaba; saludóle muy comedidamente; preguntóle qué mandaba. Moctezuma se levantó a él con rostro grave, bien diferente del que solía; tomóle de la mano; metiólo en una sala, y como ya estaba algo enseñado de la pulicía castellana, mandó traer asientos para entrambos, y después que se hobieron sentado, estando todos los demás en pie y dos intérpretes a los lados, algo apartados, no con aquel amor que solía, le dijo: «capitán Cortés: Mis dioses están de mí mal enojados porque tanto tiempo os he consentido estar en mi ciudad, poniendo cruces, derribando mis principales ídolos, introduciendo nueva religión, de que ellos están muy sentidos. Dicen que me quitarán el agua, destruirán las sementeras, enviarán pestilencia, y lo que más siento, harán señores de mi estado a mis enemigos. Ruégovos que luego, sin más dilación, salgáis de mi ciudad y tierra, si no queréis morir. Pedidme lo que quisierdes y dároslo he, porque os amo mucho y he amado, como por las obras habéis visto; y si esto no fuera así no os lo rogara, porque, como veis, soy poderoso para haceros mal aunque fuérades muchos más y no penséis que os digo esto burlando, sino muy de veras y que no os

443

lo diré otra vez. Tomad de mis tesoros todo lo que quisierdes, id contentos, que mis dioses no han querido ni quieren pasar por lo que hasta ahora se ha hecho; y pues veis que no puedo hacer otra cosa, así por su honor como por el mío, no recibáis pena, pues mayor es vivir entre muchos contra su voluntad y contra la de los dioses que a todos nos sustentan; por ende, cumple que así se haga en todo caso». No dijo más palabra, esperando con gran severidad a lo que respondería Cortés, el cual, con esforzado y generoso ánimo, disimulando el pesar, con rostro alegre, viendo que no podía al hacer, poco antes que el intérprete declarase lo que Moctezuma había dicho, dijo a un español: «Corred y apercibid a los compañeros que estén a punto, porque se trata de sus vidas». Entonces se acordaron los nuestros bien de lo que los tlaxcaltecas en su ciudad les habían dicho. Vieron claro ser bien menester gracia de Dios y buen corazón para salir de aquella afrenta.

Como acabó el intérprete, Cortés, como si le dijeran lo contrario, respondió:

Entendido tengo, muy poderoso señor, lo que me amáis y agradéscooslo mucho y bien veo que por vos nunca he quedado que estemos en vuestra compañía; pero pues así parece a vuestros dioses y a vuestros vasallos, no quiera Dios que estemos a vuestro pesar. Ved cuándo mandáis que nos vamos, que así se hará.

Holgóse mucho Moctezuma con esta respuesta, y así replicó:

No quiero que os vais sino cuando quisierdes; tomad el tiempo que os pareciere y entonces os daré a vos cuatro cargas de oro y a cada peón una y a los de a caballo dos.

Cortés a esto le dijo que le besaba las manos, pero que ya sabía cómo había dado con los navíos al través, luego como a su tierra había llegado, y que sin otros como aquellos no podía volver a su tierra; por tanto, que le suplicaba mandase llamar sus carpinteros para cortar y labrar la madera, que él tenía quien hiciese los navíos (este era Martín López), y hechos los navíos nos iremos luego si nos dais lo que prometido habéis, «y así lo podéis decir a vuestros dioses y a vuestros vasallos».

Parecióle por extremo bien esto a Moctezuma; mandó llamar luego carpinteros; hizo cortar la madera; proveyó Cortés de maestros a ciertos españoles para que hiciesen lo que Martín López ordenase. Comenzaron a labrar grandes pinos con mucha furia y calor por el deseo que los indios tenían de verlos fuera. Moctezuma, que no debía de ser muy malicioso, creyó ser todo así. Cortés en el entretanto habló con sus españoles y dijo a los que enviaba al monte:

> Moctezuma quiere que nos vayamos de aquí, porque sus vasallos ni el diablo no le dejan; conviene que se hagan navíos; id con esos indios y córtese mucha madera, que en el entretanto Dios, Nuestro Señor, cuyo negocio tratamos, proveerá de gente y remedio para que no perdamos tan buena tierra, y así es menester que, aunque andéis muy diligentes, pareciendo que os dais mucha prisa, vais muy despacio, entreteniendo el tiempo, para que no seáis sentidos, y de Cuba tengáis algún socorro. Id con Dios y avisadme por horas de lo que pasare, para que con tiempo proveamos lo que conviniere.

Capítulo L. El miedo que los españoles tuvieron de ser sacrificados
Estando los negocios de esta manera, pasados ocho días que aquellos hombres habían ido a cortar madera, llegaron a la costa de Chalchicoeca, que es la Veracruz, quince navíos, y como Moctezuma por toda la costa tenía personas de cuenta que luego por la posta le hacían saber lo que de nuevo sucedía, los que estaban en atalaya dieron luego mandado de la llegada de los navíos a los capitanes de las guarniciones, los cuales enviaron luego a Moctezuma mensajeros que en cuatro días caminaron ochenta leguas y le dieron por pintura (que éstas eran sus cartas) noticia de lo que pasaba, el cual temió. Llamó a Cortés, que no menos receloso estaba, o de algún furor del pueblo, que nunca está de un parecer, o de algún antojo de Moctezuma. Cuando Cortés supo que juntamente con la embajada Moctezuma salía a palacio, tuvo entendido que si pretendía dar en los españoles, que no quedaba hombre a vida, y así, viéndolos a todos juntos, porque no se le osaban desmandar, les dijo:

Señores y amigos que conmigo hasta ahora por tantos trances y peligros habéis perseverado: Ya veis cómo Moctezuma me envía a llamar, no a son de preso, sino muy de señor, y que nos tiene la lanza encima; no lo tengo por buena señal, habiendo precedido lo del otro día. Yo voy a ver lo que quiere; estad sobre aviso; no os descuidéis punto, pues las piedras antes vistas hieren menos, casi algo intentaren estos indios, podremos, como avisados, hacer mejor nuestro hecho. Póngaseos solo Dios delante de los ojos, por quien cuanto hiciérdes es poco.

Ellos le respondieron tan valerosamente como él les habló, diciéndole:

Señor, siendo vos nuestro caudillo, en vuestra buena ventura y en mérito de la santa empresa que entre las manos tenemos, ni temor ni peligro bastarán a que volvamos pie atrás, porque como sabemos que vos no nos habéis de dejar, así nosotros no os desampararemos, aunque haciéndolo pensásemos escapar la vida, porque en mucho más tenemos nuestro honor que la muerte, por áspera que sea.

Alegre con esta respuesta Cortés, y alentado como si tuviera consigo diez mil españoles, tomando algunos de ellos, diciendo a los que quedaban, que estuviesen sobre aviso, se fueron donde Moctezuma estaba, el cual, con gravedad de señor y de príncipe que no temía, le dijo:

Señor capitán: Sabed que son venidos navíos de vuestra tierra en que podréis iros; por tanto, aderesáos lo más presto que pudierdes, porque conviene así no haya dilación.

A Cortés no supo bien esto; pero con palabras sabrosas, disimulándolo, le respondió, haciendo que no entendía lo que Moctezuma le había dicho:

Muy poderoso príncipe: Merced me hacéis en mandarme que me vaya, porque, aunque fuera mi descontento hacerlo, por haceros servicio no lo tuviera por pesadumbre; pero los navíos que mandé hacer no están acabados y cuando lo sean haré lo que vuestra Alteza manda.

A esto le replicó Moctezuma:

Once navíos están en la playa cerca de Cempoala, y en breve tendré aviso si los que en ellos vienen han saltado en tierra y entonces os diré qué gente es y cuánta.

Cortés con esto se alegró en gran manera, tanto que levantadas las manos al cielo, dijo con lágrimas de contento:

Muchas gracias te doy, Dios verdadero y omnipotente, por las mercedes que a mí y a mis compañeros en la mayor necesidad nos haces.

Y porque los que quedaban con recelo se alegrasen y cobrasen ánimo, despachó luego un compañero que les diese la buena nueva, la cual oída, no se puede decir el gozo que sintieron, porque hincadas las rodillas en tierra, levantadas las manos y los ojos al Cielo, a una, alabaron a Dios, y levantados, unos a otros se abrazaron con gran placer, como los que tenían ya seguras las espaldas y la empresa casi concluida.

Estando, pues, en sus pláticas Cortés y Moctezuma, llegó otro correo de a pie y en pintura mostró y por palabra dijo, cómo ya estaban en tierra ochenta de a caballo y ochocientos infantes, doce tiros de fuego, de todo lo cual Moctezuma mostró a Cortés la figura en que venían pintados hombres, caballos, tiros y naos. Hecho esto como prudente, y que vía que Cortés había de ser más poderoso, con alegre rostro se levantó a él, abrazándole, y haciéndole grandes caricias, le dijo: «Ahora os amo más que nunca; quiérome ir a comer con vos». Cortés le rindió las gracias por lo uno y por lo otro; tomáronse por las manos y fuéronse al aposento de Cortés, el cual avisó a sus compañeros no mostrasen alteración, sino que todos estuviesen juntos y sobre aviso y diesen gracias a Dios por las buenas nuevas. Moctezuma y Cortés comieron solos, con mucho regocijo de la una nación y de la otra, diciéndose palabras de mucho amor, aunque el contento, así de los dos, como de los españoles e indios, emanaba de diferentes causas; porque los nuestros estaban alegres pensando quedar y sojuzgar el reino y gente; los otros, creyendo que se irían los nuestros con los demás que habían llegado en aquellos navíos, y que así quedarían libres y sin subjección de los huéspedes que tanto aborrecían.

Dicen algunos que de esto pesaba a Moctezuma y que, sintiéndoselo un capitán suyo, le aconsejó que matase de presente a Cortés y a los que con él estaban, pues eran pocos, y que de esta manera tendría menos que matar en los que venían, y que no los dejase juntar, porque serían más fuertes, porque muertos los que en México estaban, no osarían llegar los que venían. Puso este consejo en muy gran duda a Moctezuma, y no queriéndose determinar por su parecer, llamó a consejo a los señores y capitanes, y puesto el caso y parecer de aquel capitán, les encargó que con toda fidelidad y cordura le dijesen lo que más convenía, porque se determinaría en ello. Hubo, como siempre suele, en semejantes consultas, diversos votos y pareceres, pero al cabo se determinó que dejasen llegar a los españoles que venían, pareciéndoles cobardía matar primero los pocos y después los muchos, y que siendo todos juntos, la gloria y renombre, por todo el mundo, de su hecho, sería mayor, y que matando primero los que en México estaban, se volverían los otros y no se podría hacer el solemne sacrificio que de ellos los dioses pedían.

Con esta determinación se iba entreteniendo aquella imperial Corte de Moctezuma, el cual, acompañado de quinientos capitanes y señores, pasaba cada día a ver a Cortés. Mandó le sirviesen y regalasen y a los suyos mejor que hasta allí, pues había de durar tan poco, lo cual hicieron los criados de Moctezuma, diciendo, como después se supo, que era bien regalarlos como a los capones, para que en la muerte estuviesen más gordos y el sacrificio fuese más grueso.

Capítulo LI. La noticia que Rangel tuvo de la llegada de Narváez y de lo que sobre ello hicieron él y Juan Velázquez de León

Dicho he cómo Hernando Cortés envió a Rodrigo Rangel con sesenta españoles a Chinantla a buscar oro por mandado de Moctezuma, el cual estaba indignado con los de aquel pueblo, porque al tiempo que los nuestros desembarcaron le mataron mil hombres que allí tenía con sus mujeres, recogiendo las rentas reales. Juntóse con Rodrigo Rangel Juan Velázquez de León, con treinta compañeros que iban a Tlatetelco y a otros pueblos con la misma demanda de oro. Estando, pues, todos juntos en Chinantla, juntando el oro que habían recogido, llegaron ciertos indios corriendo, que les dieron nueva cómo en la costa andaban muchos navíos y que aún no habían surgido. Oída esta nueva, Rangel y Juan Velázquez, llevando consigo tres o cuatro cargas de oro, salieron de Chinantla, y llegados que fueron tres leguas de Tuztepec, hacia un río grande que corre por aquellos términos, hallaron grandísimas rancherías de indios y sin gente, las cuales rancherías no estaban hechas al tiempo que iban a Chinantla. Creyóse, y por muy cierto, que los indios las habían hecho para matar a los españoles cuando por allí volviesen; pero como vieron las naos que por la costa andaban, no se atrevieron, y así, desampararon los asientos que habían hecho. Juan Velázquez se adelantó y poco después llegó Rangel a Tuztepec, y no fue tan presto que ya Juan Velázquez no tuviese carta de Narváez, por la cual le decía que vista aquélla se llegase luego a la costa, para tratar con él como con amigo y deudo de Diego Velázquez lo que convenía, el cual estuvo algo suspenso, no determinándose luego en lo que había de hacer, porque por la una parte veía que Diego Velázquez le era deudo y amigo, y que por esto convenía acudirse a su parte; por otra vía, la buena andanza de Cortés, a quien Dios tanto favorecía y le daba hechos los negocios, el buen tratamiento que le había hecho y la confianza que de su persona tenía. Al fin pudo más esto, y así mostró la carta a Rangel, luego como llegó, comunicando con él qué sería bien hacer, el cual, por ver lo que Juan Velázquez diría, o por no decir su parecer primero que él, que siempre por el parentesco que con Diego Velázquez tenía había sido sospechoso, le dijo que dijese él lo que le parecía, porque eso harían. Entendida por Juan Velázquez la intención de Rangel, dijo:

> Nosotros hemos jurado por nuestro capitán a Hernando Cortés, y por tal nos le dio Diego Velázquez. Traición sería dejarle mereciendo que le sigamos y muramos por él, y así, yo, si os parece, estoy determinado de no hacer otra cosa, pues ya tenemos lo más hecho y ninguno vendría que más bien nos trate ni más bien nos haga.

Rangel se holgó mucho con esta determinación; abrazólo y díjole que él diría a Hernando Cortés la obligación en que le era. de esta manera, juntando su gente, sin parar de noche, ni de día, doblando jornadas, caminaron la vuelta de México, hasta que bien cansados llegaron a Cholula, de donde dieron aviso a Hernando Cortés, el cual les escribió se estuviesen quedos, porque él iría allá dentro de ocho días y les diría lo que se había de hacer. Estando las cosas así, al cabo de los ocho días llegó Cortés con obra de ciento y diez hombres, de manera que por todos vinieron a ser doscientos y diez; los demás quedaron con Pedro de Alvarado en México, guardando a Moctezuma. Estuvieron allí aquel día y otro que llegaron. Repartió Cortés el oro entre los compañeros, acariciólos, regalólos, como el que sabía cuánto los había menester, e hizo otras cosas muchas primero que de México saliese, como luego diremos después que hayamos dicho en el capítulo que se sigue por qué y cómo Diego Velázquez envió a Pánfilo de Narváez.

Capítulo LII. Por qué y cómo Diego Velázquez envió contra Hernando Cortés a Pánfilo de Narváez
No se puede decir el pesar y enojo que Diego Velázquez tenía con las prósperas nuevas que oía de Fernando Cortés y de la buena maña que en todo se había dado, pagándole (como dice Oviedo) como él había pagado al Almirante Colón, aunque Cortés, como al principio dije, con mucha razón estuvo obligado a seguir su buena fortuna, pues para ello había gastado toda su hacienda, que entonces no era pequeña, y la de sus amigos y puesto su vida tantas veces a riesgo.

Estaba, pues, Diego Velázquez muy enojado, no tanto porque Cortés no le había hecho ningún reconocimiento ni por lo que había gastado, que en esto hay diversas opiniones, cuanto por la honra e interese grande que había perdido en no haber acometido él por su persona tan próspero y dichoso viaje, que comparado el de Cuba con él era nada. Acrecentaba su dolor el saber cómo ya Cortés había enviado a España, al emperador don Carlos, la relación de lo sucedido y el quinto de lo rescatado, con hermosos presentes que de lo que a él pertenecía había hecho, enviando a Francisco de Montejo y Alonso Hernández Puertocarrero, sobrino del conde de Medellín, por sus procuradores personas, como convenía para tal negocio, de mucha calidad y seso. Estando, pues, Diego Velázquez de esta manera, determinó de no cometer el negocio que a su persona, pareciéndole como él lo era, que Hernando Cortés le respectaría y servirían los más que con él estaban, por ser los unos sus criados, otros sus deudos y los demás sus amigos; pero como no era para él lo que había de alcanzar a Cortés, ya que estaba en Guaniguanico aderezándose para hacer la jornada, un oidor de la Isla Fernandina (dicen que era Lucas de Ayllón), llegando [a] aquel puerto por comisión del Audiencia, le requirió que en ninguna manera saliese de su gobernación, porque la isla de Cuba y la de Santo Domingo se despoblaban, por querer irse los más conquistadores y moradores de ellas con él, en lo cual Dios y Su Majestad del emperador serían muy deservidos, porque los indios serían poderosos contra los pocos que podían quedar y que con su presencia sustentaría aquellas islas; y que pues podía enviar capitanes muy bastantes, lo hiciese y no pusiese su persona a riesgo, a la cual querían seguir todos, los unos porque lo amaban mucho, y los otros (según las nuevas habían oído) por el gran interese que pretendían.

Oído este requerimiento, no faltaron hombres valerosos como Bermúdez, Vasco Porcallo de Figueroa, Pánfilo Narváez y otros, que por ir cada uno con la empresa porfiaron que se quedase, diciéndole que valía más lo cierto que lo dudoso y que convenía en todo caso hiciese lo que el oidor decía, pues era tan en honra de su persona y servicio de Dios y del rey.

No pudo Diego Velázquez, como era afable y bien acondiscionado, resistir tanto al parecer de tantos que, aunque le pesó de ello, no condescendiese luego con lo que querían, y así se volvió luego a Santiago de Cuba, donde tenía su casa. Comenzó de secreto con sus amigos a tratar a quién sería bien encomendar el negocio. Estuvo de parecer de enviar a Baltasar Bermúdez, su sobrino, y cuando se declaró no faltaron personas que, poniendo inconvenientes, le hicieron poner los ojos en Vasco Porcallo de Figueroa, al cual llamó y encargó el negocio.

Ya que lo más estaba hecho, comenzó Diego Velázquez a entibiar y a mostrar pesar de habérselo encargado. Como Vasco Porcallo lo entendió, delante de muchos caballeros que presentes se hallaron, aunque comedidamente, con palabras sañudas, le dijo:

Señor: Bien fuera que primero que vuestra Merced me pusiera en este negocio, lo pensara bien para no arrepentirse después y afrentarme a mí. Bien sé que no faltan émulos y envidiosos que les pesa de lo que vuestra Merced comigo ha hecho, queriéndolo cada uno para sí, y pues es uno y no muchos el que ha de ir por capitán general contra Hernando Cortés, escójale vuestra Merced tal que después no me eche menos, porque Cortés es hombre, como vuestra Merced ha entendido, que

451

sabrá defenderse y aun ofender. Yo desde ahora para siempre renuncio al cargo y digo que aunque vuestra Merced y el rey me lo manden no lo aceptaré, y plega a Dios no suceda el negocio como ha llevado los principios, porque hay muy pocos, aunque presumen mucho, que sepan avenirse con Hernando Cortés.

Dichas estas palabras, volvió las espaldas, sin esperar respuesta, de que quedó bien confuso Diego Velázquez, porque conocía que Vasco Porcallo tenía valor; y como se le cerró tanto, no se atrevió a importunarle aceptase el cargo, y así, en ausencia de Baltasar Bermúdez y Vasco Porcallo, entró en consulta con algunos de sus amigos, tratando con ellos a quién les parecía que eligiese. Hubo diversos pareceres, pero los más fueron, porque era bienquisto, ya que ninguno de los dos dichos iba, que fuese Pánfilo de Narváez, hombre al parecer cuerdo y muy animoso, aunque demasiadamente confiado.

Hecha esta determinación, uno de los que en ella se hallaron, determinado de ir con Pánfilo de Narváez, blasonando, como suelen los cobardes, en ausencia, dijo a Diego Velázquez: «Señor: Muy acertada ha sido la elección; yo iré en servicio de vuestra Merced con Pánfilo de Narváez, y por la barba traeré preso a Hernando Cortés». No pudiendo sufrir estas palabras un caballero que allí estaba, dijo:

> Por cierto que el hombre más ruin y para menos que llevó Cortés consigo fue un Fulano, porquero mío, y que si yo allá fuese no osaría prenderle por la mano, cuanto más por la barba, y en eso afrentáis al señor Diego Velázquez, pues dais a entender que envió hombre tan vil a quien vos podáis prender por la barba. De ningún ausente se ha de decir mal, especialmente de Hernando Cortés, delante del cual, si vos estuviésedes, no osaríades hablar.

Muy bien pareció a todos, como era razón, lo que este caballero dijo, y merecíalo Cortés, por las muestras que de su valor había dado. Mandó Diego Velázquez que el otro callase, y así sin ir el negocio más adelante salieron todos de la consulta, acudiendo de ahí adelante a casa de Pánfilo de Narváez.

Capítulo LIII. Cómo se aprestó Pánfilo de Narváez, y de cómo Diego Velázquez procuró tomar el navío que Hernando Cortés enviaba a España

En el entretanto que estas cosas pasaron, supo Diego Velázquez que Hernando Cortés, con aquellos caballeros sus procuradores, enviaba un navío cargado de cosas de la tierra y de la plata y oro, que había podido allegar, en lo cual entraba el quinto y el presente que Cortés y otros caballeros de lo que a ellos pertenecía, enviaban. Armó luego, sabido esto, una o dos carabelas, despachólas con toda prisa que pudo para tomar la nao que Cortés enviaba, para que todo fuese en su nombre, y Cortés no gozase de su industria y trabajo, diciendo que así se cortaría el hilo a sus pensamientos y a la traición que él había hecho, como si lo fuera [a] acudir con lo sucedido a su rey y señor. envió, para mayor confianza, en la una carabela, a Gonzalo de Guzmán, que después de su muerte le sucedió por gobernador. Era, empero, la ventura de Cortés tan buena que no se dio tanta prisa Diego Velázquez que no pasó su nao primero, de manera que aunque las carabelas anduvieron de acá para allá, atrás y delante algunos días, no pudieron hallar rastro ni saber cosa alguna, de que Diego Velázquez recibió gran pena, la cual se le aumentaba con las nuevas que le traían cada día de Cortés, diciendo las extrañas y nunca oídas hazañas que había hecho, el gran seso con que gobernaba los negocios y la mucha cristiandad con que los comenzaba y acababa, las mercedes que en grandes peligros Dios le había hecho; lo cual le era tan áspero que, aunque redundaba en servicio de Dios, no lo podía sufrir con paciencia, diciendo palabras fuera de su natural condición, doliéndose que por quedar con lo poco había perdido lo mucho.

Estando, pues, con este pesar y enojo, determinado, por cualquier vía que pudiese, de destruir y deshacer a Hernando Cortés, llegó a Santiago de Cuba su capellán, Benito Martín, el cual le traía cartas favorables del emperador y título de adelantado, con cédula de la gobernación de todo lo que hobiese descubierto, poblado y conquistado en tierra de Yucatán, con lo cual holgó por extremo, y más por echar a Cortés de la prosperidad en que estaba, que por el título que el rey le dio y favores que le hacía; pero con todo esto no pudiera Diego Velázquez, favoreciéndole, hacerle tanto bien cuanto le hizo queriéndole mal, porque luego envió con Pánfilo de Narváez la mejor armada que él había hecho, que fue de once naos y siete bergantines con novecientos españoles y ochenta caballos, dando poder a Pánfilo de Narváez de su teniente de gobernador en la Nueva España, con cierta instrución secreta en que se decía le mandaba en cuanto pudiese destruyese a Cortés, y si le prendiese, echado en hierros, le enviase a Cuba; y por que esto más presto tuviese efecto, anduvo él mismo por la isla recogiendo gente y bastimento, volviendo a Guaniguanico donde primero había estado. Allí, después que todo estuvo aprestado, poco antes que Pánfilo de Narváez se hiciese a la vela, Diego Velázquez le habló así:

> Señor Pánfilo de Narváez, a quien yo, como habéis visto, entre tantos caballeros he escogido para que vais con tan buena armada contra Cortés, que tan mal, como sabéis lo ha hecho comigo: Obligación tenéis a emendar el avieso que él ha hecho y por que por vos cobre la honra, gloria y adelantamiento de mi estado que por él he perdido. Todo el poder que os he podido daros doy, y sed cierto que haciendo el deber, os adelantaré y haré con vos lo que hiciera con un hermano que más que a mí amara. Vuestra parte os va, y por ventura el todo; émulos dejáis acá, que están a la mira; no les deis ocasión que puedan holgarse con vuestro mal suceso; muchos amigos lleváis y muchos quedan acá, a quien daréis gran contento si acertáredes. En servicio de Dios y del rey vais; haced con maduro consejo lo que conviniere y mirad que con buenas palabras no os engañe Cortés, que sabe mucho; muy más poderoso vais que él está; vuestra será la buena fortuna si no os faltare seso y diligencia. Dios vaya con vos y os favorezca en todo.

Acabadas estas palabras le abrazó muy alegre, y Pánfilo de Narváez, como si ya tuviera el juego ganado, le respondió:

> Señor: Aunque llevara la mitad menos de gente, cierto estoy de enviaros preso a Cortés, para que de él hagáis a vuestra voluntad, pues tan mal ha conocido la merced que le hecistes. Yo os poblaré la tierra, y en vuestro nombre se hará todo el deber, para que el rey entienda que por vuestra industria se le han hecho grandes servicios. A Cortés yo le conozco cómo se ha de tratar, y sé que llegado que sea

me respectará como conviene, y debajo de tratarle y recibirle como a hijo, os le enviaré para que nunca más alce cabeza.

Como en Santo Domingo se supo la pujanza de gente que Pánfilo de Narváez llevaba, dicen que volvió el licenciado Lucas Vázquez de Ayllón, en nombre de aquella Chancillería y de los frailes jerónimos, que gobernaban, y del licenciado Rodrigo de Figueroa, Juez de residencia y Visitador del Audiencia, el cual requirió so graves penas a Diego Velázquez y a Pánfilo de Narváez que no fuese contra Cortés, a lo menos con tanta gente, porque, lo uno, se despoblaban aquellas islas, y lo otro, sería causa de muertes y guerras ceviles y otros muchos males que no se podían dejar de seguir, yendo unos españoles contra otros, siendo tanto menester para la población de tierras nuevas, y que se perdería México con todo lo demás que estaba ganado y pacífico para el rey. Díxoles que si agravio tenían de Cortés, que lo pidiesen delante de su superior, y que siendo partes, no se hiciesen jueces, que con aquella armada, si no porfiasen en salir, podrían descubrir nuevas tierras, en que Dios y el rey serían muy servidos y ellos muy aprovechados.

Capítulo LIV. Lo que Diego Velázquez respondió, y cómo se partió el armada
Diego Velázquez, viéndose poderoso para se poder vengar de Hernando Cortés, pudiendo más en él la pasión que el buen consejo que el licenciado Ayllón le daba, le dijo:

> Señor: Ya que vuestra Merced sabe que, por el requerimiento que vuestra Merced me hizo de parte del Audiencia, dejé por mi persona de ir en esta jornada, no es razón que ya que hice lo uno haga también lo otro, pues es en mi perjuicio. Cortés no está tan poderoso que con obra de trescientos hombres que llevó, de los cuales algunos serán ya muertos, pueda, aunque quiera, resistir a nuevecientos tan buenos y tan escogidos que lleva Pánfilo de Narváez. Aquella tierra donde Cortés está es muy próspera y ya sabemos lo que hay en ella y que cae en el destricto, de lo que el emperador, nuestro señor, me ha hecho merced y que se incluye en el adelantamiento de ella. Lo por venir no lo sé; las tierras que vuestra Merced dice que se pueden descubrir tampoco las sabemos, cuanto más que en el descubri-

miento de ellas está más cierta la pérdida que la ganancia. Yo estoy determinado de seguir este viaje, porque sé que en él ha de ser Dios servido y el emperador, nuestro señor, y esto haré aunque más requerimientos vuestra Merced me haga.

Pánfilo de Narváez, que presente estaba, antes que el licenciado Ayllón respondiese, como aquel a quien iba su parte, volviéndose al licenciado, le dijo:

Señor licenciado: No hay razón por donde vuestra Merced nos quiera estorbar esta jornada. Todos somos criados y vasallos del emperador y todos procuramos su servicio, aunque unos entienden que se debe intentar de una manera y otros de otra. El señor adelantado ha hecho el gasto que vuestra Merced vee; está ya a pique. Es menester gente para que aquella buena tierra se conquiste y pueble y que Cortés no se alce con lo que no es suyo. Revoluciones no las puede haber, porque yo conozco a Cortés y él a mí; téngole por hijo; respectarme ha como a padre, y cuando no hiciere el deber, no serán tan nescios los pocos que allá están que quieran tomarse con los muchos que vamos, especialmente que los más de ellos son nuestros amigos, criados y parientes del señor adelantado. Yo me partiré de aquí a dos horas, pues hace ya buen tiempo; vuestra Merced vea lo que manda, que yo protesto que voy en servicio de Dios y de mi rey, por mandado del señor Diego Velázquez, su adelantado, que tiene poder para mandar hacer este viaje.

El licenciado Ayllón, visto el poco respeto que a su persona y requerimientos se había tenido y que, aunque quisiese, no podía estorbar la jornada, diciéndoles mirasen bien lo que hacían, y pues estaban determinados de no hacer otra cosa de la que habían dicho, él también estaba determinado de irse con el general en la flota, para que si algo sucediese fuese parte para concertarlos. No plugo mucho esto a Pánfilo de Narváez; pero como el licenciado era oidor y criado de Su Majestad, no se lo osó estorbar, antes, para mayor disimulación, dijo que recibía en ello gran merced. Con esto, mandó hacer señal para que todos se embarcasen, y el licenciado, entrando en la capitana con el general, encomendándose todos a Dios, salieron del puerto de Guaniguanico, no sin lágrimas de los que iban ni de los que quedaban. Allí abrazó enternescidamente Diego Velázquez a los dos, y a otros caballeros que él particularmente amaba, a los cuales dijo: «Dios vaya con vosotros y os dé tan buen viaje cual deseáis y yo deseo; haced el deber, que en mí tendréis buen amigo». Con esto, tocando las trompetas, disparando el artillería y descogiendo las velas, salieron con próspero viento y con él dentro de pocos días llegaron a Isla de Sacrificios, donde echando anclas, como Narváez supo que cerca de allí estaban ciento y cincuenta españoles de Cortés, despachó luego a Juan Ruiz de Guevara, clérigo, y a Alonso de Vergara, con cartas de crédito, y a requerirles le recibiesen por capitán general y gobernador de aquella tierra por las provisiones que de Diego Velázquez traía, de las cuales en su tiempo y lugar haría presentación.

El capitán y los demás principales que en la isla estaban no quisieron oír a los mensajeros, antes, porque el negocio no se errase, los prendieron, y con la gente que era menester los enviaron a buen recaudo a México o adonde topasen a Cortés, porque ya tenían nuevas que salía de México, para que se informase de ellos y viese lo que convenía hacer. En el entretanto, como Narváez vio que los mensajeros no venían, mandó sacar a tierra los caballos, armas y artillería; pusiéronse todos a punto, y en buen orden de guerra se fue a Cempoala, donde los indios comarcanos, así los amigos de Cortés como los vasallos de Moctezuma, le recibieron bien; festejáronle, haciéndole todo servicio, creyendo ser amigo de Cortés y venir a verle; diéronle mantas y joyas y abundantemente lo que era menester para su comida.

Capítulo LV. Lo que Narváez hizo en Cempoala y de cómo fue informado de la pujanza en que Cortés estaba

Llegado que fue Pánfilo de Narváez a Cempoala, luego conoció la prosperidad y grandeza de la tierra en que Cortés estaba; y aunque el licenciado Ayllón en todo el camino le había venido diciendo que en tierra extraña y de tantos indios, donde había un tan gran príncipe que todo lo mandaba, convenía tratar los negocios con gran tiento, y especialmente con buena intención, en la cual Dios alumbra a los hombres para que acierten; y que en todas maneras honrase y acariciase mucho a Cortés, pues estaba ya tan señor, y que no entrase con la espada en la mano, pues todos eran españoles y vasallos de un rey y que pretendían una misma cosa; y que no confiase en que llevaba más gente, pues para echar a un hombre de su casa, aunque estuviese muerto, eran menester más de tres, cuanto más vivo, sabio, valiente, bienquisto, poderoso y liberal, cual era Cortés, no daban mucho contento estas palabras a Narváez, porque venía lleno del enojo y envidia que tenía Diego Velázquez; y como también el mandar no quiere igual, cuanto más superior, y él deseaba hacer y deshacer los negocios a su gusto y voluntad, no acertaba a encaminarlos tan bien como convenía, y así, de secreto y muchas veces en público, con aquellos que ayudaban a su intención, añadiendo, como dicen, aceite a la fragua, decía cosas no dignas de buen capitán. Llamó al señor de Cempoala, hízole una larga plática, diciéndole, entre otras cosas, cómo él venía por capitán sobre Cortés en nombre del emperador de los cristianos y que él había de ser el que había de mandarlo todo; que le hiciese placer de decirle quién era Moctezuma y el poder que tenía y cómo se había habido Cortés con él y al presente en qué opinión estaba, y si era amado o aborrecido de los indios; porque si hobiese hecho cosa que no debiese, que él venía a remediarlo y aun castigarlo. Después que hobo dicho esto y otras cosas que fuera mejor callarlas, el señor de Cempoala se sonrió y aun entendió que no venía con buena intención. Respondióle con pocas palabras que el gran señor Moctezuma era tan poderoso que se espantaba que él no lo supiese, pues en el mundo no había otro como él y que tenía muchos reyes y príncipes por vasallos, que le venían a servir a su Corte; que era tan rico y señor de tantas tierras que no se podía contar, y que con todo eso, Cortés era tan valiente y se había habido tan valerosamente con él, que había entrado en su ciudad a pesar de los tlaxcaltecas, que en el camino le hicieron brava guerra, y que venció muchas y muy espantosas batallas, y que al cabo, los valientes tlaxcaltecas, conociendo que era invencible, se habían hecho sus amigos y que muchos de ellos le acompañaron hasta entrar en México y que Moctezuma no había osado estorbarles la entrada, aunque por otras vías lo había procurado, y que al fin le salió a recibir con toda su imperial corte fuera de su ciudad, donde después había sido muy bien servido y acatado, y que delante de todo el poder mexicano había derrocado los grandes ídolos, y que por causas que a ello le habían movido prendió a Moctezuma y le echó grillos, quemó a Qualpopoca, prendió y quitó el reino a Cacamacín, sin que toda la nación mexicana fuese parte para estorbarlo, y que estaba al presente más bien puesto que nunca, muy estimado y acatado y muy poderoso en la tierra y que ninguno vendría a quien ellos tuviesen en tanto como a él.

Mucho pesó a Narváez de estas palabras, aunque lo disimuló cuanto pudo; replicóles, por dorar los negocios, que era muy honrado Cortés y que él le tenía por hijo y como a tal le venía a ayudar, no diciéndole más que esto. El señor de Cempoala le sirvió e hizo buen hospedaje creyendo ser padre de hombre a quien ellos tenían por dios. En el entretanto que Pánfilo de Narváez asentó su ejército, y ordenó su gente para que cada uno estuviese en su lugar, fueron y vinieron muchos indios de parte de Moctezuma, que cada día le daban aviso de lo que pasaba, y esto créese que para tomarlos a todos juntos, como le habían aconsejado y hacer el gran sacrificio que los señores y príncipes del imperio mexicano deseaban.

Narváez, como vio que sus mensajeros no volvían y que estaban en poder de Cortés, íbale creciendo el enojo y la mala intención de hacerle todo el mal que pudiese, la cual no pudo encubrir contra los consejos del licenciado Ayllón, diciendo que había sido mal mirado y que él vendría a pagadero. Luego que Narváez con tanta pujanza llegó a Cempoala, los de la Villa, como eran pocos y habían enviado presos a los mensajeros de Narváez, se metieron por los pueblos la tierra adentro, hasta que, como adelante diremos, se juntaron con Cortés.

Capítulo LVI. Lo que Cortés sintió de la venida de tanta gente y de lo que sobre ello hizo

Primero que Cortés tuviese cartas de Rangel y Juan Velázquez y de los de la Villa, de la certinidad que Pánfilo de Narváez venía contra él en nombre de Diego Velázquez, le puso en gran cuidado aquella tan grande y nueva armada, porque, [si] por la una parte holgaba que viniesen españoles, por otra le pesaba que fuesen tantos; si le venían a ayudar, tenía por ganada la tierra; si contra él, por perdida; si venían de España, creía que le traían buen despacho, pero no podía creer que de allá viniese tanta gente ni tan presto; si venían de Cuba, temía guerra cevil, especialmente si en aquella armada venía la persona de Diego Velázquez, a quien forzosamente estaba obligado a tener más respecto que a otro; y siendo él, más se recelaba de los malos consejeros que de su condición, que era muy noble, porque en todo el tiempo que había tenido gobierno, por enojo que tuviese, ni por delitos que se cometiesen, jamás fue de parecer que nadie muriese, comutando la pena de la muerte en castigo de destierro o en otros, como no fuese efusión de sangre, y cierto, si él fuera, es creíble que hobiera otros medios de los que Pánfilo de Narváez tuvo. Con todo esto, aun creyendo ser Diego Velázquez, tenía pena por dos cosas: la una porque el Cabildo y alcaldes de la Veracruz le habían elegido por su capitán y justicia mayor, y no habiendo mandato del emperador, estaba obligado, especialmente no estando en el destricto de Yucatán, de defender su partido; lo otro, porque no quería tener pendencia con Diego Velázquez, ni que fuese parte para cortar el hilo a su prosperidad, especialmente entonces, que andaba sabiendo los secretos de la tierra, las minas, las riquezas, las fuerzas y los que de cierto eran amigos o enemigos de Moctezuma, para valerse de los enemigos y hacer su hecho. Pesábale, porque le estorbaría poblar los lugares que ya había comenzado, y de cristianar los indios, que tenía por muy principal, a causa de que muchos de ellos lo pedían, pareciéndoles bien nuestra ley y religión y el trato y conversación de aquellos huéspedes. Pesábale de que su traza no tendría efecto y que su adelantamiento y el de los suyos, que habían llevado todo el trabajo, cesaría con la venida de otro general que traía mucha más gente, artillería y caballos, y que por fuerza, según la malicia humana, había de venir soberbio y presuntuoso para no poder tener con él algún buen medio.

Estos y otros inconvenientes le traían afligido y desasosegado, como era razón, pues al mejor tiempo de su prosperidad le contrastaba la fortuna; pero como Dios le había dado ánimo invencible, sufridor de mayores trabajos que los que sospechaba, paseándose pensativo, meneando las manos y brazos muchas veces, le oyeron decir:

> Pues Dios, en cuya virtud hasta ahora he tenido buenos sucesos, ha sido servido ponerme en México y librarme de tantos peligros, también será servido, pues sabe mi intención, de llevarlo adelante.

Otras veces, hablando con Pedro de Alvarado, Alonso de Ávila y otros caballeros de su consejo, les decía:

> Como Dios nos ha librado de tan gran número de infieles y puesto en la autoridad que veis, espero y creo como si lo viese, que aunque venga Diego Velázquez y otra

tanta más gente con él, nos ha de ayudar, y así, señores, os ruego que pues nosotros estamos en casa y los que vienen nos han de querer echar de ella y mandarnos, que si los negocios vinieren a rompimiento, vendamos bien nuestras vidas, que entonces las emplearemos bien y a nuestra honra cuando no permitiéremos que otros se honren y aprovechen de nuestros sudores. Ya nosotros, aunque somos pocos, sabemos la tierra, tenemos muchos amigos, somos temidos y respectados. Los que vienen aún no han bien abierto los ojos, probarles ha la tierra, y si algún bien les hicieren los indios, ha de ser por nuestro respecto. Busquemos buenos medios y si no los quisieren, con la razón y con las manos defendamos nuestra honra y hacienda.

Mucho ánimo ponían estas palabras a aquellos caballeros y aun admiración, porque jamás le habían conocido flaqueza, pero esto había sido con indios, aunque casi infinitos; pero con españoles tantos y tan buenos, era cosa más que humana, y así, inflamados de su ánimo, aunque de su cosecha eran valerosos, le animaban, diciendo:

Señor, ¿qué podemos perder más que la vida, de la cual está vivida la mayar parte?; la que queda no hay do mejor se emplee que, o en salir con la nuestra, o en no ver mandar a otros en lo que nosotros trabajamos.

De esta manera Cortés se alentaba con sus compañeros y ellos con él, determinados todos de guiar los negocios lo mejor que pudiesen, y cuando más no pudiese ser, aventurar las personas, que era lo último que les quedaba.

Estando los negocios en esta duda y confusión, supo de cierto, por mensajeros de la Villa, cómo Pánfilo de Narváez era el que venía y cómo se habían metido la tierra adentro y preso los mensajeros. Despachó luego a Juan Velázquez de León, receloso no se juntase con Pánfilo de Narváez, para que luego se viniese con la gente que tenía, en lo cual Juan Velázquez se previno, como ya está dicho, escribiendo de parecer de Rangel lo que pasaba, que Cortés tuvo en tanto cuanto era razón y le honró mucho después por ello.

Capítulo LVII. Cómo llegaron los presos a México y lo que sobre ello hizo Cortés

Muy dudosos iban los presos a poder de Hernando Cortés, aunque, como está dicho, el uno de ellos era clérigo de misa, si a los legos fatigaría con tormentos para que dijesen más de lo que sabían, y al clérigo tendría en áspera prisión, así como muchos les decían, los trataría con la humildad y mansedumbre que solía, aunque con los muy enemigos, después de vencidos. A esto los inclinaba mucho el buen tratamiento que los españoles e indios que los llevaban les hacían, porque los llevaban sin prisiones ni otra molestia, haciéndoles grandes caricias, contándoles grandes bienes de Hernando Cortés y aun sacándoles del pecho algunas cosas que pudieran callar, y que sabidas, hicieron harto provecho a Cortés. Desta manera llegaron a México; anticipóse un español para decir a Cortés cómo los de la Villa le enviaban aquellos hombres que Pánfilo de Narváez había enviado; contóle lo que de ellos había podido entender, para que viese lo que más convenía. Mucho holgó Cortés con estas nuevas, aunque siempre recelaba de la mucha gente que venía contra él. Entraron de ahí a poco los prisioneros; recibiólos con mucha gracia, especialmente al clérigo, ante el cual, como muy cristiano y para ejemplo de los indios y españoles, se hincó de rodillas con más humildad que el mismo sacerdote; pidióle las manos, abrazóle, haciéndole cuantos regalos pudo; tratóle tan bien, que los días que allí estuvo le asentó a su mesa, en lo cual, aliende que hizo el deber, dio gran muestra de su bondad y ejemplo para los demás. Obró tanto en el pecho del clérigo y en el de los otros con las copiosas mercedes que les hizo, que después que como muy amigos le descubrieron todo lo que en Cuba y en el viaje había pasado, cuando Cortés los tornó a enviar, fueron muy gran parte para aficionar a muchos de los que con Narváez venían y que los negocios se le hiciesen a su gusto. Dijéronle cuán arrepentido quedaba Diego Velázquez de no haber venido él en la jornada, la indignación que contra él tenía, el mal que le procuraba, la intención con que Narváez venía, los requerimientos del licenciado Ayllón, lo que entre los dos había pasado, la gente que traía, los votos y pareceres diferentes que entre ellos había, los aficionados que de secreto él tenía. De todo esto se supo tan bien aprovechar Cortés, que tomándolos unas veces alegres y contentos, otras veces desabridos, procuraba saber si en el un tiempo, y en el otro concertaban, y cuando vio que siempre decían una misma cosa y que ya no tenía más que saber de ellos, después de haberles dado joyas ricas, les dijo:

> Señores y padre mío: Visto habréis la grandeza de esta ciudad, la gran población, y fertilidad de la tierra que habéis andado, en la cual, sin lo que se promete, hay gran aparejo en que Dios sea muy servido, el emperador muy aumentado, y nosotros y otros muchos escuderos muy aprovechados. Bien será que de palabra digáis al señor Pánfilo de Narváez, porque le escribiré largo, el tratamiento que os he hecho y que su Merced se halle en todo muy cuerda y cristianamente, pues estamos en parte donde, si estuviéremos divisos, a puñados de tierra, según es la muchedumbre de los indios, podemos ser acabados y miserablemente acabarse con nosotros nuestros buenos principios y adelantamientos. Si el señor Pánfilo de Narváez, a quien yo amo mucho por ser tan buen caballero, trae Provisiones de Su Majestad, podrámelas mostrar y yo las obedeceré, como verá, esperando el galardón que mis trabajos han merecido. Sed buenos intercesores; no digáis más de lo que habéis visto y oído. El señor Pánfilo de Narváez es tan honrado que si no hay quien con malas entrañas le ande a los oídos, hará lo que yo le suplico, y si no, como dicen, en nuestra casa estamos y procuraremos de defender y conservar lo que hemos ganado, y cuando más no podemos, perderemos la vida, por no perder nuestro derecho y venir a menos.

Esto fue en suma lo que Cortés les dijo, aunque aparte les prometió de serles muy amigos y hacerles todo el bien que pudiese. Ellos le agradescieron mucho las buenas obras, las mercedes que les había hecho y las palabras tan comedidas que les había dicho. Prometiéronle de decir a Pánfilo de Narváez, todo lo que había pasado, diciendo que si, como él había dicho, no había malos intercesores, no podía Narváez dejar de hacer la razón. Con esto se despidieron de él muy alegres; fueron con ellos otros españoles que los acompañaron. Dicen algunos que con ellos fueron los que llevaron su carta; otros, que poco después, para que los prisioneros tuviesen lugar de contar a Narváez todo lo que les había sucedido; lo cual, cuanto más bueno fue y cuanto en mayor honor y gloria de Cortés, tanto más acedaba el pecho a

Narváez y a algunos de los que eran de su parecer. Con todo eso, el buen tratamiento y liberalidad de Cortés con los prisioneros hizo en el real de Narváez harto daño a su capitán, y a Cortés y a los suyos mucho provecho, aunque la buena fortuna estaba siempre muy de su parte, según el descuido que Narváez tuvo, confiado de su mucha gente.

Aquí dejo de decir lo que de secreto Narváez pasó con los prisioneros y lo que ellos en particular dijeron a los principales del ejército de la riqueza de la tierra y de la liberalidad de Cortés y de su bondad y valor, porque pareció claro por lo que, como diremos, después sucedió.

Capítulo LVIII. La carta que Cortés escribió a Narváez y lo que sobre ella pasó con fray Bartolomé de Olmedo

Luego que despachó Cortés con tanta gracia y muy contentos a los de Narváez, envió a fray Bartolomé de Olmedo, que era hombre de buen entendimiento, con dos españoles, que le acompañasen y muchos indios que llevaban de servicio; díjoles que fuesen de su espacio, para que los otros tuviesen tiempo de llegar. Dos o tres días antes, díjole en secreto:

> Padre mío: Ya vuestra Reverencia sabe mi buena intención y el deseo que siempre he tenido de que nuestros negocios se acierten para que Dios sea muy servido y Su Majestad muy aumentado. Gran temor tengo de que, como viene tan pujante Narváez, nos corte el hilo y la buena ventura que Dios nos ha comenzado a dar. Yo he determinado de usar con él de todos buenos comedimientos y de guiar el negocio por bien y no por mal, como vuestra Reverencia ha visto del buen despacho con que envié a los que Narváez había enviado. Ruego mucho a vuestra Señoría, pues tan entendido tiene mi pecho y yo escribo el crédito que a vuestra Reverencia se debe dar, que con todo calor procure confederación y amistad, porque sería lástima que por él o por mí quedase de llevarse adelante negocio tan importante. Decirle ha vuestra Reverencia el amor que le tengo, el deseo de servirle, el medio que querría se tomase para que todos tuviésemos paz y fuésemos aprovechados; y si vuestra Reverencia no le viere tan inclinado como conviene a nuestro deseo, decirle ha que aunque somos pocos, somos más poderosos que ellos, porque tenemos ya entendida la tierra y entre nosotros hay algunos que son buenas lenguas, que es la mayor parte para conciliar el amor de los indios y ganarles la

voluntad, y que Moctezuma, que es el gran señor y el que sin contradicción manda toda la tierra, me respeta, ama y quiere tanto, que aliende que en lo público me manda hacer todo servicio, de secreto me avisa de lo que pretenden algunos contra mí, diciendo cómo me debo reparar. También le dirá vuestra Reverencia que por lo que le amo y deseo servir, no tengo cuenta con las palabras que ha dicho, y que le suplico de aquí adelante no se descuide, porque aliende que hace contra su autoridad y lo que debe, no ganará nada en ello. Y finalmente, si vuestra Reverencia viere que todo no aprovecha, delante de todos los más que pudiere, en nombre de Su Majestad y mío, le requiera y sobre ello le encargue la conciencia, protestándole todos los males que de lo contrario se siguieren, que si provisiones trae las exhiba y entre sin rumor y bullicio, porque yo le recibiré y obedeceré en nombre de Su Majestad, haciendo todo lo que a su real servicio conviene.

Acabadas de decir estas palabras y otras muchas, le dio una carta sellada; el religioso la tomó y dijo:

Días ha que tengo entendido lo mucho que importa que vuestra Merced se confedere con cualquiera de los que vinieren, y bien vía yo que no era posible que Diego Velázquez no echase el resto, oyendo la prosperidad de esta tierra. Vuestra Merced hace todo lo que es en sí, y así haré yo todo el deber cuanto fuere en mí. Dios lo guíe y encamine y nos alumbre a todos, para que tantas ánimas se salven y el rey sea de vuestra Merced y de todos sus compañeros muy bien servido.

Con esto, después de haberse abrazado, porque poco antes había dicho misa, se despidió.

Lo que la carta decía es lo que se sigue:

Muy magnífico señor: Sabido he cómo vuestra Merced con todos esos caballeros ha llegado con salud y buen viaje a ese puerto, de que todos nos hemos alegrado y ninguno, por lo que a mí toca, pudiera venir con quien yo tanto me alegrara como con vuestra Merced, porque, como sabe, ha tiempo que le tengo por señor y verdadero amigo y conozco su pecho y nobleza de ánimo. Entendido habrá ya vuestra Merced el estado de los negocios de esta tierra y como están en un punto de perderse o ir muy adelante. Vuestra Merced los trate con la cordura que suele, y sepa que si nos confederamos seremos todos de buena ventura y Dios y el rey serán muy servidos. Para esto es menester, o que vuestra Merced envíe las provisiones que de Su Majestad trae, o que vuestra Merced entre con quietud y sin bullicio, para que ni entre nosotros ni entre los indios haya alteración, pues todo reino dividido no puede permanescer sin que presto sea desolado. Todos los unos y los otros, somos pocos aunque seamos muy amigos, para la multitud de infieles, con quien hemos de tener guerras, porque hay para cada uno de nosotros más de mil, y si nos dividimos pereceremos todos, y lo que yo he trabajado se acabará y vuestra Merced no podrá salir con lo que pretende. El amor y confederación hace las fuerzas mayores y dos pueden más que uno. Cerca de esto y para todo lo demás vea vuestra Merced dónde quiere que solos nos veamos, para que en todo se dé el asiento que a vuestra Merced mejor pareciere; y queriendo venir en esto a mí, a quien todos mis compañeros, en el entretanto que Su Majestad otra cosa mandase, eligieron por general y Justicia mayor, tendrá con ellos por muy servidores y amigos; y si pudieren más los malos consejeros que la buena intención de vuestra Merced, obligado estoy a no dejarme decaer ni perder la buena ventura que a mí y a mis compañeros Dios nos ha dado. Y porque en todo lo demás, como a testigo de vista y persona de crédicto, que suplico se le dé el que a mí, me remito al padre fray Bartolomé de Olmedo, portador désta, no digo más de que Nuestro Señor nos alumbre a todos para que en negocio tan importante le acertemos a servir.

Capítulo LIX. Lo que, recibida la carta, hizo y dijo Narváez y de otras cosas que antes habían pasado

Llegaron el clérigo y los otros, dos o tres días antes que fray Bartolomé de Olmedo, y como mostraron a sus amigos los collares ricos de oro y otras joyas que Cortés les había dado y contaron el buen recibimiento y tratamiento que Cortés les había hecho, comenzaron muchos de secreto a aficionarse a Cortés; otros, viendo que sería más poderoso Narváez, no vían la hora de verse en México de cualquier manera que pudiesen. Contó el clérigo a Narváez cuán señor y cuán estimado estaba Cortés, aconsejándole que guiase los negocios por bien y que no quebrase con Hernando Cortés, que parecía estar en su casa, porque guiadas las cosas por amor y confederación se hacían a sabor y tenían firmeza. No estaba en esto Narváez, aunque había diversos pareceres, y así, prosiguiendo en su presunción, decía a los indios que él era el capitán general, el tlatoane, que quiere decir «señor», y no Cortés, el cual decía ser malo y los que con él estaban, y que por esto venía él a cortarle la cabeza y a castigar a sus compañeros y echarlos de la tierra, y que él luego se iría y los dejaría libres de la servidumbre y subjección en que estaban, los cuales, como son inconstantes y amigos de novedades, naturalmente medrosos, viendo que eran como los que estaban en México y muchos más en número, con más tiros y más caballos, los servían y acompañaban, dejando a los que estaban en la Veracruz, especialmente cuando los vieron, por miedo de los de Narváez, meterse la tierra adentro. Congracióse Narváez con Moctezuma, enviándole a decir con indios que iban y venían, que Cortés estaba en aquella ciudad contra la voluntad de su rey, que era bandolero y codicioso, que le robaba su tierra y le quería matar por alzarse con el reino, y que por esto él, por mandado del emperador, venía a soltarle de la cárcel y a restituirle cuanto aquellos malos le habían tomado y usurpado, y que llegado que fuese, los prendería y echaría en graves prisiones, matando a unos y de esterrando a otros, conforme a sus culpas y delitos, y que hecho esto se volvería a su tierra; que por tanto, estuviese muy alegre, y que si en algo le hubiese menester, le ayudase, pues era todo para le mejor poder servir.

Mucho se maravilló Moctezuma de estas cosas y estaba muy dudoso, de lo que haría, porque también, no pudiéndolo sufrir Cortés, decía de Narváez y de los suyos que eran unos hombres de poca suerte, no de su nación y casta, sino vizcaínos, y que venían sin autoridad real, para hacer el daño que pudiesen; que convenía resistirles.

Andando los negocios de esta manera, llegó fray Bartolomé de Olmedo; recibióle Narváez no con tanta gracia como Cortés a los que él había enviado; tomó la carta, leyóla, comunicóla luego con algunos de los que él quería bien, y no pudo dejar de mostrarla al licenciado Ayllón. Hubo sobre la repuesta mucha contienda, porque unos decían uno, y otros otro, cada uno conforme a su seso, como amaba o aborrecía. Vino de parte de los que ya estaban aficionados a Cortés el negocio tan en rompimiento, que no pudiendo sufrir la mala intención y palabras de Narváez, se las afearon malamente, señalándose entre ellos Bernardino de santa Clara, hombre bien reportado y de mucho consejo, el cual, casi adivinando, como sagaz, en lo que habían de parar negocios tan mal guiados, y que la tierra estaba pacífica y tan contenta con Hernando Cortés, y el comedimiento con que había escripto, reprehendiéndole, le dijo:

Señor: ¿Qué más quiere vuestra Merced de lo que Cortés escribe? No se extienda, porque muchas veces solemos desear la buena ocasión con que antes fuimos importunados. Vuestra Merced habla mal en Cortés y él muy bien en vuestra Merced, que es harta confusión. La tierra está pacífica, todos los de ella le aman y desean servir, y con todo esto, os ofrece su amistad y no la queréis. Mirad que os ha de castigar Dios así a vos como a los que os siguieren. Por tanto, escribano que estáis presente, y vosotros, señores, que lo oís, me sed testigos y vos me dad por Fe y testimonio cómo en nombre de Su Majestad y de todo este ejército requiero al señor Pánfilo de Narváez, nuestro general, que no altere la tierra, y que, según las provisiones que trae, guíe los negocios, comunicándolos con el señor licenciado Ayllón, oidor de Su Majestad, y con otras personas de experiencia y conciencia.

No osó, hecho este requerimiento, Narváez, aunque quisiera, castigar a santa Clara, porque era hombre de valor y a quien todo el ejército tenía en mucho. Luego el licenciado Ayllón, después de haberle hecho muchos requerimientos, le mandó, como oidor del rey, cuanto de derecho lugar hobiese, so graves penas de muerte y perdimiento de bienes, que no fuese a México sin primero verse con Fernando Cortés y dar asiento en las cosas, porque de otra manera sería hacer gran deservicio a Dios y a Su Majestad, estorbar el bautismo, alterar la tierra y que todos pereciesen miserablemente a manos de sus enemigos. Díxole públicamente cómo por el camino le había aconsejado lo que entonces le decía, y que nunca le había hallado con intención sana y buena, y que más había venido a vengar a Diego Velázquez que a servir a Dios y al rey, y que no lo hacía como quien era, dejándose cegar de la pasión, no queriendo admitir consejo ni parecer de hombres de seso y bondad, cuales eran los que le habían aconsejado aquello que al presente le requería. Hecho este requerimiento y dichas estas palabras, lo pidió todo por testimonio.

Capítulo LX. Cómo Pánfilo de Narváez prendió a licenciado Ayllón y lo envió en un navío, y de la guerra que pregonó contra Cortés

Narváez, muy enojado de esto, creyendo que para adelante le había de ser grande estorbo el licenciado Ayllón, le prendió por su persona, mandando luego prender a un Secretario del Audiencia real y a un alguacil que con él venían. Metiólos en una nao, a buen recaudo, mandando a los marineros y al maestre y piloto que, so pena de la vida y perdimiento de bienes, llevasen al licenciado Ayllón a Cuba y le entregasen a Diego Velázquez, al cual escribió una larga carta, dándole por extenso cuenta de todo lo sucedido y de lo que pensaba hacer tocando en todo lo más el deseo que tenía de vengarle de la burla que Cortés le había hecho, aunque para esto hallaba en muchos del ejército contradicción, especialmente en Bernardino de santa Clara y en el licenciado Ayllón, que le enviaba preso con el Secretario y alguacil, porque temía que como oidor y persona a quien habían de respectar, le cortaría el hilo a sus pensamientos y sería grande estorbo para lo que intentaba hacer; que allá viese lo que le convenía. Escribióle asimismo la pujanza en que Cortés estaba, cuán bienquisto y cuán amado, y que había de ser dificultoso, aunque no eran tantos los que con él estaban como los que él traía, de quitalle la presa de las uñas, a causa de ser muy grande la multitud de los indios que de su parte tenía, especialmente tlaxcaltecas, con los cuales tenía gran amistad y alianza. Escribióle que cuando más no pudiese con buenas palabras, le tomaría a las manos, y que hecho esto, a buen recaudo se lo enviaría preso, con información de los agravios que hobiese hecho, para que con más razón le pudiese castigar. Escribióle otras muchas cosas que no se pudieron saber, porque Diego Velázquez tuvo gran cuenta con guardar la carta que por ventura recibió de España, aunque no falta quien dice que el licenciado Ayllón la abrió y leyó y tornó a cerrar.

Partiéronse, pues, el maestre y piloto para Cuba; envióse a desculpar Narváez con el licenciado Ayllón, diciendo que para excusar mayores inconvenientes, le enviaba para que residiese en su Audiencia. El licenciado no respondió a estas palabras, porque las obras daban testimonio de su mala intención. Hízóse a la vela, y por el camino se dio tan buena maña que unas veces, amenazando al maestre y piloto con la gravedad del delicto que ellos en llevarle preso y Narváez en prenderle le habían cometido, de que todos serían gravemente castigados, otras veces haciéndoles promesas, poniéndoles por delante el servicio que al rey harían en no cumplir lo mandado por Narváez, que fácilmente los trajo a su voluntad; porque aliende de lo que les había dicho, que llevaba tanta razón, el Secretario y alguacil, aparte, muchas veces les dijeron cuánto les convenía hacer placer al licenciado; y aunque al principio estuvieron dudosos, después convencidos, con muy gran voluntad, pasando de largo, dieron con el licenciado en Santo Domingo, donde luego aquel día, juntándose en acuerdo los oidores con los frailes jerónimos, que gobernaban, llamando al Secretario y alguacil, que a lo más se habían hallado presentes, dio larga cuenta el licenciado Ayllón de todo lo sucedido, suplicándoles agradesciesen al piloto y al maestre lo que habían hecho y se informasen de lo que sabían.

Llamaron luego los gobernadores y los oidores al maestre y piloto; agradesciéronles lo que habían hecho con el licenciado Ayllón; prometiéronles todo favor en lo que se les ofreciese, y tomándoles otro día sus dichos, les dieron licencia para ir donde quisiesen.

Mucho daño hizo a Narváez y provecho a Cortés la prisión del licenciado Ayllón y el traerle a la Audiencia el maestre y piloto, porque cuando pudo, dañó los negocios de Diego Velázquez y aprovechó los de Cortés.

En el entretanto que el licenciado Ayllón navegaba, después de haberlo comunicado con los que eran de su parcialidad y amenazado a Bernardino de santa Clara que no fuese contrario, pregonó [Narváez] contra Cortés guerra a fuego y a sangre, diciendo haber sido traidor contra Diego Velázquez; y que pues sin ningún título se había apoderado de la tierra que no era suya, era bien que toda la perdiese y con ella la vida. Prometió con esto ciertos marcos de oro para el que prendiese o matase a Cortés y a Pedro de Alvarado, Gonzalo de Sandoval y otras personas principales de su compañía; y primero que viniese con él a las manos repartió su hacienda y bienes y la de los otros caballeros, como si los tuviera presos y condenados a muerte, cosa cierto harto livianas y no dignas de hombre de su calidad, las cuales parecieron tan mal a muchos de su ejército, que así por lo que había pasado con el licenciado Ayllón como por la fama de la riqueza de la tierra y liberalidad de Cortés, se amotinaron muchos, tanto que un Pedro de Villalobos y un portugués y otros seis o siete se pasaron de secreto a Cortés, y aun dicen algunos que le llevaron una carta con firmas de muchos hombres principales, que se le ofrecían para cuando viniese adonde Narváez estaba. También se pasó a Narváez uno de parte de Cortés, por alguna mohína que con él tuvo. Llamó indios, díjoles que siguiesen aquel español y que si se les defendiese lo matasen y traxesen muerto. Cortés leyó las cartas, calló las firmas, recibió otra carta de secreto de los mismos aficionados en que le contaban las amenazas, desgarros y bravezas que Narváez decía.

Capítulo LXI. Las mañas y ardides que de la una parte a la otra había antes que Cortés tornase a escribir a Narváez
En el entretanto que estas cosas pasaban, ninguno de los dos generales se descuidaba disimuladamente de echar el uno al otro el agraz en el ojo. Narváez, de secreto, así a indios como [a] algunos españoles, así de la Villa como de los que estaban en México, procuraba atraer a sí, unas veces por promesas y otras por amenazas; pero Cortés, como era más sabio y tendía más prosperidad de oro, plata, joyas y otras cosas, y tenía ya entendida la tierra, dábase mejor maña, escribiendo cartas de secreto, en nombre de algunos que en su compañía tenía, amigos de hombres principales que Narváez traía, diciéndoles el poder y valor de Cortés, la razón que tenía en defender lo que había trabajado, la prosperidad que tendrían, lo mucho que serían favorecidos si se acostasen a la parte de Cortés y se viniesen los que pudiesen antes que otro riesgo hobiese; que no dejasen lo cierto por lo dudoso, y que en aquella tierra habían de poder más los pocos, que estaban tan de asiento y ya conocidos, que los muchos que venían.

Aliende de esta diligencia, dicen algunos, aunque en esto hay varias opiniones, que en hábito de indios venían españoles al real de Narváez, que eran ya doctos en la lengua mexicana, y metiéndose en las caballerizas con los otros indios que curaban los caballos, cuando los señores de ellos entraban, apartándolos aparte, les daban cartas de otros amigos que con Cortés estaban. Diéronles muchos collares de oro y otras joyas y muy favorables palabras y gran esperanza de que todos los que siguiesen a Cortés, serían de buena ventura. Pudieron, según dicen, tanto estas palabras y la muestra de los presentes y dádivas, que muchos del ejército de Narváez, quebrándole la Fe y palabra, se hicieron de la parte de Cortés persuadiendo a otros, diciendo que era todo burla sino seguirle, pues era tan liberal y dadivoso y tenía tan bien entendida la tierra, y que era error poner los negocios en duda. Algunos de estos después pararon en mal, o, los más, porque en fin quebraron la palabra a su capitán y le fueron traidores, no osando decirle lo que convenía, como había hecho Bernardino de santa Clara y el licenciado Ayllón. Fue la pulilla de esta traición comiendo tanto el corazón de muchos, que al tiempo del menester, como después diré, los que no tomaron armas, fueron estorbo que otros no las tomasen.

Hay otros, por que no callemos nada de lo que conviene a la verdad de la historia, que dicen que como Bernardino de santa Clara y el licenciado Ayllón y otros algunos hombres de calidad requirieron a Narváez que tratase los negocios sin alteración y le vieron la ruin intención que traía y las malas palabras que decía, se rebelaron muchos en el ejército, declarándose por Cortés, a que ayudó mucho su buena fama, diligencia y cordura y, lo que mucho hace al caso, ser liberal.

Con todo esto, aunque sabía mucho de ello Narváez, estaba tan confiado, pareciéndole que tenía toda la fortuna de su mano, porque se veía con más gente y más caballos, que algunos buenos y verdaderos amigos nunca fueron parte para apartarle de su propósito, y así, respondió a Cortés con fray Bartolomé de Olmedo una carta breve y no tan comedida como era razón, pareciéndole que en todo le era superior; en la cual, en suma, le decía que él era venido aquella tierra con provisiones reales a tomar la posesión de ella por Diego Velázquez, gobernador y adelantado de todo lo que él descubriese y conquistase; y que pues sabía que por sus capitanes y a su costa había descubierto aquella tierra, se la dejase sin contradición, porque esto le sería lo más sano, y que supiese que de lo contrario no le iría bien, y que ya él tenía fundada una villa con alcaldes y regidores como él sin ningún poder había hecho; y que pues le tenía por hijo, le aconsejaba que no tirase coces contra el aguijón ni se tomase con quien más pudiere, pues se ponía en ello a tanto riesgo. Luego tras esta carta envió a Bernardino de Quesada y a Alonso de Mata a requerirle saliese luego de la tierra, so pena de muerte, y notificarle las provisiones, las cuales no le notificaron, o porque no las llevaban o porque

Narváez no las osó confiar de nadie, o porque se temió que Cortés, como luego lo hizo, los prendieron y quitara las provisiones. Llegados que fueron, prendió luego a Alonso de Mata, no porque le venía a hacer requerimientos, sino porque sin título de escribano ni Fe que lo era, se los hacía.

Capítulo LXII. Los partidos que Cortés pedía a Narváez, procurando con él toda manera de buen concierto

Porfiando Cortés para que en ninguna manera después pusiese ser culpado delante del rey y de su Consejo, viendo que las cartas y mensajeros aprovechaban poco con Narváez, por que lo ganado no se perdiese, tornó a escribirle y a enviarle a decir de palabra, despachando para esto de tres en tres los españoles, para que de lo hecho fuesen testigos, con muy grandes comedimientos y que se lo dijesen tres veces que aceptase o que se viesen solos en una parte alta de donde pudiesen ser vistos de los suyos, o que viniese con diez compañeros o veinte, y que él le saldría a recibir con otros tantos; y que si lo uno ni lo otro no le contestase, o que él le dejase en México, dándole alguna ayuda más de gente, y que si no quisiese ninguna, que fuese así; y que si su Merced (que siempre habló comedidamente) no quisiese esto, que él se saldría de la ciudad y con trescientos soldados más de los que él tenía, que le diese, saldría a conquistar otros reinos y señoríos y haría la costa y socorrería a los españoles que quedasen en México; y si no, que su Merced fuese a ello y que él se quedaría en México y que desde allí le ayudaría y socorrería cuanto pudiese, y que de esta manera en poco tiempo se podría hacer gran hacienda en que Dios y el rey fuesen muy servidos y ellos aprovechados; y que si nada de esto le contentaba, le mostrase las Provisiones, porque a la letra haría lo que por ellas se le mandase.

Narváez, según los más dicen, aunque en todo hay contradicción por los apasionados, estuvo tan acedo que nada le dio contento, pareciéndole que de todo era señor y que Cortés hacía todos aquellos partidos porque no podía más, y que no podía dejar de venir a sus manos y que, perdido, se le rendía lo más honrosamente que podía, y así le respondió que él sabía lo que había de hacer y que de lo que era suyo no partiese, pues sabía que todo era de Diego Velázquez, por la merced que el rey le había hecho y porque él le había enviado por su teniente en aquella jornada y se había querido alzar con todo.

Mucho desgusto dio esta respuesta a Cortés, y así de lo que él había hecho y dicho, como de lo que había respondido y tratado en público y en secreto, hizo una muy bastante probanza, la cual con la mayor presteza que pudo envió a Castilla. Dice Motolinía, a quien en todo lo demás siguió Gómara, y es así, según los más afirman, que Pánfilo de Narváez no vino en partido alguno de los que Cortés le ofreció, sino en que se viesen en un lugar apartado con cada diez hidalgos sobre seguro, y con juramento firmáronlo de sus nombres; pero no vino esto en efecto, porque Rodrigo Álvarez Chico avisó a Cortés de lo que contra él se tramaba para prenderle o matarle en las vistas. Esto dice que lo entendió de algunos amigos quede secreto, en hábito de indios, y de noche, le comunicaban, porque era hombre, como ya he dicho, de mucha prudencia y valor. Otros dicen que Cortés fue avisado de uno o dos de los que habían de salir con Narváez a las vistas y pláticas, y había querido poner en lo justo con los partidos que le había ofrecido, que ya no admitiría ninguno y que supiese que no habían de cantar dos gallos en un muladar, porque el mandar ni quería superior ni igual, y que él confiaba en Dios que le daría buen suceso, en lo de adelante, como hasta allí se lo había dado, pues su intención era de servirle, y que negocio tan importante no se perdiese gobernado por dos cabezas que cada una pretendía diferentes cosas.

Capítulo LXIII. El razonamiento que Cortés hizo a los suyos, determinado de salir a buscar a Narváez

Desbaratados los conciertos, dicen unos que ya Cortés cuando los ofreció estaba cerca de Tlaxcala, y que por desatinar a Narváez hizo que se volvía a México y prosiguió su jornada por otro camino, para tomarle sobre seguro. Otros dicen, y esto afirman los más, que nunca salió de México, hasta que, o, por Rodrigo Álvarez Chico, o por algunos de los diez, fue avisado de la trama que Narváez le urdía, y así, ordenadas sus cosas lo más bien que pudo, dejando a Pedro de Alvarado, como después diré, en México, y tratando con él en particular lo que cerca de Moctezuma en su ausencia se debía hacer, un día o dos antes que publicase su partida, mandó a todos los capitanes tuviesen avisados a sus soldados, para que acabando de oír misa y de encomendar a Dios un negocio que se ofrecía y en que iba mucho, se hallasen juntos, para decírselo y ver lo que les parecía. Dado este aviso por los capitanes, oída la misa, que fue del Espíritu Santo, se entraron todos en una muy gran sala, donde deseosos de saber lo que Cortés les quería decir, estando muy atentos, Cortés les habló así:

Capitanes, caballeros y compañeros míos, de quien yo desde que salí de Cuba hasta la hora presente he siempre visto mayor valor y esfuerzo: Entendido habréis cómo, después que Diego Velázquez me encargó esta empresa por algunos que después con envidia o malquerencia le volvieron el pecho, quiso mudar parecer, y yo, por quererlo vosotros, señores, así, y entender, según el corazón me lo daba, que nos habíamos de ver en la prosperidad en que estamos, di orden cómo saliésemos y que nadie fuese parte para estorbarnos. Sabéis asimismo que para que nadie gozase de vuestros trabajos, y los negocios tuviesen mejor fundamento, después de haber yo hecho la villa de la Veracruz y elegido alcaldes, regidores y escribanos, a contento de la demás república, aquel regimiento me eligió por su Justicia mayor y capitán general. Aceptélo por el bien que pensaba y pienso haceros; administré el cargo como bien vistes; entramos la tierra adentro, con las victorias que sabéis, hasta llegar a esta ciudad, donde nos ha hecho Dios grandes mercedes y favores; enviamos en nombre nuestro la relación de lo hecho a Su Majestad con el quinto de lo que se le debía y otros servicios que de nuestra voluntad le hecimos; fue Dios servido que, aunque Diego Velázquez envió a tomar el navío, pasó de largo sin que le viese; ha volado la fama de nuestros trabajos y de vuestra buena fortuna por todo el mundo, de manera que mientras el mundo durare no se perderá vuestro nombre; hemos hecho con el favor divino, siendo tan pocos, lo que muchos más no se lee ni ha oído que jamás hayan hecho. Esto todo ha dado tanta pena a Diego Velázquez, por no haberse determinado a hacer esta jornada, que ha buscado y busca todas las formas y maneras que puede para escurecer nuestra gloria y destruirnos, no entendiendo que lo que Dios da a unos, no da a otros, y que pudiera ser, viniendo él, no tener los negocios tan buen suceso, y como vio que el navío nuestro, sin poderlo él impedir, fue derecho a Su Majestad, como si cometiéramos alguna traición, ha echado todo el resto, gastando, por vengarse, lo que no gastara por hacernos bien.
Ha enviado como veis, a Pánfilo de Narváez, hombre escaso y miserable, cabezudo y recio, poco amigo de dar contento, tan casado con su parecer, que ni el licenciado Ayllón, a quien envió preso, ni Bernardino de santa Clara pudieron desquiciarle

de su mal propósito; trae mucha gente, muchos tiros y caballos, y en esto tiene tanta confianza, y no en la razón, que ha de ser el camino por donde se ha de perder; ha pregonado contra nosotros guerra a fuego y a sangre; no ha querido admitir partidos, destribuyendo nuestros bienes primero que los posea, condenado nuestras personas antes que nos prenda y oiga; ha dicho a los indios que somos traidores al rey, y que no viene sino a castigarnos y dejándoles la tierra libre, volverse luego; finalmente, nos ha tratado como si fuéramos viles esclavos, traidores a Dios y al rey y a nuestros señores, y hobiéramos cometido otros tan inormes pecados. Y si esto dice en nuestra ausencia, primero que venga con nosotros, a las manos, ¿qué os parece que hará, lo que Dios no quiera, cuando nos tenga en su poder? Siempre oí decir que al mayor temor, osar, y que el mayor remedio para vencer es que el que puede ser vencido no tenga cuenta con la vida, y así la experiencia lo ha enseñado que pocos, determinados de morir, han vencido a muchos. Obligación natural tenemos de volver por nuestras vidas, por nuestras haciendas y honras y que nadie se vista de la ropa que nosotros cosimos, especialmente, que es lo que más nos debe mover, que no es bien permitamos romper el hilo para la conversión de tantos infieles que nos tienen ya conocidos, respectan y aman, y no es justo decaer de nuestra opinión, que es muy grande entre ellos, y que vuestros descendientes pierdan el honor y gloria que vosotros, siendo los que habéis sido, les podéis dejar.

Por tanto, si a vosotros os parece y no os habéis trocado de lo que hasta ahora habéis sido, yo determino, dejando los que seis menester en México, de ir con los demás que me quisierdes seguir a acometer a Narváez, porque siempre el que acomete, vence, o a lo menos ya que sea vencido, el contrario o queda herido o espantado, y Dios, por quien principalmente hemos de pelear, nos dará su favor, cuanto más que los tlaxcaltecas nos ayudarán, y yo sé que en el ejército de Narváez hay muchos que entienden nuestra justicia y están de nuestra parte, y como éstos no peleen, los demás, acometidos de repente y con buen ánimo, podrán poco resistir; y finalmente, después de todo esto, me resumo en que nos conviene primero morir que perder lo ganado, y pues esto no se excusa, para no venir en servidumbre, ruégoos, señores, lo hagáis, que yo seré el primero al trabajo y al peligro, pues no se puede esperar amistad ni bien de hombre que no viene en alguno de los partidos que le hemos ofrecido.

Acabando de decir estas postreras razones, comenzaron quedo a hablar los unos con los otros, y como eran españoles acostumbrados a trabajar y vencer, tomando la mano algunos capitanes que ya tenían entendido los pechos de los que tenían a su cargo, le respondieron en la manera siguiente:

Capítulo LXIV. La repuesta de los capitanes y de lo que más pasó
Viendo los capitanes y otros caballeros y los demás que se hallaron presentes a esta plática la razón que su general tenía, uno de ellos en nombre de todos, respondió así:

> Visto tenemos, señor y general nuestro, lo mucho que a vuestra Merced debemos y las buenas andanzas que debajo de su imperio y bandera, desde que salimos de Cuba hasta hoy, Dios nos ha dado, y cierto creemos que después de la justicia de nuestra demanda, Dios, por vuestro valor, esfuerzo, prudencia y bondad, no acatando a nuestros méritos, nos ha hecho grandes mercedes, y así sería sinrazón no seguiros aunque mil veces muriésemos, entendiendo especialmente que sois uno, y que para vos uno con daño de tantos caballeros y soldados, amigos y servidores vuestros, no habíades de procurar vuestro adelantamiento, pues sin ellos no podíades conservaros, sino que a todos y a cada uno de nosotros amáis y queréis tanto que aunque fuese a costa de vuestra sangre y vida, querríades vernos aprovechados. Entendemos este vuestro celo y voluntad, y aunque en lo demás fuésedes errado, estábamos obligados a morir con vos, cuanto más yéndonos a todos en ello tanto; no es bien ni la condición española lo sufre que, habiendo trabajado tanto, vengan otros con sus manos lavadas a gozar de nuestros trabajos y vendimiar la viña que nosotros hemos plantado, donde, no solo perderíamos el provecho temporal que ya tenemos en las manos, pero la honra, fama y gloria y, lo que más es, el servicio de Dios en la conversión de estos infieles. La vida bien perdida no es pérdida; de morir hemos todos y deuda es forzosa, y esto ha de ser antes de sesenta años; como ha de ser entonces, cansados y afligidos y sin honor para nos y para nuestros descendientes, mejor es que en defensa de tantas cosas muramos luego, cuanto más que a los determinados de hacer esto, como vuestra Merced dijo, las más veces suelen suceder bien los negocios, principalmente precediendo tanta razón, pues no ha querido, Narváez venir en cosa que justa sea, creyendo que con traer más gente, aunque no tenga razón, ha de poder más.

Por tanto, vuestra Merced se apreste y salga lo más breve que pudiere de esta ciudad y no aguarde a que el enemigo nos venga a buscar; acometámosle, pues aun de los de su parte tenemos muchos que nos son aficionados y amigos, y viendo que tenemos razón no querrán pelear contra ella ni contra los que aman, especialmente yéndoles en ello tanto, que es quedarse en la tierra con nosotros, pues lo contrario publica Narváez. También, que es lo que mucho hace al caso, tienen tan entendido como nosotros quién es Narváez, cuán poco liberal y amigo de hacer placer, y vuestra Merced cuán al contrario es de esto. Ésta es nuestra repuesta; ahora, señor, ved lo que os parece y en lo demás ved quién queréis que quede y quién queréis que vaya, porque aunque todos desean ir con vos, por lo que conviene a la guarda de Moctezuma y posesión de esta gran ciudad, quedarán de buena gana los que mandardes, pues es igual premio y gloria al que queda guardando el real que al que sale a la batalla.

Acabado de decir esto, se asentó; callaron todos, esperando lo que Cortés diría, el cual no se puede decir el alegría que recibió con hallarlos a todos tan de su parecer, y así, con voz varonil y esforzada, llena de contento y ánimo, dijo: «Dios sea con nos, caballeros, y el esfuerzo nuestros brazos, para que Él y el rey sean servidos y nosotros no perdamos el premio de nuestros trabajos; y pues ya tengo entendida vuestra voluntad, id con Dios a vuestros aposentos, que yo me quiero recoger para tratar lo que para la partida conviene y quién será bien que quede por caudillo para los que hobiere de dejar en esta ciudad en defensión de ella y guarda de Moctezuma».

Capítulo LXV. Cómo Cortés hizo sus memorias y dejó por caudillo en México a Pedro de Alvarado

Luego que Cortés tuvo entendida la voluntad de los suyos, aunque todos se le ofrecieron de salir con él, no creyéndose, como era sagaz, de sus ofertas, procurando que así los que quedasen como los que con él fuesen, todos lo hiciesen de buena voluntad, llamó en secreto a cada capitán, diciéndoles que viesen de su compañía cuáles eran los que muy de su voluntad querían quedar o querían ir, y como ni todos deseaban ir, ni todos quedar, no quiso, para que el un negocio y el otro se hiciesen bien, llevar más de aquellos que querían ir, ni dejar más de aquellos que querían quedar. Hecha la lista y memoria de los unos y de los otros, llamó a Pedro de Alvarado, a quien determinó de dejar en guardia de Moctezuma; díjole:

Determinado tengo, como señor, habéis visto, de salir al camino a Narváez, y aunque todos somos pocos contra él, cuanto más repartidos, no es bien que dejemos esta ciudad sola, porque parecerá que vamos más huyendo que buscando nuestro enemigo, y así se levantarán contra nosotros estos indios y tendríamos mucho que hacer con Narváez y con ellos; y aunque Moctezuma sabe las palabras que contra nosotros ha dicho Narváez, yo quiero darle a entender que somos muy amigos y que salgo a recibirle, dejándoos a vos para su defensa y guardia, y que lo que ha dicho Narváez hasta ahora ha sido fingidamente, para ver si los mexicanos se levantaban o tenían ley o amistad con nosotros. Yo le hablaré mañana y diré cómo vos quedáis y yo voy; conviene que en todo os deis buena maña, y pues quedáis vendido como yo lo voy, le acariciéis y regaléis, mostrando, por otra parte, dientes cuando convenga; acatarle heis como a tan gran señor, para que los suyos no se desmanden y os avise, ganándole de esta manera la voluntad, de lo que hobiere y conviniere hacer, y pues es tan noble de condición, y, como habemos visto, tan amigo de españoles, no deis ocasión a que nos pierda el amor. Yo le dejo a Peña y a otros con quien él se huelga; tratarlos heis muy bien y mandarles heis que con toda disimulación procuren saber lo que de secreto pasare, para que para todo estéis siempre avisado, haciendo que siempre estén con él regocijando y festejándole con lo que él más se holgare, que yo confío en Dios, que aunque Narváez viene tan soberbio que no quiere venir en ningún buen medio, que nuestros negocios se han de hacer tan bien y mejor que hasta aquí, pues los encaminamos para su servicio y defensa nuestra.

Pedro de Alvarado le besó las manos por la merced de dejarle en negocio de tanta confianza, y después de haberle dicho que haría todo lo que le mandaba, le dijo:

Bien sé, señor, que ni todos podemos ir con vuestra persona, ni todos podemos quedar acá; pero si pudiera ser, y de ello vuestra Merced no se desabriera, más quisiera ir que quedar, porque me parece que doquiera que vuestra Merced va lleva consigo la buena dicha, y a mí no sé cómo me sucederá acá, porque ya me temo que los mexicanos se han de rebelar, pues aun estando vuestra Merced presente lo han intentado de secreto y aun casi claro; pero como ha de quedar otro y es necesario que vuestra Merced parta, quedaré yo, pues me lo manda, haciendo, hasta perder la vida, el deber.

Cortés a esto le replicó que

> él convenía que quedase y que los mexicanos no se desmandarían hasta ver en qué paraban los negocios con Narváez, que los miraban con mucho cuidado. Y cuando hobiere necesidad de socorro, aunque sea, dejándolo todo, siendo avisado de ello, vendré por mi persona, porque tengo en mucho la vuestra y veo lo que nos va en que México no se rebele, para la conquista de otros reinos y pacificación de los conquistados.

Acabando de decir esto, mandó llamar a los capitanes que con Pedro de Alvarado habían de quedar, a los cuales dijo que en su ausencia quería ver cómo obedecían a Pedro de Alvarado, a quien dejaba en su lugar; y pues eran caballeros y hombres de guerra, no tenía más que decirles de que él esperaba en Dios de volver presto y muy contento para hacerlo mejor con ellos que con los que con él iban. Los capitanes con mucha voluntad respondieron que harían lo que mandaba, y que cuando, placiendo a Dios, volviese, vería cómo era obedecido.

Capítulo LXVI. Cómo Cortés habló a Moctezuma cerca de su partida y de lo que entre ellos pasó

Otro día, después que Cortés trató los negocios con Pedro de Alvarado, llevándole consigo a él y a otros capitanes, fue al aposento de Moctezuma, el cual le salió a recibir, como siempre, comedida y graciosamente. Asentáronse cada uno a su costumbre, y después que Cortés le hubo preguntado cómo le había ido aquellos días y cómo estaba de su salud y tratado otras cosas, de que Moctezuma recibía contento, le dijo delante de aquellos caballeros que consigo llevaba y de algunos señores que con él asistían:

Muy poderoso señor: Días ha que vuestra Alteza me dijo que era tiempo que nos fuésemos a nuestra tierra y que en lo que fuese menester nos ayudaría, y dilaté la ida por no tener navíos en que ir. Ahora, como vuestra Alteza sabe, es venido con once navíos este hermano mío, Pánfilo [de] Narváez, al cual determino de ir a recibir para que nos volvamos juntos y ver si es menester aderezar los navíos, que no podrá ser menos, por haber navegado tantas leguas. Vuestra Alteza, como tan poderoso príncipe, mandará lo que para entonces es necesario proveer y nosotros suplicaremos, y esté advertido de que entre nosotros no hay enemistad, aunque muchos de vuestros vasallos os habrán dicho otra cosa; y si ha dicho palabras o dado muestra de que viene a hacerme algún mal y daño, ha sido con astucia y gran sagacidad (que yo no os tengo de tener cosa encubierta), para ver lo que vos y los vuestros intentábades, porque si fuésedes contra mí, con el poder que trae muy grande, juntándose comigo, os destruyese, y así, ahora que ha visto el buen corazón de vuestra Alteza y la merced que en todo me ha hecho y el deseo grande que ha mostrado de ser amigo y servidor del Monarca y emperador de los cristianos don Carlos V, cuyos vasallos somos él y yo y todos los nuestros, me ha escripto esta carta (sacó entonces un papel doblado), por la cual de secreto me dice que pues el gran señor Moctezuma no se ha mostrado contra mí con las enemistades que hemos fingido, que me ruega mucho, como a hermano suyo, le vaya a ver y acompañar, para que después que haya besado las manos a vuestra Alteza y dádole algunos presentes que trae en nombre del emperador de los cristianos, nuestro rey y señor, nos volvamos juntos a nuestra tierra, aderesgados los navíos, llevando para nuestro rey la repuesta de vuestra Alteza, con la cual recibirá muy gran contento y alegría, porque, como muchas veces a vuestra Alteza he dicho, teniendo noticia de su gran valor y poder, me envió con estos caballeros, para que en su nombre besase a vuestra Alteza las manos, ofreciéndole su amistad, y como ha visto que me he detenido, creyendo que era muerto, o que no había llegado a esta ciudad, ha enviado a este caballero, el cual ha venido con más gente que yo, para que si, lo que no se usa en ninguna nación, se me hobiese hecho algún mal tratamiento, lo vengase. Yo dejo en esta ciudad en mil lugar a Pedro de Alvarado, que vuestra Alteza bien conoce, caballero esforzado y muy servidor de vuestra Alteza, como bien sabe, con algunos capitanes y otra gente, para servir a vuestra Alteza en el entretanto que yo y Narváez volvemos a despedirnos de vos y daros lo que el emperador, nuestro señor, vos envía. A vuestra Alteza suplico, pues todos nos iremos tan presto, que en mi ausencia no consienta alguna revolución de las que estando yo presente han querido intentar, porque, como por la experiencia vuestra Alteza ha visto, uno de nosotros es más poderoso que muchos de los vuestros, por estar más ejercitados en las armas, y lo principal, porque nuestro verdadero Dios nos da fuerzas, y así nada podrán intentar los vuestros que vuestra persona y ellos no lo padezcan; por tanto, vuestra Alteza está muy advertido y no diga que no lo avisé si algo después sucediere, que nuestro intento no es otro sino que ahora recibáis los presentes que este caballero trae, y dándonos la repuesta, irnos lo más breve que pudiéremos.

Moctezuma oyó con muy gran atención a Cortés; estuvo suspenso por un rato, que no le respondió, pensando qué diría, porque no sabía a quién creer, o a las enemistades públicas que los suyos cada día le decían había entre Narváez y Cortés, o a lo que Cortés le decía, a quien tenía en mucho; y como, entre los suyos, aunque bárbaros, no faltaban engaños y ardides, así se recelaba después que oyó a Cortés, que debía haberle entre los dos; y como su ánimo, como el de los suyos, naturalmente era tímido, no considerando la pujanza de su innumerable gente, se determinó por entonces de dar crédito a lo que Cortés le había dicho, y así le respondió con toda serenidad, como quien muy de veras creía lo que había oído, disimulando lo contrario que sospechaba.

Capítulo LXVII. Lo que Moctezuma respondió a Cortés, y cómo se despidió el uno del otro

Valeroso y muy esforzado capitán de esforzados y valerosos cristianos: Siempre has visto desde que saltaste en tierra, viniendo de la tuya, el amor que aún antes que te conociese [te] he tenido, pues luego te envié mis embajadores, te hice presentes, y cuando llegaste a esta ciudad, yo en persona con toda mi imperial corte te salí a recibir como si fueras rey o emperador. Llegado, te aposenté en lo mejor de mis palacios, hícete servir no como a, criado de rey, sino como a rey; heme holgado con los tuyos y confieso que es gente muy belicosa, de mucho valor y esfuerzo; ningún desabrimiento me han dado, antes me han servido y acatado como si fuera su rey. Yo entiendo que vosotros merecíades mi amor por vuestras personas y por lo que comigo habéis hecho, aunque los más de los míos han sido siempre con tra vosotros; y mis dioses, que vosotros tenéis por malos y falsos, me han aconsejado que os mate y sacrifique por la injuria que por vuestra venida se les ha hecho. Yo jamás he querido condescender con el ruego de los míos, ni con el mandamiento y consejo de los dioses, porque me parecía que os hacía gran traición y que no guardaba las leyes del hospedar y recibir mensajeros y embajadores que nosotros, y especialmente los príncipes, debemos y solemos guardar más que las leyes de nuestra religión; de adonde, así por lo que yo te amo como por no violarlas, siempre te he avisado de lo que pasa y te rogué te fueses y llevases de mis tesoros para el emperador, tu señor, lo que te pareciere, dándole mi besamanos, ofreciéndome por su servidor y amigo. Pedísteme tiempo para hacer navíos en que te fueses; comenzástelos a hacer, no los has acabado, de que los míos no sienten bien, y así me han dicho que te detenías por no irte; yo te aviso como quien te ama, que pues al presente hay tantos navíos en que lo hagas, te vayas, pues no veniste a tomarme mis tierras ni derrocarme mis ídolos, sino a visitarme y enseñarme cosas de tu religión, para que pareciéndome bien las tomase; a mí no me han parecido mal, aunque a los míos sí, y más a los dioses. Dices que ese que ha venido es tu hermano y que ha hablado mal en ti y en los tuyos, por ver lo que yo y los míos haríamos. Sea como fuere, tú le sal a recibir, y venidos que seáis, ved lo que queréis y volveos luego, porque yo no seré parte para excusar que no os hagan guerra los míos, que son muchos y en su tierra, y vosotros pocos, aunque muy valientes, y en el ajena. En lo demás que me ruegas, que hasta la vuelta tuya trate bien a Pedro de Alvarado y a los que con él quedan, y que no consienta que en tu ausencia haya revolución alguna, lo haré de muy buena voluntad; pero mira que ninguno de los que queda se desmande, porque los míos, como os quieren mal, en tu ausencia desearán cualquiera ocasión para vengarse, aunque yo, aunque querría, no podré ser parte para defenderlos, porque están ya hartos de haberlos yo traído tanto tiempo en palabras. Aconséjote, por lo bien que te quiero, que publiques que tu partida para tu tierra será muy presto y entre este tu hermano que dices y tú mira que no haya disensiones, porque ambos pereceréis presto. No tengo más que decirte de que tu Dios te acompañe y favorezca y mira lo que has menester, porque todo se te proveerá en grande abundancia.

Cortés, oída esta repuesta, no se holgó nada, porque vio que estaba muy poderoso Moctezuma y muy indignados los suyos. No sabía en qué pararían sus negocios, por lo que si Narváez le vencía, quedaba perdido y los de México destruidos; y si venciese, que había de ser gran ventura, aunque volviese con toda la gente, temía que en el entretanto no matasen a los que en México dejaba, para que hobiese menos enemigos. Vio la determinación de Moctezuma y el hablarle tan claro y tan sin miedo y que no vía la hora que los cristianos saliesen de su tierra. Todo esto le puso en gran confusión, pero disimulándolo en su pecho, mostrando en el rostro señales de gran contento, abrazando a Moctezuma, despidiéndose de él, le agradeció mucho el amistad que le había tenido, [y] el consejo que le daba. Prometió en todo de hacer lo que su Alteza le mandaba, y así, no sin lágrimas se despidieron, mandando luego Moctezuma a sus mayordomos y criados proveyesen a Cortés lo que fuese menester, mandando asimismo que fuesen muchos indios e indias de servicio y caballeros que le acompañasen hasta donde él quisiese.

Capítulo LXVIII. Cómo Cortés salió de México y de cómo Moctezuma salió con él hasta dejarle fuera de la ciudad
Ordenadas todas las cosas que convenían, así para partirse Cortés como para dejar el recaudo que convenía, puso su gente en orden como si hobiera por el camino de tener muchos reencuentros. Fueron muy a punto, como los que iban determinados de morir por sí y por los que quedaban en México, o vencer, que las más veces en los hombres animosos y que van apercebidos suele suceder esto segundo. En el entretanto que todo se adereszaba, y los unos de los otros se despedían, como desconfiados de jamás verse, por el magnifiesto peligro en que los unos iban y los otros quedaban, Moctezuma no estaba descuidado, porque, o por mostrar a Cortés en lo último lo que le amaba, y si era fingido, por mejor encubrirlo, o por hacer lo que debía a su real persona, echándole mayor cargo para cuando se viese con el emperador de los cristianos, con todo silencio y secreto, sin que los nuestros lo supiesen, mandó prevenir todos los señores que al presente se hallaron en su corte y todos los criados de su casa, con toda la música, para cuando Cortés hiciese señal de salir, ir con él; y como estaba preso y sabía que Pedro de Alvarado quedaba en su guarda, ya que vio que era tiempo, poco antes que Cortés mandase hacer señal, le llamó y dijo cómo quería salir con Cortés y que se volverían juntos, porque él amaba mucho a Cortés y no se contentaba con

que el día antes se hubiese despedido de él, sino que quería acompañarle hasta fuera de la ciudad. Pedro de Alvarado dijo que si su Alteza recibía de ello trabajo, que no lo hiciese; pero que si era muy servido de ello, que Cortés recibiría gran merced y favor. Moctezuma replicó que quería espaciarse un poco, y que antes recibiría él de ello gran contento, pero que le rogaba no dijese nada a Cortés, porque quería darle este placer sin que él lo supiese. Alvarado se lo prometió, aunque luego lo supo Cortés y se hizo después del maravillado como que na sabía nada.

Hecha señal, cabalgó Cortés y los pocos que tenían caballos, con él; los demás, puestos en orden, comenzaron a salir de palacio, mirándolos toda la gente mexicana. No había acabado de salir la gente de Cortés y él con ellos de palacio, cuando de ahí a muy poco, por otra puerta, sobre hombros de señores, sobre unas muy ricas andas, acompañándole Pedro de Alvarado, salió Moctezuma con su gente y muchos señores y los criados de la casa real, vestido de paños reales, y juntóse con Cortés, echándole desde las andas los brazos encima. Cortés acometió a apearse y él no se lo consintió. Pasaron entre ellos palabras de mucho amor. Díxole Cortés, entre otras cosas, que no había él merecido tanta merced y favor; que cuanta más merced le había hecho de la que a él se debía, en tanta mayor obligación quedaba el emperador de los cristianos, su señor, pues por ser criado y embajador suyo había hecho con él lo que no debía sino con otro rey como él, muy poderoso, Moctezuma se holgó mucho con este agradescimiento y reconocimiento; replicóle que todo lo merecía él por su persona, aunque no viniera en nombre de tan gran señor como era el que le enviaba. de esta manera salieron juntos hasta entrar en la calzada que va a Ystapalapa, donde no consintiendo Cortés que pasase adelante, parados un rato, se ofrecieron el uno al otro, prometiéndole Cortés (que era con lo que Moctezuma se holgaba) de volver muy presto con Narváez, su hermano, para irse luego con su repuesta al emperador, su señor, que los había enviado. Moctezuma le abrazó y le dijo que fuese así, rogándole mucho que si algo hobiese menester, por la posta le avisase, porque se lo enviaría luego, como vería. Rendidas las gracias por esto y tornándose a abrazar, diciéndose otras cosas muchas, se despidieron, y el uno siguió su camino, y el otro de su espacio, hablando con Pedro de Alvarado, se volvió a su palacio.

Capítulo LXIX. Cómo Cortés, prosiguiendo su camino, halló en Cholula a Juan Velázquez de León y a Rangel, con los cuales se holgó y volvieron con él

Prosiguiendo su camino Cortés en orden de guerra, muchos de los mexicanos se volvieron, o porque ellos lo querían, o porque Cortés se lo importunó; otros lo siguieron, a lo que parecía, por comedimiento, aunque lo más cierto, por dar aviso en cada jornada a Moctezuma de lo que pasaba y Cortés hacía, el cual, sabiendo esto, disimulaba lo más que podía lo que iba a hacer, porque los que en México quedaban no recibiesen algún daño, sabiendo los mexicanos que él iba contra Narváez, que era lo contrario de lo que él había publicado y convenía que publicase. Yendo, pues, recatándose de esta manera, llegó a Cholula, donde más de media legua fuera de la ciudad le salieron a recibir con toda su gente Juan Velázquez y Rangel. Abrazólos Cortés, recibiólos con grande amor, hízoles grandes caricias, ofrecióles, de la buena andanza que Dios le diese, gran parte; y especialmente, porque a Rangel ganado lo tenía, agradeció mucho a Juan Velázquez su voluntad, según la había mostrado por la obra, que lo había hecho como sabio y buen caballero, y que así esperaba en Dios que antes de mucho tiempo se holgaría de haber hecho tan bien el deber, y que ni Diego Velázquez, su pariente, ni Narváez, que era el que venía a quitarle la presa de las manos, lo harían con él como sus trabajos y persona merecían, pues lo habían hecho mal con otros a quien estaban muy obligados, y que él, dándole Dios victoria (pues de otra manera no se podían concluir los negocios) haría el deber de tal manera que su persona sería muy aventajada entre todas las principales. Juan Velázquez le rindió las gracias y se le ofreció, como después lo hizo, muy a su servicio. Rangel, que se halló a estas pláticas, para animar más a Juan Velázquez y dar a entender a Cortés que tenía aquel negocio por propio, dijo lo bien que Juan Velázquez lo había hecho y cómo de su propia voluntad, sin persuasión alguna, se había movido a servirle, vista la poca razón que Diego Velázquez tenía en querer que otro que no fuese su persona viniese a la Nueva España, y que tiniendo, ya que esto no hacía, deudos, personas valerosas, amigos de Cortés, enviase a Narváez, hombre, aunque honrado, escaso, temoso y codicioso y poco amigo de hacer placer y dar contento y, lo que peor era, no haber querido venir en medio alguno que bueno fuese. Cortés, como sagaz y que entendía por do iba la trama, tornó a volverse a Juan Velázquez, tomóle las manos, abrazóle otra vez, diciendo que era tal la obra que había hecho que jamás se olvidaría de ella, y que como la mala obra llueve sobre el que la intenta, así aquélla sería para su honra y gloria. Desta manera entraron en Cholula antes que anocheciese más de dos horas; salieron todos los señores y principales de la ciudad, hicieron presentes a Cortés, recibiéronle con mucho contento, aposentáronle en los mejores palacios de la ciudad, proveyeron la cena abundantemente. Agradecióselo mucho Cortés, dioles algunas cosillas, que ellos, por ser de su mano, tuvieron en mucho, y ya que era tiempo de dormir y que los indios y españoles reposaban, Cortés, para hacer más fijo su negocio (y, como dicen, del ladrón fiel) envió a llamar a Juan Velázquez de León, asentóle a par de sí, y estando solos, sin que nadie los oyese, le dijo:

Señor Juan Velázquez: Las obras buenas que en ausencia se hacen, pareciendo que hay más obligación a hacerlas por otros, obligan al que las recibe a desentrañarse y querer más a aquel que se las hizo, aunque sea de extraña nación, que a su padre y madre; y así, ahora yo me veo en esta obligación, para mientras viviere mirar por vos y por lo que os tocare, y así como a hombre que ya tengo por otro, yo diré en pocas palabras el fin de esta mi jornada y lo que pretendo, para que de todo estéis advertido y me digáis vuestro parecer.

Capítulo LXX. Lo que Cortés dijo de secreto a Juan Velázquez de León y de lo que él le respondió

Ya, señor, sabéis, como testigo de vista, cómo Diego Velázquez, dejando a otros que se le ofrecieron, después de haberlo bien pensado, se determinó de encomendarme esta jornada, visto el mal suceso que había tenido en tiempo de Francisco Hernández de Córdoba y en el de Grijalva, su sobrino, y que a él no le convenía venir, por muchos inconvenientes y especialmente por no dejar su gobernación sola, acometiendo negocio dudoso. Después que yo le acepté, gastando en él mis dineros, que no fueron pocos, y los de mis amigos, púsose en querer revocar lo que había hecho, y como era injusto no salió con ello. En fin vine, y por que los negocios tuviesen más firmeza y no hobiese otras mudanzas, como las comenzó a haber en Cuba, pareció a todos que en nombre de Su Majestad se poblase luego la tierra, visto cuán buena era. Hecha la población, asimismo en nombre de Su Majestad, con parecer de todos los que érades principales y aún de todos los más del ejército, como vuestro capitán general, elegí alcaldes y regidores y los demás oficios que eran menester para el buen gobierno de la nueva república. Luego el Regimiento, sin procurarlo yo para su bien y contento, en el entretanto que Su Majestad otra cosa proveía, me eligió por su Justicia mayor y capitán general; aceptélo, usé y ejercí mi oficio y cargo lo mejor que yo pude, como por la obra ha parecido, pues todos están contentos, a nadie que yo sepa he hecho agravio, a todos he metido en mis entrañas, en los trabajos he sido siempre el primero, hanos dado Dios tantas y tan grandes victorias cuantas yo jamás he leído ni oído, hemos descubierto un nuevo mundo tan en servicio de Dios, honra y autoridad de nuestro rey, gloria y fama de nuestra nación, provecho y adelantamiento nuestro, que dejar tan dichosos y bienaventurados trabajos a otros que con mala intención vienen, sus manos lavadas, nos los usurpen y gocen sin que primero a ellos o a nosotros cueste la vida, sería gran nescedad, torpeza de entendimiento, bajeza de ánimo y gran pusilanimidad. Hagamos lo que debemos, que ya por lo nuestro peleamos; que yo espero, según los recaudos a Su Majestad enviamos, que como nuestro rey y señor natural, a quien hemos hecho notable servicio, nos hará toda merced, de manera que no sean parte para impedirla todo lo que Diego Velázquez ha hecho y hace, ni lo que con Narváez pasaremos. Él lo quiere todo y no quiere nada para nosotros; aunque son más en número, no son más en valor y esfuerzo, cuanto más que de los que se han venido de Narváez tengo por cierto que muchos de ellos, cuando vengamos en rompimiento, no tomarán armas contra nosotros, porque vienen muy descontentos de la cortedad y escaseza de Narváez. Por tanto, señor, pues os va vuestra parte, vuestro adelantamiento y descanso, vuestra gloria y honra con vuestros amigos, haced lo que pudierdes, que, si como espero en Dios, nos da la victoria, pocos habrá a quien yo más honre y aproveche; y si otra cosa pensáis no me encubráis vuestro pecho, pues habéis conocido de mí cuán amigo soy del amigo claro; y si como tal me quisierdes avisar de otra cosa, ahora es tiempo, porque os certifico por lo que os amo, que si solo o con algún compañero os quisierdes pasar a Narváez, que por vuestro contentamiento, aunque sea contra mi voluntad, lo permitiré. No tengo más que deciros; ahora, debajo de quien sois y de lo que de vos confío, me responded vuestro parecer.

Entonces Juan Velázquez, que hombre cuerdo y sabio era, entendiendo la mala intención de Narváez y lo mal que se gobernaba, y el gran valor de Cortés y la obligación en que le ponía, en pocas palabras respondió así:

> Grande es el favor que vuestra Merced me ha hecho en haberse declarado tanto conmigo, y cierto parte de él se me debe, porque antes de ahora soy aficionado a su servicio; en lo demás lo que tengo que decir es que antes faltaré a mí mismo que a vuestra Merced. Justo es lo que defiende y veo lo que a todos nos va en ello; Dios nos favorezca, que mediante tal caudillo, nos sucederá adelante como nos ha sucedido hasta aquí. Todos; los amigos y deudos que yo tengo en el real de Narváez, primero que lleguemos, estarán avisados de lo que conviene y deque se desengañen de lo que con ellos hará, Narváez, aunque de lo hecho fácilmente entenderán lo que después hará. Vamos, señor, y muramos por lo que hemos trabajado y derramado nuestra sangre, que mejor es, defendiendo nuestra honra, libertad y hacienda, perder la vida, que tenerla con oprobio los años que nos quedan, que naturalmente no pueden ser muchos.

Cortés, acabado de responder esto, lo abrazó, diole muchas gracias, hablaron en otras cosas, hasta que bien tarde Juan Velázquez se fue a dormir a su aposento, bien contento de lo que Cortés le había dicho; y no lo quedó menos Cortés, porque Juan Velázquez era muy honrado, bien emparentado y, lo que más era, muy bienquisto.

Capítulo LXXI. Cómo Cortés salió de Cholula y llegado a Tlaxcala le dieran sesenta mil hombres de guerra, los más de los cuales se volvieron del camino

Otro día de mañana determinó Cortés de salir de Cholula para proseguir su camino, y aunque algunos le dijeron que tomase alguna gente de guerra de aquella ciudad para ayuda de la suya en lo que se ofreciese, no quiso, diciendo que los cholutecas no harían cosa buena, pues habían andado con él tan doblados y tan a malas, y que donde había amistad por fuerza, no podía haber amor ni lealtad para cosa alguna. Hecha señal para partirse, los principales de la ciudad le acompañaron hasta media legua, haciéndoles fengidos ofrecimientos. Allí se despidió de ellos, y andada otra media legua topó luego con gente de Tlaxcala que le venían a recibir, de manera que cuando entró en su ciudad iban con él más de cien mil hombres. Aposentáronle aquellos señores muy bien, hiciéronle fiestas y mitotes, dioles cuenta, especialmente a los señores y principales capitanes, de cómo iba a recibir a Pánfilo de Narváez, a quien tenía por hermano, aunque se decía otra cosa; y porque se recelaba de algunos que iban y venían con nuevas de enemistad, quería ayudarse de ellos, para si el negocio viniese a las manos, pues ya ellos eran sus amigos y se habían dado por vasallos y servidores del emperador de los cristianos. Aquellos señores le respondieron con mucho amor, diciendo que no le faltaría todo lo que hobiese menester, y que si aquel capitán cristiano, de que habían oído que venía con mucha gente, no hacía la razón, ellos no le dejarían hasta morir. Cortés se lo agradeció mucho; pidióles para servicio y para gente de guerra hasta sesenta mil hombres; señaló por capitán de los capitanes de ellos y de su gente a Juan Márquez y a Alonso de Ojeda, para que saliendo él primero con los españoles, ellos llevasen la retroguarda, aunque quedasen dos leguas atrás.

Ojeda y Juan Márquez comenzaron a hacer la gente, juntaron sesenta mil hombres, hicieron allí ochenta picas de pino, muy largas y gruesas, con sus hierros tan largos como un xeme, de las cuales las más se llevaron a los españoles que adelante iban con Cortés, y las otras llevaban Juan Márquez y Alonso de Ojeda y Francisco Rodríguez y otros algunos españoles que con éstos iban, los cuales con los tlaxcaltecas que pudieron salieron hasta cerca de un pueblo que se dice Topoyanco, donde dejándolos Ojeda y Juan Márquez, volvieron a Tlaxcala a sacar la demás gente que quedaba a cumplimiento de los sesenta mil hombres; con todos ellos, viniendo a otro pueblo que se dice Texuacán, los más de ellos, quedando hasta tres mil que serían los hombres de carga, se volvieron a Tlaxcala. No se supo el porqué, más de que era su condición, como después acá se ha visto, de no querer pelear fuera de los términos de su tierra.

Llegando, pues, Juan Márquez y Alonso de Ojeda con aquellos pocos indios a Guatusco, donde Cortés estaba, temerosos de que Cortés los recibiría mal, dándole cuenta de lo que pasaba, les respondió muy bien, diciendo que no se le daba nada, porque si yendo adelante lo habían de hacer peor, era bien que desde luego se volviesen; pero, previniéndose para lo que podría ser, escribió a un caballero Fulano de Barrientos, que estaba en Chinantla, que luego hiciese siete u ocho mil hombres de guerra y con ellos le esperase en Cempoala. También desde aquel pueblo despachó a Juan Velázquez de León y a Antón del Río que fuesen a Cempoala o adonde Narváez estuviese, haciéndole saber cómo él iba, y suplicándole no permitiese que en tierra tan grande y tan llena de infieles, siendo los unos y los otros cristianos y vasallos de un rey, viniesen en rompimiento. Narváez, que más confiaba en el poder de su gente que en la razón que tenía, les respondió, aunque con blandas palabras, que él tenía por hijo a Hernando Cortés y que no tenía necesidad de pedirle partidos, pues le era necesario obedecer, y a Juan Velázquez echó preso, porque en el mensaje que le trajo dijo: «El capitán Hernando Cortés», aunque lo que le dijo, como luego se dirá, fue todo muy bueno y dicho con mucho comedimiento.

Capítulo LXXII. Lo que Juan Velázquez de León, de parte de Hernando Cortés, dijo a Pánfilo de Narváez, y de lo que él respondió
Llegado que fue Juan de Velázquez al real de Narváez, fuese derecho donde estaba. Rescibióle Narváez con buena gracia, pensando que por aquella vía y por ser pariente de Diego Velázquez, le traería a su voluntad, y con él a los demás deudos y amigos de Diego Velázquez que con él andaban, y después de haberse dado el uno al otro el parabién de la venida, delante de todos los principales del excército que en la tienda de Narváez se hallaron, le habló así:

> Muy magnífico señor: Hernando Cortés, nuestro capitán y Justicia mayor, después que supo de la buena venida de vuestra Merced y a lo que venía, por muchas y diversas veces le ha suplicado se traten los negocios de manera que los que ahora vienen sean aprovechados, y los que acá estamos no perdamos nada y Dios sea servido y Su Majestad del emperador y rey, nuestro señor, aumentado y obedecido, sin escándalos ni muertes que, viniendo en rompimiento los unos con los otros, podrían suceder; que siendo así, todos irían sobre la conciencia de vuestra Merced, y el rey, nuestro señor, sería muy deservido. Atento y considerado todo esto el capitán Hernando Cortés últimamente suplica a vuestra Merced, y si necesario es, le requiere, acepte alguno de los muchos medios que ha ofrecido,

o vuestra Merced le dé a escoger en los que le ofreciere, porque dice que no queriendo vuestra Merced hacer lo uno ni lo otro, él descarga su conciencia, y dice que él y los suyos perderán primero la vida que dejarse desposeer de lo que con tanto trabajo y riesgo de sus personas han ganado. Esto es lo que el capitán Hernando Cortés [me mandó] que dijese. Ahora, si vuestra Merced es servido, diré de mi parte lo que de este negocio siento, y es que ya vuestra Merced sabe ser yo deudo muy cercano de Diego Velázquez y que por esta causa estoy más obligado a acudir a él y a los suyos que a Hernando Cortés ni a los que son de su parecer, y esto se entiende siendo igual la justicia que entre Diego Velázquez y Hernando Cortés hobiese, y así si de parte de Cortés sobra la razón y falta a Diego Velázquez, obligado estoy a responder por Hernando Cortés más que por él, pues la razón es la que tiene y debe tener más fuerza y valor en el hombre, que todo parentesco por grande que sea.

Diego Velázquez, tomando en suma el negocio de principio, envió a Cortés por su general, el cual gastó en la jornada su hacienda y la de sus amigos. Llegado al puerto de esta Nueva España el ejército todo, porque hiciese asiento y no se fuese como Grijalva, en nombre de Su Majestad le eligió por su capitán general y Justicia mayor, aceptólo porque vio que convenía. Hase dado desde entonces hasta ahora tan buena maña, ha sido tan venturoso, tan cuerdo y de tanto valor, que con gran contento de los que le hemos seguido ha sujetado a la Corona real de Castilla innumerables gentes, muchos príncipes y reyes, y finalmente, lo que jamás se ha leído ni oído, con pocos ha hecho tanto, que después de haber entrado en México, la más fuerte y mayor ciudad del mundo, prendió a Moctezuma, emperador de ella, el cual, aún queda preso y tiene a Hernando Cortés tan gran respecto como si fuera emperador de todo el mundo. Ya todos nosotros sabemos a qué saben las flechas y macanas de los indios; los más entendemos su lengua y nos son amigos, especialmente los tlaxcaltecas, que es la gente más bellicosa de estas partes; hemos derrocado ídolos, bautizado a muchos, y, finalmente, estamos ya como en nuestras casas; por todo lo cual no es razón que vuestra Merced, aunque traiga mucha más gente, nos haga agravio, no queriendo aceptar ni ofrecer ningún partido, pareciéndole que con la pujanza de gente puede hacer todo lo que quisiere. Dios vuelve por la razón y justicia, y así creemos que aunque seamos muchos menos, si venimos en rompimiento, hemos de llevar lo mejor; por tanto, así por lo que debo a Diego Velázquez, mi tío, como por el amistad que con vuestra Merced he tenido, le suplico se reporte y guíe los negocios de otra manera, porque donde no, cuando no haya lugar, se ha de arrepentir mucho.

En gran manera se alteró Narváez con la una plática y con la otra, y no pudiendo sufrir que Juan Velázquez llamase capitán a Hernando Cortés, le dijo:

> No hay otro capitán en esta tierra sino yo, y no es menester que habléis así ni me deis consejo, porque yo sé lo que debo hacer.

Y no respondiéndole más, le mandó prender, sobre lo cual hubo grandes diferencias, porque los que siempre habían aconsejado bien a Narváez se lo contradijeron, aunque los otros, que eran de diferente parecer, lo aprobaron, los cuales, de secreto, por mandado de Narváez, procuraron atraer a Juan Velázquez; pero él a los unos y a los otros dijo, así de la tierra, como de Hernando Cortés tan buenas cosas, que confirmó a los unos, y a muchos de los otros hizo mudar parecer, de manera que Narváez tuvo por bien de soltarle y enviarle sin ningún partido donde Cortés estaba.

Libros a la carta

A la carta es un servicio especializado para
 empresas,
 librerías,
 bibliotecas,
 editoriales
 y centros de enseñanza;
 y permite confeccionar libros que, por su formato y concepción, sirven a los propósitos más específicos de estas instituciones.

Las empresas nos encargan ediciones personalizadas para marketing editorial o para regalos institucionales. Y los interesados solicitan, a título personal, ediciones antiguas, o no disponibles en el mercado; y las acompañan con notas y comentarios críticos.

Las ediciones tienen como apoyo un libro de estilo con todo tipo de referencias sobre los criterios de tratamiento tipográfico aplicados a nuestros libros que puede ser consultado en Linkgua-ediciones.com .

Linkgua edita por encargo diferentes versiones de una misma obra con distintos tratamientos ortotipográficos (actualizaciones de carácter divulgativo de un clásico, o versiones estrictamente fieles a la edición original de referencia).

Este servicio de ediciones a la carta le permitirá, si usted se dedica a la enseñanza, tener una forma de hacer pública su interpretación de un texto y, sobre una versión digitalizada «base», usted podrá introducir interpretaciones del texto fuente. Es un tópico que los profesores denuncien en clase los desmanes de una edición, o vayan comentando errores de interpretación de un texto y esta es una solución útil a esa necesidad del mundo académico.

Asimismo publicamos de manera sistemática, en un mismo catálogo, tesis doctorales y actas de congresos académicos, que son distribuidas a través de nuestra Web.

El servicio de «libros a la carta» funciona de dos formas.

1. Tenemos un fondo de libros digitalizados que usted puede personalizar en tiradas de al menos cinco ejemplares. Estas personalizaciones pueden ser de todo tipo: añadir notas de clase para uso de un grupo de estudiantes,

introducir logos corporativos para uso con fines de marketing empresarial, etc. etc.

2. Buscamos libros descatalogados de otras editoriales y los reeditamos en tiradas cortas a petición de un cliente.

www.ingramcontent.com/pod-product-compliance
Lightning Source LLC
Chambersburg PA
CBHW020826160426
43192CB00007B/542